Rechnungslegung

Prof. Dr. Giorgio Behr

Versus · Zürich

Bibliografische Information Der Deutschen Bibliothek

Die Deutsche Bibliothek verzeichnet diese Publikation in der Deutschen Nationalbibliografie; detaillierte bibliografische Daten sind im Internet über http://dnb.ddb.de abrufbar.

Das Werk einschliesslich aller seiner Teile ist urheberrechtlich geschützt. Jede Verwertung ist ohne Zustimmung des Verlags unzulässig. Dies gilt insbesondere für Vervielfältigungen, Übersetzungen, Mikroverfilmungen und die Einspeicherung und Verarbeitung in elektronischen Systemen.

© Versus Verlag AG, Zürich 2005

Informationen zu Büchern aus dem Versus Verlag finden Sie unter http://www.versus.ch

Umschlagbild und Kapitelillustrationen: Maike E. Böhm · Hamburg
Satz und Herstellung: Versus Verlag · Zürich
Druck: Comunecazione · Bra
Printed in Italy

ISBN 3 03909 016 X

Vorwort

Die Rechnungslegung als Berichterstattung von Unternehmen und anderen Organisationen hat sich in den letzten Jahren stark gewandelt. Am weitesten gehen die Anforderungen für an der Börse kotierte Gesellschaften. Hohe Transparenz, eine möglichst realitätsnahe Bewertung und die von Finanzanalysten sowie Investoren geforderte Vergleichbarkeit der Abschlüsse sind die Motoren der jüngsten Entwicklung. Auch private Unternehmen oder gemeinnützige Organisationen stehen erhöhten Anforderungen in Bezug auf ihre Rechnungslegung gegenüber. Minderheitsaktionäre im ersten Fall sowie Spender und Öffentlichkeit im zweiten Beispiel erwarten eine umfassende und klare Berichterstattung. Daher ist die Rechnungslegung heute ein Instrument, das nicht nur für Fachleute im Bereich der finanziellen Führung oder des Bankwesens von Bedeutung ist. Als Adressaten der Berichterstattung müssen Führungsleute aller Stufen aus der Welt der Wirtschaft ebenso wie aus dem öffentlichen Dienst die wichtigsten Bestandteile der Rechnungslegung sowie Kernfragen der Bewertung oder Offenlegung kennen.

Das vorliegende Lehrbuch vermittelt im ersten Teil die Grundkenntnisse, um Bilanzen richtig zu lesen und verstehen zu lernen. Es zeigt die Bedeutung der einschlägigen Kennzahlen, die unterschiedlichen Bedürfnisse und Aussagen der Rechnungslegung in den wichtigsten Branchen auf. Gleichzeitig bietet es die Grundlage für die Erarbeitung der Berichterstattung und für die Prüfung der Rechnungslegung. Mit einer Vielzahl von Beispielen zur Berichterstattung von Unternehmen aus den verschiedensten Ländern und Branchen wird laufend die

Brücke zwischen dem theoretischen Fundament und der praktischen Anwendung gebaut.

Dieses Buch richtet sich weder auf ein bestimmtes nationales noch ein internationales Konzept der Rechnungslegung aus. Durch die Orientierung auf fundamentale Überlegungen und eine betriebswirtschaftliche Denkweise vermittelt es einen Denkraster und Grundsätze, die über die konkreten Vorgaben bestimmter Standards oder die laufenden Anpassungen solcher Standards an neue Gegebenheiten hinaus eine eigenständige Beurteilung der Vor- und Nachteile konkreter Regeln oder Unternehmensberichte ermöglichen.

Als Ergebnis der langjährigen Lehrtätigkeit auf Stufe Grundstudium der Wirtschaft und der Rechtswissenschaften ebenso wie in der Vertiefungsrichtung für Finanzfachleute – kombiniert mit der praktischen Erfahrung als Wirtschaftsprüfer, Finanzchef sowie Verwaltungsrat in Unternehmen unterschiedlicher Grösse und als Unternehmer – bietet dieses Buch eine Einführung für Studierende und Praktiker aller Fachrichtungen in die Berichterstattung von Unternehmen und anderen Organisationen. Die vermittelten Regeln und Überlegungen sind für das Verständnis der Rechnungslegung, für die Interpretation der Aussagen in den Unternehmensberichten und die Kenntnis der Auswirkungen bestimmter Entwicklungen oder Normen auf die Berichterstattung unabhängig von den gewählten oder vorgegebenen Standards gültig. Das Buch bietet somit die Grundlage für das Verständnis der Berichterstattung sowohl nach Massgabe der International Financial Reporting Standards IFRS (den früheren International Accounting Standards IAS), der Swiss GAAP FER oder der US GAAP ebenso wie der Normen des deutschen Handelsrechts (HGB), der EU-Richtlinien oder des Schweizer Aktienrechts. Damit soll ein über eine lange Zeit unabhängig von konkreten Einzelregeln oder länderspezifischen Vorgaben nutzbares Verständnis und Wissen zur Rechnungslegung aufgebaut und vermittelt werden.

Im Laufe der Jahre haben eine Vielzahl von Assistentinnen und Assistenten meines Lehrstuhls an der Vorbereitung der Vorlesungen und Übungen sowie der Grundlagen für dieses Lehrbuch mitgewirkt oder über ihre wissenschaftliche Arbeit indirekt dazu beigetragen. Ihnen allen sowie dem Team des Versus Verlags danke ich für die wertvolle Mitarbeit und Unterstützung.

Buchberg, im Juni 2005   Giorgio Behr

Inhaltsübersicht

Teil A   Einstieg und Übersicht
    Kapitel 1   Einleitung 23
    Kapitel 2   Rechnungslegung – Informations- und Entscheidungsfindung ... 43
    Kapitel 3   Zielsetzung der Rechnungslegung 55
    Kapitel 4   Agency-Modell und Interessenskonflikte 65
    Kapitel 5   Anforderungen an die Qualität der Informationen 69
    Kapitel 6   Grundlagen und Grundsätze der Rechnungslegung 73
    Kapitel 7   Weitere Aspekte der Rechnungslegung 91
    Kapitel 8   Berufsstand und Perspektiven der Berufswahl
                  in der Rechnungslegung 103
    Kapitel 9   An die Rechnungslegung angrenzende Fachbereiche 109
    Kapitel 10 Volkswirtschaftliche, politische und gesellschaftliche Aspekte . 119
    Kapitel 11 Rechnungslegung, Wirtschaftsethik und Corporate Governance 127
    Kapitel 12 Kritische Würdigung der Rechnungssysteme von Unternehmen . 131

Teil B   Aufbau und Bestandteile der Berichterstattung
    Kapitel 13 Fokus der Adressaten 137
    Kapitel 14 Bilanz 155
    Kapitel 15 Erfolgsrechnung 177
    Kapitel 16 Anhang 211
    Kapitel 17 Geldflussrechnung 233

Teil C   Die wichtigsten Positionen
Kapitel 18   Flüssige Mittel 255
Kapitel 19   Forderungen 265
Kapitel 20   Waren und Dienstleistungen 281
Kapitel 21   Rechnungsabgrenzung 293
Kapitel 22   Sachanlagen 303
Kapitel 23   Finanzanlagen 321
Kapitel 24   Immaterielle Werte 337
Kapitel 25   Kurzfristige Verbindlichkeiten 355
Kapitel 26   Langfristige Verbindlichkeiten 363
Kapitel 27   Leasing 375
Kapitel 28   Rückstellungen 391
Kapitel 29   Eigenkapital 409
Kapitel 30   Ertrag aus Geschäftstätigkeit 439
Kapitel 31   Aufwand der Leistungserstellung 455
Kapitel 32   Finanzergebnis 469
Kapitel 33   Besondere Positionen 483
Kapitel 34   Ertragssteuern 501
Kapitel 35   Altersvorsorge 519
Kapitel 36   Transaktionen mit nahe stehenden Personen 535
Kapitel 37   Ausserbilanzgeschäfte 551
Kapitel 38   Wertschöpfungsrechnung 567
Kapitel 39   Jahresbericht 575

Inhaltsverzeichnis

Teil A Einstieg und Übersicht

Kapitel 1 Einleitung 23
1.1 Berichterstattung über die wirtschaftliche Lage 23
1.2 Erfassung und Verarbeitung von Daten und Transaktionen 29
    1.2.1 Einleitende Bemerkungen 29
    1.2.2 Buchungstechnik 30
    1.2.3 Klassifikation der Buchungen 34
    1.2.4 Hilfsbuchhaltungen, Kontenrahmen und Kontenplan 38
    1.2.5 Grundsätze ordnungsmässiger Buchführung (GoB) 39
    1.2.6 Begrifflichkeiten und Abgrenzungen 40
1.3 Übungen 41

Kapitel 2 Rechnungslegung – Informations- und Entscheidungsfindung 43
2.1 Informationsbedürfnisse 43
2.2 Wandel in der Berichterstattung 47
2.3 Zweck der Informationsbeschaffung – Entscheidungsfindung 49
2.4 Interessenten und Adressaten der Informationen 50
2.5 Übungen 53

Kapitel 3 Zielsetzung der Rechnungslegung 55
3.1 Subjektive Einflüsse in der Rechnungslegung 55
3.2 Gläubigerorientierung versus Investorenorientierung 57
3.3 Das Prinzip der fair presentation 59
3.4 Urteil der Revisionsstelle betreffend Einhaltung der Zielsetzung 61

3.5 Verhältnis der Zielsetzung zu Spezialnormen 62
3.6 Übungen 62

Kapitel 4 Agency-Modell und Interessenskonflikte **65**
4.1 Der Principal-Agent-Konflikt im Unternehmen 65
4.2 Festlegung von Standards 66
4.3 Kontrolle der Einhaltung der Standards 67
4.4 Übungen 68

Kapitel 5 Anforderungen an die Qualität der Informationen **69**
5.1 Informationsbedürfnisse der Investoren als Massstab 69
5.2 Anforderungen an die Qualität der Informationen 70
5.3 Übungen 71

Kapitel 6 Grundlagen und Grundsätze der Rechnungslegung **73**
6.1 Grundsatzfragen der Berichterstattung 73
6.2 Grundlagen der Rechnungslegung 74
    6.2.1 Zeitliche und sachliche Abgrenzung 74
    6.2.2 Fortführung der Unternehmenstätigkeit 77
    6.2.3 Weitere Grundlagen der Rechnungslegung 79
6.3 Grundsätze ordnungsmässiger Rechnungslegung (GoR) 79
    6.3.1 Grundsatz der Wesentlichkeit 80
    6.3.2 Vollständigkeit 83
    6.3.3 Klarheit 84
    6.3.4 Stetigkeit 86
    6.3.5 Bruttoprinzip (Verrechnungsverbot) 88
    6.3.6 Vorsichtsprinzip 90
6.4 Übungen 90

Kapitel 7 Weitere Aspekte der Rechnungslegung **91**
7.1 Präsentation der Information 91
7.2 Funktionen der Rechnungslegung 92
    7.2.1 Unterzeichnungspflicht 92
    7.2.2 Aufbewahrungspflicht 93
    7.2.3 Editionspflicht 94
    7.2.4 Publizitätspflicht 94
    7.2.5 Gewinnfeststellungsfunktion und Ausschüttungsregulierung 97
    7.2.6 Feststellung von Kapitalverlust und Überschuldung 98
    7.2.7 Weitere Pflichten im Zusammenhang mit der Rechnungslegung 98
7.3 Systematische Einordnung von Zweck und Funktion der Rechnungslegung ... 99
7.4 Übungen 101

**Kapitel 8 Berufsstand und Perspektiven der Berufswahl
in der Rechnungslegung** **103**
8.1 Die Interessengruppen des Agency-Modells 103
8.2 Management 104

Inhaltsverzeichnis

	8.2.1	Ersteller der Jahresrechnung	104
	8.2.2	Controller	104
	8.2.3	Führung des Unternehmens	105
	8.2.4	Aufsichtsgremien	105
8.3		Wirtschaftsprüfer	106
8.4		Kapitalgeber	106
	8.4.1	Medienschaffende	106
	8.4.2	Finanzanalysten	107
8.5		Rechnungslegung als Teil der betriebswirtschaftlichen Grundausbildung	107
8.6		Übungen	108

Kapitel 9 An die Rechnungslegung angrenzende Fachbereiche 109

9.1	Steuerbemessung und Massgeblichkeit	109
9.2	Rechnungslegung der öffentlichen Hand	114
9.3	Rechnungslegung gemeinnütziger Organisationen	115
9.4	Rechnungslegung nach Spezialgesetzen	116
9.5	Übungen	117

Kapitel 10 Volkswirtschaftliche, politische und gesellschaftliche Aspekte 119

10.1	Rolle der Aufsichtsbehörden	119
10.2	Vorgabe von Standards der Rechnungslegung durch Regulierungsgremien	121
10.3	Internationale Angleichung der Rechnungslegung	123
10.4	Kräfteverhältnis zwischen den Interessengruppen	124
10.5	Übungen	126

Kapitel 11 Rechnungslegung, Wirtschaftsethik und Corporate Governance 127

11.1	Ermessensspielraum und ethische Aspekte	127
11.2	Corporate Governance	128
11.3	Übungen	129

Kapitel 12 Kritische Würdigung der Rechnungssysteme von Unternehmen 131

12.1	Ziele eines Unternehmens	131
12.2	Übungen	132

Teil B Aufbau und Bestandteile der Berichterstattung

Kapitel 13 Fokus der Adressaten 137

13.1		Wichtige Informationen für die Stakeholder	137
13.2		Quellen der Informationen für die Stakeholder	138
13.3		Ausrichtung auf Geschäftsprozesse	144
	13.3.1	Geschäftstätigkeit (operating activities)	144
	13.3.2	Investitionstätigkeit (investment activities)	145
	13.3.3	Finanzierungstätigkeit	146
13.4		Darstellung der Geschäfts-, Investitions- und Finanzierungstätigkeit in der Rechnungslegung	146

13.5 Erfassung von Transaktionen in der Rechnungslegung 149
    13.5.1 Leistungserstellung und Beschaffung 149
    13.5.2 Investitionstätigkeit 150
    13.5.3 Marktbearbeitung 152
13.6 Übungen 153

Kapitel 14 Bilanz 155
14.1 Charakterisierung der Bilanz 155
14.2 Gliederung der Bilanz 156
14.3 Bilanzierungsfähigkeit und Bilanzierungspflicht 159
14.4 Exkurs: Conceptual Framework 160
14.5 Offenlegung 164
14.6 Bilanzanalyse 164
14.7 Relevante Standards 171
    14.7.1 Definition von Aktiven und Passiven 171
    14.7.2 Definition von Eigenkapital (Nettoaktiven) 174
14.8 Übungen 174

Kapitel 15 Erfolgsrechnung 177
15.1 Funktion der Erfolgsrechnung 177
15.2 Das matching principle 179
15.3 Wichtige Positionen der Erfolgsrechnung 182
15.4 Darstellungsformen der Erfolgsrechnung 188
    15.4.1 Kontenform vs. Staffelform 189
    15.4.2 Produktionserfolgsrechnung (Gesamtkostenverfahren) vs. Absatzerfolgsrechnung (Umsatzkostenverfahren) 191
15.5 Einfluss von Bewertungsfragen 193
15.6 Offenlegung 195
15.7 Erfolgsanalyse 197
15.8 Relevante Standards 205
    15.8.1 Definitionen gemäss IAS 205
    15.8.2 Mindestgliederungsvorschriften 206
15.9 Übungen 208

Kapitel 16 Anhang 211
16.1 Funktion und Inhalt des Anhangs 211
16.2 Aufgaben des Anhangs 213
    16.2.1 Interpretationsfunktion 213
    16.2.2 Entlastungs- und Erläuterungsfunktion 214
    16.2.3 Korrekturfunktion 216
16.3 Aufbau und Gestaltung des Anhangs 217
16.4 Pflichtangaben des Anhangs 217
    16.4.1 Für die Rechnungslegung verwendete Grundsätze 218
    16.4.2 Erläuterungen einzelner Positionen 219
    16.4.3 Zusätzliche Angaben 223
16.5 Analyse des Anhangs 227
16.6 Relevante Standards 229

	16.6.1	IAS	229
	16.6.2	Swiss GAAP FER	230
16.7	Übungen		231

Kapitel 17 Geldflussrechnung 233
17.1 Sinn und Aufbau einer Geldflussrechnung 233
17.2 Geldfluss aus Geschäftstätigkeit 235
17.3 Geldfluss aus Investitionstätigkeit 239
17.4 Geldfluss aus Finanzierungstätigkeit 239
17.5 Wahl der Bezugsgrösse (Fondswahl) 242
17.6 Bewertungsfragen 244
17.7 Indirekte und direkte Berechnung der Cash Flows 244
17.8 Offenlegung 247
17.9 Analyse der Geldflussrechnung 247
17.10 Relevante Standards 249
    17.10.1 IAS 249
    17.10.2 Swiss GAAP FER 250
17.11 Übungen 250

Teil C Die wichtigsten Positionen

Kapitel 18 Flüssige Mittel 255
18.1 Bestandteile der Position Flüssige Mittel 257
18.2 Bewertungsprobleme bei flüssigen Mitteln 257
18.3 Offenlegung 258
18.4 Offenlegung von Einzelheiten im Anhang 259
18.5 Analyse 260
18.6 Relevante Standards 262
18.7 Übungen 262

Kapitel 19 Forderungen 265
19.1 Charakterisierung und betriebswirtschaftliche Bedeutung von Forderungen 267
19.2 Bewertung von Forderungen 272
19.3 Offenlegung 275
19.4 Analyse 277
19.5 Relevante Standards 277
    19.5.1 Swiss GAAP FER 277
    19.5.2 IAS 277
    19.5.3 EU-Richtlinie 278
    19.5.4 HGB 278
19.6 Übungen 278

Kapitel 20 Waren und Dienstleistungen 281
20.1 Charakterisierung und betriebswirtschaftliche Bedeutung 283
20.2 Gliederung der Vorräte 284

	20.2.1 Rohmaterial	285
	20.2.2 Produkte oder Ware in Arbeit	285
	20.2.3 Fertigfabrikate	286
	20.2.4 Handelsware oder Handelsbestände	286
20.3	Vorräte bei Dienstleistungsunternehmen und in der Baubranche	286
20.4	Bewertung und Darstellung von Vorräten	287
20.5	Analyse	288
20.6	Offenlegung und relevante Standards	289
	20.6.1 Swiss GAAP FER	289
	20.6.2 IAS	290
20.7	Übungen	291

Kapitel 21 Rechnungsabgrenzung — 293

21.1	Charakterisierung der Positionen der Rechnungsabgrenzung	293
	21.1.1 Aktive Rechnungsabgrenzung	294
	21.1.2 Passive Rechnungsabgrenzung	296
21.2	Bewertung	299
21.3	Offenlegung	300
21.4	Analyse	301
21.5	Übungen	301

Kapitel 22 Sachanlagen — 303

22.1	Gliederung der Sachanlagen	305
22.2	Bewertung von Sachanlagen	306
	22.2.1 Bewertung auf der Grundlage der historischen Kosten	306
	22.2.2 Bewertung auf der Grundlage aktueller Werte	309
	22.2.3 Differenzierte Betrachtung der Bewertungsproblematik	313
	22.2.4 Vorgehen bei Wertminderungen	315
22.3	Offenlegung	316
22.4	Relevante Standards	317
	22.4.1 Swiss GAAP FER	317
	22.4.2 IAS	317
	22.4.3 EU-Richtlinie	318
	22.4.4 HGB	318
22.5	Übungen	319

Kapitel 23 Finanzanlagen — 321

23.1	Umfang der Finanzanlagen	321
23.2	Gliederung der Finanzanlagen	322
23.3	Bewertung von Finanzanlagen	323
	23.3.1 Forderungen	324
	23.3.2 Wertschriften	324
	23.3.3 Renditeliegenschaften	326
	23.3.4 Beteiligungen	327
	23.3.5 Übrige Finanzanlagen	333
23.4	Offenlegung	333
23.5	Übungen	334

Kapitel 24 Immaterielle Werte **337**
24.1 Behandlung von Goodwill in der Rechnungslegung 339
    24.1.1 Pooling of Interests 344
    24.1.2 Weitere Möglichkeiten für die Bilanzierung eines Aufpreises bei Akquisitionen 345
    24.1.3 Neueste Regelungen 345
24.2 Weitere immaterielle Werte 346
    24.2.1 Selbst erstellte immaterielle Werte 346
    24.2.2 Erworbene immaterielle Werte 347
24.3 Bilanzierung und Bewertung von immateriellen Werten 348
24.4 Offenlegung 350
24.5 Übungen 353

Kapitel 25 Kurzfristige Verbindlichkeiten **355**
25.1 Gliederung der kurzfristigen Verbindlichkeiten 357
25.2 Offenlegung 358
25.3 Relevante Standards 359
    25.3.1 Swiss GAAP FER 359
    25.3.2 IAS 360
    25.3.3 EU-Richtlinie 360
    25.3.4 HGB 361
25.4 Übungen 361

Kapitel 26 Langfristige Verbindlichkeiten **363**
26.1 Allgemeines zu den Verbindlichkeiten 364
26.2 Klassifizierung des langfristigen Fremdkapitals 365
26.3 Gliederungsfragen 366
26.4 Bewertung von langfristigen Finanzverbindlichkeiten 367
26.5 Offenlegung 369
26.6 Analyse 371
26.7 Relevante Standards 372
    26.7.1 Swiss GAAP FER 372
    26.7.2 IAS 372
    26.7.3 EU-Richtlinie 373
    26.7.4 HGB 373
26.8 Übungen 374

Kapitel 27 Leasing **375**
27.1 Wirtschaftliche Begründung und Eigenheiten von Leasinggeschäften 378
27.2 Möglichkeiten der Behandlung des Leasings 379
    27.2.1 Allgemeines 379
    27.2.2 Finanzierungsleasing und Operating Leasing 380
    27.2.3 Illustration des Leasings anhand von Beispielen 384
27.3 Sale-and-lease-back-Transaktionen 384
27.4 Relevante Standards 387
    27.4.1 Swiss GAAP FER 387
    27.4.2 IAS 387
27.5 Übungen 388

Kapitel 28 Rückstellungen ... 391
28.1 Elemente der Rückstellungen ... 392
28.2 Zeitpunkt und Umfang der Bildung von Rückstellungen ... 395
    28.2.1 Verpflichtung ... 396
    28.2.2 Bemessung der Rückstellung ... 397
28.3 Fälligkeit ... 400
28.4 Offenlegung ... 401
28.5 Analyse ... 403
28.6 Relevante Standards ... 406
28.7 Übungen ... 406

Kapitel 29 Eigenkapital ... 409
29.1 Definitionen für das Eigenkapital ... 410
29.2 Gliederung des Eigenkapitals ... 412
29.3 Bewertungsprobleme ... 415
29.4 Veränderung des Eigenkapitals ... 416
29.5 Transaktionen mit eigenen Aktien ... 423
29.6 Optionspläne ... 427
29.7 Offenlegung ... 432
29.8 Analyse ... 433
29.9 Relevante Standards ... 433
    29.9.1 IAS ... 433
    29.9.2 Swiss GAAP FER ... 434
    29.9.3 OR ... 434
29.10 Übungen ... 435

Kapitel 30 Ertrag aus Geschäftstätigkeit ... 439
30.1 Arten des Geschäftsertrages und Abgrenzungsfragen ... 440
30.2 Weitere Positionen des betrieblichen Ertrags ... 449
30.3 Offenlegung ... 451
30.4 Analyse ... 451
30.5 Relevante Standards ... 452
30.6 Übungen ... 452

Kapitel 31 Aufwand der Leistungserstellung ... 455
31.1 Charakterisierung der Aufwandpositionen ... 455
31.2 Materialaufwand ... 457
31.3 Personalaufwand ... 458
31.4 Diverser Betriebsaufwand ... 459
31.5 Offenlegung ... 460
31.6 Analyse ... 463
31.7 Relevante Standards ... 464
    31.7.1 IAS ... 464
    31.7.2 Swiss GAAP FER ... 465
31.8 Übungen ... 467

Kapitel 32 Finanzergebnis ... 469
32.1 Wichtigste Komponenten ... 469
32.2 Bewertung ... 474
32.3 Offenlegung ... 476
32.4 Analyse ... 480
32.5 Übungen ... 480

Kapitel 33 Besondere Positionen ... 483
33.1 Ausserordentliche Positionen ... 483
33.2 Änderungen von Rechnungslegungsgrundsätzen und Schätzgrössen ... 488
    33.2.1 Änderung von Schätzgrössen ... 489
    33.2.2 Änderung von Grundsätzen der Rechnungslegung ... 491
33.3 Offenlegung ... 492
33.4 Analyse ... 495
33.5 Relevante Standards ... 497
33.6 Übungen ... 498

Kapitel 34 Ertragssteuern ... 501
34.1 Grundsätzliches zu Steuern und Abgaben ... 501
34.2 Verhältnis von Rechnungslegungsnormen und Steuerrecht ... 503
34.3 Berechnung der Ertragssteuern für den Jahresabschluss ... 507
    34.3.1 Laufende Ertragssteuern ... 507
    34.3.2 Latente Ertragssteuern aufgrund unterschiedlicher Bewertungsansätze ... 508
    34.3.3 Latente Ertragssteuern aufgrund besonderer Steuersätze für Kapitalgewinne ... 510
    34.3.4 Verlustvorträge ... 511
34.4 Offenlegung ... 512
34.5 Analyse ... 514
34.6 Relevante Standards ... 515
    34.6.1 IAS 12 (Auszüge) ... 515
    34.6.2 Swiss GAAP FER 11 ... 516
34.7 Übungen ... 517

Kapitel 35 Altersvorsorge ... 519
35.1 Systeme der Altersvorsorge ... 519
35.2 Bilanzierung und Bewertung bei der Arbeitgeberfirma ... 525
35.3 Offenlegung ... 526
35.4 Analyse ... 529
35.5 Relevante Standards ... 530
    35.5.1 IAS ... 530
    35.5.2 Swiss GAAP FER ... 531
35.6 Übungen ... 533

Kapitel 36 Transaktionen mit nahe stehenden Personen ... 535
36.1 Definitionen und Bestimmungen ... 535
36.2 Geschäftsbeziehungen ohne Auswirkungen bezüglich Offenlegung ... 538
36.3 Bewertungsfragen ... 540
36.4 Beherrschende Stellung ... 540

36.5 Bezüge, Finanzierung und Anteilsbesitz von Aufsichts- bzw.
Verwaltungsräten oder Mitgliedern der Geschäftsleitung 541
36.6 Offenlegung 543
36.7 Analyse 546
36.8 Relevante Standards 547
    36.8.1 IAS 547
    36.8.2 Swiss GAAP FER 548
36.9 Übungen 549

Kapitel 37 Ausserbilanzgeschäfte 551
37.1 Ausgangslage 551
37.2 Einzelne Kategorien von Verpflichtungen 552
37.3 Eventualverbindlichkeiten und Besicherung eigener Verbindlichkeiten ... 555
37.4 Offenlegung 557
37.5 Relevante Standards 561
    37.5.1 IAS 561
    37.5.2 Swiss GAAP FER 562
37.6 Übungen 564

Kapitel 38 Wertschöpfungsrechnung 567
38.1 Allgemeines zur Wertschöpfungsrechnung 567
38.2 Entstehung der Wertschöpfung 568
38.3 Verteilung der Wertschöpfung 569
38.4 Offenlegung 570
38.5 Übungen 572

Kapitel 39 Jahresbericht 575
39.1 Allgemeines 575
39.2 Gliederung und Inhalt des Jahresberichts 576
39.3 Risikoanalyse 581
39.4 Relevante Standards 582
    39.4.1 IAS 582
    39.4.2 OR 583
    39.4.3 EU-Richtlinien 583
39.5 Übungen 584

Literaturverzeichnis 587

Abkürzungsverzeichnis 589

Stichwortverzeichnis 593

Der Autor 611

Inhaltsverzeichnis

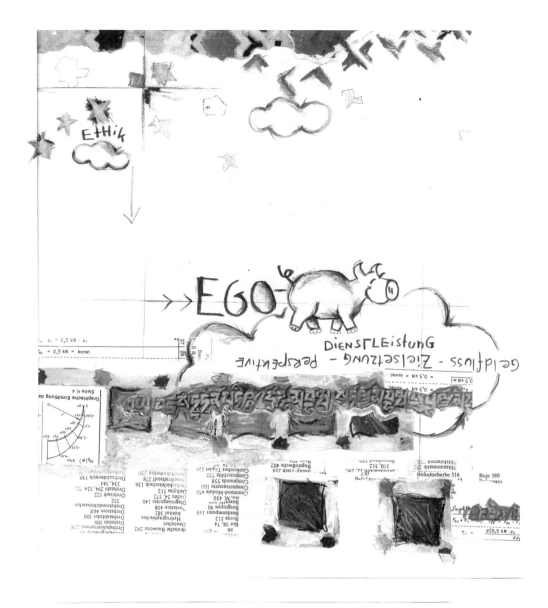

Teil A
Einstieg und Übersicht

Inhalt	
1 Einleitung	23
2 Rechnungslegung – Informations- und Entscheidungsfindung	43
3 Zielsetzung der Rechnungslegung	55
4 Agency-Modell und Interessenskonflikte	65
5 Anforderungen an die Qualität der Informationen	69
6 Grundlagen und Grundsätze der Rechnungslegung	73
7 Weitere Aspekte der Rechnungslegung	91
8 Berufsstand und Perspektiven der Berufswahl in der Rechnungslegung	103
9 An die Rechnungslegung angrenzende Fachbereiche	109
10 Volkswirtschaftliche, politische und gesellschaftliche Aspekte	119
11 Rechnungslegung, Wirtschaftsethik und Corporate Governance	127
12 Kritische Würdigung der Rechnungssysteme von Unternehmen	131

Kapitel 1
Einleitung

Lernziele
■ Kenntnis der Bestandteile der Rechnungslegung ■ Darstellung der Stufenordnung der Rechnungslegung ■ Kenntnis der Aufgaben und Regeln der Buchführung

1.1 Berichterstattung über die wirtschaftliche Lage

Mit Blick auf Ihre Altersvorsorge entscheiden Sie sich für eine private, langfristige Investition in Aktien. Weil es sich um einen relativ kleinen Betrag handelt und Sie gleichzeitig eigene Erfahrungen mit der Beurteilung von Firmen machen möchten, haben Sie sich aufgrund der Empfehlungslisten verschiedener Banken die Geschäftsberichte von fünf Konzernen besorgt, die für Sie in die engere Wahl kommen. Entsprechende Informationen finden Sie auf den Webpages der meisten Publikumsgesellschaften.[1] Beim Durchblättern dieser Unterlagen finden Sie:

---

1 In der Folge soll vor allem mit den Geschäftsberichten von Novartis (www.novartis.com), Nestlé (www.nestle.com), DaimlerChrysler (www.daimlerchrysler.com), Georg Fischer (www.georg-fischer.com) und Siemens (www.siemens.de) gearbeitet werden.

- einen Bericht über den Geschäftsgang und die Geschäftsaussichten, unterzeichnet vom Chief Executive Officer (CEO) und vom Präsidenten des Verwaltungsrates,
- einen Vergleich wichtiger Kennzahlen über die letzten zehn Jahre,
- einen Bericht über die verschiedenen Bereiche des Konzerns,
- eine Erfolgsrechnung,
- eine Bilanz,
- eine Geldflussrechnung,
- einen Anhang zur Konzernrechnung,
- einen Bericht der Wirtschaftsprüfer sowie
- die Jahresrechnung der obersten Dachgesellschaft des Konzerns.

Die Fülle von Informationen erschwert Ihnen den Überblick. Zwar möchten Sie Daten über die Entwicklung in der Vergangenheit, vor allem aber Angaben über die Aussichten der einzelnen Konzerne für die kommenden Jahre erhalten. Dieser Aufgabe widmet sich die Finanzanalyse. Im Vordergrund stehen Angaben über den relevanten Markt (Wachstum, Konkurrenzverhältnisse, Margen etc. in den einzelnen Branchen), das Management und die wirtschaftliche Lage. Finanzkennzahlen geben Auskunft über die wirtschaftliche Lage des analysierten Unternehmens: der Betriebsgewinn gemessen am Umsatz, die Rendite des Eigenkapitals, der Anteil der verzinslichen Schulden am Gesamtkapital, die Entwicklung der

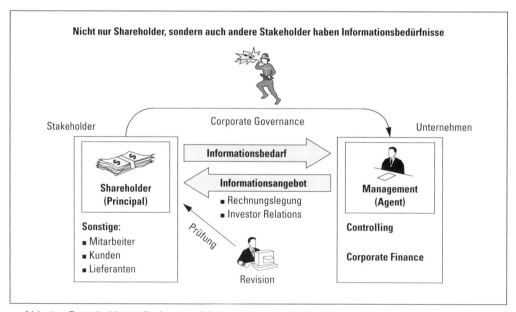

▲ Abb. 1   Entscheidungsfindung und Informationsbedarf

Liquidität oder das Verhältnis zwischen den durch die Geschäftstätigkeit erarbeiteten Geldmitteln und den für Investitionen oder zur Rückzahlung von Schulden verwendeten Mitteln.

Diese Suche nach Informationen mit Blick auf eine Entscheidung, in diesem Fall für die Auswahl bestimmter Aktien im Rahmen eines Investitionsplanes, deckt sich mit den Bedürfnissen vieler anderer Kreise, die in irgendeiner Form mit diesen Unternehmen zu tun haben (vgl. ◄ Abb. 1). Dabei spielt es keine Rolle, ob die Entscheidung auf einen Verkauf, eine Weiterführung bestimmter Investitionen oder einen Kauf bzw. eine Zusammenführung (Fusion) von ganzen Unternehmen, Unternehmensteilen oder auch nur einzelnen Anteilen (Aktien, Anleihen) ausgerichtet ist. Es geht immer um

- Informationen
- über die wirtschaftliche Lage eines Unternehmens
- mit Blick auf eine Entscheidungsfindung.

Die Rechnungslegung oder Berichterstattung von Unternehmen spielt in diesem Prozess der Informationsbeschaffung eine zentrale Rolle. **Definition und Zielsetzung der Rechnungslegung** reduzieren sich auf diese Konstellation. Die meisten nationalen oder internationalen Konzepte der Rechnungslegung gehen von dieser Zielsetzung aus, so beispielsweise die International Accounting Standards IAS (heute IFRS, vgl. Framework IASC Par. 12):

> Zielsetzung von Abschlüssen ist es, Informationen über die Vermögens-, Finanz- und Ertragslage sowie Veränderungen in der Vermögens- und Finanzlage eines Unternehmens zu geben, die für einen weiten Adressatenkreis bei dessen wirtschaftlichen Entscheidungen nützlich sind. (Framework IASC Par. 12)

Die Jahresrechnung eines Konzerns oder eines Unternehmens ist nur ein Beispiel aus der Vielzahl von Informationen, welche für die Beurteilung der wirtschaftlichen Lage zur Verfügung stehen. Kotierte Firmen müssen auch während des Jahres pro Semester oder pro Quartal so genannte Zwischenberichte veröffentlichen. Bei wichtigen Vorgängen, die einen Einfluss auf die Kursentwicklung haben können, gelten zudem zusätzliche Informationspflichten (Ad-hoc-Publizität). Diese Überlegungen betreffen auch nicht gewinnstrebige Organisationen oder das Gemeinwesen.

Die Zielsetzung der Rechnungslegung allein genügt nicht, um den Investoren vernünftige und genügende Informationen zu sichern. Die Investoren möchten beispielsweise verschiedene Publikumsfirmen miteinander vergleichen und die einzelnen Unternehmen auch über eine längere Periode direkt beurteilen können. Dies führt zu Forderungen wie

- **Vergleichbarkeit** *(comparability)* der Rechnungslegung verschiedener Unternehmen und
- **Stetigkeit** (Kontinuität) der Daten über mehrere Vergleichsperioden.

Diese und andere Forderungen werden als **Grundsätze einer ordnungsmässigen Rechnungslegung (GoR)** bezeichnet.

Vor allem im Zusammenhang mit der Unternehmensbewertung spielt es eine Rolle, ob ein Betrieb weitergeführt wird oder ob damit zu rechnen ist, dass das Unternehmen als Ganzes oder einzelne Teile davon stillgelegt werden. Kundenforderungen (Debitoren) beispielsweise werden bei Fortführung der Unternehmenstätigkeit in aller Regel ohne weiteres bezahlt. Im Zusammenhang mit einer Konkurseröffnung oder einer Nachlassstundung dagegen werden sich Kunden unter Umständen mit Hinweis auf angebliche Mängel, Garantieverpflichtungen des Lieferanten etc. gegen eine sofortige Zahlung oder eine vollumfängliche Begleichung ihrer Verpflichtungen zur Wehr setzen. Bei einer Anlagebaufirma sind die angefangenen, aber nicht fertig gestellten Projekte für Kunden (Ware in Arbeit, Halbfabrikate, unfertige Erzeugnisse etc.) im Falle einer Einstellung des Betriebes wesentlich weniger wert, als wenn die Unternehmenstätigkeit normal fortgeführt wird. Da möglicherweise durch die Betriebseinstellung wesentliches Know-how verloren geht, eine Weiterführung der Arbeit durch Dritte einen grossen Initialaufwand auslöst und der neue Partner für seine Garantieverpflichtungen entsprechend entschädigt sein will, wird der Besteller einer solchen sich noch in Fertigung befindlichen Anlage wahrscheinlich nicht einmal die direkten Material- und Fertigungskosten entsprechend dem aktuellen Fertigungsgrad bezahlen, um diese Ware in Arbeit zu übernehmen. Umgekehrt kann eine Betriebsliegenschaft an bester Lage nach Einstellung der Fertigung wegen des Konkurses möglicherweise für einen wesentlich höheren als den bilanzierten Betrag veräussert werden. Sogar bei betriebswirtschaftlicher Betrachtung dürfte der Nutzwert dieser Liegenschaft für die bisherige Geschäftstätigkeit tiefer sein als ihr Marktwert, beispielsweise für eine Nutzung als Bürohaus, weil dann der Standort eine grössere Rolle spielt.

Diese Überlegungen unterstreichen die Notwendigkeit gewisser grundlegender Annahmen, die von Unternehmen sowie Wirtschaftsprüfern ebenso wie von allen Adressaten akzeptiert werden. Man spricht auch von **Grundlagen der Rechnungslegung** oder *fundamental assumptions*. Im Vordergrund steht die Prämisse, dass die Berichterstattung und insbesondere die Bewertung ausgehend von der Annahme der **Fortführung der Unternehmenstätigkeit (Going Concern)** erfolgt.

Die Rechnungslegung oder Berichterstattung kann somit stufenweise (vgl. ▶ Abb. 2) definiert und charakterisiert werden:

- **Definition und Zielsetzung:** Vermitteln von Informationen über die wirtschaftliche Lage zuhanden von Adressaten, insbesondere Investoren, welche gestützt

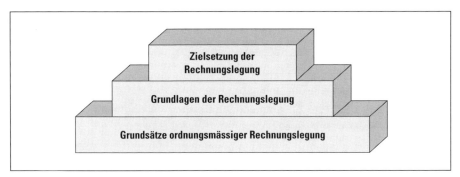

▲ Abb. 2   Stufenordnung der Rechnungslegung

darauf Entscheidungen treffen. Die Berichterstattung muss die wirtschaftliche Lage mit Blick auf die Entscheidungsfindung der Akteure (vor allem der Investoren) wirklichkeitsgetreu darstellen. Diese Forderung wird auch als *fair presentation, true and fair view* oder als *image fidèle* bezeichnet.

- Die Berichterstattung erfolgt, soweit den Adressaten nichts anderes aufgezeigt wird, ausgehend von der Überlegung, dass das Unternehmen auf absehbare Zeit weitergeführt wird. Es gilt die **Annahme der Fortführung der Unternehmenstätigkeit,** die *fundamental assumption* eines **Going Concern**.
- Die Regeln für einzelne Aspekte der Berichterstattung sind durch den Gesetzgeber oder ein Regulierungsgremium zu konkretisieren. Gewisse Überlegungen, die **Grundsätze ordnungsmässiger Rechnungslegung,** gelten aber auf jeden Fall. Im Vordergrund stehen die Forderungen nach Stetigkeit in der Darstellung und Bewertung und nach Vergleichbarkeit auch über Branchengrenzen hinweg.

Die Rechnungslegung (vgl. ▶ Abb. 3) umfasst einerseits die Präsentation der Ergebnisse einer Vielzahl von Transaktionen in den drei Bestandteilen Bilanz, Erfolgsrechnung und Geldflussrechnung. Im Anhang werden andererseits zusätzliche Informationen vermittelt, welche die Daten aus den drei anderen Bestandteilen entweder erläutern oder präzisieren. Zudem enthält der Anhang weitere Angaben, welche in den anderen Bestandteilen der Jahresrechnung nicht oder nicht in sachgemässer Form ausgedrückt werden können. Die **Erstellung der Jahresrechnung** kann somit charakterisiert werden:

- einerseits als Aufbereitung der Ergebnisse der verschiedenen Transaktionen (vgl. dazu die Ausführung zum Rechnungswesen sowie zur Buchführung oder Buchhaltung in Abschnitt 1.2.1) und
- andererseits als Ergänzung dieser Angaben durch zusätzliche Darstellungen wie beispielsweise die Geldflussrechnung und die Zusammenfassung von wichtigen, in den einzelnen Bestandteilen der Bilanz und Erfolgsrechnung nicht vermittelbaren Informationen.

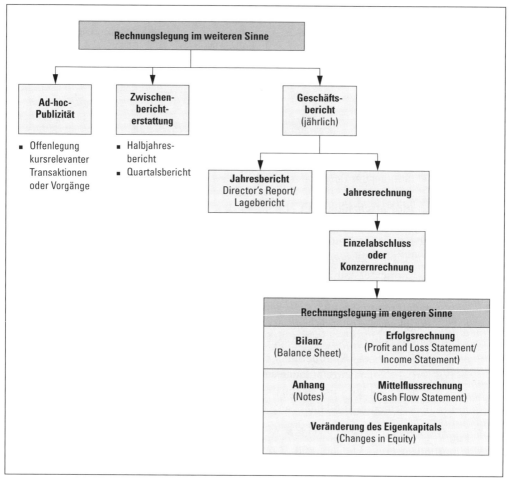

▲ Abb. 3   Bestandteile der Rechnungslegung

Abschnitt 1.2 vermittelt einen Überblick über die Erfassung und Verarbeitung der Vielzahl von Geschäftsvorgängen oder Transaktionen im Rechnungswesen (bzw. mit Hilfe der Buchhaltung). Die Erstellung eines Abschlusses, insbesondere die Aufbereitung von Bilanz (Kapitel 14) und Erfolgsrechnung (Kapitel 15), die Erarbeitung zusätzlicher Bestandteile wie Geldflussrechnung (Kapitel 17) und Wertschöpfungsrechnung (Kapitel 38) werden ebenso wie die weiteren Gestaltungsmöglichkeiten beispielsweise im Zusammenhang mit Investor Relations oder mit der Erfüllung von Pflichten aufgrund der Bestimmungen des Kapitalmarktes jeweils in eigenen Kapiteln behandelt.

1.2 Erfassung und Verarbeitung von Daten und Transaktionen

1.2.1 Einleitende Bemerkungen

Beispiel A: Ein Unternehmen bestellt bei einem Lieferanten Bestandteile für die eigene Fertigung. Die bestellte Ware wird mit einem Lieferschein angeliefert, und einige Tage später erhält das Unternehmen eine entsprechende Rechnung (Faktura). Die Rechnung wird unter Nutzung des Skontoabzuges innerhalb von 10 Tagen nach Eingang der Rechnung bezahlt.

Beispiel B: Ein Unternehmen hat zu Beginn des Jahres eine Maschine angeschafft, die während mindestens 5 Jahren im Betrieb eingesetzt werden soll. Der Wertverzehr infolge Nutzung der Maschine wird durch Abschreibungen berücksichtigt und als Teil der Herstellkosten den Verkaufserlösen des Produktes gegenübergestellt. Die Abschreibung wird in aller Regel am Ende einer Periode (am Ende eines Monates oder am Ende eines Jahres) verbucht.

Dies sind typische Transaktionen in einem Unternehmen. Der für den Kauf der Bestandteile vereinbarte Preis beeinflusst die Herstellkosten für die eigenen Produkte. Der Skontoabzug ist je nach Betrachtungsweise eine Reduktion im Materialaufwand oder ein Ertrag auf den flüssigen Mitteln (als Gegenstück zum Zinsertrag aus der Anlage dieser Mittel am Geldmarkt, wenn sie nicht für eine im Vergleich zum normalen Zahlungsziel für Lieferantenrechnungen von beispielsweise 30 Tagen frühere Begleichung der Verpflichtungen verwendet würden). Der Zahlungsausgang selber beeinflusst den Bestand an flüssigen Mitteln (oder erhöht bei Zahlungen zu Lasten eines Bankkredites die Nettoverschuldung). Alle diese Informationen sind für die spätere Kommunikation des Unternehmens mit Investoren oder anderen Adressaten von Bedeutung. Die **Rechnungslegung** zeigt aber nur das Ergebnis einer Vielzahl von Transaktionen und kann als eine Art Output, als Berichterstattung bezeichnet werden.

Das **Rechnungswesen** dagegen hat die Aufgabe, in einem Unternehmen Transaktionen und Bestände oder ganz allgemein Daten für die Informationsbedürfnisse der Unternehmensführung systematisch zu erfassen und aufzuarbeiten. Für die Lösung dieser Aufgabe steht die Buchführung (Buchhaltung) im Vordergrund. Die **Buchhaltung** registriert die Transaktionen zwischen einem Unternehmen und seiner Umwelt (oder Transaktionen innerhalb eines Unternehmens bzw. eines Konzerns). Dabei werden diese Transaktionen dokumentiert sowie für die Analyse und Auswertung bereitgestellt. Anstelle der Bezeichnung **Finanzbuchhaltung** oder Buchführung verwendet beispielsweise der schweizerische Gesetzgeber den Ausdruck **kaufmännische Buchführung** (u.a. in Art. 957f. OR) oder **Rechnungswesen** (Art. 716 a OR).

Neben der Finanzbuchhaltung ist auch die **Betriebsbuchhaltung** von Bedeutung. Sie dient internen Zwecken und befasst sich mit der Zuordnung von Kostenarten (z.B. Lohnkosten oder Materialkosten) auf bestimmte Kostenstellen (z.B. einen bestimmten Fertigungsbereich wie den Werkzeugbau) und auf Kostenträger (z.B. eine Produktgruppe oder eine bestimmte Dienstleistung). Aufgrund einer Betriebsdatenerfassung (direkt bei bestimmten Maschinen, mit Hilfe von manuellen Eingaben während der Produktion etc.) werden dabei auch die Daten für eine Kalkulation im Voraus (Vorkalkulation) oder im Nachhinein (Nachkalkulation) erfasst.

Beide Buchhaltungen, die Finanzbuchhaltung und die Betriebsbuchhaltung, erfassen also Transaktionen. In beiden Systemen werden die Resultate dieser Transaktionen nach einem bestimmten Schema zusammengefasst und ausgewertet. Die Datenerfassung und -verarbeitung kann als eine Art Zyklus betrachtet werden. Die Buchhaltungs- oder Transaktionszyklen entsprechen weitgehend jenen Abläufen, welche für die Revision (Wirtschaftsprüfung) im Rahmen der Überprüfung der internen Kontrolle unterschieden werden (mit dem internen Kontrollsystem eines Unternehmens wird unter anderem die Zuverlässigkeit und Vollständigkeit der Buchführung sowie die zeitgerechte Rechnungslegung, d.h. Berichterstattung mit zuverlässigen finanziellen Informationen sichergestellt).

1.2.2	**Buchungstechnik**

Die an sich einfachen Vorgänge aus den Beispielen A und B führen zu mehreren Buchungen. Je nach System sind unterschiedliche Vorgehensweisen denkbar. Für beide Beispiele, einerseits für Waren (Beispiel A) und andererseits für Maschinen (Beispiel B), sollen die Erfassung in der Buchhaltung und die als Ergebnis einer Vielzahl ähnlicher Transaktionen am Jahresende resultierende Berichterstattung dargestellt werden.

Beispiel A: Eine mögliche Lösung besteht darin, die Bestellung nicht zu erfassen (oder nur in einer Bestellstatistik beim Einkauf). Bei Eingang der Ware geht der Lieferschein nach Kontrolle der Ware (Menge und Qualität) in die Buchhaltungsabteilung (allenfalls besteht eine organisatorische oder personell selbstständige Kreditorenbuchhaltung). Damit wird sichergestellt, dass sowohl der Wareneingang (Erhöhung Warenbestand, weil auch bei modernen Zuliefermethoden mit direkter Weiterverarbeitung angelieferter Waren [Just-in-Time-Produktion] der Zugang zuerst einmal als Lagererhöhung erfasst wird) als auch die Verpflichtung gegenüber dem Lieferanten (Lieferanten/Kreditoren) erfasst werden. In kleineren Verhältnissen werden die noch nicht beglichenen Verpflichtungen pendent gehalten und erst bei Zahlung verbucht, bzw. am Jahresende, sofern sie noch zur Zahlung offen sind, als

Verpflichtungen erfasst (sog. Offene-Posten-Buchhaltung). Nach Eingang der Faktura (sofern die Fakturierung nicht direkt mit der Lieferung erfolgt bzw. die Faktura nicht eine Kopie des Lieferscheines ist) muss die Übereinstimmung zwischen Faktura und Lieferschein überprüft werden. Soweit noch nicht erfolgt, wird nun die Faktura (dies gilt nicht für die Offene-Posten-Buchhaltung) als Verpflichtung erfasst. Aus diesem ersten Teil der Transaktion – dem Lagereingang (im Beispiel wird eine Bestellung und Lieferung von 80 000 verbucht) – ergibt sich folgende Buchung:

| Warenbestand | / Lieferanten/Kreditoren | 80 000 |

Im Zeitpunkt der Zahlung muss der Geldabfluss zur Begleichung der Schuld festgehalten werden. Dies erfolgt in der Regel durch die folgende Buchung:

| Lieferanten/Kreditoren | / Flüssige Mittel | 80 000 |

Alle in diesem Beispiel angesprochenen Konten sind der Bilanz zuzuordnen.

Beispiel B: Hier sind der Kauf der Maschine für 1 000 000, die Zahlung der entsprechenden Faktura und zusätzlich der Wertverzehr durch die Nutzung über fünf Jahre, der so genannte Abschreibungsaufwand, zu erfassen. Die entsprechenden Buchungen lauten:

| Maschinen | / Kreditoren | 1 000 000 |
| Kreditoren | / Flüssige Mittel | 1 000 000 |

Zudem am Ende eines Geschäftsjahres (bei einer kürzeren Berichtsperiode ist die Jahresquote aufzuteilen):

| Abschreibungsaufwand | / Maschinen | 200 000 |

Die Buchungen auf die Konten Maschinen, Kreditoren und flüssige Mittel betreffen die Bilanz. Der Abschreibungsaufwand ist über ein Konto der Erfolgsrechnung zu erfassen.

Die Kumulation solcher Transaktionen und ihrer Verbuchung verändern im Laufe der Zeit die einzelnen Positionen ganz erheblich. Das folgende **Beispiel C** zeigt, ausgehend von einer Gegenüberstellung von Vermögenswerten und Verpflichtungen zu Beginn der Periode (man spricht hier von Eröffnungs- oder Eingangsbilanz), wie sich mehrere Transaktionen auswirken. Zuerst sind die einzelnen Transaktionen zu verbuchen. Anschliessend sind die auf den einzelnen Konten verbleibenden Beträge oder Bestände (Saldo der einzelnen Konten, Saldo- oder Rohbilanz) für die Berichterstattung aufzubereiten. Der erste Aufgabenblock ist dem Bereich Rechnungswesen zuzuordnen. Die anschliessende Aufgabenstellung gehört bereits zur Rechnungslegung.

Beispiel C: Ein Unternehmen hat folgende Vermögenswerte (Aktiven), Verpflichtungen und eigene Mittel (Passiven) in der Eröffnungsbilanz:

Aktiven		Passiven	
Bank	50	Lieferanten/Kreditoren	250
Kundenforderungen/Debitoren	30	Übrige Kreditoren	30
Handelsware	500	Eigene Mittel	600
Maschinen/Einrichtungen	300		
Total	**880**	**Total**	**880**

Aufgrund des Systems der **doppelten Buchhaltung** muss jede Transaktion, sofern sie zu einer Buchung führt, konsequent auf zwei Konten erfasst werden. Zusätzlich zur Bilanz mit den Aktiven und Passiven wird für die Kontenführung die Erfolgsrechnung im Sinne einer Zeitraumrechnung mit Konten über Aufwendungen und Erträge benötigt. Spricht nun eine Buchung einmal ein Bilanzkonto und einmal ein Erfolgsrechnungskonto an, so wird durch diese Buchung der Gesamterfolg (Reingewinn) verändert. Der entsprechende Geschäftsvorfall ist somit **erfolgswirksam**. Werden dagegen lediglich Bilanzkonten angesprochen, ist der Vorfall **erfolgsneutral**.

In der Geschäftsperiode sind folgende Vorfälle registriert worden:

1. Verkauf von Waren aus eigenen Beständen gegen Rechnung mit einem Verkaufspreis von 200; der Gegenwert im Warenlager beträgt 150
2. Einkauf von Handelswaren (Ware geht an Lager) mit einem Wert von 80
3. Zahlungen an Lieferanten für früher gelieferte Waren im Betrag von 90
4. Zahlungseingänge von Kunden für früher fakturierte Waren im Betrag von 70
5. Aufnahme eines Kredites bei einem Geschäftspartner im Betrag von 100
6. Anschaffung von Einrichtungen im Betrag von 120
7. Abschreibung von 10 % auf dem zu Beginn der Periode bilanzierten Wert der Maschinen

Die buchhalterische Erfassung dieser Vorgänge lautet wie folgt (in Klammer: Beleg für den Nachweis der Transaktion oder des Bestandes):

1	Kundenforderungen	/ Umsatz	200 (Faktura)
sowie:	Warenaufwand	/ Warenlager	150 (Lieferschein)
2	Warenlager	/ Lieferanten/Kreditoren	80 (Lieferschein/Faktura)
3	Lieferanten/Kreditoren	/ Bank	90 (Bankbeleg)
4	Bank	/ Kundenforderungen	70 (Bankbeleg)
5	Bank	/ Übrige Kreditoren	100 (Vertrag/Bankbeleg)
6	Maschinen/Einrichtungen	/ Lieferanten/Kreditoren	120 (Faktura)
7	Abschreibungsaufwand	/ Maschinen/Einrichtungen	30 (Interner Beleg)

Als Saldo- oder Rohbilanz ergibt sich am Schluss der Periode:

Aktiven		Passiven	
Bank	130	Lieferanten/Kreditoren	360
Kundenforderungen/Debitoren	160	Übrige Kreditoren	130
Warenlager	430	Eigene Mittel (zu Beginn der Periode)	600
Maschinen und Einrichtungen	390	Gewinn der Periode	20
Total	**1 110**	**Total**	**1 110**

In der Erfolgsrechnung erscheinen die Abschreibung sowie der Warenausgang als Aufwand, der Umsatz als Ertrag.

Aufwand		Ertrag	
Warenaufwand	150	Umsatz	200
Abschreibungen	30		
Gewinn der Periode	20		
Total	**200**	**Total**	**200**

Im Rahmen der Rechnungslegung sind nun die einzelnen Positionen in der Bilanz sowie in der Erfolgsrechnung sachgerecht zusammenzufassen und einzugliedern. Anschliessend ist die Bewertung der Positionen zu überprüfen. In einem weiteren Schritt sind für den Anhang Angaben über die verwendeten Rechnungslegungs- und Bewertungsgrundsätze, allenfalls Einzelheiten zu bestimmten Positionen sowie weitere Angaben, die weder in der Bilanz noch in der Erfolgsrechnung vermittelt werden können, festzuhalten. Zudem (für die Lösung von Beispiel C wird dies nicht ausgeführt) müsste eine Geldflussrechnung erarbeitet werden. Für die Lösung wurde davon ausgegangen, dass keine weiteren Bewertungskorrekturen notwendig sind.

Beispiel C (Fortsetzung): Die Gesellschaft möchte ihre Jahresrechnung zukünftig auf Grundlage der Swiss GAAP FER erstellen. Bisher galten die folgenden Bewertungsgrundsätze:

- Bei den Kundenforderungen wird möglichen Zahlungsausfällen durch Wertberichtigung der einzelnen betroffenen Guthaben (sog. Einzelwertberichtigung) Rechnung getragen. Zudem wird eine pauschale Wertberichtigung (d.h. unabhängig von einer konkreten Gefährdung einzelner Guthaben) von 5 % auf inländischen und 10 % auf ausländischen Kundenforderungen vorgenommen.
- Die Handelsware wird zum Einstandspreis oder zum Marktpreis bewertet, je nachdem, welcher tiefer ist. Zudem wird eine pauschale Wertberichtigung im Umfang von einem Drittel des Wertes vorgenommen.
- Maschinen und Einrichtungen werden linear über die Nutzungsdauer abgeschrieben. Die Nutzungsdauer für Maschinen beträgt vier bis acht Jahre, für Einrichtungen fünf bis zehn Jahre.

Welcher Handlungsbedarf ergibt sich mit Sicht auf die Bewertung in einer Rechnungslegung gemäss Swiss GAAP FER, welche ein den tatsächlichen Verhältnissen entsprechendes Bild der Vermögens-, Finanz- und Ertragslage *(true and fair view)* zu vermitteln hat?

Um den Anforderungen einer *true and fair view* zu entsprechen, müssen folgende Elemente der bisherigen Bewertungsgrundsätze angepasst werden:

- Die pauschalen Wertberichtigungen von 5% bzw. 10% basieren auf steuerrechtlichen Vorschriften. Gemäss Swiss GAAP FER (5/4) müssen Wertberichtigungen jedoch nach betriebswirtschaftlichen Kriterien ermittelt werden. Daher sollten pauschale Wertberichtigungen anhand statistischer Erhebungen über das Ausfallrisiko von Forderungsgruppen oder ähnlicher Verfahren und nicht nach steuerrechtlichen Kriterien gebildet werden.
- Die pauschale Wertberichtigung im Umfang von einem Drittel des Warenwertes (sog. «Warendrittel») entspringt ebenfalls der Steueroptimierung. Wertberichtigungen auf Waren sind dagegen gemäss Swiss GAAP FER (17/2 sowie 17/4) nur dann zu erfassen, wenn der Marktpreis («realisierbarer Veräusserungswert») tiefer liegt als der Einstandspreis («Anschaffungs- oder Herstellkosten»).

1.2.3 Klassifikation der Buchungen

Die Beispiele zeigen, wie je nach Transaktion die resultierende Buchung nur Konten der Bilanz, Konten von Bilanz und Erfolgsrechnung oder nur Konten der Erfolgsrechnung anspricht. Die wichtigsten Vorgänge sind schematisch in ▶ Abb. 4 und 5 dargestellt.

Die Erfassung von Transaktionen in der Buchhaltung muss immer durch Belege (Dokumente) untermauert werden. Ohne diese Dokumentation wäre es im Nachhinein nicht möglich, die Herkunft und die Richtigkeit der Daten zu überprüfen bzw. nachzuvollziehen.

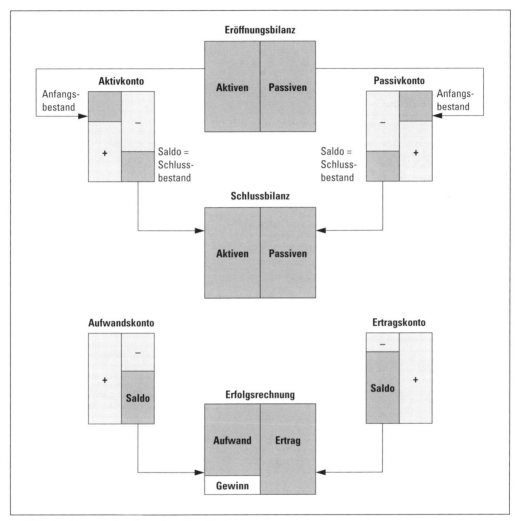

▲ Abb. 4　System der doppelten Buchhaltung

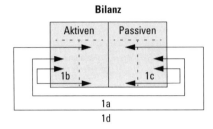

1. Bilanzkonto an Bilanzkonto: immer erfolgsunwirksam

1a: Aktivkonto an Passivkonto (Bilanzverlängerung)
  Bank an Anleihe (Aufnahme von Kapital)
1b: Aktivkonto an Aktivkonto (Aktivtausch)
  Bank an Debitoren (Eingang Kundenzahlungen)
1c: Passivkonto an Passivkonto (Passivtausch)
  Anleihen an Aktienkapital (Wandel von FK in EK)
1d: Passivkonto an Aktivkonto (Bilanzverkürzung)
  Gewinn an Bank (Ausschüttung Dividende)

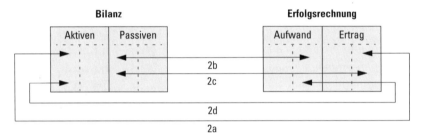

2. Bilanzkonto an Erfolgskonto: immer erfolgswirksam – positive Wirkung

2a: Aktivkonto an Ertragskonto
  Verkauf von Handelswaren
2b: Passivkonto an Aufwandskonto
  Nachträglicher Rabatt auf eingekaufte Waren
2c: Passivkonto an Ertragskonto
  Warengutschrift eines Lieferanten
2d: Aktivkonto an Aufwandskonto
  Ausbezahlen in bar eines Rabatts durch einen Lieferanten

▲ Abb. 5   Buchungssätze

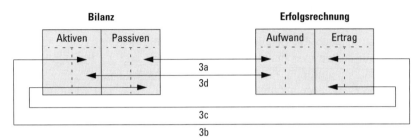

3. Erfolgskonto an Bilanzkonto: immer erfolgswirksam – negative Wirkung

3a: Aufwandskonto an Passivkonto
Wareneinkauf zahlbar innerhalb von 30 Tagen
3b: Ertragskonto an Aktivkonto
Nachträglich an Kunden gewährter Rabatt
3c: Ertragskonto an Passivkonto
Nachträglich gewährter Rabatt ohne ausstehende Forderung
3d: Aufwandskonto an Aktivkonto
Barer Wareneinkauf

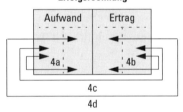

4. Erfolgskonto an Erfolgskonto: immer erfolgsunwirksam

Solche Buchungen sind in der Praxis seltener und entstehen meist bei internen Verrechnungen oder Umbuchungen (Abschreibungen an Betriebsaufwand von geringwertigen Anschaffungen statt Erfassung als Betriebsaufwand).

▲ Abb. 5 Buchungssätze (Forts.)

1.2.4 Hilfsbuchhaltungen, Kontenrahmen und Kontenplan

Je nach Grösse und Bedeutung des Unternehmens können einzelne Bereiche organisatorisch aus der Buchhaltung ausgegliedert und separat geführt werden. Dies trifft häufig zu für die Erfassung der Kundenforderungen (Debitoren) und Lieferantenverpflichtungen (Kreditoren) in entsprechenden Debitoren- bzw. Kreditorenbuchhaltungen. Auch der Verkehr in der Kasse wird meistens in einem Kassabuch separat erfasst. Weitere Beispiele für **vorgelagerte Buchungssysteme (Hilfsbuchhaltungen)** sind die Lohnbuchhaltung sowie die Anlagenbuchhaltung. Das Zusammenspiel zwischen den verschiedenen Hilfsbuchhaltungen und der eigentlichen Finanzbuchhaltung wird in ▶ Abb. 6 verdeutlicht.

Die Erfassung der Transaktionen und Bestände in der Buchhaltung wird für einzelne Branchen oder auch für ganze Länder mit Hilfe von so genannten **Kontenrahmen** systematisiert. Diese Kontenrahmen ordnen mit Hilfe der Dezimalklassifikation bestimmte Konten zum Beispiel der Aktivseite der Bilanz oder der Ertragsseite der Erfolgsrechnung zu. Die Umsetzung des Kontenrahmens für ein bestimmtes Unternehmen führt zu einem detaillierten **Kontenplan,** in dem alle Einzelkonten aufgeführt sind. Die Transaktionen werden in der Buchhaltung in aller Regel nach dem System der doppelten Buchhaltung, bei dem jeder Buchungstatbestand doppelt erfasst wird, registriert. Die entsprechende Erfassung wird einmal durch eine Buchung im Soll (oder auf der linken Seite des Kontenkreuzes)

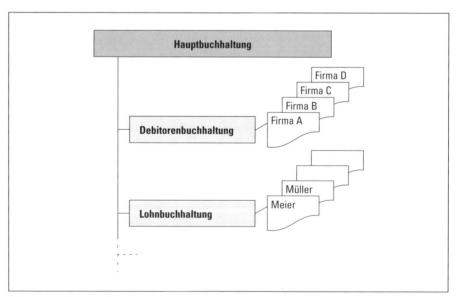

▲ Abb. 6 Zusammenhang zwischen Hilfsbuchhaltungen und Finanzbuchhaltung

und einmal im Haben (bzw. der rechten Seite des Kontenkreuzes) dokumentiert. Das System der doppelten Buchhaltung führt zu einer automatischen Kontrolle, weil die Gesamtsumme der Buchungen im Soll immer jener der Buchungen im Haben entspricht. Die Technik der doppelten Buchhaltung ist an sich einfach. Wesentlich ist die richtige Interpretation der verschiedenen Konten bzw. das Verständnis für die Funktionen von Bilanz und Erfolgsrechnung oder von Aktiven und Passiven sowie Aufwendungen und Erträgen. Selbstverständlich werden heute die Buchhaltungen fast ausschliesslich auf EDV-Systemen geführt. Immer mehr Unternehmen führen auch komplexe Buchhaltungen mit Hilfe von Standardsoftware.

1.2.5 Grundsätze ordnungsmässiger Buchführung (GoB)

Die Buchführung muss gemäss Gesetz (in der Schweiz z.B. Art. 957 OR bzw. Art. 4 Abs. 2 Entwurf RRG) «ordnungsmässig» erfolgen; die Ordnungsmässigkeit wird durch Art und Umfang des Geschäftes zusätzlich definiert. Im Gesetz finden sich zumindest für die Schweiz (für Deutschland vgl. § 238 HGB, für Österreich vgl. § 189 HGB) mit Ausnahme von Art. 962 OR und einer entsprechenden Verordnung über die Aufzeichnung der Geschäftsunterlagen, insbesondere der Buchungsbelege, kaum weitere Bestimmungen zur Ordnungsmässigkeit der Buchführung. In Lehre und Praxis haben sich folgende **Grundsätze ordnungsmässiger Buchführung (GoB)** entwickelt:

- systematischer Aufbau der Buchführung,
- vollständige und verständliche Aufzeichnungen,
- Einhaltung des Belegprinzips,
- Aufbewahrungsprinzip,
- Bestehen und Einhalten eines internen Kontrollsystems (IKS),
- Klarheit vor allem im Hinblick auf die Nachprüfbarkeit der einzelnen Buchungen,
- Vorschriften bezüglich der sachlichen und periodengerechten Abgrenzung der Vorgänge.

Diese Grundsätze konkretisieren den Begriff der Ordnungsmässigkeit im Sinne von Art. 957 OR. Einige Grundsätze ordnungsmässiger Buchführung gelten sinngemäss auch für die Auswertung der Buchführung, mithin für die Berichterstattung und Rechnungslegung.

| 1.2.6 | **Begrifflichkeiten und Abgrenzungen** |

Im Rechnungswesen und damit auch in der Berichterstattung wird der **Mittelfluss** in einem Unternehmen im Zusammenhang mit der Leistungserstellung und Leistungserbringung (sowie den anderen Vorgängen im und mit dem Unternehmen) durch unterschiedliche Grössen erfasst. In einfachen Verhältnissen werden in erster Linie **Einnahmen und Ausgaben** eine Rolle spielen. Solche Einnahmen- und Ausgabenrechnungen sind heute noch üblich im Rechnungswesen von freiberuflich Tätigen, insbesondere bei Ärzten, Anwälten oder Architekten. Dabei umfassen die Einnahmen nicht nur die eigentlichen Geldeingänge oder **Einzahlungen.** Vielmehr werden beispielsweise auf den Jahresabschluss hin auch Forderungszugänge und Schuldenabgänge registriert. Ausgaben ihrerseits umfassen demzufolge nicht nur die Geldausgänge oder **Auszahlungen,** sondern auch Forderungsabgänge (z.B. Konkurs eines Kunden) und Schuldenzugänge. In den meisten Fällen handelt es sich bei Einnahmen- und Ausgabenrechnungen folglich um eine Art Mischform, bei der man sich zwar primär am Geldfluss orientiert, im Zusammenhang mit dem Abschluss oder der Berichterstattung aber auch noch nicht bezahlte Verpflichtungen oder noch nicht eingegangene Forderungen im Zusammenhang mit den Aktivitäten der entsprechende Periode berücksichtigt.

Für ein Unternehmen mit vielen Transaktionen pro Tag kann eine einfache Einnahmen- und Ausgabenrechnung keine genügende Grundlage mehr für das interne und externe Informationssystem bilden. Vielmehr müssen sämtliche Vorgänge innerhalb einer bestimmten Abrechnungsperiode (Monat, Quartal, Semester oder Jahr) vollständig erfasst werden, insbesondere auch jene Vorgänge, die noch zu keinen Einnahmen oder Ausgaben geführt haben. Die **zeitliche Abgrenzung** der Ausgaben bzw. Einnahmen führt zu so genannten Rechnungsabgrenzungsposten oder transitorischen Aktiven bzw. Passiven. Die entsprechende Belastung des Unternehmens wird als Aufwand *(expenses)* bezeichnet. Eine zweite Art der Abgrenzung (man spricht hier auch von **sachlicher Abgrenzung**) betrifft die Erfassung des Wertverzehrs bzw. der Abnutzung von Vermögensteilen. Dieser Vorgang wird durch Wertberichtigungen und Abschreibungen berücksichtigt, die keine Ausgaben sind (weder Auszahlung noch Veränderung der Forderungen bzw. Schulden). Sie stellen als **Aufwand** den periodisierten Wertverzehr der betreffenden Rechnungsperiode dar. In der Regel wird die zeitliche Abgrenzung von Einnahmen (z.B. Anzahlungen von Kunden, für die aber noch keine Leistung innerhalb des Unternehmens erbracht worden ist) den Periodenerfolg beeinflussen, weil im Erfolg nicht einfach sämtliche Einnahmen, sondern nur die der Periode zurechenbaren **Erträge** berücksichtigt werden. Allerdings können im konkreten Fall die Erträge auch höher sein als die Einnahmen der Periode, beispielsweise wenn Ware auf Kredit verkauft wurde und noch nicht alle Kunden bezahlt haben.

In der internen Berichterstattung über das **betriebliche Rechnungswesen** spricht man nicht von Aufwand, sondern von **Kosten** und meint damit den objektiv bewerteten Güter- und Leistungsverbrauch im Hinblick auf die Erstellung der Betriebsleistung. Als **Leistung** (und nicht als Ertrag) werden die objektiv bewerteten Ergebnisse der betrieblichen Tätigkeit, mithin die durch die betriebliche Tätigkeit erzeugten Güter und Leistungen bezeichnet.

1.3 Übungen

Übungsfragen

1. Was ist die Aufgabe der Buchführung (Finanzbuchhaltung, Buchhaltung)?
2. Welche Regeln gelten für die Buchführung?
3. Welches System wird normalerweise für die Buchführung verwendet?
4. Mit welchen Hilfsmitteln werden die Buchhaltungen systematisch aufgebaut?
5. Wie lautet die Zielsetzung der Rechnungslegung?
6. Welches sind typische Beispiele für eine Rechnungslegung zu speziellen Zwecken?
7. Welches sind die Aufgaben des betrieblichen Rechnungswesens und wie kann es von der Rechnungslegung im Sinne der Handelsbilanz abgegrenzt werden?
8. Welches sind wichtige Elemente des betrieblichen Rechnungswesens?
9. Welches ist die wichtigste Grundlage der Rechnungslegung?
10. Nennen Sie typische Buchungssätze für Buchungen von einem Erfolgskonto an ein Bilanzkonto.

Kapitel 2
Rechnungslegung – Informations- und Entscheidungsfindung

Lernziele

- Verständnis der Ziele und Funktionen der Rechnungslegung (Zieldreieck)
- Kenntnis der Adressaten der Rechnungslegung sowie von deren Interessen
- Erläuterung der Bedeutung des Umfeldes für die Rechnungslegung

---

2.1 Informationsbedürfnisse

Die Rechnungslegung informiert über die wirtschaftliche Lage eines Unternehmens. Sie wird von einem breiten Kreis von Informationsempfängern, vor allem von den Kapitalgebern (Investoren und Gläubigern) für die Entscheidungsfindung genutzt. Im ersten Kapitel ging es um die Wahl geeigneter Aktienanlagen mit Blick auf Ihre Altersvorsorge.

Die wichtigsten Überlegungen werden nochmals, nun etwas eingehender und mit Hilfe weiterer Beispiele aufgegriffen.

Im Geschäftsleben und im privaten Bereich stellen sich Fragen nach Sinn und Nutzen einer Investition, nach der Zahlungsfähigkeit oder der Ertragskraft eines

Unternehmens. Deren Beantwortung bildet meistens die Grundlage für eine Entscheidung, zum Beispiel bei einer Bank dafür, ob sie den Kredit an eine Firma kündigen, oder bei einer Privatperson, ob sie Aktien einer bestimmten Publikumsgesellschaft kaufen soll. Die Beurteilung dieser und anderer Fragen erfolgt mit Hilfe von Zahlen sowie weiterer Informationen und Angaben. Für ein Unternehmen oder eine Geschäftsperson werden die entsprechenden Zahlen mit Hilfe des **Rechnungswesens** aufbereitet. Das Rechnungswesen erfasst die Daten für die Berichterstattung und Beurteilung eines Unternehmens oder Geschäftes systematisch. Diese Daten werden im Rahmen der Berichterstattung oder Rechnungslegung aufbereitet, um so die **wirtschaftliche Lage** von Personen, Unternehmen oder anderen Rechtspersönlichkeiten, beispielsweise auch von Körperschaften des öffentlichen Rechtes, darzustellen.

Für die Aufbereitung der Daten und die Auswertung der Angaben spielt es natürlich eine Rolle, **welche Personen** diese Informationen benötigen und vor allem, **zu welchem Zweck** die Informationen nachgefragt werden. Dies soll anhand von sechs Beispielen verdeutlicht werden.

Beispiel A: Ein junges Ehepaar (beide arbeitstätig) will ein Haus kaufen. Beide Ehegatten besitzen bereits ein kleineres Vermögen. Sie möchten nun den Hauskauf teilweise über die Bank finanzieren. Diese verlangt einen so genannten privaten Vermögensstatus, d.h. eine Aufstellung der vorhandenen Vermögensteile, allfälliger Schulden, des laufenden Einkommens und der Verbesserungsmöglichkeiten auf der Einkommensseite.

In diesem Beispiel ist die Bank als Kapitalgeberin (sie soll ein Hypothekardarlehen oder ein normales Bankdarlehen gewähren) daran interessiert, über die wirtschaftliche Lage der natürlichen Personen im Hinblick auf eine Entscheidung (Zusage oder Absage) über die Finanzierung des Hauskaufes Auskunft zu erhalten. Als Nachfrager bzw. Benutzer der Information über die wirtschaftliche Lage (Rechnungslegung) tritt hier ein Kapitalgeber auf.

Beispiel B: Ein Unternehmer, der selber eine Spenglerei besitzt und führt, verlangt von seiner Buchhaltungsstelle Informationen über die Verschuldung der eigenen Firma und über die Ertragslage, weil er sich mit dem Kauf einer eigenen Betriebsliegenschaft auseinander setzt.

Hier erfolgt die Nachfrage seitens der Unternehmensführung. Obwohl dem Manager sämtliche internen Informationsmöglichkeiten (Kalkulation der Aufträge, Auftragsbestand etc.) zur Verfügung stehen, benötigt die Unternehmensführung weitere Unterlagen, wie zum Beispiel eine Aufstellung mit sämtlichen Vermögenswerten und Verbindlichkeiten, um über die wirtschaftliche Lage, insbesondere die Vermögenslage oder die Verschuldung des Unternehmens Auskunft zu erhalten.

Beispiel C: Eine Spezialistin auf dem Gebiet des Personalwesens führt ein eigenes Personalberatungsunternehmen in Form einer Aktiengesellschaft. Im Zusammenhang mit ihrer Steuererklärung verlangt die Steuerbehörde nicht nur Auskunft über ihre Lohnbezüge, sondern will für die Ermittlung des Steuerwertes der Aktien (Vermögenssteuer) weitere Informationen über die Personalberatungs-AG erhalten.

Im Beispiel C tritt das öffentliche Gemeinwesen in Form der Steuerbehörde als Nachfrager auf. Die entsprechenden Informationen sind sicherlich aufgrund der Steuergesetze in besonderer Form zu präsentieren, doch gehen sie auch von der bereits in den anderen Beispielen erwähnten Berichterstattung über die Vermögens-, Finanz- und Ertragslage aus.

Beispiel D: Eine an der Börse kotierte Unternehmensgruppe wird im Zusammenhang mit Konzentrationsbewegungen der betreffenden Branche mehr und mehr als mögliches Übernahmeobjekt angesehen. Die Wirtschaftspresse berichtet daher vermehrt über diesen Konzern und möchte insbesondere zur Entwicklung der Ertragslage (Entwicklung der Reingewinne) Informationen erhalten.

Hier tritt jemand als Nachfrager für Informationen auf, der nicht unmittelbar mit der betreffenden Unternehmensgruppe zu tun hat. Vielmehr erfüllt die Wirtschaftspresse eine Informationsfunktion im Interesse der Investoren und der Allgemeinheit.

Beispiel E: Eine vermögende Person möchte gerne Teile ihres Vermögens in Aktien von börsenkotierten Unternehmen investieren. Um sich ein Bild über die Chancen und Risiken der einzelnen Investitionsmöglichkeiten zu machen, braucht sie Informationen über die wirtschaftliche Lage dieser Unternehmen.

In diesem Fall tritt als Nachfrager eine Person auf, die ein unmittelbares Interesse am Geschäftsgang der einzelnen Unternehmen hat. Der Informationsbedarf wird zwar nicht auf die wirtschaftliche Lage der einzelnen Unternehmen beschränkt sein, doch sind diese Informationen ein wichtiger Bestandteil für den Vergleich der verschiedenen Investitionsmöglichkeiten.

Beispiel F: Ein vermögender Unternehmer und seine Gattin lassen sich scheiden. Im Zusammenhang mit der Scheidungskonvention sind auch vermögensrechtliche Fragen zu klären. Die Anwälte der beiden Parteien verlangen daher Unterlagen über die Vermögenslage der beiden Gatten unter besonderer Berücksichtigung der Aufteilung in rein private und geschäftliche Vermögensanlagen.

In diesem letzten Beispiel dient die Information der vermögensrechtlichen Ausscheidung im Sinne des Familienrechtes (Eherecht). Die Information dient den unmittelbar betroffenen Personen sowie deren Beratern (Rechtsanwälten).

In den sechs Beispielen werden von sehr unterschiedlichen Personen oder Organisationen Informationen zur wirtschaftlichen Lage verlangt. Für die Be-

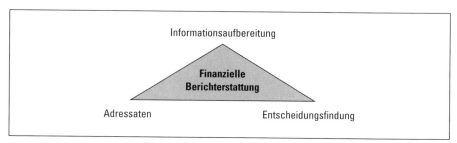

▲ Abb. 7   Zieldreieck der finanziellen Berichterstattung

richterstattung an die Bank als Kapitalgeber in Beispiel A sind Informationslieferanten zwei natürliche Personen, bei der Informationsbeschaffung zuhanden der Steuerbehörde (Beispiel C) ist eine juristische Person angesprochen. Die Berichterstattung im Sinne der Rechnungslegung ist somit eine Aufgabe für die verschiedensten Wirtschaftsobjekte. Auch die Berichterstattung an das Parlament eines öffentlichen Gemeinwesens über den Rechnungsabschluss zum Beispiel eines gemeindeeigenen Elektrizitätswerkes ist eine Form der Rechnungslegung; sie betrifft Informationen über öffentlich-rechtliche Körperschaften.

Informationen über die wirtschaftliche Lage werden also nicht nur von Unternehmen, durch Banken oder Manager, sondern von einer Vielzahl von Personen und wirtschaftliche Einheiten, durch einen breiten Kreis von Interessenten (den **Adressaten der Rechnungslegung**) verlangt.

Was an Information (vgl. ◄ Abb. 7) gesucht wird, bestimmt sich im Wesentlichen durch die Identität des Nachfragers und durch den Grund der Nachfrage (die anstehende Entscheidung). So wird im Beispiel A die Bank einen Status einverlangen, der zu einem bestimmten Stichtag über sämtliche (wesentlichen) Vermögenswerte des Ehepaars und allfällige bereits existierende Verbindlichkeiten sowie über das verfügbare Einkommen (Lohn abzüglich Sozialabgaben, Steuern, Aufwendungen für den Lebensunterhalt etc.) einen Überblick gibt.

Der Investor im Beispiel E wiederum will über die von ihm für Aktienkäufe anvisierten Firmen Informationen haben wie zum Beispiel Gewinne der Vergangenheit, Höhe des Eigenkapitals, Aussichten für das laufende und die folgenden Geschäftsjahre, Angaben über Forschung und Entwicklung mit Blick auf neue Produkte dieser Firmen oder auch Informationen über Investitionen dieser Gesellschaften und über ihr Management.

Die wichtigsten Grundtypen von Entscheidungen sind **Investitionsentscheidung** oder **Kreditentscheidung**. Beispiel A über das junge Ehepaar ist eine typische Kreditentscheidung; Beispiele B und E führen eindeutig zu Investitionsentscheidungen. Auch Beispiel D (Informationen über die Entwicklung der Ertragslage) kann im weitesten Sinne den Investitionsentscheidungen zugeordnet werden. Beispiel C ist ein Spezialfall der Rechnungslegung (Rechnungslegung für Steuerzwecke) und Beispiel F kann im weitesten Sinne als Information im Zusammenhang mit der Bewertung eines Unternehmens bzw. von Vermögen eingestuft werden. Für Investitions- bzw. Kreditentscheidungen können die verschiedensten Informationen nützlich sein. Viel hängt auch davon ab, ob der Nutzer von Informationen selber das betreffende Unternehmen oder die betreffende Branche kennt und ob er mit der Aufbereitung und Auswertung von Finanzinformationen vertraut ist.

2.2 Wandel in der Berichterstattung

Hinsichtlich der Art der nachgefragten Informationen hat sich im Laufe der Zeit eine gewisse Interessenverschiebung ergeben. Früher ging es vor allem um die Bewertung von Vermögen bzw. von Sicherheiten. Der Wandel von der mehr **vermögensorientierten** (und in gewissem Sinne auch auf Sicherheit ausgerichteten) Analyse hin zu einer mehr **ertragsorientierten** und in neuester Zeit stark auf den Mittelfluss (Cash Flow) ausgerichteten Beurteilung und Berichterstattung zeigt sich auch im Wandel der verschiedenen **Bilanztheorien**.[1] Heute besteht Einigkeit darüber, dass letztlich der Fähigkeit eines Unternehmens, zu jedem Zeitpunkt seinen Verpflichtungen (gegenüber Gläubigern und Investoren) nachkommen zu können (Zahlungsfähigkeit), allergrösste Bedeutung zukommt. Somit ist ein Teil der nachgefragten Information dem Bereich Angaben zum künftigen Mittelfluss (Cash-Flow-Erwartung) zuzuordnen. Darüber hinaus sind Angaben über die Verpflichtungen eines Unternehmens, dessen eigene Mittel und dessen eigene Ressourcen (Produktionsmittel etc.) wichtig. Ebenfalls von Bedeutung sind Daten über die Ertragskraft eines Unternehmens, beispielsweise das Verhältnis zwischen Gewinn und eingesetzten (eigenen) Mitteln (Renditezahlen) oder Informationen über die Entwicklung der Gewinne im Mehrjahresvergleich. In neuester Zeit wird auch auf **zusätzliche Angaben** Wert gelegt, zum Beispiel Informationen über Transaktionen zwischen einem Unternehmen und ihm nahe stehenden Personen, Geschäfte mit Derivaten beispielsweise zur Absicherung von Währungs- oder Zinsrisiken, Informationen seitens des Managements betreffend der künftigen Entwicklung des Unternehmens oder die Beurteilung des Geschäftsganges durch das Management (z.B. im Jahresbericht einer Unternehmung).

Der **Wandel in der Gewichtung der Elemente der Berichterstattung** zeigt sich nicht nur in der Lehre und der Literatur, sondern auch in den Formulierungen von Gesetzgebern oder (privaten) Standardsetzern[2] betreffend der Zielsetzung

---

[1] Vgl. u.a. Heinhold 1995, S. 22f.
[2] In den USA ist dies beispielsweise das FASB (Financial Accounting Standards Board), in der Schweiz die FER (Fachkommission für Empfehlungen zur Rechnungslegung) und auf internationaler Ebene das IASB (International Accounting Standards Board).

der Berichterstattung. So verlangte das alte Aktienrecht vor der Revision in Art. 663 I OR, dass «die Jahresbilanz ... das Verhältnis zwischen den eigenen Mitteln und den Verbindlichkeiten der Gesellschaft zum Ausdruck bringen» solle. Art. 959 OR über die kaufmännische Buchführung fordert, dass die «Betriebsrechnung und Jahresbilanz» den Beteiligten einen möglichst sicheren Einblick in die wirtschaftliche Lage des Geschäftes vermitteln. Das revidierte Aktienrecht gibt in Art. 662 a I OR vor, dass «die Vermögens- und Ertragslage der Gesellschaft möglichst zuverlässig beurteilt werden kann.» Auch im Vorentwurf zu einem neuen Bundesgesetz über die Rechnungslegung und Revision (RRG), welches die Bestimmungen des Obligationenrechts über die kaufmännische Buchführung und die Rechnungslegung durch eine rechtsformunabhängige Regelung ersetzt und eine Annäherung an internationale Vorschriften erreichen soll, wird in Art. 8 Abs. 1 der Zweck der Rechnungslegung wie folgt umschrieben: «Die Rechnungslegung soll die wirtschaftliche Lage, insbesondere die Vermögens-, Finanz- und Ertragslage der Organisation getreu darstellen, so dass sich Dritte darüber ein zuverlässiges Urteil bilden können (Grundsatz der Fair presentation).» Demgegenüber verlangt die 4. EU-Richtlinie ein «den tatsächlichen Verhältnissen entsprechendes Bild der Ertrags-, Finanz- und Vermögenslage», und das Framework des International Accounting Standards Board (IASB) Par. 12 stellt folgenden Grundsatz auf: «The objective of financial statements is to provide information about the financial position, performance and changes in financial position of an enterprise that is useful to a wide range of users in making economic decisions.»[1]

Allen diesen Formulierungen gemein ist die Forderung nach einer Aussage über die Vermögens- und Ertragslage der berichterstattenden Einheit. Da aber auch Angaben über die Finanzierung, den Mittelfluss sowie die künftige Entwicklung oder andere Fragen verlangt werden, geht es letztlich um allgemeine Aussagen zur wirtschaftlichen Lage des betreffenden Unternehmens. Die Art der **Darstellung der wirtschaftlichen Lage** und die Möglichkeit der Informationsadressaten, sich ein Bild über die **tatsächlichen Verhältnisse** zu machen, sind **zentrale Fragen der Rechnungslegung**. Ein grosser Teil der unterschiedlichen Entwicklung während der vergangenen Jahrzehnte bezüglich Rechnungslegung und Berichterstattung in Deutschland, Österreich und der Schweiz im Vergleich zu den USA erklärt sich aus der Umschreibung der Anforderungen an die Informationen zur Beurteilung der wirtschaftlichen Lage.[2]

Über Unternehmen wird in den Medien oft nur kurz mit Gewinnzahlen und Angaben über Eigenkapital oder andere Bilanzgrössen informiert. Diese Informationen sind losgelöst vom jeweiligen Hintergrund, d.h. ohne Angaben zur Art des

---
1 Vgl. auch ▶ Abb. 11 auf Seite 66.
2 Vgl. Böckli 2004, S. 749 ff.

Unternehmens und dessen Umfeld, nur schwer zu interpretieren. So sind die Eigenkapitalquoten – also der Anteil des Eigenkapitals an der Bilanzsumme – je nach Branche sehr unterschiedlich; eine Bank wird unmöglich erfolgreich operieren können, wenn sie ebenso hohe eigene Mittel besitzt wie beispielsweise ein Industrieunternehmen. Ein anlageintensives Unternehmen wird andere Finanzierungsverhältnisse anstreben müssen als ein Unternehmen mit sehr geringer Kapitalbindung. Daher wird beispielsweise bei den Prüfern (Revisoren, Wirtschaftsprüfern) im Zusammenhang mit der Planung der Prüfung sehr viel Wert darauf gelegt, dass Art und Wesen des Kundenunternehmens vom Prüferteam auch richtig verstanden werden *(understanding the business)*. Bei der Erstprüfung von neuen Kunden wird den Prüfern empfohlen, sich eine Kurzbeschreibung des Unternehmens zu beschaffen und mit einer Betriebsbesichtigung den dadurch gewonnenen Eindruck abzurunden. Ähnlich gehen Finanzanalysten vor, indem sie in ihrer Unternehmensbeurteilung auch auf die Art der Unternehmenstätigkeit bzw. auf Eigenarten der betreffenden Branche hinweisen.

In jüngster Zeit sind im Zusammenhang mit Unternehmenszusammenbrüchen und Unregelmässigkeiten bei Publikumsgesellschaften nicht nur allgemeine Informationen über Art und Tätigkeit der Unternehmen, sondern detaillierte Informationen über das Umfeld von Unternehmen oder Unternehmensgruppen in den Vordergrund getreten. Das IASB hat beispielsweise im International Accounting Standard IAS 24 über *Related Party Disclosures* (Offenlegungen von Informationen über nahe stehende Personen) verlangt, dass gewisse Angaben über Transaktionen oder die Einflussnahme von **nahe stehenden Personen** offen gelegt werden. Nahe stehende Personen sind beispielsweise Gesellschafter oder Aktionäre, die eine wesentliche Beteiligung am fraglichen Unternehmen halten, aber auch enge Familienangehörige dieser Personen. Ebenso gehören zu diesem Kreis Unternehmen, die von wichtigen Mitgliedern des Managements direkt oder indirekt kontrolliert werden und über die gewisse Transaktionen abgewickelt wurden.

2.3 Zweck der Informationsbeschaffung – Entscheidungsfindung

In allen Beispielen verlangt der Interessent Informationen, welche ihm im Zusammenhang mit einer **Entscheidungsfindung** weiterhelfen sollen. So will die Bank beurteilen, ob das junge Ehepaar in der Lage ist, den Schuldendienst (Verzinsung und Tilgung der Hypothek) zu leisten; der Manager will wissen, ob er weitere Investitionen über sein Unternehmen finanzieren kann. Die Steuerbehörden möchten aufgrund von Bilanzzahlen den Basiswert für die Ermittlung der Vermögenssteuer festlegen. Die Wirtschaftspresse und der potenzielle Investor suchen (ebenso wie Finanzanalysten) nach Hinweisen auf die künftige Entwicklung bei verschiedenen Publikumsgesellschaften; und die Anwälte brauchen Unterlagen, um die Aufteilung des Vermögens im Zusammenhang mit der Scheidung vorzubereiten. Die Informationsbeschaffung im Zusammenhang mit einer Entscheidungsfindung (im englischen Sprachgebrauch als *decision making* bezeichnet) ist ein wesentliches Element der Rechnungslegung.

Das FASB hat im *Statement of Financial Accounting Concepts No. 1* (CON 1) über die **Zielsetzung der finanziellen Berichterstattung** von Unternehmen *(Objectives of Financial Reporting of Business Enterprises)* festgehalten, dass die Berichterstattung **kein Selbstzweck** ist; vielmehr soll sie **Informationen** zur Verfügung stellen, welche **für die Entscheidungsfindung** in (betriebs-)wirtschaftlichen Fragen nützlich sind. Dabei kann sich die Zielsetzung je nach rechtlichem, politischem und sozialem Umfeld stark ändern. Das International Accounting Standards Board (IASB) hat im Framework *(Framework for the Preparation and Presentation of Financial Statements)* weitere Beispiele für die Entscheidungsfindung aufgezählt, so unter anderem Angaben für die Belehnung von Vermögensgegenständen im Zusammenhang mit Krediten an Unternehmen, Berechnungsgrundlagen für die Gewinnbeteiligung von Mitarbeitern, Daten für die Regulierung von bestimmten Branchen durch Aufsichtsbehörden oder die Verwendung von Informationen im Zusammenhang mit volkswirtschaftlichen Untersuchungen.

2.4 Interessenten und Adressaten der Informationen

Als Adressaten für die Berichterstattung eines Unternehmens kommen die verschiedensten Personen oder Personenkreise in Frage. Je nach Interessenlage werden diese Personen oder Personengruppen die Informationen mit Blick auf spezifische, für andere Adressaten nicht notwendigerweise wichtige Entscheidungen verwenden. Daher ergeben sich unterschiedliche Forderungen betreffend Inhalt und Form der Berichterstattung. Zu den möglichen Interessenten für Informationen über ein Unternehmen gehören die **Eigentümer** (Managementeigentümer oder Aktionäre), **Kreditgeber,** andere **Gläubiger** wie zum Beispiel Lieferanten, **Finanzanalysten** und **Wirtschaftsjournalisten,** der **Kapitalmarkt** schlechthin, ebenso wie **Mitarbeiter,** Gewerkschaften und **Behörden.** Die verschiedenen Adressaten haben zum Teil die Möglichkeit, die von Ihnen primär gewünschte Information direkt und in detaillierter Form zu beschaffen. Dies gilt zum Beispiel für die Geschäftsleitung, bis zu einem gewissen Grad auch für wichtige Kreditgeber (Banken). Die Steuerbehörden können die von ihnen gewünschten Informationen ebenfalls direkt und in speziell aufbereiteter Form verlangen bzw. im Rahmen einer Steuerrevision oder Betriebsprüfung beschaffen. Die finanzielle Berichterstattung

Kapitel 2 Rechnungslegung – Informations- und Entscheidungsfindung

Adressaten		Entscheidungsfindung	Informationsbedürfnisse
Interne Adressaten	▪ Geschäftsleitung ▪ Mitarbeiter	Planung Arbeitsplatz, Lohn	Umsätze, Margen etc. Liquidität, Rendite
Externe Adressaten	▪ Aktionäre ▪ Kreditgeber (Banken) ▪ Lieferanten ▪ Potenzielle Investoren	Aktienkauf/Verkauf Bonität Zahlungsfähigkeit Investmententscheidung	Rendite, Finanzlage etc. Liquidität, Ertragslage Liquidität, Ertragslage Rendite, Produkte, Management etc.
	▪ Steuerbehörden ▪ Finanzanalysten	Veranlagung Investmentempfehlungen	Gewinn, Eigenkapital Management, Zukunft, Rendite etc.
	▪ Finanzpresse	Berichterstattung	Hintergrundinformationen, Probleme, Zukunft etc.
	▪ Gewerkschaften ▪ Aufsichtsbehörden ▪ Öffentlichkeit	Lohnverhandlungen Bewilligungsentzug Einfluss auf lokale Entwicklung	Rendite, Finanzlage Eigenkapital, Rendite etc. allgemeine Informationen

▲ **Abb. 8** Adressaten und deren Entscheidungsfindung sowie Informationsbedürfnisse[1]

[1] Die wichtigsten Adressaten und deren Interessenlage werden beispielsweise auch in der Verlautbarung des FASB über *Objectives of Financial Reporting by Business Enterprises* (Par. 24–27) umschrieben.

(Rechnungslegung) muss für die Informationsbedürfnisse der **verschiedenen Adressaten** einen **gemeinsamen Nenner** finden. Dieser geht in erster Linie von den Informationsbedürfnissen aussenstehender Personen aus, welche die von ihnen spezifisch gewünschten Informationen nicht direkt beschaffen können. ◀ Abb. 8 gibt einen (nicht abschliessenden) Überblick über die Adressaten der Berichterstattung und deren Informationsbedürfnisse bzw. die von den einzelnen Personengruppen zu treffenden Entscheidungen.

Die Berichterstattung muss, wie die Analyse der verschiedenen Adressaten bzw. ihrer Bedürfnisse zeigt, gezwungenermassen auf die recht unterschiedlichen Interessen verschiedenster Personenkreise Rücksicht nehmen. Deshalb entwickelte sich im Laufe der Zeit das System einer **allgemeinen Berichterstattung** (*general purpose reporting*), welche nicht auf die Interessen einer spezifischen Adressatengruppe ausgerichtet ist. Dies im Gegensatz zur **Spezialberichterstattung** (*special purpose reporting*), welche ausschliesslich die Bedürfnisse einer bestimmten Adressatengruppe berücksichtigt, beispielsweise die Berichterstattung für die Steuerbehörden, Spezialberichte über die Erfolgsbeteiligung des oberen Managements oder Informationen für eine Aufsichtsbehörde wie zum Beispiel die Bankenkommission, die Stiftungs- oder Börsenaufsicht.

Unterschiede ergeben sich auch aus der **Art des Unternehmens** selber. So wird die Berichterstattung von Banken oder Versicherungen zum Teil anderen Kriterien folgen als jene von Industrieunternehmen. Gleiches gilt für die Rechnungslegung von nicht gewinnstrebigen Unternehmen (z. B. gemeinnützigen Stiftungen oder Personalvorsorgeeinrichtungen wie Pensionskassen).

Die **Aufbereitung der Information** wird stark durch das **juristische** und **soziale Umfeld** (vgl. ▶ Abb. 9) geprägt. In einer Volkswirtschaft, welche vor allem durch Unternehmer geprägt ist, welche gleichzeitig Eigentümer ihrer Unternehmen sind, wird sich eine andere Art der Berichterstattung entwickeln als in einem stark investorenorientierten Wirtschaftsumfeld. Auch der **Einfluss der Kapitalmärkte,** vor allem deren Grösse in absoluten Zahlen, ist von immenser Bedeutung. So hatte die Schweiz zwar schon immer prozentual gesehen viele an der Börse kotierte Unternehmen. In relativen Zahlen gemessen war auch die Kapitalisierung dieser Unternehmen seit jeher recht hoch. In absoluten Zahlen ausgedrückt handelt es sich aber nur um 300 Firmen bzw. einige wenige wirklich grosse Publikumsfirmen. Demgegenüber entwickelten sich in den USA wegen der grossen Zahl von kotierten Firmen schon bald bedeutende Kapitalmärkte. Der Einfluss des Geschehens an diesen Kapitalmärkten auf die Gesamtwirtschaft sowie dessen politische Bedeutung führte rasch zu einer starken Regulierung und zu einer grossen Bedeutung der Berichterstattung von Unternehmen.

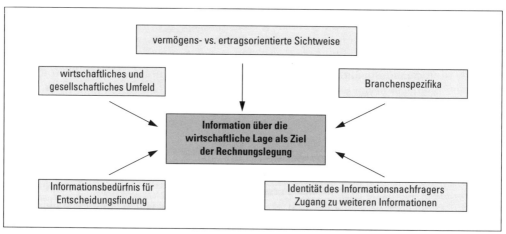

▲ Abb. 9   Determinanten für die Informationen zur wirtschaftlichen Lage

2.5 Übungen

Übungsfragen

1. Diskutieren Sie Ziel und Funktion der Rechnungslegung.
2. Welches sind die wichtigsten Adressaten der Rechnungslegung und wie ist deren Interessenslage?
3. Nennen Sie einige Beispiele für die Nachfrage nach Informationen über die wirtschaftliche Lage von Personen oder Unternehmen (Anlass, gesuchte Information).
4. Welche Informationen stehen für die Beurteilung der wirtschaftlichen Lage eines Unternehmens im Vordergrund?
5. Weshalb sind Informationen über das Umfeld eines Unternehmens von Bedeutung?
6. Welche zwei grundsätzlichen Kategorien der Informationen über das Umfeld eines Unternehmens werden unterschieden? Welcher Regulierungsbedarf für die Rechnungslegung besteht in diesen zwei Problemkreisen allenfalls?
7. Die Firma Roche in Basel ist ein bekannter Pharmakonzern. Welche Informationen sind aus der Sicht der verschiedenen Adressaten der Berichterstattung für die Beurteilung der wirtschaftlichen Lage dieser Firma von entscheidender Bedeutung?
8. Welcher Grundraster könnte für die Angaben über das Umfeld eines Unternehmens (einschliesslich Angaben über nahe stehende Personen und Transaktionen mit diesen) in einer Empfehlung für die Berichterstattung von Unternehmen (vor allem börsenkotierte Unternehmen) vorgegeben werden (nur stichwortartige Angaben)?

Kapitel 3
Zielsetzung der Rechnungslegung

Lernziele

- Anforderungen der Investoren an den Rechnungsausweis
- Anforderungen der Interessengruppen an den Rechnungsausweis
- Kenntnis des Ermessens- und Gestaltungsspielraums in der Rechnungslegung
- Kenntnis des Stakeholder-Modells der Unternehmung
- Zielsetzungen der Rechnungslegung in Kontinentaleuropa und im angelsächsischen Bereich

3.1 Subjektive Einflüsse in der Rechnungslegung

Wie jede Berichterstattung ist auch die Rechnungslegung nicht frei von subjektiven Einflüssen. Zudem sind die Interessen der verschiedenen Adressaten recht unterschiedlich. Ihre Ansprüche an den Inhalt der Berichterstattung sind daher auch nicht (völlig) deckungsgleich. So will eine kreditgebende Bank primär wissen, ob das Unternehmen seine Schulden verzinsen und zurückzahlen kann, Konkurrenten dagegen suchen Hinweise auf Umsätze und Margen. Je nach Stellung haben die Adressaten die Möglichkeit, zusätzliche Informationen zu verlangen, beispielsweise die Steuerbehörden mit standardisierten Formularen zur Bewertung des Warenlagers oder zu den Abschreibungen. Und das Management oder ein Geschäftseigentümer können natürlich jederzeit intern die vorhandenen Daten abrufen.

Externe Adressaten dagegen sind für ihre Entscheidungsfindung in jedem Fall auf die Rechnungslegung angewiesen. Ihr Urteil hängt stark von der Qualität und Güte der Information ab. Einige Szenarien sollen diese Ausgangslage verdeutlichen:

Beispiel A: Ein Unternehmen will am Kapitalmarkt Geld beschaffen. Die Konditionen für diese Kapitalmarktfinanzierung hängen vom Erfolgsausweis der Firma ab. Sie will daher hohe Erträge, eine hohe Wertsteigerung und gute Bilanzrelationen zeigen. Zu diesem Zweck kann das Unternehmen ein Gebäude an bester Lage, welches nicht betrieblich genutzt wird, zum Verkehrswert einsetzen. Eine weitere Möglichkeit besteht darin, die Marken des Unternehmens zu bilanzieren. Eine dritte Option besteht in der Veränderung der Abschreibungspraxis für ihre Verteilzentren, welche statt bisher über 12.5 Jahre neu über 25 Jahre abgeschrieben werden könnten. All diese Massnahmen führen zu einem höheren Eigenkapital (Aufwertung des Gebäudes und Aufwertung der Marken) oder zu einem höheren Reingewinn (geringerer Aufwand durch das Verteilen der Abschreibungen auf die doppelte Nutzungsdauer).

Beispiel B: Ein Unternehmen hat aufgrund einer schlechten Ertragslage in den letzten Jahren hohe Verluste erlitten. Die Relation zwischen Eigen- und Fremdkapital hat sich drastisch verschlechtert. Das Unternehmen besitzt eigene Rohstoffvorkommen (Minen) und will nun die nicht abgebauten Rohstoffe in der Bilanz aktivieren. Zusätzlich sollen Tochtergesellschaften an eigene Subholdings in den wichtigsten Ländern verkauft und damit die Aufwertungsvorschriften für die Muttergesellschaft umgangen werden.

Beispiel C: Ein Familienunternehmen wird von einem Familienmitglied mehrheitlich beherrscht. Das Unternehmen ist sehr ertragsstark und hat in den vergangenen Jahren bedeutende liquide Mittel aus dem Mittelfluss aus betrieblicher Tätigkeit angesammelt. Ein Teil dieser liquiden Mittel wurde in Wertschriften angelegt. Der Mehrheitsaktionär will über die nächsten Jahre eine Schwankungsreserve von 20% des aktuellen Wertes dieser Portfolios bilden mit dem Hinweis auf gelegentlich sehr hohe Kurseinbrüche an der Börse und damit den Gewinn schmälern (der Aufwand für die Bildung dieser Schwankungsreserve wird der Erfolgsrechnung belastet). Aufgrund der tiefen buchmässigen Gewinne (die effektiven Gewinne liegen natürlich weit höher) wird die Dividende sehr knapp gehalten und die Minderheitsaktionäre – die im Gegensatz zum Hauptaktionär – keine Gehälter und Gewinnbeteiligung aus der Firma erhalten, fahren auf diese Weise schlecht.

Beispiel D: Ein Unternehmen hat jahrelang sehr gut gearbeitet und durch eine vorsichtige Bewertung im Rahmen der steuerlichen Vorschriften erhebliche Bewertungsreserven gebildet. Leider wurde die Entwicklung und auch die Bearbeitung des Marktes in den letzten Jahren vernachlässigt. In der Rezession ist das Unternehmen überproportional vom Nachfragerückgang betroffen, unter anderem wegen der sehr hohen Preise seiner Produkte. Die resultierenden Verluste sollten aus der Sicht des Managements wenn möglich nicht oder nicht in vollem Umfang ausgewiesen werden.

Das Management will daher die unter Ausnutzung der steuerlichen Möglichkeiten vorgenommenen Überabschreibungen und Wertberichtigungen auflösen und als Ertrag der Erfolgsrechnung gutschreiben.

Alle diese Szenarien zeigen Möglichkeiten auf, mit denen das Management den Rechnungsausweis beeinflussen kann.

3.2 Gläubigerorientierung versus Investorenorientierung

Kapitalgeber und Management sind nicht die Einzigen, die an der Berichterstattung der Unternehmen interessiert sind. Mitarbeiter, Gewerkschaften, Medien oder das Gemeinwesen selber haben jeweils spezifische Interessen, seien dies die künftige Entwicklung und damit die Arbeitsplatzsicherheit oder die Aussichten auf ein höheres Steueraufkommen. Hat man sämtliche Adressaten der Rechnungslegung, sämtliche Interessengruppen (vgl. ▶ Abb. 10) im Auge und nicht nur die Shareholder, so spricht man von den **Stakeholdern**.

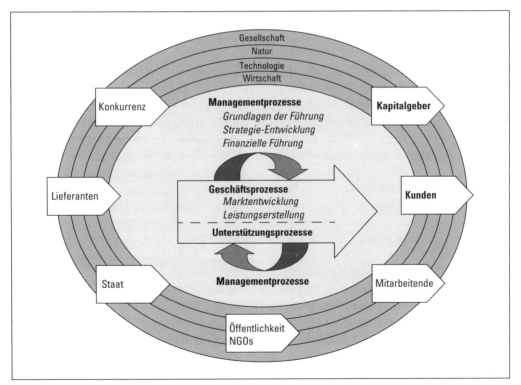

▲ Abb. 10 Stakeholder-Unternehmensmodell (vgl. Behr et al. 2002, S. 22)

Die Rechnungslegung muss gezwungenermassen auf die recht unterschiedlichen Interessen verschiedenster Kreise Rücksicht nehmen. In **Kontinentaleuropa** ist die Rechnungslegung traditionell Teil des Gesellschaftsrechtes. Die **juristische Betrachtungsweise** spielt daher bei der Beurteilung der wirtschaftlichen Lage eines Unternehmens eine sehr starke Rolle. Vor allem aber spielt(e) in Ländern wie Deutschland oder Frankreich die Finanzierung des Unternehmens über die Banken eine wesentlich grössere Rolle als die Beschaffung von Kapital über die Börsen. Aus dieser Charakterisierung erklärt sich, weshalb die Interessenabwägung in den kontinentaleuropäischen Gesetzen für die Rechnungslegung zumeist eine starke **Gläubigerorientierung** und damit auch eine Orientierung hin zu einer vorsichtigeren Darstellung der wirtschaftlichen Lage ergeben hat. Ein Beispiel dafür ist die kaufmännische Buchführung im schweizerischen Recht (Art. 959 OR), die mit der Jahresrechnung einen möglichst sicheren Einblick in die wirtschaftliche Lage des Geschäftes vermitteln will. Auch die **4. EU-Richtlinie** misst dem Schutz nicht nur der Gesellschafter, sondern auch Dritter besondere Bedeutung zu.[1]

Das Framework des **IASB** gewichtet die verschiedenen Interessen anders als die EU. Es anerkennt, dass der Informationsbedarf der unterschiedlichen Adressaten nicht vollumfänglich gedeckt werden kann. Gleichzeitig stellt es fest, dass gewisse Informationsbedürfnisse für alle Adressaten gleich sind. Als Massstab werden die Investoren als Risikokapitalgeber der Unternehmen genommen. Jene Grundsätze der Rechnungslegung, welche deren Bedürfnisse abdecken, stellen nach Auffassung des IASB auch die meisten Bedürfnisse der anderen Adressaten zufrieden.[2] Das IASB will sich im Framework nicht auf ein Konzept direkt beziehen, erwähnt jedoch, dass die Beachtung des Frameworks und der damit konformen Standards zu einer Jahresberichterstattung nach den Prinzipien einer *true and fair view* bzw. einer *fair presentation* führt. Den gleichen Weg gehen die **Swiss GAAP FER** in der Schweiz. Sie gewährleisten ein getreues Bild der wirtschaftlichen Lage der Unternehmen, im Sinne der *fair presentation*. Somit ist das aus der Orientierung an den Interessen der Gläubiger resultierende Vorsichtsprinzip nicht primäres Ziel der modernen Rechnungslegung. Auch in der weiteren Entwicklung des Schweizer Rechts zeigt sich die **Entwicklung von einer gläubiger- zu einer investorenorientierten Rechnungslegung,** indem der Vorentwurf zum RRG in Art. 8 explizit eine *fair presentation* der wirtschaftlichen Lage als Zweck der Rechnungslegung anstrebt.

Obwohl in allen Rechnungslegungskonzepten, in jenem der EU, der Schweiz und ebenso in jenem des IASB, die gleichen Adressatengruppen berücksichtigt werden, ergibt sich doch eine recht unterschiedliche Gewichtung der Interessen. Das System des IASB ist genau gleich wie jenes in den USA oder in den **angelsächsisch** beeinflussten Ländern primär auf die **Interessen der Investoren** ausge-

---

1 4. EURL Ingress Abs. 2.
2 Framework IASC Par. 10 (heute: IASB).

richtet. Die EU-Richtlinien basieren dagegen stark auf dem Prinzip des Gläubigerschutzes und orientieren sich mithin primär an den Interessen der Gläubiger. Die Ausrichtung der Rechnungslegung auf die Bedürfnisse der Investoren bedeutet keinesfalls, dass Überlegungen im Sinne der vorsichtigen Beurteilung der einzelnen Sachverhalte unbeachtet bleiben. Das Vorsichtskonzept wird beispielsweise in IAS 1 Par. 9 lit. a ausdrücklich hervorgehoben. Ebenso wenig wird eine gläubigerorientierte Rechnungslegung in jedem Fall nur die konservativere, d. h. die vorsichtigere Bewertungsmethode zulassen. So dürfen in der Schweiz nach altem und neuem Aktienrecht Wertschriften zum Kurswert eingesetzt werden (Art. 667 I OR), auch wenn dieser Kurswert über den Anschaffungskosten liegt und streng genommen dieser Mehrwert noch gar nicht realisiert ist (bei genügender Liquidität der Märkte ist der Mehrwert aber jederzeit leicht realisierbar).

3.3 Das Prinzip der *fair presentation*

Die Wahl und Formulierung der Zielsetzung der Rechnungslegung kann als Suche nach dem «richtigen Weg», als Suche nach der «Wahrheit» charakterisiert werden. Die Zielsetzung wird immer ein Spiegelbild der Interessenabwägung bleiben. Gleichwohl geht es in jedem Fall darum, ein **angemessenes Bild der wirtschaftlichen Lage eines Unternehmens unter Berücksichtigung und Abwägung aller wesentlichen Interessen** zu vermitteln. Die Rechnungslegung kann in keinem Fall im Sinne der absoluten Wahrheit eine Ansammlung von detaillierten Einzelinformationen darstellen. Sie muss ein getreues Abbild *(image fidèle)*, eine adäquate Information[1] präsentieren. Die Zielsetzung der Rechnungslegung hilft für sich allein weder mit Blick auf die Auswertung der Rechnungslegung noch für die Forderung nach Vergleichbarkeit der Rechnungslegung eines Unternehmens über mehrere Perioden hinweg, ebensowenig bei einem Vergleich zwischen verschiedenen Unternehmen der gleichen oder unterschiedlicher Branchen. Vielmehr muss die Zielsetzung konkretisiert werden. Erst anhand der konkretisierenden Normen kann die Zielsetzung auch interpretiert werden. So bestehen beispielsweise über das **Konzept einer Rechnungslegung,** welche ein **den tatsächlichen Verhältnissen entsprechendes Bild der Vermögens-, Finanz- und Ertragslage eines Unternehmens** vermittelt (oder eben in englischer Terminologie eine *true and fair view* oder *fair presentation*),[2] oft sehr subjektive Vorstellungen. Das IASB-Framework weist deshalb auch folgerichtig darauf hin, dass erst die Anwendung bestimmter Rechnungslegungsgrundsätze die Wiedergabe eines den tatsächlichen Verhältnissen entsprechenden Bildes der wirt-

---

1 Vgl. HWP, 2.131.
2 Vgl. Framework IASC Par. 46, aber auch Art. 8 Entwurf RRG.

schaftlichen Lage sicherstellt. Einige Beispiele sollen verdeutlichen, wie unterschiedlich ein und dieselbe Zielsetzung verstanden werden kann.

Beispiel E: In vielen Ländern dürfen Wertschriften nur zu ihrem Anschaffungskurs (oder zum allenfalls tieferen Marktkurs) bilanziert werden. Gerade bei börsengängigen Wertschriften ist aber der Kurswert eigentlich jederzeit realisierbar. Eine Bilanzierung zum Anschaffungswert, welcher tiefer ist als der entsprechende Marktkurs, vermittelt keinesfalls ein den tatsächlichen Verhältnissen entsprechendes Bild der Vermögenslage (bzw. der Ertragslage, wenn die Gewinnsteigerung in der Berichtsperiode angefallen ist).

Beispiel F: Beim Erwerb von Gesellschaften wird oft ein Preis bezahlt, der wesentlich höher liegt als die eigenen Mittel (Eigenkapital) der übernommenen Gesellschaft. Dies kann einerseits begründet sein durch Mehrwerte des übernommenen Unternehmens, welche aufgrund steuerlicher oder anderer Vorschriften in der Bilanz nicht berücksichtigt sind (z.B. Bewertungsreserven auf Liegenschaften oder nicht bilanzierte eigene Marken). Sehr oft verbleibt auch nach Berücksichtigung dieser Bewertungsreserven noch eine erhebliche Differenz zwischen Kaufpreis und effektivem Wert des übernommenen Unternehmens. Diese Differenz wird als Goodwill bezeichnet. Obwohl das Rechnungslegungskonzept der USA ebenso wie jenes von Grossbritannien von einem True-and-fair-view-Konzept ausgehen, musste in den USA dieser Goodwill bis vor kurzem aktiviert und über eine bestimmte Zeitdauer abgeschrieben werden, was den Gewinn der Zukunft ebenso wie die Eigenkapitalrendite (kleinerer Gewinn auf höherem Eigenkapital) erheblich schmälern kann. In Grossbritannien dagegen durfte dieser Goodwill lange Zeit direkt mit dem Eigenkapital verrechnet werden. Bei Wahl dieser Methode wird der künftige Reingewinn nicht beeinträchtigt. Im Gegenteil: Weil dadurch das Eigenkapital verringert wird, steigt die Eigenkapitalrendite markant (neu wird der Goodwill auch in den USA nicht mehr abgeschrieben, aber dafür jährlich auf seine Werthaltigkeit geprüft).

Die verschiedenen **Formulierungen für die Zielsetzung** der Rechnungslegung sind nachstehend aufgeführt.

Art. 959 OR «damit die Beteiligten einen möglichst sicheren Einblick in die wirtschaftliche Lage des Geschäfts erhalten»

Art. 662 a OR «die Jahresrechnung ... wird so aufgestellt, dass die Vermögens- und Ertragslage der Gesellschaft möglichst zuverlässig beurteilt werden kann»

4. EURL (als *overriding principle*)
«die Jahresrechnung muss ein den tatsächlichen Verhältnissen entsprechendes Bild der Vermögens-, Ertrags- und Finanzlage der Gesellschaft vermitteln»

> **Framework IASC Par. 12** «the objective of financial statements is to provide information about the financial position, performance and changes in the financial position of an enterprise that is useful to a wide range of users in making economic decisions»
>
> **Vorentwurf RRG Art. 8** «Die Rechnungslegung soll die wirtschaftliche Lage, insbesondere die Vermögens-, Finanz- und Ertragslage der Organisation getreu darstellen, so dass sich Dritte darüber ein zuverlässiges Urteil bilden können (Grundsatz der Fair presentation)»

3.4 Urteil der Revisionsstelle betreffend Einhaltung der Zielsetzung

Die Zielsetzung der Rechnungslegung schlägt sich in den Jahresrechnungen der Gesellschaften insofern nieder, als die Revisionsstelle (Wirtschaftsprüfer) in ihrem **Bestätigungsbericht** ein zusammenfassendes **Urteil betreffend Einhaltung der (gesetzlichen) Zielsetzung** der Rechnungslegung abgeben muss. Im Geschäftsbericht der Coca-Cola Company wird unter anderem ausgeführt: «Our responsibility is to express an opinion on these financial statements based on our audits.» Zudem wird festgehalten: «In our opinion, the financial statements ... present fairly, in all material respects, the consolidated financial position of the Coca-Cola Company and subsidiaries at December 31, ... in conformity with accounting principles generally accepted in the United States»; oder für den Schering-Konzern (Deutschland): «Der Konzernabschluss vermittelt unter Beachtung der Grundsätze ordnungsmässiger Buchführung ein den tatsächlichen Verhältnissen entsprechendes Bild der Vermögens-, Finanz- und Ertragslage des Konzerns.»

Im Bericht über die Prüfung der Konzernrechnung der Georg Fischer AG wird festgehalten, dass «die Konzernrechnungen ... ein den tatsächlichen Verhältnissen entsprechendes Bild der Vermögens-, Finanz- und Ertragslage für die Geschäftsjahre ... in Übereinstimmung mit den International Accounting Standards des IASB sowie der 4. und 7. EU-Richtlinie vermitteln». Diese Zielsetzung wird zudem vom Unternehmen selbst in den allgemeinen Grundsätzen der Rechnungslegung zu Beginn des Anhangs unabhängig vom Prüfbericht genannt.

Diese Prüfberichte zeigen auf, wie die Zielsetzung der Rechnungslegung nur unter Bezugnahme auf allgemein anerkannte Rechnungslegungsgrundsätze (Coca-Cola Company: «in conformity with generally accepted accounting principles») oder unter Bezugnahme auf ein konkretes Rechnungslegungskonzept (Georg-Fischer-Konzern: «in Übereinstimmung mit den International Accounting Standards des IASB sowie der 4. und 7. EU-Richtlinie») angegeben werden kann.

3.5 Verhältnis der Zielsetzung zu Spezialnormen

Die EU-Richtlinie geht davon aus, dass die Zielsetzung für die Rechnungslegung als allgemeine Norm allen anderen Spezialnormen zur Rechnungslegung vorgeht. EURL 4 Art. 2 (V) verlangt ein Abweichen von der Einzelvorschrift, wenn in Ausnahmefällen die Anwendung einer Spezialnorm der 4. Richtlinie mit der Zielsetzung der Rechnungslegung unvereinbar ist. Damit kommt dieser allgemeinen Bestimmung über die Zielsetzung eine überragende Bedeutung zu. Im Sinne eines *overriding principle* geht sie allen anderen Spezialnormen vor. In der Praxis wird man sich aber schwer tun mit der Anwendung dieses Prinzips. Es sind kaum Fälle bekannt, in denen von einer Einzelnorm zugunsten der allgemeinen Zielsetzung abgewichen worden ist.

Somit kann die **Zielsetzung** für die Rechnungslegung nur darin bestehen, **aufgrund eines konkreten Systems eine ausgewogene Berücksichtigung der relevanten Interessen sicherzustellen.** Die Rechnungslegung muss, um ein den tatsächlichen Verhältnissen entsprechendes Bild der wirtschaftlichen Lage zu vermitteln *(fairly represent)*, beispielsweise die Ertragslage wahr, aber doch nicht unvorsichtig darstellen.

3.6 Übungen

Übungsfragen

1. Nennen Sie Beispiele, wie das Management die Aussagekraft der Rechnungslegung beeinflussen kann.
2. Unterscheiden Sie die beiden Begriffe Shareholder und Stakeholder.
3. Welche Rolle nehmen die Stakeholder in einem ganzheitlichen Unternehmungsmodell ein?
4. Wie unterscheiden sich die Zielsetzungen der Rechnungslegung im angloamerikanischen Bereich von denen in Kontinentaleuropa?
5. Inwiefern beeinflusste die historische Entwicklung der Rechnungslegung in Kontinentaleuropa die in diesem Kulturraum bis vor kurzem dominierende Ausrichtung der Rechnungslegung?
6. Welcher Zielsetzung bzw. Sichtweise fühlen sich das IASB und die Swiss GAAP FER verpflichtet?
7. Definieren Sie den Begriff *fair presentation*.
8. Welches praktische Problem stellt sich, wenn die Zielsetzung lediglich abstrakt als *fair presentation* oder als «ein den tatsächlichen Verhältnissen entsprechendes Bild der Vermögens-, Finanz- und Ertragslage» definiert wird?

9. Welche Rolle spielt die Zielsetzung der Rechnungslegung für das Urteil der Revisionsstelle?
10. Charakterisieren Sie kurz das Verhältnis der Zielsetzung zu Spezialnormen und ihre theoretische Bedeutung für deren Anwendung.

Kapitel 4
Agency-Modell und Interessenskonflikte

	Lernziele

- Erläuterung des Agency-Modells
- Erklärung der Rolle der Standardsetzer in der Rechnungslegung
- Abriss über die Aufgabe der Wirtschaftsprüfung (Revision)

4.1	**Der Principal-Agent-Konflikt im Unternehmen**

Kleine Unternehmen werden relativ häufig von den Geschäftsinhabern oder Geschäftsteilhabern selber geführt. Bei grossen Unternehmen geschieht dies selten. Hier zeigen sich rasch unterschiedliche oder gar gegensätzliche Interessen von Kapitalgebern einerseits und Management andererseits. Die Kapitalgeber oder Anteilseigner wollen eine hohe Rendite bzw. den Rückfluss ihrer Gelder. Kapitalgeber und Management sind beide an guten Ergebnissen interessiert, doch die Geschäftsführer ihrerseits wollen vielleicht noch stärker expandieren, beanspruchen einen Anteil des Gewinnes für sich oder wollen in günstigen Phasen das Aktienkapital erhöhen, auch wenn dadurch unter Umständen der Anteil der Altaktionäre verwässert wird. Dieses Spannungsfeld zwischen dem Geldgeber und Geschäftsinhaber, dem **Principal,** sowie seinem Geschäftsführer oder **Agent** wird in der so genannten **Agency Theorie** (vgl. ▶ Abb. 11) als Basis für das Informationsbedürf-

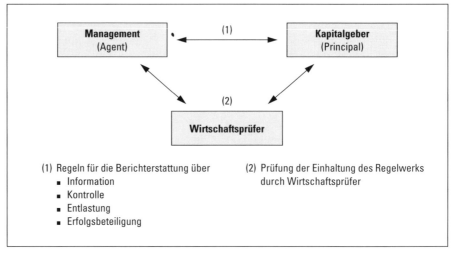

▲ Abb. 11 Agency-Theorie und Rolle des Wirtschaftsprüfers

nis der Kapitalgeber (oder bezogen auf die Eigenkapitalgeber, die Aktionäre, als Informationsbedürfnis der Shareholder) und die Berichterstattungsinteressen des Managements angesehen. Die Rechnungslegung ist das wichtigste Instrument für diesen Informationsfluss.

4.2 Festlegung von Standards

Die Art der Geschäftstätigkeit, zum Beispiel das Banken- oder Versicherungsgeschäft, führt zu Unterschieden in der Rechnungslegung. Gleichwohl haben sich im Laufe der Zeit bestimmte Regeln der Rechnungslegung oder so genannte **Generally Accepted Accounting Principles (GAAP)** entwickelt. Vor allem Kapitalgeber und Management wollen ihre Interessen absichern durch die Verpflichtung auf bestimmte Regeln der Berichterstattung. Diese Regeln können vom Gesetzgeber festgelegt oder von Fachgremien als Normen der Rechnungslegung, als Accounting Standards, erarbeitet werden.

Die Lösung über den Gesetzgeber hat den Vorteil der demokratischen, öffentlichen Kontrolle und damit des Interessenausgleichs unter Berücksichtigung von weiteren Interessengruppen. Dagegen sind staatliche Regelwerke meist schlecht geeignet, um sich rasch ändernden Anforderungen anzupassen, beispielsweise an die Probleme im Zusammenhang mit Derivaten (wie etwa Währungsoptionen). Erfolgt die Regelung durch Fachgremien, kann meist rasch und sachgerecht auf neue Herausforderungen reagiert werden. Hingegen braucht es grosse Anstrengungen, damit der Prozess der Normenerarbeitung transparent bleibt und dabei

Kapitel 4 Agency-Modell und Interessenskonflikte 67

alle Interessen angemessen berücksichtigt werden. Solche Regulierungsgremien oder **Standardsetzer** werden meist von einer unabhängigen Stiftung bzw. deren Stiftungsräten oder *trustees* ernannt. Dies gilt für das **International Accounting Standards Board IASB** (welches die International Accounting Standards IAS erarbeitet),[1] das **Financial Accounting Standards Board FASB** in den USA oder die **Fachkommission für Empfehlungen zur Rechnungslegung FER** (welche die Swiss GAAP FER, d.h. die Fachempfehlungen zur Rechnungslegung festlegt). In diesen Gremien sind daher mehr oder weniger auch alle Stakeholders gezielt vertreten. Die FER beispielsweise umfasst bei rund 30 Kommissionsmitgliedern Fachleute aus der Industrie, der Finanzbranche (Banken, Versicherungen, Finanzanalysten etc.), der Wirtschaftsprüfung (Revision), den Wirtschaftsmedien, von Publikumsfirmen ebenso wie von privaten Unternehmen. Zudem wirken Beobachter als Vertreter der interessierten Bundesämter oder beispielsweise der Schweizer Börse SWX und der kantonalen Aufsichtsbehörden über die Stiftungen (v.a. die Pensionskassen) mit.

4.3 Kontrolle der Einhaltung der Standards

Selbst die besten Regeln nützen nichts, wenn sie nicht eingehalten werden. Daher besteht ein grosser Bedarf sowohl seitens des Managements, welches Bericht erstattet, als auch seitens der Adressaten der Informationen zur Bescheinigung bzw. Sicherung einer einwandfreien Rechnungslegung. Dieses Gütesiegel wird von den Revisoren *(auditor,* Wirtschaftsprüfer) verliehen. Sie befriedigen die Nachfrage nach Qualitätssicherung *(attestation and assurance service)*. Weil mit dieser Dienstleistung auch eine Haftung für die Qualität der eigenen Arbeit verbunden ist, sind die Wirtschaftsprüfer ihrerseits an einem klaren Regelwerk zur Rechnungslegung interessiert, das den Unternehmen möglichst wenig Spielraum für eigene Interpretationen lässt.

---

1 Das International Accounting Standards Board (IASB, eine privatrechtliche Vereinigung der mit der Rechnungslegung befassten bzw. an ihr interessierten Kreise der wichtigsten Länder) ist im Rahmen einer Neuorganisation im Jahre 2001 aus dem International Accounting Standards Committee (IASC) hervorgegangen. Ihm wurde die Standardsetzung und die operative Geschäftsführung übertragen, während das ehemalige IASC als Stiftung konstituiert wurde, welche wiederum das IASB überwacht. Um Verwechslungen vorzubeugen, wird daher im Rahmen dieses Werkes im Hinblick auf die Standardsetzungstätigkeit einheitlich vom IASB gesprochen, auch wenn es sich dabei um vergangene Tatsachen handelt. Die vom IASB zukünftig neu erlassenen Standards werden als IFRS (International Financial Reporting Standards) bezeichnet, während die im Jahre 2001 bereits bestehenden Standards auch zukünftig als IAS (International Accounting Standards) zu bezeichnen sind. Das Framework IASC wird bei Quellenangaben mit seiner ursprünglichen Bezeichnung zitiert. Bei allgemeinen Hinweisen wird dagegen vom Framework des IASB gesprochen, weil die neue Organisation das Konzept vorerst unverändert übernommen hat.

> Financial statements should present fairly the financial position, financial performance and cash flows of an enterprise. The appropriate application of IAS [...] results in virtually all circumstances in financial statements that achieve a fair presentation (IAS 1 *Presentation of Financial Statements* Par. 10)

4.4 Übungen

Übungsfragen

1. Erläutern Sie kurz die Agency-Theorie.
2. Welche historische Entwicklung in der Unternehmensführung bildet die Grundlage der Agency-Theorie?
3. Welche Rolle spielt die Rechnungslegung im Rahmen der Agency-Theorie?
4. Beschreiben Sie die Aufgabe der Wirtschaftsprüfer und der Standardsetzer innerhalb des Agency-Modells.
5. Wie könnte die Agency-Theorie durch Einbezug von Öffentlichkeit und Gemeinwesen erweitert werden?
6. Welchen Mehrwert bieten Standardsetzer (bzw. deren Rechnungslegungsstandards) den Adressaten der Rechnungslegung? Bieten solche Standards auch für die Ersteller der Rechnungslegung einen Mehrwert?
7. Stellen Sie die Vor- und Nachteile der Standardsetzung durch den Gesetzgeber denen einer Regelung durch Fachgremien gegenüber.
8. Wie versuchen die Regulierungsgremien den Standardsetzungsprozess transparent zu halten?
9. Wie kann die Einhaltung der Standards kontrolliert werden?
10. Das Schweizer Aktienrecht spricht in Artikel 682a I OR nur von der Vermögens- und Ertragslage, nicht aber von der Finanzlage. Welchen Einfluss hat diese restriktive Formulierung auf Art und Umfang der Berichterstattung nach schweizerischem Aktienrecht?

Kapitel 5
Anforderungen an die Qualität der Informationen

	Lernziele

- Verständnis der Grundorientierung der Rechnungslegung
- Klärung der Anforderungen an die Qualität der Informationen

5.1 Informationsbedürfnisse der Investoren als Massstab

In der Praxis richtet sich die Rechnungslegung immer mehr auf die Investoren aus. Andere Adressaten haben weitgehend gleich gelagerte Interessen. Die Finanzanalysten und die Finanzmedien berichten über Unternehmen ohnehin primär aus der Sicht der Investoren. Die Investoren stellen dem Unternehmen eigene Mittel (Eigen- oder Risikokapital) zur Verfügung. Aber auch die anderen Kapitalgeber helfen den Unternehmen bei der Finanzierung, allerdings mit Krediten (Fremdkapital). Sie sind zwar, ebenso wie die Lieferanten oder andere Leistungserbringer (Versicherungen, Versorgungswerke für Energie und Wasser) Gläubiger und nicht Anteilseigner. Gleichwohl orientieren sie sich meist an ähnlichen Informationen wie die Anteilseigner.

Somit konzentriert sich die Rechnungslegung auf die Informationsvermittlung zugunsten der Investoren und deckt damit auch die Interessen der Finanzanalysten und -medien weitgehend ab, ebenso jene der Fremdkapitalgeber. Sie stellt folglich in erster Linie die wirtschaftliche Lage eines Unternehmens getreu dar, damit sich Investoren ein zuverlässiges Urteil bilden können.

5.2 Anforderungen an die Qualität der Informationen

Aus dieser primären Zielsetzung leiten sich verschiedene Forderungen ab:

- **Relevanz:** Die Informationen müssen für die Entscheidungsfindung der Adressaten relevant sein (*«relevant to the decision-making needs of users»*[1]). Vielfach sind Angaben zwar interessant, beispielsweise aus Sicht der Medien, aber für die Investitionsentscheidung eher nebensächlich.
- **Verlässlichkeit** *(reliability):* Im Falle eines Übernahmekandidaten wird der Kurs dieses Unternehmens an der Börse stark durch Gerüchte beeinflusst. Die publizierten Informationen zur Entwicklung des Unternehmens sind für die übernehmende Firma ebenso wie für die Finanzanalysten und Medien, welche den Übernahmekampf verfolgen, relevant und müssen deshalb verlässlich sein.
- **Stetigkeit** *(consistency):* Die Adressaten der Rechnungslegung erwarten über die Jahre hinweg einerseits eine stets gleiche Methodik in der Darstellung der wirtschaftlichen Lage, andererseits ein konsistentes Vorgehen in der Bewertung einzelner Positionen. Man spricht hier von Stetigkeit oder *consistency*.
- **Wesentlichkeit** *(materiality):* Ebenso selbstverständlich ist, dass alle wesentliche Vorgänge oder Sachverhalte zu berücksichtigen sind. Der Grundsatz der Wesentlichkeit oder *materiality* verlangt beispielsweise die **Offenlegung** *(disclosure)* angedrohter Prozesse im Zusammenhang mit Produkthaftpflicht, auch wenn daraus vorerst aus der Sicht des Managements keine Schadenersatzverpflichtung zulasten des Unternehmens entstehen sollte. Andererseits kann man unwesentliche Aspekte wie erst einige Monate nach Jahresende definitiv abzurechnende marginale Mengenrabatte auf Einkäufen schätzen. Die Alternative wäre, sie nach der endgültigen Abrechnung (also im Folgejahr) zu berücksichtigen. Vor allem aber sollte man unwesentliche Angaben zusammen mit anderen ähnlichen Informationen ausweisen, um so die Übersichtlichkeit zu erhöhen. Ob Grössen wesentlich *(material)* oder unwesentlich sind, kann nur in Relation zu anderen Elementen beurteilt werden. Solche Bezugsgrössen sind in erster Linie der Gewinn (oder Verlust) sowie das Eigenkapital eines Unternehmens. Doch können im Einzelfall zusätzlich andere Grössen wichtig sein.

---

[1] IAS 1 *Presentation of Financial Statements* Par. 20 (a).

- **Vergleichbarkeit** *(comparability):* Die Investoren müssen zwischen verschiedenen Alternativen der Kapitalanlage wählen. Daher ist für sie die Vergleichbarkeit *(comparability)* der Informationen wichtig. Die *comparability* ist für die primär auf die Bedürfnisse der Investoren ausgerichteten Rechnungslegungskonzepte der IAS oder der US GAAP entscheidend. Daher schränken sowohl das FASB als auch das IASB den Spielraum der Unternehmen so weit als möglich ein. So wird dort, wo mehrere Methoden sachlich vertretbar wären, keine Wahlmöglichkeit gewährt (dies beispielsweise im Gegensatz zu den EU-Richtlinien). Wo bestimmte Annahmen nötig sind, wie bei der Wahl eines Diskontsatzes für die Barwertberechnung, wird nicht nur die Offenlegung des gewählten Satzes verlangt, sondern auch so weit als möglich die Wahl eingeschränkt. Gleichwohl bleibt – im Rahmen der Standards – dem Management ein gewisser, teilweise nicht unerheblicher Spielraum. Doch dieser darf nicht willkürlich genutzt werden. Vielmehr muss das Management wo nötig mit internen Regeln Leitplanken setzen. Dieser Ansatz hat auch Nachteile. Einerseits können Besonderheiten einer Branche durch die feste Vorgabe bestimmter Methoden unterdrückt werden. Immobilien-Anlagegesellschaften, welche Liegenschaften zu Renditezwecken halten und nicht für die Nutzung im Prozess der Leistungserstellung, würden durch Abschreibungen (jährliche Wertkorrektur ausgerichtet auf eine angenommene Nutzungsdauer) ihren Bestand zu tief bewerten. Durch entsprechend grossen Unterhaltsaufwand wird die Vermietbarkeit auf dem aktuellen oder sogar einem höheren Niveau sichergestellt. Das IASB hat diesen Aspekt erst relativ spät berücksichtigt.[1]

5.3 Übungen

Übungsfragen

1. Welche Rolle spielen die Investoren für ein Unternehmen und inwiefern beeinflussen sie die in der Rechnungslegung enthaltenen Informationen?
2. Welche Forderungen an die Qualität der Informationen lassen sich aus der Zielsetzung der Rechnungslegung ableiten?
3. Welche Art von Informationen würden Sie in Ihrer Rolle als Privatanleger eines börsenkotierten Unternehmens als relevant erachten?
4. Der Energiekonzern Enron baute im Laufe der Jahre ein Netzwerk von über 3000 so genannten Special Purpose Entities (SPE) auf, die gemäss wortgetreuer Auslegung der US-GAAP-Standards nicht konsolidiert werden mussten und demzufolge im Jahresabschluss nicht berücksichtigt wurden, in denen jedoch enorme Schul-

---

1 Vgl. IAS 40 *Investment Properties.*

den des Unternehmens «geparkt» wurden. Verletzt diese Praxis die Anforderung der Relevanz? Werden gegebenenfalls weitere Anforderungen missachtet?
5. Welche Bedeutung hat die Qualitätsanforderung der Stetigkeit von Unternehmensinformationen im Mehrjahresvergleich?
6. Wie würden Sie grundsätzlich vorgehen, um die Wesentlichkeit eines Sachverhalts zu prüfen?
7. Die Forderung nach Wesentlichkeit ist einerseits positiv-einschliessend zu verstehen, hat andererseits aber auch eine negativ-ausschliessende Bedeutung, die zur Nichtberücksichtigung unwesentlicher Vorgänge führt. Weshalb ist diese Komponente sehr wichtig für die Verständlichkeit der Jahresrechnung?
8. Welchen Zweck erfüllt die positiv-einschliessende Komponente der Forderung der Wesentlichkeit?
9. Was beinhaltet die Forderung nach Vergleichbarkeit der Unternehmensinformationen?
10. Warum hat das Qualitätsmerkmal der Vergleichbarkeit im Rahmen der Globalisierung der Waren- und Kapitalmärkte zunehmend an Bedeutung gewonnen?

Kapitel 6
Grundlagen und Grundsätze der Rechnungslegung

	Lernziele

- Klärung der verschiedenen Abgrenzungsarten
- Kenntnis der Grundlagen der Rechnungslegung
- Erläuterung der Grundsätze der Rechnungslegung

6.1	**Grundsatzfragen der Berichterstattung**[1]

Die Berichterstattung wirft einige grundlegende Fragen zu folgenden Problemkreisen auf:

- **Auswirkung der Momentaufnahme** (z.B. jeweils zum 31. Dezember),
- **Bewertung von Vermögenswerten.**

Diese Problemkreise sollen anhand der beiden nachstehenden Beispiele diskutiert werden:

Beispiel A: Der Konzern A wird in Wirtschaftsmedien als Übernahmekandidat oder zumindest als gutes Investment beschrieben. Hervorgehoben wird unter anderem der sehr hohe Bestand an Geldmitteln, die aus dem Verkauf einer Geschäftssparte stam-

---

[1] Vgl. Behr et al. 2002, S. 18.

men und die seit mehreren Jahren mit Blick auf neue Investitionen mit bescheidenem Ertrag in Form von Festgeldern und verzinslichen Wertschriften angelegt werden. Sie beschaffen sich den letzten verfügbaren Geschäftsbericht und analysieren den Konzern A, weil Sie erwägen, Aktien von A an der Börse zu kaufen (Investitionsentscheidung).

Beispiel B: Sie arbeiten zusammen mit anderen Studierenden und ehemaligen HSG-Absolventen in einem Beratungsteam, das auf gemeinsame Rechnung Unterstützung in diversen betriebswirtschaftlichen Fragen und auf dem Gebiet der Informatik anbietet. Das Beratungsteam stellt die notwendigen Computer bzw. Bürogeräte zur Verfügung und führt ein Bankkonto. Die Entschädigung erfolgt durch direkte Auszahlung von 50 % der fakturierten Leistungen an die Berater sowie durch einen Bonus, der allerdings aus verschiedenen Gründen immer erst neun Monate nach Jahresende ausbezahlt wird. Nun möchte ein Teil der Berater ein grösseres Projekt im Bereich der neuen Medien angehen und prüft Möglichkeiten zur Finanzierung der relativ hohen Investitionen.

6.2 Grundlagen der Rechnungslegung
6.2.1 Zeitliche und sachliche Abgrenzung

Für viele wirtschaftliche Tätigkeiten genügt eine Erfassung der Transaktionen im Zeitpunkt des Geldflusses. Einnahmen und Ausgaben stehen im Vordergrund, unabhängig davon, ob beispielsweise bei einer Ausgabe im Zusammenhang mit Dienstleistungen eines Lieferanten wie im Falle der Telefongebühren die entsprechende Nutzung zu einem früheren Zeitpunkt erfolgte. Ab einer gewissen Komplexität steht jedoch die **periodengerechte Zuordnung von Kosten und Leistungen** im Vordergrund. Auf der Zeitachse gesehen ist der Aufwand für die Inanspruchnahme der Telekommunikation bereits im Vormonat angefallen, rund 30 Tage vor Rechnungsstellung und bis zu 60 Tage vor Zahlung der entsprechenden Rechnung (vgl. ▶ Abb. 12).

Cash streams im Sinne des allgemeinen Sprachgebrauchs und Bestände an Geldmitteln[1] stehen für die Beurteilung von Unternehmen und Projekten oft im Vordergrund. Die für ein Unternehmen kurzfristig wichtige **Sicherung der Zahlungsfähigkeit** (sofern genügend Geldmittel vorhanden sind, um den Zahlungsverpflichtungen nachzukommen, kann das Beraterteam aus Beispiel B auch einen buchhalterischen Verlust während einer bestimmten Zeit verkraften) ist ein Grund

---

[1] Wenn für die Bewirtschaftung von Währungs- und Zinsrisiken beispielsweise kurzfristig fällige Festgeldanlagen in einer Währung und gleichzeitig kurzfristig erneuerbare Bankkredite in anderen Währungen bestehen, interessiert im Grunde nur die Differenz der beiden Positionen. Je nach Ergebnis spricht man von *net cash* oder *net debt*, als flüssige Mittel netto oder Nettofinanzschulden.

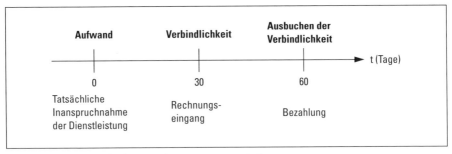

▲ Abb. 12 Zeitliche Erfassung in Anspruch genommener Leistungen

für die **starke Beachtung der Geldflüsse.** Zusätzlich ist daran zu denken, dass ein Investor Bargeld investiert und irgendwann einmal einen höheren als den angelegten Geldbetrag zurückerhalten möchte. Das Unternehmen im Beispiel A kann das Aktienkapital herabsetzen (und so den Aktionären steuerfrei eine Art Dividende zufliessen lassen) oder eigene Aktien über die Börse zurückkaufen, das Kapital herabsetzen und so den Anteil für die verbleibenden Aktionäre erhöhen. In beiden Fällen fliessen erhebliche Mittel an die Aktionäre und reduzieren deren ursprüngliches Investment, ohne den Wert der (verbleibenden) Investition zu verringern.

Die grosse Bedeutung der Geldmittel für die Beurteilung von Unternehmen wäre eigentlich Anlass, die Transaktionen und Sachverhalte wie in der guten alten Zeit nur zu erfassen, wenn es sich um Einnahmen und Ausgaben handelt. Dieses Konzept gilt noch heute in vielen Bereichen des Staatshaushaltes. Die so genannte Kameralistik erfasst in einer Rechnung die laufenden Einnahmen und Ausgaben des Gemeinwesens (Investitionen sowie deren Finanzierung werden allenfalls in einer separaten Rechnung dargestellt). Was geschieht aber mit den vielen Transaktionen, hinter denen zumindest vorerst kein Geldfluss steht, beispielsweise mit dem Wertzuwachs auf einem Zero Coupons Bond (Auszahlung mit 100% abzüglich kumuliertes, abdiskontiertes Zinsbetreffnis und Rückzahlung der Schulden zu 100%, keine Zinszahlung während der Laufzeit) oder mit Zahlungsflüssen, die wie Jahresprämien für Versicherungen teilweise schon vor Beginn der betroffenen Periode ausgelöst werden müssen? **Die Unterscheidung von Aufwand und Ertrag gestattet die Berücksichtigung der Zeitachse.** Eine Transaktion, ein Vorfall ist in jenem Zeitpunkt zu erfassen, in dem er sich ereignet, unabhängig davon, ob der dadurch ausgelöste Geldfluss zeitgleich stattfindet. Das Beraterteam in Beispiel B stellt seinen Kunden nicht stündlich oder täglich Rechnung, sondern erst nach Abschluss des Projektes (allenfalls werden bei Grossprojekten monatliche Teilrechnungen vereinbart). Die geleistete Beraterstunde ist als Ertrag zu erfassen, auch wenn sie erst nach Rechnungsstellung bezahlt wird. Diese **zeitliche Abgrenzung** unterscheidet die moderne Rechnungslegung von der Einnahmen- und Ausgabenrechnung, die aber für viele kleine Betriebe, beispielsweise auch für Anwaltskanzleien genügt (und von den Steuerbehörden auch akzeptiert wird).

Die konsequente Erfassung der Transaktionen und Sachverhalte unabhängig vom Zeitpunkt des damit verbunden Geldflusses ermöglicht die periodengerechte Zuordnung von Aufwand und Ertrag. Im Leistungserstellungsprozess eingesetzte Maschinen beispielsweise lösen, falls sie gekauft und sofort bezahlt wurden, in den Folgejahren keinerlei Geldabfluss aus (Unterhaltsaufwendungen werden für dieses Beispiel vernachlässigt). Doch die produzierten Erzeugnisse verursachen nicht nur den mit dem verwendeten Material sowie allfälligem Personaleinsatz etc. verbundenen Aufwand. Ebenso wichtig sind die Nutzung der Maschinen und der damit verbundene Wertverzehr. Die Maschinen haben, von der technischen Überholung durch neue Entwicklungen abgesehen, eine bestimmte Nutzungsdauer, die in Jahren, Betriebsstunden oder Stückzahlen veranschlagt werden kann. Solange die Maschinen genutzt werden, interessiert, welcher Aufwand rein rechnerisch dem Ertrag aus dem Verkauf der Erzeugnisse gegenübergestellt werden muss, damit man den Maschinenpark kontinuierlich erneuern kann und keine Gewinne ausweist, die bei richtiger Betrachtung gar nicht angefallen sind. Die rechnerische Grösse für die Bemessung dieses Aufwandes wird in der Rechnungslegung als **Abschreibung** *(depreciation[1])* bezeichnet. Abschreibungen und ähnliche Aufwendungen werden auch als **sachliche Abgrenzungen** bezeichnet.

Die periodengerechte Zuordnung von Aufwand und Ertrag, die Zuordnung sämtlicher Aufwendungen einer Periode zu den entsprechenden Erträgen wird in den EU-Richtlinien ebenso wie in den schweizerischen Regelungen als Grundsatz einer ordnungsmässigen Rechnungslegung bezeichnet. IAS 1 nennt ebenfalls die *accrual basis of accounting,* also die zeitliche Zuordnung (Abgrenzung) als Aufwand bzw. Ertrag, als Grundlage der Rechnungslegung.[2] Dies ermöglicht, je Periode den erwirtschafteten Ertrag den dazu notwendigen Aufwendungen gegenüberzustellen. Dieses *matching of cost and revenues (matching principle)* ist vor allem für die interne Analyse wichtig. Gleichzeitig wird damit die Ausrichtung der Rechnungslegung auf die Darstellung der Ertragskraft unterstrichen.

Die **Geldflüsse** spielen für die Rechnungslegung gleichwohl eine grosse Rolle. Sie werden in der Geldflussrechnung (Mittelflussrechnung, früher auch als Kapitalflussrechnung bezeichnet, *cash flow statement),* einem besonderen Bestandteil der Rechnungslegung dargestellt.[3] Dabei wird unterschieden zwischen dem Geld-

---

1 Die IAS und vor allem die amerikanische Rechnungslegung unterscheiden terminologisch zwischen *depreciation* als Abschreibungen auf Sachanlagen, *amortization* im Sinne der Abschreibungen auf immaterielle Werte wie beispielsweise Markenrechte sowie *depletion* als Abschreibungen oder Gegenwert des Abbaus von Rohstoffvorkommen wie Kies oder Erdöl.
2 Swiss GAAP FER 3 *Grundlagen und Grundsätze ordnungsmässiger Rechnungslegung* Ziff. 1 und 12, IAS 1 *Presentation of Financial Statements* Par. 25 f.
3 Vgl. nachstehend Teil B «Aufbau und Bestandteile der Berichterstattung», ebenso Swiss GAAP FER 1 *Bestandteile des Einzelabschlusses und der Konzernrechnung* Ziff. 1 f., Swiss GAAP FER 6 *Mittelflussrechnung,* IAS 1 *Presentation of Financial Statements* Par. 7 und 90 sowie IAS 7 *Cash Flow Statements.*

fluss im Zusammenhang mit der Geschäftstätigkeit (dem Prozess der Leistungserstellung und Leistungserbringung) sowie jenem aus dem Investitions- und Finanzierungsbereich eines Unternehmens. Die Fokussierung auf die Zahlungsströme (pagatorische Betrachtung) und die Geldmittel drängt zudem die Problematik der Bewertung in den Hintergrund. Bei einer Analyse des Ertrages dagegen spielen beispielsweise die für Abschreibungen verwendete Nutzungsdauer oder andere Grössen, bei deren Festlegung das Management einen gewissen Ermessensspielraum hat, eine einflussreiche Rolle. Gleichwohl wäre es falsch, die Rechnungslegung einfach auf eine Analyse von Geldflüssen zu reduzieren und Unternehmen allein aufgrund der auf den Betrachtungszeitpunkt diskontierten künftigen Geldflüsse (Discounted Cash Flows, DCF) zu beurteilen. Denn die damit verbundene Zukunftsbetrachtung impliziert eine Fülle von Annahmen, die ebenfalls einen gewissen Ermessensspielraum belassen. Die Wahl des Diskontierungssatzes ist für diese DCF-Konzepte zudem entscheidend; die Multiplikatorwirkung (Kehrwert des gewählten Zinssatzes) schlägt sich schon bei kleinen Zinsdifferenzen in grossen Beträgen nieder.

Zusammenfassend kann festgehalten werden, dass mit der **zeitlichen Abgrenzung** *(accrual basis of accounting)* jene Aufwendungen den Erträgen einer Periode gegenübergestellt werden, die betriebswirtschaftlich gesehen notwendig waren, um diese Erträge zu erwirtschaften. Mit der **sachlichen Abgrenzung** wird zudem – beispielsweise bei Maschinen mit Hilfe von Abschreibungen – der Wertverzehr im Rahmen der Leistungserstellung ausgewiesen, obwohl dadurch gar kein Geldabfluss ausgelöst wurde.

6.2.2 Fortführung der Unternehmenstätigkeit

In der Regel werden die Adressaten der Rechnungslegung von einer **Fortführung der Unternehmenstätigkeit** ausgehen. Diese Annahme beeinflusst in erster Linie die Bewertung beispielsweise der Waren oder von Betriebseinrichtungen. Im Falle einer bevorstehenden Stilllegung bestimmter Aktivitäten oder gar eines Konkurses könnten die hergestellten Produkte nur noch zu relativ tiefen Preisen veräussert werden. Gründe dafür können sein:

- fehlende Garantien bzw. nicht mehr mögliche Serviceleistungen für diese Produkte,
- Zeitdruck bei der Vermarktung dieser Güter,
- bei den Betriebseinrichtungen der Umstand, dass diese möglicherweise durch Dritte nur mit erheblichem zusätzlichem Aufwand genutzt werden können.

Kann die Frage nach der Fortführung der Unternehmenstätigkeit nicht bejaht werden, muss die Bewertung folglich unter der Optik einer mehr oder weniger raschen Liquidation erfolgen. Man orientiert sich an **Veräusserungs- oder Liquidationswerten.** Diese können unter Umständen sogar höher liegen als jene Werte, welche aus Sicht des Unternehmens bisher im Sinne des geschäftlichen Nutzens, des Gebrauchswertes *(value in use)* veranschlagt wurden. Wurde der Betrieb in Liegenschaften geführt, die sich aufgrund der Entwicklung des Unternehmensstandortes mittlerweile an bester Lage befinden, obwohl diese Geschäftstätigkeit auch in wesentlich günstigeren Gebäude in der Industriezone möglich ist, kann nach Einstellung und Räumung der Produktionsstätte ein beachtlicher Mehrwert erzielt werden.

Die Rechnungslegung basiert somit auf der Annahme oder der **Grundlage der Unternehmensfortführung** *(going concern assumption).* Normalerweise darf man ohne weiteres vom Vorliegen dieser Annahme *(fundamental assumption)* ausgehen, jedenfalls solange keine Anzeichen für eine Gefährdung des Unternehmens oder für die bewusst gewählte Einstellung des Betriebes oder von Teilen davon bestehen. Auslöser für den Zusammenbruch eines Betriebes ist in der Regel die Zahlungsunfähigkeit. Die Ursachen dafür können recht unterschiedlich sein. Misserfolge im Zusammenhang mit der Übernahme von anderen Firmen, der Erschliessung von neuen Märkten oder der Einführung von neuen Produkten stehen ebenso wie unerwartete Zahlungsausfälle bei Grosskunden am Anfang einer solchen Entwicklung. Dagegen muss eine negative Ertragslage zumindest kurzfristig nicht unbedingt die Fähigkeit zur Zahlung der dringendsten Verpflichtungen einschränken.

Daher wird bei Firmen der Biotechnologie oder Informationstechnik, deren Aktivität sich vorerst auf Entwicklungen und Projekte ohne (zur Deckung der Investitionen genügende) entsprechende Umsätze konzentriert, der Nettoabfluss an Geldmitteln pro Monat ins Verhältnis zu den (nach Abzug allfälliger kurzfristiger Schulden) vorhandenen Geldmitteln gesetzt. Das Resultat wird als so genannte *cash burn rate* bezeichnet.[1] Fehlen die notwendigen Geldmittel (oder allenfalls Kreditzusagen) für die geplante Aufbauphase, sind Zweifel bezüglich der Zahlungsfähigkeit und damit der Unternehmensfortführung angebracht.

Da eine umfassende Rechnungslegung (nur) alle zwölf Monate erfolgt (Quartals- oder andere Zwischenabschlüsse sind weit weniger umfassend als Jahresabschlüsse), dürfen keinerlei Anzeichen dafür bestehen, dass die Unternehmensfortführung bis zur Vorlage des nächsten Jahresabschlusses gefährdet ist.

In der Rechnungslegung ist die Anwendung dieser Grundlagen nicht besonders zu erwähnen. Wichtiger ist der Umkehrschluss, dass ein Abweichen von diesen Grundlagen immer offen zu legen ist.

---

1 Vgl. hierzu auch Teil C, Kapitel 18 «Flüssige Mittel».

6.2.3 Weitere Grundlagen der Rechnungslegung

Einige weitere Grundlagen der Rechnungslegung werden nur selten erwähnt: Einerseits ist dies die Maxime, gemäss der die **Geschäftsführung** und in zweiter Linie auch die **Revisionsstelle** für die **Erreichung der Ziele der Rechnungslegung verantwortlich** sind. Diese Überlegung ist beispielsweise dort wichtig, wo die Entwicklung in der Wirtschaft neue Transaktionsarten, wie bei Derivaten, hervorbringt, welche nach den gängigen Regeln der Rechnungslegung (scheinbar) nicht erfassbar sind.

Eine weitere Grundlage ist die Annahme, dass die für die Rechnungslegung verantwortlichen Personen nach **Treu und Glauben** handeln. Viele Bestrebungen im Ausland, beispielsweise in den USA, erwecken den Anschein, dass aus dieser Grundlage in den Augen der Standardsetzer eher eine Ausnahme geworden ist.

6.3 Grundsätze ordnungsmässiger Rechnungslegung (GoR)

Die Informationsvermittlung in der Rechnungslegung hat sich an der Zielsetzung «Vermittlung von entscheidungsrelevanten Daten über die wirtschaftliche Lage» zu orientieren. Wie für jede Berichterstattung wird man eine vollständige, klare und auf das Wesentliche reduzierte Präsentation erwarten, die im Vergleich von einer Periode zur anderen Kontinuität zeigt. Dieser eigentlich selbstverständliche Forderungskatalog widerspiegelt sich in den Grundsätzen ordnungsmässiger Rechnungslegung, die beispielsweise im deutschen, österreichischen und schweizerischen Gesellschaftsrecht (Art. 959 und Art. 662a Abs. 2 OR, Swiss GAAP FER 3, Framework IASC Par. 24–46) folgende Regeln umfassen:

1. Wesentlichkeit,
2. Vollständigkeit,
3. Klarheit,
4. Stetigkeit.

Ebenfalls genannt werden in der Regel:

5. Bruttoprinzip (Verrechnungsverbot),
6. Vorsichtsprinzip.

6.3.1 Grundsatz der Wesentlichkeit

Die Rechnungslegung kann sinnvollerweise nur Grössenordnungen und Relationen vorgeben. Für die Finanzanalyse beispielsweise ist keine Genauigkeit im Ausweis der einzelnen Positionen notwendig, weil ohnehin die Relationen und die Veränderungen, nicht so sehr die einzelnen Beträge, im Vordergrund stehen. Die scheinbare Genauigkeit der Buchführung wird in der Rechnungslegung relativiert durch die Ungenauigkeit von Schätzungen vor allem bei den bedeutenden Positionen wie Warenlager, Markenrechten, Goodwill und Abschreibungen. Gleiches gilt für den Einfluss von Marktpreisänderungen (z.B. bei Liegenschaften) und von Unsicherheiten bezüglich künftiger Ereignisse. Daher soll die Rechnungslegung Informationen und Transaktionen nur insoweit erfassen und vermitteln, als sie für die Entscheidungsfindung der Adressaten der Berichterstattung über die wirtschaftliche Lage eines Unternehmens wesentlich sind.

Gemäss Swiss GAAP FER 3/9 sind alle Sachverhalte wesentlich, welche die Bewertung und die Darstellung der Rechnungslegung oder einzelner Positionen beeinflussen, sofern dadurch die Aussage so verändert wird, dass die Adressaten in ihrer Entscheidung gegenüber der Unternehmung beeinflusst werden können.

In der praktischen Anwendung des Grundsatzes der Wesentlichkeit stellt sich die Frage nach dem **anzuwendenden Massstab**. Die Messgrösse muss aus der Optik der Adressaten beurteilt werden. Wesentlichkeit ist der Einhaltung der Zielsetzung für die Rechnungslegung untergeordnet und ist somit selber **ein relativer Begriff,** dessen Konkretisierung stark vom konkreten Fall und vom Standpunkt des jeweiligen Adressaten abhängig ist. Die Wesentlichkeit bestimmt sich nach zwei Kriterien:

- Bezugsgrösse(n),
- Abweichung(en).

Negativbeispiel: Keine Erwähnung der Long Term Strategy AG (LTS) im Geschäftsbericht 2001 der Swiss Life. LTS wurde 1999 als Investmentvehikel (Beteiligungsgesellschaft) der Swiss Life und führender Manager gegründet. LTS profitierte von Beziehungen der Rentenanstalt zu Emissionsbanken und nahm überproportional an IPOs teil (Related Party Transactions). Dies hat zivilrechtliche und sogar strafrechtliche Verfahren gegen die begünstigten (und gleichzeitig verantwortlichen) Personen ausgelöst.

Wichtige **Bezugsgrössen** sind in jedem Fall das Eigenkapital und der Periodenerfolg bzw. der Geldfluss aus der Geschäftstätigkeit. Denn die Investoren werden mit Blick auf den Kauf bzw. die Verkaufsentscheidung diese Grössenordnungen in jedem Fall berücksichtigen und in ihre Entscheidungsfindung einbeziehen. Im Einzelfall können zusätzlich andere Positionen von Belang sein. Es ist daher zu

Kapitel 6 Grundlagen und Grundsätze der Rechnungslegung

> **Nahe stehende Personen und Gesellschaften**
> Den Verwaltungsräten wurden im Berichtsjahr 3022 Georg Fischer Namenaktien im Anschaffungswert von CHF 0.4 Mio. abgegeben (Vorjahr 2343 Georg Fischer Namenaktien, Anschaffungswert CHF 0.7 Mio.), die im externen Aufwand enthalten sind.
>
> Im Übrigen bestanden gegenüber nahe stehenden Personen und Gesellschaften wie im Vorjahr keine Forderungen und Verbindlichkeiten. Auch wurden im Berichts- und Vorjahr keine Transaktionen mit nahe stehenden Personen und Gesellschaften getätigt.

▲ Abb. 13 Geschäfte mit nahe stehenden Personen (Georg Fischer, Geschäftsbericht 2002, S. 68)

prüfen, welche Verhältniszahlen bzw. Kennzahlen oder Sammelpositionen durch das Weglassen einzelner Grössen tangiert werden. Die **Grössenordnung der Abweichung** von der bzw. den Bezugsgrösse(n), die noch toleriert werden kann, ist letztlich nicht eindeutig bestimmbar. Es wurden immer wieder Versuche der **Quantifizierung** unternommen. Eine solche Quantifizierung ist aber **mit Vorsicht zu betrachten.** In der Regel wird man Abweichungen von mehr als fünf oder höchstens zehn Prozent von einer der im Einzelfall ermittelten Bezugsgrössen nicht akzeptieren können.

Neben dem quantitativen Kriterium zur Bestimmung der Wesentlichkeit sind auch **qualitative Kriterien** zu berücksichtigen. So kann ein Sachverhalt unabhängig von der Grössenordnung einen wesentlichen Einfluss auf die Meinungsbildung beim Adressaten haben. Er ist daher in jedem Fall offen zu legen (vgl. ◄ Abb. 13). Bei Transaktionen mit Personen, welche einen erheblichen Einfluss auf die Ent-

> **2b) Konsolidierungskreis**
> Der Konsolidierungskreis der Gesellschaft wird auf der Grundlage des Prinzips der einheitlichen Leitung bestimmt. Alle Beteiligungen, welche die Gesellschaft über eine einheitliche Leitung beherrscht, werden voll konsolidiert. Die übrigen Gesellschaften, welche diese Bedingung nicht erfüllen, werden wie verbundene Konzerngesellschaften behandelt und in der konsolidierten Jahresrechnung nach der Equity-Methode erfasst. Die Beteiligungen von geringerer Bedeutung werden nicht in den Konsolidierungskreis aufgenommen.

Voll konsolidierte Gesellschaften		
% der konsolidierten Beteiligung	2001	2000
Pargesa Netherlands B.V., Rotterdam	100.0	100.0
Pargesa Luxembourg S.A., Luxembourg	100.0	100.0
Financière du Parc B.V., Rotterdam	100.0	100.0
Equity-konsolidierte Gesellschaften		
% der konsolidierten direkten Beteiligung	2001	2000
Groupe Bruxelles Lambert, Bruxelles	49.9	55.7
Imerys, Paris	26.8	26.7
Orior Holding S.A., Vevey	100.0	99.8
SFPG, Paris	100.0	53.9

▲ Abb. 14 Angaben zum Konsolidierungskreis (Pargesa, Geschäftsbericht 2001, S. 39)

Fünfjahresübersicht Konzern					
Mio. CHF	1998	1999	2000	2001	2002
Auftragseingang	3 020	3 247	4 095	3 732	3 480
Auftragsbestand Ende Jahr	862	843	942	797	685
Erfolgsrechnung					
Umsatz	3 038	3 239	3 903	3 848	3 417
EBITDA	347	343	460	356	275
EBITA	221	190	291	197	121
EBIT	216	175	267	156	80
Konzernergebnis vor Steuern und Amortisation	205	172	260	147	32
Konzernergebnis (inkl. Minderheitsanteile)	162	147	181	76	−12
Konzernergebnis (exkl. Minderheitsanteile)	144	131	151	65	−20
Cashflow					
Cashflow aus Geschäftstätigkeit	305	249	286	371	323
Abschreibungen	126	153	169	159	154
Amortisation	5	15	24	41	41
Investitionen in Sachanlagen	124	145	220	233	171
Cashflow aus Akquisitionen und Devestitionen (Mittelverwendung, netto)	67	232	45	33	16
Freier Cashflow	154	136	188	143	65
Bilanz					
Anlagevermögen	1 294	1 616	1 719	1 815	1 669
Umlaufvermögen	1 473	1 652	1 844	1 733	1 456
Aktiven	2 767	3 268	3 563	3 548	3 125
Eigenkapital (inkl.Minderheitsanteile)	1 003	1 186	1 230	1 179	1 054
Langfristiges Fremdkapital	1 275	1 184	1 109	1 321	1 099
Kurzfristiges Fremdkapital	489	898	1 224	1 048	972
Nettoverschuldung	580	856	1 036	1 134	1 077
Vermögensstruktur					
Anlagevermögen %	47	49	48	51	53
Umlaufvermögen %	53	51	52	49	47
Kapitalstruktur					
Eigenkapital (inkl. Minderheitsanteile) %	36	36	35	33	34
Langfristiges Fremdkapital %	46	36	31	37	35
Kurzfristiges Fremdkapital %	18	28	34	30	31
Kennzahlen					
Return on Equity (ROE) %	17	13	15	6	−1
Return on Net Operating Assets (RONOA) %	16	11	14	7	4
Return on Sales (ROS) %	7	5	7	4	2
Vermögensumschlag	2.2	2.0	2.0	1.8	1.7
Cashflow aus Geschäftstätigkeit in % Umsatz	10	8	7	10	9

▲ Abb. 15 Fünfjahresübersicht (Georg Fischer, Geschäftsbericht 2002, S. 40)

scheidungsfindung der Bericht erstattenden Unternehmung ausüben können (so genannte Transaktionen mit nahe stehenden Personen) ist im Falle von missbräuchlicher Preisfestsetzung auch eine relativ unbedeutende Angelegenheit auszuweisen.

Vielfach sind Transaktionen oder Einzelpositionen je für sich betrachtet unwesentlich (vgl. ◄ Abb. 14). In einem Konzern werden Verkaufsgesellschaften in kleinen Ländern gemessen an der ganzen Gruppe in jeder Hinsicht unbedeutend sein. Dagegen können alle diese kleinen Tochtergesellschaften insgesamt, beispielsweise gemessen am ausgewiesenen Konzerngewinn, bedeutend sein. Daher sind gleichartige Transaktionen bzw. Einzelpositionen unter dem Aspekt der Wesentlichkeit in ihrer Kumulation, mithin als Ganzes, zu beurteilen.

Die Frage der Wesentlichkeit stellt sich im Zusammenhang mit einer Vielzahl von Problemen der Rechnungslegung. Die entsprechenden Normen unterstellen die Geltung des Grundsatzes der Wesentlichkeit *(materiality)*. Daher wird diese Regel meist nicht mehr ausdrücklich wiederholt.

Die **Forderung nach Relevanz** der Informationen im Zusammenhang mit den Ansprüchen an die Qualität der Rechnungslegung wird im Grunde genommen durch den Grundsatz der Wesentlichkeit abgedeckt. Relevant können für die Entscheidungsfindung der Investoren nicht nur zukunftsgerichtete Angaben, sondern auch Daten der Vergangenheit sein. Daher wird neben den Vorjahreszahlen häufig die Entwicklung wichtiger Kennzahlen im Laufe der letzten fünf Jahre offen gelegt. Denn eine Information ist dann wesentlich, wenn eine unkorrekte Angabe oder ein Weglassen dieser Information die Entscheidungsfindung der Bilanzadressaten beeinflussen könnte (vgl. ◄ Abb. 15).

6.3.2 Vollständigkeit

Der Grundsatz der Vollständigkeit verlangt den vollständigen Ausweis der Vermögenswerte und Verpflichtungen. **Alle Informationen, welche für die Beurteilung der wirtschaftlichen Lage der Organisation massgeblich sind,** müssen vollumfänglich offen gelegt werden. Der Grundsatz der Vollständigkeit spielt allerdings aus der Sicht der Adressaten für die moderne Rechnungslegung eine untergeordnete Rolle. Viel bedeutender sind die Auswirkungen für die Wirtschaftsprüfer, welche insbesondere eine vollständige Abgrenzung sämtlicher Verpflichtungen und die Offenlegung weiterer Verpflichtungen im Anhang im Rahmen der Revision sicherstellen müssen.

Instrumente des Risikomanagements und Ausserbilanzrisiken. Die unterschiedlichen Risikopositionen, die aus bestehenden Vermögens- und Verbindlichkeitsposten sowie aus erst zukünftig entstehenden Engagements resultieren, werden zentral auf Stufe Konzern erfasst und verwaltet. Die flüssigen Mittel werden im Wesentlichen als Kontokorrentguthaben und kurzfristige Festgelder bei Banken gehalten. Es bestehen nur Verträge mit erstklassigen Finanzinstituten. Die verwendeten derivativen Finanzinstrumente dienen hauptsächlich der Absicherung von Zins- und Währungsrisiken im Konzern.

Währungsrisiken. Währungsrisiken auf Konzerndarlehen sind mittels Devisenterminkontrakten auf Grund der Risikobeurteilung teilweise abgesichert. Die Devisenterminkontrakte werden innerhalb von sechs Monaten fällig.

Devisenterminkontrakte (Käufe): Mio. CHF	2003	2002
Kontraktwert	141	133
Wiederbeschaffungswert[1]	−1	
Marktwert	140	133

1 Entspricht dem bilanzierten Verkehrswert.

Devisenterminkontrakte nach Währungen: Mio. CHF	2003	2002
USD	47	37
GBP	57	11
EUR	8	61
Übrige	29	24
Total	**141**	**133**

▲ Abb. 16 Ausserbilanzrisiken (Georg Fischer, Geschäftsbericht 2003, S. 68)

6.3.3 Klarheit

Der Grundsatz der Klarheit bezieht sich auf die Darstellung und verlangt vor allem eine **übersichtliche Gliederung,** unter Umständen auch den Ausweis von Einzelheiten im Anhang. Ferner gehört dazu die **klare, sachgerechte Bezeichnung** der einzelnen Posten und ihres Inhalts. Sammelposten von sachlich nicht zusammengehörenden Positionen, wie zum Beispiel Wertschriften (Anlagen z. B. in Aktien verschiedener Publikumsfirmen) und Beteiligungen (z. B. eines auch durch Aktien verkörperten Anteils von 30 Prozent an einer anderen Unternehmung) sind zu vermeiden. Ebenso ist beispielsweise das Sachanlagevermögen, wenn es neben Immobilien auch Maschinen umfasst, für den Ausweis aufzuschlüsseln. Denn für Immobilien werden andere Abschreibungssätze angewendet als für Maschinen. Des weiteren sind die Realisierbarkeit, der Nutzen für das Geschäft etc. unterschiedlich zu gewichten. Die modernen Grundsätze der Rechnungslegung setzen den Grundsatz der Klarheit mit Hilfe der Vorschriften zur Gliederung sowie einer Vielzahl von Regeln zur Offenlegung weiterer Informationen im Anhang weitgehend um. Darüber hinaus gilt, dass weder durch die Art der Darstellung einzelner Angaben noch durch Weglassen notwendiger Informationen der Einblick in die wirtschaftliche Lage erschwert werden darf (Swiss GAAP FER 3 Ziffer 13). Mit der Konkretisierung verschiedener Bestimmungen zur Rechnungslegung in der Schweizerischen Handelsregisterverordnung (Art. 88 Abs. 1 HRegV) wird im Zusammenhang mit dem Begriff der Klarheit auch verlangt, dass Angaben zu keinen Täuschungen Anlass geben dürfen. In den USA werden die Forderungen bezüglich Klarheit und Offenlegung mit *adequate disclosure* bezeichnet.

Zum Grundsatz der Klarheit gehören auch die Forderungen nach Verständlichkeit und Verlässlichkeit der Rechnungslegung.

Im Sinne der **Verständlichkeit** *(understandability)* darf in der Rechnungslegung davon ausgegangen werden, dass die Adressaten einen vernünftigen Wissensstand bezüglich Rechnungslegung haben. Mit dieser Formulierung beispielsweise im Framework des IASB oder des amerikanischen FASB bleiben gleichwohl viele Fragen offen. Sicher ist einzig, dass die in den Regelwerken festgehaltenen Grundsätze der Rechnungslegung nicht ausdrücklich wiederholt werden müssen, sofern sie ohne Änderungen oder Wahl einer bestimmten Option angewendet werden. Ebenso wenig braucht es Erläuterungen zum Zweck der einzelnen Bestandteile der Rechnungslegung. Der Grundsatz der Verständlichkeit bedeutet andererseits, dass keine komplexe, aber entscheidungsrelevante Information nur deshalb weggelassen werden darf, weil sie für einzelne Adressaten nur schwer verständlich sein könnte.

Die **Verlässlichkeit** hängt eng mit der Klarheit (aber auch der Wesentlichkeit) zusammen. Unter diesen Grundsatz fällt auch die Regel, wonach die **wirtschaftliche Betrachtungsweise** und die wirtschaftliche Bedeutung einer Transaktion entscheidend sind und nicht deren formelle Gestaltung. Beispielsweise gilt dieser Grundsatz *(substance over form)* für die Bilanzierung von Leasinggeschäften (vgl. dazu Kapitel 27 «Leasing»). Die Forderung nach Offenlegung und Darstellung von Transaktionen und Sachverhalten im Sinne des Grundsatzes von **Treu und Glauben** *(faithful representation)* sowie der Grundsatz der **Neutralität** bedeuten, dass die Information unbeeinflusst von Partikulärinteressen sein muss. Schliesslich sind **Rundungen** in der Jahresrechnung zum Beispiel auf Tausend oder Millionen Franken (je nach Grössenordnungen der betroffenen Gesellschaft) vorzunehmen. Eine Berechnung auf Pfennig-Beträge genau, wie im Beispiel Refugium in ▶ Abb. 17, erscheint nicht notwendig und sorgt eher für Unübersichtlichkeit als für Klarheit.

	1999 DM	1998 DM
1. Umsatzerlöse	263 826 602.00	297 638 634.33
2. Veränderung des Bestandes an unfertigen Erzeugnissen	−1 191 178.65	−6 945 353.31
3. Sonstige betriebliche Erträge	17 694 584.21	28 213 718.96
4. Gesamtleistung	**280 330 007.56**	**318 906 999.98**
5. Materialaufwand	−104 554 886.25	−155 489 571.47
6. Rohergebnis	**175 775 121.31**	**163 417 428.51**
7. Personalaufwand	−153 739 529.43	−92 896 935.32
8. Abschreibungen auf immaterielle Vermögensgegenstände des Anlagevermögens und Sachanlagen	−9 255 727.10	−9 961 864.65
9. Sonstige betriebliche Aufwendungen	−47 459 599.71	−98 004 640.68
10. Betriebsergebnis	**−34 679 734.93**	**−37 446 012.14**
11. Erträge aus Beteiligungen an assoziierten Unternehmen	173 511.45	249 188.78
12. Zinsergebnis	−6 090 488.71	−11 094 740.15
13. Ergebnis der gewöhnlichen Geschäftstätigkeit	**−40 596 712.19**	**−48 291 563.51**
14. Ausserordentliches Ergebnis	56 403 333.00	0.00
15. Steuern	−5 366 480.02	4 990 363.00
16. Jahresüberschuss/-fehlbetrag	**10 440 140.79**	**−43 301 200.51**
17. Verlustvortrag aus dem Vorjahr	−69 042 313.22	−21 541 112.71
18. Ausschüttung für Vorjahr	−7 000 000.00	−4 200 000.00
19. Bilanzverlust	**−65 602 172.43**	**−69 042 313.22**

▲ Abb. 17 Erfolgsrechnung (Refugium Holding, Geschäftsbericht 1999, S. 50)

6.3.4 Stetigkeit

Der Grundsatz der Stetigkeit verlangt, dass die formelle und inhaltliche Darstellung von Periode zu Periode, beispielsweise von einem Jahr zum anderen, aber auch im Rahmen der so genannten Zwischenberichterstattung von einem Quartal zum anderen, nicht verändert wird. Die Darstellung in der Berichtsperiode muss jener der Vorperiode entsprechen. Die **formelle** Seite der Stetigkeit verlangt, dass die Gliederung sowie die Form der Darstellung unverändert bleiben. **Materiell** verlangt der Grundsatz der Stetigkeit die kontinuierliche Anwendung der gewählten Bewertungs- und Offenlegungsgrundsätze.

Allerdings sind Abweichungen von der für die Vorperiode gewählten Bewertung oder Darstellung denkbar und auch erlaubt. Ein solches Vorgehen ist allerdings unzulässig, wenn es willkürlich erfolgt und nicht sachlich begründet ist. Denkbar sind zwei Formen der Abweichung:

- Trotz Anwendung der gleichen Rechnungslegungsmethode wie im Vorjahr werden **einzelne Parameter verändert.** Beispielsweise wird die Nutzungsdauer für eine Produktionsanlage aufgrund veränderter Umweltbedingungen von 15 auf 10 Jahre verkürzt. Hier geht es um eine Veränderung von Bestimmungsfaktoren, die seitens des Unternehmens innerhalb eines bestimmten Rahmens nach eigenem Ermessen festgelegt werden dürfen *(change in estimates)*. Da weiterhin die gleiche Methode angewendet wird, sind die Vorjahreszahlen nicht umzustellen. Allerdings ist es für die Beurteilung der wirtschaftlichen Lage, im vorliegenden Fall der Entwicklung des Reingewinnes wichtig, dass die Begründung für diesen Wechsel und das Ausmass im Anhang offen gelegt und quantifiziert werden.

- Im Einzelfall kann ein **Methodenwechsel** begründet sein. Meistens wird ein solcher Wechsel durch Veränderungen der Normen der Rechnungslegung vorgegeben. Da sich die resultierende Veränderung in der Darstellung der wirtschaftlichen Lage nicht einfach über eine einzige Grösse quantifizieren und darstellen lässt, verlangen die meisten Konzepte der Rechnungslegung eine Anpassung der Vorjahreszahlen. Diese Anpassung wird auch als *restatement* bezeichnet. Man vergleiche hierzu das Beispiel der **Winterthur** (▶ Abb. 18 und 19).

Erfolgsrechnung			2000	1999	1999
	brutto Mio. CHF	Abgegebene Rückversicherung Mio. CHF	netto Mio. CHF	Neue Basis netto Mio. CHF	Vormals ausgewiesen netto Mio. CHF
Nichtleben-Geschäft					
Verdiente Prämien	15 051	–1 532	13 519	12 056	12 102
Verbuchte Prämien	16 508	–1 876	14 632	12 604	12 678
Veränderung Prämienübertrag und Deckungskapital (Kranken)	–1 457	344	–1 113	–548	–576
Schadenaufwand	–11 503	1 071	–10 432	–9 145	–9 144
Schaden- und Rentenzahlungen	–10 826	718	–10 108	–8 835	–8 873
Veränderung Schadenrückstellung und Rentendeckungskapital	–677	353	–324	–310	–271
Gewinnanteilbelastung	–376	1	–375	–387	–312
Bezahlte Gewinnanteile	–310	1	–309	–341	–340
Veränderung Gewinnanteilrückstellung	–66	0	–66	–46	28
Versicherungstechnische Kosten	–4 216	245	–3 971	–3 639	–3 594
Technisches Ergebnis Nichtleben	–1 044	–215	–1 259	–1 115	–948
Erfolg aus Kapitalanlagen			2 385	1 691	1 942
Depot- und Bankzinsen			96	90	70
Zinsaufwand			–114	–77	–72
Übriger Aufwand und Ertrag (inkl. Währungsdifferenzen)			53	28	–30
Ergebnis vor Steuern und Minderheitsanteilen			**1 161**	**617**	**962**

▲ Abb. 18 Erfolgsrechnung (Winterthur, Geschäftsbericht 2000, S. 8)

Änderungen in der Rechnungslegung
Um die Kontinuität und Transparenz der Rechnungslegung zu erhöhen, hat die Gruppe ihre Rechnungslegungsgrundsätze im Rahmen der Fachempfehlungen zur Rechnungslegung geändert. Die Jahresrechnung der Gruppe per 31. Dezember 1999 in ihrer früheren Form wurde an die neuen Grundsätze angepasst und erscheint in der Kolonne «Neue Basis», um der Präsentation des laufenden Jahres zu entsprechen. Die folgende Tabelle zeigt die Auswirkungen der Veränderungen in der Rechnungslegung auf den Reingewinn und das Eigenkapital nach Minderheitsanteilen per 31. Dezember 1999.

Nach Minderheitsanteilen	Jahresgewinn	Eigenkapital
Vormals ausgewiesen 1999	1 089	11 194
Leben	586	−591
Nichtleben	64	−631
Kapitalanlagen	−1 876	−4 258
Steuern	310	1 550
Übrige	−48	869
1999 Neue Basis	**125**	**8 133**

▲ Abb. 19 Erläuterung des Methodenwechsels im Anhang (Winterthur, Geschäftsbericht 2000, S. 14)

Der Grundsatz der Stetigkeit stellt die zeitliche Vergleichbarkeit aufeinander folgender Jahresrechnungen (oder der Zwischenberichte) ein und desselben Unternehmens sicher. Das Unternehmen kann seine Berichterstattung über die wirtschaftliche Lage nur noch im Rahmen eines begrenzten Ermessensspielraumes beeinflussen. Damit ist insbesondere eine willkürliche und irreführende Einflussnahme auf die Berichterstattung durch das Unternehmen ausgeschlossen.

6.3.5 Bruttoprinzip (Verrechnungsverbot)

Das Bruttoprinzip verbietet die Zusammenfassung von unterschiedlichen Positionen und Transaktionen in einer einzigen Position. Im Laufe eines Geschäftsjahres fallen eine ganze Anzahl von nichtbetrieblichen bzw. einer Vorperiode zuzuordnenden oder gar im Sinne der Einmaligkeit ausserordentlichen Aufwendungen und Erträge an. Beispielsweise fallen Aufwendungen im Zusammenhang mit einer Restrukturierung, als Ergebnis der Steuerrevision oder Betriebsprüfung für frühere Jahre oder im Zusammenhang mit einem Schadenereignis in einer Produktionseinheit an. In der Regel kann das Management im Einzelfall kaum Einfluss auf die Ursachen solcher Aufwendungen nehmen. Umgekehrt verhält es sich bei Sondererträgen beispielsweise durch den Verkauf von nicht für den Betrieb benötigtem Reserveland. Die entsprechende Veräusserung kann vom Management ganz gezielt herbeigeführt werden. Würde der Ausweis des Nettobetrages dieser verschiedenen Kategorien von Aufwand und Ertrag zugelassen, könnte der Einblick in die wirtschaftliche Lage erheblich beeinflusst werden. Durch die

Realisation von Bewertungsreserven auf einzelnen Vermögenswerten wäre es möglich, eine unbefriedigende Ertragslage mindestens teilweise zu verdecken. Im Sinne der Forderung nach Klarheit verlangt das Verrechnungsverbot (oder Bruttoprinzip), dass **Aktiven und Passiven bzw. Aufwendungen und Erträge nur in sachlich begründeten Fällen verrechnet werden dürfen.** Insbesondere darf dadurch keine irreführende Darstellung im Jahresabschluss entstehen. In gewissem Sinne entspricht das Bruttoprinzip dem Verrechnungsverbot im Handelsrecht. Geschuldete Geldsummen oder Leistungen dürfen mit Forderungen gegenüber der gleichen Gegenpartei nur verrechnet werden, wenn sie ihrem Gegenstand nach gleichartig und fällig sind (Art. 120 OR für die Schweiz). Im Rahmen der Bewertung von Finanzderivaten beispielsweise sind die entsprechenden Überlegungen von grosser Bedeutung. Die anwendbaren Standards der Rechnungslegung lassen entsprechend kein so genanntes Netting (d.h. Verrechnung) zu, sofern nicht die engen rechtlichen Voraussetzungen für eine Verrechnung bejaht werden können. Entscheidend für die Zulässigkeit einer solchen Verrechnung wären beispielsweise Kriterien wie identische Gegenpartei für Aktiv- und Passivgeschäfte oder kongruente Fristen. ▶ Abb. 20 zeigt die Auswirkungen des Bruttoprinzips auf den Umfang der Offenlegung zum Finanzergebnis einer Bank.

Erfolg Zinsengeschäft				
Mio. CHF				Veränderung in %
Für das Jahr endend am	**31.12.00**	31.12.99[1]	31.12.98[1]	31.12.99
Zinsertrag				
Aus Forderungen gegenüber Banken	**5 615**	6 105	7 687	(8)
Aus Kundenausleihungen	**14 692**	12 077	14 111	22
Aus Finanzierungs-Leasing	**36**	49	60	(27)
Aus Securites-Borrowing- und Reverse-Repurchase-Geschäften	**19 088**	11 422	10 380	67
Zins- und Dividendenertrag aus Finanzanlagen	**202**	160	372	26
Zins- und Dividendenertrag aus Handelsbeständen	**11 842**	5 598	3 901	112
Übriges	**270**	193	931	40
Total	**51 745**	35 604	37 442	45
Zinsaufwand				
Aus Verpflichtungen gegenüber Banken	**6 155**	5 515	8 205	12
Aus Verpflichtungen gegenüber Kunden	**9 505**	8 330	9 890	14
Aus Securities-Lending- und Reverse-Repurchase-Geschäften	**14 915**	8 446	7 543	77
Zins- und Dividendenaufwand aus Handelsbeständen	**5 309**	2 070	1 741	156
Aus Geldmarktpapieren, Anleihen und Kassenobligationen	**7 731**	5 334	5 045	45
Total	**43 615**	29 695	32 424	47
Erfolg Zinsengeschäft	**8 130**	5 909	5 018	38

[1] Die Zahlen für 1999 und 1998 wurden angepasst einerseits unter Berücksichtigung erfolgter Änderungen in den Rechnungslegungsgrundsätzen der International Accounting Standards und andererseits in der Darstellung (siehe Anmerkung 1: Zusammenfassung der wichtigsten Rechnungslegungsgrundsätze).

▲ Abb. 20 Erfolg aus Zinsgeschäft (UBS, Geschäftsbericht 2000, S. 14)

6.3.6 Vorsichtsprinzip

Das Prinzip der Vorsicht wird in vielen Gesetzen und Standards zur Rechnungslegung als Grundsatz der Rechnungslegung erwähnt. Allerdings bleibt unklar, inwiefern Darstellungen oder Gliederungen vorsichtig bzw. unvorsichtig sein können. Dagegen ist eine gewisse Vorsicht im Zusammenhang mit der Bewertung angebracht. Daher wird der Grundsatz der Vorsicht im Rahmen der Fragen zur Bewertung behandelt.

6.4 Übungen

Übungsfragen

1. Welches sind die beiden Grundlagen der Rechnungslegung?
2. Welche inhaltliche Bedeutung haben die zeitlichen und die sachlichen Abgrenzungen? Geben Sie jeweils ein Beispiel dafür.
3. Weshalb verzichten kleine Unternehmen teilweise auf zeitliche Abgrenzungen und orientieren sich stattdessen eher an Geldflüssen?
4. Erläutern Sie das so genannte *matching principle*. Welche Vorteile bietet ein *matching of cost and revenues*?
5. Inwiefern wirkt sich die Grundlage der Fortführung der Unternehmenstätigkeit auf die Informationen der Rechnungslegung aus?
6. Muss das Vorhandensein der Grundlagen den Adressaten der Rechnungslegung kommuniziert werden? Wie verhält es sich, wenn von diesen Grundlagen abgewichen wird?
7. Nennen Sie die sechs im Kapitel behandelten Grundsätze ordnungsmässiger Rechnungslegung GoR.
8. Beschreiben Sie die einzelnen GoR kurz und geben Sie zu jedem Grundsatz ein Beispiel aus der Unternehmenspraxis.
9. Beurteilen Sie die Wichtigkeit für die praktische Anwendung der einzelnen Grundsätze ordnungsmässiger Rechnungslegung.
10. Grenzen Sie die Grundlagen und Grundsätze ordnungsmässiger Rechnungslegung bezüglich ihrer Bedeutung und ihrem Inhalt voneinander ab.

Kapitel 7
Weitere Aspekte der Rechnungslegung

Lernziele

- Kenntnis von Zweck und Funktionen und Pflichten der Rechnungslegung
- Kenntnis des Geltungsbereiches der Pflicht zur Rechnungslegung
- Klärung der Abgrenzung von Offenlegung und Publizität
- Erläuterung der Determinanten der Ziele der Rechnungslegung

7.1 Präsentation der Information

Die Informationen über die wirtschaftliche Lage und deren Präsentation bzw. Aufbereitung für aussenstehende Personen unterscheiden sich von Daten über den gleichen Fragenkomplex, die den internen Adressaten (den Eigentümer einer Firma oder die Geschäftsführung eines Unternehmens) präsentiert werden. Informationen aus dem so genannten betrieblichen Rechnungswesen, welche im Zusammenhang mit der betrieblichen Leistungserstellung sowie den damit verbundenen Kosten und Erlösen stehen, gehören ebenso wenig wie Daten des Controllings (betriebswirtschaftliche Analysen für das Management) zur Rechnungslegung.

7.2 Funktionen der Rechnungslegung

Die Rechnungslegung dient der Information eines breiten Kreises von Personen und Institutionen. Der Gesetzgeber konkretisiert einen Teil dieser Aufgaben für die Schweiz in den Vorschriften über die **kaufmännische Buchführung** (Art. 957 OR für die Schweiz, für Deutschland § 238 ff. HGB). In der Schweiz gilt für Firmen, die ins Handelsregister eingetragen werden müssen, gemäss Art. 957 OR die Buchführungspflicht; die Pflicht zur Eintragung einer Firma ergibt sich aus Art. 934 OR (Führung eines Handels-, Fabrikations- oder eines anderen nach kaufmännischer Art geführten Gewerbes, wobei zusätzlich Art. 54 HRegV als Ausnahmebestimmung für Firmen mit jährlichen Roheinnahmen von weniger als CHF 100 000 zu berücksichtigen ist). Von der Buchführungspflicht sind dagegen Vereine ohne wirtschaftlichen Zweck sowie Stiftungen unter bestimmten Voraussetzungen befreit.[1] Die allgemeinen Vorschriften über die kaufmännische Buchführung regeln allerdings weniger die Buchhaltung, sondern primär die Rechnungslegung (mit Ausnahme der Aufbewahrungsvorschriften im Sinne von Art. 962 OR). Daraus ergeben sich folgende Funktionen der Rechnungslegung und Aufgaben im Zusammenhang mit der Rechnungslegung:

- Unterzeichnungspflicht,
- Aufbewahrungspflicht,
- Editionspflicht,
- Publizitätspflicht,
- Gewinnfeststellungsfunktion und Ausschüttungsregulierung,
- Feststellung von Kapitalverlusten und Überschuldung,
- weitere Pflichten im Zusammenhang mit der Rechnungslegung.

7.2.1 Unterzeichnungspflicht

Gemäss Art. 961 OR (Art. 5 Abs. 1 Entwurf RRG) haben die **mit der Geschäftsführung betrauten Personen** die Geschäftsbücher, insbesondere das Inventar, die Betriebsrechnung und Bilanz zu unterzeichnen. Die Terminologie im schweizerischen Obligationenrecht ist im Zusammenhang mit der Rechnungslegung sehr uneinheitlich. Die Bezeichnungen Inventar, Betriebsrechnung und auch Bilanz sind daher interpretationsbedürftig. Gemäss heute gültiger Auffassung[2] sind die

---

1 Vgl. Boemle 2001, S. 36.
2 Vgl. HWP 2.244.

Jahresrechnung (umfassend Bilanz, Erfolgsrechnung und Anhang) und das **Inventar** der Vorräte zu unterzeichnen. Jahresrechnung und Inventar sind nicht unbedingt von den gleichen Personen zu unterzeichnen. Die Jahresrechnung sollte bei der Aktiengesellschaft durch die verantwortlichen Verwaltungsrats- bzw. Geschäftsleitungsmitglieder unterzeichnet werden, das Inventar der Vorräte in der Regel vom Finanzdirektor und/oder weiteren Personen aus der Geschäftsleitung. Als Inventar wird nicht nur die Aufstellung über Mengen und Werte des Warenlagers bezeichnet. Nach Obligationenrecht ist das Inventar als tatsächlicher Nachweis sämtlicher Aktiven und Passiven, welche in der Bilanz lediglich in einem Sammelposten ausgewiesen werden, zu verstehen. Somit gibt es auch ein Inventar der Anlagegüter oder der Forderungen gegenüber Kunden bzw. der Verpflichtungen gegenüber Lieferanten. Diese weite Interpretation des Begriffes Inventar wird unter anderem durch das Revisionshandbuch[1] gestützt. Unklar ist dagegen, ob neben dem Inventar für das Warenlager auch die anderen Inventare unterzeichnet werden müssen.

Die Vorschrift von Art. 961 OR ist allerdings nur eine Ordnungsvorschrift, deren Einhaltung insbesondere von der Revisionsstelle[2] zu überprüfen ist. Die Jahresrechnung ist daher – auch wenn sie nicht unterzeichnet wird – als rechtsgültige Berichterstattung anzusehen. Unklar ist allenfalls, ob eine bestimmte Version die gesellschaftsrechtlich relevante Fassung der Jahresrechnung darstellt oder ob noch andere Versionen vorliegen. In der Praxis wird bei Aktiengesellschaften dieses Problem kaum relevant sein. Für Gesellschaftsformen ohne Prüfungspflicht wird diese Frage spätestens im Zeitpunkt der Steuerdeklaration hinfällig. Werden allerdings die Fristen gemäss Gesellschafts- (vor allem im Aktienrecht) oder Steuerrecht nicht eingehalten, kann sich aus der fehlenden Unterzeichnung ein Problem ergeben.

7.2.2	**Aufbewahrungspflicht**

Gemäss Art. 962 OR (Art. 5 Abs. 2f. Entwurf RRG) sind die **Geschäftsbücher,** die **Geschäftskorrespondenz** und die **Buchungsbelege** mindestens **10 Jahre** aufzubewahren, Bilanz und Betriebsrechnung (Gewinn- und Verlustrechnung/Erfolgsrechnung) sogar im Original. Auch der Anhang dürfte unter die Aufbewahrungspflicht im Original fallen. Für die übrigen Geschäftsbücher sind Aufzeichnungen auf Bildträgern (Mikrofilm) oder Datenträgern zulässig. Einzelheiten sind in der

---

1 Vgl. HWP 2.221.
2 Vgl. HWP 2.244.

Verordnung vom 2. Juni 1976 über die Aufzeichnung von aufzubewahrenden Unterlagen geregelt.

Die Vorschriften über die Aufbewahrungspflicht sollen die Möglichkeit einer nachträglichen Einsichtnahme im Zusammenhang mit dem Vollzug verschiedener Gesetze, zum Beispiel der Steuergesetze, der Gesetze aus dem Sozialbereich oder von Vorschriften betreffend indirekten Steuern (Umsatzabgaben, Mehrwertsteuern etc.) gewährleisten. Die Aufbewahrung der Geschäftsbücher erleichtert ebenso Abklärungen im Zusammenhang mit der Liquidation von Unternehmen gemäss Schuldbetreibungs- und Konkursrecht oder im Zusammenhang mit strafrechtlichen Fragen (Wirtschaftskriminalität). In der Praxis führt dies allenfalls zu Problemen hinsichtlich des Umfanges der Aufbewahrungspflicht für die Geschäftskorrespondenz.

7.2.3 Editionspflicht

Gemäss Art. 963 OR (Art. 60 Entwurf RRG) besteht eine **Herausgabepflicht** für Geschäftsbücher, Geschäftskorrespondenz und Buchungsbelege, wenn ein **schutzwürdiges Interesse des Nachfragers** nachgewiesen und vom Richter die Notwendigkeit der Beschaffung dieser Unterlagen für die Beweisführung festgestellt worden ist. An dieser Stelle interessiert nur die Möglichkeit der richterlichen Anordnung einer Herausgabe; Einzelheiten dazu ergeben sich aus dem Prozessrecht.

7.2.4 Publizitätspflicht

Unternehmen müssen ihre Rechnungslegung nicht unbedingt allen Personen zugänglich machen. Selbstverständlich werden kotierte Firmen (Publikumsgesellschaften, *listed companies*) ihre Berichte den Aktionären, Finanzanalysten und Finanzmedien ebenso wie potenziellen Investoren zur Verfügung stellen. Das Unternehmen profitiert unmittelbar von einer positiven Einschätzung durch die Börse. Es kann beispielsweise mit günstigen Konditionen bei Begebung einer Anleihe rechnen und mit einer hohen Kapitalisierung des Unternehmens an der Börse (Anzahl Aktien mal Börsenkurs). Der Vergleich dieser Zahl mit dem in der Rechnungslegung ausgewiesenen Eigenkapital wird als *price/book ratio* oder *P/B ratio* bezeichnet. Eine hohe *P/B ratio* ermöglicht die günstige Beschaffung von Kapital, schützt aber auch vor unerwünschten Übernahmen durch Investoren, die an einem raschen Kapitalgewinn interessiert sind. Die Rechnungslegung ist eines von mehreren Mitteln, um entsprechende positive Signale auszusenden.

Die Pflicht von Publikumsfirmen zu entsprechender Publizität, auch zur Publikation von Zwischenberichten beispielsweise alle drei Monate (Quartalsberichte)[1] oder zur sofortigen Bekanntgabe von möglicherweise kursrelevanten Tatsachen wie Übernahmen oder Restrukturierungen,[2] ist kaum bestritten und die entsprechenden Regeln sind in Gesetzen oder Zulassungsbedingungen für die Kotierung verankert. Dagegen spricht die Analyse der verschiedenen Interessen der Stakeholders nicht unbedingt für eine Pflicht zur Veröffentlichung der Rechnungslegung (Publizitätspflicht) bei privaten Unternehmen, deren Anteile also nicht im Publikum – jedenfalls nicht in einem geregelten Markt – gehandelt werden. Die EU sieht für Kapitalgesellschaften (in erster Linie Gesellschaften mit beschränkter Haftung, GmbH, und Aktiengesellschaften, AG) eine Publizitätspflicht vor; Form (Hinterlegung bei einer Behörde oder amtliche Publikation) sowie Umfang (allenfalls nur einzelne Bestandteile der Rechnungslegung) hängen in erster Linie von der Unternehmensgrösse ab. **Kleinere und mittlere Unternehmen** müssen ihre Jahresrechnung lediglich beim Handelsregister (Registergericht) – allenfalls auch in verkürzter Form (bei kleinen Unternehmen nur mit Bilanz sowie einem verkürzten Anhang) – hinterlegen **(Registerpublizität)**. Im Gegensatz zu dieser Registerpublizität gilt für die **grossen Gesellschaften** die so genannte **Anzeigepublizität**: Die Jahresrechnung ist in einem offiziellen Anzeigeorgan zu veröffentlichen bzw. mit Hilfe von allgemein erhältlichen Geschäftsberichten für einen unbestimmten Kreis von Personen zur Verfügung zu halten.

In den USA und in der Schweiz geht man von der Selbstregulierung des Marktes hinsichtlich Zugänglichkeit der Rechnungslegung für bestimmte Stakeholder aus. Banken können in ihren Kreditbestimmungen festlegen, welche Unterlagen sie vom Unternehmen erwarten. Hat ein Unternehmen dagegen keine Finanzschulden, entfällt eine wichtige Ursache für die Forderung nach Publizität der Rechnungslegung. Die Belegschaft eines Unternehmens interessiert sich nicht unbedingt oder nicht für alle Informationen der Rechnungslegung. Minderheitsaktionäre erhalten im Rahmen der Berichterstattung an die Generalversammlung Einblick in die Rechnungslegung.

Das Schweizer Recht (und Gleiches gilt in den USA) kennt daher **keine allgemeine Publizitätspflicht** für die Jahresrechnung von Unternehmen. Die so genannte Registerpublizität wurde vom Gesetzgeber im Zusammenhang mit der Aktienrechtsrevision verworfen. Die Veröffentlichung von Jahres- und Konzernrechnung wird in Art. 697 h OR angesprochen. Allerdings ergibt sich daraus keine einheitliche Regelung für alle Aktiengesellschaften. Der Gesetzgeber beschränkt die Pflicht zur Veröffentlichung auf **Aktiengesellschaften, die Aktien an einer**

---

1 Vgl. Swiss GAAP FER 12 *Zwischenberichterstattung* oder IAS 34 *Interim Financial Reporting*.
2 Zur Bekanntgabepflicht bei kursrelevanten Tatsachen (Ad-hoc-Publizität) vgl. beispielsweise Art. 72 Kotierungsreglement der Schweizer Börse SWX.

Börse oder Anleihensobligationen ausstehend haben, und somit auf wenige hundert Schweizer Unternehmen. Für alle **übrigen Aktiengesellschaften** entscheidet im Streitfalle der **Richter** über das Einsichtsrecht von Gläubigern in die Jahres- und Konzernrechnung sowie in die Revisionsberichte. Der **Gläubiger muss allerdings ein schutzwürdiges Interesse nachweisen** können. Ein schutzwürdiges Interesse besteht für Gläubiger ohne spezielle Besicherung der Forderungen, d.h. ohne Pfandrechte (Debitorenzession, Warrant auf Warenlager, Grundpfandverschreibungen etc.) oder Bürgschaften, wenn der Schuldner notleidend wird. Es genügt, wenn die Forderungen als gefährdet erscheinen, beispielsweise wenn die Zahlungen seit längerer Zeit eingestellt worden sind. Denkbar ist auch ein Einsichtsrecht der Arbeitnehmer, namentlich im Falle der Anordnung von Kurzarbeit. Es darf – dies die generelle Aussage – kein strenger Massstab für die Bejahung eines schutzwürdigen Interesses angelegt werden.

Eine Unterscheidung nach der Grösse der Gesellschaft und eine davon abhängige Publizitätspflicht wurde in der Schweiz im Entwurf RRG Art. 61 unter dem speziellen Titel Publizität angestrebt. Danach hätten «grosse Organisationen im Sinne von Artikel 35 […] ihre Jahresrechnung mit dem Bericht des Abschlussprüfers im Schweizerischen Handelsamtsblatt zu veröffentlichen oder jeder Person, die es innerhalb eines Jahres nach Ablauf der Abschlussfrist gemäss Artikel 7 Absatz 1 verlangt, auf deren Kosten in einer Ausfertigung zuzustellen.» Zu beachten wäre zudem Art. 35 Entwurf RRG: «Eine Organisation gilt als gross, wenn an zwei aufeinander folgenden Bilanzstichtagen zwei der nachfolgenden Grössen erreicht wurden:

a. Bilanzsumme von 20 Millionen Franken
b. Umsatzerlöse von 40 Millionen Franken
c. Arbeitnehmer für 250 Vollzeitstellen im Durchschnitt des Geschäftsjahres.»

Die Publizitätspflicht für die Rechnungslegung darf **nicht mit der Frage der Offenlegung verwechselt** werden. Offenlegung *(disclosure)* ist der Fachbegriff für den Ausweis bestimmter Informationen im Rahmen der Rechnungslegung. Damit wird aber noch nicht ausgesagt, ob die Rechnungslegung nur einem beschränkten Kreis von Personen präsentiert wird oder öffentlich zugänglich sein soll. Diese Fragestellung ist im Rahmen der Publizitätsregeln zu diskutieren. Die Forderung nach Unternehmenspublizität verlangt, dass die Rechnungslegung eines bestimmten Unternehmens allen interessierten Personen und Behörden bekannt gegeben werden muss. Das Postulat nach Offenlegung beschränkt sich auf Regeln, welche die Aufnahme bestimmter Informationen in die Rechnungslegung vorgeben. Bestimmungen zur Offenlegung sagen dagegen nichts aus über den Kreis der Adressaten der Rechnungslegung.

7.2.5 Gewinnfeststellungsfunktion und Ausschüttungsregulierung

Die Jahresrechnung (und der Bericht der Revisionsstelle) dienen als Grundlage für die Beschlussfassung zum Beispiel der Generalversammlung einer Aktiengesellschaft über die Verwendung des Gewinnes. So kann die Generalversammlung eine Ausschüttung des Gewinnes (Dividende) veranlassen oder den Gewinn im Unternehmen zurückhalten (Vortrag auf neue Rechnung, retained earnings im Sinne von erarbeiteten, aber nicht ausgeschütteten Gewinnen der Vorperioden). Allerdings unterliegt dieser Beschluss der Generalversammlung gewissen Einschränkungen (Art. 671 OR) für den Fall der Ausschüttung einer Dividende. So muss je nach Ausschüttungshöhe ein bestimmter Betrag einer besonderen Position des Eigenkapitals, den so genannten gesetzlichen Reserven, zugewiesen werden. Mit der Gewinnfeststellungsfunktion und der Ausschüttungsregulierung im Rahmen der Rechnungslegung wird eine **Interessenabwägung zwischen den Fremdkapitalgebern** (Gläubigern) einerseits **und den Eigenkapitalgebern** (Gesellschaftern) anderseits getroffen.

Es bestehen noch andere **Interessengegensätze**, zum Beispiel zwischen der Unternehmensleitung und Publikumsaktionären oder zwischen Mehrheits- und Minderheitsaktionären. Je nach Interessenlage kann für die eine Partei ein tieferer als der tatsächlich angefallene Gewinn von Vorteil sein. Zu diesem Zweck werden Bewertungsreserven gebildet, indem entweder Aktiven vorsichtiger als nötig bewertet oder höhere Rückstellungen als unbedingt notwendig gebildet werden. Solche Bewertungsreserven werden auch als stille Reserven bezeichnet. Wesentlich problematischer ist die (in der Vergangenheit) oft praktizierte Auflösung solcher Bewertungsreserven (Auflösung stiller Reserven) über mehrere Jahre hinweg, um damit betriebliche Verluste auszugleichen. Auf diese Weise konnte früher eine **negative Ertragslage** während Jahren **verschleiert** und so die Sanierung oder rechtzeitige Liquidation des Unternehmens aufgeschoben werden. Dies führte unter Umständen zu erheblichen Verlusten für die Gläubiger und die Volkswirtschaft schlechthin.

Der Interessengegensatz zwischen Gläubigern und Aktionären zeigt sich auch bei anderen Leistungen des Unternehmens zugunsten der Gesellschafter. Eine Aktiengesellschaft könnte beispielsweise aus ihren Mitteln einem Mehrheitsaktionär ein Darlehen gewähren. Je nach Höhe der im Unternehmen erarbeiteten eigenen Mittel (Gewinne der Vergangenheit) wäre die Darlehensgewährung durch eine Ausschüttung in gleicher Höhe substituierbar. Für den Aktionär ist aber diese Lösung aus steuerlichen Überlegungen – die Ausschüttung führt zu einem steuerbaren Einkommen – nicht interessant. Um eine Gefährdung der Interessen der Gläubiger durch **Darlehensgewährung einer Gesellschaft an ihre Aktionäre** zu vermeiden, ist dieser Vorgang unter dem Gesichtspunkt zu prüfen, ob damit der

Gesellschaft Haftungssubstrat entzogen wird. Denn eine Kapitalherabsetzung untersteht der Verfügungsmacht der ordentlichen Generalversammlung. In Art. 680 II OR wird mit dem **Verbot** der Rückforderung des eingezahlten Aktienkapitals durch den Aktionär indirekt auch eine einschränkende Regelung betreffend **Einlagenrückgewähr** durch Darlehensgewährung an die Aktionäre getroffen.

7.2.6 Feststellung von Kapitalverlust und Überschuldung

Aufgrund einer schlechten Ertragslage oder als Folge von ausserordentlichen Wertberichtigungen, Abschreibungen und Rückstellungen kann ein Teil oder sogar das ganze Eigenkapital verloren gehen. Ein so genannter **Kapitalverlust** liegt vor, wenn die Hälfte des Aktienkapitals und der gesetzlichen Reserven nicht mehr durch Vermögenswerte gedeckt ist (Art. 725 I OR). Reichen die Aktiven nicht mehr zur Deckung und damit auch zur Tilgung sämtlicher Verpflichtungen aus, spricht man von **Überschuldung**. Der Kapitalverlust schränkt zwar das Unternehmen und seine Organe grundsätzlich in ihrer Handlungsfreiheit nicht ein. Der Verwaltungsrat muss allerdings unverzüglich eine Generalversammlung einberufen und Sanierungsmassnahmen beantragen (Art. 725 I OR)[1]. Wesentlich einschneidender sind die Konsequenzen im Falle einer Überschuldung. Insbesondere ist die Benachrichtigung des Richters zu nennen (Art. 725 II OR).

7.2.7 Weitere Pflichten im Zusammenhang mit der Rechnungslegung

Die allgemeinen Vorschriften in Art. 957 f. OR setzen keine **konkreten Fristen für die Berichterstattung.** Die Rechnungslegung hat innerhalb «einer dem ordnungsmässigen Geschäftsgang entsprechenden Frist» zu erfolgen (Art. 958 II OR). Diese Frist wird lediglich für die Aktiengesellschaften indirekt konkretisiert, weil (im Rahmen einer Ordnungsvorschrift) die Generalversammlung – welche die Jahresrechnung abnehmen muss – innerhalb von 6 Monaten nach Schluss des Geschäftsjahres stattzufinden hat (Art. 699 II OR). Für kotierte Gesellschaften allerdings setzt das Kotierungsreglement der Schweizer Börse in Art. 64 eine Frist von 6 Monaten für die jährliche Berichterstattung und in Art. 65 eine Frist von 4 Monaten für die Zwischenberichterstattung (jeweils nach Ende der Berichtsperiode). Auch im Entwurf zum RRG wird in Art. 7 Abs. 1 eine sechsmonatige Frist für die Erstellung des Jahresabschlusses festgelegt.

---

1 Vgl. HWP 3.142.

Hinsichtlich der **Dauer der Abrechnungsperiode** spricht das Gesetz vom «Geschäftsjahr». Damit ist aber keine Übereinstimmung zwischen Kalender- und Geschäftsjahr gefordert; in der Gründungsphase sowie im Zusammenhang mit der Verlegung des Abschlusstermines sind gemäss Praxis auch unter- oder überjährige (bis 23 Monate) Geschäftsperioden[1] zulässig.

Das Gesetz wie auch der Entwurf zum RRG fordern keine **Zwischenberichte** (z. B. jeweils nach einem Quartal oder einem Halbjahr) und auch keine Budgets oder Planrechnungen. Entsprechende Berichterstattungs- und Offenlegungsvorschriften ergeben sich allenfalls im Zusammenhang mit den Zulassungsbestimmungen für börsenkotierte Unternehmen. So verpflichtet das Kotierungsreglement in Art. 65 zu einem Zwischenbericht, nennt jedoch keine Perioden wie Quartale oder das Halbjahr. Für Publikumsgesellschaften ist die **Ad-hoc-Publizität** als nicht periodische Berichterstattung nach Art. 72ff. Kotierungsreglement vorgeschrieben. Sie umfasst die zeitgleiche und gleichberechtigte Information aller potenziellen Interessenten durch den Emittenten über kursrelevante Tatsachen, welche im Tätigkeitsbereich des Emittenten aufgetreten und nicht öffentlich bekannt sind.

7.3 Systematische Einordnung von Zweck und Funktion der Rechnungslegung

Die bisher umschriebenen Funktionen der Rechnungslegung sind primär durch rechtliche Normen vorgegeben. Dies gilt zum Beispiel für die Dokumentationspflicht, die Gewinnfeststellungs- und Ausschüttungsregulierungsfunktion oder die Bestimmungen über die Schuldendeckung (bzw. Überschuldung) gemäss Art. 725 OR. Darüber hinaus erfüllt die Rechnungslegung aber **auch gesamtwirtschaftliche und individuelle Ziele.** Das Beispiel kotierter Unternehmen zeigt, wie mit Hilfe der Rechnungslegung auch die richtige Ressourcenallokation am Kapitalmarkt gesteuert werden kann. Erfolgreiche Unternehmen werden mehr und günstigere Kapitalressourcen zugeteilt erhalten als Unternehmen mit einer schlechten Rechnungslegung oder einem schlechten Ergebnis. Aus **betriebswirtschaftlicher Sicht** soll die Rechnungslegung auch die Erhaltung des Unternehmens für die Zukunft sicherstellen. Das ist vor allem Aufgabe des betrieblichen Rechnungswesens (interne Rechnungslegung) sowie der Plan- und anderer Zukunftsrechnungen. In einem System der permanenten Geldentwertung muss zudem die Substanzerhaltung angemessen berücksichtigt werden. Dies geschieht durch besondere Bewertungsansätze, durch Systeme des Inflation-Accounting oder der Bewertung zu Tageswerten. Als **individuelle Zielsetzungen** sind neben der Ge-

---

1 Vgl. HWP 2.244.

winnbeteiligungsfunktion (Erfolgsbeteiligung) auch Zielsetzungen zu erwähnen, welche für die Unternehmensführung und das Unternehmen von gleich grosser Bedeutung sind. Dazu gehört beispielsweise die Sicherstellung und Erhaltung der Kreditwürdigkeit oder der Kapitalmarktfähigkeit durch eine zeitgemässe und aussagekräftige Rechnungslegung. Und wichtig ist vor allem bei grösseren oder kotierten Firmen die Pflege eines positiven Images, was letztlich auch zu einer besseren Beurteilung durch Finanzanalysten sowie der Finanzpresse führt und damit auch zu einer höheren Akzeptanz an den Kapitalmärkten. Über die heute bei den meisten Banken eingesetzten Ratingkonzepte wirken sich die Qualität der Rechnungslegung sowie der Revision auch für mittlere und kleine Unternehmen auf den Risikozuschlag bei der Zinsfestlegung für Kredite aus. Damit schliesst sich der Kreis von den individuellen sowie betriebswirtschaftlichen bis hin zu den gesamtwirtschaftlichen Funktionen der Rechnungslegung. Eine Übersicht über das Spannungsfeld der verschiedenen Ziele der Rechnungslegung gibt ▶ Abb. 21.

Die Ziele der Rechnungslegung sind, wie ▶ Abb. 21 zeigt, sehr vielschichtig und zum Teil auch gegensätzlich. Die Rechnungslegung muss zwar ganz speziellen Interessen bzw. Zielsetzungen bestimmter Interessengruppen Rechnung tra-

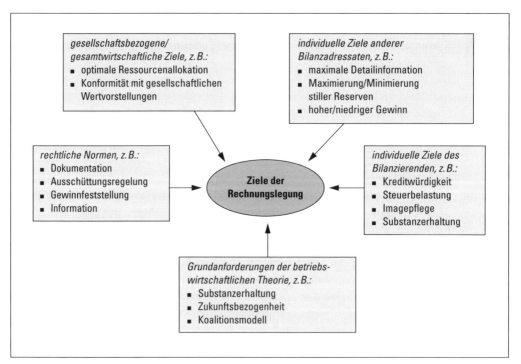

▲ Abb. 21 Determinanten der Ziele der Rechnungslegung (Heinhold 1995, S. 21, teilweise angepasste Darstellung)

gen, aber gleichzeitig eher allgemein gehaltene Interessen eines unbestimmten Personenkreises berücksichtigen. Die Rechnungslegung kann diese Funktionen im Einzelnen nicht immer oder nicht vollumfänglich erfüllen. Vielmehr werden auch Kompromisse bei der Festlegung der Ziele und der Ausgestaltung der Jahresrechnung notwendig.

7.4 Übungen

Übungsfragen

1. Welche gesetzlichen Funktionen hat die Rechnungslegung zu erfüllen?
2. Was ist unter der Unterzeichnungspflicht zu verstehen?
3. Erläutern Sie die Zielsetzung der Aufbewahrungspflicht.
4. Wann besteht eine Herausgabepflicht für die Geschäftsbücher?
5. Grenzen Sie die Begriffe Publizität und Offenlegung voneinander ab.
6. Definieren Sie die Zielsetzung der Gewinnfeststellungsfunktion und der Ausschüttungsregulierung im Rahmen der Rechnungslegung.
7. Erläutern Sie die Begriffe Kapitalverlust und Überschuldung.
8. Beziehen Sie Stellung zu folgender Aussage: «Die Abrechnungsperiode muss genau 12 Monate betragen.»
9. Was beinhaltet die Verpflichtung zur Ad-hoc-Publizität? Sind Ihnen aus der Zeit des Börsenbooms 1996 bis 2000 Missbrauchsfälle der Ad-hoc-Publizität bekannt? Welche Motive können hinter solchen Vorgängen stehen?
10. Nennen und erläutern Sie die wichtigsten Determinanten der Ziele der Rechnungslegung.

Kapitel 8
Berufsstand und Perspektiven der Berufswahl in der Rechnungslegung

Lernziele

- Übersicht über Berufe, die gute Kenntnisse der Rechnungslegung voraussetzen
- Berufliche Perspektiven für Fachleute der Rechnungslegung
- Interessenlage dieser Berufsgruppen

8.1 Die Interessengruppen des Agency-Modells

Die Ausführungen zur Agency-Theorie in Abschnitt 4.1 haben die Interessen und Informationsbedürfnisse der drei Interessengruppen, die im Prozess der Berichterstattung von Unternehmen und Organisationen eine wichtige Rolle spielen, aufgezeigt: Management, Kapitalgeber und Wirtschaftsprüfer (vgl. ◄ Abb. 11 auf Seite 66). Für alle drei Interessengruppen sind gute Kenntnisse der Rechnungslegung wichtig. Die Spezialisierung, die unterschiedlichen Aufgaben sowie die resultierende Verantwortung führen zu einer Vielzahl von Optionen der Ausbildung bzw. praktischen Tätigkeit und interessanten Diplomlehrgängen.

8.2 Management

8.2.1 Ersteller der Jahresrechnung

Innerhalb der Unternehmen geht es um die Bereitstellung und Bearbeitung der Daten. Man spricht hier von den Erstellern der Jahresrechnung *(preparer)*. Der Bereich finanzielles Rechnungswesen betreut die **Erfassung, Verarbeitung sowie Bewirtschaftung der Daten.** Dazu gehört auch die Führung der je nach Grösse des Unternehmens separat betreuten Bereiche Debitoren-, Kreditoren-, Anlagenbuchhaltung etc. Vor allem die Erstellung der Zwischenabschlüsse und des Jahresabschlusses setzt eine besondere Ausbildung und Erfahrung voraus. Konzerne müssen zusätzlich konsolidierte Abschlüsse erarbeiten. Obwohl dafür entsprechende Software oder zumindest Konsolidierungsprogramme, beispielsweise auf der Basis von Excel, zur Verfügung stehen, bedarf es für die Behandlung spezieller Fragenkreise im Rahmen der Konsolidierung eines besonderen Fachwissens. Bei kleineren Unternehmen wirken im Rahmen der Abschlussberatung oft Wirtschaftsprüfer bei der Bereinigung der Daten und der Aufbereitung des Jahresabschlusses samt Anhang mit. Sehr oft kommt es dabei zu einer heiklen Gratwanderung für die Wirtschaftsprüfer, welche darauf achten müssen, nicht zu stark in die Erstellung des Abschlusses einbezogen und damit zum Prüfer ihrer eigenen Arbeit zu werden. Die **Verantwortlichen für den Bereich Rechnungswesen oder Konzernrechnung** besitzen in aller Regel eine fachspezifische Ausbildung auf dem Gebiet des Finanz- und Rechnungswesens.

8.2.2 Controller

Innerhalb des Unternehmens werden die finanzwirtschaftlichen Zahlen zusammen mit anderen Informationen für die Unternehmensführung aufgearbeitet. Im Controlling werden Daten der Vergangenheit analysiert und Planungsaufgaben übernommen. **Die Controller vermitteln die Informationen für die Steuerung des Unternehmens.** Die Datenbasis geht weit über die Zahlen des Rechnungswesens hinaus. Sie umfasst beispielsweise auch statistische Daten über die Struktur der Kunden, die Dauer gewisser Entwicklungsprozesse oder den Anteil am Umsatz der neu entwickelten Produkte. Für den Bereich der Leistungserstellung, insbesondere in klar umgrenzten organisatorischen Einheiten oder mit Bezug auf bestimmte Produkte bzw. Dienstleistungen, spielen Betriebsrechnung und Kalkulation eine wichtige Rolle. Im Konzernverbund werden immer mehr Daten der finanziellen Rechnungslegung auch für das Controlling ausgewertet. Dank der heutigen Informationstechnologie kann die Datenerfassung im finanziellen Rechnungswesen nach einer Vielzahl von Dimensionen wie Sparten, Produktegruppen, Kundensegmente, Länderorganisationen oder Vertriebskanäle aufgeschlüsselt werden. Je nach Bedarf können die Daten dann sowohl für die externe Rechnungslegung als auch für die unternehmensinterne Analyse sowie die Managementinformationssysteme (MIS) ausgewertet werden. Das Controlling wird innerhalb grosser Organisationen nicht nur für die Steuerung von Sparten, sondern auch für die Entscheidungsfindung im Marketing, in Forschung und Entwicklung oder im *strategic management development* (SMD; der Ausbildung und Förderung von Kader- und Führungsnachwuchs) eingesetzt. Controlling wird heute als Aufgabe nicht primär von Spezialisten, sondern für die Unternehmensführung generell verstanden. Daher gehören **gute Kenntnisse der Zusammenhänge im Bereich Rechnungslegung und Controlling zu jedem Ausbildungsprofil für Kader von Wirtschaft und Verwaltung.**

8.2.3 Führung des Unternehmens

Die Führung von Unternehmen obliegt in der Regel Personen, welche, je nach Branche, aufgrund ihrer Erfahrungen am Markt, teilweise auch im Bereich der Leistungserstellung, eine ganzheitliche Sicht einbringen können. Häufig wird diese Funktion als jene des **Chief Executive Officer** oder **CEO** bezeichnet. Die Belange der finanziellen Führung eines Unternehmens unterstehen dem so genannten **Chief Financial Officer** oder **CFO**. Der CFO ist nicht nur für das **Rechnungswesen,** sondern auch für das so genannte **Treasury,** die Bewirtschaftung der Liquidität, und je nachdem auch für den Bereich Informationstechnologie oder für das Human Resource Management verantwortlich. Obwohl im Rahmen von Konzepten der Job Rotation oder in der Finanzindustrie wegen der komplexen Risikomodelle (finanzmathematische Modelle) auch Leute mit einem naturwissenschaftlichen oder technischen Ausbildungsprofil die Funktionen des CFO übernehmen, ist nach wie vor eine solide Ausbildung auf dem Gebiet des Finanz- und Rechnungswesens eine gute Voraussetzung für Aktivitäten in diesem Bereich.

8.2.4 Aufsichtsgremien

Die Aufsichtsgremien, je nach Land ist dies der **Aufsichtsrat** oder **Verwaltungsrat,** müssen sich einerseits auf die Festlegung und periodische Überprüfung der Strategie sowie die Auswahl des Managements konzentrieren. Gleichzeitig obliegt ihnen in letzter Instanz die Aufsicht über die finanzielle Führung des Unternehmens. Aufsichts- oder Verwaltungsrat verabschieden die Rechnungslegung zu handen der Investoren (meist über die Generalversammlung) und in gewissen Branchen auch an die Adresse der Aufsichtsbehörden (Bankenkommission oder Aufsichtsbehörde im Assekuranzbereich). Damit sind auch für diese, an sich nicht unmittelbar in die Erstellung der Rechnungslegung involvierten Personen, gute Kenntnisse im Bereich des Finanz- und Rechnungswesens von Bedeutung.

8.3 Wirtschaftsprüfer

Im Zusammenhang mit der Aufbereitung der Berichterstattung durch Unternehmen und Organisationen fällt der Wirtschaftsprüfung die Aufgabe zu, die Qualität der zur Verfügung gestellten Informationen zu bestätigen. Im Sinne von *attestation services* wird sichergestellt, dass die **Jahresrechnung nach Massgabe der vorgegebenen Standards die wirtschaftliche Lage getreu darstellt** *(fair presentation)*. Die Komplexität der Unternehmenstätigkeit sowie die Vielzahl von Transaktionen und Positionen verunmöglichen es den Revisoren, selbst unter Einsatz modernster Stichprobenverfahren, mit einem wirtschaftlich vertretbaren Aufwand alle wesentlichen Bereiche des Rechnungswesens und der Rechnungslegung zu prüfen. Im Vordergrund steht heute eine Orientierung der Revisionsschwerpunkte an den spezifischen Risiken des Kunden. Der Fokus gilt der Offenlegung von wichtigen Informationen in der Berichterstattung. Das Berufsbild der Wirtschaftsprüfer hat sich daher in den letzten Jahren stark verändert. Gleichwohl bleibt eine solide Ausbildung im Bereich Finanz- und Rechnungswesen unabdingbare Voraussetzung für den Einstieg in diesen Beruf.

8.4 Kapitalgeber

Auf der Seite der Kapitalgeber findet sich eine Vielzahl von Berufsprofilen, welche im Prozess der Informationsverarbeitung und Entscheidungsfindung eine grosse Rolle spielen: Im Vordergrund stehen Medienschaffende und Finanzanalysten.

8.4.1 Medienschaffende

Die Medien haben seit einigen Jahren die finanzielle Berichterstattung von Unternehmen im Visier. Das Spektrum reicht vom **Wirtschaftsjournalismus** bis hin zur geschickten Verarbeitung solcher Informationen im Rahmen der **Boulevardpresse** oder der regelmässigen **Nachrichtensendungen** der Radio- und Fernsehanstalten. Eine gute Grundausbildung oder eine gezielte Zusatzausbildung im Bereich Finanz- und Rechnungswesen kann auch hier mithelfen, Effizienz und Qualität der journalistischen Tätigkeit zu erhöhen.

8.4.2 Finanzanalysten

Die Finanzanalyse erarbeitet die **Grundlagen für die Investitionsentscheidung.** Im Zusammenhang mit Publikumsöffnungen (Initial Public Offering, IPO), Kaufempfehlungen von Banken, Anlageentscheidungen von Investment-Fonds oder von Online-Informationssystemen für Anleger werden die Überlegungen für den Kauf bestimmter Aktientitel präsentiert. Selbstverständlich stützt sich die Finanzanalyse weder ausschliesslich noch primär auf Daten der Rechnungslegung. Aber Finanzzahlen spielen neben der Beurteilung des betreffenden Marktes bzw. der betroffenen Branche und der Qualität des Managements eine entscheidende Rolle. Eine solide Grundausbildung im Bereich der Rechnungslegung, vor allem auch Kenntnisse über die Spielräume im Rahmen der geltenden Standards der Rechnungslegung, sind unabdingbare Voraussetzungen für eine erfolgreiche berufliche Laufbahn in der Finanzanalyse.

8.5 Rechnungslegung als Teil der betriebswirtschaftlichen Grundausbildung

Rechnungslegung als Produkt der Informationsverarbeitung und als Konzentrat der Informationen über die wirtschaftliche Lage von Unternehmen oder Organisationen gehört zum **Grundwissen für einen breiten Kreis von beruflichen Laufbahnen.** Gefragt sind insbesondere Kenntnisse über die Zusammenhänge in der Berichterstattung, die Möglichkeiten und Lücken der Rechnungslegung ebenso wie über die Ermessensspielräume bei der Erstellung von Jahresrechnungen. Wichtig ist die Fähigkeit, die Informationen zu den Risiken eines Unternehmens und die Abbildung allfälliger Auswirkungen in den verschiedenen Bestandteilen der Rechnungslegung zu erkennen. Diese Kenntnisse werden vertieft durch Erfahrungen aus der Erstellung von Konzernrechnungen oder der Bewertung von Positionen wie Marken und Goodwill. Weitergehende Kenntnisse benötigen jene Leute, die später in den Bereichen Rechnungswesen und Konzernrechnung, als Chief Financial Officer oder als Wirtschaftsprüfer, tätig sind. Die entsprechende Vertiefung wird in erster Linie durch Zusatzausbildungen, beispielsweise im Rahmen der Wirtschaftsprüferakademie, und in der Praxis vermittelt.

8.6 Übungen

Übungsfragen

1. Nennen Sie die wichtigsten Berufsgruppen im Rahmen der Rechnungslegung.
2. Welche gegensätzlichen Interessen haben diese Berufsgruppen jeweils primär wahrzunehmen?
3. Welche Berufsgruppe innerhalb des Unternehmens muss die besten Kenntnisse auf dem Gebiet des Finanz- und Rechnungswesen besitzen?
4. Wie wird in der Regel das für die Rechnungslegung verantwortliche Mitglied der Unternehmensleitung bezeichnet und welche Aufgaben fallen regelmässig in dessen Verantwortungsbereich?
5. Warum müssen auch die Mitglieder von Aufsichtsgremien zumindest Grundkenntnisse im Bereich der Rechnungslegung besitzen?
6. Welche Aufgaben fallen den Wirtschaftsprüfern zu?
7. Prüfen die Revisoren alle wesentlichen Bereiche in Rechnungswesen und Rechnungslegung? Anhand welcher Überlegung setzen die Wirtschaftsprüfer ihre Revisionsschwerpunkte?
8. Welche Aufgaben übernehmen die Finanzanalysten im Rahmen der Auswertung von Informationen aus der Rechnungslegung?
9. Nennen Sie Gründe für die steigende Bedeutung von Kenntnissen betreffend der Rechnungslegung für eine Vielzahl von beruflichen Laufbahnen.
10. Welche Entwicklung prognostizieren Sie für die Bedeutung von Rechnungslegungskenntnissen im Rahmen von zukünftigen Managementkarrieren?

Kapitel 9
An die Rechnungslegung angrenzende Fachbereiche

Lernziele

- Verständnis des Zusammenhangs zwischen finanzieller Berichterstattung und Steuerbemessung
- Kenntnis der Besonderheiten der Rechnungslegung des Gemeinwesens und gemeinnütziger Organisationen
- Übersicht über Spezialgesetze und Regeln für bestimmte Branchen im Bereich der Rechnungslegung

9.1 Steuerbemessung und Massgeblichkeit

Die Rechnungslegung als Konzept der Berichterstattung über die wirtschaftliche Lage von Unternehmen und Organisationen bietet nicht nur die Basis für Investitionsentscheidungen. Die Daten des Rechnungswesens, das Produkt der Finanzbuchhaltung, bilden auch die Grundlage für die Steuerbemessung. Die Zielsetzung für die Arbeit der Steuerbehörden ist die Ermittlung der richtigen Bemessungsbasis. Das Gemeinwesen will die im eigenen Territorium erarbeitete Wertschöpfung, soweit sie nicht an dritte Personen, insbesondere Mitarbeiter und Kapitalgeber abgeführt wird, besteuern. Dabei sind sowohl fiskalische Interessen – die Erfassung eines möglichst hohen Steuersubstrates zur Deckung des Finanzbedarfs im Gemeinwesen – als auch volkswirtschaftliche Überlegungen – die Erhaltung und Förderung einer möglichst starken unternehmerischen Substanz und die Schaffung von Arbeitsplätzen – einzubeziehen. Die Rechnungslegung richtet sich an einen sehr breiten Kreis von Interessenten. Daher braucht es Kompromisse im Zusammenhang mit der Präsentation, insbesondere der Auswahl, der Daten und mit der Bewertung. Die **finanzielle Berichterstattung** wird aus diesem Grunde auch als *general purpose reporting* bezeichnet. Im Gegensatz dazu hat die **Information zuhanden der Steuerbehörden** nur einen einzigen Zweck, nämlich die Ermittlung der steuerlichen Bemessungsgrundlagen *(special purpose reporting).*

In allen wichtigen Industrienationen geht die Steuerbemessung von den Informationen der finanziellen Buchhaltung aus. So verlangen die Steuergesetze in aller Regel die Einreichung der unterzeichneten Jahresrechnung als Beilage zur Steuererklärung. Die Steuerbehörden sind allerdings nicht gehalten, die Zahlen der Jahresrechnung ohne weiteres zu akzeptieren. Meist verlangen sie in zusätzlichen Formularen Angaben über die Bewertung unter anderem des Warenlagers, über Abschreibungen oder über Rückstellungen. Damit sollen allfällige Differenzen zwischen Wertansätzen im Steuerrecht und der finanziellen (handelsrechtlichen) Jahresrechnung aufgezeigt werden.

In vielen Ländern werden diese Angaben anhand von eigenständigen Normen der Steuerbehörden weiterverarbeitet. So geht es um die Wahl bestimmter Bewertungsmethoden für das Warenlager und die noch nicht fakturierten Dienstleistungen, um die Abschreibung des Anlagevermögens oder die Berechnung von Wertberichtigungen auf Forderungen. In **Ländern mit angloamerikanischem Einfluss** geht die Steuerbemessung von den gleichen Daten wie die finanzielle Berichterstattung aus, doch ist die entsprechende Weiterverarbeitung in den beiden Bereichen **weitgehend voneinander unabhängig.**

In den meisten **kontinentaleuropäischen Ländern** dagegen knüpfen die Steuerbehörden an die Präsentation der Daten in der finanziellen Rechnungslegung an, in der so genannten Handelsbilanz oder der von der Generalversammlung verabschiedeten Jahresrechnung. Die Steuergesetze lassen teilweise grosszügige Abschreibungen zu, die im Sinne der Unternehmensförderung weiter gehen als betriebswirtschaftlich unbedingt notwendig. Die Unternehmen können aber solche Aufwendungen gegenüber Steuerbehörden nur geltend machen, wenn sie diese auch in der finanziellen Rechnungslegung erfasst haben. Wird beispielsweise zur Förderung von Investitionen die sofortige Abschreibung (oder z.B. von 80 Prozent) der gesamten Investitionen (sog. Einmalabschreibung) zugelassen, kann diese den Gewinn reduzierende Aufwendung in der Steuerdeklaration nur berücksichtigt werden, wenn auch in der finanziellen Rechnungslegung diese an sich nicht notwendige Abschreibung sofort vorgenommen wird. Daraus resultiert eine verzerrte Darstellung der wirtschaftlichen Lage. Der Zusammenhang zwischen

Steuerbemessung und Rechnungslegung wird als **Grundsatz der Massgeblichkeit** oder als **Verbuchungsprinzip** bezeichnet: Für die Steuerbemessung ist die finanzielle Rechnungslegung massgebend bzw. sind nur Aufwendungen von der Steuerbehörde zu berücksichtigen, die auch effektiv verbucht worden sind. Der grosse Einfluss steuerrechtlicher Überlegungen hat die Rechnungslegung auf dem europäischen Kontinent während Jahrzehnten in einer Richtung beeinflusst, die eine betriebswirtschaftlich angemessene Darstellung der wirtschaftlichen Lage verhinderte.

Aus volkswirtschaftlichen Überlegungen bieten die Steuergesetze in der Schweiz den Unternehmen Möglichkeiten zur Bildung von Bewertungsreserven an. Beispielsweise darf nach Vornahme von betriebswirtschaftlich notwendigen Wertkorrekturen auf einzelnen Positionen des Warenlagers pauschal eine Wertberichtigung von maximal einem Drittel des an sich schon berichtigten Wertes vorgenommen werden. Oder man darf nach erfolgter Wertberichtigung einzelner Kundenforderungen zusätzlich fünf Prozent der gesamten Forderungen gegenüber inländischen Abnehmern sowie 10 Prozent der Forderungen gegenüber den eigenen Kunden im Ausland als so genanntes Delkredere in Abzug bringen. Und auch auf Liegenschaften, beispielsweise auf solchen, die an Dritte vermietet werden, dürfen grosszügige Abschreibungen vorgenommen werden. Das Steuerrecht setzt immer auch Höchstansätze für Wertberichtigungen, Abschreibungen und Rückstellungen. Diese können zu einem höheren steuerbaren Reingewinn führen im Vergleich zum Gewinn, der vom Unternehmen in der finanziellen Jahresrechnung ausgewiesen wird. Dies ist beispielsweise der Fall, wenn gemäss Steuerrecht (Steuergesetze, Verordnungen, Weisungen oder Wegleitungen, Praxis der Gerichte etc.) die Realisation gewisser Verluste oder Aufwendungen Voraussetzung für deren Berücksichtigung ist, wogegen die Rechnungslegungsgrundsätze die Berücksichtigung zwar erkennbarer, aber noch nicht effektiv angefallener (also noch nicht realisierter bzw. eingetretener) Verluste verlangen. Zu denken ist an Aufwendungen oder Rückstellungen für Garantien, Rückrufaktionen bei fehlerhaften Produkten, an Sanierungsaufwand oder an Zahlungen aufgrund gerichtlicher Auseinandersetzungen auf dem Gebiet der Produkthaftpflicht.

Die **Ausrichtung der Rechnungslegung auf eine Optimierung oder gar eine Minimierung der Steuerbelastung** hat dazu geführt, dass viele Unternehmen erhebliche, nicht offen ausgewiesene **Bewertungsreserven auf wichtigen Bilanzpositionen** besitzen. Neben übermässigen Wertberichtigungen auf dem Warenlager sowie überhöhten Abschreibungen auf Sachanlagen wie Maschinen oder Gebäuden sind auch teilweise überhöhte Rückstellungen für Garantien, Gebäudesanierungen oder Währungsschwankungen zu nennen. Man spricht hier von steuerlich begründeten stillen – weil eben nicht offen ausgewiesenen – Reserven. Der Vorteil solcher – aus betriebswirtschaftlicher Sicht nicht oder nicht vollumfänglich begründeter – Wertberichtigungen oder Rückstellungen liegt darin, dass die Innenfinanzierung der Unternehmen gestärkt werden kann, weil der Geldabfluss für die Begleichung der Ertragssteuern auf diesen selbst erarbeiteten Mitteln aufgeschoben wird.

Nachteilig kann eine solche Entwicklung sein, wenn Investoren ohne weiteres das Vorhandensein solcher Bewertungsreserven annehmen. In einigen Phasen der Börsenhausse haben so genannte Raider versucht, Firmen zu übernehmen und anschliessend die vermuteten oder erhofften Reserven durch die Veräusserung vor allem von Immobilien (sog. Asset Stripping) zu realisieren. Dieser Mythos der stillen Reserven galt während vielen Jahren vor allem bei Schweizer Publikumsfirmen.

▶ Abb. 22 zeigt eine solche Bilanz, die einige Bewertungsreserven enthält. Für diese Firma sollten – auch weil ihre Titel ausserbörslich gehandelt werden – eine *fair presentation* und nicht die Ausrichtung der Bewertung auf handels- und damit steuerrechtliche Grundsätze gewählt werden.

Die **Problematik der Beeinflussung der Rechnungslegung durch das Steuerrecht** kann in der Schweiz wie in den meisten kontinentaleuropäischen Ländern umgangen werden, indem nicht der Einzelabschluss, sondern die Konzernrechnung in den Vordergrund gestellt wird. Zwar knüpft die Steuerbelastung in einzelnen Ländern auch an Konzernüberlegungen an. In Deutschland ist es das Steueranrechnungsverfahren für ausgeschüttete Gewinne, in Frankreich gibt es über die Anrechnung von Verlusten in anderen Konzernunternehmen Ansätze der Konzernbesteuerung. Aber selbst in diesen Ländern ist nicht die Konzernrechnung unmittelbare Grundlage für die Steuerbemessung. Daher kann die Konzernrechnung voll auf betriebswirtschaftliche, am Markt orientierte Bewertungsgrundsätze bauen. In der Schweiz gibt es zudem die Möglichkeit, auch für ein einzelnes Unternehmen (das keine Tochtergesellschaften hat und damit keine Konzernrechnung vorlegen kann) eine Jahresrechnung nach modernen Grundsätzen und betriebswirtschaftlichen Ansätzen zu erstellen, ohne dass sich daraus steuerliche Nachteile ergeben. Dieser Abschluss wird allerdings nicht von der Generalversammlung genehmigt und gilt folglich nicht als handels- bzw. gesellschaftsrechtlich relevanter Jahresabschluss. Damit haben aber auch kleine Unternehmen die Möglichkeit, die wirtschaftliche Lage beispielsweise gegenüber ihren Kapitalgebern (grössere Bankkredite in Zusammenhang mit Investitionen oder dem Neuaufbau einer Sparte) im Sinne der *fair presentation,* d.h. auf einer betriebswirtschaftlichen und an den Marktwerten orientieren Grundlage darzustellen.[1]

Das Steuerrecht knüpft in der Schweiz und in Deutschland vielfach an Grundsätze der Rechnungslegung an und enthält keine eigenständigen Bewertungs-

---

1 Swiss GAAP FER 19

Kapitel 9 An die Rechnungslegung angrenzende Fachbereiche

Konzernbilanz per 31. Dezember				
(in tausend CHF)	2003	%	2002	%
Aktiven				
Umlaufvermögen	28 314	6.3	23 543	5.4
Flüssige Mittel und Wertschriften	12 051		6 199	
Forderungen aus Lieferungen und Leistungen	9 158		12 110	
Übrige Forderungen	2 397		848	
Vorräte	1 153		1 216	
Aktive Rechnungsabgrenzung	3 555		3 170	
Anlagevermögen	420 550	93.7	409 111	94.6
Sachanlagen	414 897		399 705	
Finanzanlagen	5 311		9 015	
Immaterielle Anlagen	342		391	
Total Aktiven	448 864	100.0	432 654	100.0
Passiven				
Fremdkapital	134 742	30.0	116 558	26.9
kurzfristig	45 043	10.0	38 533	8.9
Finanzverbindlichkeiten	12 256		15 462	
Verbindlichkeiten aus Lieferungen und Leistungen	14 771		13 497	
Übrige Verbindlichkeiten	9 698		3 708	
Rückstellungen	778		36	
Passive Rechnungsabgrenzung	7 540		5 830	
langfristig	89 699	20.0	78 025	18.0
Finanzverbindlichkeiten	22 487		9 743	
Rückstellungen	40 928		41 998	
Bedingt rückzahlbare Subventionen	26 284		26 284	
Anteile von Minderheitsaktionären	4 365	1.0	14 128	3.3
Eigenkapital	309 757	69.0	301 968	69.8
Aktienkapital	11 670		11 670	
Kapitalreserven	6 480		6 480	
Reserven für eigene Aktien	17		4 121	
Gewinnreserven	278 136		267 263	
Jahresgewinn	13 454		12 434	
Total Passiven	448 864	100.0	432 654	100.0

Bewertungsgrundsätze
Die Bilanzpositionen sind nach einheitlichen Richtlinien bewertet. Grundlage der Bewertung sind die Anschaffungs- bzw. Herstellungskosten (Prinzip der historischen Kosten).

▲ Abb. 22 Konzernbilanz und Bewertungsgrundsätze
(Jungfraubahnen, Geschäftsbericht 2003, S. 42 und 46)

vorschriften. Die Wechselbeziehungen zwischen Steuerrecht und den handelsrechtlichen Normen zur Rechnungslegung charakterisieren sich durch die

- **Massgeblichkeit** der handelsrechtlichen Jahresrechnung für die Steuerbemessung (Verbuchungsprinzip gemäss schweizerischer Terminologie, d.h. Aufwendungen etc. müssen in der Jahresrechnung erfasst – also verbucht – sein, damit sie gegenüber den Steuerbehörden geltend gemacht werden können) und die
- **umgekehrte Massgeblichkeit** im Sinne der Übernahme von steuerrechtlichen Regeln durch die Rechnungslegung. Wo die Steuerbehörden gewisse Pauschalen für die Wertberichtigung oder besonders grosszügige Abschreibungen zulassen, müssen diese Vorgänge gemäss dem Prinzip der umgekehrten Massgeblichkeit auch in die Handelsbilanz (gesellschaftsrechtlich relevanter Abschluss, durch die Generalversammlung genehmigt) übernommen werden, um in den Genuss der steuerlichen Vergünstigungen kommen zu können.

9.2 Rechnungslegung der öffentlichen Hand

Gemeinden, Kantone oder Bundesländer ebenso wie der Haushalt auf Bundesebene werden finanzwirtschaftlich mit Hilfe des Rechnungswesens und entsprechenden Planungs- sowie Kontrollinstrumenten geführt. Über Jahrhunderte hinweg hat sich in den meisten Ländern ein Konzept etabliert, das

- in erster Linie auf Einnahmen und Ausgaben ausgerichtet ist,
- ein Schwergewicht auf den Budgetprozess bzw. auf die Einhaltung dieser Planvorgaben legt und
- Investitionen in einer separaten Rechnung behandelt.

Das Gemeinwesen führt in der Regel in einer **ordentlichen Rechnung** die Einnahmen und Ausgaben in Zusammenhang mit der staatlichen Tätigkeit und zeigt in der so genannten **ausserordentlichen Rechnung** die Finanzierung und Abschreibung der Investitionen. Meist wird auch zwischen Verwaltungsvermögen (d.h. jenen Anlagen, die der staatlichen Tätigkeit unmittelbar dienen) und dem Finanzvermögen (im Sinne von Anlagen, die z.B. durch Vermietung an Dritte kommerziell genutzt werden) unterschieden. In den letzten Jahren sind verschiedene Staatswesen von der einseitig am Geldfluss orientierten Darstellung abgewichen und haben ihre Rechnungslegung durch eine zeitliche Abgrenzung und Zuordnung von Aufwendungen und Erträgen auf eine bestimmte Rechnungsperiode dem für Unternehmen geltenden Konzept angeglichen. Auf internationaler Ebene wird versucht, die Rechnungslegung des öffentlichen Gemeinwesens mit den so genannten **International Public Sector Accounting Standards (IPSAS)** auf der Basis der International Accounting Standards (IAS) jener der Privatwirtschaft anzugleichen. Im Vordergrund stehen die Normen über die Behandlung von Sachanlagen und jene zur Rechnungslegung im Zusammenhang mit der Altersvorsorge. Ungelöst bleibt das Problem der Konsolidierung. Es gibt kaum Ansätze zur Konsolidierung der von grösseren Staatsgebilden kontrollierten Betriebe wie Versorgungswerke, Transportunternehmen, Krankenhäuser oder Banken. Dagegen richten sich beispielsweise in der Schweiz schon seit längerer Zeit einige dieser Staatsbetriebe von sich aus nach den Swiss GAAP FER.

Der Trend geht auch für die Rechnungslegung der öffentlichen Hand in Richtung einer Berichterstattung mit Hilfe der heute üblichen Bestandteile Bilanz, Erfolgsrechnung, Anhang und – zumindest teilweise – einer Geldflussrechnung. Damit wird mit einer zersplitterten Rechnungslegung aufgeräumt, die durch Aufteilung auf eine Vielzahl von Fonds und separaten Rechnungen den Überblick erschwert bzw. durch den Verzicht der Abgrenzung des Geldflusses die Zuordnung von Aufwand und Ertrag zu einer bestimmten Rechnungsperiode verunmöglicht.

9.3 Rechnungslegung gemeinnütziger Organisationen

Die traditionelle Rechnungslegung orientiert sich an den Bedürfnissen und Eigenarten von Unternehmen, die gewinnorientiert arbeiten. Zudem wurzelt das Konzept in erster Linie im Erfahrungsbereich mit produzierenden Unternehmungen oder Handelsgesellschaften. Bereits für die Darstellung der wirtschaftlichen Lage von Banken und vor allem jener von Versicherungsgesellschaften braucht es eine **Vielzahl von zusätzlichen Informationen** mit teilweise vom traditionellen Denken abweichenden Bewertungsgrundsätzen. Betrachtet man Unternehmen im Bereich der Versorgung, beispielsweise städtische Werke mit Aufgaben im Bereich der Energieverteilung, Wasseraufbereitung und Entsorgung, steht der Leistungsauftrag möglicherweise im Vergleich zur Gewinnorientierung im Vordergrund. Noch ausgeprägter gilt dies für karitative Organisationen wie das Rote Kreuz. Im Zusammenhang mit der finanziellen Berichterstattung dieser Organisationen interessiert viel eher die Verwendung der Spendengelder, die Erfüllung bestimmter Leistungsaufträge oder die Grössenordnung der Mittel, die für bestimmte Projekte noch zur Verfügung stehen.

Ähnlich verhält es sich bei Organisationen, deren Betrieb sowohl vom Gemeinwesen als auch durch Spendengelder finanziert wird, beispielsweise ein Theater, ein Kunstmuseum oder ein Opernhaus. Hier steht die **Transparenz über die Mittelverwendung** und allenfalls Ursachen und Grössenordnung der vom Gemeinwesen aufgrund einer entsprechenden Garantie zu deckenden Betriebsverluste im Vordergrund. Nochmals anders liegt die Interessenlage bei Verbänden oder auch Parteien. Neben der immer geforderten Transparenz geht es hier um die Herkunft der Mittel sowie die Erfüllung bestimmter Leistungsaufträge.

Zur Rechnungslegung von gemeinnützigen Organisationen gibt es in einzelnen Ländern Empfehlungen, beispielsweise in der Schweiz die Fachempfehlung Swiss GAAP FER 21. Für die anderen hier erwähnten Aktivitäten dagegen gibt es noch kaum angemessene und vor allem allgemein anerkannte Grundsätze zur Rechnungslegung. Angesichts der steigenden Bedeutung solcher Tätigkeiten werden sich die Standardsetzer künftig vermehrt der Regulierung dieser speziellen Bedürfnisse der Berichterstattung widmen müssen.

9.4 Rechnungslegung nach Spezialgesetzen

Das Umfeld eines Unternehmens, insbesondere die Branchenzugehörigkeit, kann die Anforderungen an die Berichterstattung entscheidend beeinflussen. Die volkswirtschaftliche Bedeutung von Branchen, wie zum Beispiel der **Bank- oder Versicherungswirtschaft,** sowie die soziale Bedeutung beispielsweise der Altersvorsorge über **Pensionskassen** und der Vermögensanlage über **Anlagefonds** führen zur Überwachung dieser Branchen und Aktivitäten durch spezielle Behörden. Die entsprechenden aufsichtsrechtlichen Vorschriften enthalten sehr oft auch Normen der Rechnungslegung. Am ehesten bekannt sind die besonderen Aufsichts- und Berichterstattungsbestimmungen für die Bankwirtschaft. Die Europäische Union hat eigene Richtlinien für den Jahresabschluss von Banken und anderen Finanzinstituten (Banken-EURL 86/635) und für die Abschlüsse von Versicherungsgesellschaften (Versicherungs-EURL 91/674) erlassen. In der Schweiz enthält die Verordnung zum Bankengesetz sehr detaillierte Vorschriften für die Rechnungslegung von Banken auch gegenüber der Öffentlichkeit und nicht nur gegenüber der Aufsichtsbehörde. Im Rahmen der Zulassungsbestimmungen der Schweizer Börse wurden für Banken und Versicherungen zusätzliche Rechnungslegungsvorschriften erlassen, welche der Eigenart des Banken- bzw. Versicherungsgeschäftes Rechnung tragen. Diese besonderen Vorschriften umfassen vor allem Gliederungsnormen und branchenspezifische Bewertungsansätze sowie Regeln betreffend der Offenlegung von zusätzlichen Informationen.

9.5 Übungen

Übungsfragen

1. Erklären Sie den Zusammenhang zwischen allgemeiner finanzieller Berichterstattung und der Berichterstattung zuhanden der Steuerbehörden.
2. Was ist der Hauptzweck der steuerlichen Berichterstattung?
3. Welche zusätzlichen Informationsmöglichkeiten haben die Steuerbehörden verglichen mit den übrigen Adressaten der Rechnungslegung?
4. Welche Optionen eröffnen die schweizerischen Steuergesetze den Unternehmen aufgrund volkswirtschaftlicher Überlegungen?
5. Erläutern Sie kurz die Prinzipien der Massgeblichkeit bzw. umgekehrten Massgeblichkeit.
6. Nennen und erläutern Sie die wichtigsten Unterschiede zwischen der Rechnungslegung von Unternehmen und der Rechnungslegung der öffentlichen Hand.
7. In welche Richtung weist der Trend in der Rechnungslegung der öffentlichen Hand?
8. Was ist der besondere Aspekt in der Rechnungslegung von gemeinnützigen Unternehmen?
9. Inwiefern nehmen heutige Standards der Rechnungslegung Rücksicht auf die Besonderheiten gemeinnütziger Organisationen?
10. Nennen Sie Beispiele für Branchen, in denen die Rechnungslegung (auch) auf Spezialgesetzen basiert.

Kapitel 10
Volkswirtschaftliche, politische und gesellschaftliche Aspekte

Lernziele

- Erkennen der Rolle der Börsenaufsichtsbehörden
- Aufgaben der wichtigsten Regulierungsbehörden
- Entwicklung der internationalen Angleichung der Rechnungslegung
- Politische und gesellschaftliche Aspekte der Rechnungslegung

10.1 Rolle der Aufsichtsbehörden

Die Rechnungslegung und ihre Zielsetzungen wurden definiert als **Vermittlung von Informationen über die wirtschaftliche Lage eines Unternehmens** oder einer Organisation, wobei die Adressaten – insbesondere die **Investoren** oder Kapitalgeber – diese Daten in erster Linie für ihre eigene **Entscheidungsfindung** benutzen. Im Rahmen der Agency-Theorie bzw. der Koalitions- oder Interessenabwägungsmodelle ergibt sich auch eine gesellschaftliche Dimension, beispielsweise das Interesse des Gemeinwesens, von Umweltschutzgruppen oder Gewerkschaften. Über die Anliegen der Mitarbeiter und von deren Interessenvertretern sowie über die Ansprüche des Kapitalmarkts zeigen sich auch volkswirtschaftliche Aspekte der Berichterstattung von Unternehmen.

Im Vordergrund der modernen Rechnungslegung steht die Ausrichtung auf die Bedürfnisse der Investoren, seien dies Aktionäre oder Anleger am Anleihenmarkt (Inhaber von Obligationen, Bonds etc.). Für die Beurteilung der unterschiedlichen Interessen der Teilnehmer am Kapitalmarkt genügt die Agency-Theorie nicht. Allfällige Fehler oder Missbräuche im Rahmen der Berichterstattung von Publikumsfirmen wirken sich nicht nur in der Beziehung zwischen den direkt betroffenen Investoren sowie der fehlbaren Unternehmung aus. Da in solchen Fällen möglicherweise auch die Wirtschaftsprüfung versagt hat, sind die Investoren durch eine zusätzliche Instanz zu schützen. Vor allem aber kann die ungenügende Qualität der Berichterstattung einzelner Teilnehmer am Kapitalmarkt auf den betreffenden Börsenplatz insgesamt ein schlechtes Licht werfen. Daher findet sich für alle Kapitalmärkte eine so genannte **Börsenaufsichtsbehörde.** In der Schweiz fällt diese Aufgabe der **Zulassungsstelle der SWX** zu (in absehbarer Zeit soll eine umfassende, staatliche Finanzmarktaufsicht geschaffen werden), in Deutschland ist es das **Bundesaufsichtsamt für den Wertpapierhandel (BAWe)**, in England die **Financial Services Authority (FSA)** und in den USA die **Securities and Exchange Commission (SEC).** Die Vorgehensweise und der Umfang der Überprüfungen ist in den einzelnen Ländern recht unterschiedlich. Gemeinsam ist allen Behörden die Aufgabe, eine unvollständige, ungenügende ebenso wie fehlerhafte oder missbräuchliche Berichterstattung seitens der Emittenten zu verhindern. Bei Verstössen stehen Massnahmen für die Berichtigung der fehlerhaften Informationen sowie Sanktionen zur Verfügung. In der Schweiz wird beispielsweise systematisch überprüft, ob die Emittenten nicht nur die Jahresrechnungen, sondern auch die geforderten Zwischenberichte publizieren und ob sie diese rechtzeitig veröffentlichen. Aufgrund von Erfahrungen der Vergangenheit, Hinweisen in den Medien oder von Dritten bzw. aufgrund allfälliger Vorbehalte der Wirtschaftsprüfung erfolgt eine vertiefte Überprüfung einzelner Jahresrechnungen, Quartals- oder Semesterausweise. Die zuständigen Organe der Überwachungsstelle bzw. der Börse können im Interesse der Investoren die Nachpublikation oder die Korrektur bereits publizierter Daten verlangen. Darüber hinaus reicht die Sanktionsbefugnis über Bussen bis zur Dekotierung. Allerdings ist die Einstellung des Börsenhandels eine Massnahme, welche nur im äussersten Notfall Sinn macht. Denn damit wird den Investoren die Möglichkeit genommen, in einem noch mehr oder weniger funktionierenden Markt aufgrund der zusätzlich zur Verfügung gestellten Informationen die betreffenden Titel zu veräussern.

Die wichtigsten Aufsichtsbehörden sind auf internationaler Ebene in der **International Organisation of Securities Commissions (IOSCO)** zusammengeschlossen. Dieser Interessenverband spielte in den letzten Jahren eine entscheidende Rolle in den Bestrebungen zur Angleichung der wichtigsten Rechnungslegungskonzepte und zur Neuformulierung der Aufgabenstellung sowie der Arbeitsweise des IASB. Aufgrund der starken Rolle von USA, Kanada sowie Australien, teilweise im Verbund mit dem EU-Mitglied Grossbritannien, hat die EU mit der **European Financial Reporting Advisory Group (EFRAG)** ein Gegengewicht aufgebaut. Zusammen mit dem europäischen Berufsverband der Wirtschaftsprüfer, der **Fédération Européenne des Experts Comptables (FEE)**, der Internationalen Handelskammer sowie den nationalen Standardsetzern in den einzelnen europäischen Staaten werden zuhanden der Europäischen Kommission sowie des IASB Stellungnahmen zu Fragen der Rechnungslegung erarbeitet. Mit der Professionalisierung und Konzentration dieser Arbeiten soll das bisherige Ungleichgewicht im Vergleich zu den USA, wo sehr viel mehr finanzielle Mittel und damit auch personelle Ressourcen für Belange der Rechnungslegung zur Verfügung stehen, korrigiert werden.

Aufsichtsbehörden spielen nicht nur am Kapitalmarkt eine Rolle. Für einzelne, aus einer gesamtwirtschaftlichen Sicht **besonders wichtigen oder speziellen Risiken unterliegende Branchen** wie das Banken- bzw. das Versicherungsgeschäft haben die meisten Länder spezielle Aufsichtsgremien eingesetzt. Für das Bankgeschäft ist in der Schweiz die **Eidgenössische Bankenkommission (EBK)** zuständig und im internationalen Bereich ist das **Basler Komitee** oder **Basle Committee** federführend. Auch andere Branchen kennen entweder zusätzliche Vorschriften der Rechnungslegung oder in Kombination damit eine auf finanzielle Belange ausgedehnte Überwachung. So müssen Transportunternehmen mit Rücksicht auf die Auswirkungen von Subventionen bestimmte Angaben offen legen.

10.2 Vorgabe von Standards der Rechnungslegung durch Regulierungsgremien

Die Rechnungslegung als Informationssystem vor allem für externe Benutzer spielt eine wichtige Rolle in der Kommunikation zwischen der Unternehmensführung (Management) und den Kapitalgebern. In der **Schweiz** genügte während langer Zeit eine eher **bescheidene Rechnungslegung** den Bedürfnissen der interessierten Kreise.[1]

Es wäre zwar denkbar, dass Unternehmen aus eigener Initiative ein gutes Rechnungslegungssystem entwickeln, um den Bedürfnissen des Marktes zu entsprechen. Das Resultat wären aber unterschiedliche, **individuell angewandte Konzepte**. Dies würde im Kommunikationsprozess mit den externen Benutzern (Investoren, Finanzpresse, Finanzanalysten etc.) grosse Schwierigkeiten verursachen, weil zum Beispiel die Kriterien für die Gewinnbestimmung möglicherweise sehr unterschiedlich ausfallen könnten. Selbst eine umfassende Offenlegung der von den Unternehmen individuell gewählten Rechnungslegungsgrundsätze könnte diese

---

1 Vgl. Behr/Pratt 1983, S. 72f.

Schwierigkeiten nur teilweise überwinden. In jedem Fall wären die Gewinnausweise der Firmen untereinander kaum vergleichbar. Aus der Sicht der Investoren ist aber die **Vergleichbarkeit** *(comparability)* ein zentrales Postulat für die Rechnungslegung.

Unternehmen, die aufgrund ihres Wachstums einen steigenden Finanzbedarf auswiesen, der nicht durch selber erarbeitete Mittel befriedigt werden konnte, deckten früher ihren Finanzbedarf meistens durch die Aufnahme von Bankkrediten. Für die Kreditgewährung verlangten die Banken die Jahresrechnung, wobei mit der Zeit auch zusätzliche Informationen eingeholt wurden. Da die Banken im Verhältnis zu einem kreditsuchenden Unternehmen oft eine stärkere Rolle spielen können als die Gegenseite, ist es für sie grundsätzlich möglich, über die Bilanzen und Erfolgsrechnungen hinaus noch weitere, sonst nur intern verfügbare Daten für die Beurteilung des Kreditgesuches zu verlangen. Der starke Wettbewerb unter den Banken führte gelegentlich zu einer Kreditgewährung ohne detaillierte Prüfung von zusätzlichen Unterlagen. **Der steigende Finanzbedarf der Unternehmen und deren Deckung durch Banken verbesserte also zumindest in der Schweiz die Qualität der Normen der Rechnungslegung kaum.** Immerhin verlangten die Banken häufig neben dem Bericht der Revisionsstelle (Kontrollstelle) auch noch den in vielen Unternehmen zuhanden des Verwaltungsrates ausgearbeiteten Erläuterungsbericht. In diesem Bericht waren sehr viele Einzelinformationen, vor allem auch Informationen über die Schaffung oder Auflösung von Bewertungsreserven (stillen Reserven), zu finden.

Erst die Verlagerung eines wesentlichen Teils der **Mittelbeschaffung auf den Kapitalmarkt** führte zu einem grösseren **Druck** auf die Unternehmen, ihre **Rechnungslegungssysteme zu verbessern.** Das Interesse der Öffentlichkeit an grossen Firmen sowie das Interesse von Finanzanalysten, Wirtschaftspresse und Investoren an Anlagen bei grossen oder erfolgreichen Firmen nahm zu, als neben der privaten auch noch die institutionalisierte Vermögensbildung im Rahmen der Altersvorsorge (Pensionskassen) an Bedeutung gewann. Die Schweiz als schon immer international orientierter Finanzplatz wusste um die sehr viel detaillierteren Rechnungslegungskonzepte der international wichtigen Kapitalmärkte in den USA oder London. Der Rechnungsausweis der Unternehmen in der Schweiz wurde daher immer mehr an diesen Vorgaben gemessen. Die stark gestiegenen Investitionen durch Firmenakquisitionen (bei vielen Firmen sind heute die Investitionen in die Akquisition von Beteiligungen oder für die Übernahme von Marken höher als die Investitionen in Sachanlagen wie z.B. Maschinen) führte zu einer rasch ansteigenden Kapitalnachfrage der Unternehmen. Die immer kürzeren Produktzyklen und die damit stark gestiegenen Forschungs- und Entwicklungskosten sowie der Zwang zur Rationalisierung und Automatisierung erhöhten den Kapitalbedarf ebenfalls. Vor allem grosse Schweizer Konzerne konnten das benötigte Kapital nur noch zum Teil in der Schweiz bzw. über den schweizerischen Kapitalmarkt beschaffen. Sie mussten sich immer mehr nach den Gepflogenheiten an den internationalen Märkten, d.h. den ausländischen Märkten von internationaler Bedeutung, ausrichten. Unter diesem Druck hat sich die Situation in der Schweiz in den letzten Jahren stark verbessert.[1]

Die **Schweizer Börse** trug dieser Entwicklung Rechnung, indem sie auch für primär auf den nationalen Kapitalmarkt ausgerichtete Firmen wesentlich **strengere Berichterstattungsvorschriften** (Rechnungslegungsvorschriften) erarbeitete. Im **Kotierungsreglement** werden eine nach internationalen Kriterien (Rechnungslegungskonzept der Swiss GAAP FER) gestaltete Rechnungslegung sowie eine Zwischenberichterstattung mindestens alle sechs Monate als Zulassungsvoraussetzungen für die Kotierung an den Schweizer Börsen (Hauptbörse sowie für das Segment SWX Local Caps; neu gilt für die Hauptbörse die Pflicht zur Rechnungslegung nach IFRS) vorgegeben. Diese Entwicklung hat eine Sogwirkung auf andere Unternehmen ausgelöst. Die Banken bewerten zudem die Qualität der Rechnungslegung in ihren Konzepten zur Bemessung der Risikoprämie auf dem Marktzins bei Krediten (bankinternes Rating) an Unternehmen.

10.3 Internationale Angleichung der Rechnungslegung

So hat sich auch in der Schweiz in den letzten Jahren unter dem Druck der internationalen Entwicklung eine **Trendwende** ergeben. Immer mehr Unternehmen richten sich bei ihrer Berichterstattung an mehr oder weniger **einheitlichen Systemen** aus, zum Beispiel an den Richtlinien der EU oder in jüngster Zeit an den International Accounting Standards (IAS) bzw. (neue Bezeichnung) International Financial Reporting Standards (IFRS) des International Accounting Standards Board (IASB). Diese Entwicklung kam vor allem aufgrund des steigenden Kapitalbedarfes der grossen Unternehmen und der Anforderungen der internationalen Kapitalmärkte zustande. In der Schweiz wie auch in anderen Ländern führte dies zuerst zu einer Systematisierung sowie Konkretisierung der Rechnungslegungsnormen und schliesslich zu einem **internationalen Angleichungs- oder Harmonisierungsprozess**.

Die zunehmende Verflechtung der Kapitalmärkte, sei dies durch die Kotierung (oft als sog. Zweitkotierung ausserhalb des Sitzstaates) von Unternehmen an ausländischen Börsen oder das Auftreten von ausländischen institutionellen Investoren, erhöht die Forderung nach Vergleichbarkeit *(comparability)* der Unternehmensabschlüsse nicht nur über Branchen-, sondern auch Ländergrenzen hinweg. Dieser Trend mündet in das Postulat einer Angleichung der verschiedenen Rechnungslegungssysteme. So haben sich in den letzten 30 Jahren verschiedene Bemühungen zur Harmonisierung oder gar Vereinheitlichung der Rechnungslegung auf

---

[1] Vgl. die Publikation der Vereinigung der Schweizerischen Finanzanalysten «Information der Aktionäre».

internationaler Ebene teilweise ergänzt bzw. teilweise abgewechselt. Die **EU** hat im Rahmen der gesellschaftsrechtlichen Richtlinien sowohl für den Einzelabschluss (4. Richtlinie von 1978) als auch für den Konzernabschluss (7. Richtlinie von 1983) versucht, mit Blick auf eine Harmonisierung der einzelstaatlichen Regelungen ein Rahmengesetz vorzugeben. Der Versuch war allerdings primär in formeller Hinsicht erfolgreich, beispielsweise durch die Vorgabe einer minimalen Gliederung oder die Forderung nach vermehrter Offenlegung. Diese noch heute für die meisten Unternehmen im EU-Raum (indirekt) massgeblichen Bestimmungen haben dagegen unter anderem im Bereich der Bewertung kaum Fortschritte gebracht.

Die **UN** haben ihrerseits versucht, die Entwicklung der Rechnungslegung zu beeinflussen. Zu Beginn ging es vor allem um Auflagen für die Berichterstattung von multinationalen Konzernen. Nach dieser ersten Phase mit teilweise harten politischen Auseinandersetzungen im Expertenkreis hat sich eine Arbeitsgruppe (Commission on Transnational Corporations, Intergovernmental Working Group of Accounting and Reporting, ISAR) den Bereichen Rechnungslegung und Umweltschutz sowie den Fragen der Berichterstattung durch kleine und mittleren Unternehmen (KMU) angenommen. Des Weiteren wurde den entsprechenden Bedürfnissen der Entwicklungs- und Schwellenländer besondere Aufmerksamkeit gewidmet. Die **Organisation für wirtschaftliche Zusammenarbeit und Entwicklung (OECD)** setzte zu Beginn ebenfalls – allerdings wesentlich moderater – bei der Offenlegung gewisser Informationen in der Berichterstattung von multinationalen Konzernen an und erarbeitete einen entsprechenden Codex. Später wurde die Problematik der Rechnungslegung im Zusammenhang mit derivativen Finanzinstrumenten aufgegriffen. Die OECD realisierte ebenso wie die UN rasch, dass die Aufgabe einer Angleichung der Rechnungslegungskonzepte bzw. die Erarbeitung von international anerkannten Standards der Rechnungslegung den ausschliesslich auf diesem Gebiet tätigen, meist privat finanzierten Gremien überlassen werden sollte. Daher konzentrieren sich heute beide Organisationen auf Themenkreise wie die Corporate Governance.

Eigentlich reduziert sich der Wettstreit im internationalen Prozess der Angleichung auf ein Rennen zwischen den so genannten **US GAAP** (Generally Accepted Accounting Principles) des Financial Accounting Standards Board (FASB) und den **IAS** bzw. **IFRS**, die vom International Accounting Standards Board (IASB) erarbeitet werden. Die nationalen Regeln spielen daneben nach wie vor eine sehr wichtige Rolle.

10.4 Kräfteverhältnis zwischen den Interessengruppen

Im Zusammenhang mit der Änderung von Standards der Rechnungslegung oder mit der Einführung von Normen für bisher nicht geregelte Sachfragen erkennt man die Bemühungen der verschiedenen **Interessengruppen zur Durchsetzung ihrer Anliegen**. Entsprechend der Analyse im Rahmen des Koalitionsmodells oder der Agency-Theorie versuchen die Unternehmen bzw. deren Manager, **Normen zu verhindern, welche ihre Handlungsfreiheit zu stark einschränken** oder ihnen für die Zukunft eine schlechte Ausgangslage mit Blick auf den Ausweis von Gewinnen verschaffen. Eine der zentralen Fragen ist beispielsweise die Behandlung des Goodwills, der Differenz zwischen dem Kaufpreis für die Übernahme eines Unternehmens und den entsprechenden, marktgerecht bewerteten Nettoaktiven. Die US GAAP haben zwar frühzeitig verlangt, dass diese Differenz aktiviert und zu Lasten künftiger Perioden abgeschrieben wird. Aber die maximal zugelassene Abschreibungsdauer von vierzig Jahren kommt natürlich den Interessen der Unternehmen stark entgegen. Des Weiteren haben die Unternehmen mit speziell strukturierten Übernahmekonzepten, in erster Linie durch die Zusammenführung statt Übernahme von Unternehmen (sog. Pooling-of-Interests-Methode), Wege gesucht und gefunden, um die Abschreibung von Goodwill gänzlich zu vermeiden. Als die SEC die Gelegenheit einer Angleichung der US GAAP sowie der IAS nutzen und die Pooling-of-Interest-Methode verbieten wollte, hat es die Lobby von Emittenten und anderen interessierten Kreisen geschafft, eine gänzlich neue Konzeption für die Behandlung des **Goodwills** einzuführen. Neu wird der Goodwill zwar aktiviert, aber nicht mehr systematisch abgeschrieben. Er muss, was im Grunde genommen schon immer galt, bei jedem Abschluss auf seine Werthaltigkeit überprüft werden und ist allenfalls zu Lasten des Erfolges abzuschreiben. Schon früher haben sich die *preparer*, die Unternehmen oder Emittenten, gegenüber den Interessen anderer Gruppierungen durchgesetzt, so unter anderem in Zusammenhang mit der Behandlung von Währungsschwankungen im Konzernabschluss (der *foreign currency translation*).

Die politische und gesellschaftliche Dimension der Rechnungslegung zeigt sich auch anhand einiger **Unternehmenskrisen der jüngsten Vergangenheit**. Der spektakuläre Zusammenbruch der renommierten Fluggesellschaft Swissair offenbarte eine völlig ungenügende Rechnungslegung im Zusammenhang mit der Übernahme von Minderheitsbeteiligungen an anderen Fluggesellschaften. Verpflichtungen zur Übernahme von Verlusten sowie so genannten Put-Optionen, welche den Mehrheitsaktionären dieser Gesellschaften das Recht gaben, ihre Aktien zu einem im voraus bestimmten und angesichts der zwischenzeitlichen wirtschaftlichen Entwicklung dieser Unternehmen völlig überhöhten Preis der Swissair anzudienen, wurden im Konzernabschluss nicht einmal erwähnt! In diesem Zusammenhang wurde offenbar auch ein Paket eigener Aktien seitens der Swissair an eine Bank verkauft und dieser das Recht zugesichert, diese Aktien nach Ablauf einer bestimmten Frist zum ursprünglichen Transaktionspreis an die Swissair zurückzuverkaufen – womit natürlich das Verlustrisiko bei der Swissair verblieb und wirtschaftlich gesehen gar keine Verkaufstransaktion vorlag.

Weitere Beispiele finden sich im Zusammenhang mit **überhöhten Bezügen einzelner Unternehmensleiter** oder Verwaltungsräte. Auch Aktientransaktionen im Vorfeld der Veröffentlichung von Quartalsergebnissen oder Unternehmensakquisitionen haben nicht nur unter dem Stichwort **Insider-Geschäfte,** sondern auch wegen der mangelnden Offenlegung dieser Vorfälle in der Rechnungslegung zu harscher Kritik in den Medien geführt. Spektakuläre Unternehmenszusammenbrüche und -krisen als Folge von unkontrollierten Geschäften mit Derivaten, beispielsweise bei der Barings Bank, haben unter anderem zu Forderungen in verschiedenen nationalen Parlamenten nach der Regulierung auch dieser Bereiche im Rahmen der Rechnungslegung geführt.

10.5 Übungen

Übungsfragen

1. Welche Anspruchsgruppe steht für die Erarbeitung neuer Standards der Rechnungslegung im Vordergrund?
2. Welche Aufgabe erfüllen vor diesem Hintergrund die Börsenaufsichtsbehörden?
3. Nennen Sie die wichtigsten Aufsichtsbehörden auf nationaler und internationaler Ebene.
4. Welche Methoden und Sanktionsmassnahmen stehen Börsenaufsichtsbehörden in der Regel zur Verfügung?
5. Wie soll die Vergleichbarkeit der Rechnungslegung von verschiedenen Unternehmen sichergestellt werden?
6. Welche Gründe führten in den letzten Jahren zu einem zunehmend fortschreitenden internationalen Angleichungs- und Harmonisierungsprozess der Rechnungslegung?
7. Welche Institutionen sind federführend am internationalen Angleichungsprozess beteiligt?
8. Welche Interessengruppen versuchen, auf die Standardsetzer bei der Entwicklung neuer oder Anpassung bestehender Normen Einfluss zu nehmen? Bei welchen Themen war dies in jüngster Zeit besonders augenfällig?
9. Untersuchen Sie die Gründe, welche diese Interessengruppen zu einer Einflussnahme veranlassen, und wägen Sie Kosten und Nutzen gegeneinander ab.
10. Erläutern Sie die politische und gesellschaftliche Dimension der Rechnungslegung. Gehen Sie hierbei insbesondere auf den Standardsetzungsprozess sowie auf die Auswirkungen von Unternehmenskrisen ein.

Kapitel 11
Rechnungslegung, Wirtschaftsethik und Corporate Governance

Lernziele

- Kenntnis der Grenzen eines Rechnungslegungssystems
- Verständnis der ethischen Aspekte der Rechnungslegung
- Eckdaten der Corporate-Governance-Diskussion

11.1 Ermessensspielraum und ethische Aspekte

Die Rechnungslegung als Informationsinstrument des Managements zuhanden der Kapitalgeber und möglicher Investoren dient letztlich der Beschaffung von Kapital bzw. der Beschaffung von Kapital zu günstigen Konditionen. **Auch in stark regulierten Rechnungslegungssystemen bleibt den beteiligten Personen** bei der Ermittlung und Feststellung des Rechnungsausweises ein **erheblicher Ermessensspielraum.** Verschiedene Untersuchungen belegen, dass die Ermittlung (und Veröffentlichung) von Gewinngrössen nach wie vor das Resultat eines komplexen Optimierungsprozesses ist. Beispiele aus der jüngsten Vergangenheit zeigen, wie gerade neue und detaillierte Rechnungslegungsmethoden missbraucht werden können. Für Grossbritannien wurden in einer breit angelegten Untersuchung[1] verschiedene kritische Bereiche der Rechnungslegung untersucht. Anhand von Beispielen wurde dargelegt, wie die Rechnungslegung zu unlauteren Zwecken missbraucht werden kann. In der Schweiz sind unter anderem nach dem Zusammenbruch der Omni Gruppe Rechnungslegung und Kapitalbeschaffung der Unternehmen des Financiers Werner K. Rey untersucht worden. Mit Hilfe gewisser Methoden der Rechnungslegung und über eine stets veränderte bzw. nicht transparent aufgebaute Rechnungslegung wurde eine Kapitalisierung der Firmen erreicht, welche weit über die effektiv vorhandenen Werte hinausging.

11.2 Corporate Governance

Die **Rechnungslegung ist nur eines von verschiedenen Kontrollinstrumenten der Kapitalgeber** gegenüber dem Management. Der **Verwaltungs- oder Aufsichtsrat**, in grossen Publikumsgesellschaften auch so genannte **Audit Committees** (Ausschuss des Verwaltungsrates, der sich mit Fragen der Revision beschäftigt), und die **Wirtschaftsprüfung** (Revision) übernehmen Kontrollfunktionen im Interesse der Kapitalgeber (vor allem der Aktionäre, aber auch der Gläubiger). In jüngerer Zeit wurden unter dem Begriff Corporate Governance Massnahmen zur Erhöhung der Transparenz, zur Verbesserung des Interessenausgleichs aller Stakeholder und zur effizienteren Kontrolle von Management sowie Verwaltungsrat zusammengefasst. Dazu gehört die Bildung von Ausschüssen für Entschädigungs- und Personalfragen *(remuneration and nomination committee)* ebenso wie die Offenlegung der Bezüge sowie des Options- und Aktienbesitzes von Verwaltungsrat und Management. Gleichwohl bleibt die Rechnungslegung ein wichtiges Informations- und Kontrollinstrument. Die angeführten Kontrollgremien stützen sich nämlich stark auf die Rechnungslegung ab. Bei der Bereitstellung des Rechnungsausweises werden an das Management und an die anderen damit betrauten Personen, vor allem an Verwaltungs- und Aufsichtsrat, das Audit Committee sowie die Wirtschaftsprüfer (Revisoren) hohe Anforderungen, auch ethischer Natur, gestellt. Es ist folgerichtig, wenn an führenden Wirtschaftsuniversitäten der Bereich Wirtschaftsethik zum festen Bestandteil des Studiums wird. Bei der Betonung der hohen ethischen Anforderungen handelt es sich nicht um ein bangloses Postulat. Dies zeigt auch das Verhalten der Kapitalmärkte. So werden Unternehmen mit einer hohen Transparenz der Rechnungslegung besser eingestuft und erhalten das Geld letztlich zu günstigeren Konditionen als Unternehmen, bei denen aufgrund der Offenlegungspraxis und weiterer Hinweise Zweifel an der Offenheit oder der Integrität des Managements bestehen könnten.

---

1 Smith 1996.

11.3 Übungen

Übungsfragen

1. Welchem Zweck dient letztlich die Rechnungslegung als Informationsinstrument des Managements gegenüber externen Adressaten?
2. Wie stehen Sie zu der Aussage «Ermessensspielräume in der Rechnungslegung sind notwendig, da die Realität nicht mittels weniger allgemein gültiger Standards abgebildet werden kann»?
3. Definieren Sie den Begriff Corporate Governance.
4. Welche Anforderungen werden an die Institutionen der Corporate Governance gestellt? Gehen Sie insbesondere auf die Bedeutung ethischer Überlegungen ein.
5. Welche Kontrollinstrumente stehen den Kapitalgebern im Rahmen einer guten Corporate Governance zur Verfügung?
6. Wie nutzen Kapitalgeber die Rechnungslegung als Kontrollinstrument?
7. Warum gewährt der Kapitalmarkt ihrer Meinung nach Unternehmen mit einer transparenten Rechnungslegung höhere Bewertungen bzw. günstigere Finanzierungsmöglichkeiten?
8. Lassen sich die Auswirkungen einer «guten» Rechnungslegung demzufolge monetär quantifizieren?
9. Was wird unter einem Audit Committee verstanden?
10. Kennen Sie weitere Ausschüsse, welche von Verwaltungsräten heutzutage häufig gebildet werden?

Kapitel 12
Kritische Würdigung der Rechnungssysteme von Unternehmen

	Lernziele

- Verständnis der Zieltriade eines Unternehmens
- Klärung des Verhältnisses von Formal- und Sachzielen

12.1 Ziele eines Unternehmens

Rechnungswesen und Rechnungslegung von Unternehmen als Informationssysteme für interne und externe Adressaten haben sich historisch entwickelt und dienen heute vor allem der **Beurteilung des Erfolges** eines Unternehmens. Erfolg kann definiert werden als Potenzial eines Unternehmens, seine Verbindlichkeiten zurückzuzahlen, oder als Ertragskraft des Unternehmens im Interesse seiner Eigentümer. Bei gewinnstrebigen Unternehmen kann der Erfolgsausweis auf eine dreifache Zielsetzung reduziert werden, wobei die einzelnen Ziele optimal aufeinander abgestimmt werden sollten. Die **Zieltriade** richtet sich auf die **Rentabilität,** die **Liquidität** sowie die **Sicherheit** (auch Unabhängigkeit) des Unternehmens. Weitere Funktionen, wie jene der guten Beurteilung des Unternehmens durch den Kapitalmarkt (PR-Funktion), sind abgeleitete Zielsetzungen und stehen somit weniger im Vordergrund.

Die Komponenten dieser Zieltriade werden als **Formalziele** bezeichnet. Diesen Formalzielen werden so genannte Sachziele gegenübergestellt.[1] Solche **Sachziele** sind die **Wettbewerbsfähigkeit** eines Unternehmens oder dessen **Leistungsfähigkeit**. Bei gewissen Unternehmen kann die Leistungsfähigkeit gegenüber der Erreichung der Formalziele Priorität erhalten. Dies gilt für jene Unternehmen, welche einen klaren Leistungsauftrag haben, zum Beispiel im Bereiche der öffentlichen Infrastrukturaufgaben wie der Wasser-, Strom- oder Gasversorgung bzw. der Entsorgung, der Krankenversorgung etc. Dabei spielt es keine Rolle, ob diese bedarfswirtschaftlich orientierten Unternehmen in öffentlich-rechtlicher oder in privatrechtlicher Form organisiert sind. Für solche Unternehmen kann die stark auf Formalziele ausgerichtete Rechnungslegung nicht bzw. nicht allein massgebend sein. Ein weiteres Sachziel hat in den letzten Jahren an Beachtung gewonnen. Das Verhältnis zwischen dem Unternehmen und seiner Umwelt, sei dies Umwelt verstanden als Staat und Gemeinwesen oder als Natur. Daraus ergibt sich die Forderung nach der Sozial- und Umweltverträglichkeit eines Unternehmens. Rechnungssysteme sollten sich nicht nur an den Formalzielen der Unternehmen, sondern auch an deren Sachzielen orientieren. Mit Hilfe von Sozial- und Ökobilanzen kann die Sozial- und Umweltverträglichkeit berücksichtigt werden. Auch die Offenlegung von Angaben betreffend Erfüllung der Leistungsvorgaben im Rahmen der Rechnungslegung von bedarfswirtschaftlich orientierten Unternehmen bzw. von nicht gewinnorientierten Unternehmen ist ein Schritt in diese Richtung.

12.2 Übungen

Übungsfragen

1. Was versteht man unter der Zieltriade?
2. Was sind Formalziele, was Sachziele? Nennen Sie einige Beispiele für die Sachziele. Zu welchen Zielen wird die Zieltriade gerechnet?
3. Was wird unter Sozial- und Ökobilanzen verstanden? Beurteilen Sie, ob mit einer steigenden Verwendung dieser Informationsinstrumente zu rechnen ist.

---

1 Eichhorn 1993, S. 493 f.

Kapitel 12 Kritische Würdigung der Rechnungssysteme von Unternehmen

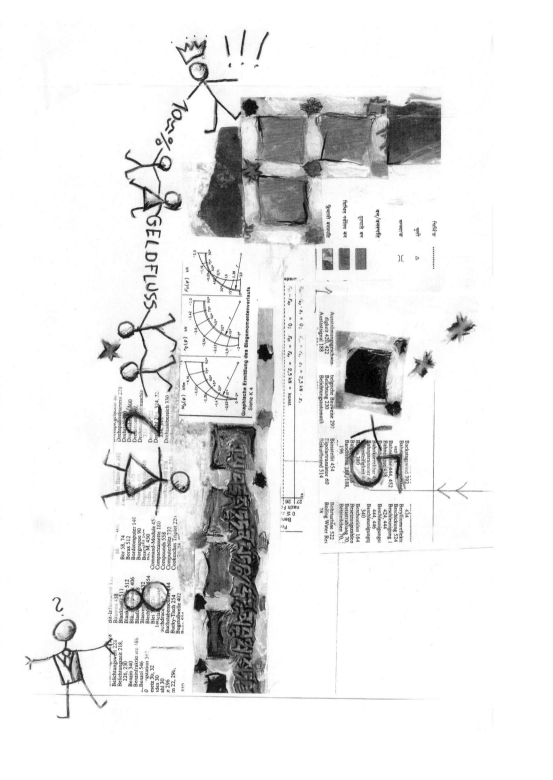

Teil B
Aufbau und Bestandteile der Berichterstattung

Inhalt

13 Fokus der Adressaten 137
14 Bilanz 155
15 Erfolgsrechnung 177
16 Anhang 211
17 Geldflussrechnung 233

Kapitel 13
Fokus der Adressaten

Lernziele

- Erläuterung der für die jeweiligen Stakeholder wichtigen Informationen
- Kenntnis der wichtigsten Informationsquellen der Rechnungslegung
- Charakterisierung der zentralen Geschäftsprozesse eines Unternehmens
- Verbindung der Geschäftsprozesse mit den jeweiligen Bestandteilen der Rechnungslegung

13.1 Wichtige Informationen für die Stakeholder

Die **Investoren** benötigen für ihre Entscheidungsfindung eine Vielzahl von Informationen. Die Frage, welche Angaben mit Blick auf eine Wertsteigerung von Aktien oder für die Beurteilung der Möglichkeiten einer Rückzahlung von Krediten relevant sind, wird sehr unterschiedlich beantwortet und dürfte wohl immer kontrovers diskutiert werden. Gleichwohl können einige Überlegungen in den Vordergrund gestellt werden.

Kapitalgeber müssen – sowohl als Gläubiger (Bankkredite, private Darlehen an Unternehmungen oder Anleihen) als auch als Aktionäre – Informationen bekommen, welche ihnen die Beurteilung folgender Aspekte ermöglicht:

- Die **Ertragskraft** eines Unternehmens: Beurteilt wird die Fähigkeit eines Unternehmens, einen Überschuss an Geldmitteln zu erarbeiten, aus dem Erweiterungsinvestitionen oder die Rückzahlung von Anleihen etc. bezahlt werden können. Analysiert wird zudem die Entwicklung der Ertragskraft über mehrere Perioden sowie die Ertragsstruktur, beispielsweise die Bedeutung von nichtbetrieblichen Erträgen, der Saldo von Finanzertrag und Finanzaufwand (Finanzergebnis) oder der Anteil solcher Erträge am insgesamt erarbeiteten Gewinn.
- Die Grössenordnungen und Relationen hinsichtlich **Finanzierung,** insbesondere Angaben zur Höhe der verzinslichen Verpflichtungen (Finanzschulden) sowie zur Fälligkeits- bzw. Tilgungsstruktur.
- Die **Bedeutung einzelner Geschäftsaktivitäten** (Divisionen, Unternehmensbereiche, Geschäftssegmente), deren Ertragskraft, Chancen und Risiken.
- Angaben zu den **Marktwerten bestimmter Positionen,** beispielsweise von Wertschriften, Finanzderivaten oder von Liegenschaften, welche an Dritte vermietet werden (sog. Renditeliegenschaften), ebenso wie die gesamte Veränderung des Eigenkapitals unter Berücksichtigung von operativen Ergebnissen und direkt – d. h. nicht erfolgswirksam – erfassten Bewertungsveränderungen.

Auch die **Unternehmensführung** stützt sich in ihren Überlegungen und Entscheidungen unter anderem auf diese Daten ab. Innerhalb der Unternehmen stehen selbstverständlich sehr viel mehr Angaben zur Verfügung. Deren systematische Erfassung und Auswertung (Controlling) hängt im Wesentlichen von der gewählten Informatikplattform bzw. der Nutzung entsprechender Module und Angebote ab. Das Management richtet sich in seinen Überlegungen stark auf so genannte Prozesse aus und versucht diese so einfach und effizient wie möglich zu gestalten.

13.2 Quellen der Informationen für die Stakeholder

Die geraffte Darstellung der Informationen in der Rechnungslegung zwingt aussenstehende Adressaten der Berichterstattung, sich im Wesentlichen für den Bereich der Finanzanalyse (der mehr umfasst als nur die Analyse der Jahresrechnung oder Zwischenberichte) auf die einzelnen Bestandteile der Rechnungslegung zu konzentrieren.

In diesem Lehrbuch werden daher die **vier Bestandteile – Bilanz, Erfolgsrechnung, Geldflussrechnung und Anhang** – zuerst hinsichtlich ihres Aufbaus und ihrer Darstellung sowie der wichtigsten darin vermittelten Informationen behandelt. Anschliessend orientiert sich der Aufbau an den wichtigsten **Geschäftsprozessen und den dadurch betroffenen Positionen** in den verschiedenen Bestandteilen der Jahresrechnung.

Viele Informationen lassen sich aber nur rudimentär oder mit viel Aufwand aus den vier traditionellen Bestandteilen ableiten. Investoren werden unter anderem versuchen, auch **weitere Informationen** über das Unternehmen zu erhalten. Zu nennen wären insbesondere folgende Punkte:

- Die **Wertschöpfung** eines Unternehmens, gemessen am Einsatz von personellen und finanziellen Ressourcen. Die Erfolgsrechnung kann diese Aufgabe nicht übernehmen. Vielmehr bedarf es gewisser Anpassungen, um die Vorleistungen Dritter (Zulieferer, Unterakkordanten, Dienstleistungspartner etc.) auszuklammern. Die **Wertschöpfungsrechnung** übernimmt diese Aufgabe und stellt sowohl die Entstehung der Wertschöpfung als auch deren Verteilung an die verschiedenen Stakeholder dar (vgl. ▶ Abb. 23).[1]
- Die **Ertragskraft** eines Unternehmens muss auch unter Berücksichtigung des entsprechenden Risikoprofils beurteilt werden. Einer der vielen Ansätze ist die Ermittlung des Economic Value Added (EVA). Das Ergebnis wird mit der normalerweise für das gesamte eingesetzte Kapital erwarteten Verzinsung ver-

Wertschöpfungsrechnung					
Entstehung	Vorkolonne	**2001** CHF 1 000	%	**2000** CHF 1 000	%
Unternehmungsleistung					
Umsatz	196 900				
Bestandesveränderung[1)]	–1 202	195 698	100.0	215 117	100.0
Vorleistungen					
Materialaufwand	–74 481				
Übriger Aufwand[2)]	–27 627	–102 108	–52.2	–110 834	–51.5
Bruttowertschöpfung		**93 590**	**47.8**	**104 283**	**48.5**
Abschreibungen und Amortisationen		–7 728	–3.9	–6 004	–2.8
Nettowertschöpfung		**85 862**	**43.9**	**98 279**	**45.7**
Verwendung					
an Mitarbeiter		67 413	78.5	64 677	65.8
an Kreditgeber (Passivzinsen)		2 315	2.7	1 484	1.5
an Kapitalgeber (Dividendenzahlung)		5 640	6.6	4 650	4.7
an Gemeinwesen (Direkte Steuern)		2 193	2.5	5 841	6.0
an Unternehmung (Selbstfinanzierung)		8 301	9.7	21 627	22.0
Nettowertschöpfung		**85 862**	**100.0**	**98 279**	**100.0**
Kennzahlen zur Wertschöpfung					
Bruttowertschöpfung je Mitarbeiter		131		158	
Nettowertschöpfung je Mitarbeiter		120		149	

1) Veränderung Halb- und Fertigfabrikate.
2) Fremdleistungen Entwicklung, Produktions-, Vertriebs- und Verwaltungsaufwand, abzüglich Zinserträge.

▲ Abb. 23 Wertschöpfungsrechnung (Komax, Finanzbericht 2001, S. 6)

---

1 Vgl. dazu Kapitel 38 «Wertschöpfungsrechnung».

Wertbeitrag als Steuerungsgrösse
Die Steigerung des Unternehmenswertes steht im Mittelpunkt des finanziellen Zielsystems des Volkswagen-Konzerns. Mit dem Wertbeitrag wurde eine an den Kapitalkosten ausgerichtete Steuerungsgrösse definiert, an der der Erfolg des Konzernbereichs Automobile, seiner Geschäftseinheiten, aber auch der Produkte und Projekte im Einzelnen gemessen wird.

Über geplante und tatsächlich erwirtschaftete Wertbeiträge kann die operative und strategische Führung die Geschäftseinheiten und Investitionsvorhaben – im Wesentlichen Produktvorhaben – steuern und an einer konsistenten Zielvorgabe ausrichten. Die wertorientierte Steuerung gewährleistet damit den effizienten Einsatz aller Ressourcen im Volkswagen-Konzern.

Am Wertbeitragskonzept orientiert sich zukünftig auch das neue Bonussystem für das Top-Management und das Management von Volkswagen, das im Kapitel Mitarbeiter näher erläutert wird.

Komponenten des Wertbeitrags
Das Operative Ergebnis ist der wesentliche Indikator für die wirtschaftliche Leistungsfähigkeit des Konzernbereichs Automobile. Zur Überleitung auf eine Ergebnisgrösse nach Steuern wurde aus den international unterschiedlichen Gewinnsteuersätzen der Gesellschaften ein pauschaler durchschnittlicher Steuersatz von 35 % gebildet.

Das investierte Vermögen ergibt sich als weiterer Werthebel aus der Summe der Vermögenswerte, die dem eigentlichen Betriebszweck dienen (Sachanlagen, Immaterielle Vermögensgegenstände, Vorräte und Forderungen), vermindert um das unverzinsliche Abzugskapital (Verbindlichkeiten aus Lieferungen und Leistungen sowie erhaltene Anzahlungen). Vermögenspositionen, die mit dem Beteiligungsengagement in nicht vollkonsolidierten Gesellschaften und der Anlage liquider Mittel zusammenhängen, werden aufgrund der Ausrichtung der wertorientierten Steuerung auf das operative Geschäft nicht in die Berechnung des investierten Vermögens einbezogen.

Die Kapitalrendite errechnet sich aus dem Verhältnis von Operativem Ergebnis nach Steuern zu investiertem Vermögen. Sie zeigt die periodenbezogene Verzinsung des investierten Vermögens (RoI). Das auf der Grundlage langfristiger Kapitalmarktdaten für den Konzernbereich Automobile definierte Ziel beläuft sich auf 9 %.

Der Kapitalkostensatz ist der gewichtete Durchschnitt der Verzinsungsansprüche an das Eigen- und Fremdkapital. Die Bestimmung des Eigenkapitalkostensatzes folgt dem Kapitalmarktmodell «CAPM» (Capital Asset Pricing Model). Grundlage hierfür ist der Zinssatz langfristiger risikofreier Bundesanleihen, erhöht um die Risikoprämie einer Anlage am Aktienmarkt. Der Fremdkapitalkostensatz wird aus der durchschnittlichen Verzinsung langfristiger Kredite ermittelt. Im Jahr 2003 lag der vom Kapitalmarkt abgeleitete effektive Kapitalkostensatz bei 7,4 %. Das Produkt aus Kapitalkostensatz und investiertem Vermögen sind die Kapitalkosten.

Nähere Informationen zu den finanziellen Steuerungsgrössen des Volkswagen-Konzerns stehen auf der Internetseite www.volkswagen-ir.de zum Download bereit.

Berechnung des Wertbeitrags
Um den Wertbeitrag zu ermitteln, werden die Kapitalkosten des investierten Vermögens vom Operativen Ergebnis nach Steuern subtrahiert. Der Wertbeitrag des Konzernbereichs Automobile belief sich im Berichtsjahr auf −2120 Mio. € (−134 Mio. €). Gründe für den deutlichen Rückgang waren vor allem Ergebnisbelastungen aus geringeren Fahrzeugverkäufen in den Hauptabsatzmärkten (ohne China), negative Wechselkurseffekte sowie An- und Auslaufkosten für eine Vielzahl von Modellen. Hinzu kam ein gestiegener Vermögenseinsatz, in dem sich die Anstrengungen zur weiteren Modernisierung der Produktpalette widerspiegelten.

Kapitalkostensatz Konzernbereich Automobile		
%	2003	2002
Zinssatz für risikofreie Anlagen	3.9	4.2
Marktrisikoprämie DAX	6.0	6.0
Spezifische Risikoprämie Volkswagen	−0.3	−0.6
(Beta-Faktor Volkswagen)	(0.95)	(0.90)
Eigenkapitalkostensatz nach Steuern	**9.6**	**9.6**
Fremdkapitalzinssatz	4.5	6.0
Steuervorteil (pauschal 35 %)	−1.6	−2.1
Fremdkapitalkostensatz nach Steuern	**2.9**	**3.9**
Anteil des Eigenkapitals	66.7	66.7
Anteil des Fremdkapitals	33.3	33.3
Kapitalkostensatz nach Steuern	**7.4**	**7.7**

Wertbeitrag Konzernbereich Automobile		
Mio. €	2003	2002
Operatives Ergebnis laut Segmentberichterstattung	824	3 875
Quotales Operatives Ergebnis der chinesischen Gemeinschaftsunternehmen	561	550
Steueraufwand (pauschal 35 %)	−485	−1 549
Operatives Ergebnis nach Steuern	**900**	**2 876**
Investiertes Vermögen	40 996	39 099
Kapitalrendite (RoI) in %	**2.2**	**7.4**
Kapitalkostensatz in %	7.4	7.7
Kapitalkosten des investierten Vermögens	**3 020**	**3 010**
Wertbeitrag	**−2 120**	**−134**

▲ Abb. 24 EVA-Berechnung (VW AG, Geschäftsbericht 2003, S. 24ff.)

(in Millionen €)	Gezeichnetes Kapital	Kapitalrücklage	Gewinnrücklagen	Unterschiedsbetrag aus Währungsumrechnung	Marktbewertung von Wertpapieren	Derivative Finanzinstrumente	Anpassung der Pensionsverpflichtungen	Eigene Anteile	Gesamt
Stand am 1. Januar 1999	2 561	7 274	20 533	(509)	528	–	(20)	–	30 367
Konzernergebnis	–	–	5 746	–	–	–	–	–	5 746
Übriges Comprehensive Income (Loss)	–	–	–	2 431	(181)	–	(8)	–	2 242
Comprehensive Income, gesamt									7 988
Ausgabe von Aktien	4	63	–	–	–	–	–	–	67
Erwerb eigener Anteile	–	–	–	–	–	–	–	(86)	(86)
Ausgabe eigener Anteile	–	–	–	–	–	–	–	86	86
Dividenden	–	–	(2 356)	–	–	–	–	–	(2 356)
Sonstige	–	(8)	2	–	–	–	–	–	(6)
Stand am 31. Dezember 1999	2 565	7 329	23 925	1 922	347	–	(28)	–	36 060
Konzernergebnis	–	–	7 894	–	–	–	–	–	7 894
Übriges Comprehensive Income (Loss)	–	–	–	1 363	(149)	(408)	6	–	812
Comprehensive Income, gesamt									8 706
Kapitalerhöhung aus Gesellschaftsmitteln	44	(44)	–	–	–	–	–	–	–
Ausgabe von Aktien	–	1	–	–	–	–	–	–	1
Erwerb eigener Anteile	–	–	–	–	–	–	–	(88)	(88)
Ausgabe eigener Anteile	–	–	–	–	–	–	–	88	88
Dividenden	–	–	(2 358)	–	–	–	–	–	(2 358)
Stand am 31. Dezember 2000	2 609	7 286	29 461	3 285	198	(408)	(22)	–	42 409
Konzernergebnis	–	–	(662)	–	–	–	–	–	(662)
Übriges Comprehensive Income (Loss)	–	–	–	565	(137)	71	(884)	–	(385)
Comprehensive Loss, gesamt									(1 047)
Erwerb eigener Anteile	–	–	–	–	–	–	–	(66)	(66)
Ausgabe eigener Anteile	–	–	–	–	–	–	–	66	66
Dividenden	–	–	(2 358)	–	–	–	–	–	(2 358)

▲ Abb. 25 Eigenkapitalnachweis (DaimlerChrysler, Geschäftsbericht 2001, S. 73)

glichen. Der gewichtete Zinssatz (Weighted Average Cost of Capital, WACC) berücksichtigt die durchschnittliche Verzinsung der Finanzschulden und – unter Berücksichtigung des Steuereffektes – die für das Eigenkapital geforderte Rendite. Einige Firmen stellen diese Analyse im Anhang als eigenständige Information zur Verfügung (vgl. ◄ Abb. 24).

- Die moderne Rechnungslegung geht von den historischen Kosten, den Anschaffungs- oder Herstellkosten aus. Die erstmalige Erfassung erfolgt durchwegs zu diesem Ansatz *(initial recognition)*. Damit der **angemessene Wert** (Fair Value), welcher aus der Entwicklung der Märkte für die betreffende Ressource resultiert und inflatorische sowie weitere Veränderungen widerspiegelt, ermittelt werden kann, werden mehr und mehr Bilanzpositionen laufend neu beurteilt. Sie werden am Wert gemessen, den sie aufgrund der möglichen Nutzung für das Geschäft darstellen *(value in use,* Gebrauchs- oder Nutzwert). Daher wird eine umfassende Analyse der **Veränderung des Eigenkapitals** noch wichtiger. Vielfach, so in den USA, wird diese Information aus dem Anhang herausgenommen und als so genannter Eigenkapitalnachweis als eigenständiger Bestandteil der Rechnungslegung präsentiert (vgl. ◄ Abb. 25).

- Die **Risikoanalyse** wird ebenfalls immer wichtiger. In erster Linie geht es um entsprechende Aussagen der Unternehmensführung (vgl. ► Abb. 26).

Frühzeitige Erkennung und konsequentes Management von Risiken der künftigen Entwicklung. Die Geschäftsbereiche des DaimlerChrysler-Konzerns sind im Rahmen ihrer globalen Aktivitäten und aufgrund der fortschreitenden Intensivierung des Wettbewerbs naturgemäss einer Vielzahl von Risiken ausgesetzt, die untrennbar mit dem unternehmerischen Handeln verbunden sind. Zur frühzeitigen Erkennung, zur Bewertung und zum richtigen Umgang mit bestehenden Risiken sind wirksame Steuerungs- und Kontrollsysteme eingesetzt, die im Hinblick auf die Erfüllung der gesetzlichen Vorschriften zu einem einheitlichen Risikomanagementsystem zusammengefasst und ausgebaut wurden. Das Risikomanagementsystem ist integraler Bestandteil des gesamten Planungs-, Steuerungs- und Berichterstattungsprozesses und zielt auf die systematische Identifikation, Beurteilung, Kontrolle und Dokumentation von Risiken. Dabei werden – unter Heranziehung von vordefinierten Risikokategorien – Risiken vom Management der Geschäftsfelder und -bereiche identifiziert und hinsichtlich ihrer Eintrittswahrscheinlichkeit und möglichen Schadenshöhe bewertet. Die Berichterstattung über relevante Risiken wird durch vom Management festgelegte Schwellenwerte geregelt. Im Rahmen des Risikomanagements werden Massnahmen zur Risikovermeidung, -reduzierung und -absicherung entwickelt und durchgeführt. Weiterhin werden Risiken im Rahmen eines Risikomonitorings überwacht.

Risiken aus der gesamtwirtschaftlichen Entwicklung. Die Weltwirtschaft hat sich im Berichtsjahr deutlich verschlechtert, und die Aussichten für das Gesamtjahr 2002 sind eher verhalten. Angesichts der ungewöhnlich hohen Unsicherheit über die weitere konjunkturelle Entwicklung bestehen Risiken für die Ergebnissituation von DaimlerChrysler, sofern die von uns für die zweite Jahreshälfte 2002 erwartete konjunkturelle Erholung nicht oder deutlich schwächer eintreten sollte.

Branchen- und unternehmensspezifische Risiken. Der künftige Erfolg von DaimlerChrysler hängt insbesondere auch davon ab, inwieweit traditionelle Produkt- und Marktsegmente ausgebaut und mit innovativen Produkten neue Märkte erschlossen werden können.

▲ Abb. 26 Aussagen zu Risiken im Geschäftsbericht (DaimlerChrysler, Geschäftsbericht 2001, S. 22f.)

Kenndaten 2000 zu Gesundheit, Sicherheit und Umwelt

Der Bericht zeigt absolute Werte mit jeweils drei gültigen Stellen. Die Aufteilung der Daten zu den Geschäftsbereichen entspricht der Organisationsstruktur von 2000 und lässt daher keinen Vergleich mit den Daten 1997/1999 zu.

	Novartis* (weitergeführte Aktivitäten)				
	1997	1998	1999	2000	Veränderungen
Finanzleistung					
Umsatz (Mio. CHF)	23 746	24 224	25 227	**29 112**	15 %
Mitarbeiter					
Mitarbeiter	69 210	65 727	64 493	**67 653**	5 %
GSU-Personal (≥ 50 % Arbeitszeit)	1 282	1 265	1 244	**1 245**	0 %
Finanzen					
Investitionen in GSU (Mio. CHF)	70.1	98.9	72.4	**54.3**	−25 %
Betriebsaufwand GSU (Mio. CHF)	261	213	277	**249**	−10 %
Produktion					
Gesamtproduktion (t = Tonnen)	553 000	638 000	682 000	**701 000**	3 %
Ressourcen					
Wasserverbrauch (Mio. Kubikmeter)	81.5	86.7	94.8	**92.6**	−2 %
Energieverbrauch (Mio. GJ)	13.7	15.2	15.9	**15.8**	−1 %
Gesundheit/Sicherheit					
Unfallhäufigkeit (Unfälle pro 200 000 Arbeitsstunden)	1.68	1.33	1.14	**0.96**	−16 %
Ausgefallene Arbeitstage (Ausfalltage pro 200 000 Arbeitsstunden)	24.1	17.0	16.0	**14.7**	−9 %
Abwasser					
Gesamtvolumen[2] (Mio. Kubikmeter)	20.6	21.9	21.3	**19.8**	−7 %
Ungelöste Stoffe (t)	1 230	1 070	679	**749**	10 %
Chemischer Sauerstoffbedarf, CSB (t)	5 060	4 720	4 430	**4 110**	−7 %
Gesamtstickstoff (t)	767	675	464	**519**	12 %
Phosphate (t)	120	135	174	**97.1**	−44 %
Lösliche Salze (t)	28 600	25 700	23 400	**21 500**	−8 %
Gesamte Schwermetalle (t) (hauptsächlich Zink)	0.99	1.27	0.25	**0.32**	30 %
Abluftemissionen					
Kohlendioxid[3] CO_2 (t)	583 000	714 000	658 000	**631 000**	−4 %
Schwefeldioxid, SO_2 (t)	385	629	412	**340**	−17 %
Stickoxide, NO_x (t)	520	608	531	**499**	−6 %
Stäube (t)	41.0	60.1	45.4	**71.5**	58 %
Salzsäure (t)	5.43	5.85	5.42	**4.87**	−10 %
Ammoniak, NH_3 (t)	5.21	10.8	9.64	**1.72**	−82 %
Flüchtige Kohlenwasserstoffe halogeniert (t)	472	339	398	**419**	5 %
Flüchtige Kohlenwasserstoffe nichthalogeniert (t)	1 100	1 070	846	**855**	1 %
FCKW – Fluorchlorkohlenwasserstoffe (FCKW-11 Äquivalente) (t)	n.a.	2.93	3.24	**1.78**	−45 %
Abfall[4]					
Gesamte Haus- und Gewerbeabfälle (t)	183 000	216 000	229 000	**203 000**	−11 %
rezykliert (t)	129 000	143 000	136 000	**128 000**	−6 %
behandelt (t)	11 500	15 900	12 000	**13 000**	9 %
entsorgt (t) (inkl. Deponien)	45 200	54 500	77 500	**58 800**	−24 %
Gesamte Sonderabfälle (t)	68 600	73 100	51 200	**60 900**	19 %
rezykliert (t)	8 430	15 600	9 710	**13 200**	36 %
behandelt (t)	42 400	48 000	34 300	**41 500**	21 %
verbrannt (t)	–	43 900	31 800	**37 600**	18 %
deponiert (t)	9 800	8 210	6 830	**2 960**	−57 %
anderweitig entsorgt (t)	1 940	1 390	217	**3 540**	1530 %
zwischengelagert (t)	6 460	110	138	**218**	58 %

* Einschliesslich Konzernfunktionen/Novartis-Services und Dienstleistungen an Dritte – 1 Inklusive operativer Kosten der Konzernfunktionen – 2 Kläranlagen, ausgenommen Kühlwasser – 3 Berechnet aufgrund des Energiemix – 4 Differenz zwischen gesamtem (anfallendem) Abfall/Sonderabfall und behandeltem Abfall/Sonderabfall beruht auf Lagereffekten

▲ Abb. 27 Novartis, Bericht zu Gesundheit, Sicherheit und Umwelt 2000 (S. 27)

Vermehrt wird eine unabhängige Beurteilung dieser und anderer Fragen aus der Sicht der Wirtschaftsprüfung verlangt. Damit soll die Arbeit der Revisionsstelle gezielter genutzt werden.
- Die **Informationsbedürfnisse von Stakeholdergruppen** wie Anwohner, Öffentlichkeit oder Mitarbeiter bzw. Mitarbeiterorganisationen (Gewerkschaften, Berufsverbände etc.) können nicht in erster Linie über die auf die Investoren ausgerichtete Rechnungslegung befriedigt werden. Einzelne Aspekte, vor allem wenn es um finanzielle Auswirkungen von Massnahmen oder Risiken geht, gehören aber sehr wohl in diesen Bereich. Vielfach sind die entsprechenden Angaben im Anhang zu finden. Vereinzelt werden separate Informationen der Rechnungslegung beigefügt oder in besonderen **Umweltberichten bzw. Sozialbilanzen** offen gelegt (vgl. ◄ Abb. 27).

13.3 Ausrichtung auf Geschäftsprozesse
13.3.1 Geschäftstätigkeit *(operating activities)*

Unternehmen wollen mit der Entwicklung, der Fertigung sowie dem Vertrieb von Produkten und Dienstleistungen oder durch Handelsgeschäfte im Interesse ihrer Stakeholder, beispielsweise der Aktionäre, weiterer Kapitalgeber, der Mitarbeiter und des Managements, erfolgreich sein. Alle diese Bestrebungen können als Geschäftstätigkeit *(operating activities)* bezeichnet werden. Zur Geschäftstätigkeit gehören folgende Prozesse:

- **Beschaffung und Leistungserstellung:** Zu denken ist an den Einkauf von Komponenten oder Dienstleistungen bis hin zum Outsourcing komplexer Module oder betrieblicher Hilfsprozesse (Reinigung, Gebäudeunterhalt) und an die Fertigung bzw. Montage von Produkten sowie an die Erbringung von Dienstleistungen. Die Einzelprozesse wiederum sind auf der Beschaffungsseite Teil einer Logistikkette. Aus der Beschaffung resultieren **Verpflichtungen gegenüber Lieferanten**. Die bezogenen Produkte und Dienstleistungen ihrerseits bilden die Grundlage für Lieferungen und Leistungen gegenüber den eigenen Kunden. In der Zwischenzeit wird der Gegenwert des künftigen Nutzens durch den Wert des **Warenlagers** (Vorräte, nicht fakturierte Dienstleistungen, Ware in Arbeit etc.) reflektiert.
- **Marktbearbeitung:** Diese Aktivitäten umfassen unter anderem das Marketing, die Aussendiensttätigkeit im Vertrieb ebenso wie die Distributionsaktivitäten und die Logistik zum Markt hin. Als Ergebnis entsteht ein direkter Geldzufluss (im Falle der Barzahlung) oder ein künftiger Geldzufluss (im Falle der Belieferung gegen Kredit), der vorerst im Sinne von **Forderungen** (aus Lieferungen und Leistungen) erfasst wird.

Net Working Capital (Mio. Euro; per 31.12.)	2001	2001
Vorräte	5 258	5 258
Forderungen und sonstige unverzinsliche Vermögensgegenstände	2 915	2 915
	8 173	8 173
Verbindlichkeiten aus Lieferungen und Leistungen und erhaltene Anzahlungen auf Bestellungen	8 539	8 539
Sonstige unverzinsliche Verbindlichkeiten	2 245	2 245
Kurzfristige Finanzverbindlichkeiten	–	778
	10 784	11 562
Net Working Capital	–2 611	–3 389

▲ Abb. 28 Net Working Capital der Metro AG mit und ohne kurzfristige Finanzverbindlichkeiten (Metro, Geschäftsbericht 2002)

Die Geschäftstätigkeit führt zu einer Mittelbindung in Form von Vorräten und Forderungen abzüglich der aus diesem Beschaffungs- und Leistungserstellungsprozess resultierenden Verpflichtungen. Diese Ressourcen – als Saldo aus den künftigen Geldzu- und -abflüssen – werden auch als **Nettoumlaufvermögen** oder **Net Working Capital** bezeichnet. Der aus diesem Prozess resultierende Nettozufluss an Geldmitteln führt zu sehr unterschiedlichen Beständen an flüssigen Mitteln, wobei aus Gründen der Währungsabsicherung, der Sicherung der Zahlungsfähigkeit etc. auch kurzfristige Finanzverbindlichkeiten (verzinsliche Kredite, Bankschulden etc.) zur Bewirtschaftung des Nettoumlaufvermögens notwendig sind (vgl. dazu ◄ Abb. 28).

13.3.2 Investitionstätigkeit *(investment activities)*

Die Geschäftstätigkeit ist – je nach Branche – abhängig von mehr oder weniger bedeutenden Investitionen. Die Investitionstätigkeit umfasst die Bereitstellung von Produktionsmitteln wie Räumlichkeiten (Liegenschaften, Grundstücke und Gebäude), Maschinen und Einrichtungen (Produktionsanlagen ebenso wie Büroeinrichtungen, Infrastruktur für die Informationstechnologie sowie die Telekommunikation etc.). Auf den ersten Blick stehen also Investitionen in das **Sachanlagevermögen** *(property, plant and equipment [PPE], fixed assets)* im Vordergrund. Für eine Vielzahl von Geschäftstätigkeiten sind aber Know-how, Konzessionen oder Nutzungsrechte im Sinne von Lizenzen, Verlagsrechten, Marken oder die Zugehörigkeit zu einer bekannten Kette über Franchise-Vereinbarungen ebenso wichtig wie eine gute physische Infrastruktur. Investitionen in diese Ressourcen werden auch als Investitionen in **immaterielle Werte** bezeichnet. Häufig kann Innovation, Wachstum oder eine stärkere Durchdringung von Märkten durch die Akquisition von anderen Unternehmen viel rascher und damit möglicherweise insgesamt günstiger als aus eigener Kraft erreicht werden. Wird mit solchen Investitionen die Kontrolle über andere Unternehmen erreicht, bilden diese Teil der eigenen Unternehmenstätigkeit und sind in der Konzernrechnung durch Vollkonsolidierung zu erfassen.

Wird mit dem Erwerb von Anteilen an anderen Unternehmen nur ein relativ geringfügiges Investment oder das Erzielen eines Handelsgewinnes angestrebt, spricht man von einer **Finanzanlage**. Ebenfalls als Finanzanlagen *(financial investments)* klassiert werden:

- Wertschriften, die – beispielsweise bei Obligationen – bis zu deren Verfall gehalten oder jedenfalls – bei Aktien – nicht kurzfristig gehandelt werden sollen;
- Investitionen in nicht betrieblich genutzte, sondern an Dritte vermietete Liegenschaften (Renditeliegenschaften);
- Darlehen.

All diese Anlagen werden in der Absicht getätigt, daraus einen Zins, Dividenden, Nettomieterträge oder Kursgewinne zu erzielen. Solche Anlagen sind für ein Unternehmen möglich, wenn es nach Finanzierung des durch die Geschäftstätigkeit gebundenen Nettoumlaufvermögens sowie der für die Geschäftstätigkeit notwendigen Investitionen in Sachanlagen und immaterielle Werte über freie Geldmittel verfügt.

13.3.3 Finanzierungstätigkeit

An Stelle der Mittelverwendung für Finanzanlagen können Geldüberschüsse auch zur Reduktion von **Finanzverbindlichkeiten** verwendet werden. Umgekehrt ist eine allfällige Lücke zwischen dem für die geplanten Investitionen in Sachanlagen und immaterielle Werte benötigten Geldbetrag und dem Rückfluss aus Geschäftstätigkeit (der auch die Veränderungen der Mittelbindung im Nettoumlaufvermögen umfasst) durch Aufnahme von Kapital zu finanzieren. Die Finanzierungstätigkeit umfasst also die Prozesse der Bereitstellung und Rückzahlung von Kapital.

13.4 Darstellung der Geschäfts-, Investitions- und Finanzierungstätigkeit in der Rechnungslegung

Die drei Prozesse Geschäfts-, Investitions- und Finanzierungstätigkeit werden in der Rechnungslegung in den drei Bestandteilen Erfolgs-, Geldfluss- und Wertschöpfungsrechnung mit jeweils anderem Fokus widergespiegelt. So bildet, schon aufgrund der entsprechenden Gliederung leicht erkennbar, die dreistufige Be-

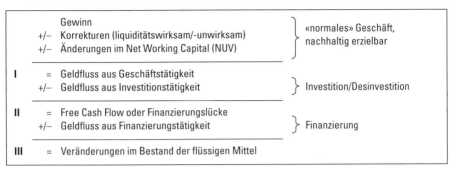

▲ Abb. 29 Dreistufige Betrachtung der Unternehmensaktivitäten im Rahmen der Geldflussrechnung

trachtung der Aktivitäten eines Unternehmens das Gerüst für die Analyse des Geldflusses im Rahmen der **Geldflussrechnung** (vgl. ◄ Abb. 29).

Die Analyse der Geschäftstätigkeit beschränkt sich nicht auf die Beurteilung des Geldflusses. Im Rahmen der **Erfolgsrechnung** werden Ertrag und Aufwand einander gegenübergestellt und das operative Ergebnis (Betriebserfolg) ermittelt (vgl. ► Abb. 30). Für diese Betrachtung steht die periodengerechte Zuordnung der einzelnen Komponenten im Vordergrund *(matching principle)*. So wird beispielsweise auch der Wertverzehr durch Nutzung der Sachanlagen berücksichtigt. Die **Wertschöpfungsrechnung,** die teilweise in die Erfolgsrechnung integriert wird (vgl. ► Abb. 31), unterscheidet zusätzlich, ob die Aufwendungen durch den Bezug von Vorleistungen von Dritten oder durch eigene Leistungen – insbesondere der Mitarbeiter des Unternehmens, aber auch durch Nutzung der produktiven Basis – resultieren. Weil die Möglichkeit zur Bildung von Finanzvermögen mit der

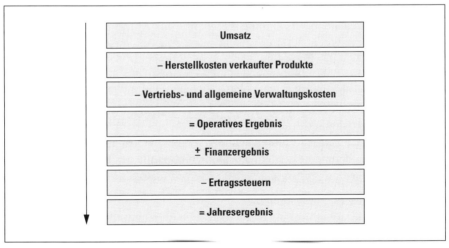

▲ Abb. 30 Darstellung Erfolgsrechnung

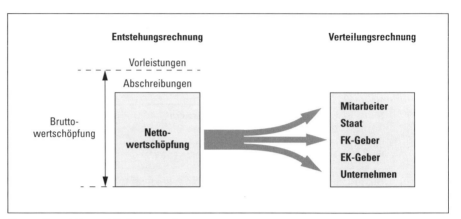

▲ Abb. 31 Darstellung Wertschöpfungsrechnung

Finanzierungstätigkeit eng zusammenhängt, wird nach der Stufe Betriebsergebnis in der modernen Erfolgsrechnung das Finanzergebnis separat ausgewiesen. Ein Teil des Finanzaufwandes sowie die Ermittlung der Ertragssteuerbelastung reflektieren den Gedanken, die Verteilung der Wertschöpfung an die verschiedenen Stakeholder darzustellen.

Die Barwerte des künftigen Nutzens bzw. des künftigen Geldzuflusses (Aktiven) sowie der erwarteten Geldabflüsse (Verbindlichkeiten) werden in der **Bilanz** dargestellt. Der Saldo (die Nettoaktiven) entspricht dem Eigenkapital. Damit wird unter der Prämisse der Unternehmensfortführung (Grundlagen der Rechnungslegung) der Barwert der künftigen Geldüberschüsse reflektiert, welche für die Unternehmenstätigkeit und damit letztlich für die Anteilseigner zur Verfügung stehen.

Mit einfachen, für die aufgezeigten Prozesse typischen Transaktionen sollen in den folgenden Abschnitten die wichtigsten Aktiven und Verbindlichkeiten sowie die mit ihnen zusammenhängenden Aufwendungen behandelt werden. Dabei wird von der Erfassung dieser Transaktionen in der Buchhaltung bzw. im Rechnungswesen ausgegangen. Zudem werden die angesprochenen Positionen in Bilanz und Erfolgsrechnung aufgezeigt. Anschliessend werden die wichtigsten Positionen umschrieben, deren Bewertung diskutiert und der Umfang der Offenlegung definiert.

Die Position «Flüssige Mittel» wird bei vielen Transaktionen tangiert. Sie soll als Steuerungsgrösse im Zusammenhang mit der Finanzierungstätigkeit behandelt werden.

13.5 Erfassung von Transaktionen in der Rechnungslegung

13.5.1 Leistungserstellung und Beschaffung

Beispiel A: Ein Unternehmen bestellt Komponenten bei einem Lieferanten für die eigene Fertigung im Wert von 1000. Bei Lieferung werden diese Teile kontrolliert und fliessen direkt in den Fertigungsprozess ein. Die Bezahlung erfolgt 30 Tage nach Lieferung.

Daraus ergeben sich folgende Buchungen:

1	Warenlager (Bilanzkonto)	/ Kreditoren (Bilanzkonto)	1000	Lieferung Ware gegen Kredit
2	Kreditoren (Bilanzkonto)	/ Flüssige Mittel (Bilanzkonto)	1000	Bezahlung Lieferantenrechnung

Durch diese Transaktion werden in der Bilanz folgende Positionen berührt:

Aktiven:
- Warenlager (auch als Vorräte bezeichnet, umfasst beispielsweise Rohmaterial, Handelsware, Ware in Arbeit oder Halbfabrikate, Fertigfabrikate und noch nicht fakturierte, aber bereits erbrachte Dienstleistungen): Diese Position ist in den meisten Branchen von grosser Bedeutung. Einzig für Finanzdienstleister wie Banken, Versicherungen, Vermögensverwalter oder Broker und für jene Dienstleistungsunternehmen, welche die von ihnen erbrachten Leistungen unmittelbar fakturieren, spielt diese Position keine Rolle.

Verbindlichkeiten:
- Kreditoren aus Lieferungen und Leistungen: Im Laufe der Leistungserstellung wird der Materialverbrauch im Rechnungswesen erfasst. Mit Hilfe der modernen Informationstechnologie kann dies laufend erfolgen. In einfachen Verhältnissen kann der Materialverbrauch auch am Ende einer Periode, ausgehend vom Warenbestand zu Beginn dieser Periode, erhöht um den Aufwand aus Wareneinkauf der Periode und abzüglich Warenbestand am Ende der Periode, ermittelt werden. Die entsprechenden Buchungen und die damit angesprochenen Positionen der Erfolgsrechnung werden im Zusammenhang mit dem Prozess der Marktbearbeitung dargestellt (vgl. Kapitel 30).

  Die Aufwendungen aufgrund des Wertverzehrs von Sachanlagen etc. werden im Kapitel über die Investitionstätigkeit analysiert (vgl. Kapitel 22). Für die Leistungserstellung und als Teil der eigenen Wertschöpfung werden Mitarbeiterinnen und Mitarbeiter (Personal) angestellt. Der entsprechende **Personalaufwand** umfasst nicht nur den (Brutto-)Lohn, sondern auch Sozialkosten unter anderem für Altersvorsorge, Unfall- und Krankenversicherung. Regelmässig werden auch bedeutende Mittel in die Aus- und Weiterbildung des Personals investiert. Inwiefern das Know-how der Mitarbeiterinnen und Mitarbeiter sowie des Unternehmens als Ganzes im Sinne von *intellectual capital* als Ressource in der Bilanz auszuweisen ist, wird daher im Zusammenhang mit der Investitionstätigkeit behandelt.

- Passive Rechnungsabgrenzung/Transitorische Passiven *(accrued expenses)*: Die Löhne an das Personal werden in der Regel monatlich ausbezahlt. Je nach Land, Branche bzw. allfälligen Gesamtarbeitsverträgen und betrieblichen Vereinbarungen sind ein dreizehntes Monatsgehalt, eine Gratifikation, Urlaubsgelder und anderes mehr geschuldet. Im Rahmen der Flexibilisierung der Arbeitswelt werden im Laufe des Jahres Überzeitguthaben akkumuliert und wieder abgebaut. Weil die Auszahlung bzw. der Ausgleich solcher Leistungen in der Regel zeitlich verzögert erfolgt, muss mit Blick auf den Grundsatz der periodengerechten Abgrenzung *(matching of cost and revenues)* der künftige Geldabfluss im Zusammenhang mit Zahlungen an das Personal sowie Institutionen der sozialen Versicherung ebenfalls in der Bilanz als Verbindlichkeit erfasst werden. Dies gilt natürlich auch für eine Vielzahl von weiteren Ausgaben, welche erst einige Zeit nach der Inanspruchnahme der entsprechenden Leistungen erfolgen. Man spricht hier von **passiver Rechnungsabgrenzung** oder auch von **transitorischen Passiven.**

13.5.2 Investitionstätigkeit

Die Bereitstellung der produktiven Grundlagen, insbesondere von Räumlichkeiten, Maschinen und Einrichtungen bzw. von Infrastruktur für die moderne Telekommunikations- und Informationstechnologie, kann entweder durch den Kauf der entsprechenden Mittel oder durch vertragliche Vereinbarung entsprechender Nutzungsrechte beispielsweise mit Hilfe von Mietverträgen, als so genannte Operating-Leasing- oder All-inclusive-Verträgen für Fahrzeuge bzw. EDV geschehen. In den letzten Jahren hat sich eine Vielzahl von Geschäftsmodellen etabliert, welche den Unternehmen ermöglichen, mit einer möglichst kleinen Mittelbindung die entsprechenden Ressourcen für die Leistungserstellung zu sichern. Dazu gehört das Outsourcing ganzer Prozesse wie beispielsweise der Transport- und Logistikinfrastruktur, das Betreiben des Fahrzeugparks für Aussendienstleute einschliesslich Wartung, Versicherung und Abrechnung des Treibstoffkonsums durch spezialisierte Firmen oder die Bereitstellung der Rechnerleistungen einschliesslich der benötigten Software durch Dritte. Aus der Sicht des Investors und damit der Rechnungslegung ist zu prüfen, ob solche Sachverhalte in der Bilanz mit Hilfe entsprechender Positionen in den Aktiven bzw. den Verbindlichkeiten abzubilden oder auf andere Art, insbesondere im Anhang, offen zu legen sind.

Beispiel B: Ein Unternehmen mietet eine Fabrikationshalle zum Preis von 360 (einschliesslich Nebenkosten) pro Jahr (quartalsweise Zahlung im Voraus) und kauft für die Fertigung ein Bearbeitungszentrum zum Preis von 800. Aufgrund der technischen Spezifikationen und der Erfahrung wird die Nutzungsdauer mit fünf Jahren veranschlagt. Die Infrastruktur für Telekommunikation und Informatik wird von einem spezialisierten Unternehmen gegen eine Pauschalentschädigung (ohne Gesprächstaxen) von 35 je Monat zur Verfügung gestellt, wobei diese Vereinbarung gegenseitig nach Ablauf von zwei Jahren jederzeit unter Einhaltung einer Frist von sechs Monaten gekündigt werden kann. Zudem hat das Unternehmen von einem Hochschulinstitut für den Betrag von 250 das Recht erworben, eine bestimmte Verbindungstechnik für spezielle Materialien exklusiv in seinem Geschäftsfeld einzusetzen.

Daraus ergeben sich folgende Buchungen im ersten Monat:

1	Betriebsaufwand (Erfolgskonto)	/ Flüssige Mittel (Bilanzkonto)	90	Vorauszahlung der Quartalsmiete
2	Aktive Rechnungsabgrenzung (Bilanzkonto)	/ Betriebsaufwand	60	Zeitliche Abgrenzung der vorausbezahlten Miete für 2 Monate
3	Maschinen (Bilanzkonto)	/ Kreditoren (Bilanzkonto)	800	Kauf von Sachanlagen
4	Betriebsaufwand (Erfolgskonto)	/ Flüssige Mittel (Bilanzkonto)	35	Zahlung Telekom und IT
5	Immaterielle Werte (Bilanzkonto)	/ Flüssige Mittel (Bilanzkonto)	250	Lizenz für Verfahrens-Know-how

Zudem stellt sich die Frage, wie der Wertverzehr der Maschine im Prozess der Leistungserstellung zu erfassen ist und wie die längerfristigen Verpflichtungen aus dem Mietvertrag sowie der Vereinbarung mit dem Telekom- und IT-Partner in der Rechnungslegung zu behandeln sind. Entsprechend werden im Zusammenhang mit der Investitionstätigkeit folgende Positionen tangiert:

Aktiven:
- Sachanlagen (Bearbeitungszentrum)
- Immaterielle Werte (Know-how Verbindungstechnik)
- Aktive Rechnungsabgrenzung (vorausbezahlter Aufwand, Miete für 2 Monate, *prepaid expenses*)

Erfolgsrechnung:
- Aufwand für Abschreibungen
- Betriebsaufwand (Telekom und IT)

Anhang:
- Angaben zu längerfristigen Verpflichtungen

13.5.3 Marktbearbeitung

Beispiel C: Ein Unternehmen verkauft die im eigenen Unternehmen, beispielsweise durch Montage zum Endprodukt, zusammengefügten Komponenten an seine Kunden zum Preis von 2000 und stellt entsprechende Rechnung. Jedes Produkt enthält Teile im Wert von 700 und Arbeitsleistungen im Wert von 400. Die Vertriebskosten betragen insgesamt 300 und umfassend sowohl Aufwendungen für Personal im Aussen- und Innendienst als auch Aufwendungen für Werbung und die Auslieferungslogistik.

Daraus ergeben sich folgende Buchungen:

1	Forderungen (Bilanzkonto)	/	Umsatz (Erfolgskonto)	2000	Verkauf von Ware gegen Kredit
2	Flüssige Mittel (Bilanzkonto)	/	Forderungen (Bilanzkonto)	2000	Zahlungseingang

Die verschiedenen Aufwendungen für den Aussen- und Innendienst, ebenso wie jene für Werbung und Logistik werden jeweils separat erfasst. Für den Verkaufsvorgang von Interesse sind aber nur die Gesamtkosten der verkauften Ware *(cost of goods sold)*. Die einzelnen Kostenarten werden in der Erfolgsrechnung erfasst, sind aber im Beispiel vor bzw. unabhängig vom Kaufvorgang angefallen. Der Verkaufsvorgang löst daher keine weitere Buchung aus.

13.6 Übungen

Übungsfragen

1. Welche Informationen über ein Unternehmen sind für Investoren von besonderer Relevanz?
2. Charakterisieren Sie kurz die vier (traditionellen) Bestandteile der Rechnungslegung (Bilanz, Erfolgsrechnung, Geldflussrechnung und Anhang).
3. Welche weiteren Informationsquellen für Stakeholder sind Ihnen bekannt? Welche Funktion haben diese weiteren Informationsquellen bzw. zusätzlichen Bestandteile der Rechnungslegung?
4. Nennen Sie drei zentrale Geschäftsprozesse, die die Rechnungslegung abbilden soll.
5. Charakterisieren Sie kurz die Prozesse, die zur Geschäftstätigkeit gehören.
6. Welche Positionen der Bilanz und der Erfolgsrechnung werden bei der Leistungserstellung tangiert? Bilden Sie entsprechende Buchungssätze.
7. Welche Positionen der Bilanz und der Erfolgsrechnung können durch den Marktbearbeitungsprozess berührt werden? Bilden Sie entsprechende Buchungssätze.
8. Definieren Sie das Nettoumlaufvermögen (Net Working Capital).
9. Wie wird der Investitionsprozess in der Rechnungslegung abgebildet? Bilden Sie entsprechende Buchungssätze.

Übungsaufgaben

10. Die nachstehende, von Ihnen auszufüllende Tabelle soll die Aussage verdeutlichen, dass die Stakeholder eines Unternehmens für ihre Entscheidungsfindung eine Vielzahl von Informationen benötigen. Beim Ausfüllen der Tabelle machen Sie folgende Angaben:
    - Wer: Mögliche Adressaten der Rechnungslegung
    - Wozu: Zweck, für welchen die Informationen benötigt werden
    - Was: Benötigte Informationen
    - Wo: Bestandteile der Rechnungslegung, wo diese Informationen zu finden sind

Wer?	Wozu?	Was?	Wo?

11. Welche Kernaussagen lassen sich aus der nachstehenden Geldflussrechnung von Georg Fischer für einen Investor ableiten?

Geldflussrechnung 2002		
Mio. CHF	**2002**	2001
Konzernergebnis vor Steuern	−9	106
Wertberichtigung Coperion	25	
Übriges Finanzergebnis	66	56
Abschreibungen	154	159
Amortisation	41	41
Übriger nicht liquiditätswirksamer Erfolg	44	5
Bildung Rückstellungen netto	25	45
Verbrauch Rückstellungen	−40	−77
Veränderung		
Vorräte	27	−16
Forderungen aus Lieferungen und Leistungen	13	145
Übrige Forderungen	3	9
Verbindlichkeiten aus Lieferungen und Leistungen	1	−38
Übriges unverzinsliches Fremdkapital	11	−27
Bezahlte Ertragssteuern	−38	−37
Cashflow aus Geschäftstätigkeit	**323**	**371**
Zugänge		
Sachanlagen	−171	−233
Immaterielle Anlagen	−5	−13
Beteiligungen		
Übrige Finanzanlagen	−11	−11
Veräusserungen		
Sachanlagen	16	37
Immaterielle Anlagen		
Beteiligungen	2	
Übrige Finanzanlagen	5	2
Käufe/Veräusserungen Wertschriften	16	−40
Cashflow aus Akquisitionen und Devestitionen	−16	−33
Erhaltene Zinsen	8	8
Cashflow aus Investitionstätigkeit	**−156**	**−283**
Saldo Innenfinanzierung	**167**	**88**
Veränderung eigene Aktien		−9
Bezahlte Dividenden	−31	−68
Bezahlte Zinsen	−57	−45
Aufnahme/Rückzahlung Anleihen	−100	
Veränderung übriges verzinsliches Fremdkapital	2	−11
Cashflow aus Finanzierungstätigkeit	**−186**	**−133**
Umrechnungsdifferenz auf flüssigen Mitteln	−5	−2
Netto Cashflow	**−24**	**−47**
Flüssige Mittel Anfang Jahr	166	213
Flüssige Mittel Ende Jahr	**142**	**166**

▲ Abb. 32 Geldflussrechnung (Georg Fischer, Geschäftsbericht 2002, S. 49)

Kapitel 14
Bilanz

Lernziele

- Verständnis der Darstellungsform und Gliederung einer Bilanz
- Anwendung der Kriterien zur Bilanzierungsfähigkeit und Bilanzierungspflicht
- Erklärung der Begriffe Eigenkapital sowie Nettoaktiven
- Besprechung von Transaktionen, welche nur die Bilanz verändern

14.1 Charakterisierung der Bilanz

Die Bilanz vermittelt in einer **Stichtagsbetrachtung** ein Bild der **Vermögens- und Finanzlage** eines Unternehmens (vgl. auch Art. 16 Abs. 1 Entwurf RRG), d.h. es werden nur Bestände zu einem Zeitpunkt der unternehmerischen Tätigkeit gezeigt, aber keine Prozesse oder Abläufe abgebildet. Die linke Seite, die Aktiven, zeigt die Verwendung der zur Verfügung gestellten Mittel. Es geht um die Mittelbindung bzw. die Investitionen oder die **Kapitalverwendung**. Die rechte Seite, die Passiven, fasst die **Finanzierung** dieser Investitionen bzw. der im Unternehmen gebundenen Mittel zusammen **(Kapitalbeschaffung)**.

Die Darstellung der Vermögenswerte und deren Finanzierung beschränkt sich in der Bilanz auf die Verhältnisse zu einem bestimmten Zeitpunkt. In der Regel werden die Aktiven bzw. deren Finanzierung am Anfang einer Berichtsperiode

(Eröffnungsbilanz) und an deren Ende (Schlussbilanz) erstellt, wobei die Eröffnungsbilanz der Schlussbilanz der Vorperiode entspricht. Diese Momentaufnahme (am sog. Bilanzstichtag) muss auf die Wiedergabe aller Einzelheiten verzichten und fasst daher bestimmte Vermögenswerte und Aussagen über die Finanzierung in geeigneter Form zusammen. Der Detaillierungsgrad der Darstellung wird durch Vorschriften und Praxis der **Gliederung** bestimmt.

14.2 Gliederung der Bilanz

Für die Bilanz kennt die Literatur grundsätzlich zwei Darstellungsformen, welche in ▶ Abb. 33 dargestellt sind.

Bedeutender als die Darstellungsform ist jedoch die Gliederung der Bilanz. Zu nennen sind hier einerseits die Aktiven, welche nach Liquidierbarkeit gegliedert werden, andererseits die Passiven, welche sich nach der Fälligkeit einordnen. ▶ Abb. 34 gibt einen Aufschluss über die vorgeschriebene Mindestgliederung der Bilanz nach Swiss GAAP FER bzw. dem Entwurf RRG.

Auf der **Passivseite** (vgl. ▶ Abb. 35) der Bilanz werden zwei Gruppen von Kapitalgebern auseinander gehalten. Die Forderungen der **Gläubiger (Fremdkapitalgeber)** – auch wenn diese beispielsweise bei einer Rückstellung für allgemeine Garantierisiken des Unternehmens noch nicht namentlich bekannt sind – werden unter den Verbindlichkeiten ausgewiesen. Die Ansprüche der **Eigenkapitalgeber** (Unternehmenseigentümer beim Einzelunternehmen, Gesellschafter bei den Personen- und Kapitalgesellschaften) werden unter dem Eigenkapital (Reinvermögen, eigene Mittel) aufgeführt (Ansprüche im Falle der Gewinnverteilung etc.).

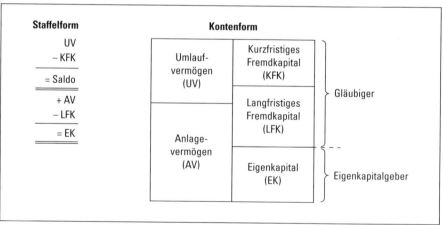

▲ Abb. 33 Darstellungsformen einer Bilanz

Man kann das Unternehmen und dessen Bilanz auch unter dem Aspekt der Güter- oder Leistungserstellung bzw. Leistungserbringung betrachten. Weil die Formalziele des Unternehmens letztlich zur Frage führen, ob einem Unternehmen per Saldo mehr Mittel zu- als abfliessen, sind Aktiven und Passiven zu umschreiben. **Aktiven sind demzufolge bereits vorhandene Gelder und Güter sowie zukünftige Geld-, Güter- und Leistungszugänge ohne weitere Gegenleistung.** Geldzugänge ohne weitere Gegenleistungen wären beispielsweise Forderungen gegenüber Kunden. Die Beratungsleistung beispielsweise wurde bereits früher erbracht und fakturiert, nun steht nur noch die Zahlung des Kunden aus. Maschinen (als vorhandene Güter) sind die Basis für zukünftige Güterzugänge, weil sie Teil des Güter- und Leistungserstellungsprozesses sind. Damit ist noch nichts darüber gesagt, mit welchem Wert die einzelnen Vermögensteile in der Bilanz einzusetzen

Aktiven		Passiven	
Nach Swiss GAAP FER	**Nach RRG**	**Nach Swiss GAAP FER**	**Nach RRG**
Umlaufvermögen ▪ Flüssige Mittel und Wertschriften ▪ Forderungen ▪ Vorräte ▪ Rechnungsabgrenzung	Umlaufvermögen ▪ Flüssige Mittel ▪ Kurzfristig gehaltene Werte mit Börsenkurs ▪ Forderungen aus Lieferung und Leistung ▪ Sonstige Forderungen ▪ Vorräte ▪ Aktive Rechnungsabgrenzung und sonstiges Umlaufvermögen	Kurzfristiges Fremdkapital ▪ Finanzverbindlichkeiten ▪ Sonstige Verbindlichkeiten ▪ Rechnungsabgrenzung	Kurzfristige Verbindlichkeiten ▪ Verbindlichkeiten aus Lieferung und Leistung ▪ Finanzverbindlichkeiten ▪ Passive Rechnungsabgrenzung, kurzfristige Rückstellungen und sonstige Verbindlichkeiten
Anlagevermögen ▪ Sachanlagen ▪ Finanzanlagen ▪ Immaterielle Anlagen	Anlagevermögen ▪ Sachanlagen ▪ Finanzanlagen ▪ Immaterielle Werte ▪ Nicht einbezahltes Grundkapital	Langfristiges Fremdkapital ▪ Finanzverbindlichkeiten ▪ Sonstige Verbindlichkeiten ▪ Rückstellungen	Langfristige Verbindlichkeiten ▪ Finanzverbindlichkeiten ▪ Sonstige Verbindlichkeiten ▪ Langfristige Rückstellungen
		Minderheitsanteile Eigenkapital ▪ Gesellschaftskapital ▪ Kapital Reserven ▪ Reserven für eigene Aktien ▪ Neubewertungsreserven ▪ Gewinnreserven	Eigenkapital ▪ Grund-, Gesellschafter- oder Eigentümerkapital ▪ Kapitalreserven ▪ Aufwertungsreserven ▪ Gewinnreserven (offener Abzug für eigene Anteile) ▪ Weitere obligatorische Reserven ▪ Gewinn/Verlust der Berichtsperiode

▲ Abb. 34 Mindestgliederung der Bilanz

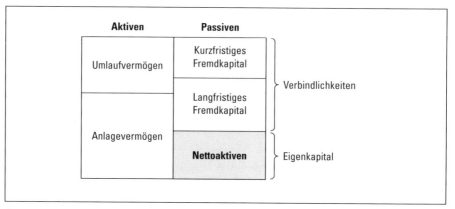

▲ Abb. 35 Ausweis der Nettoaktiven bzw. des Eigenkapitals in der Bilanz

sind. Vorerst wird nur die Frage nach der Bilanzierungsfähigkeit der einzelnen Positionen bejaht. Entsprechend sind **Verbindlichkeiten** unter dem Aspekt zu definieren, dass hier **ohne weitere Gegenleistung künftig Geld-, Güter- und Leistungsabgänge erfolgen.** So sind Schulden gegenüber Lieferanten Ursache für einen künftigen Geldabfluss. Die Ware beispielsweise wurde bereits früher geliefert, und es besteht kein Anspruch auf weitere Leistungen, sofern der Lieferant einwandfreie Qualität geliefert hat. Beim Verkauf einer Anlage als weiteres Beispiel, reflektiert die Abgrenzung beim Lieferanten für die von ihm erwarteten eigenen Aufwendungen zur Inbetriebnahme einer Anlage, die er bereits bei Lieferung vollumfänglich fakturiert hat, seinen künftigen Geldabfluss ohne weitere Gegenleistung seines Kunden.

Die Gliederung der Positionen der Bilanz (vgl. ▶ Abb. 36) folgt für die Aktiven meist dem Kriterium der mehr oder weniger raschen Liquidierbarkeit. Die Verbindlichkeiten ihrerseits werden entsprechend ihrer Fälligkeit zusammengefasst.

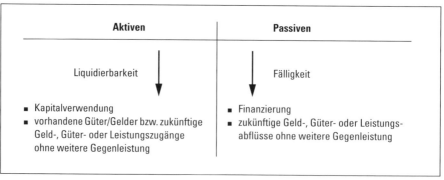

▲ Abb. 36 Gliederungskriterien der Bilanz

14.3 Bilanzierungsfähigkeit und Bilanzierungspflicht

Die Bilanz wird oft als Übersicht über die Investitionen und die Kapitalbeschaffung charakterisiert. Die Bezeichnung «Vermögenslage» in Art. 662a OR oder in Art. 2 Abs. 3 der 4. EU-Richtlinie deutet in die gleiche Richtung. Die Frage, ob ein bestimmter Vermögenswert in der Bilanz eines Unternehmens aktiviert bzw. eine Verbindlichkeit passiviert werden kann (**Bilanzierungsfähigkeit**) oder bilanziert werden muss (**Bilanzierungspflicht**), ist allerdings aufgrund dieser Charakterisierung nicht ohne weiteres zu beantworten. Die meisten im Zusammenhang mit der Frage nach der Bilanzierungspflicht und Bilanzierungsfähigkeit in der kontinentaleuropäischen Literatur angeführten Kriterien sind nicht sehr hilfreich. Deren Anwendung führt immer wieder zu Ausnahmen von der Regel. Einige dieser Kriterien werden nachstehend anhand von Beispielen beurteilt:

- Das **Eigentum** verleiht die **Verfügungsfreiheit** über ein Gut, insbesondere auch das Recht zur Veräusserung dieses Gutes. **Besitz** charakterisiert dagegen den Zustand der **tatsächlichen Gewalt** über ein Gut; Besitz umfasst das **Recht auf Nutzung eines Gutes,** nicht aber die Verfügungsfreiheit im Sinne der Veräusserung. Beim Kreditkauf eines Autos mit Eigentumsvorbehalt beispielsweise ist der Käufer zwar Besitzer des Fahrzeuges, aber der Verkäufer kann aufgrund des Eigentumsvorbehaltes im Falle einer Vertragsverletzung durch den Käufer sein Eigentum ausüben und über das Auto frei verfügen. Gleichwohl bilanziert in diesen Fällen der Käufer – trotz des Eigentumsvorbehaltes zugunsten des Verkäufers – das Fahrzeug; der Verkäufer zeigt in seiner Bilanz nur die Restforderung gegenüber dem Käufer. Auch der Besitz führt nicht immer zur Bilanzierung eines Gutes. Bei **Mietverhältnissen** beispielsweise wird der Mietgegenstand nicht beim Mieter aktiviert. Anders sieht es beim **Leasinggeschäft** aus; hier kann unter gewissen Voraussetzungen der Leasingnehmer das geleaste Gut in seiner Bilanz als Aktivum ausweisen, obwohl nur der Besitz, nicht aber das Eigentum an ihn übergegangen ist. Für die wirtschaftliche Betrachtungsweise ist – wie alle diese Beispiele zeigen – die **Möglichkeit der Nutzung,** die Grundlage für einen künftigen Zugang von Geld (oder Leistungen) ausschlaggebend und nicht die spezifische rechtliche Gestaltung.
- Der **Zeitpunkt des Vertragsschlusses** ist für die Einordnung ebenfalls nicht ausschliesslich massgebend. So ist bei einem Kreditverkauf für die Bilanzierung der resultierenden Forderung nicht vom Auftragseingang (der eigentlich dem Vertragsabschluss entspricht) auszugehen, sondern vom **Zeitpunkt der Lieferung oder der (meist gleichzeitigen) Fakturierung.**
- Oft wird die Möglichkeit der **Einzelverwertbarkeit** bzw. der **Einzelbewertbarkeit** als Kriterium für die Bilanzierungsfähigkeit aufgeführt. Auch diese Überlegungen helfen nur beschränkt weiter. Wird zum Beispiel einem Unternehmer ein

unübertragbares Nutzniessungsrecht an einer Liegenschaft eingeräumt, so ist dieses Recht nicht für sich allein verwertbar. Für die Bewertung des Unternehmens stellt aber dieses Recht zweifelsohne ein Aktivum dar, weil damit – solange der Unternehmer selber im Geschäft tätig ist – Aufwendungen (für die Miete) in der Zukunft eingespart werden können. Das Kriterium der Einzelbewertbarkeit spricht beispielsweise gegen die Aktivierung eines Betrages für den so genannten Geschäftsmehrwert (Goodwill), d.h. für die Differenz zwischen dem Kaufpreis und den übernommenen Nettoaktiven (Aktiven abzüglich Verbindlichkeiten) bei Übernahme eines Geschäftszweiges. In der Praxis wird aber im Anschluss an die Übernahme von anderen Unternehmen sehr häufig ein Goodwill bilanziert.

Rechtliche Aspekte, zeitliche Überlegungen ebenso wie die Frage nach der Einzelbewertbarkeit bzw. Einzelverwertbarkeit sind Teilaspekte der Definition von Aktiven und Passiven und keine für sich allein aussagekräftigen Kriterien. Vielmehr bleibt das Kriterium eines künftigen Geldabgangs bei den Verbindlichkeiten bzw. eines Geld-, Güter- oder Leistungszuflusses für die Aktiven entscheidend. Die Definition von Aktiven und Verbindlichkeiten wiederum ist von zentraler Bedeutung. Sie sind die Elemente, welche in den verschiedensten Kombinationen die Bilanz bilden. Die Veränderung ihres Wertes wirkt sich beispielsweise für die Darstellung des Wertverzehrs bei Maschinen in Form von Abschreibungen als Aufwand in der Erfolgsrechnung aus. Und sie sind auch Bezugsgrössen für die Aussagen in der Geldflussrechnung.

14.4 Exkurs: Conceptual Framework

Mit der **Stufenordnung der Rechnungslegung** sind die Zielsetzung, grundlegende Annahmen (Grundlagen der Rechnungslegung) und die Grundsätze der Wesentlichkeit, Stetigkeit etc. (Grundsätze ordnungsmässiger Rechnungslegung) wie eine Art Verfassungsnorm vorgegeben. Idealerweise lassen sich auch die Antworten auf weitere Fragen, insbesondere die Definition der einzelnen Elemente der Rechnungslegung, wie beispielsweise der Aktiven, und jene nach den Grundsätzen der Bewertung ausgehend von der Zielsetzung beantworten.

Diese Gedanken hat man in den USA bei der Ausarbeitung des so genannten **Conceptual Framework** für die finanzielle Berichterstattung verfolgt. Im **Sinne eines Grundgesetzes** richtet sich das Conceptual Framework in erster Linie an den Normensetzer (Gesetzgeber, Standardsetzer); dieser soll Einzelfragen im Sinne der übergeordneten Vorgaben entscheiden. Das IASB hat ebenfalls ein Conceptual Framework erarbeitet *(Framework for the Preparation and Presentation of Financial Statements)*. Das **Framework des IASB** geht unter anderem auf die

Umschreibung von Aktiven, Verbindlichkeiten, Eigenkapital, Aufwand und Ertrag (vgl. *The Elements of Financial Statements,* Framework IASC Par. 47–81), auf die Bilanzierungspflicht (*Recognition of the Elements of Financial Statements,* Framework IASC Par. 82–98) und die Bewertungsproblematik ein (*Measurement of the Elements of Financial Statements,* Framework IASC Par. 99–101).

Ein Conceptual Framework nimmt Rücksicht auf die Interessen der Adressaten oder Benutzer der Rechnungslegung. Die Ausrichtung auf die Interessen bestimmter Benutzergruppen führt naturgemäss zu Schwierigkeiten bei der Festlegung des Inhaltes. Die Einigung auf sehr allgemein gültige Aussagen erfolgt in der Regel rasch. Werden die Ansprüche und Angaben konkreter, wird der Erarbeitungsprozess schwieriger.

> Das Conceptual Framework
> - ist eine Art Grundgesetz für Standardsetzer,
> - enthält übergeordnete Vorgaben für die Beantwortung von Einzelfragen,
> - berücksichtigt verschiedene Interessen der Adressaten.

Eine zu starke Konkretisierung des Frameworks ist allerdings zu vermeiden, sonst wird es vom Grundgesetz zum Rahmengesetz (z.B. im Sinne der 4. EU-Richtlinie zum Jahresabschluss). Daher sind jene Kritiken unverständlich, welche dem Framework der USA bzw. des **IASB** vorwerfen, es sei zu wenig konkret.

Grundsätzlich sollte ein Framework vor der Erarbeitung konkreter Rechnungslegungsnormen formuliert werden. In den USA (und weniger ausgeprägt beim IASB, welches sein Framework schon frühzeitig verabschiedet hat) entstanden die Gedanken des Frameworks im Rahmen einer Art «Marschhalt», da man ein Ausufern der zum Teil sogar widersprüchlichen Einzelstandards vermeiden wollte. In der Schweiz hat die FER bewusst darauf verzichtet, gleich zu Beginn ihrer Arbeit ein eigenes Conceptual Framework auszuarbeiten. Man befürchtete, der Einigungsprozess in den grundsätzlichen Fragen würde so lange dauern und so viele Kräfte binden, dass das primäre Ziel, nämlich die Verbesserung der Rechnungslegung in der Schweiz im Vergleich zur Situation im Ausland, nicht rechtzeitig realisiert werden könnte. Hier ist daran zu erinnern, dass Mitte der 1980er Jahre die Schweiz zumindest im gesetzgeberischen Bereich (aber mit wenigen Ausnahmen auch hinsichtlich der Rechnungslegungspraxis der Unternehmen) gegenüber dem Ausland einen grossen Rückstand wettzumachen hatte. Dieser Entscheid war aus heutiger Sicht wohl richtig; die inhaltliche Ausrichtung (aber nicht der Detaillierungsgrad) der FER nach den IAS gestattet es, für grundsätzliche Fragen oder auch im Rahmen der Lehre jeweils auf das Framework des IASB zurückzugreifen.

Versteht man die Aufgabe eines Frameworks unter anderem so, dass es Antworten auf die Frage gibt ...

> «**Wer** (Adressaten) will für die Beurteilung der wirtschaftliche Lage eines Unternehmens **was** (Bestandteile der Berichterstattung) und **wie** (Gliederung der Information, Bewertung und Offenlegung) präsentieren bzw. präsentiert bekommen, und zwar **wann** (Fristen bezüglich Vorlage der Abschlüsse oder von wichtigen Informationen) und allenfalls **wo** (Zugriff auf Daten beispielsweise von Publikumsgesellschaften für alle, auch allenfalls in digitaler Form)?»

... bleibt vorerst nur zu klären, **welche Messgrössen für die verschiedenen Adressaten im Vordergrund stehen.** Spontan denkt man dabei an Gewinn, Eigenkapital, Rendite des Gesamtkapitals etc. Die bisher diskutierten Beispiele deuten aber darauf hin, dass letztlich alle Adressaten der Rechnungslegung in der einen oder anderen Form feststellen möchten, ob sie als Anleger am Ende einer bestimmten Periode mehr Geldmittel als zu Beginn zur Verfügung haben bzw. ob für sie als Mitarbeiter, Lieferant oder Kapitalgeber die Geldmittel zur Bezahlung ihrer Leistungen (Arbeitsleistung, Lieferung oder Bereitstellung von finanziellen Mitteln) zur Verfügung stehen werden.

In der heutigen Wirtschaft ist letztlich **Geld das einzige allgemein akzeptierte Zahlungsmittel.** Waren oder Maschinen beispielsweise können zwar im Sinne eines Tausches zur Begleichung von Schulden eingesetzt werden. Aber selbst in diesen Fällen wird der Gläubiger die Ware nur an Stelle einer Zahlung akzeptieren, wenn er diese Werte möglichst rasch zum erhofften Preis verkaufen und damit letztlich einen Geldzufluss auslösen kann.

Aktionäre, welche sich in einem jungen, eben erst für das Publikum geöffneten Wachstumsunternehmen engagieren, tun dies letztlich deshalb, weil sie sich die Chance ausrechnen, ihre Aktien zu einem höheren Preis veräussern und damit entsprechend über mehr Geldmittel verfügen zu können. Das Wachstumsunternehmen selber muss konsequent die Entwicklung des Bestandes an Geldmitteln planen und kontrollieren: in der Aufbau- oder Entwicklungsphase muss es investieren, hohe Ausgaben für Personal und Beratung tätigen, ohne gleichzeitig auf bedeutende Zuflüsse aufgrund der Umsatztätigkeit zählen zu können. Die Produkte sind noch nicht fertig entwickelt, der Markt noch nicht erschlossen oder das Produktionsverfahren noch nicht vollständig umgesetzt. In dieser Phase findet ein sehr grosser Abfluss an Geldmitteln statt. Die entstehende Lücke wird kaum durch Banken oder andere Kreditgeber geschlossen. Die hohen Geldbeträge müssen durch Risikokapitalgeber, die Investoren oder Aktionäre, zur Verfügung gestellt werden. Dabei wird es von entscheidender Bedeutung sein, ob die Kadenz, mit der das Geld abfliesst, sich parallel zu ersten Geschäftserfolgen reduziert und rechtzeitig ein Nettozufluss einsetzt. Die *burn rate*, die Anzahl Monate für welche die vorhandenen flüssigen Mittel reichen, um den aufgrund der Planung voraussehbaren Geldabfluss *(cash drain)* zu decken, ist für Wachstumsunternehmen daher eine wichtige Schlüsselgrösse.

Obwohl die moderne Rechnungslegung sich von den Einnahmen- und Ausgabenrechnungen früherer Zeiten auch durch die zeitliche Abgrenzung, den Ausweis von Ertrag statt Einnahmen und Aufwand statt Ausgaben, unterscheidet, spielt der Geldfluss weiterhin eine entscheidende Rolle. Die zeitliche Abgrenzung ist zwar eine Grundlage der heutigen Berichterstattung über die wirtschaftliche Lage von Unternehmen. Für die kurzfristige Betrachtung, insbesondere die Erhaltung der Zahlungsfähigkeit eines Unternehmens, ebenso wie für die langfristige Erwartungshaltung der Investoren, mit Blick unter anderem auf die Fähigkeit des Unternehmens, seine Verbindlichkeiten zurückzuzahlen oder das Wachstum in angemessenen Umfang auch selber finanzieren zu können, spielt die Entwicklung des Geldflusses eine zentrale Rolle. Viele Kennzahlen, und mit der Geldflussrechnung auch ein wichtiger Bestandteil der Rechnungslegung, sind auf diese Betrachtungsweise ausgerichtet.

Diese Überlegungen spielen auch bei der Definition der **sechs Elemente des Jahresabschlusses**[1] eine bedeutende Rolle:

- Aktiven (Vermögenswerte),
- Verbindlichkeiten (Schulden),
- Eigenkapital,
- Aufwand,
- Ertrag und
- Erfolg (Gewinn, Verlust).

Diese Elemente werden beispielsweise im Conceptual Framework der IAS oder im Entwurf zum RRG ausgehend vom Geldfluss definiert. Damit wird die Frage beantwortet, welche Sachverhalte grundsätzlich in der Rechnungslegung erfasst werden können (Bilanzierungsfähigkeit) bzw. erfasst werden müssen (Bilanzierungspflicht – *Recognition of the Elements of Financial Statements*, Erfassung von Abschlussposten, Framework IASC Par. 82–98).

Erst wenn feststeht, ob ein Sachverhalt in der Rechnungslegung zu erfassen ist, stellt sich die Frage nach der Bewertung (*Measurement of the Elements of Financial Statements*, Bewertung der Abschlussposten, Framework IASC Par. 99–101).

---

[1] *The Elements of Financial Statements* (die Abschlussposten gemäss deutscher Terminologie) in Framework IASC Par 47–81

14.5 Offenlegung

Positionen in den Aktiven wie Vorräte oder Sachanlagen umfassen ebenso wie die Rückstellungen auf der Passivseite eine Vielzahl von Einzelbeträgen. Würde man beispielsweise Fahrzeuge, Mobiliar, Grundstücke, Anlagen im Bau und Gebäude gleich wie alle Unterpositionen der anderen Aktiven und Verbindlichkeiten direkt in der Bilanz ausweisen, ginge die Übersicht verloren und Einzelangaben erscheinen vermischt mit wichtigen Aussagen. Andere Informationen zu Bilanzpositionen wie die Konditionen (Zinssatz, Fälligkeit, Tilgungsverpflichtungen, Währungen) bei Finanzverbindlichkeiten lassen sich schon gar nicht sinnvoll in der Bilanz direkt darstellen. Daher erscheinen heute meistens nur noch die Hauptpositionen unmittelbar in der Bilanz, Einzelheiten und Zusatzinformationen werden dagegen in den Anhang verwiesen. Diese zusätzlichen Angaben sind aber dadurch nicht weniger wichtig. Vielmehr ist ein wesentlicher Teil der heutigen Standards der Rechnungslegung zu Bilanzpositionen der Frage gewidmet, welche Informationen im Sinne der Offenlegung *(disclosure)* im Anhang ausgewiesen werden müssen.

14.6 Bilanzanalyse

Die Bilanz ermöglicht dem Leser die Analyse verschiedenster Fragen. So kann er unter dem Aspekt der **Zieltriade** (vgl. dazu ▶ Abb. 37) beispielsweise die Frage der Sicherheit (Risiko) beurteilen, weil die Bilanz die Deckung der Verpflichtungen durch entsprechende Vermögensteile ausweist.

Die Vermögensseite selber gibt Hinweise auf die Mittelbindung, d.h. auf die Art und Weise, wie die Mittel der Kapitalgeber investiert sind und auf die Mög-

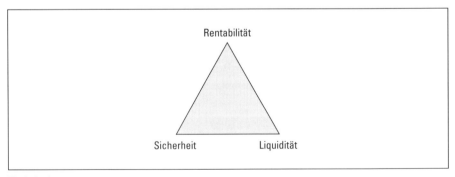

▲ Abb. 37 Zieltriade

> Im Geschäftsjahr 2000 verkaufte das Unternehmen den grössten Teil seines Geschäfts mit Lichtwellenleitern und Glasfaserkabeln an Corning, Inc. Der Verkaufserlös betrug 1107 EUR; es fiel ein Gewinn (vor Steuern) in Höhe von 584 EUR an.
>
> Im März 2000 veräusserte Siemens seinen Anteil am schweizerischen Kabelnetzgeschäft an NTL, Inc. Daraus resultierten Verkaufserlöse von 839 EUR; der Gewinn (vor Steuern) betrug 774 EUR.

▲ Abb. 38 Unternehmensverkäufe (Siemens, Geschäftsbericht 2001, S. 84)

lichkeit, diese Investitionen allenfalls rückgängig zu machen. Letzteres wird als Realisation bezeichnet. So kann ein Unternehmen nichtbetrieblich genutzte Liegenschaften veräussern. Oder – und hier spricht man auch von Liquidation – es schliesst einen Betriebsteil (vgl. ▶ Abb. 38). Als Folge davon werden Vermögenswerte wie Waren oder Einrichtungen – allenfalls sogar mit Verlust – verkauft, damit aber künftige Betriebsverluste vermieden. Vielfach wurden Unternehmensbereiche auch veräussert, weil sie – obwohl gewinnbringend – nicht (mehr) in die Strategie der Gruppe passen oder die Rendite ungenügend ist. Selbst bei schlechtem Geschäftsgang kann eine solche Sparte unter Umständen mit Gewinn abgestossen werden, weil sie aus der Sicht des Käufers profitabel betrieben werden kann.

Der Georg-Fischer-Konzern zeigt in seiner Jahresrechnung die Bilanzstruktur, indem er unter anderem den Anteil der eigenen Mittel an der gesamten Finanzierung (sog. Eigenkapitalquote) hervorhebt (vgl. ▶ Abb. 39).

Die Aufteilung in längerfristiges und kurzfristiges Fremdkapital als weiteres Beispiel gibt Hinweise über die Fälligkeit gewisser Verpflichtungen (vgl. ▶ Abb. 40 bis 44).

Konzern	2002 Mio. CHF	2001 Mio. CHF
Bilanz		
Aktiven	3 125	3 548
Net Operating Assets (NOA)	1 938	2 142
Eigenkapital (inkl. Minderheitsanteile)	1 054	1 179
Nettoverschuldung	1 077	1 134
Kennzahlen		
Return on Equity (ROE) %	–1	6
Eigenkapitalquote (inkl. Minderheitsanteile) %	34	33

▲ Abb. 39 Angaben zur Eigenkapitalquote (Georg Fischer, Geschäftsbericht 2002, S. ii)

Konzernbilanz zum 30. September 2001 und 30. September 2000 (in Mio. EUR)	Siemens Welt	
	30.9.2001	30.9.2000
Aktiva		
Kurzfristiges Vermögen		
Zahlungsmittel und Zahlungsmitteläquivalente	7 802	6 862
Wertpapiere	791	3 317
Forderungen aus Lieferungen und Leistungen, netto	18 928	19 228
Konzerninterne Forderungen		
Vorräte, netto	13 406	12 422
Latente Ertragsteuern	1 113	1 596
Sonstige kurzfristige Vermögensgegenstände	8 973	5 666
Summe kurzfristige Vermögensgegenstände	51 013	49 091
Finanzanlagen	3 314	5 402
Immaterielle Vermögensgegenstände, netto	9 771	6 446
Sachanlagen, netto	17 803	15 720
Latente Ertragsteuern	3 684	485
Sonstige Vermögensgegenstände	4 533	4 510
Sonstige konzerninterne Forderungen		
Summe Aktiva	90 118	81 654
Passiva		
Kurzfristige Verbindlichkeiten		
Kurzfristige Finanzschulden und		
kurzfristig fällige Anteile langfristiger Finanzschulden	2 637	2 604
Verbindlichkeiten aus Lieferungen und Leistungen	10 376	9 458
Konzerninterne Verbindlichkeiten		
Rückstellungen	10 864	9 913
Latente Ertragsteuern	754	1 086
Sonstige kurzfristige Verbindlichkeiten	19 893	13 794
Summe kurzfristige Verbindlichkeiten	44 524	36 855
Langfristige Finanzschulden	9 973	6 734
Pensionen und ähnliche Verpflichtungen	4 721	2 473
Latente Ertragsteuern	111	662
Übrige Rückstellungen	2 957	4 068
Sonstige konzerninterne Verbindlichkeiten		
	62 286	50 792
Anteile im Fremdbesitz	4 020	2 382
Eigenkapital		
Gezeichnetes Kapital (Aktien ohne Nennbetrag)		
Genehmigt: 1 145 773 579 (i.V. 1 078 130 900) Aktien		
Ausgegeben: 888 230 245 (i.V. 882 930 900) Aktien	2 665	1 505
Kapitalrücklage	4 901	5 547
Gewinnrücklage	19 762	19 280
Kumuliertes Übriges Comprehensive Income	−3 516	2 150
Eigene Anteile zu Anschaffungskosten 1 116 (i.V. 23 100) Aktien		−2
Summe Eigenkapital	23 812	28 480
Summe Passiva	90 118	81 654
Der nachfolgende Anhang ist integraler Bestandteil des Konzernabschlusses.		

▲ Abb. 40 Bilanz eines Industrieunternehmens (Siemens, Geschäftsbericht 2001, S. 70)

Konsolidierte Bilanz per 31. Dezember	Mio. CHF 2001	Anteil %	Mio. CHF 2000	Anteil %
Flüssige Mittel	495		464	
Forderungen aus Lieferungen und Leistungen	320		251	
Übrige Forderungen	226		201	
Vorräte	1 357		1 352	
Umlaufvermögen	**2 397**	**22.2**	**2 269**	**21.7**
Immaterielle Anlagen	55		107	
Finanzanlagen	497		411	
Mobilien, Fahrzeuge, Maschinen	1 185		1 173	
Immobilien	6 660		6 499	
Anlagevermögen	**8 397**	**77.8**	**8 190**	**78.3**
Aktiven	**10 794**	**100.0**	**10 459**	**100.0**
Verbindlichkeiten aus Lieferungen und Leistungen	932		757	
Übrige Verbindlichkeiten	1 163		895	
Kurzfristiges Fremdkapital	**2 095**	**19.4**	**1 652**	**15.8**
Langfristige Verbindlichkeiten	2 380		2 695	
Grundpfandgesicherte Verbindlichkeiten	2 032		2 010	
Rückstellungen	1 065		1 108	
Langfristiges Fremdkapital	**5 477**	**50.7**	**5 813**	**55.6**
Fremdkapital	**7 572**	**70.1**	**7 465**	**71.4**
Anteilscheinkapital				
Reserven	673		624	
Thesaurierte Ergebnisse	*2 070*		*2 406*	
Jahresergebnis	*302*		*−198*	
Bilanzgewinn	2 372		2 208	
Eigenkapital	**3 045**	**28.2**	**2 833**	**27.1**
Anteile Dritter am Kapital	178	1.6	161	1.5
Passiven	**10 794**	**100.0**	**10 459**	**100.0**

▲ Abb. 41 Bilanz eines Handelsunternehmens (Coop, Geschäftsbericht 2001, S. 69)

Konzernbilanz zum 31. Dezember 2001			
Aktiva	31.12.2001 Mio. €	31.12.2001 Mio. €	31.12.2000 Mio. €
Immaterielle Vermögenswerte	1 909.9		200.3
Flugzeuge und Reservetriebwerke	7 551.7		7 404.0
Übrige Sachanlagen	1 351.6		887.1
Nach der Equity-Methode bewertete Finanzanlagen	1 275.9		1 212.4
Übrige Finanzanlagen	797.3		1 029.3
Anlagevermögen		12 886.4	10 733.1
Reparaturfähige Flugzeugersatzteile		357.6	348.9
		13 244.0	11 082.0
Vorräte	383.7		252.8
Forderungen aus Lieferungen und Leistungen	1 747.4		1 578.3
Übrige Forderungen und sonstige Vermögenswerte	1 301.4		865.1
Wertpapiere	5.5		584.0
Bankguthaben und Kassenbestände	1 176.7		385.8
Umlaufvermögen		4 614.7	3 666.0
Ertragsteuererstattungsansprüche		262.0	18.7
Rechnungsabgrenzungsposten		85.2	43.7
Bilanzsumme		18 205.9	14 810.4
Passiva	31.12.2001 Mio. €	31.12.2001 Mio. €	31.12.2000 Mio. €
Gezeichnetes Kapital	976.9		976.9
Kapitalrücklage	680.8		680.8
Rücklagen aus der erfolgsneutralen Marktbewertung von Finanzinstrumenten	175.5		–
Gewinnrücklagen	2 298.1		1 766.8
Konzernergebnis	−633.2		689.0
Eigenkapital		3 498.1	4 113.5
Anteile in Fremdbesitz		30.1	51.3
Pensionsrückstellungen	3 700.5		3 354.3
Ertragsteuerrückstellungen	166.6		136.5
Übrige Rückstellungen	2 996.3		2 452.0
Rückstellungen		6 863.4	5 942.8
Langfristige Finanzschulden	4 445.7		2 408.4
Verbindlichkeiten aus Lieferungen und Leistungen	1 126.4		1 064.0
Übrige Verbindlichkeiten	1 901.2		989.0
Verbindlichkeiten		7 473.3	4 461.4
Rechnungsabgrenzungsposten		341.0	241.4
Bilanzsumme		18 205.9	14 810.4

▲ Abb. 42 Bilanz eines Dienstleistungsunternehmens (Lufthansa, Geschäftsbericht 2001, S. 77)

Kapitel 14 Bilanz

Bilanz UBS-Konzern			Veränderung in %
Mio. CHF	31.12.01	31.12.00[1]	31.12.00
Aktiven			
Flüssige Mittel	20 990	2 979	605
Forderungen gegenüber Banken	27 526	29 147	(6)
Barhinterlagen für geborgte Wertschriften	162 938	177 857	(8)
Reverse-Repurchase-Geschäfte	269 256	193 801	39
Handelsbestände	397 886	315 588	26
Positive Wiederbeschaffungswerte	73 447	57 875	27
Kundenausleihungen netto nach Wertberichtigungen für Kreditrisiken	226 545	244 842	(7)
Finanzanlagen	28 803	19 583	47
Rechnungsabgrenzungen	7 554	7 062	7
Beteiligungen an assoziierten Gesellschaften	697	880	(21)
Liegenschaften und übrige Sachanlagen	8 695	8 910	(2)
Goodwill und andere immaterielle Anlagen	19 085	19 537	(2)
Übrige Aktiven	9 875	9 491	4
Total Aktiven	**1 253 297**	**1 087 552**	**15**
Total nachrangige Forderungen	*407*	*475*	*(14)*
Passiven			
Verpflichtungen gegenüber Banken	106 531	82 240	30
Barhinterlagen für ausgeliehene Wertschriften	30 317	23 418	29
Repurchase-Geschäfte	368 620	295 513	25
Verpflichtungen aus Handelsbeständen	105 798	82 632	28
Negative Wiederbeschaffungswerte	71 443	75 923	(6)
Verpflichtungen gegenüber Kunden	333 781	310 679	7
Rechnungsabgrenzungen	17 289	21 038	(18)
Ausgegebene Schuldtitel	156 218	129 635	21
Übrige Verpflichtungen	15 658	18 756	(17)
Total Fremdkapital	**1 205 655**	**1 039 834**	**16**
Minderheitsanteile	4 112	2 885	43
Eigenkapital			
Aktienkapital	3 589	4 444	(19)
Kapitalreserven	14 408	20 885	(31)
Nicht in der Erfolgsrechnung berücksichtigte Gewinne/(Verluste)	(193)	(687)	(72)
Gewinnreserven	29 103	24 191	20
Eigene Aktien	(3 377)	(4 000)	(16)
Total Eigenkapital	**43 530**	**44 833**	**(3)**
Total Passiven	**1 253 297**	**1 087 552**	**15**
Total nachrangige Verpflichtungen	*13 818*	*13 996*	*(1)*

1 Die Vorjahreszahlen wurden entsprechend der Darstellung des laufenden Jahres angepasst (siehe Anmerkung 1 im Anhang zur Konzernrechnung des Finanzberichtes 2001).

▲ Abb. 43 Bilanz einer Bank (UBS, Geschäftsbericht 2001, S. 48)

Bilanz vor Gewinnverwendung	2001 Mio.CHF	2000 Mio.CHF
Aktiven		
Kapitalanlagen	131 605	134 837
Nichtleben	28 171	29 667
Leben	91 206	92 281
Für Rechnung und Risiko von Inhabern von Lebensversicherungspolicen	12 228	12 889
Policendarlehen	813	840
Depots aus Übernahmen	483	226
Bargeld und übrige flüssige Mittel	18	3
Guthaben gegenüber Banken	1 409	1 277
Guthaben gegenüber Versicherungsgesellschaften	1 792	1 504
Guthaben gegenüber Agenten und Versicherungsnehmern	5 729	5 193
Sonstige Debitoren	3 012	2 109
Aktive Rechnungsabgrenzungsposten	2 178	2 117
Sachanlagen	2 360	2 408
Übrige Aktiven	16 214	12 412
Total Aktiven	**165 613**	**162 926**
Passiven		
Technische Rückstellungen	136 064	132 176
Nichtleben	27 738	26 654
Leben	95 518	92 105
Für Rechnung und Risiko von Inhabern von Lebensversicherungspolicen	12 808	13 417
Depots aus Abgaben	527	653
Anleihen	1 393	1 418
Verpflichtungen gegenüber Banken	2 602	2 195
Verpflichtungen gegenüber Versicherungsgesellschaften	973	900
Verpflichtungen gegenüber Agenten und Versicherungsnehmern	4 480	3 317
Sonstige Kreditoren	5 554	3 934
Passive Rechnungsabgrenzungsposten	1 719	1 403
Übrige Passiven	7 023	7 781
Eigenkapital	5 278	9 149
Anteil der Minderheitsaktionär	860	1 064
Eigenkapital nach Minderheiten	4 418	8 085
Total Passiven	**165 613**	**162 926**

▲ Abb. 44   Bilanz einer Versicherung (Winterthur, Geschäftsbericht 2001, S. 11)

Die **Zuordnung (Gliederung) der Vermögenswerte** sowie der Verbindlichkeiten zur Bilanz eines Unternehmens wirft verschiedene Fragen auf. Bei einem Kleinunternehmen kann beispielsweise das Betriebsgebäude auch eine vom Geschäftsinhaber selber genutzte Wohnung umfassen. Selbst wenn für die privat genutzte Wohnung nicht ein selbstständiges Eigentum (Eigentumswohnung) begründet wird, kann gleichwohl eine klare Zuordnung aufgrund der wirtschaftlichen Betrachtungsweise vorgenommen werden: der betrieblich genutzte Teil müsste in der Geschäftsbilanz, die Wohnung dagegen im Status (Bilanz) der privaten Werte gezeigt werden. Diese Unterscheidung ist allerdings in der handelsrechtlichen Rechnungslegung nicht üblich. Dagegen kennt das Steuerrecht die getrennte Behandlung von **Geschäftsvermögen** und **Privatvermögen**. Für die Zuordnung ist die **tatsächliche Nutzung** und die **Zweckbestimmung** eines Gutes ausschlaggebend. Trotz unbeschränkter Haftung des Einzelunternehmers oder der Komplementäre in der Kollektiv- bzw. Kommanditgesellschaft verlangt das Gesellschaftsrecht keine vollständige Bilanzierung der privat gehaltenen und genutzten Werte in der Geschäftsbilanz; lediglich bei Vermögenswerten wie bei dieser Liegenschaft mit gleichzeitiger geschäftlicher und privater Nutzung (ohne Aufteilung der Eigentumsrechte) werden auch privat genutzte Aktiven in der Geschäftsbilanz ausgewiesen.

14.7 Relevante Standards

Die heute am meisten verbreiteten Standards sind jene des IASC (neu IASB). Daher werden in erster Linie die IAS aufgeführt, welche ab 2005 für Publikumsfirmen in der EU verbindlich sind.

14.7.1 Definition von Aktiven und Passiven

Im Framework IASC werden allgemein verbindliche Grundsätze sowie Definitionen festgehalten. Diese sollen für Einzelfragen dem Standardsetzer ermöglichen, stets von der gleichen Grundkonzeption ausgehende Methoden und Prinzipien abzuleiten. Im Vordergrund für die Einführung in die Rechnungslegung steht die Definition von Aktiven und Verbindlichkeiten. Aktiven und Verbindlichkeiten werden ebenso wie Eigenkapital, Aufwand und Ertrag im Framework IASC als «Elemente der Rechnungslegung» bezeichnet.

> **Framework IASC Par. 49**
>
> «Die unmittelbar mit der Ermittlung der Vermögens- und Finanzlage verbundenen Posten sind Vermögenswerte, Schulden und Eigenkapital. Diese werden wie folgt definiert:
>
> a. Ein **Vermögenswert** ist eine in der Verfügungsmacht des Unternehmens stehende Ressource, die ein Ergebnis von Ereignissen der Vergangenheit darstellt, und von der erwartet wird, dass dem Unternehmen aus ihr künftiger wirtschaftlicher Nutzen zufliesst.[1]
> b. Eine **Schuld** ist eine gegenwärtige Verpflichtung des Unternehmens aus Ereignissen der Vergangenheit, von deren Erfüllung erwartet wird, dass aus dem Unternehmen Ressourcen abfliessen, die wirtschaftlichen Nutzen verkörpern.[2]
> c. **Eigenkapital** ist der nach Abzug aller Schulden verbleibende Restbetrag der Vermögenswerte des Unternehmens.»
>
> ---
> [1] «An asset is a resource controlled by the enterprise as a result of past events and from which future economic benefits are expected to flow to the enterprise.»
> [2] «A liability is a present obligation of the enterprise arising from past events, the settlement of which is expected to result in an outflow from the enterprise of resources embodying economic benefits.»

> **Framework IASC Par. 83**
>
> «Ein Sachverhalt, der die Definition eines Abschlusspostens erfüllt, ist zu erfassen, wenn
>
> a. es wahrscheinlich ist, dass ein mit dem Sachverhalt verknüpfter künftiger wirtschaftlicher Nutzen dem Unternehmen zufliessen oder von ihm abfliessen wird und
> b. die Anschaffungs- oder Herstellungskosten oder der Wert des Sachverhaltes verlässlich ermittelt werden können.»

Entspricht eine Ressource oder eine Verpflichtung diesen Definitionen, so ist sie grundsätzlich **bilanzierungsfähig**.

Diese Definitionen haben folgende Vorteile:

- Sie stellen die wirtschaftliche Betrachtungsweise in den Vordergrund und hängen nicht von juristischen oder auf ganz spezifische Positionen ausgerichteten Überlegungen ab *(substance over form)*.
- Sie berücksichtigen den zentralen Aspekt des Geldflusses.
- Sie sind allgemein gültig, unabhängig von spezifischen nationalen oder kulturellen Gegebenheiten.

Die **Erfassung** von Aktiven oder Verbindlichkeiten, ebenso wie Aufwand oder Ertrag, in der Rechnungslegung (d.h. das Aufführen einer Position mit der angemessenen Bezeichnung und im Rahmen der Gliederungskriterien) mit einem bestimmten Betrag wird vom IASB-Framework als *Recognition of the Elements of Financial Statements* bezeichnet (Framework IASC Par. 82–98). Entscheidend ist, ob der künftige Mittelzufluss mit **genügend grosser Wahrscheinlichkeit** eintreffen wird und ob der fragliche Sachverhalt mit **genügend hoher Verlässlichkeit** bewertet bzw. ob ihm ein Kostenbetrag zugeordnet werden kann.

Dieser Ansatz wurde beim Entwurf des RRG weitgehend analog gestaltet. Art. 15 I Entwurf RRG trifft zur Bilanzierungsfähigkeit und -pflicht folgende Aussage: «Die Organisation muss Vermögenswerte, über die sie aufgrund vergangener Ereignisse verfügen kann, als Aktiven bilanzieren, wenn der daraus resultierende Mittelzufluss zu ihren Gunsten wahrscheinlich ist und mit hinreichender Verlässlichkeit geschätzt werden kann.» Absatz 2 von Art. 15 zu den Passiven formuliert analog: «Sie muss Verpflichtungen … als Passiven bilanzieren, wenn der damit verbundene Mittelabfluss zu ihren Lasten mit genügend hoher Verlässlichkeit bewertet werden kann …».

Der Mittelzufluss erfolgt ohne entsprechende Gegenleistung des Unternehmens und der Mittelabfluss löst seinerseits keine Gegenleistung aus. Die Gegenleistung ist – sowohl im Falle des Geldzuflusses aus Ressourcen als auch beim Geldabfluss aufgrund von Verpflichtungen – bereits früher erfolgt. ▶ Abb. 45 veranschaulicht dies.

Zusammenfassend ergeben sich zur Prüfung der Aktivierbarkeit bzw. Passivierbarkeit jeweils fünf Kriterien, die zu erfüllen sind (vgl. ▶ Abb. 46).

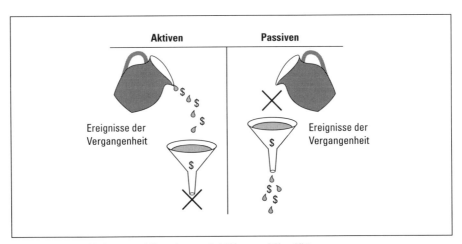

▲ Abb. 45 Definition von Aktiven und Passiven mit Hilfe von Mittelflüssen

	Aktivierbarkeit	Passivierbarkeit
1	Künftiger Mittelzufluss aus einer Ressource?	Künftiger Mittelabfluss?
2	Kontrolle über diese Ressource?	Gegenwärtige Verpflichtung?
3	Ereignis der Vergangenheit?	
4	Wahrscheinlichkeit für Mittelzu- bzw. -abfluss?	
5	Mess- bzw. Bewertbarkeit?	

▲ Abb. 46 Kriterien zur Aktivierbarkeit bzw. Passivierbarkeit

14.7.2 Definition von Eigenkapital (Nettoaktiven)

Das Framework definiert Eigenkapital nicht eigenständig. Insbesondere geht es nicht von rechtlichen Überlegungen aus und stellt beispielsweise das Eigenkapital als Summe der gesellschaftsrechtlich relevanten Bestandteile Aktienkapital, Reserven und Gewinnvortrag sowie Periodenerfolg dar. Vielmehr wird das Eigenkapital als Residualgrösse umschrieben (vgl. dazu auch ◄ Abb. 35 auf Seite 158).

> **Definition von Eigenkapital (Nettoaktiven)**
>
> «Eigenkapital ist der nach Abzug aller Schulden verbleibende Restbetrag der Vermögenswerte eines Unternehmens.»
>
> «Equity is a residual interest in the assets of the enterprise after deducting all its liabilities.»
>
> (Framework IASC Par. 49)

14.8 Übungen

Übungsfragen

1. Charakterisieren Sie kurz die Bilanz als Bestandteil der Rechnungslegung.
2. Welche zwei Darstellungsformen der Bilanz kennen Sie?
3. Nach welchen Kriterien werden die Aktiv- und Passivseite der Bilanz gegliedert?
4. Erläutern Sie die Begriffe Bilanzierungsfähigkeit und Bilanzierungspflicht.
5. Was ist die Funktion eines Conceptual Framework (z. B. des FASB oder des IASB)?
6. Welche Überlegungen standen bei der Erstellung des Frameworks im Vordergrund?

7. Nennen Sie die Kriterien, welche zur Prüfung der Aktivierbarkeit herangezogen werden.
8. Nennen Sie die Kriterien, welche zur Prüfung der Passivierbarkeit herangezogen werden.
9. Definieren Sie die Grösse Eigenkapital.
10. Welche Hinweise zur Analyse der wirtschaftlichen Lage eines Unternehmens vermittelt eine Bilanz?

Übungsaufgaben

11. Der deutsche Basketball-Meister Alba Berlin hat sich für 1 Mio. EUR das Recht gesichert, an der künftigen European Basketball League EBL mitzuwirken, und zwar vorerst für einen Zeitraum von fünf Jahren. Der Vorstand sucht nach Argumenten für eine Aktivierung dieses Betrages, weil die ehrenamtlichen Revisoren aufgrund der vielen finanziellen Probleme in der Sportwelt für eine sofortige Erfassung dieser Zahlung von 1 Mio. EUR als Aufwand sind. Wie argumentieren Sie als Vorstand?

Kapitel 15
Erfolgsrechnung

Lernziele

- Definition von Aufwand und Ertrag
- Darstellungsformen einer Erfolgsrechnung
- Unterscheidung zwischen Produktions- und Absatzerfolgsrechnung
- Kenntnisse über die Mindestgliederung einer Erfolgsrechnung

15.1 Funktion der Erfolgsrechnung

Sämtliche Adressaten der Rechnungslegung sind in erster Linie am **Ausweis des unternehmerischen Erfolges** interessiert. Der Erfolgsrechnung fällt die Aufgabe zu, den Erfolg oder den Misserfolg eines Unternehmens darzustellen. Der Erfolg (so die neutrale Bezeichnung für Gewinn und Verlust) wird jeweils für eine bestimmte **Zeitperiode** ausgewiesen. In einfachen Verhältnissen, vor allem in der Rechnungslegung von freiberuflich tätigen Personen (Anwälten, Architekten, Ärzten etc.), kann der Erfolg durch die Gegenüberstellung der Einnahmen und Ausgaben einer bestimmten Periode ermittelt werden. Mit der **zeitlichen Abgrenzung** werden die Einnahmen und Ausgaben periodengerecht zugeordnet. Damit wird in der Erfolgsrechnung unabhängig vom Zeitpunkt einer Ein- oder Auszahlung (im Sinne einer Konvention, einer eigentlichen Grundlage der Rechnungslegung oder *fundamental assumption*) der effektive Erfolg im Sinne der Differenz zwischen den in einer bestimmten Periode erarbeiteten Erträgen und den dafür eingesetzten Aufwendungen errechnet. Mit der zeitlichen Abgrenzung wird beispielsweise bei der Zahlung der Löhne an die Mitarbeiter auch jener Betrag als Aufwand und gleichzeitig auch als Verbindlichkeit erfasst, der nur quartalsweise als Arbeitgeberbeitrag für die Altersvorsorge an die Vorsorgeeinrichtung abgeführt werden muss. Ob diese Abgabe noch im Berichtsjahr bezahlt wird oder nicht, ist für die Erfolgsrechnung unerheblich (Sozialabgaben können meist erst nach Jahresende definitiv mit den zuständigen Behörden abgerechnet werden).

Die Erfolgsrechnung wird im schweizerischen Obligationenrecht auch als **Betriebsrechnung** (Art. 958 I OR, Art. 959 OR und Art. 960 OR) bezeichnet. Die deutsche Terminologie verwendet die Bezeichnung **Gewinn- und Verlustrechnung**. Im englischen Sprachgebrauch bezeichnet man sie als *income statement* bzw. *profit and loss statement*.

Ertrag und Aufwand lassen sich ebenso wie Aktiven und Verbindlichkeiten im Konzept des Geldflusses bzw. des Barwertes künftiger Geldflüsse definieren. Ein **Ertrag** fällt an, wenn ein Aktivum im Wert erhöht oder ein Passivum im Wert reduziert wird. Voraussetzung ist auch hier, dass dieser Betrag zuverlässig bestimmt werden kann. Die Erfassung des Ertrages erfolgt gleichzeitig mit der Veränderung der entsprechenden Bilanzposition. Wird ein Produkt verkauft, so entsteht eine Kundenforderung in der Bilanz (Barwert des künftigen Geldzuflusses aus der Lieferung) und in der Erfolgsrechnung wird der Umsatz ausgewiesen. Im Verhältnis zum bisher bilanzierten Betrag (in den Vorräten) für das verkaufte Produkt wird sich der Geldzufluss in der Regel erhöhen; allerdings war ein Teil dieses künftigen Geldzuflusses bereits in Form der Vorräte bilanziert und daher ist diese Verschiebung von einer Bilanzposition in die andere durch eine Reduktion der Vorräte und im Gegenzug mit der Belastung des gleichen Betrages als Warenaufwand in der Erfolgsrechnung nachzuzeichnen (vgl. ▶ Abb. 47).

Das Realisationsprinzip und viele andere Bestimmungen in den Rechnungslegungsstandards oder Gesetzen sollen sicherstellen, dass Erträge nur dann in der Erfolgsrechnung erfasst werden, wenn der entsprechende Betrag verlässlich bestimmt werden kann. Fast noch wichtiger ist die zweite Voraussetzung für die Erfassung von Erträgen: aus der Sicht des Unternehmens muss das Geld – beispielsweise die Zahlung für die Lieferungen – mit einer genügend hohen Wahrscheinlichkeit in einer mehr oder weniger nahen Zukunft auch tatsächlich eintreffen.

Ein **Aufwand** liegt vor, wenn sich für das Unternehmen ein höherer künftiger Geldabfluss oder eine Reduktion des künftigen Geldzuflusses ergibt. Aufgrund der Arbeitsleistung des Personals sind beispielsweise Sozialabgaben geschuldet. Dies ist in der Bilanz als Verbindlichkeit und im Gegenzug in der Erfolgsrechnung als Personalaufwand zu erfassen. Voraussetzung für die Erfassung ist auch beim Aufwand, dass der Betrag zuverlässig bestimmt werden kann und der Abfluss mit einer gewissen Wahrscheinlichkeit auch tatsächlich erfolgen wird.

Kapitel 15 Erfolgsrechnung

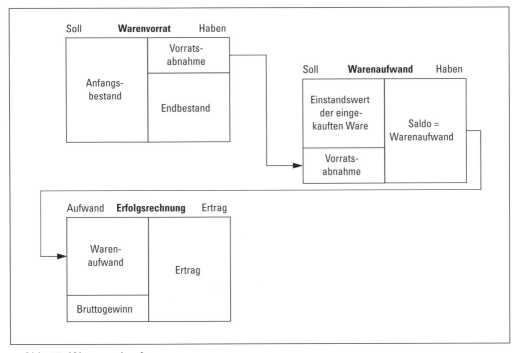

▲ Abb. 47 Warenverkauf

15.2 Das *matching principle*

Aufwand entsteht immer als direkte oder indirekte Grundlage für die Erzielung eines Ertrages. Im erwähnten Beispiel des Warenverkaufs werden die einzelnen Aufwandpositionen gleichzeitig mit der Verbuchung des Ertrages aus Warenverkauf erfasst. Die periodengerechte Zuordnung von Aufwand und Ertrag in zeitlicher und sachlicher Hinsicht, die Zuordnung sämtlicher Aufwendungen einer Periode zu den entsprechenden Erträgen, ist Grundlage einer ordnungsmässigen Rechnungslegung. Dieses *matching of cost and revenues* wird als *matching principle*, als **periodengerechte Erfassung von Aufwand und Ertrag** bezeichnet. Die **periodengerechte Erfassung** von Aufwand und Ertrag ist ein zentrales Element für die Ausrichtung der Rechnungslegung auf die Darstellung der Ertragskraft.

Die konsequente Erfassung der Transaktionen und Sachverhalte unabhängig vom Zeitpunkt des damit verbundenen Geldflusses ermöglicht die periodengerechte Zuordnung von Aufwand und Ertrag. Werden im Leistungserstellungsprozess beispielsweise Maschinen eingesetzt, so löst die Nutzung dieser Produktionsmittel – falls sie gekauft und sofort bezahlt wurden – in den Folgejahren kei nen Geldabfluss aus (Unterhaltsaufwendungen werden für dieses Beispiel vernachlässigt). Der Geldabfluss im Rahmen der Fertigung wird in erster Linie durch die Beschaffung von Material sowie – über die Lohnzahlungen – aufgrund des Einsatzes von Personal ausgelöst. Es wäre aber falsch, nur die Ausgaben bzw. nach erfolgter zeitlicher Abgrenzung den Aufwand für Material oder Personal zu berücksichtigen. Die Maschinen haben – von der technischen Überholung durch neue Entwicklungen abgesehen – eine bestimmte Nutzungsdauer, die in Jahren, Betriebsstunden oder Stückzahlen veranschlagt werden kann. Solange die Maschinen genutzt werden, interessiert, welcher Aufwand rein rechnerisch dem Ertrag aus dem Verkauf der Erzeugnisse gegenübergestellt werden muss, damit man den Maschinenpark kontinuierlich erneuern kann und keine Gewinne ausweist, die bei richtiger Betrachtung gar nicht angefallen sind. Die rechnerische Grösse für die Bemessung dieses Aufwandes wird in der Rechnungslegung als **Abschreibung** *(depreciation)* bezeichnet. Die Ermittlung der Abschreibungen und ähnlicher Aufwendungen wird auch als **sachliche Abgrenzung** bezeichnet. Es gibt eine Vielzahl von Fällen, in denen der Nutzen oder Geldzufluss im Zusammenhang mit einem Vermögenswert sich über mehrere Perioden erstreckt. Die moderne Rechnungslegung verlangt hier eine systematische, nach sachlichen Kriterien ermittelte Zuordnung oder Verteilung des Aufwandes über die gesamte Nutzungsdauer. Das *matching principle* ist im Rahmenkonzept der IAS verankert.

> **Framework IASC Par. 95**
>
> «Aufwendungen werden in der Gewinn- und Verlustrechnung auf der Grundlage eines direkten Zusammenhanges zwischen den angefallenen Kosten und den entsprechenden Erträgen erfasst. Dieses Verfahren, das im Allgemeinen als Zuordnung von Aufwendungen zu Erlösen bezeichnet wird, umfasst die gleichzeitige und gemeinsame Erfassung von Erlösen und Aufwendungen, die unmittelbar und gemeinsam aus denselben Geschäftsvorfällen oder anderen Ereignissen resultieren. Beispielsweise werden die unterschiedlichen Komponenten der Umsatzkosten zur gleichen Zeit wie die Erträge aus dem Verkauf von Waren angesetzt.»

Der Erfolg einer Periode entspricht in der Logik der doppelten Buchhaltung jenem Betrag, um den sich die Aktiven im Vergleich zu den Verbindlichkeiten und damit die Nettoaktiven (Eigenkapital) erhöht oder – im Falle eines Verlustes – verringert haben. Die Erfolgsrechnung ist eine **Zusammenstellung der erfolgswirksamen Zu- und Abgänge von Geld, Gütern und Leistungen einer Abrechnungsperiode** (vgl. ▶ Abb. 48).

Bilanz und Erfolgsrechnung zeigen zudem den Saldo aus Aufwand und Ertrag (Gewinn oder Verlust). Die erfolgswirksam erfassten Veränderungen von Bilanzpositionen entsprechen insgesamt dem Periodenerfolg gemäss Erfolgsrechnung (vgl. ▶ Abb. 49). Allerdings gibt es auch eine Vielzahl von Veränderungen in der

Kapitel 15 Erfolgsrechnung

Erfolgsrechnung
- Betrachtung einer Zeitperiode (zeitliche Abgrenzung!)
- Zeigt Ertragskraft (Erfolg/Misserfolg)
- Zusammenstellung der erfolgswirksamen Zu- und Abgänge von Geld, Gütern und Leistungen

▲ Abb. 48 Funktionen der Erfolgsrechnung

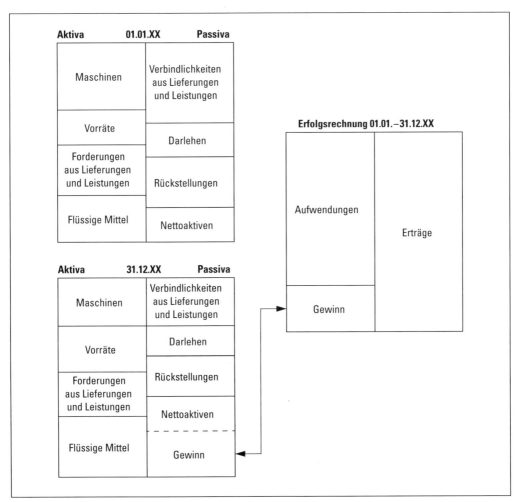

▲ Abb. 49 Veränderung der Nettoaktiven und Ausweis eines Gewinnes

Bilanz, welche zwar das Eigenkapital beeinflussen, aber nicht erfolgswirksam erfasst werden (sog. erfolgsneutrale Veränderungen des Eigenkapitals). Im Konzern betrifft dies insbesondere die Umrechnung von Bilanzpositionen in fremder Währung, welche wegen der Kursschwankungen von Periode zu Periode auch das Eigenkapital unabhängig vom Periodenerfolg beeinflussen.

15.3 Wichtige Positionen der Erfolgsrechnung

Die Gliederungsvorschriften für die Erfolgsrechnung führen zu einer relativ detaillierten Offenlegung der wichtigsten Ertrags- und Aufwandpositionen. Einige dieser Schlüsselgrössen der Erfolgsrechnung wurden bereits im Zusammenhang mit der Bilanz behandelt:

- **Warenaufwand:** Dieser ergibt sich aufgrund des Verbrauches im Rahmen der Fertigung bzw. als Teil der Aufwendungen für die verkauften Produkte. Zudem ist die Reduktion oder die Erhöhung des Warenlagers (Bestandesänderung) zu berücksichtigen. Der Warenaufwand ist eine wichtige Grösse für die Analyse des Materialanteils im Verhältnis zu den gesamten Aufwendungen für die Fertigung.
- **Abschreibungen:** Die systematische Ermittlung des Wertverzehrs durch Nutzung von Maschinen oder anderen Sachanlagen mit Hilfe der Abschreibungen reduziert den Wert der entsprechenden Aktiven in der Bilanz. Im Vordergrund steht aber die periodengerechte Zuordnung dieses (mit Hilfe der gewählten Abschreibungsmethoden berechneten) Aufwandes zum Umsatz in der Erfolgsrechnung. Damit wird vermieden, dass der Erfolg zu hoch ausgewiesen und die laufende Entwertung der für die Leistungserstellung genutzten Anlagewerte vergessen wird (Substanzverzehr). Abschreibungen werden auch auf gewisse immaterielle Werte ermittelt, beispielsweise auf einem für Konzessionsrechte von Spielcasinos dem Gemeinwesen bezahlten Betrag.
- **Wertberichtigungen:** Die Überprüfung der Bewertung von Forderungen, Waren oder Finanzanlagen zum Bilanzstichtag kann Wertkorrekturen erforderlich machen. Denkbar ist, dass einzelne Kunden zahlungsunfähig werden, der Marktpreis für bestimmte Produkte massiv sinkt oder als Kapitalanlage gehaltene Aktien im Rahmen einer Börsenbaisse an Wert verlieren. Diese Veränderungen der Bilanzwerte schlagen sich in der Erfolgsrechnung als Aufwand nieder. Bei Forderungen wird ein Debitorenverlust durch Reduktion der Bilanzposition und einen entsprechenden Aufwand – meist unter der Rubrik Erlösschmälerungen (Erlösminderungen) – erfasst. Ladenhüter werden ausgebucht, indem ein Warenaufwand für Wertberichtigungen (vgl. ▶ Abb. 50) der Erfolgsrechnung belastet und im Gegenzug die Bilanzposition Waren reduziert wird.

Kapitel 15 Erfolgsrechnung

Canon (Schweiz) AG
Konsolidierte Jahresrechnung

Bilanz			
Aktiven (in 1000 CHF)	**31.12.2001**	**%**	**31.12.2000**
Umlaufvermögen			
Flüssige Mittel und Wertschriften (Rechnungslegung 1)	18 313		16 597
Forderungen aus Lieferungen und Leistungen, brutto	50 611		63 920
./. Delkredere	–3 585		–3 918
Forderungen aus Lieferungen und Leistungen, netto	47 026		60 002
Andere Forderungen (Rechnungslegung 2)	3 146		2 078
Forderungen aus Finanzierungsleasing	41 755		31 871
Warenvorräte, brutto	43 254		50 735
./. Wertberichtigung	–2 320		–2 067
Warenvorräte, netto	40 934		48 668
Rechnungsabgrenzungsposten (Rechnungslegung 3)	10 975		477
Total Umlaufvermögen	**162 149**	**38.9**	**159 693**

Erfolgsrechnung			
(in 1000 CHF)	**2001**	**%**	**2000**
Umsatz aus Lieferungen und Leistungen	344 163		342 479
Zinsen aus Finanzierungsgeschäft	5 990		4 815
Total Erlöse	**350 153**		**347 294**
Material- und Warenaufwand	225 840		219 619
Bruttogewinn	**124 313**	**35.5**	**127 675**

▲ Abb. 50 Wertberichtigungen auf Vorräte (Canon (Schweiz) AG, Geschäftsbericht 2001, S. 11f.)

- **Zuschreibungen:** Diese ergeben sich, wenn frühere Wertberichtigungen oder zuweilen auch Abschreibungen aufgrund der Entwicklung hinfällig geworden sind. So kann nach Jahren eine ganz oder teilweise im Wert berichtigte Kundenforderung doch noch bezahlt werden, oder gewisse Ladenhüter werden in einer Auktion zu einem Betrag veräussert, der über dem in früheren Perioden nach unten korrigierten Wert liegt. Wirtschaftlich erweist sich somit der Aufwand einer Vorperiode nachträglich als unbegründet. Aus damaliger Sicht allerdings war die Belastung der Erfolgsrechnung begründet. Daher führen solche Entwicklungen nicht zu einer Korrektur der für die Vorjahre ausgewiesenen Erfolgszahlen. Die Zuschreibung erfolgt meist als Reduktion des entsprechenden Aufwandes also beispielsweise als Minderung der Erlösschmälerungen oder der Abschreibungen.
- **Aufwertungsgewinne:** Gleich wie die Zuschreibungen sind auch Aufwertungsgewinne (vgl. ▶ Abb. 51) als Ertrag auszuweisen, sofern eine erfolgswirksame Erfassung vorgegeben ist. Einige Standards der Rechnungslegung sehen beispielsweise für Renditeliegenschaften ein solches Vorgehen vor.

Positiver Neubewertungseffekt dank hoher Erstbewertungsgewinne

Der Neubewertungsgewinn von CHF 26.8 Mio. ist das Ergebnis aus drei Komponenten:
- Die erstmalige Marktbewertung der 2002 fertiggestellten Liegenschaften Andreasstrasse und Eggbühl, beide Zürich, resultierte in einem Aufwertungsgewinn von CHF 28.6 Mio. Die vorläufige Schätzung per 30.06.2002 lag bei nur CHF 20.3 Mio. Die Differenz berücksichtigt einerseits einen per Jahresende höheren Vermietungsstand; andererseits blieben die Baukosten deutlich unter dem Kostenvoranschlag.

Konzernerfolgsrechnung

CHF Mio.	2002
Ertrag aus Anlageliegenschaften	73.2
Ertrag aus Generalunternehmung	60.7
Neubewertung Anlageliegenschaften	26.8
Gesamtleistung	160.7
Liegenschaftenaufwand	−8.5
Personalaufwand	−32.1
Übriger Betriebsaufwand	−12.6
EBITDA	107.5
Abschreibung Sachanlagen	−1.1
Amortisation Goodwill	−1.7
Betriebsergebnis (EBIT)	104.7
Finanzertrag	1.3
Finanzaufwand	−23.7
Unternehmensergebnis vor Ertragssteuern	82.3
Ertragssteuern aus Geschäftstätigkeit	−12.3
Latente Steuern aus Neubewertung	−15.6
Übrige latente Steuern	−3.3
Unternehmensergebnis	51.1
Gesamtleistung exkl. Neubewertung	133.9
EBITDA exkl. Neubewertung	80.7
Betriebsergebnis (EBIT) exkl. Neubewertung	77.9
Unternehmensergebnis exkl. Neubewertungseffekt	39.9
Unternehmensergebnis je Aktie in CHF	
inkl. Neubewertungseffekt	8.25
exkl. Neubewertungseffekt	6.44
Verwässertes Unternehmensergebnis je Aktie in CHF	
inkl. Neubewertungseffekt	8.19
exkl. Neubewertungseffekt	6.39

▲ Abb. 51 Aufwertungen (Allreal Holding, Geschäftsbericht 2002, S. 22 und 25)

- **Ertragssteuern:** Die aufgeschobenen oder latenten Ertragssteuern im Zusammenhang mit unterschiedlichen Bewertungskonzepten für die Konzernrechnung bzw. die steuerlich massgeblichen Einzelabschlüsse werden als Teil der Rückstellungen in der Bilanz ausgewiesen. Führt die höhere Bewertung (vgl. ▶ Abb. 52) eines Vermögenswertes in der Bilanz zu einem entsprechenden Ertragsausweis in der Erfolgsrechnung (erfolgswirksame Erfassung), muss auch die für den Fall der Veräusserung ermittelte Ertragssteuerbelastung als Aufwand gezeigt werden.

Konzernerfolgsrechnung		
CHF Mio.	2002	2001
Ertrag aus Anlageliegenschaften	73.2	52.0
Ertrag aus Generalunternehmung	60.7	72.7
Neubewertung Anlageliegenschaften	26.8	16.6
Gesamtleistung	160.7	141.3
Liegenschaftenaufwand	−8.5	−11.0
Personalaufwand	−32.1	−32.2
Übriger Betriebsaufwand	−12.6	−12.2
EBITDA	107.5	85.9
Abschreibung Sachanlagen	−1.1	−1.2
Amortisation Goodwill	−1.7	−2.0
Betriebsergebnis (EBIT)	104.7	82.7
Finanzertrag	1.3	1.5
Finanzaufwand	−23.7	−16.4
Unternehmensergebnis vor Ertragssteuern	82.3	67.8
Ertragssteuern aus Geschäftstätigkeit	−12.3	−4.6
Latente Steuern aus Neubewertung	−15.6	−4.2
Übrige latente Steuern	−3.3	−8.4
Unternehmensergebnis	51.1	50.6
Latente Steuern werden aufgrund der «comprehensive balance sheet liability»-Methode ermittelt und zu durchschnittlichen Steuersätzen berechnet.		

▲ Abb. 52 Latente Steuern (Allreal Holding, Geschäftsbericht 2002, S. 25)

Andere Erträge oder Aufwendungen werden nicht in erster Linie durch die Entwicklung bzw. Beurteilung oder Bewertung von Bilanzpositionen bestimmt. Allerdings sind die Übergänge teilweise fliessend.

- **Umsatz:** Die an Kunden gelieferten Produkte bzw. die erbrachten Dienstleistungen werden als Umsatz, Verkaufserlöse, Honorarerträge etc. bezeichnet. Grundsätzlich ist der Zeitpunkt der Leistungserbringung bzw. der Produktlieferung für die zeitliche Zuordnung des Umsatzes zu einer Periode ausschlaggebend. Diese Abgrenzung ist zuweilen problematisch. Die heute üblichen «Gesamtpakete» in gewissen Branchen umfassen sowohl die Lieferung eines Produktes als auch später allenfalls zu erbringende Serviceleistungen, die aber vorweg pauschal fakturiert werden. Teilweise wird auch die Produktlieferung nicht als Kauf sondern beispielsweise beim so genannten Operating Lease als eine Art Mietgeschäft abgewickelt. Damit stellt sich die Frage, ob der gesamte Wert der gelieferten – aber eben nur im Rahmen des Operating Lease zur Verfügung gestellten – Ware umsatzwirksam ist oder nur ein Teil davon. Auch die Servicegebühren dürfen nicht ohne weiteres bereits im Zeitpunkt des Vertragsabschlusses vollumfänglich als Ertrag erfasst werden. In ▶ Abb. 53 ist ein Beispiel für den Missbrauch der Regelungen für die Umsatzrealisierung im Zusammenhang mit Leasing- sowie Sevicegeschäften dargestellt.

> «Das Unternehmen (Xerox) soll in den letzten Jahren einen um 3 Mrd. US-$ überhöhten Umsatz ausgewiesen haben. Xerox – genauer: die Konzernzentrale – manipulierte zu diesem Zweck die Bilanzierung langfristiger Leasingverträge. Unter US GAAP werden Erträge aus der Verleasung von Ausrüstungsgegenständen, die ausschliesslich diesen Gegenstand (bzw. dessen Nutzung) selbst betreffen, sofort als Umsatz verbucht, während mit diesem Gegenstand in Verbindung stehende Finanzierungs- und Wartungserträge über die Laufzeit verteilt werden müssen. Um die Umsatzstagnation infolge des intensivierten Wettbewerbs zu verdecken und gleichzeitig die vom Kapitalmarkt erwarteten Zielmarken zu erreichen, minderte Xerox den Anteil der Wartungs- und Finanzierungserträge an den monatlichen Leasingraten. Damit nahmen die Erträge zu, die sich – aus Sicht Dritter – direkt auf den Leasinggegenstand bezogen und daher sofort als Umsatzerlös gezeigt werden konnten. Diese willkürliche Aufteilung widerspricht klar der Regelung der US GAAP, die eine Umsatzrealisierung in Höhe des Marktwerts des Leasinggegenstandes exklusive zusätzlicher Dienstleistungen vorschreibt. Im Grunde hat Xerox von 1997 bis 1999 zu Lasten der eigenen Zukunft die Umsätze erhöht.»

▲ Abb. 53 Umsatzrealisierung bei Xerox (Behr et al. 2003, S. 236f.)

Auch Vergünstigungen auf verkauften Dienstleistungen werden nicht immer zeitlich richtig abgegrenzt. So reduzieren die Vielflieger-Programme von Fluggesellschaften den Verkaufsertrag in der Periode des Erstflugs, weil über die Bonusprogramme die Verpflichtung zum Angebot eines Gratisfluges in einer späteren Periode verbunden ist. Gelegentlich verführen auch gewisse Vertriebssysteme zum verfrühten Ausweis eines Umsatzes. Beim Verkauf in Konsignation (vgl. ▶ Abb. 54) beispielsweise wird die Ware einem Dritten, der als Agent auftritt, zur Verfügung gestellt. Dieser präsentiert bzw. lagert die Ware zwar in den eigenen Räumlichkeiten, die Produkte bleiben aber im Eigentum des Produzenten. Im Falle eines Verkaufes erfolgt die Lieferung und Fakturierung auf Rechnung und Gefahr des Produzenten. Der Agent wird mit einer Kommission entschädigt.

- **Langfristige Aufträge:** Ebenfalls problematisch bezüglich Erfolgswirksamkeit ist die Behandlung von langfristigen Aufträgen. Darunter versteht man die Erstellung eines spezifischen Werkes (z.B. eines Bahntunnels) oder die Erbringung einer spezifischen Dienstleistung (wie das Engineering bei einem Kraftwerkbau), wenn sich die Dauer der Fertigung oder Leistungserbringung über einen längeren Zeitraum erstreckt und der Auftrag für das Unternehmen bedeutend ist.
- **Aktivierte Eigenleistungen** (Ertrag aus der Erstellung von Anlagen und Maschinen im Eigenbau): In vielen Industrien ist das Know-how zur Erstellung von Einrichtungen oder ganzen Anlagen für bestimmte Fertigungsprozesse in eigener Regie sehr wichtig. Zwar werden in erster Linie Dritte mit der Ausführung

> «Miracle verbuchte Lieferungen von Softwareprogrammen an Vertriebspartner – so genannte Konsignationsverkäufe – sofort als Umsatz, obwohl die Erlöse erst zuflossen, wenn der Kooperationspartner die Software an Dritte weiterveräussern konnte. War der Vertriebspartner dagegen nicht in der Lage, die Softwareprogramme zu veräussern, gab er diese einfach an Miracle zurück.»

▲ Abb. 54 Umsatzrealisierung bei Miracle (Behr et al. 2003, S. 241f.)

der Arbeiten betraut, doch werden immer wieder wichtige Elemente im Unternehmen selber gefertigt. Zu denken ist an den Werkzeugbau – beispielsweise die Formwerkzeuge – für (die von Dritten erworbenen) Spritzgussmaschinen oder an die Errichtung eines eigenen Werkhofes durch ein Bauunternehmen (das damit Phasen schlechter Kapazitätsauslastung sinnvoll überbrücken kann).

- **Erlösminderungen:** Die meisten Unternehmen zeigen den Bruttoumsatz, d. h. den an die Kunden für die ihnen gegenüber erbrachten Lieferungen oder Leistungen fakturierten Betrag. Aufgrund von Rahmenverträgen werden zuweilen (je nach Branche und Land weniger oder stärker ausgeprägt) Rückvergütungen oder Rabatte an die Kunden bei Erreichen eines bestimmten Absatzvolumens vereinbart. Teilweise fallen auch Aufwendungen im Rahmen der Distribution durch Dritte in Form von Provisionen für unabhängige Vertreter oder beispielsweise beim Verkauf in Konsignation an.
- **Übriger Betriebsertrag:** Darunter fallen unter anderem Lizenzerträge, Serviceerträge bei Dienstleistungen von Fachabteilungen auch zugunsten Dritter und Provisionserträge.
- **Personalaufwand:** Dieser umfasst neben den ausbezahlten Löhnen auch die Abgaben im Rahmen der Sozialversicherung und Altersvorsorge ebenso wie Aufwendungen für Umschulung und Aus- oder Weiterbildung. Für allfällige Zwischenabschlüsse sind die entsprechenden Aufwendungen zeitlich abzugrenzen. Dies gilt unter anderem für die Auszahlung eines dreizehnten Monatsgehalts oder für Bonuszahlungen im Rahmen einer erfolgsorientierten Entlöhnung. Die Analyse der einzelnen Positionen des Personalaufwandes spielt für die so genannte Sozialberichterstattung eine gewisse Bedeutung.
- **Übriger Betriebsaufwand:** Für die interne Berichterstattung sind viele Aufwand- oder Kostenarten von Bedeutung. So benötigen die Unternehmen für interne Analysen mit Blick auf Kostenoptimierungen, Massnahmen zur Restrukturierung, Benchmarking und generell für das Controlling unter anderem folgende Angaben:
  - Raumkosten,
  - Energiekosten,
  - Telekommunikation und Informatik,
  - Forschung und Entwicklung,
  - Werbung, Public Relations etc.

Die Differenz zwischen den Ertrags- und Aufwandpositionen wird als Betriebsergebnis vor Finanzergebnis und Ertragssteuerbelastung (Earnings Before Interest and Taxes, EBIT) bezeichnet, zuweilen auch als operativer Erfolg. In der Praxis hat sich EBIT als relevante Erfolgszahl durchgesetzt. In der Regel wird mit dieser Bezeichnung auch sofort klar, welche zusätzlichen Belastungen noch zu berücksichtigen sind, um das Unternehmensergebnis zu ermitteln. Dagegen sind Bezeichnungen wie operativer Erfolg oder Betriebsergebnis als Synonym für

EBIT irreführend. Denn nicht jeder Adressat realisiert, dass zusätzlich noch die Finanzierungskosten und Ertragssteuern abzuziehen sind, um den effektiven Unternehmensreingewinn zu ermitteln.

15.4 Darstellungsformen der Erfolgsrechnung

Die Erfolgsrechnung kann in Kontoform (vgl. ▶ Abb. 55), durch Gegenüberstellung von Aufwand und Ertrag, präsentiert werden. In den meisten Fällen wird zuerst (also oben) der Ertrag insgesamt und dann der Aufwand ausgewiesen (vgl. ▶ Abb. 56). Die Differenz der beiden Gruppen entspricht dem Periodenerfolg.

Aufwand	Ertrag
▪ Personalaufwand ▪ Finanzaufwand ▪ Abschreibungen, Wertberichtigungen und Rückstellungen ▪ Betriebsfremder Aufwand ▪ Ausserordentlicher Aufwand	▪ Umsatz ▪ Finanzertrag ▪ Gewinn aus Verkauf von Gegenständen des Anlagevermögens ▪ Betriebsfremde Erträge ▪ Ausserordentliche Erträge
Total Aufwand	
Saldo = Periodenerfolg	**Total Ertrag**

▲ Abb. 55 Erfolgsrechnung in Kontenform (Mindestgliederung gemäss Art. 663a OR)

Erfolgsrechnung
▪ Umsatz ▪ Bestandesänderungen[1] ▪ Aktivierte Eigenleistungen[1] ▪ Andere betriebliche Erlöse[1]
Gesamtertrag[1]
▪ Personalaufwand[2] ▪ Materialaufwand[2] ▪ Übriger Betriebsaufwand[2]
Betriebsergebnis
▪ Finanzergebnis[3] ▪ Übriges Ergebnis
Gewinn/Verlust vor Ertragssteuern
▪ Ertragssteuern
Reingewinn/-verlust

▲ Abb. 56 Erfolgsrechnung in Staffelform

1 Entfällt bei der Absatzerfolgsrechnung.
2 Bei der Absatzerfolgsrechnung stattdessen Kosten der verkauften Leistung sowie Vertriebs- und Verwaltungsaufwand.
3 Saldo Finanzaufwand und -ertrag.

15.4.1 Kontenform vs. Staffelform

Für die Analyse kann es zweckmässig sein, gewisse Zwischenergebnisse zu ermitteln, statt einfach alle Erträge dem Aufwand gegenüberzustellen. So werden Unternehmen aus Gründen der Währungsabsicherung oder weil die Kredite günstig sind oft lokale Bankenkredite aufnehmen, obwohl sie über genügend flüssige Mittel verfügen. Durch die Kreditaufnahme steigen die Geldbestände weiter an. Dies ermöglicht den Unternehmen, gewisse Erträge mit Hilfe eines Cash- und Portfolio-Managements zu erzielen. Daher wird man für die Ertragsanalyse die Zinskosten (Finanzaufwand) und Zinserträge (Finanzertrag) miteinander verrechnen. In der Praxis wird diese Analyse mit Hilfe der Staffelform erleichtert, weil bereits gewisse Aufwendungen und Erträge nach sachlichen Kriterien einander zugeordnet sind (vgl. ▶ Abb. 58). Die Auswertung mit Hilfe der Staffelform wird im Abschnitt 15.7 «Erfolgsanalyse» besprochen.

Eine Erfolgsrechnung in Kontenform zeigt ▶ Abb. 57. Die Staffelform findet sich in ▶ Abb. 58.

Gewinn- und Verlustrechnung des Konzerns Bankgesellschaft Berlin
für die Zeit vom 1. Januar bis 31. Dezember 1999

Aufwendungen	TEUR	TEUR	TEUR	TEUR	Vorjahr TEUR
Zinsaufwendungen				7 933 721	8 139 290
Provisionsaufwendungen				94 661	90 803
Allgemeine Verwaltungsaufwendungen					
a) Personalaufwand					
aa) Löhne und Gehälter			764 658		748 969
ab) Soziale Abgaben und Aufwendungen für Altersversorgung und für Unterstützung			199 859		219 202
darunter: für Altersversorgung	69 224				(84 063)
			964 517		968 171
b) andere Verwaltungsaufwendungen			583 390		669 609
				1 547 907	1 637 780
Abschreibungen und Wertberichtigungen auf immaterielle Anlagewerte und Sachanlagen				135 879	146 558
Sonstige betriebliche Aufwendungen				709 541	902 769
Abschreibungen und Wertberichtigungen auf Forderungen und bestimmte Wertpapiere sowie Zuführungen zu Rückstellungen im Kreditgeschäft				596 672	633 446
Aufwendungen aus Verlustübernahme				19 262	81 439
Ausserordentliche Aufwendungen				24 173	115 092
Steuern vom Einkommen und vom Ertrag				273 793	191 207
Sonstige Steuern, soweit nicht unter «Sonstige betriebliche Aufwendungen» ausgewiesen				8 428	3 575

▲ Abb. 57 Beispiel zur Kontenform (Bankgesellschaft Berlin, Geschäftsbericht 1999, S. 101f.)

Gewinn- und Verlustrechnung des Konzerns Bankgesellschaft Berlin (Forts.) für die Zeit vom 1. Januar bis 31. Dezember 1999					
Aufwendungen aus der Zuführung zum Fonds für allgemeine Bankrisiken				7 572	268 428
Jahresüberschuss				156 908	34 677
Summe der Aufwendungen				11 508 517	12 245 064
Jahresüberschuss				156 908	34 677
Gewinnvortrag aus dem Vorjahr				33 678	2 254
				190 586	36 931
Entnahmen aus Gewinnrücklagen b) aus der Rücklage für eigene Anteile				0	5 167
				0	5 167
Einstellungen in Gewinnrücklagen b) in die Rücklage für eigene Anteile c) in die satzungsmässige Rücklage der Landesbank Berlin d) in die Zweckrücklage der Investitionsbank Berlin e) in anderen Gewinnrücklagen				2 153 0 25 832 5 419	0 6 852 25 565 1 639
				33 404	34 056
Anderen Gesellschaftern zustehender Gewinn				6 785	5 813
Konzerngewinn				150 397	2 229
Erträge					
	TEUR	TEUR	TEUR	TEUR	Vorjahr TEUR
Zinserträge aus a) Kredit- und Geldmarktgeschäften b) festverzinslichen Wertpapieren und Schuldbuchforderungen			8 020 559 1 624 467		8 074 615 1 761 799
				9 645 026	9 836 414
Laufende Erträge aus a) Aktien und anderen nicht festverzinslichen Wertpapieren b) Beteiligungen c) Anteilen an verbundenen Unternehmen			300 558 10 915 10 215		278 099 15 992 4 878
				321 688	298 969
Ergebnis aus Beteiligungen an assoziierten Unternehmen				3 066	3 152
Erträge aus Gewinngemeinschaften, Gewinnabführungs- oder Teilgewinnabführungsverträgen				11 854	7 378
Provisionserträge				514 774	538 008
Nettoertrag aus Finanzgeschäften				104 824	559 399
Erträge aus Zuschreibungen zu Beteiligungen, Anteilen an verbundenen Unternehmen und wie Anlagevermögen behandelten Wertpapieren				21 136	2 580
Sonstige betriebliche Erträge				884 014	997 333
Erträge aus der Auflösung von Sonderposten mit Rücklageanteil				2 135	1 831
Summe der Erträge				11 508 517	12 245 064

▲ Abb. 57 Beispiel zur Kontenform (Bankgesellschaft Berlin, Geschäftsbericht 1999, S. 104f.) (Forts.)

In Millionen CHF	2000	1999
Umsatz	**81 422**	**74 660**
Gestehungskosten der verkauften Produkte	(38 121)	(35 912)
Verteilkosten	(5 884)	(5 268)
Kosten für Vertrieb und Verwaltung	(26 467)	(23 887)
Forschungs- und Entwicklungskosten	(1 038)	(893)
Restrukturierungskosten	(312)	(402)
Abschreibungen auf Goodwill	(414)	(384)
Betriebsergebnis	**9 186**	**7 914**
Nettofinanzierungskosten	(746)	(998)
Ausserbetrieblicher Ertrag/(Aufwand), netto	(99)	(57)
Gewinn vor Steuern	**8 341**	**6 859**
Steuern	(2 761)	(2 314)
Nettogewinn der konsolidierten Gesellschaften	**5 580**	**4 545**
Minderheitsanteile	(212)	(160)
Anteil am Ergebnis von assoziierten Gesellschaften	395	339
Reingewinn	**5 763**	**4 724**
in % des Umsatzes		
Betriebsergebnis	11.3 %	10.6 %
Reingewinn	7.1 %	6.3 %
Gewinn pro Aktie (in CHF)		
Basisgewinn pro Aktie	149.1	122.1
Verwässerter Gewinn pro Aktie	147.8	120.7

▲ Abb. 58 Beispiel zur Staffelform (Nestlé, Finanzbericht 2000, S. 5)

15.4.2 Produktionserfolgsrechnung (Gesamtkostenverfahren) vs. Absatzerfolgsrechnung (Umsatzkostenverfahren)

Über die Alternativen Konto- bzw. Staffelform hinaus kann bei der Darstellung der Erfolgsrechnung der Aufwand nach zwei unterschiedlichen Betrachtungsweisen dem Umsatz zugeordnet werden.

- Einerseits besteht die Möglichkeit, sich ganz auf die Umsatzleistung auszurichten und diesem Ertrag zuerst den Aufwand für die abgesetzten Produkte oder Dienstleistungen zuzuordnen, anschliessend den entsprechenden Vertriebsaufwand. Diese eher funktionale Zuordnung wird in den USA vorgegeben. Mit dieser so genannten **Absatzerfolgsrechnung** (auch **Umsatzkostenverfahren**)[1] werden **die aktivierten Eigenleistungen nicht als Teil des Umsatzes**

---

1 Im englischen Sprachgebrauch wird das Umsatzkostenverfahren als *function of expense method* bezeichnet, da die Gliederung der Aufwendungen nach Aufgaben bzw. nach Kostenstellen (Produktion, Vertrieb und Verwaltung) vorgenommen wird (IAS 1/82).

Mio. €	2000	1999
Umsatzerlöse	**30 971**	**27 320**
Discontinuing Operations	985	2 582
Continuing Operations	29 986	24 738
Kosten der umgesetzten Leistungen	15 949	13 217
Bruttoergebnis vom Umsatz	**14 037**	**11 521**
Vertriebskosten	6 884	5 635
Forschungs- und Entwicklungskosten	2 382	2 140
Allgemeine Verwaltungskosten	932	765
Sonstige betriebliche Erträge	439	685
Sonstige betriebliche Aufwendungen	1 095	1 464
Operatives Ergebnis Continuing Operations	**3 183**	**2 202**
Discontinuing Operations		125
Verkaufsgewinn Agfa	104	1 030
Operatives Ergebnis	**3 287**	**3 357**
Beteiligungsergebnis	283	−31
Zinsergebnis	−311	−196
Übrige finanzielle Aufwendungen und Erträge	−269	−294
Finanzergebnis	**−297**	**−521**
Gewinn vor Ertragsteuern	**2 990**	**2 836**
Ertragsteuern	1 148	818
Jahresüberschuss	**1 842**	**2 018**
Anderen Gesellschaftern zustehender Gewinn	26	16
Konzerngewinn	**1 816**	**2 002**
Ergebnis je Aktie (€)	**2.49**	**2.74**

▲ Abb. 59 Beispiel Umsatzkostenverfahren (Bayer, Geschäftsbericht 2000, S. 42)

erfasst, sondern direkt von den Kosten in Abzug gebracht. Eine Lagerzunahme wird folglich mit der Buchung «Aktiven an diverse Aufwandpositionen» erfasst. Eine Warenlagerzunahme ist mithin nicht Teil des Umsatzes, sondern führt zu einer Aufwandreduktion. ◄ Abb. 59 zeigt das Umsatzkostenverfahren.

- Die **Produktionserfolgsrechnung** (auch **Gesamtkostenverfahren**) zeigt die **Lagerbestandsveränderung als Teil der Betriebsleistung.** Die Verbuchung erfolgt bei Bestandeszunahmen mit dem Satz «Aktiven an Ertrag» und bei Abnahmen entsprechend mit «Ertrag an Aktiven». Charakteristisch für die Produktionserfolgsrechnung ist die Position Bestandesänderungen Vorräte, die nach dem Umsatz als Teil des Ertrags ausgewiesen wird (vgl. ▶ Abb. 60).

Erfolgsrechnung 2002				
Mio. CHF	2002	%	2001	%
Bruttoumsatz	**3 457**		**3 898**	
Erlösminderungen	−40		−50	
Umsatz	**3 417**	**100**	**3 848**	**100**
Bestandesänderungen Vorräte	−13		−1	
Übriger betrieblicher Ertrag	69		71	
Ertrag	**3 473**	**102**	**3 918**	**102**
Material- und Warenaufwand	−1 518		−1 698	
Betriebsaufwand	−618		−709	
Bruttowertschöpfung	**1 337**	**40**	**1 511**	**39**
Personalaufwand	−1 062		−1 155	
Abschreibungen	−154		−159	
Amortisation	−41		−41	
Betriebsergebnis vor Zinsen und Steuern (EBIT)	**80**	**2**	**156**	**4**
Wertberichtigung Coperion	−25			
Übriges Finanzergebnis	−66		−56	
Ergebnis aus nicht betrieblichen Liegenschaften	2		8	
Beteiligungsergebnis			−2	
Konzernergebnis vor Steuern	**−9**		**106**	**3**
Ertragssteuern	−3		−30	
Konzernergebnis (inkl. Minderheitsanteile)	**−12**		**76**	**2**
Minderheitsanteile	−8		−11	
Konzernergebnis (exkl. Minderheitsanteile)	**−20**	**−1**	**65**	**2**
(Verlust)/Gewinn je Aktie in CHF	−6		19	
Verwässerter (Verlust)/Gewinn je Aktie in CHF	−4		19	

▲ Abb. 60 Beispiel Gesamtkostenverfahren (Georg Fischer, Geschäftsbericht 2002, S. 47)

15.5 Einfluss von Bewertungsfragen

Die Erfolgsrechnung ist sehr direkt von Bewertungsfragen beeinflusst. Die allgemeinen Bewertungsgrundsätze führen regelmässig zu einem entsprechenden Aufwand oder Ertrag im Zusammenhang mit der Bewertung bzw. Beurteilung von Bilanzpositionen. Die wichtigsten Grundsätze sind:

- **Niederstwertprinzip:** Sinkt der Marktpreis (nach Abzug der Vertriebskosten) unter den Buchwert (meist Anschaffungs- oder Herstellkosten) der Vorräte, ist eine Wertberichtigung vorzunehmen. In der Erfolgsrechnung schlägt sich dies als Warenaufwand nieder.
- **Realisationsprinzip:** Ein Mehrwert auf einer Liegenschaft kann erst in der Bilanz ausgewiesen werden, wenn er realisiert worden ist. Die Übernahme von

Marktwerten, die über den Anschaffungskosten der betreffenden Aktiven liegen, ist grundsätzlich nicht möglich, solange diese Vermögenswerte nicht veräussert und die Mehrwerte so realisiert worden sind.
- **Imparitätsprinzip:** Mit Blick auf hängige Prozesse beispielsweise in Fällen der Produkthaftpflicht muss ein Unternehmen angemessene Rückstellungen bilden, auch wenn noch nicht sicher ist, ob überhaupt, allenfalls wann bzw. in welcher Höhe Schadenersatzzahlungen fällig werden. Bei künftigen Verlusten ist – im Gegensatz zu möglichen Gewinnen – keine «Realisation» erforderlich. Es wird also eine ungleiche Behandlung (Imparität) der künftigen Gewinne und Verluste in der Rechnungslegung vorgeschrieben. Im Gegenzug fällt ein Aufwand in der Erfolgsrechnung an (meist unter übrigem Betriebsaufwand erfasst, teilweise auch – zumindest im Anhang – separat ausgewiesen).
- **Langfristige Aufträge:** Die Ermittlung des anteiligen Gewinns nach Berücksichtigung aller noch anfallenden Kosten sowie möglicher Risiken ist nicht nur eine Abgrenzungs-, sondern auch eine Bewertungsfrage.

Entwicklung Goodwill					
Anschaffungs- und Herstellungskosten	Infocom	Axxicon	übrige	Total 2001	Total 2000
Stand 01.01.	151 305	0	13 268	164 573	171 025
Änderungen im Konsolidierungskreis	–1 124	94 549	0	93 425	3 250
Zugänge	0	0	0	0	0
Sonstige Veränderungen	–3 006	3 006	0	0	–32
Abgänge	0	0	0	0	0
Umrechnungsdifferenzen	1 089	–2 724	324	–1 311	–9 670
Stand 31.12.	148 264	94 831	13 592	256 687	164 573
Abschreibungen kumuliert					
Stand 01.01.	–11 675	–435	–1 383	–13 493	–5 371
Änderungen im Konsolidierungskreis	0	0	0	0	0
Zugänge	0	–4 670	–684	–5 354	–8 712
Wertverminderung (Impairment)	–87 906	0	0	–87 906	0
Sonstige Veränderungen	–303	303	0	0	0
Abgänge	0	0	0	0	0
Umrechnungsdifferenz	783	–11	–28	744	590
Stand 31.12.	–99 101	–4 813	–2 095	–106 009	–13 493
Buchwert 31.12.	49 163	90 018	11 497	150 678	151 080

Bedingt durch die Restrukturierung des Bereiches Infocom und die negative Entwicklung des wirtschaftlichen Umfeldes wurde die Werthaltigkeit des in der Bilanz ausgewiesenen Goodwills überprüft. Als Basis dieser Ueberprüfung dienten die vom Verwaltungsrat genehmigten Budgets für das Jahr 2002 sowie die Mittelfristplanung für die Jahre 2003–2006.

▲ Abb. 61 Goodwill-Wertbeeinträchtigung (Mikron, Geschäftsbericht 2001, S. 18)

- **Wertbeeinträchtigung:** Wertberichtigungen auf Vermögenswerte aufgrund besonderer Entwicklungen und ausserhalb beispielsweise der systematischen Abschreibung führen gleichzeitig zu einer Reduktion des Vermögenswertes und zu einem entsprechenden Aufwand. Vor allem im Nachgang zu Firmenakquisitionen sind immer wieder Wertberichtigungen auf dem Goodwill zu verzeichnen (vgl. ◄ Abb. 61).

15.6 Offenlegung

Im Anhang sind zu den wichtigsten Positionen weitere Einzelheiten offen zu legen. Im Vordergrund steht die Aufschlüsselung folgender Grössen:

- **Personalaufwand:** u.a. mit Angabe des Vorsorgeaufwandes (Altersvorsorge, Pensionskasse) und der Sozialversicherungsabgaben.
- **Übriger Betriebsaufwand:** u.a. mit Raumkosten, Versicherungsprämien, Werbung, Reparatur- und Unterhaltsaufwand.
- **Finanzergebnis:** Die meisten Standards verlangen eine Aufschlüsselung des Finanzergebnisses. Bereits aus dem Bruttoprinzip ergibt sich der separate Ausweis von Finanzaufwand und Finanzertrag. Im Einzelfall sind hier Zinsaufwand und Zinsertrag, Währungsgewinne und -verluste ebenso wie Wertschriftenerträge und Kursverluste bzw. Kursgewinne separat auszuweisen.
- **Ertragssteuern:** Die moderne Rechnungslegung verlangt eine Aufschlüsselung der verschiedenen Komponenten der Ertragssteuerbelastung. Einerseits ist der effektiv anfallende Steueraufwand auszuweisen und andererseits die Nutzung allfälliger Verlustvorträge oder anderer Vermögenswerte im Zusammenhang mit der Ertragsbesteuerung. Zu denken ist an die Nutzung von bisher nicht beanspruchten Abschreibungsmöglichkeiten beispielsweise im Zusammenhang mit Investitionsförderprogrammen, wodurch die laufende Steuerbelastung reduziert werden kann. Die Kapitalsteuern sowie andere nicht ertragsabhängige Gebühren oder Abgaben sind unabhängig von einer allfälligen Bezeichnung als Steuern im Betriebsaufwand zu erfassen und nicht unter der Rubrik Ertragssteuern. Die nachstehenden Beispiele (vgl. ► Abb. 62 und ► Abb. 63) verdeutlichen den heute üblichen Grad der Aufschlüsselung der wichtigsten Angaben zu den Ertragssteuern.

Ertragssteuern
Der Steueraufwand lässt sich wie folgt analysieren:

Mio. CHF	2002	2001
Konzernergebnis vor Steuern	−9	106
Steueraufwand/-ertrag zum erwarteten Steuersatz	−3	36
Steuerlich nicht abzugsfähige Aufwendungen/steuerbefreite Erträge	−3	−4
Verwendung von nicht aktivierten steuerlichen Verlustvorträgen	−7	−14
Effekt aus nicht aktivierten steuerlichen Verlustvorträgen auf laufenden Ergebnissen	10	6
Belastungen/Gutschriften früherer Perioden netto	2	4
Übrige Effekte	4	2
Ausgewiesener Steueraufwand	**3**	**30**
Zuzuordnen auf folgende Positionen:		
Laufende Steuern	9	27
Latente Steuern	−6	3
Ausgewiesener Steueraufwand	**3**	**30**

Ausschüttungen haben je nach Land unterschiedliche Steuerfolgen, deren potenzielles Ausmass nicht erhoben werden kann.
 Der Konzern verfügt über folgende steuerlich verwendbare Verlustvorträge, deren positiver Steuereffekt im Berichtsjahr lediglich im Umfang von CHF 7 Mio. aktiviert und mit passiven latenten Steuerverbindlichkeiten saldiert wurde (siehe Erläuterung 12):

Mio. CHF	2002	2001
Verfall		
unbeschränkt	208	195
nach 2005	84	
2005	5	60
2004	11	3
2003	15	15
2002		23
Total Verlustvorträge	**323**	**296**
Positiver Steuereffekt	110	102
davon aktiviert und mit latenten Steuerpassiven saldiert	7	
davon nicht aktiviert	103	102

▲ Abb. 62 Ertragssteuern (Georg Fischer, Geschäftsbericht 2002, S. 67)

Kapitel 15 Erfolgsrechnung

14 Steuern

Alle Beträge in Millionen Franken (CHF)	Total 2002	Sulzer ohne Centerpulse	Total 2001
Ordentliche Ertragssteuern	−44	−40	−72
Latente Steuern	7	10	263
Total Ertragssteuern	−37	−30	191

Die ordentlichen Ertragssteuern beinhalten die auf dem Ergebnis des Geschäftsjahres der Einzelgesellschaften nach den lokalen Vorschriften bezahlten resp. geschuldeten Gewinnsteuern.

Überleitung Ertragssteuern

	Total 2002	Total 2001
Gewinn vor Steuern und Minderheitsanteilen	126	−789
Maximalsteuersatz (am Sitz Sulzer AG, Winterthur, Schweiz)	24.73 %	25.13 %
Ertragssteuer zum Maximalsteuersatz für Winterthur, Schweiz	−31	199
Steuern zu anderen Steuersätzen	7	79
Einfluss von Verlusten und Veränderungen von latenten Steuerguthaben	3	−98
Goodwillabschreibungen und andere nicht steuerlich anerkannte Aufwendungen	−21	−15
Effekt von Steuersatz- und Steuergesetzänderungen	1	7
Periodenfremde Einflüsse	4	5
Effekte aus Verkäufen von nicht weitergeführten Bereichen	1	11
Verkäufe von Liegenschaften zu anderen Steuersätzen	−1	3
Total Ertragssteuern (ordentlich und latent)	−37	191
in % des Gewinns vor Steuern und Minderheitsanteilen	29 %	−24 %

Auf dem Gewinn vor Steuern und Minderheitsanteilen von CHF 126 Mio. (Vorjahr Verlust CHF −789 Mio.) ergibt sich rechnerisch bei einem Maximalsteuersatz für Winterthur, Schweiz, von 24.73 % (Vorjahr 25.13 %) ein Steueraufwand von CHF 31 Mio. (Vorjahr Steuerertrag von CHF 199 Mio.). Die Tabelle oben zeigt, weshalb der effektive Steueraufwand 2002 von CHF 37 Mio. über dieser Referenzgrösse liegt.

▲ Abb. 63 Ertragssteuern (Sulzer, Geschäftsbericht 2002, S. 54f.)

15.7 Erfolgsanalyse

Die Auflistung der einzelnen Aufwendungen und Erträge zeigt in gewissem Sinne die Quellen für Erfolg oder Misserfolg eines Unternehmens. Vor allem bei der Betrachtung mehrerer Perioden ergeben sich daraus Hinweise auf die **Ertragskraft,** d.h. auf die Fähigkeit eines Unternehmens, auch in der Zukunft sein Nettovermögen (als Differenz zwischen Aktiven und Verbindlichkeiten) zu erhöhen. Dies ist nicht nur für die Eigenkapitalgeber, sondern ebenso für die Fremdkapitalgeber (Gläubiger) von Bedeutung. Die früher übliche, auf die Bilanz konzentrierte Analyse eines Unternehmens aus der Sicht der Gläubiger (juristisch geprägte Betrachtung) ist gefährlich. Durch einen schlechten Geschäftsgang oder eine gesamtwirtschaftliche Rezession kann sich die Werthaltigkeit der Aktiven schnell verändern. So können die Preise von Immobilien in einer Rezession fallen, oder ein Warenlager kann durch technologische Veränderungen entwertet werden. Eine ungenügende Auslastung der Kapazitäten beispielsweise bei Fluggesellschaften führt ohne rasche Anpassung der Strukturen und damit der Aufwendungen schnell zu einem grossen Verlust, denn ein beträchtlicher Teil der Personalkosten (und nicht etwa nur der Abschreibungs- und Zinsaufwand) ist nicht variabel. Mit Blick auf die Schuldentilgung wäre es daher falsch, lediglich das Vermögen zu analysieren. Die Ertragskraft (und darüber hinaus die Fähigkeit, frei verfügbare Geldmittel zu erwirtschaften, wie in erster Linie aus der Geldflussrechnung ersichtlich) ist für die Gläubiger eine ebenso wichtige Schlüsselgrösse für die Beurteilung der wirtschaftlichen Lage ihrer Schuldner wie die Analyse der Bilanz bzw. der ihnen allenfalls zur Besicherung ihrer Forderungen verpfändeten Vermögenswerte.

Bei der Beurteilung der wirtschaftlichen Lage sind für den Investor kurzfristig der laufende Gewinn des Unternehmens und mittelfristig die Ertragskraft wichtig. Die Momentaufnahme der Bilanz mit den Vermögenswerten und Verbindlichkeiten sowie den Nettoaktiven oder eigenen Mitteln des Unternehmens vermittelt keine Informationen über den **Geschäftsgang** des Unternehmens. Den Investor interessiert aber nicht nur, wie hoch der Erfolg (Gewinn oder Verlust) der Unternehmenstätigkeit ist. Er und andere Adressaten der Rechnungslegung wollen beispielsweise auch Informationen über Einzelheiten des Geschäftsganges erhalten.

So zeigt die Erfolgsrechnung verschiedene Stufen der Ergebnisermittlung. Je nach Branche und je nach Aufbau der Rechnungslegung können verschiedene Aussagen von Interesse sein:

- Die **Bruttomarge** als Differenz der Umsatzerlöse und des entsprechenden Warenaufwandes.
- Das **operative Ergebnis vor Zinsen, Abschreibungen und Ertragssteuern (EBITDA, Earnings Before Interest, Taxes, Depreciation and Amortization)** als Messgrösse für die Möglichkeit des Unternehmens, einen Mittelzufluss zu generieren.
- Das **operative Betriebsergebnis vor Zinsen und Ertragssteuern (EBIT)** als Messgrösse für die Ertragskraft des Unternehmens, unabhängig von der gewählten Finanzstruktur.
- Das **Ergebnis vor Ertragssteuern (EBT)** als Messgrösse für die Ertragslage ohne Berücksichtigung spezifischer Steuervorschriften.
- Das **ausserordentliche Ergebnis**, das **neutrale Ergebnis** oder das **nichtbetriebliche Ergebnis** als Mass für die Beeinflussung des Unternehmensergebnisses durch ausserordentliche Ereignisse. Dies sind Geschäftsvorfälle, welche nicht mit dem Betrieb im engeren Sinne zusammenhängen oder nicht der Berichtsperiode zuzuordnen sind. Werden diese Elemente für die Analyse der Ertrags-

(4.8) Ausserordentliche Aufwendungen und Erträge	2001	2000
Ausserordentliche Erträge	17 909	0
Ausserordentliche Aufwendungen	−34 243	0
	−16 334 0	0

Der Ausserordentliche Ertrag entspricht dem beim Verkauf von Aktien der Kudelski SA im Verlauf des Geschäftsjahres erzielten Gewinn.
 Die Ausserordentlichen Aufwendungen setzen sich aus den Rechtskosten und Vorschüssen im Zusammenhang mit dem in den USA anhängigen Verfahren in Höhe von kCHF 4 207 sowie der Zuweisung zur aussergewöhnlichen Rückstellung für Gerichtskosten und Vertragsrisiken in Höhe von kCHF 30 036 zusammen. Einzelheiten zu diesen Punkten sind in den Erläuterungen (3.12) und (3.20) aufgeführt.

▲ Abb. 64 Ausserordentliches Ergebnis (Kudelski, Geschäftsbericht 2001, S. 31)

kraft eines Unternehmens generell ausgeklammert, besteht die Gefahr, dass die Beurteilung zu positiv ausfällt. Im Einzelfall werden sich die Aufwendungen für ganz konkrete Restrukturierungen zwar nicht wiederholen. Erfahrungsgemäss fallen aber über mehrere Jahre hinweg regelmässig ausserordentliche Aufwendungen an. Während Analysten dazu neigen, solche Vorgänge als *non-recurring item* zu vernachlässigen, berücksichtigen erfahrene Fachleute aufgrund einer Betrachtung über mehrere Jahre hinweg einen entsprechenden «Sockelsatz». Diese Überlegungen gelten ausschliesslich für die Finanz- oder Bilanzanalyse. In der Rechnungslegung selber ist dagegen grosse Zurückhaltung gegenüber der Qualifikation eines Aufwandes oder Ertrages als ausserordentlich geboten (vgl. ◄ Abb. 64). So gehören selbst grosse Beträge für Sozialpläne oder andere Aufwendungen im Rahmen von Restrukturierungen in den Betriebsaufwand. Lediglich die Folgen von ausserordentlichen Vorfällen in der Umwelt, beispielsweise Schäden verursacht durch ein Erdbeben, werden heute noch als ausserordentlich qualifiziert und dürfen ausserhalb der Ermittlung des Betriebsergebnisses ausgewiesen werden.

- Das **Unternehmensergebnis** als Mass für die Ertragskraft des Unternehmens, und zwar gesamthaft aufgrund der betrieblichen (operativen) und nichtbetrieblichen Aktivitäten.

Die Analyse der Erfolgsrechnung ist selbstverständlich vorerst mit Bezug auf die Eigenschaften der betroffenen Branchen auszuwerten. Im Quervergleich verschiedener Branchen zeigt die Erfolgsanalyse sehr unterschiedliche Ertrags- und Risikoprofile (vgl. ► Abb. 65 bis 69). Insbesondere kann der Anteil von Abschreibungen, Personalaufwand oder Finanzaufwand am gesamten Aufwand sehr unterschiedlich sein. Ein Beratungsunternehmen beispielsweise weist einen sehr hohen Personalkostenanteil aus, ein Produktionsunternehmen mit hohem Automatisierungsgrad wird im Vergleich dazu viel höhere Beträge für die Abschreibung sowie die Finanzierung (Zinsaufwand) der Anlagen tragen müssen.

Konzern-Gewinn- und Verlustrechnung Geschäftsjahresende 30.9.2001 und 30.9.2000 (in Mio. EUR, Ergebnis je Aktie in EUR)	Siemens Welt	
	2001	2000
Umsatz	87 000	77 484
Umsatzkosten	−63 895	−55 949
Bruttoergebnis vom Umsatz	23 105	21 535
Forschungs- und Entwicklungskosten	−6 782	−5 848
Vertriebs- und allgemeine Verwaltungskosten	−16 640	−14 173
Sonstige betriebliche Erträge abzüglich sonstige betriebliche Aufwendungen	−1 476	−277
Beteiligungsergebnis	49	299
Ergebnis aus Finanzanlagen und Wertpapieren	173	2 732
Zinsergebnis aus Operativem Geschäft	−32	−35
EBITA des Operativen Geschäfts/EBIT von Infineon		
Übriges Zinsergebnis	43	180
Abschreibungen auf Geschäfts- und Firmenwerte und erworbenes Know-how aus Entwicklungsprojekten im Operativen Geschäft		
Gewinne aus dem Verkauf und der Übertragung wesentlicher Geschäftseinheiten (darin Gewinne aus der Ausgabe von Aktien von konsolidierten Konzernunternehmen 617 [i.V. 534] EUR)	4 238	7 826
Übrige Sondereffekte		
Ergebnis vor Ertragsteuern	**2 678**	**12 239**
Ertragsteuern	−781	−3 017
Auf konzernfremde Gesellschafter entfallende Ergebnisanteile	191	−362
Gewinn/Verlust (nach Steuern)	**2 088**	**8 860**
Ergebnis je Aktie	2.36	9.97
Ergebnis je Aktie (voll verwässert)	2.36	9.96

▲ Abb. 65 Erfolgsrechnung eines Industrieunternehmens (Siemens, Geschäftsbericht 2001, S. 68)

Die Elemente, welche das Ergebnis auf einer bestimmten Zwischenstufe beeinflussen, sind für die Adressaten der Rechnungslegung ebenfalls von Interesse. Die Erfolgsrechnung gibt daher **Auskunft über wichtige Ertrags- und Aufwandpositionen.** Diese periodengerechte Zuordnung im Sinne des *matching principle* ist ein Leitprinzip der modernen Erfolgsrechnung (auch wenn gewisse Entwicklungen in der Rechnungslegung durch die Betonung der Fair Values und damit der «richtigen» Bewertungen diesen Aspekt etwas zurückgedrängt haben). Ein Beispiel dafür sind die Abschreibungen. Solche Korrekturpositionen des Erfolges (sog. **sachliche Abgrenzungen**) ergeben sich auch aus der Festlegung von möglicherweise künftig eintretenden Verpflichtungen (z.B. Rückstellungen für künftige Garantiefälle).

Die **Abgrenzungsfrage** *(accrual issue)* ist zusammen mit der Bewertungsfrage für Aktiven und Passiven von zentraler Bedeutung. Eine Veränderung aufgrund einer Bewertung in der Bilanz (und nicht aufgrund einer Transaktion) schlägt sich unmittelbar in der Erfolgsrechnung nieder (z.B. bei Erhöhung oder Reduktion einer Rückstellung für einen hängigen Prozess gegen das Unternehmen oder bei einer Wertberichtigung auf Guthaben wegen Zahlungsschwierigkeiten einzelner Kunden).

Konsolidierte Erfolgsrechnung	Mio. CHF 2001	Anteil %	Mio. CHF 2001	Anteil %
Erlöse aus Lieferungen und Leistungen	13 565	100.0	13 007	100.0
Erlösminderungen	−806		−670	
Nettoerlös	12 759		12 337	
Warenaufwand	−8 455		−8 201	
Betriebsertrag	**4 304**	**31.7**	**4 137**	**31.8**
Andere betriebliche Erträge	494		444	
Personalaufwand	−2 378		−2 248	
Werbeaufwand	−314		−265	
Übriger Betriebsaufwand	−1 069		−982	
Betrieblicher Cash-flow (EBDIT)	**1 037**	**7.6**	**1 085**	**8.3**
Abschreibungen	−545		−515	
Betriebsergebnis (EBIT)	**493**	**3.6**	**570**	**4.4**
Finanzergebnis	−163		−171	
Nicht betriebliches Liegenschaftsergebnis	22		22	
Neutrales Ergebnis	1		1	
Ausserordentliches Ergebnis	7		−529	
Ergebnis vor Steuern	**360**	**2.7**	**−107**	**−0.8**
Steuern	−37		−72	
Ergebnis nach Steuern	**323**	**2.4**	**−179**	**−1.4**
Anteile Dritter am Ergebnis	−21		−19	
Jahresergebnis	**302**	**2.2**	**−198**	**−1.5**

▲ Abb. 66 Erfolgsrechnung eines Handelsunternehmens (Coop, Geschäftsbericht 2001, S. 68)

Konzern-Gewinn- und Verlustrechnung für das Geschäftsjahr 2001	2001 Mio. €	2001 Mio. €	2000 Mio. €
Erlöse aus den Verkehrsleistungen	12 253.0		12 549.2
Andere Betriebserlöse	4 437.0		2 651.2
Umsatzerlöse		16 690.0	15 200.4
Bestandsveränderungen und andere aktivierte Eigenleistungen	25.8		41.3
Sonstige betriebliche Erträge	1 472.9		1 644.2
Materialaufwand	−7 623.5		−6 618.2
Personalaufwand	−4 480.6		−3 624.9
Abschreibungen	−1 714.1		−1 022.4
Sonstige betriebliche Aufwendungen	−4 686.1		−4 138.4
Ergebnis der betrieblichen Tätigkeit		−315.6	+1 482.0
Ergebnis aus at equity bewerteten Finanzanlagen	−15.9		+62.7
Übriges Beteiligungsergebnis	+60.3		+2.0
Zinsergebnis	−397.9		−256.2
Übrige Finanzposten	−75.6		−75.2
Finanzergebnis		−429.1	−266.7
Ergebnis der gewöhnlichen Geschäftstätigkeit		−744.7	+1 215.3
Sonstige Steuern		−62.2	−26.4
Ergebnis vor Ertragsteuern		−806.9	+1 188.9
Ertragsteuern		+202.4	−502.9
Ergebnis nach Steuern		−604.5	+686.0
Auf Anteile in Fremdbesitz entfallender Gewinn (Vorjahr: Verlust)		−28.7	+3.0
Konzernergebnis		−633.2	+689.0
Ergebnis je Aktie		€ −1.66	€ +1.81

▲ Abb. 67 Erfolgsrechnung eines Dienstleistungsunternehmens (Lufthansa, Geschäftsbericht 2001, S. 76)

Kapitel 15 Erfolgsrechnung

Erfolgsrechnung UBS-Konzern				
Mio. CHF (Ausnahmen sind angegeben)				Veränderung in %
Für das Geschäftsjahr endend am	31.12.01	31.12.00	31.12.99	31.12.00
Geschäftsertrag				
Zinsertrag	52 277	51 745	35 604	1
Zinsaufwand	(44 236)	(43 615)	(29 695)	1
Erfolg Zinsengeschäft	8 041	8 130	5 909	(1)
Wertberichtigungen für Kreditrisiken	(498)	130	(956)	
Zinserfolg nach Wertberichtigungen für Kreditrisiken	7 543	8 260	4 953	(9)
Erfolg Dienstleistungs- und Kommissionsgeschäft	20 211	16 703	12 607	21
Erfolg Handelsgeschäft	8 802	9 953	7 719	(12)
Übriger Erfolg	558	1 486	3 146	(62)
Total Geschäftsertrag	37 114	36 402	28 425	2
Geschäftsaufwand				
Personalaufwand	19 828	17 163	12 577	16
Sachaufwand	7 631	6 765	6 098	13
Abschreibungen auf Liegenschaften und übrigen Sachanlagen	1 614	1 608	1 517	0
Abschreibungen auf Goodwill und anderen immateriellen Anlagen	1 323	667	340	98
Total Geschäftsaufwand	30 396	26 203	20 532	16
Ergebnis vor Steuern und Minderheitsanteilen	6 718	10 199	7 893	(34)
Steuern	1 401	2 320	1 686	(40)
Ergebnis vor Minderheitsanteilen	5 317	7 879	6 207	(33)
Minderheitsanteile	(344)	(87)	(54)	295
Konzernergebnis	4 973	7 792	6 153	(36)
Unverwässertes Ergebnis pro Aktie (CHF)[1]	3.93	6.44	5.07	(39)
Unverwässertes Ergebnis pro Aktie vor Goodwill (CHF)[1,2]	4.97	7.00	5.35	(29)
Verwässertes Ergebnis pro Aktie (CHF)[1]	3.78	6.35	5.02	(40)
Verwässertes Ergebnis pro Aktie vor Goodwill (CHF)[1,2]	4.81	6.89	5.30	(30)

1 Alle Kennzahlen pro Aktie wurden um die Auswirkungen des am 16. Juli 2001 in Kraft getretenen Aktiensplits im Verhältnis 3 zu 1 angepasst.
2 Die Abschreibungen auf Goodwill und anderen immateriellen Anlagen sind in dieser Berechnung nicht enthalten.

▲ Abb. 68 Erfolgsrechnung einer Bank (UBS, Geschäftsbericht 2001, S. 47)

Konsolidierte Rechnung 2001 Erfolgsrechnung	2001 brutto Mio. CHF	2001 Abgegebene Rückver- sicherung Mio. CHF	2001 netto Mio. CHF	2000 netto Mio. CHF
Nichtleben-Geschäft				
Verdiente Prämien	13 519			
Verbuchte Prämien	18 412	−1 572	16 840	14 632
Veränderung Prämienübertrag und Deckungskapital (Kranken)	−1 726	−107	−1 833	−1 113
Schadenaufwand	−12 940	1 431	−11 509	−10 432
Schaden- und Rentenzahlungen	−11 345	1 034	−10 311	−10 108
Veränderung Schadenrückstellung und Rentendeckungskapital	−1 595	397	−1 198	−324
Gewinnanteilbelastung	−312	1	−311	−375
Bezahlte Gewinnanteile	−280	−10	−290	−309
Veränderung Gewinnanteilrückstellung	−32	11	−21	−66
Versicherungstechnische Kosten	−4 520	184	−4 336	−3 971
Technisches Ergebnis Nichtleben	−1 086	−63	−1 149	−1 259
Erfolg aus Kapitalanlagen			2 217	2 385
Depot- und Bankzinsen			29	96
Zinsaufwand			−97	−114
Übriger Aufwand und Ertrag (inkl. Währungsdifferenzen)			−165	53
Ergebnis vor Steuern und Minderheiten			**835**	**1 161**
Leben-Geschäft				
Verdiente Prämien	17 398	−210	17 188	15 171
Verbuchte Prämien	17 413	−210	17 203	15 172
Veränderung Prämienübertrag	−15	0	−15	−1
Aufwendungen für Versicherungsfälle	−12 241	74	−12 167	−9 734
Versicherungsleistungen	−11 989	67	−11 922	−9 417
Veränderung Rückstellung für anstehende Versicherungsfälle	−252	7	−245	−317
Veränderung des technischen Deckungskapitals	−5 571	114	−5 457	−6 377
Aufwendung für Überschussbeteiligung	−288	1	−287	−1 982
Überschusszuweisungen	−1 450	1	−1 449	−1 439
Veränderung des Fonds für Überschussbeteiligung	1 162	0	1 162	−543
Versicherungstechnische Kosten	−1 880	10	−1 870	−1 685
Erfolg aus Kapitalanlagen			3 651	6 051
Depot-und Bankzinsen			86	88
Zinsen auf gutgeschriebenen Überschussanteilen			−135	−116
Zinsaufwand			−193	−215
Aufwand und Ertrag (inkl. Währungsdifferenzen)			−53	−416
Ergebnis vor Steuern und Minderheiten			**763**	**785**
Rekapitulation				
Gesamtergebnis vor Steuern/Minderheiten Nichtleben/Leben-Geschäft			1 598	1 946
Ergebnis vor Steuern und Minderheiten (Nichtleben-Geschäft)			835	1 161
Ergebnis vor Steuern und Minderheiten (Leben-Geschäft)			763	785
Zinsen auf Anleihen			−62	−46
Abschreibung auf Goodwill			−73	−31
Steuern			−377	−406
Jahresgewinn vor Minderheiten			**1 086**	**1 463**
Anteil der Minderheitsaktionäre			−48	−146
Jahresgewinn nach Minderheiten			**1 038**	**1 317**

▲ Abb. 69 Erfolgsrechnung einer Versicherung (Winterthur, Geschäftsbericht 2001, S. 10)

15.8 Relevante Standards

Das Framework des IASB definiert auch Aufwand und Ertrag ausgehend vom wirtschaftlichen Nutzen bzw. vom Mittelfluss.

15.8.1 Definitionen gemäss IAS

Framework IASC Par. 70

«Die Posten Erträge und Aufwendungen werden wie folgt definiert:

a. Erträge stellen eine Zunahme des wirtschaftlichen Nutzens in der Berichtsperiode in Form von Zuflüssen oder Erhöhungen von Vermögenswerten oder einer Abnahme von Schulden dar, die zu einer Erhöhung des Eigenkapitals führen, welche nicht auf eine Einlage der Anteilseigner zurückzuführen ist.
b. Aufwendungen stellen eine Abnahme des wirtschaftlichen Nutzens in der Berichtsperiode in Form von Abflüssen oder Verminderungen von Vermögenswerten oder einer Erhöhung von Schulden dar, die zu einer Abnahme des Eigenkapitals führen, welche nicht auf Ausschüttungen an die Anteilseigner zurückzuführen ist.»

IAS 18 Par. 7

«Ertrag ist der aus der gewöhnlichen Tätigkeit eines Unternehmens resultierende Bruttozufluss wirtschaftlichen Nutzens während der Berichtsperiode, wenn die jeweiligen Zuflüsse das Eigenkapital unabhängig von Einlagen der Anteilseigner erhöhen.»

IAS 18 Par. 14

«Erlöse aus dem Verkauf von Gütern sind zu erfassen, wenn die folgenden Kriterien erfüllt sind:

a. das Unternehmen hat die massgeblichen Risiken und Chancen, die mit dem Eigentum der verkauften Waren und Erzeugnisse verbunden sind, auf den Käufer übertragen,
b. dem Unternehmen verbleibt weder ein fortführendes Verfügungsrecht, wie es gewöhnlich mit dem Eigentum verbunden ist, noch eine wirksame Verfügungsmacht über die verkauften Waren und Erzeugnisse,
c. die Höhe der Erlöse kann verlässlich bestimmt werden,
d. es ist hinreichend wahrscheinlich, dass dem Unternehmen der wirtschaftliche Nutzen aus dem Verkauf zufliessen wird, und
o. die im Zusammenhang mit dem Verkauf angefallenen oder noch anfallenden Kosten können verlässlich bestimmt werden.»

15.8.2 Mindestgliederungsvorschriften

Gesamtkostenverfahren		Umsatzkostenverfahren	
Nach Swiss GAAP FER	**Nach RRG**	**Nach Swiss GAAP FER**	**Nach RRG**
- Nettoerlöse aus Lieferungen und Leistungen - Bestandesänderungen an unfertigen und fertigen Erzeugnissen sowie an unverrechneten Lieferungen und Leistungen - Aktivierte Eigenleistungen - Andere betriebliche Erträge Zwischensumme - Materialaufwand - Personalaufwand - Abschreibungen auf Sachanlagen und immateriellen Anlagen - Andere betriebliche Aufwendungen Zwischensumme	- Nettoerlöse aus Lieferungen und Leistungen - Bestandesänderungen an unfertigen und fertigen Erzeugnissen sowie an unverrechneten Leistungen - Aktivierte Eigenleistungen und andere betriebliche Erträge - Materialaufwand - Personalaufwand - Abschreibungen und Wertberichtigungen auf betrieblichen Anlagen - Andere betriebliche Aufwendungen - Betrieblicher Gewinn	- Nettoerlöse aus Lieferungen und Leistungen - Anschaffungs- oder Herstellkosten der verkauften Produkte und Leistungen - Verwaltungsaufwand - Vertriebsaufwand - Andere betriebliche Erträge - Andere betriebliche Aufwendungen Zwischensumme	- Nettoerlöse aus Lieferungen und Leistungen - Anschaffungs- oder Herstellkosten der verkauften Produkte und Leistungen - Verwaltungs- und Vertriebsaufwand - Andere betriebliche Erträge - Andere betriebliche Aufwendungen - Betrieblicher Gewinn
- Finanzergebnis - Übriges Ergebnis - Gewinn vor Steuern	- Finanzaufwand und Ertrag - Nichtbetrieblicher Aufwand und Ertrag - Ausserordentlicher Aufwand und Ertrag - Gewinn vor Steuern	- Finanzergebnis - Übriges Ergebnis - Gewinn vor Steuern	- Finanzaufwand und Ertrag - Nichtbetrieblicher Aufwand und Ertrag - Ausserordentlicher Aufwand und Ertrag - Gewinn vor Steuern
- Steuern - Gewinn	- Gewinnabhängige Steuern - Gewinn	- Steuern - Gewinn	- Gewinnabhängige Steuern - Gewinn

▲ Abb. 70 Mindestgliederungsvorschriften nach FER und RRG

FER 7 gibt den Zwischensummen keine eigenständige Bezeichnung, weil in der Praxis unterschiedliche Ausdrücke anzutreffen sind. Denkbar sind (in der Reihenfolge beginnend bei der Zwischensumme nach «Andere betriebliche Erträge») Gesamtleistung und Betriebsergebnis (operatives Ergebnis).

Nach Gesamtkostenverfahren	Nach Umsatzkostenverfahren
1 Umsatzerlöse	1 Umsatzerlöse
2 Erhöhung oder Verminderung des Bestands an (un-)fertigen Erzeugnissen	2 Herstellungskosten der zur Erzielung der Umsatzerlöse erbrachten Leistungen
3 Andere aktivierte Eigenleistungen	3 Bruttoergebnis vom Umsatz
4 Sonstige betriebliche Erträge	4 Vertriebskosten
5 Materialaufwand: a. Aufwendungen für Roh-, Hilfs- und Betriebsstoffe und für bezogene Waren b. Aufwendungen für bezogene Leistungen	5 Allgemeine Verwaltungskosten
6 Personalaufwand a. Löhne und Gehälter b. soziale Abgaben und Aufwendungen für Altersversorgung und für Unterstützung, davon für Altersversorgung	6 Sonstige betriebliche Erträge
7 Abschreibungen a. auf immaterielle Vermögensgegenstände des Anlagevermögens und Sachanlagen sowie auf aktivierte Aufwendungen für die Ingangsetzung und Erweiterung des Geschäftsbetriebs b. auf Vermögensgegenstände des Umlaufvermögens, soweit diese die in der Kapitalgesellschaft üblichen Abschreibungen überschreiten	
8 Sonstige betriebliche Aufwendungen	7 Sonstige betriebliche Aufwendungen
9 Erträge aus Beteiligungen, davon aus verbundenen Unternehmen	8 Erträge aus Beteiligungen, davon aus verbundenen Unternehmen
10 Erträge aus anderen Wertpapieren und Ausleihungen des Finanzanlagevermögens, davon aus verbundenen Unternehmen	9 Erträge aus anderen Wertpapieren und Ausleihungen des Finanzanlagevermögens, davon aus verbundenen Unternehmen
11 Sonstige Zinsen und ähnliche Erträge, davon aus verbundenen Unternehmen	10 Sonstige Zinsen und ähnliche Erträge, davon aus verbundenen Unternehmen
12 Abschreibungen auf Finanzanlagen und auf Wertpapiere des Umlaufvermögens	11 Abschreibungen auf Finanzanlagen und auf Wertpapiere des Umlaufvermögens
13 Zinsen und ähnliche Aufwendungen, davon an verbundenen Unternehmen	12 Zinsen und ähnliche Aufwendungen, davon an verbundenen Unternehmen
14 Ergebnis der gewöhnlichen Geschäftstätigkeit	13 Ergebnis der gewöhnlichen Geschäftstätigkeit
15 Ausserordentliche Erträge	14 Ausserordentliche Erträge
16 Ausserordentliche Aufwendungen	15 Ausserordentliche Aufwendungen
17 Ausserordentliches Ergebnis	16 Ausserordentliches Ergebnis
18 Steuern vom Einkommen und vom Ertrag	17 Steuern vom Einkommen und vom Ertrag
19 Sonstige Steuern	18 Sonstige Steuern
20 Jahresüberschuss/Jahresfehlbetrag	19 Jahresüberschuss/Jahresfehlbetrag

▲ Abb. 71 Mindestgliederung nach EU-Richtlinie

15.9 Übungen

Übungsfragen

1. Welche Funktion nimmt die Erfolgsrechnung im Rahmen der Rechnungslegung wahr?
2. Nennen Sie sämtliche Ihnen bekannten Bezeichnungen für Erfolgsrechnung (auf Deutsch und Englisch).
3. Wie werden Aufwendungen und Erträge definiert?
4. Was versteht man unter einer zeitlichen sowie einer sachlichen Abgrenzung der Erträge und Aufwendungen?
5. Erläutern Sie kurz die wichtigsten Positionen einer Erfolgsrechnung.
6. Nennen Sie die verschiedenen Darstellungsformen der Erfolgsrechnung und erklären Sie die Vor- und Nachteile. Welche Form hat Georg Fischer verwendet (◄ Abb. 60)? Erläutern Sie den Unterschied zwischen einer Erfolgsrechnung nach Umsatzkostenverfahren (Absatzerfolgsrechnung) und nach Gesamtkostenverfahren (Produktionserfolgsrechnung).
7. Erläutern Sie jeweils mit einem Beispiel die Anwendung der Bewertungsgrundsätze für die Erfolgsrechnung.
8. Welches sind wichtige Unterschiede in den Erfolgsrechnungen in Abschnitt 15.7 (◄ Abb. 65 bis 69)?
9. Weshalb kann eine ausschliesslich auf die Bilanz konzentrierte Analyse eines Unternehmens aus der Sicht der Gläubiger gefährlich sein?

Übungsaufgaben

10. Der Finanzchef der X AG, Zürich, ist sehr beschäftigt und bittet Sie, die Absatzerfolgsrechnung der X AG zu erstellen. Im abgelaufenen Geschäftsjahr (Berichtsjahr) haben sich folgende Geschäftsfälle ereignet:
    a. Der Erlös aus Warenverkäufen beträgt 42 Mio.
    b. Diverse Aufwendungen 9.6 Mio. (Raumkosten etc.), davon $1/3$ Verwaltung und Vertrieb.
    c. Die Abschreibungen auf das Anlagevermögen und das Umlaufvermögen betragen 5.0 Mio.
    d. Ein in Konkurs gegangener Kunde zahlte seine schon im letzten Jahr abgeschriebenen Forderung von 200 000 nun doch noch.
    e. Der Mieter der alten Lagerhallen zahlt die Miete in Höhe von 30 000 für das nächste Jahr im Voraus.
    f. Beim Verkauf einer ausgedienten Spezialmaschine (Buchwert 200 000) kann nur der halbe Buchwert erzielt werden.
    g. Der Zinsaufwand beträgt 1 Mio. Dem stehen Erträge aus Fest- und Tagesgeldern in Höhe von 500 000 gegenüber.
    h. Das verarbeitete Material kostete 14 Mio.

Kapitel 15 Erfolgsrechnung   **209**

    i. Im Laufe des Jahres werden den Mitarbeitern Löhne und Gehälter in Höhe von 10 Mio. ausbezahlt, die Sozialaufwendungen belaufen sich auf 2.0 Mio., hiervon sind $\frac{1}{3}$ dem Verwaltungs- und Vertriebsbereich zuzurechnen.
    j. Bei Aktienspekulationen gewinnt die Firma 250 000.
    k. Der Lagerbestand erhöht sich um 1 200 000, wobei je ein Drittel auf die Materialkosten, die produktiven Lohnkosten und die Fertigungsgemeinkosten entfallen.

Benutzen Sie für die Lösung das nachstehende Schema.

Umsatz/Erlöse aus Lieferung und Leistungen	_____
Materialaufwand	_____
Personalaufwand	_____
Übriger Betriebsaufwand (Fertigungsgemeinkosten)	_____
Aufwand für Abschreibungen	_____
Herstellkosten der abgesetzten Produkte	_____
Verwaltungs- und Vertriebskosten	_____
Gesamtaufwendungen	_____
Betriebsergebnis	_____
Finanzertrag	_____
Finanzaufwand	_____
Finanzergebnis	
Geschäftsergebnis	_____
Ausserordentlicher Ertrag	_____
Ausserordentlicher Aufwand	_____
Ausserordentliches Ergebnis	_____
Jahresüberschuss vor Ertragssteuer	_____

11. Betrachten Sie die nachstehende Erfolgsrechnung von Georg Fischer.
    a. Nach welcher Methode wurde diese Erfolgsrechnung erstellt?
    b. Nennen Sie den Buchungssatz für die Bestandesänderung der Vorräte von 2001 auf 2002.
    c. Welche für Investoren wichtige Kennzahlen können auf der Basis dieser Erfolgsrechnung ermittelt werden? Berechnen und erläutern Sie diese Kennzahlen.

Erfolgsrechnung 2002				
Mio. CHF	2002	%	2001	%
Bruttoumsatz	**3 457**		**3 898**	
Erlösminderungen	−40		−50	
Umsatz	**3 417**	**100**	**3 848**	**100**
Bestandesänderungen Vorräte	−13		−1	
Übriger betrieblicher Ertrag	69		71	
Ertrag	**3 473**	**102**	**3 918**	**102**
Material- und Warenaufwand	−1 518		−1 698	
Betriebsaufwand	−618		−709	
Bruttowertschöpfung	**1 337**	**40**	**1 511**	**39**
Personalaufwand	−1 062		−1 155	
Abschreibungen	−154		−159	
Amortisation	−41		−41	
Betriebsergebnis vor Zinsen und Steuern (EBIT)	**80**	**2**	**156**	**4**
Wertberichtigung Coperion	−25			
Übriges Finanzergebnis	−66		−56	
Ergebnis aus nicht betrieblichen Liegenschaften	2		8	
Beteiligungsergebnis			−2	
Konzernergebnis vor Steuern	**−9**		**106**	**3**
Ertragssteuern	−3		−30	
Konzernergebnis (inkl. Minderheitsanteile)	**−12**		**76**	**2**
Minderheitsanteile	−8		−11	
Konzernergebnis (exkl. Minderheitsanteile)	**−20**	**−1**	**65**	**2**
(Verlust)/Gewinn je Aktie in CHF	−6		19	
Verwässerter (Verlust)/Gewinn je Aktie in CHF	−4		19	

▲ Abb. 72 Erfolgsrechnung (Georg Fischer, Geschäftsbericht 2002, S. 47)

Kapitel 16
Anhang

	Lernziele
	- Erläuterung der Aufgaben des Anhangs
- Klärung der Funktionen des Anhangs
- Kenntnis über die Pflichtangaben im Anhang
- Kenntnis wichtiger Teile des Anhangs wie:
- Analyse der Veränderung des Eigenkapitals
- Risikoanalyse im Derivat- und Finanzierungsbereich
- Anlagespiegel
- Angaben zur Corporate Governance
- Segmentinformationen

16.1 Funktion und Inhalt des Anhangs

Die wirtschaftliche Lage eines Unternehmens kann nicht allein mit Hilfe von Bilanz und Erfolgsrechnung dargestellt werden. In den Unternehmen existiert eine Vielzahl von Sachverhalten, aus denen sich im Zeitpunkt der Bilanzierung noch nicht oder nicht unbedingt ein künftiger Geldabfluss oder -zufluss ergibt. So sind Bürgschaften, also Verpflichtungen im Zusammenhang mit Schulden Dritter, nicht als Verbindlichkeiten beim Garanten (Bürgen) zu bilanzieren, solange der

Dritte (Hauptschuldner) in der Lage ist, seinen Verpflichtungen nachzukommen. Bei dieser Sachlage ist kein Geldabfluss beim Garanten zu erwarten, oder zumindest ist dies sehr unwahrscheinlich. Verzinsliche Schulden gegenüber Banken wiederum erscheinen zwar in der Bilanz des Schuldners, aber die Besicherung solcher Kredite beispielsweise durch die Abtretung sämtlicher Kundenforderungen (Globalzession) wird in der Bilanz nicht widergespiegelt.

Diese Zugriffsmöglichkeit der Bank auf einen Teil der Aktiven, die im Falle einer Zahlungsunfähigkeit des Schuldners möglich wird, ist für die Beurteilung der wirtschaftlichen Lage des Unternehmens von Bedeutung. Diese Debitoren stehen nämlich nicht mehr zur Deckung der anderen Schulden zur Verfügung.

8. Eventualverbindlichkeiten	Ausstehende Verbindlichkeiten 31. Dez. 2001	Ausstehende Verbindlichkeiten 31. Dez. 2000
Bürgschaften für Kapital und Zinsen von Obligationen-Anleihen, Commercial-Paper-Programmen und dem EMTN Programm – Total maximal CHF 7 037 Millionen (2000: CHF 5 675 Millionen)	4 451	2 396
Garantien im Zusammenhang mit Optionen auf Aktien der Novartis AG Total maximal CHF 4 088 Millionen[1]	4 088	
Garantien zu Gunsten von Konzerngesellschaften, Beteiligungen und Agenten – Total maximal CHF 1 950 Millionen (2000: CHF 984 Millionen)	1 289	467
Total	**9 828**	**2 863**

1 Entspricht dem Betrag, den die Novartis AG im Hinblick auf die durch Tochtergesellschaften ausgegebenen 55 Millionen Call-Optionen (Low Exercise Price Options – LEPOs) und 55 Millionen Put-Optionen auf eigenen Aktien garantiert.

28. Nahestehende Unternehmen und Personen

Der Konzern hat in der Vergangenheit Stiftungen zur Förderung der Arbeitnehmerwohlfahrt, der Mitarbeiterbeteiligung und für gemeinnützige Zwecke errichtet. Die Stiftungen für gemeinnützige Zwecke dienen der Förderung des Gesundheitswesens und der sozialen Entwicklung in Ländern, die stark vom agrarwirtschaftlichen Sektor abhängen. Diese Stiftungen sind autonom mit unabhängigen, für die Verwaltung der Stiftungen in Übereinstimmung mit Gesetz und Statuten verantwortlichen Stiftungsräten.

Die Mitarbeiterbeteiligungsstiftung wurde nicht konsolidiert, da SIC 12 Vorsorgeeinrichtungen für pensionierte Mitarbeiter und Pläne für Kapitalbeteiligungsleistungen von der Konsolidierungspflicht ausnimmt. Am 31. Dezember 2001 enthalten die Vermögenswerte der Mitarbeiterbeteiligungsstiftung 101.3 Millionen Aktien der Novartis AG mit einem Marktwert von CHF 6.1 Milliarden. Am 31. Dezember 2000 waren 98 Millionen Aktien der Novartis AG mit einem Marktwert von CHF 7.0 Milliarden im Besitz dieser Stiftung.

Im Jahr 2001 hat der Konzern diesen Stiftungen kurzfristige Darlehen im Betrag von CHF 1 189 Millionen gewährt und kurzfristige Darlehen im Betrag von CHF 10 Millionen von ihnen erhalten. Im Jahr 2000 gewährte der Konzern kurzfristige Darlehen im Betrag von CHF 936 Millionen und erhielt kurzfristige Darlehen im Betrag von CHF 6 Millionen und verkaufte ihnen 1.4 Millionen Aktien zum Marktwert.

Überdies gibt es etwa zwanzig andere für gemeinnützige Zwecke errichtete Stiftungen, aus denen Novartis keinen wirtschaftlichen Nutzen zieht, weshalb sie nicht konsolidiert werden. Am 31. Dezember 2001 hielten diese Stiftungen ca. 6.2 Millionen Aktien der Novartis AG zum Anschaffungswert von ca. CHF 39 Millionen.

Die Erläuterungen 5, 26 und 27 enthalten weitere Kommentare über Beziehungen mit nahestehenden Unternehmen und Personen.

▲ Abb. 73   Beispiele für Angaben im Anhang (Novartis, Geschäftsbericht 2001, S. 134 und 113)

Solche und ähnliche Informationen wurden daher schon immer als ergänzende Angaben (früher in der Schweiz als so genannte Angaben unter dem Bilanzstrich) in die Rechnungslegung aufgenommen. Dies gilt beispielsweise für Bürgschaften und Garantien zugunsten Dritter (vgl. ◄ Abb. 73). In der modernen Rechnungslegung sind solche wichtige Zusatzinformationen zwingend im Anhang zur Jahresrechnung offen zu legen.

Neue Finanzierungsformen wie das Leasinggeschäft oder Absicherungsgeschäfte für Fremdwährungen sind ebenfalls Sachverhalte, die nicht oder nicht zwingend zu einer Bilanzierung der entsprechenden Transaktion führen. Die Notwendigkeit, über Bilanz- und Erfolgsrechnungspositionen allenfalls **zusätzliche Informationen** – beispielsweise die Fälligkeitsstruktur der langfristigen Verbindlichkeiten – zu vermitteln, führt zu einem Anstieg der Informationsfülle. Ein Ausweis in der Bilanz oder Erfolgsrechnung würde die **Übersichtlichkeit** reduzieren. Viele Angaben lassen sich ausserdem nicht oder nur teilweise in Zahlen erfassen. In der angloamerikanischen Rechnungslegung gab es daher schon früh so genannte Notes, d.h. Angaben oder Anmerkungen zur Jahresrechnung. In der deutschen Terminologie wurde hierfür die Bezeichnung «Anhang» durch die 4. EU-Richtlinie eingeführt.

16.2 Aufgaben des Anhangs

Der Anhang soll beispielsweise gemäss Swiss GAAP FER 8/2 die für die Rechnungslegung angewandten Grundsätze, Erläuterungen zu den anderen Bestandteilen der Rechnungslegung und zudem weitere Informationen vermitteln, die nicht in anderen Teilen der Rechnungslegung gemacht worden sind bzw. gemacht werden können. Der Anhang hat somit **Interpretations-, Entlastungs- und Ergänzungsfunktion sowie Korrekturfunktion für die anderen Bestandteile der Rechnungslegung**. So ist es beispielsweise empfehlenswert, zur Position Rückstellungen Angaben über deren Zusammensetzung und Entwicklung im Anhang zu machen. Diese **dreifache Aufgabenstellung** für den Anhang zeigt sich in den meisten Jahresrechnungen (vgl. Swiss GAAP FER 1/3 und Art. 22 Abs. 1–2 Entwurf RRG).

16.2.1 Interpretationsfunktion

Die Auswertung der Informationen (sog. **Interpretationsfunktion** des Anhangs) wird erst durch die Angaben über die Bewertungsgrundsätze, die Bewertung der Materialien und Fabrikate oder die Angabe der Konsolidierungsgrundsätze möglich (vgl. ► Abb. 74).

> **Vorräte**
> Die Rohstoffe und die gekauften Fertigwaren werden zu Beschaffungskosten eingesetzt. Die Fertigwaren und unfertigen Erzeugnisse werden zum Einstandspreis bewertet. Der Einstandspreis enthält alle spezifischen Fertigungskosten sowie einen angemessenen Anteil an den Gemeinkosten und Abschreibungen der Produktionsbetriebe.
>
> Der Wertansatz der Vorräte der wichtigsten Rohstoffe und der gekauften Fertigwaren erfolgt nach der FIFO-Methode (first-in, first-out), für andere Materialien nach der Durchschnittsmethode.
> Eine Rückstellung wird gebildet, falls der realisierbare Nettowert eines Artikels tiefer ist als der nach den oben beschriebenen Methoden errechnete Inventarwert.

▲ Abb. 74 Bewertungsgrundsätze für Vorräte (Nestlé, Geschäftsbericht 2001, S. 15)

16.2.2 Entlastungs- und Erläuterungsfunktion

Die Erläuterungen im Anhang sollen die anderen Bestandteile entlasten (**Entlastungsfunktion**) und ergänzen (**Ergänzungsfunktion**). Dies sei an zwei Beispielen erläutert:

- Zu- und Abgänge an Maschinen werden getrennt nach Anschaffungswerten und Abschreibungen im so genannten Anlagespiegel dargestellt (vgl. ▶ Abb. 75). Die Inventarbestände werden in Rohstoffe, Fabrikate in Arbeit und Fertigfabrikate (oder ähnliche Bezeichnungen) aufgeteilt. Der Ausweis solcher Einzelheiten einer bestimmten Sammelposition im Anhang statt direkt in der Bilanz erleichtert die Übersicht in der Rechnungslegung.
- Informationen im Anhang über Zinssätze oder Zinssatz-Swaps lassen sich weder in die Bilanz noch in die Erfolgsrechnung einordnen. Angaben über Wertanpassungen auf Grundstücken und Liegenschaften, das Alter der Maschinen oder Garantien (vgl. ▶ Abb. 76) sind weitere (also «ergänzende») wichtige Informationen für die Investoren, die nicht in der Bilanz aufgeführt werden können.

Bei diesen Beispielen handelt es sich um Aussagen, die in den anderen Bestandteilen der Rechnungslegung nicht oder nicht direkt gemacht werden können. Sie lassen sich entweder nicht in Werteinheiten quantifizieren (Angaben zum Swap-Geschäft) oder bedingen eine Aufteilung von Einzelgrössen nach unterschiedlichsten Kriterien. Ein Beispiel hierfür ist die Segmentberichterstattung, wo der Umsatz im Beispiel der Nestlé aufgeteilt wird (vgl. ▶ Abb. 77).

12. Sachanlagen In Millionen CHF	Grundstücke und Gebäude	Technische Anlagen und Maschinen	Werkzeuge, Betriebs- und Geschäftsausstattung	Fahrzeuge	2001 Total	2000 Total
Bruttowert						
Am 1. Januar	11 977	24 261	6 471	810	**43 519**	44 014
Kursänderungen und Inflationsberichtigungen	(406)	(899)	(241)	(33)	**(1 579)**	(1 346)
Zugänge	754	1 913	826	118	**3 611**	3 305
Abgänge	(248)	(940)	(474)	(127)	**(1 789)**	(1 962)
Veränderung des Konsolidierungskreises	413	787	84	47	**1 331**	(492)
Am 31. Dezember	12 490	25 122	6 666	815	**45 093**	43 519
Kumulierte Abschreibungen						
Am 1. Januar	(4 292)	(15 558)	(4 503)	(541)	**(24 894)**	(24 796)
Kursänderungen und Inflationsberichtigungen	173	642	184	26	**1 025**	885
Abschreibungen	(354)	(1 449)	(683)	(95)	**(2 581)**	(2 737)
Wertbeeinträchtigungen	(94)	(120)	(8)	–	**(222)**	(223)
Abgänge	77	835	445	108	**1 465**	1 556
Veränderung des Konsolidierungskreises	(10)	43	3	(24)	**12**	421
Am 31. Dezember	(4 500)	(15 607)	(4 562)	(526)	**(25 195)**	(24 894)
Nettowert am 31. Dezember	7 990	9 515	2 104	289	**19 898**	18 625

▲ Abb. 75 Anlagespiegel (Nestlé, Geschäftsbericht 2001, S. 28)

31. Garantien
Die im Rahmen der normalen Geschäftstätigkeit durch die Gruppe ausgestellten Garantien gegenüber Drittparteien belaufen sich Ende Dezember 2001 auf CHF 357 Mio. (2000: CHF 436 Mio.).

▲ Abb. 76 Garantien (Nestlé, Geschäftsbericht 2001, S. 49)

1. Segmentinformationen Nach Verantwortungsbereichen und geografischen Regionen				
In Millionen CHF	2003	2002	2003	2002
	Umsatz		EBITA	
Zone Europa	28 574	28 068	3 561	3 442
Zone Nord- und Südamerika	27 655	29 293	4 150	4 189
Zone Asien, Ozeanien und Afrika	14 432	14 880	2 508	2 564
Nestlé Waters	8 066	7 720	782	696
Andere Aktivitäten	9 252	9 199	1 537	1 517
	87 979	89 160	12 538	12 408
Nicht zugeteilt			(1 532)	(1 468)
EBITA			11 006	10 940

Die Analyse des Umsatzes nach geografischen Regionen erfolgt nach dem Standort der Kunden. Verkäufe zwischen Segmenten sind nicht wesentlich.

Nach Produktgruppen				
Getränke	23 520	23 325	4 038	4 075
Milchprodukte, Nutrition und Speiseeis	23 283	23 376	2 796	2 756
Fertiggerichte und Produkte für die Küche	16 068	15 834	1 884	1 712
Produkte für Heimtiere	9 816	10 719	1 444	1 418
Schokolade, Süsswaren und Biscuits	10 240	10 774	1 047	1 180
Pharmazeutische Produkte	5 052	5 132	1 329	1 267
	87 979	89 160	12 538	12 408
Nicht zugeteilt			(1 532)	(1 468)
EBITA			11 006	10 940

Die Segmentergebnisse stellen den Beitrag der verschiedenen Segmente an die zentralen Verwaltungs- sowie Forschungs- und Entwicklungskosten und den Gewinn der Gruppe dar. Die nicht zugeteilten Beträge bestehen hauptsächlich aus zentralen Verwaltungs- sowie Forschungs- und Entwicklungskosten. Spezifische zentrale Verwaltungs- sowie Forschungs- und Entwicklungskosten werden den entsprechenden Segmenten zugeteilt.

▲ Abb. 77 Segmentberichterstattung (Nestlé, Geschäftsbericht 2003, S. 19, 21 und 12)

16.2.3 Korrekturfunktion

Eine weitere Funktion, die **Korrekturfunktion**, wurde bereits im Zusammenhang mit dem Grundsatz der Stetigkeit in der Rechnungslegung erläutert (vgl. Abschnitt 6.3.4). Weicht ein Unternehmen von Regeln, welche in den Vorjahren verwendet wurden oder die gesetzlich vorgegeben sind, ab, so kann die Information zum Berichtsjahr nicht mit den Aussagen im Vorjahr verglichen werden. Die Ver-

> Bei deutschen Tochtergesellschaften werden Sachanlagen, die vor dem 1. Januar 2001 in Betrieb genommen wurden, entweder linear oder degressiv abgeschrieben bis die lineare Abschreibung zu höheren Abschreibungsbeträgen führt. Sachanlagen, die nach dem 31. Dezember 2000 in Betrieb genommen wurden, werden linear abgeschrieben. Die Änderung der Bilanzierungsmethode für Zugänge ab 1. Januar 2001 wurde vorgenommen, um Verbesserungen bei Konstruktion, Flexibilität und Wartung von Produktionsanlagen und Betriebsausstattung gerecht zu werden. Da diese Verbesserungen zu gleichmässigeren Produktionskapazitäten und Instandhaltungsaufwendungen während der Nutzungsdauer der Anlagen führten, ist die lineare Abschreibung unter diesen Umständen vorzuziehen. Die Auswirkung dieser Umstellung auf das Konzernergebnis war in 2001 unwesentlich.

▲ Abb. 78 Änderung der Bilanzierungsmethode (DaimlerChrysler, Geschäftsbericht 2001, S. 80)

gleichbarkeit der Rechnungslegung ein und desselben Unternehmens auf der Zeitachse muss dann im Anhang durch eine qualifizierte Aussage über die Auswirkungen dieser Änderungen ermöglicht werden (vgl. ◄ Abb. 78).

16.3 Aufbau und Gestaltung des Anhangs

Für die Gestaltung des Anhangs gelten die Grundsätze der ordnungsmässigen Rechnungslegung, insbesondere die Gebote der Stetigkeit (formell bezüglich Gliederung und Aufbau sowie materiell bezüglich inhaltlicher Kontinuität), der Wesentlichkeit und der Klarheit. Im Sinne der Zielsetzung der Rechnungslegung geht es auch hier um eine *fair presentation*, eine Wiedergabe gemäss dem Grundsatz der *true and fair view*. Der Grundsatz der Wesentlichkeit ist allerdings zu relativieren. Gewisse Angaben wie jene über die Bezüge des Managements oder der Verwaltungsräte sind immer aufzuführen, auch wenn diese gemessen am gesamten Personalaufwand oder einer anderen dafür relevanten Grösse von geringer Bedeutung sind.

Darüber hinaus sind knappe und klare Formulierungen gefordert. Zudem dürfen durch Ausführungen im Anhang Angaben in anderen Bestandteilen nicht abgeändert werden.

16.4 Pflichtangaben des Anhangs

Zu den Pflichtangaben des Anhangs gehören nach FER zwingend die Bestandteile:

- für die Rechnungslegung verwendete Grundsätze,
- Erläuterungen einzelner Positionen,
- zusätzliche Angaben.

16.4.1 Für die Rechnungslegung verwendete Grundsätze

Im Anhang wird angegeben, welches Regelwerk für die Rechnungslegung verwendet wird. Dies erfolgt in der Regel mit einem einfachen Verweis auf beispielsweise IAS (IFRS), Swiss GAAP FER oder US GAAP. Etwas ausführlicher sind die Angaben zu den Konsolidierungsgrundsätzen. In erster Linie interessiert, welche Unternehmen voll in die Konsolidierung einbezogen bzw. wie Gemeinschaftsunternehmen oder Minderheitsbeteiligungen behandelt werden.

- Konsolidierungsgrundsätze:
    - in erster Linie Angaben zum Konsolidierungskreis (vgl. das Beispiel in ▶ Abb. 79),
    - Angaben über die Behandlung von Gemeinschaftsunternehmen und Minderheitsbeteiligungen;
- Grundsätze der Rechnungslegung (Swiss GAAP FER 8/6):
    - Bewertungsgrundsätze allgemein,
    - Bewertungsgrundsätze für die wichtigsten Positionen (vgl. ▶ Abb. 80).

Konsolidierungskreis und -methoden

Die konsolidierte Jahresrechnung umfasst die Georg Fischer AG und alle in- und ausländischen Gesellschaften, an denen die Konzern-Holding direkt oder indirekt mit mehr als 50 % der Stimmrechte beteiligt ist oder die operative und finanzielle Führungsverantwortung trägt.

Diese Gesellschaften werden voll konsolidiert. Aktiven und Passiven sowie Erträge und Aufwendungen werden nach der Methode der Vollkonsolidierung zu 100 % übernommen, alle konzerninternen Beziehungen (Forderungen und Verbindlichkeiten, Erträge und Aufwendungen) eliminiert und die Anteile von Minderheitsaktionären bzw. -gesellschaftern am Eigenkapital sowie am Ergebnis von konsolidierten Unternehmungen separat ausgewiesen. Zwischengewinne auf konzerninternen Transaktionen und Beständen werden ergebniswirksam eliminiert. Die Kapitalkonsolidierung erfolgt nach der Purchase-Methode. Die Anschaffungskosten einer akquirierten Gesellschaft werden dabei mit den nach konzerneinheitlichen Grundsätzen zum Verkehrswert bewerteten Nettoaktiven zum Zeitpunkt des Erwerbs verrechnet.

Joint Ventures, an denen die Georg Fischer AG direkt oder indirekt mit 50 % beteiligt ist und für welche die Führungsverantwortung nicht allein beim Georg Fischer Konzern liegt, werden nach der Methode der Quotenkonsolidierung (anteiliger Einbezug) behandelt.

Gesellschaften, an denen der Georg Fischer Konzern stimmenmässig mit mindestens 20 %, aber weniger als 50 % beteiligt ist, werden nach der Equity-Methode erfasst und unter den Beteiligungen ausgewiesen.

Beteiligungen unter 20 % werden zum Verkehrswert bewertet und unter den übrigen Finanzanlagen bilanziert, wobei die nicht realisierten Gewinne und Verluste bis zur Veräusserung in den Gewinnreserven erfasst und ausgewiesen werden. Bei Veräusserung oder im Falle eines Impairments werden diese in die Erfolgsrechnung übertragen.

Im Laufe des Jahres erworbene oder veräusserte Konzerngesellschaften werden vom Tag des Erwerbs an konsolidiert und ab Verkaufsdatum aus der Konsolidierung erfolgswirksam ausgeschlossen.

▲ Abb. 79 Konsolidierungskreis (Georg Fischer, Geschäftsbericht 2002, S. 52)

> **Sachanlagen**
> Die Sachanlagen werden zu Anschaffungskosten oder zu Herstellkosten abzüglich der betriebswirtschaftlich notwendigen Abschreibungen bilanziert. Anlageobjekte, welche über langfristige Leasingverträge finanziert sind, werden zum Barwert der Mindestleasingraten oder zum tieferen Verkehrswert bilanziert. Auf der Passivseite sind die entsprechenden Finanzleasingverpflichtungen als Verbindlichkeiten ausgewiesen.

▲ Abb. 80 Bewertung der Sachanlagen (Georg Fischer, Geschäftsbericht 2002, S. 53)

16.4.2 Erläuterungen einzelner Positionen

Im Interesse der Übersichtlichkeit werden in Bilanz und Erfolgsrechnung nur die wichtigsten Positionen ausgewiesen, beispielsweise die Sachanlagen insgesamt. Die Angaben zur Gliederung – im Falle der Sachanlagen unter anderem in Maschinen, Einrichtungen, Grundstücke und Gebäude – sowie weitere wichtige Informationen finden sich im Anhang. Damit werden Bilanz und Erfolgsrechnung von vielen Detailangaben entlastet. Dies zeigt sich vor allem beim so genannten Anlagespiegel. Hier werden die Bruttowerte sowohl für die Anschaffungskosten als auch die Abschreibungen für sämtliche Kategorien des Anlagevermögens und deren Entwicklung im Laufe der Berichtsperiode aufgeschlüsselt. Gleiches gilt für die Gliederung und die Konditionen der Finanzverbindlichkeiten. Hier interessieren Laufzeiten bzw. Fälligkeiten, Tilgungsverpflichtungen sowie Zinssätze. Die wichtigsten Vorgaben bezüglich Erläuterungen einzelner Positionen kann man anhand von Beispielen wie folgt zusammenfassen:

- Erläuterungen zu einzelnen wichtigen Aktiven, z. B. Vorräten (vgl. ▶ Abb. 81).

Vorräte		
Mio. CHF	2002	2001
Rohstoffe und Produktionsteile	158	194
Fabrikate in Arbeit	122	139
Fertigfabrikate, Handelswaren	276	318
Inventarbestände	556	651
An Lieferanten geleistete Anzahlungen	19	23
Von Kunden erhaltene Anzahlungen	–19	–31
Vorräte	**556**	**643**

Die von den Inventarbeständen in Abzug gebrachten Wertberichtigungen betragen CHF 123 Mio. (Vorjahr CHF 144 Mio.).

▲ Abb. 81 Erläuterung der Vorräte (Georg Fischer, Geschäftsbericht 2002, S. 59)

- Der **Anlagespiegel** (vgl. ▶ Abb. 82) zeigt die wichtigsten Bewegungen im Anlagevermögen während der Berichtsperiode, insbesondere Anschaffungen wie den Kauf von Maschinen und deren Stilllegung (z.B. Verschrottung) oder Veräusserung. Zudem gibt es regelmässig auch Umklassierungen von einer

Entwicklung der Sachanlagen								
Mio. CHF	Nicht betriebliche Liegenschaften	Betriebliche Liegenschaften	Maschinen und Produktionsanlagen	Übrige Sachanlagen	Anlagen im Bau	Anlagen in Leasing	Total 2002	Total 2001
Anschaffungswerte								
Bestand am 1. Januar	87	831	1 373	406	65	16	2 778	2 790
Effekt aus nachträgl. Goodwill-Anpassung								–44
Zugänge		12	56	15	86	2	171	233
Abgänge	–2	–5	–24	–15	–1		–47	–121
Veränderung Konsolidierungskreis		–29	–15	–16	–1		–61	–22
Übrige Veränderungen, Umbuchungen	2	4	49	7	–62			–14
Umrechnungsdifferenzen		–22	–39	–12	–2		–75	–44
Bestand am 31. Dezember	**87**	**791**	**1 400**	**385**	**85**	**18**	**2 766**	**2 778**
Abschreibungen, kumuliert								
Bestand am 1. Januar	–45	–403	–886	–280		–5	–1 619	–1 603
Effekt aus nachträgl. Goodwill-Anpassung								11
Zugänge	–1	–24	–92	–36		–2	–155	–160
Abgänge		2	22	13			37	85
Veränderung Konsolidierungskreis		3	9	14		1	27	23
Übrige Veränderungen, Umbuchungen		2	–2					
Umrechnungsdifferenzen		7	23	8			38	25
Bestand am 31. Dezember	**–46**	**–413**	**–926**	**–281**		**–6**	**–1 672**	**–1 619**
Bilanzwerte								
am 1. Januar	42	428	487	126	65	11	1 159	1 187
am 31. Dezember	**41**	**378**	**474**	**104**	**85**	**12**	**1 094**	**1 159**

Der Versicherungswert der Sachanlagen beträgt CHF 3 344 Mio. (Vorjahr CHF 3 376 Mio.).

Beschlossene Sachanlageinvestitionen betragen CHF 99 Mio. (Vorjahr CHF 109 Mio.), die in den Jahren 2003 bis 2006 liquiditätswirksam werden.

Der Verkehrswert der nicht betrieblichen Liegenschaften wird durch interne Experten auf Basis der Ertrags- und aktuellen Marktwerte ermittelt und beträgt CHF 90 Mio. (Vorjahr CHF 96 Mio.). Die Mieterträge betragen CHF 5 Mio. (Vorjahr CHF 6 Mio.), der Liegenschaftsaufwand beträgt CHF 5 Mio. (Vorjahr CHF 5 Mio.).

In der Erfolgsrechnung werden Abschreibungen auf nicht betrieblichen Liegenschaften im Ergebnis aus nicht betrieblichen Liegenschaften, in der Geldflussrechnung im übrigen nicht liquiditätswirksamen Erfolg ausgewiesen.

In den Abschreibungen des Vorjahres ist ein Impairment von CHF 3 Mio., das die Georg Fischer Rohrleitungssysteme betrifft, enthalten.

Der Effekt aus der in 2001 erfolgten nachträglichen Goodwill-Anpassung beinhaltet Neubewertungen von Sachanlagen im Rahmen des Purchase Accounting (IAS 22) und entlastet die Abschreibungen mit rund CHF 5 Mio. pro Jahr (siehe Erläuterung 4).

▲ Abb. 82 Anlagespiegel (Georg Fischer, Geschäftsbericht 2002, S. 57)

Kategorie in eine andere. Ein häufig auftretender Fall ist die Zuweisung von bisher als Anlagen im Bau ausgewiesenen Sachanlagen nach deren Fertigstellung in die neu zutreffende Kategorie (z.B. Liegenschaften). Der Anlagespiegel zeigt einerseits die Anschaffungs- bzw. Herstellkosten, so wie sie ursprünglich angefallen sind. Andererseits zeigt er die kumulierten Abschreibungen sowie die Verschiebungen, die sich hier beispielsweise durch die Verschrottung und Ausserbetriebsetzung einer Maschine ergeben. Damit verschafft der Anlagespiegel hohe Transparenz bezüglich Mittelbindung, Investitionen und Desinvestitionen bei den Sachanlagen oder generell im Anlagevermögen. Vielfach umfasst der Anhang auch einen Anlagespiegel für die immateriellen Werte sowie die Finanzanlagen.

Land	UG/GZ	Gesellschaft		Grundkapital Mio.	Beteiligung %	Konsolidierung	Funktion
Europa							
Schweiz	KF	Georg Fischer AG, Schaffhausen	CHF	349.9		K	H
	KF	Rhenum Metall AG, Schaffhausen	CHF	1.0	100	K	H
	KF	Georg Fischer Risk Management AG, Schaffhausen	CHF	0.5	100	K	F
	KF	Eisenbergwerk Gonzen AG, Sargans	CHF	0.5	49	B	F
	KF	Berufsbildungszentrum SIG Georg Fischer AG, Neuhausen	CHF	1.0	50	B	F
	DL	Georg Fischer Liegenschaften AG, Schaffhausen	CHF	12.0	100	K	F
	DL	Georg Fischer Immobilien AG, Schaffhausen	CHF	3.0	100	K	F
	DL	Georg Fischer Logimatik AG, Schaffhausen	CHF	0.5	100	K	F
	DL	Georg Fischer Speditionslogistik AG, Schaffhausen	CHF	0.5	100	K	F
	DL	Georg Fischer Immobilien Service AG, Schaffhausen	CHF	0.5	100	K	F
	DL	Georg Fischer Treuhand AG, Schaffhausen	CHF	0.1	100	K	F
	FZT	Georg Fischer Fahrzeugtechnik AG, Schaffhausen	CHF	1.0	100	K	F
	RLS	Georg Fischer Rohrleitungssysteme AG, Schaffhausen	CHF	20.0	100	K	P
	RLS	Georg Fischer Kunststoff-Armaturen AG, Seewis	CHF	2.5	100	K	P
	RLS	Georg Fischer Wavin AG, Schaffhausen CHF	CHF	17.8	60	K	P
	RLS	Georg Fischer Wavin Finanzierungs AG, Schaffhausen	CHF	1.0	60	K	F
	RLS	Georg Fischer Haustechnik AG, Schaffhausen	CHF	2.0	100	K	P

UG/GZ	= Unternehmensgruppe/Geschäftszweig		E	= Equity-Bewertung
KF	= Konzernführung		B	= Erfassung zum Buchwert
DL	= Dienstleistungen			(entspricht geschätztem Verkehrswert)
FZT	= Fahrzeugtechnik		H	= Holding
RLS	= Rohrleitungssysteme		P	= Produktion
FT	= Fertigungstechnik		F	= Führung und Service
K	= Voll konsolidierte Gesellschaft		V	= Verkauf
Q	= Quotenkonsolidierte Gesellschaft			

▲ Abb. 83 Gesellschaften des Konzerns (Georg Fischer, Geschäftsbericht 2002, S. 78–81)

Der Anlagespiegel ermöglicht Rückschlüsse bezüglich Investitionsvolumen des Unternehmens aber auch bezüglich der Höhe der Geldüberschüsse *(cash earning needs)*, die erarbeitet werden müssen, um den Produktionsapparat durch entsprechende Investitionen laufend erneuern zu können. Zudem lässt das Verhältnis von Investitionen zu den Abschreibungen bzw. den ursprünglichen Anschaffungskosten indirekt Rückschlüsse auf das Alter bzw. den Erneuerungsbedarf des Anlagevermögens zu.

- Detaillierte Angaben zu den Beteiligungen bzw. zum Konsolidierungskreis, insbesondere: Firma, Sitz, Zweck, Aktienkapital und Beteiligungsquote (vgl. ◄ Abb. 83).
- Erläuterungen zu einzelnen wichtigen Verbindlichkeiten, z.B. Finanzschulden (vgl. ► Abb. 84).

Selbstverständlich gibt es auch zu anderen Bilanzpositionen sowie zu Positionen von Erfolgs- und Geldflussrechnung Erläuterungsbedarf.

Anleihen (Georg Fischer AG, Schaffhausen)		
Mio. CHF	2002	2001
Obligationenanleihen		
4 $\frac{5}{8}$% 1996–2002 (3.7.)		100
3 $\frac{1}{2}$% 1999–2009 (5.2.)	195	194
Wandelanleihen		
2% 1997–2003 (25.4.)	47	47
1 $\frac{1}{2}$% 2000–2005 (31.1.)	206	205
Diskontierungskomponente Wandelanleihen	−9	−13
Total	**439**	**533**

Sachanlagen
Die 3 $\frac{1}{2}$%-Obligationenanleihe 1999–2009 kann jederzeit ohne Zustimmung der Obligationäre aufgestockt werden. Jede Obligation der 2%-Wandelanleihe 1997–2003 im Nennwert von CHF 5 700 berechtigt jederzeit bis 18. April 2003 zur Wandlung in 15 Namenaktien im Nennwert von CHF 100 der Georg Fischer AG. Jede Obligation der 1 $\frac{1}{2}$%-Wandelanleihe 2000–2005 im Nennwert von CHF 2 500 berechtigt jederzeit bis 31. Januar 2005 zur Wandlung in Namenaktien im Nennwert von CHF 100 der Georg Fischer AG im Wandelverhältnis von 3.4965. Die amortisierte Diskontierungskomponente der Wandelanleihen beträgt noch CHF 8.7 Mio. Die sich daraus ergebende zusätzliche Zinsbelastung beträgt CHF 4.0 Mio. Zur Sicherstellung des Wandelrechts wurde durch die Generalversammlung die entsprechende bedingte Kapitalerhöhung bewilligt.

▲ Abb. 84 Anleihen (Georg Fischer, Geschäftsbericht 2002, S. 59)

| 16.4.3 | **Zusätzliche Angaben** |

Viele Angaben lassen sich nicht oder nicht direkt in der Bilanz oder der Erfolgsrechnung platzieren, weil ein direkter Bezug zu den üblichen Positionen dieser beiden Bestandteile fehlt oder weil die zusätzlichen Informationen relativ umfangreich sind. Man spricht vor allem bei diesen Angaben von Offenlegung *(disclosure)*, obwohl an sich sämtliche im Anhang aufgeführten Informationen Ergebnis der Pflicht zur Offenlegung sind.

Die Liste der entsprechenden Angaben ist umfangreich und erhöht sich bei Publikumsgesellschaften laufend. Wenn Gesetzgeber oder Standardsetzer bzw. die Börse neu als notwendig erachtete Informationen dem Anhang zuweisen, hat dies einen grossen Vorteil: Diese Angaben sind – als Teil der Jahresrechnung – zwingend hinsichtlich Vollständigkeit und Richtigkeit durch die Revisionsstelle zu prüfen.

Die folgenden Kategorien von Angaben stehen im Vordergrund, wobei die Aufzählung allerdings unvollständig ist:

- **Sicherheiten zugunsten von Verpflichtungen Dritter:** Dazu gehören Eventualverbindlichkeiten, Bürgschaften, Garantieverpflichtungen und Pfandbestellungen (vgl. ▶ Abb. 85). Aus solchen Verpflichtungen entsteht nicht unmittelbar eine Verbindlichkeit. Gemäss den allgemeinen Bilanzierungsgrundsätzen und der Definition von Verbindlichkeiten braucht es neben der Verpflichtung aufgrund eines Ereignisses in der Vergangenheit eine hohe Wahrscheinlichkeit dafür, dass ein Geldabfluss erfolgen wird. Dies ist beispielsweise bei Bürgschaften, die für Bankverbindlichkeiten einer Tochtergesellschaft von der ausländischen Muttergesellschaft abgegeben werden, nur dann der Fall, wenn die Tochtergesellschaft selbst nicht mehr in der Lage ist, den Kredit bei Fälligkeit zurückzuzahlen. In einem solchen Fall ist – je nach finanzieller Lage der Tochter – bei der Muttergesellschaft nicht eine Eventualverbindlichkeit im Anhang, sondern eine Verbindlichkeit (meist in der Position Rückstellungen) in der Bilanz auszuweisen. In allen anderen Fällen sind die Kriterien für die Bilanzierung als Verbindlichkeit nicht erfüllt. Gleichwohl ist eine solche Verpflichtung im Anhang offen zu legen. Denn es besteht ein gewisses Risiko, dass daraus eine Verbindlichkeit und in der Folge ein Geldabfluss entsteht.

Eventualverbindlichkeiten
Die Eventualverbindlichkeiten umfassen Rücknahmeverpflichtungen aus Leasinggeschäften Dritter von CHF 12 Mio. (Vorjahr CHF 24 Mio.) und an Dritte abgegebene Garantien und Bürgschaften von CHF 23 Mio. (Vorjahr CHF 9 Mio.).

▲ Abb. 85 Eventualverbindlichkeiten (Georg Fischer, Geschäftsbericht 2002, S. 63)

> **Verpfändete oder abgetretene Aktiven**
> Von den gesamten Aktiven sind CHF 106 Mio. (Vorjahr CHF 197 Mio.) verpfändet oder beschränkt verfügbar.

▲ Abb. 86 Verpfändete Aktiven (Georg Fischer, Geschäftsbericht 2002, S. 65)

- **Sicherheiten für eigene Verpflichtungen:** Dazu gehört die Verpfändung von Sachanlagen (vgl. ◀ Abb. 86) oder immateriellen Werten ebenso wie die Sicherungsabtretung von Forderungen. Auch Eigentumsvorbehalte beispielsweise beim Kauf von Anlagevermögen mit Hilfe von Leasingfinanzierungen (an den Leasingnehmer übertragen wird das Nutzungsrecht, das Eigentum dagegen verbleibt beim Leasinggeber) sind hier einzuordnen:
  Im Falle von Zahlungsschwierigkeiten der bilanzierenden Firma stehen die entsprechenden Aktiven – verstanden als Barwert künftiger Geldzuflüsse – nicht uneingeschränkt für die Begleichung von Verbindlichkeiten zur Verfügung. Vielmehr fliesst jener Geldbetrag einem bestimmten, durch die Besicherung gegenüber den anderen Gläubigern besser gestellten Kapitalgeber (meist nutzen die Banken im Zusammenhang mit der Kreditfinanzierung solche Möglichkeiten) oder – beim Finanzleasing – dem Leasinggeber zu.

- **Nicht bilanzierte Verpflichtungen:** Neben den Bürgschaften etc. zugunsten Dritter gibt es weitere Verpflichtungen, die (noch) keine Verbindlichkeiten und damit bilanzierungspflichtig sind. Beispielsweise gehen Firmen im Zusammenhang mit der Miete von Räumlichkeiten oder der Nutzung von ganzen Fahrzeugflotten, Anlagen der Bürokommunikation und Informationstechnologie teilweise langfristige Engagements (auch als Operating Leasing bezeichnet, vgl. ▶ Abb. 87) ein, die nicht kündbar sind und zu jährlichen Geldabflüssen in beachtlicher Höhe führen. Gleiches gilt für Anstellungsverträge mit Personen

Leasing		
Mio. CHF	2002	2001
Leasingverpflichtung bis 1 Jahr	2	1
Leasingverpflichtung 2 bis 5 Jahre	5	1
Leasingverpflichtung über 5 Jahre	2	
Finanzleasing (Nominalwerte)	**9**	**2**
Leasingverpflichtung bis 1 Jahr	12	11
Leasingverpflichtung 2 bis 5 Jahre	18	21
Leasingverpflichtung über 5 Jahre	9	1
Operatives Leasing (Nominalwerte)	**39**	**33**

▲ Abb. 87 Leasing (Georg Fischer, Geschäftsbericht 2002, S. 65)

in leitender Stellung, die – wie beispielsweise in Deutschland üblich – während fünf Jahren oder noch länger nicht gekündigt werden können. Wichtig sind Verpflichtungen, welche sich aufgrund von verabschiedeten und bereits eingeleiteten Investitionsvorhaben ergeben. Für die Analyse eines Unternehmens sind die aus solchen Verpflichtungen resultierenden künftigen Geldabflüsse – die aber im Bilanzierungszeitpunkt noch keine Verbindlichkeiten sind – sehr wichtig.

- **Angaben zu eigenen Aktien** der Gesellschaft: Hält eine Gesellschaft selber oder über Tochtergesellschaften eigene Aktien (vgl. dazu Kapitel 29 «Eigenkapital»), sind Erwerb, Veräusserung und Bestand dieser Aktien mit Angabe von Anzahl und Betrag offen zu legen (vgl. ▶ Abb. 88). Allenfalls sind die Angaben nach Titelkategorien aufzuschlüsseln. In diesem Zusammenhang zu erwähnen sind auch die Informationspflichten im Falle der Schaffung und Nutzung von genehmigtem sowie bedingtem Kapital.
- Der **Grundsatz der Stetigkeit** verpflichtet unter anderem dazu, stets die gleichen Bewertungsgrundsätze zu verwenden und diese auch über die Jahre hinweg nach den gleichen Kriterien anzuwenden. Allerdings gibt es Fälle, in denen eine Abweichung im Sinne der *fair presentation* von Nutzen ist. Einerseits können

Eigene Aktien bei der Georg Fischer AG und bei Tochtergesellschaften		
	Anzahl Namenaktien	**Total Wert 1 000 CHF**
Stand 1.1.2002	114 769	36 095
Abgang für Mitarbeiterbeteiligungsprogramme	−4 604	−1 456
Bewertungskorrektur		−19 216
Stand 31.12.2002	**110 165**	**15 423**
Die eigenen Aktien sind, neben der normalen Handelstätigkeit, auch für Verwaltungsratshonorare und Boni an das obere Kader bestimmt.	Ausserdem stehen Namenaktien im Nominalwert von CHF 5 Mio. zur Verfügung des Verwaltungsrates.	

▲ Abb. 88 Eigene Aktien (Georg Fischer, Geschäftsbericht 2002, S. 74)

Änderung von Bilanzierungs- und Bewertungsgrundsätzen Im Berichtsjahr haben uns erneute Verluste in der Immobilien-Projektentwicklung, Sanierungsmassnahmen bei unseren Tochtergesellschaften und konzernweite Restrukturierungskosten veranlasst,	Bewertungswahlrechte auszuüben. In die aktivierten Herstellkosten der nicht abgerechneten Bauarbeiten und unfertigen Leistungen haben wir angemessene Teile der Verwaltungskosten einbezogen.

▲ Abb. 89 Abweichung vom Grundsatz der Stetigkeit (Philipp Holzmann, Geschäftsbericht 1996, S. 54)

sich aufgrund der Entwicklung gewisse Parameter – beispielsweise die Nutzungsdauer von Anlagen für die Berechnung der Abschreibungen – als nicht mehr zutreffend erweisen. Die entsprechende Anpassung – im Beispiel der Abschreibungen eine längere (oder kürzere) Nutzungsdauer und entsprechend tiefere (bzw. höhere) Abschreibungen – beeinflussen unmittelbar die Höhe des ausgewiesenen Reingewinnes. Andererseits kann eine Methode als Ganzes aufgegeben und durch eine andere ersetzt werden (vgl. ◄ Abb. 89). Ein Ingenieurunternehmen kann sich beispielsweise dazu entschliessen, die Grossprojekte entsprechend ihrem Fertigungsgrad nach der Percentage-of-Completion-Methode zu bewerten, statt vorerst nur die Kosten zu erfassen und den Gewinn dann erst nach Abschluss (Completed-Contract-Methode) auszuweisen.

- Im Einzelabschluss können in Ländern, in denen die Handelsbilanz auch für die Steuerbemessung massgeblich ist, aufgrund der nach Steuerrecht zulässigen rascheren Abschreibungen so genannte **stille Reserven** entstehen. Diese Bewertungsreserven können unter Umständen aufgelöst werden. In der Schweiz schreibt das Aktienrecht vor, den – per Saldo – aufgelösten Betrag im Anhang auszuweisen (Art. 663 b Ziff. 8 OR) (vgl. ► Abb. 90).

- Im Zusammenhang mit (Bilanz-)Sanierungen im Falle eines so genannten **Kapitalverlustes** (die Nettoaktiven sind kleiner als die Hälfte des Grundkapitals sowie der gesetzlichen Reserven, die Verbindlichkeiten übersteigen somit die vorhandenen Vermögenswerte) ist es gemäss schweizerischem Aktienrecht möglich, Grundstücke und Beteiligungen über deren Anschaffungskosten hinaus auf den allfällig höheren Marktwert aufzuwerten (Art. 670 OR). Gegenstand und Betrag solcher Aufwertungen sind gemäss Art. 663 b Ziff. 9 OR ebenfalls im Anhang auszuweisen.

Auflösung von stillen Reserven
Im Jahre 2001 wurden stille Reserven von 9.4 Millionen Franken aufgelöst.

▲ Abb. 90 Auflösung stiller Reserven (Alpina Versicherungen, Geschäftsbericht 2001, S. 18)

Réévaluation/Aufwertungen
Immeubles de placement/Liegenschaften

| Les immeubles Les Florentins et Mussard, tous deux sis à Genève, dont les prix d'acquisition sont de Frs. 14 423 405, ont fait l'objet de réévaluations successives en 1987, 1988 et 1990 portant leurs valeurs au bilan à Frs. 20 941 386. | Die Liegenschaften Les Florentins und Mussard, beide in Genf liegend, deren Erwerbspreis Fr. 14 423 405 beträgt, wurden 1987, 1988 und 1990 auf Fr. 20 941 386 aufgewertet. |

▲ Abb. 91 Aufwertungen (Axa Assurances, Geschäftsbericht 2001, S. 18)

> **Ereignisse nach dem Bilanzstichtag**
> Die Konzernrechnung wurde am 16.2.2004 durch den Verwaltungsrat zur Veröffentlichung genehmigt. Sie unterliegt zudem der Genehmigung durch die Generalversammlung.
> Am 21.1.2004 wurde der Verkauf von Georg Fischer (Lincoln) Ltd an die Meade Corporation kommuniziert. Da die Restrukturierungsaufwendungen im Rahmen des Strukturprogramms dieser Gesellschaft in der Rechnung 2003 erfasst wurden, werden aus diesem Verkauf auf die Rechnung 2004 keine wesentlichen Effekte erwartet. Am 29.1.2004 wurde der Verkauf der Georg Fischer Speditionslogistik AG kommuniziert, deren Devestitionsgewinn auf die Rechnung 2004 entfällt.
> Es sind keine weiteren Ereignisse zwischen dem 31.12.2003 und dem 16.2.2004 eingetreten, welche eine Anpassung der Buchwerte von Aktiven und Passiven des Konzerns zur Folge hätten oder an dieser Stelle offen gelegt werden müssten.

▲ Abb. 92 Zusätzliche Angaben (Georg Fischer, Geschäftsbericht 2003, S. 72)

> **Bedeutende Aktionäre**
> Die UBS Fund Management (Switzerland) AG, Basel, hält gemäss Offenlegungspflicht-Mitteilung vom 17.12.2002 mit 177 577 Namenaktien 5.07 % an der Georg Fischer AG. Davon per 31.12.2002 mit Stimmrecht eingetragen im Aktienregister sind 175 277 Namenaktien. Im Vorjahr bestanden keine ausweispflichtigen Aktionärspositionen.

▲ Abb. 93 Bedeutende Aktionäre bei Georg Fischer (Georg Fischer, Geschäftsbericht 2002, S. 74)

- Wesentliche Ereignisse, die keine Auswirkung auf die Bewertung am Bilanzstichtag haben (d.h. für sie darf keine Anpassung der Abschlusszahlen vorgenommen werden), sind im Anhang anzugeben. Als Beurteilungskriterium für die Angabepflicht dieser so genannten **Ereignisse nach dem Bilanzstichtag** (vgl. ◄ Abb. 92) gilt die Entscheidungsrelevanz der Information. Dies bedeutet, dass eine Angabe immer dann vorgenommen werden muss, wenn ohne sie die Entscheidungsfindung der externen Adressaten der Rechnungslegung beeinträchtigt würde.
- Publikumsgesellschaften müssen in den meisten Ländern – so auch in der Schweiz gemäss Art. 663 c OR – **bedeutende Aktionäre und deren Beteiligung** an ihrer Gesellschaft im Anhang offen legen (vgl. ◄ Abb. 93).
- Angaben zur **Corporate Governance** (vgl. zu diesbezüglichen Offenlegungspflichten beispielsweise die Richtlinie betreffend Informationen zur Corporate Governance [RLCG] der SWX).

16.5 Analyse des Anhangs

Der Anhang enthält eine Fülle von Angaben, die für die Beurteilung der Risiken wichtig sind, beispielsweise Informationen zu nicht bilanzierten Verpflichtungen, zu möglichen Produkthaftpflichtfällen und hängigen Gerichtsverfahren. Ebenso finden sich bei Konzernen Hinweise für die Beurteilung der verschiedenen Sparten im Rahmen der Segmentberichterstattung. Einzelheiten wie die Angaben im Anlagespiegel oder zu den Finanzierungskonditionen gestatten zusätzliche Analysen bezüglich Potenzial im Zusammenhang mit einer anderen Refinanzierung oder einer Änderung der Investitionspolitik. Dies sind nur einige der möglichen Analyseschritte. Bereits daraus zeigt sich aber, wie wichtig eine aufmerksame Verarbeitung der Angaben im Anhang für die Unternehmensanalyse ist. Die Fülle von Informationen darf nicht von einer sorgfältigen Beurteilung der einzelnen Angaben abschrecken. Die vielfach verwendeten Standardformulierungen wiederum verleiten oft dazu, ganze Teile des Anhangs einfach zu überspringen. Auch hier ist Vorsicht am Platz. Sicher garantiert der Grundsatz der Stetigkeit, dass wesentliche Änderungen besonders hervorgehoben werden. Umgekehrt kann es für Unternehmen verlockend sein, mit wenigen Formulierungen wichtige Aussagen in einen sich jährlich wiederholenden Standardtext hinein zu verpacken.

Der Anhang umfasst immer mehr Angaben. Es ist damit zu rechnen, dass einzelne Elemente in Zukunft als eigenständiger Bestandteil der Jahresrechnung gezeigt werden müssen. In vielen Ländern gilt dies schon heute für die Analyse der Veränderung des Eigenkapitals und die Angaben zur Corporate Governance (Angaben über Zusammensetzung von Verwaltungsrat und Management inkl. deren Bezüge, Arbeitsweise der Aufsichtsorgane und anderes mehr). Dabei geht es um den Interessenausgleich zwischen den Aktionären sowie den Organen der Gesellschaft. Neben organisatorischen Vorgaben verlangen die Regeln einer «Good Corporate Governance» vor allem auch Transparenz. Als Beispiel der entsprechenden Offenlegung sei auf die Geschäftsberichte der Novartis (www.novartis.com unter Investor Relations) verwiesen.

Die in Abschnitt 16.4.3 aufgeführten zusätzlichen Angaben sind bei Publikumsgesellschaften im Anhang separat auszuweisen. Spezielle Elemente der Rechnungslegung wie die Wertschöpfungsrechnung werden mangels Alternativen ebenfalls als Teil des Anhangs gezeigt. Im Grunde muss folgendes Kriterium wegleitend sein:

Informationen, die sich für eine Überprüfung durch die Revisionsstelle eignen und auch durch eine solche Prüfung validiert werden sollten, sind weiterhin als Teil des Anhangs offen zu legen. Wichtige Elemente, welche ebenfalls revisionsfähig sind, kann man als weitere Bestandteile der Jahresrechnung klassieren. Alle anderen Angaben dagegen, vor allem solche, die schwer überprüfbar sind und weitgehend für Zwecke der Investor Relations oder ähnliche Massnahmen publiziert werden, sollten nicht in die Jahresrechnung einbezogen werden und somit auch nicht Teil des Anhangs sein.

16.6 Relevante Standards

In der Schweiz und der EU ist der Anhang als dritter Bestandteil der Jahresrechnung zwingend vorgegeben (in der Schweiz für Aktiengesellschaften gemäss Art. 663b OR und gemäss Swiss GAAP FER generell). Der Geschäftsbericht umfasst gemäss Definition im schweizerischen Aktienrecht die Jahresrechnung und den Jahresbericht oder Director's Report. Der Anhang wiederum ist ein Bestandteil der Jahresrechnung.

16.6.1 IAS

IAS 1 Par. 7

«Ein vollständiger Abschluss enthält die folgenden Bestandteile:

a. Bilanz,
b. Gewinn- und Verlustrechnung,
c. eine Aufstellung, die entweder
   - sämtliche Veränderungen des Eigenkapitals oder
   - Veränderungen des Eigenkapitals, die nicht durch Kapitaltransaktionen mit Eigentümern entstehen, darstellt,
d. Kapitalflussrechnung und
e. Bilanzierungs- und Bewertungsmethoden sowie erläuternde Anhangangaben.»

IAS 1 Par. 91

«Die Anhangangaben im Abschluss eines Unternehmens haben:

a. Informationen über die Grundlagen der Aufstellung des Abschlusses und die besonderen Bilanzierungs- und Bewertungsmethoden, die für bedeutsame Geschäftsvorfälle und Ereignisse ausgewählt und angewandt worden sind, zu geben,
b. die Informationen anzugeben, die von den International Accounting Standards verlangt werden und an keiner anderen Stelle im Abschluss dargelegt werden, und
c. zusätzliche Informationen zu liefern, die nicht in den anderen Abschlussbestandteilen dargestellt werden, aber für die Darstellung eines den tatsächlichen Verhältnissen entsprechenden Bildes notwendig sind.»

IAS 1 Par. 92

«Anhangangaben im Abschluss sind systematisch darzustellen. Jeder Posten in der Bilanz, der Gewinn- und Verlustrechnung und der Kapitalflussrechnung muss einen Querverweis zu sämtlichen dazugehörenden Informationen im Anhang haben.»

16.6.2 Swiss GAAP FER

Swiss GAAP FER 8/1–4

1. Der Anhang ist Bestandteil der Konzernrechnung. Er ergänzt und erläutert Bilanz, Erfolgsrechnung sowie Mittelflussrechnung.
2. Der Anhang legt offen:
   - die in der Konzernrechnungslegung angewandten Grundsätze
   - die Erläuterungen zu den anderen Bestandteilen der Konzernrechnung
   - weitere Angaben, die in den anderen Teilen der Konzernrechnung noch nicht berücksichtigt worden sind.
3. Als weitere Angaben sind offen zu legen:
   - die Entwicklung der Bruttowerte der Positionen des Sachanlagevermögens und der kumulierten Abschreibungen
   - die Aufgliederung der Nettoerlöse aus Lieferungen und Leistungen nach geographischen Märkten und Geschäftsbereichen
   - die Erläuterung des Finanzergebnisses und des übrigen Ergebnisses
   - aussergewöhnliche schwebende Geschäfte und Risiken
   - Angaben, die schon in anderen Empfehlungen erwähnt sind.
4. In den weiteren Angaben ist auch auf den Bereich der Forschung und Entwicklung sowie auf Ereignisse nach dem Bilanzstichtag einzugehen.

16.7 Übungen

Übungsfragen

1. Erläutern Sie kurz die Aufgabe des Anhangs innerhalb der Jahresrechnung sowie die Beziehung des Anhangs zu den anderen Bestandteilen der Jahresrechnung.
2. Nennen und erläutern Sie die vier Funktionen des Anhangs.
3. Welche Grundsätze gelten für die Gestaltung des Anhangs?
4. Weshalb sind Angaben zu den Rechnungslegungsgrundsätzen in der Jahresrechnung für Analysten wichtig?
5. Welche Informationen eignen sich zur Aufnahme in den Anhang?
6. Welche Informationen enthält ein Anlagespiegel?
7. Weshalb müssen im Anhang Angaben zu Sicherheiten zugunsten von Verpflichtungen Dritter gemacht werden?
8. Nennen Sie einige Beispiele für nicht bilanzierte Verpflichtungen.
9. Wann sind Ereignisse nach dem Bilanzstichtag im Anhang aufzuführen?
10. Worin besteht der Nachteil von Standardformulierungen im Anhang?

Übungsaufgaben

11. Die Mayer AG, ein führendes, kotiertes Maschinenbauunternehmen, erstellt ihren Jahresabschluss nach internationalen Rechnungslegungsgrundsätzen. Die Bilanzsumme beträgt 200 Mio. CHF, der Umsatz 500 Mio. CHF und der Gewinn 7 Mio. CHF. Im Rahmen dieses Prozesses sind Sie zuständig für den Anhang. Beurteilen Sie, welche der folgenden Vorfälle eine Berichterstattung im Anhang auslösen. Begründen Sie Ihre Einschätzung stichwortartig.
    a. Bei der Fertigung einer an die Nimmersatt AG verkauften Anlage sind Risse in einem Behälter aufgetreten, die während der Produktion nicht erkannt wurden. Dies war die Ursache für eine Kesselexplosion bei der Nimmersatt AG, was wiederum zu einem Maschinenbrand führte. Dabei entstand ein Schaden von 10 Mio. CHF. Die Nimmersatt AG hat eine Produkthaftungsklage eingereicht.
    b. Der Corporate Raider Ed Gierig versucht, das Management zu erpressen. Er behauptet, dass Management habe die Anleger mit falschen Rechnungslegungsangaben in die Irre geführt. Um seinen Forderungen Nachdruck zu verleihen, organisiert er vor einem New Yorker Gericht eine Sammelklage. Beobachter der New Yorker Gerichtswelt geben der Klage von Ed Gierig indes keine Aussicht auf Erfolg.
12. Entscheiden Sie, ob und gegebenenfalls wo (unter welchem Titel) nachfolgende Sachverhalte im Anhang aufzuführen sind.
    a. Die rechtliche Organisationsstruktur sowie die Führungsstruktur wurden im Zuge einer strategischen Neupositionierung des Unternehmens den neuen Gegebenheiten angepasst.

b. Die Bewertung der Sachanlagen erfolgt zu Anschaffungs- oder Herstellkosten abzüglich systematischer Abschreibungen, die sich nach der Nutzungsdauer bemessen.
c. Grundlage der Berichterstattung ist das Tageswertprinzip.
d. Aufwand für Forschung wird nicht aktiviert, sondern laufend der Erfolgsrechnung belastet. Entwicklungskosten werden, sofern sie direkt einem marktfähigen Produkt zugeordnet werden können, aktiviert.
e. Gewinne aus konzerninternen Lieferungen werden eliminiert.
f. Insgesamt werden 30% der Aktien von institutionellen Anlegern gehalten, die eine durchaus im Sinne des Unternehmens liegende mittel- bis langfristige Anlagepolitik verfolgen.

Kapitel 17
Geldflussrechnung

	Lernziele
	▪ Definitionen ▪ Funktion und Nutzen einer Geldflussrechnung ▪ Aufbau einer Geldflussrechnung ▪ Ermittlung des betrieblichen Cash Flow als Ausgangspunkt der Geldflussrechnung ▪ Darstellung der Methoden zur Erstellung einer Geldflussrechnung ▪ Erklärung und Diskussion der Bezugsgrösse für die Geldflussrechnung ▪ Interpretation/Analyse der Geldflussrechnung

17.1 Sinn und Aufbau einer Geldflussrechnung

Die Bilanz vermittelt nur eine Momentaufnahme der künftigen Geldzuflüsse (Aktiven) sowie des erwarteten künftigen Geldabflusses (Verbindlichkeiten); die resultierende Differenz – der nach Abzug aller Verbindlichkeiten verbleibende Überschuss – wird als Eigenkapital (Nettoaktiven) bezeichnet. Für die Ermittlung der Bilanzwerte werden gezielt zeitliche Abgrenzungen vorgenommen. Beispielsweise ist ein bis zum Bilanzstichtag auf einer Obligationenanleihe aufgelaufener, aber noch nicht fälliger Zins, der so genannte Marchzins, als Vermögenswert zu berücksichtigen. Die Erfolgsrechnung zeigt mit Hilfe der zeitlichen und sach-

> **Funktionen der Geldflussrechnung**
> - Zwischenglied der anderen Abschlussbestandteile
> - Erweiterung der Analysemöglichkeiten
>   - Analyse der Zahlungsfähigkeit
>   - Analyse struktureller Veränderungen in der Bilanz
>   - Basis vieler Bewertungsmethoden

▲ Abb. 94 Funktionen der Geldflussrechnung

lichen Abgrenzung Erträge und Aufwendungen, nicht aber Einnahmen und Ausgaben einer Periode. Dagegen fehlt eine **Darstellung des Geldflusses**. Weder Bilanz noch Erfolgsrechnung geben Aufschluss über die **Herkunft und Verwendung der Geldmittel**, welche bei einem Unternehmen zu- bzw. abfliessen. Die Fähigkeit eines Unternehmens nach Begleichung der laufenden Verpflichtungen einen zusätzlichen Geldzufluss durch seine **betriebliche Tätigkeit** zu generieren sowie die Auswirkungen von **Investitions- oder Finanzierungsvorgängen** auf den Mittelfluss eines Unternehmens sind wichtige Elemente und Informationen für die Beurteilung der wirtschaftlichen Lage. Es geht dabei mit anderen Worten auch um die Beurteilung der **Zahlungsfähigkeit** eines Unternehmens.

Die Geldflussrechnung ist in der modernen Analyse (vgl. ◄ Abb. 94) auch deshalb beliebt, weil Geldgrössen hinsichtlich ihrer Bewertung nicht vom Ermessen des Managements abhängen («profit is opinion – cash is fact» lautet daher ein viel gehörter Kernsatz von Finanzanalysten).

Für die Analyse des Geldflusses kann man zwei Ansätze wählen. Früher wurde unterschieden nach Herkunft der Geldmittel sowie deren Verwendung. Ähnlich wie in der Bilanz stehen dabei sämtliche Zuflüsse (Mittelherkunft) auf der einen, die Abflüsse (Mittelverwendung) auf der anderen Seite der **Mittelflussrechnung**. Die Differenz der beiden Summen entspricht der Veränderung der entsprechenden Bezugsgrösse, beispielsweise der flüssigen Mittel oder – dies war bis zu Beginn der 1980er Jahre die vorherrschende Betrachtungsweise – des Nettoumlaufvermögens (Net Working Capital). Eine solche Darstellung berücksichtigt in keiner Weise die unterschiedlichen Gegebenheiten für die verschiedenen Ursachen des Geldabflusses bzw. der Mittelbeschaffung.

Die moderne Geldflussrechnung dagegen gruppiert die wichtigsten Grössen, indem die zentralen Prozesse (vgl. ► Abb. 95) innerhalb eines Unternehmens als Rahmen vorgegeben werden. Ausgangslage für das Generieren eines Überschusses an Geldmitteln ist die Geschäftstätigkeit. Selbstverständlich kann der Geldfluss im Rahmen der **Geschäftstätigkeit** beeinflusst werden, beispielsweise über Kostenmanagement oder die Bewirtschaftung der Mittelbindung in Form von Kundenforderungen oder Warenbeständen. Für den Geldfluss einer Periode ist diese Ausgangsgrösse zumindest aus der Sicht der Finanzabteilung eines Unternehmens durch die Budgets und den effektiv resultierenden Geschäftsgang im

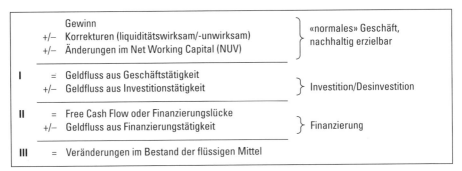

▲ Abb. 95 Aufbau einer Mittelflussrechnung

operativen Bereich weitgehend vorgegeben. Etwas mehr Spielraum besteht im **Investitionsbereich.** Je nach Lage können Anschaffungen aufgeschoben oder im Umfang reduziert werden. Zudem lässt sich der Geldabfluss als Folge von Investitionen teilweise durch den Geldzufluss aus der Veräusserung von Anlagevermögen (Desinvestition) ganz oder teilweise kompensieren. Im Zusammenhang mit der **Finanzierung** dagegen ist die Ausgangslage klar: verbleibt nach Abzug der Nettoinvestitionen immer noch ein Überschuss aus dem Geldzufluss im Rahmen der Geschäftstätigkeit, so stehen Mittel zur Rückzahlung von Finanzschulden (oder für Dividendenzahlungen sowie allenfalls für Rückzahlungen an die eigenen Aktionäre in Form des Erwerbs eigener Aktien bzw. durch Kapitalherabsetzung) zur Verfügung. Im umgekehrten Fall ist die Finanzierungslücke durch entsprechende Kreditaufnahme zu schliessen.

17.2 Geldfluss aus Geschäftstätigkeit

Die Erfolgsrechnung zeigt den Gewinn oder Verlust der Berichtsperiode. Allerdings löst ein Teil der Aufwendungen keinen Geldabfluss aus. Dies gilt in erster Linie für die Abschreibungen, mit welchen im Sinne des *matching principle* dem erarbeiteten Ertrag einer Periode der entsprechende Wertverzehr gegenübergestellt werden soll. Das Gleiche gilt für Wertberichtigungen, beispielsweise wenn das Inkasso von Kundenforderungen gefährdet scheint. Daher muss der Periodenerfolg um alle jene Aufwendungen erhöht werden, die keinen Geldabfluss auslösen. Bei den Abschreibungen erfolgte der Geldabfluss im Zusammenhang mit dem Kauf, also in einer früheren Periode (bei Anschaffung in der Berichtsperiode wird der Geldabfluss für die eigentliche Investition in der Analyse der Geldflüsse im Zusammenhang mit der Investitionstätigkeit ausgewiesen). Fällt ein Aufwand an, weil Rückstellungen gebildet oder erhöht werden müssen, wird der Geldabfluss erst in einer Folgeperiode eintreten. Daher sind auch solche Aufwendungen (vorerst) für die Analyse des Geldflusses zum Periodenerfolg hinzuzuzählen. Und selbstverständlich gibt es auch Erträge, die – immer im Betrachtungszeitraum – zu keiner Einnahme führen. Dazu gehört der Ertrag aus der Auflösung von nicht mehr benötigten Rückstellungen oder so genannte Zuschreibungen, wie sie beim Eingang von nicht mehr erwarteten Kundenguthaben (die daher in einer früheren Periode im Wert berichtigt wurden) möglich werden.

Eine weitere Gruppe von Korrekturen mit Blick auf die Ermittlung des Geldflusses aus Geschäftätigkeit betrifft jene Vorgänge, die in der Erfolgsrechnung zwar Spuren hinterlassen, im Sinne der Unterscheidung der verschiedenen Prozesse aber in anderem Zusammenhang analysiert werden. Sämtliche Verluste oder Gewinne im Zusammenhang mit der Veräusserung von Anlagevermögen werden daher für die Ermittlung des Geldflusses aus Geschäftätigkeit eliminiert. Wird mit dem Verkauf einer Liegenschaft ein höherer Betrag erzielt als der bilanzierte Restwert, so ist dieser Ertrag vom Periodenerfolg abzuziehen. Ein Buchverlust aus dem Verkauf beispielsweise einer Beteiligung an einem anderen Unternehmen dagegen reduziert den Geldfluss aus Geschäftätigkeit nicht und ist daher dem Periodenerfolg hinzuzufügen. Der eigentliche Geldfluss aus dem Verkauf von Vermögenswerten wie Sach- oder Finanzanlagen wird in der Analyse des Geldflusses aus Investitionstätigkeit offen gelegt. In der Geldflussrechnung interessieren die Geldflüsse und nicht allfällige Verluste oder Gewinne (wenn der Veräusserungserlös nicht mit dem Bilanzwert des verkauften Gutes übereinstimmt).

Nach Bereinigung des Periodenerfolges um diese nicht geldflusswirksamen Aufwendungen oder Erträge bzw. um die im Zusammenhang mit der Investitionsanalyse erfassten Bewegungen ergibt sich der Geldfluss aus Geschäftätigkeit, allerdings noch ohne Berücksichtigung der Veränderungen im Nettoumlaufvermögen.

In der Regel sind Aufwand und Ausgaben für bestimmte Leistungen, beispielsweise die Entlöhnung des Personals (Abrechnung der Sozialkosten erfolgt zeitlich nachgelagert), in einer Periode nicht deckungsgleich. Auch der Umsatz wird in der Regel nicht mit dem Geldzufluss aus Kundenzahlungen im gleichen Zeitraum übereinstimmen. Die entsprechenden Differenzen schlagen sich in einer Erhöhung oder Reduktion der mit den einzelnen Aufwand- bzw. Ertragspositionen verknüpften Bilanzwerte nieder. Im Vordergrund stehen Kundenforderungen und Verbindlichkeiten gegenüber Lieferanten sowie selbstverständlich – wie dies schon die Bezeichnung suggeriert – die Posten der Rechnungsabgrenzung (transitorische Aktiven und Passiven). Zu beachten ist auch das Warenlager. Dieses verändert sich, wenn nicht gleich viele Erzeugnisse in einer Periode abgesetzt wie hergestellt werden. Somit ist die Veränderung der Positionen des Nettoumlaufvermögens ebenfalls in die Analyse des Geldflusses aus Geschäftätigkeit einzubeziehen.

Im Periodenerfolg ist das Finanzergebnis, welches – neben anderen Grössen – auch die Differenz zwischen Zinsaufwand und Zinsertrag ausweist, enthalten. Die Grösse zeigt den Gesamtaufwand, der sich aus den Nettofinanzschulden ergibt. Sehr oft will man für die Beurteilung von Unternehmen Erkenntnisse unabhängig von der konkreten Finanzierungsstruktur erarbeiten. Daher schreiben die meisten Standards zur Rechnungslegung vor, dass der Zinsaufwand zum Periodenerfolg hinzugezählt wird. Im Gegenzug ist dann der Geldabfluss für Zinszahlungen separat auszuweisen. Damit wird die Belastung des Geldflusses aus Geschäftstätigkeit durch die Verschuldung offen gelegt. (Zins- und Dividendenerträge auf Finanzanlagen oder anderen Vermögenswerten werden teilweise im operativen Geldfluss belassen, und zwar nicht nur bei Unternehmen aus dem Finanzbereich wie Banken oder Versicherungen).

Zins- und Dividendenerträge könnten auch als Teil des Geldflusses aus Investitionstätigkeit qualifiziert werden. Denn Finanzanlagen werden getätigt, um Zins- oder Dividendenzuflüsse zu generieren. Allerdings sind auch Teile der operativen Erträge, beispielsweise aus der Vermietung von nicht selber genutzten Räumlichkeiten, Ergebnis von Investitionsvorgängen. Gleichwohl werden sie als Teil des Geldflusses aus Geschäftstätigkeit gezeigt.

Schliesslich kann man die Zins- und Dividendenflüsse auch als Auswirkungen der Finanzierungstätigkeit einordnen. In der Praxis werden meist die Geldflüsse für die Zahlung einer Dividende an die eigenen Gesellschafter, also der Geldabfluss für eigene Dividenden, zusammen mit den anderen Vorgängen aus der Finanzierungstätigkeit offen gelegt. Dagegen belassen die Unternehmen den Ausweis für Zins- und Dividendenerträge bzw. Zinsaufwand in der Geldflussrechnung meist im Block über den operativen Bereich. Unabdingbar bleibt die separate Offenlegung der Beträge, welche für Zinszahlungen sowie Dividendenzahlungen benötigt wurden. Erst damit zeigen sich die vollen Auswirkungen der Finanzierungsstruktur auf den Geldfluss eines Unternehmens. Die meisten modernen Standards der Rechnungslegung folgen diesem Konzept.

Eine schwer zu interpretierende Grösse ist der Aufwand für Ertragssteuern. Ein Teil dieser Position ergibt sich aus unterschiedlichen Bewertungen in der finanziellen Rechnungslegung bzw. aus der Optik des Fiskus. In Einzelfällen ergibt sich zwar ein theoretischer Aufwand für Ertragssteuern. Aufgrund von Verlusten in früheren Perioden können aber Verlustvorträge genutzt werden, so dass effektiv gar keine Ertragssteuern bezahlt werden müssen. Weitere Gründe für das Auseinanderklaffen von Steueraufwand und Zahlungen an den Fiskus sind Neubewertungen, Steuervergünstigungen im Zusammenhang mit Investitionen oder Nachzahlungen aufgrund von Steuerrevisionen (steuerliche Betriebsprüfung). Daher ist in 17.3 einerseits vom Periodenergebnis vor Ertragssteuern auszugehen und anschliessend der effektiv im Zusammenhang mit der Besteuerung des Gewinnes bezahlte Betrag separat auszuweisen.

Der Auszug aus der Geldflussrechnung der Siemens AG in ▶ Abb. 96 gibt einen guten Überblick über jene Bewegungen, die normalerweise im Zusammenhang mit der Darstellung des Geldflusses aus Geschäftstätigkeit zu berücksichtigen sind.

Konzern-Kapitalflussrechnung	Siemens Welt	
Geschäftsjahresende 30. September 2002 und 2001 (in Mio. EUR)	2002	2001
Mittelzuflüsse/-abflüsse aus laufender Geschäftstätigkeit		
Gewinn/Verlust (nach Steuern)	2 597	2 088
Überleitung zwischen Gewinn und Mittelzufluss/-abfluss aus laufender Geschäftstätigkeit		
Auf konzernfremde Gesellschafter entfallende Ergebnisanteile	29	−191
Abschreibungen	4 126	6 264
Latente Steuern	−191	36
Ergebnis aus dem Verkauf von Geschäftseinheiten und Sachanlagen und Gewinne aus der Ausgabe von Aktien assoziierter bzw. konsolidierter Konzernunternehmen	−1 610	−4 429
Ergebnis aus dem Verkauf von Finanzanlagen	−177	141
Gewinne aus dem Verkauf und der Übertragung wesentlicher Geschäftseinheiten		
Ergebnis aus dem Verkauf von Wertpapieren und ausserplanmässige Abschreibungen	4	−209
Equity-Ergebnisse abzüglich Dividenden	298	27
Abschreibungen auf erworbenes Know-how aus Entwicklungsprojekten		195
Veränderung bei kurzfristigen Vermögensgegenständen und Verbindlichkeiten		
Veränderung der Vorräte	1 349	−716
Veränderung der Forderungen aus Lieferungen und Leistungen	1 763	1 797
Veränderung des extern platzierten Forderungsvolumens	−503	866
Veränderung der Sonstigen kurzfristigen Vermögensgegenstände	1 213	−1 397
Veränderung der Verbindlichkeiten aus Lieferungen und Leistungen	−899	467
Veränderung der Rückstellungen	−575	629
Veränderung der Sonstigen kurzfristigen Verbindlichkeiten	−1 025	2 682
Sonderdotierung von Pensionsplänen	−1 782	
Veränderung der Sonstigen Vermögensgegenstände und Verbindlichkeiten	947	−1 234
Mittelzufluss/-abfluss aus laufender Geschäftstätigkeit	**5 564**	**7 016**
Ergänzende Informationen zu geleisteten Zahlungen für:		
Zinsen	794	779
Ertragsteuern	389	1 098

▲ Abb. 96 Geldfluss aus Geschäftstätigkeit (Siemens, Geschäftsbericht 2002, S. 90)

17.3 Geldfluss aus Investitionstätigkeit

Unternehmen zeigen in Budgets, in der Mittelfristplanung sowie im Finanz- oder Zahlungsplan einer Periode neben der Geschäftätigkeit im Sinne der Erfolgsrechnung auch die Investitionen. Eine moderne Geldflussrechnung ermöglicht die gesonderte Analyse der Investitionsvorgänge. Im Vordergrund stehen die Ausgaben für Investitionen in den drei Kategorien Sach- und Finanzanlagen sowie immaterielle Werte. Ebenfalls je einzeln auszuweisen sind die Zuflüsse aus der Veräusserung von Sach- bzw. Finanzanlagen oder immateriellen Werten (vgl. ▶ Abb. 97).

Je nach Konzept werden in diesem Zusammenhang auch die vereinnahmten Zins- und Dividendenerträge ausgewiesen.

Konzern-Kapitalflussrechnung Geschäftsjahresende 30. September 2002 und 2001 (in Mio. EUR)	2002	2001
Mittelzuflüsse/-abflüsse aus Investitionstätigkeit		
Investitionen in Immaterielle Vermögensgegenstände und Sachanlagen	–3 894	–7 048
Erwerb konsolidierter Unternehmen abzüglich der übernommenen Zahlungsmittel	–3 787	–3 898
Investitionen in Finanzanlagen	–332	–710
Erwerb von Wertpapieren	–338	–436
Zunahme der Forderungen aus Finanzdienstleistungen	–172	–619
Veränderung des von SFS extern platzierten Forderungsvolumens		
Erlöse aus dem Abgang von Finanzanlagen, Immateriellen Vermögensgegenständen und Sachanlagen	1 218	3 804
Erlöse aus dem Verkauf und der Übertragung von Geschäftseinheiten	6 097	1 878
Erlöse aus dem Verkauf von Wertpapieren	398	1 143
Mittelzufluss/-abfluss aus Investitionstätigkeit	–810	–5 886

▲ Abb. 97 Geldfluss aus Investitionstätigkeit (Siemens, Geschäftsbericht 2002, S. 90)

17.4 Geldfluss aus Finanzierungstätigkeit

In der Regel fliessen aufgrund der Geschäftstätigkeit einem Unternehmen per Saldo Geldmittel zu. Unternehmen mit extrem starkem Wachstum dürfen sich nicht nur freuen; sie müssen auch die entsprechende Zunahme der Mittelbindung durch Forderungen und Warenvorräte bewältigen und den Finanzierungsbedarf stillen. Noch extremer kann der Geldabfluss im operativen Bereich sein, wenn ein neu gegründetes Unternehmen primär Produkte bzw. Geschäftskonzepte oder Software entwickelt und noch kaum Umsätze erzielt (Biotechnologie, Nanotechnologie etc.).

Berechnungsschema
Geldfluss aus Geschäftstätigkeit
− Geldfluss aus Investitionstätigkeit
− Dividendenzahlung, allenfalls auch abzüglich fest vereinbarter Tilgungen auf Anleihen, Bankkrediten etc.
= Finanzierungslücke oder frei verfügbarer Geldüberschuss
Ein Finanzierungsüberschuss bzw. eine Finanzierungslücke sind der Ausgangspunkt für weitere Massnahmen des Finanzmanagements (z.B. Ausgabe von Anleihen, vorzeitige Tilgung, Rückkauf eigener Aktien)

▲ Abb. 98 Ermittlung von Finanzierungslücken oder frei verfügbarem Cash Flow

In der Regel verschlingt die Investitionstätigkeit per Saldo flüssige Mittel. Doch können beispielsweise über den Verkauf von Beteiligungen an Unternehmen, von grossen nicht betrieblich genutzten Liegenschaften oder über die Veräusserung von Marken, Schutzrechten oder Know-how im Zusammenhang mit dem Ausstieg aus einem Geschäftsbereich Geldzuflüsse in grossem Ausmass ausgelöst werden. Dies bleibt aber der Ausnahmefall.

Als Ergebnis der Geschäftstätigkeit und unter Berücksichtigung der Auswirkungen der Investitionstätigkeit kann ein Unternehmen eine Finanzierungslücke aufweisen oder im Gegenteil mehr Geldmittel als zu Beginn der Geschäftsperiode zur Verfügung haben. Allerdings gibt es auch im Finanzierungsbereich Vorgänge, die mehr oder weniger zwingend vorgegeben sind (vgl. ◄ Abb. 98). So können im Zusammenhang mit der Kreditaufnahme nicht nur der Rückzahlungstermin für Anleihen oder Kredite bzw. Darlehen vorgegeben sein, sondern auch jährliche Tilgungszahlungen wie Amortisationen für Hypothekarkredite oder die systematische Rückführung von Bankkrediten. Erarbeitet ein Unternehmen Gewinne, werden – beispielsweise aufgrund einer mehr oder weniger offiziellen Ausschüttungspolitik – Zahlungen in Form von Dividenden an die Aktionäre zwingend sein. Publikumsfirmen haben vielfach als Leitfaden für ihre Dividendenpolitik die Ausschüttung von beispielsweise 25 bis 30% des Konzerngewinnes bzw. 50 bis 65% des ausgewiesenen Gewinnes der obersten Konzerngesellschaft (oft auch als Muttergesellschaft, Konzernholding etc. bezeichnet) gegenüber dem Kapitalmarkt kommuniziert. Sie dokumentieren damit eine am Gewinn orientierte, flexible Ausschüttungspraxis.

Diese vom Kapitalmarkt, den Finanzgläubigern oder vom Unternehmen selber mehr oder weniger verbindlich vorgegebenen Geldabflüsse sind vorweg in der Finanzplanung zu beachten. Sie erscheinen regelmässig als Rubriken in der Analyse des Geldflusses aus Finanzierungstätigkeit.

Die nach Berücksichtigung dieser Komponenten verbleibenden Geldmittel stehen für allfällige Kapitalrückzahlungen oder für Finanz- bzw. andere Anlagen zur Verfügung (vgl. ► Abb. 99). Zu den Kapitalrückzahlungen gehören ausser der

Konzern-Kapitalflussrechnung Geschäftsjahresende 30. September 2002 und 2001 (in Mio. EUR)	2002	2001
Mittelzuflüsse/-abflüsse aus Finanzierungstätigkeit		
Ausgabe neuer Aktien	156	514
Erwerb eigener Anteile	−152	−514
Ausgabe eigener Anteile	81	233
Begebung von Anleihen	384	4 141
Einzug von Anleihen	−847	−976
Veränderung kurzfristiger Finanzschulden	512	−1 828
Veränderung von Zahlungsmitteln, die Verfügungsbeschränkungen unterliegen	−2	45
Dividendenzahlung	−888	−1 412
Dividendenzahlung an konzernfremde Gesellschafter	−103	−298
Konzerninterne Finanzierung		
Mittelzufluss/-abfluss aus Finanzierungstätigkeit	**−859**	**−95**
Veränderung der Zahlungsmittel/Zahlungsmitteläquivalente aus der Entkonsolidierung von Infineon	−383	
Einfluss von Wechselkursänderungen auf die Zahlungsmittel und Zahlungsmitteläquivalente	−118	−95
Veränderung der Zahlungsmittel und Zahlungsmitteläquivalente	3 394	940
Zahlungsmittel und Zahlungsmitteläquivalente zu Beginn des Berichtszeitraums	7 802	6 862
Zahlungsmittel und Zahlungsmitteläquivalente am Ende des Berichtszeitraums	**11 196**	**7 802**

▲ Abb. 99 Geldfluss aus Finanzierungstätigkeit (Siemens, Geschäftsbericht 2002, S. 90)

Tilgung von Krediten auch die Herabsetzung des Aktienkapitals. Kapitalherabsetzungen im rechtlichen Sinne sind allerdings eher selten und bedingen die Durchführung eines komplexen Verfahrens. Wirtschaftlich betrachtet führt auch der Rückkauf von eigenen Aktien am Kapitalmarkt zu einer Reduktion des Eigenkapitals. Die Darstellung solcher Vorgänge im Sinne der modernen Rechnungslegung, indem diese so genannten *treasury shares* vom Eigenkapital abgezogen werden (wobei der Kaufpreis anteilmässig als Reduktion des Nennwertes sowie der einbehaltenen Gewinne bzw. Gewinnreserven, allenfalls auch eines früher bezahlten Agios und damit als Reduktion der Kapitalreserven auszuweisen ist), reflektiert diesen Vorgang aufgrund der wirtschaftlichen Betrachtungsweise gut. Der Rückkauf eigener Aktien mit anschliessender Kapitalherabsetzung durch die Vernichtung der Titel führt in einzelnen Ländern, so auch in der Schweiz, allenfalls zu einer erheblichen Steuerbelastung und ist daher sorgfältig vorzubereiten und durchzuführen.

17.5 Wahl der Bezugsgrösse (Fondswahl)

Die bisherigen Ausführungen haben sich auf die Analyse der Ursachen für die Veränderung des Bestandes an flüssigen Mitteln konzentriert, ohne diese Bezugsgrösse näher zu definieren. Allerdings kann man die Analyse der Veränderung meist nicht auf eine einzige Bilanzgrösse, beispielsweise die flüssigen Mittel, reduzieren. Vielfach sind verschiedene Positionen zu berücksichtigen, neben den flüssigen Mitteln auch Geldmarktpapiere, die als Wertschriften im Umlaufvermögen ausgewiesen werden, kurzfristig verfügbare Bankguthaben etc. Der für die Analyse der Veränderungen innerhalb einer Periode ausgewählte Kreis von Bilanzpositionen wird als Fonds bezeichnet. Aufgrund verschiedenster Überlegungen kann ein Unternehmen (vgl. dazu Kapitel 18 «Flüssige Mittel») sich für das Halten relativ hoher Bestände an flüssigen Mitteln und deren teilweise Refinanzierung durch kurzfristige Kredite entscheiden. Ausschlaggebend dafür können Währungsschwankungen, Zinsunterschiede und die oft sehr unterschiedliche Beanspruchung von Zahlungsmitteln für grosse Gehaltszahlungen oder im Zusammenhang mit Investitionen zu bestimmten Zeitpunkten sein.

Die Wahl der Bezugsgrösse, deren Veränderungen die Geldflussrechnung analysiert, die Wahl des so genannten Fonds also, war während Jahren eine heftig diskutierte Thematik. In der früher üblichen Darstellung der so genannten Mittelflussrechnung unter Zusammenfassung einerseits der Mittelherkunft und andererseits der Mittelverwendung stand die Analyse der Veränderung der Positionen des Anlagevermögens sowie des langfristigen Fremdkapitals und des Eigenkapitals im Vordergrund. Der Fokus lag daher auf der Veränderung des Nettoumlaufvermögens (NUV, Net Working Capital) insgesamt. Allerdings erwies sich diese Betrachtungsweise für Schlüsse hinsichtlich Entwicklung der Zahlungsfähigkeit bzw. des Potenzials für Aktivitäten im Finanzierungs- oder Investitionsbereich als trügerisch und ungeeignet. Die Verwendung des Nettoumlaufvermögens als Bezugsgrösse ist auch deshalb unglücklich, weil Forderungen und Vorräte keine Zahlungsmittel sind. Der Tauschhandel kann kaum als Referenz für die moderne Rechnungslegung dienen. Jedenfalls kann man sich schwerlich vorstellen, Löhne ganz oder teilweise in Form von Warenlieferungen oder der Abtretung von Kundenforderungen auszuzahlen! Darüber hinaus verschlechtert die Zunahme des Warenlagers (Produktion auf Lager) oder der Debitoren (Kunden zahlen schlecht) grundsätzlich die Liquidität. Analysiert man die Entwicklung des Nettoumlaufvermögens und nicht jene der flüssigen Mittel, erhält man in solchen Situationen steigende Werte, was unter Umständen fälschlicherweise als Verbesserung der Liquidität und damit des «Cash Flow» (Fonds NUV) in irgendeiner Ausprägung interpretiert werden könnte. Ebenfalls nachteilig beim Fonds NUV ist der Bewertungsspielraum, der sich bei den Kundenforderungen (Wertberichtigungen im Sinne des Delkredere etc.) und vor allem bei den Vorräten ergibt.

In der modernen Rechnungslegung stehen die flüssigen Mittel oder die flüssigen Mittel netto bzw. die kurzfristigen Finanzverbindlichkeiten netto als Bezugsgrösse im Vordergrund. Es geht also immer um den Bestand an flüssigen Mittel, der entweder – bei einer Nettoverschuldung – von den kurzfristigen Finanzverbindlichkeiten abgezogen oder – bei einem Überschuss an liquiden Mitteln – um die kurzfristigen Finanzverbindlichkeiten reduziert wird (vgl. ▶ Abb. 100). In allen drei Fällen ist die Bezugsgrösse leicht bestimmbar und vor allem stellen sich kaum Bewertungsprobleme. Die Umrechnung von Beträgen in fremder Währung spielt zwar meist eine Rolle, ist aber unproblematisch.

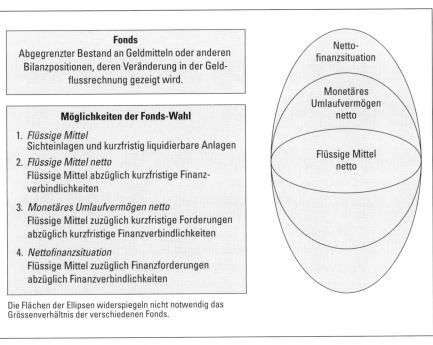

▲ Abb. 100 Möglichkeiten der Fondswahl

17.6 Bewertungsfragen

In der modernen Geldflussrechnung werden Bewertungsfragen vermieden, indem die flüssigen Mittel oder vergleichbare Bilanzpositionen als Bezugsgrösse für die Analyse des Geldzu- und -abflusses gewählt werden. Allfällige Unsicherheiten bzw. die Ermessensspielräume bei der Bildung und Auflösung von Rückstellungen, bei der Bestimmung von Abschreibungen und Wertberichtigungen bis hin zu Fragen im Zusammenhang mit der so genannten Wertbeeinträchtigung (Impairment) bei immateriellen Werten wie dem Goodwill oder anderen Anlagewerten, werden durch die Konzentration auf die nominellen Geldflüsse vermieden.

Daher wird heute die frühere Form der Mittelflussrechnung, welche in erster Linie die Veränderung des Nettoumlaufvermögens nachzuweisen hatte, kaum mehr verwendet. Die vor allem für die Unternehmen wichtige Analyse der Mittelbindung im Umlaufvermögen findet auch in der modernen Geldflussrechnung bei der Darstellung der Auswirkungen der Geschäftstätigkeit ihren Niederschlag.

17.7 Indirekte und direkte Berechnung der Cash Flows

Der Geldfluss aus Geschäftstätigkeit kann, ausgehend von der Erfolgsrechnung, auf zwei Arten ermittelt werden. Die direkte Berechnung (vgl. ▶ Abb. 101) geht von den Einnahmen aus dem Verkauf der eigenen Güter oder Dienstleistungen aus. Für Versicherungsgesellschaften sind dies beispielsweise die vereinnahmten Prämien. Nach der Berücksichtigung der weiteren Einnahmen wie Zinsen oder Dividenden aus Finanzanlagen werden davon die Ausgaben für den operativen Aufwand abgezogen, ebenso Zahlungen für Zinsen und Ertragssteuern.

Diese Art der Ermittlung zeigt die wichtigsten Geldflüsse der Betriebstätigkeit brutto und vermittelt daher anschaulich die wahren Dimensionen der Zahlungs-

Direkte Berechnung

Zahlungen von Kunden
+ Zahlungen von Finanzschuldnern
− Zahlungen an Lieferanten
− Zahlungen an Personal und Personalversicherung
− Zahlungen für Steuern
− Zahlungen für diverse Leistungen etc.
= **Cash Flow (Geldfluss) netto**

▲ Abb. 101 Direkte Berechnung des Cash Flow (Geldfluss aus Geschäftstätigkeit)

ströme. Allerdings ist die Erstellung solcher Geldflussrechnungen sehr aufwendig. Daher finden sich relativ wenige Beispiele für die direkte Berechnung des Geldflusses aus Geschäftstätigkeit (vgl. ▶ Abb. 102).

Ausgehend von der früher üblichen Mittelflussrechnung mit dem Nachweis der Veränderung des Nettoumlaufvermögens hat sich die indirekte Methode in der

CONSOLIDATED CASH FLOW STATEMENT		
1,000 EUR	2004	2003
CASH FLOW FROM OPERATING ACTIVITIES		
Cash receipts from customers	165,952	143,473
Cash receipts from other operating incomes	544	723
Cash paid to suppliers and employees	−153,682	−128,242
Cash flow from operations before financial income and expenses and taxes	12,815	15,954
Interest paid	−1,196	−1,053
Interest received and other financial income	87	886
Income taxes paid	−5,628	−6,440
Net cash from operating activities (A)	**6,077**	**9,347**
CASH FLOW FROM INVESTING ACTIVITIES		
Purchase of tangible and intangible assets	−13,247	−6,430
Proceeds from sale of tangible and intangible assets	40	80
Investments	−6	0
Proceeds from sale of investments	14	15
Loans granted	−35	−100
Amortisation of loan receivables	39	17
Acquisition of subsidiaries	0	−2,407
Dividends received	7	2
Net cash used in investing activities (B)	**−13,190**	**−8,823**
CASH FLOW FROM FINANCING ACTIVITIES		
Share issue	1,484	5,172
Drawing of current creditors	5,000	56
Amortisation of current creditors	−56	0
Drawing of non-current creditors	20,316	1,488
Amortisation of non-current creditors	−2,883	−3,077
Dividends paid	−14,469	−2,423
Net cash used in financing activities (C)	**9,391**	**1,216**
Net increase (+) or decrease (−) in cash and equivalents (A + B + C)	**2,279**	**1,740**
Cash and cash equivalents at beginning of period	2,797	1,057
Cash and cash equivalents at end of period	5,076	2,797
Change	**2,279**	**1,740**

▲ Abb. 102 Mittelflussrechnung mit direkter Berechnung
(PKC Group, Geschäftsbericht 2004, S. 26)

Praxis etabliert (vgl. ▶ Abb. 103). Der Gewinn wird um die nicht liquiditätswirksamen Aufwendungen (Abschreibungen, Wertberichtigungen, Bildung von Rückstellungen) sowie Erträge (Auflösung von Rückstellungen, Zuschreibungen) korrigiert.

Zudem wird die Veränderung der Positionen des Nettoumlaufvermögens aufgeführt. Dies zeigt die Veränderung der Mittelbindung (Aufbau von Kundenforderungen sowie Warenlager, also einer Art kurzfristiger Investitionen) sowie deren (teilweise) Finanzierung mit kurzfristigen Verbindlichkeiten (Lieferanten etc.) (vgl. ▶ Abb. 104).

Indirekte Berechnung

  Gewinn
+ Abschreibung
+ Rückstellungsbildung (bzw. – bei Auflösung)
– Gewinn aus Anlageverkäufen (bzw. + bei Verlust)

= **Veränderung des Nettoumlaufvermögens = Cash Flow**

+/– Veränderungen der Kreditoren
+/– Veränderungen der Debitoren ⬅ **für Geldfluss**
+/– Veränderungen Vorräte

= **Cash Flow (Geldfluss) netto**

▲ Abb. 103 Indirekte Berechnung des Cash Flow (Geldfluss aus Geschäftstätigkeit)

Geldflussrechnung 2002	2002 Mio. CHF	2001 Mio. CHF
Konzernergebnis vor Steuern	–9	106
Wertberichtigung Coperion	25	56
Übriges Finanzergebnis	66	159
Abschreibungen	154	41
Amortisation	41	5
Übriger nicht liquiditätswirksamer Erfolg	44	45
Bildung Rückstellungen netto	25	–77
Verbrauch Rückstellungen	–40	–16
Veränderung		
Vorräte	27	145
Forderungen aus Lieferungen und Leistungen	13	9
Übrige Forderungen	3	–38
Verbindlichkeiten aus Lieferungen und Leistungen	1	–27
Übriges unverzinsliches Fremdkapital	11	–37
Bezahlte Ertragssteuern	–38	
Cashflow aus Geschäftstätigkeit	**323**	**371**

▲ Abb. 104 Geldflussrechnung mit indirekter Berechnung (Georg Fischer, Geschäftsbericht 2002, S. 74)

17.8 Offenlegung

Durch die dreiteilige Gliederung der modernen Geldflussrechnung sowie die Pflicht zum separaten Ausweis von beispielsweise Zins- und Ertragssteuerzahlungen sind die meisten Informationen direkt aus der Geldflussrechnung ersichtlich. Im Anhang sind darüber hinaus nur noch wenige Angaben erforderlich:

Vorweg ist die Bezugsgrösse zu definieren bzw. zu detaillieren. Wählt man die flüssigen Mittel netto, so sind die einzelnen Komponenten wie flüssige Mittel, Festgelder und Geldmarktpapiere einerseits sowie kurzfristige Finanzverbindlichkeiten anderseits mit ihren Anfangs- und Schlussbeständen im Anhang aufzulisten.

Zuweilen ergeben sich aufgrund lokaler Gesetze oder als Folge von Kreditverträgen Einschränkungen bezüglich der Verfügbarkeit gewisser Vermögenswerte, insbesondere von Bankguthaben, in bestimmten Ländern. Solche Restriktionen sind ebenfalls offen zu legen.

Im Zusammenhang mit dem Erwerb oder der Veräusserung von Beteiligungen an anderen Unternehmen kann sich die Liquidität erheblich verändern. Die wichtigsten Elemente solcher Transaktionen sind ebenfalls bekannt zu geben. Aus der Sicht des Unternehmens stellt sich die Investition in ein anderes Unternehmen nur als Geldabfluss in der Grösse der Differenz zwischen bezahltem Kaufpreis und den in der neuen Tochtergesellschaft vorhandenen flüssigen Mitteln dar.

17.9 Analyse der Geldflussrechnung

Die Geldflussrechnung ist an sich bereits eine Art der Analyse. Jedenfalls werden sehr viele Schlüsselgrössen direkt ausgewiesen. Für die Beurteilung der Fähigkeit eines Unternehmens, frei verfügbare Geldmittel zu generieren, ist vom Geldfluss aus Geschäftstätigkeit auszugehen. Dabei sind unübliche Veränderungen der Bestände des Nettoumlaufvermögens allenfalls zu ergründen und für eine Betrachtung der künftigen Entwicklung zu eliminieren oder anzupassen. Ebenfalls zu beachten sind im Zusammenhang mit Restrukturierungen zwar zurückgestellte, aber noch auszuzahlende Beträge. Entscheidet sich ein Unternehmen für eine Restrukturierung mit Abbau von Personal, wird in der Bilanz für die Kosten des Sozialplans und die Aufwendungen zur Umsetzung der geplanten Neuausrichtung eine Restrukturierungsrückstellung gebildet. Damit wird in der Bilanz der künftige Geldabfluss aufgrund der eingegangenen Verpflichtungen und bekannt gegebenen Ziele dargestellt. Der Einfluss auf die Ertragslage wird bei Bildung der Rückstellung durch den entsprechenden Aufwand in der Erfolgsrechnung abgebildet. Was bei der Analyse oft vergessen geht, ist der in den nachfolgenden Perioden resultierende Geldabfluss.

Für die Beurteilung der künftigen Entwicklung ist das Investitionsverhalten zu untersuchen. Dabei sollte man auch klären, ob die Produktionsmittel laufend erneuert werden oder ob ein Investitionsstau vorliegt. Der planbare Geldzufluss aus einem normalen Geschäftsgang steht für Zahlungen an die Kapitalgeber zur Verfügung. Eine allfällige Lücke muss refinanziert werden. In die Planung einzubeziehen sind die erhöhte Mittelbindung aufgrund des angestrebten Wachstums und der Geldfluss für die Investitionen zur Kapazitätserweiterung. Es gibt verschiedene Branchen, beispielsweise die Luftfahrt, bei denen kaum je Geld für die Rückzahlung von Kapital frei verfügbar wird. Dies ist nicht per se schlecht und kann durch ein starkes Wachstum bedingt sein. Gleichwohl sind solche Konstellationen in der Analyse sorgfältig zu werten. ▶ Abb. 105 zeigt verschiedene Komponente der Analyse des Geldflusses.

Auch bei der Bewertung eines Unternehmens spielt die Überlegung, **welcher Betrag an flüssigen Mitteln in einer bestimmten Periode durch die Unternehmenstätigkeit sowie die Investitions- und Finanzierungsvorgänge eines Unternehmens zusätzlich anfällt,** eine immer grössere Rolle. Die **Discounted-Cash-Flow-Methode (DCF)** für die Beurteilung von Unternehmen basiert auf dieser Überlegung. Unternehmen werden also nicht aufgrund ihrer Ertragskraft beurteilt, sondern aufgrund ihrer Fähigkeit, einen positiven Mittelfluss zu generieren *(cash earning power)*. Moderne Geldflussrechnungen geben Auskunft über die mit der Unternehmenstätigkeit erarbeiteten Mittel, den Saldo der Investitionstätigkeit sowie das Ergebnis von Finanzierungsmassnahmen. Auch bei der Mittelflussrechnung gibt es verschiedene Darstellungsmöglichkeiten. Diese unterscheiden sich einerseits nach der Beurteilungsgrösse, d.h. nach jener Grösse, mit der die Fähigkeit des Unternehmens gemessen wird, einen positiven Mittelzufluss zu generieren und andererseits nach der Darstellungsform. Die meisten Unternehmen gehen von den liquiden Mitteln aus (diese umfassen die Guthaben aus den Positionen Kasse, Post, Banken und Checks sowie die Wertschriften, welche als Liquiditätsreserve gehalten werden). Für die Bewertung von Unternehmen sind alle Angaben der Geldflussrechnung sehr wertvoll. Die wichtigsten Informationen seien daher in Erinnerung gerufen: Beim Mittelzufluss aus Geschäftstätigkeit werden nicht nur die erwirtschafteten Mittel gezeigt, sondern auch die Auswirkungen der Veränderung des Umlaufvermögens sowie des kurzfristigen Fremdkapitals auf den Bestand an liquiden Mitteln. Beim Geldfluss aus Investitionstätigkeit werden die Investitio-

---

Geldflussrechnung als Analyseinstrument
- Können in Zukunft Zahlungsüberschüsse erzielt werden?
- Können die Zahlungsverpflichtungen erfüllt und die Dividenden ausgeschüttet werden?
- Bestehen Unterschiede zwischen Jahreserfolg und Cash Flows? Was sind die Gründe dafür?
- Welchen Einfluss haben Investitions- und Finanzierungsvorgänge auf die Finanzlage?

▲ Abb. 105 Analyse mit Hilfe der Geldflussrechnung

nen (z.B. Investitionen im Zusammenhang mit dem Erwerb von Beteiligungen) sowie die Mittelzuflüsse aus dem Verkauf von Anlagevermögen (Devestitionen) ausgewiesen.

Die Finanzierungstätigkeit umfasst beispielsweise den Geldzufluss aus einer Kapitalerhöhung und den Geldabgang infolge Rückzahlung von Krediten.

17.10 Relevante Standards

Für eine moderne Geldflussrechnung gibt in erster Linie IAS 7 den Rahmen vor. Swiss GAAP FER 6 baut zwar auf den gleichen Gedanken auf, geht aber weniger weit als IAS 7.

17.10.1 IAS

IAS 7 Par. 1

«Ein Unternehmen hat eine Kapitalflussrechnung gemäss den Anforderungen dieses Standards zu erstellen und als integralen Bestandteil des Abschlusses für jede Periode darzustellen, für die Abschlüsse aufgestellt werden.»

IAS 7 Par. 6

«Folgende Begriffe werden in diesem Standard mit der angegebenen Bedeutung verwendet:

- *Zahlungsmittel* umfassen Bargeld und Sichteinlagen.
- *Zahlungsmitteläquivalente* sind kurzfristige, äusserst liquide Finanzinvestitionen, die jederzeit in bestimmte Zahlungsmittelbeträge umgewandelt werden können und nur unwesentlichen Wertschwankungsrisiken unterliegen.
- *Cashflows* sind Zuflüsse und Abflüsse von Zahlungsmitteln und Zahlungsmitteläquivalenten.
- *Betriebliche Tätigkeiten* sind die wesentlichen erlöswirksamen Tätigkeiten des Unternehmens sowie andere Aktivitäten, die nicht zu den Investitions- oder Finanzierungstätigkeiten zuzuordnen sind.
- *Investitionstätigkeiten* sind der Erwerb und die Veräusserung langfristiger Vermögenswerte und sonstiger Finanzinvestitionen, die nicht zu den Zahlungsmitteläquivalenten gehören.
- *Finanzierungstätigkeiten* sind Aktivitäten, die sich auf den Umfang und die Zusammensetzung der Eigenkapitalposten und der Ausleihungen des Unternehmens auswirken.»

17.10.2 Swiss GAAP FER

Swiss GAAP FER 6

«1. Die Mittelflussrechnung stellt dar, wie die Mittel der Unternehmung bzw. des Konzerns aus
   - Geschäftstätigkeit
   - Vorgängen im Investitionsbereich und
   - Vorgängen im Finanzierungsbereich fliessen.
2. Der Mittelfluss aus Geschäftstätigkeit ist gesondert von den übrigen Posten auszuweisen. Es kann sowohl die direkte wie die indirekte Methode angewendet werden.
3. Die Mittelflussrechnung ist entsprechend den Grundsätzen ordnungsmässiger Rechnungslegung zu erstellen.
4. Die Zusammensetzung des gewählten Fonds ist aufzuzeigen.
5. Umrechnungsdifferenzen sind gesondert aufzuzeigen oder im Anhang zu erläutern.
6. Auf die Mittelflussrechnung kann im Einzelabschluss verzichtet werden, wenn diese für den Konzern vorgelegt wird.»

17.11 Übungen

Übungsfragen

1. Welches sind die Aufgaben der Mittelflussrechnung?
2. Stellen Sie die dreistufige Gliederung einer Geldflussrechnung schematisch dar.
3. Welche zwei Methoden der Ermittlung des Cash Flow kennen Sie? Erläutern Sie diese kurz.
4. Definieren Sie mögliche Bezugsgrössen (Fonds) für die Analyse der Veränderungen im Rahmen der Geldflussrechnung.
5. Erläutern Sie die Probleme, die bei der Verwendung des Fonds «Nettoumlaufvermögen» auftreten können, und zeigen Sie, warum diese Probleme beim Fonds «Flüssige Mittel» nicht auftauchen. Geben Sie mindestens drei Beispiele.
6. Wie wird der Geldabfluss bzw. -zufluss für Zinszahlungen in der Geldflussrechnung behandelt?
7. Wie wird eine Restrukturierungsrückstellung im Rahmen der Erstellung sowie der Analyse der Geldflussrechnung behandelt?
8. Welchen Beitrag zur Unternehmensbewertung leistet die Geldflussrechnung?
9. Welche Gründe gibt es für die Differenzen zwischen Jahreserfolg und Cash Flow? Nennen Sie einige Beispiele.
10. Nehmen Sie kritisch Stellung zur Verwendung des Begriffes «Cash Flow».

Übungsaufgaben

11. Der Geschäftsführer der Geldgier AG verlangt von Ihnen als Leiter des Rechnungswesens die Erstellung einer Geldflussrechnung, die den Bestand der flüssigen Mittel am Jahresende (in der Höhe von 64) erklärt. Ihnen stehen folgende Informationen zur Verfügung:

Abschreibungen	800
Umsatz	7 205
Kauf von Beteiligungen	130
Bankschulden	860
Anzahl Mitarbeiter am Ende des Jahres	84
Dividendenzahlungen	48
Kauf von immateriellem Anlagevermögen	303
Erhöhung der Rückstellungen	24
Jahresverlust	245
Ausgabe von Optionsanleihen	40
Erhöhung Bankschulden	92
Anzahl ausstehender Aktien	5 000
Flüssige Mittel zum Beginn des Jahres	56
Zugang aus Kapitalerhöhung	75
Kauf von Sachanlagen	255
Zunahme des Umlaufvermögens	42

Erstellen Sie aufgrund der Daten eine Geldflussrechnung (indirekte Berechnung) mit dem Fonds «Flüssige Mittel» und weisen Sie so die Nettozunahme des Fonds nach!

12. Was versteht man unter einer Finanzierungslücke und wie hoch war diese im abgelaufenen Geschäftsjahr bei der Geldgier AG aus Aufgabe 11?

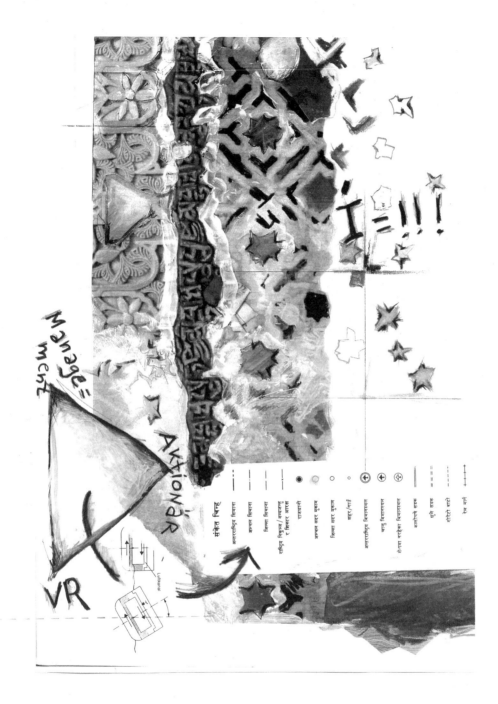

Teil C
Die wichtigsten Positionen

Inhalt

18 Flüssige Mittel 255
19 Forderungen 265
20 Waren und Dienstleistungen 281
21 Rechnungsabgrenzung 293
22 Sachanlagen 303
23 Finanzanlagen 321
24 Immaterielle Werte 337
25 Kurzfristige Verbindlichkeiten 355
26 Langfristige Verbindlichkeiten 363
27 Leasing 375
28 Rückstellungen 391
29 Eigenkapital 409
30 Ertrag aus Geschäftstätigkeit 439
31 Aufwand der Leistungserstellung 455
32 Finanzergebnis 469
33 Besondere Positionen 483
34 Ertragssteuern 501
35 Altersvorsorge 519
36 Transaktionen mit nahe stehenden Personen 535
37 Ausserbilanzgeschäfte 551
38 Wertschöpfungsrechnung 567
39 Jahresbericht 575

Kapitel 18
Flüssige Mittel

Lernziele

- Bedeutung der flüssigen Mittel sowie ähnlicher Werte
- Beurteilung im Zusammenhang mit den kurzfristigen Finanzverbindlichkeiten
- Bewertungsproblematik bei Liquiditätshaltung in Form von Wertschriften
- Einfluss auf die Beurteilung von Firmen durch Finanzanalysten
- Cash-Burn-Rate und Wachstumsfinanzierung

Beispielfirmen

Der **Roche-Konzern** wies 1998 flüssige Mittel von 7.96 Mrd. CHF aus. Gemessen an der Bilanzsumme sind dies 14.1 % (im Vorjahr waren es sogar 15.7 %). Dem stehen finanzielle Verbindlichkeiten von 10.54 Mrd. CHF gegenüber. In der Geldflussrechnung werden weder die flüssigen Mittel insgesamt noch die Nettofinanzverbindlichkeiten (flüssige Mittel abzüglich kurzfristige Finanzverbindlichkeiten) als Eckwert genommen. Vielmehr weist Roche die Veränderung der so genannten Zahlungsmittel nach (welche mit «Andere flüssige Mittel» die Bilanzposition «Flüssige Mittel» bilden).

Die **Nestlé-Gruppe** definiert im Anhang die Position Flüssige Mittel wie folgt:

«Diese umfassen Bar- und andere Zahlungsmittel, marktgängige Wertschriften, andere flüssige Mittel und kurzfristige Geldanlagen. Andere Zahlungsmittel sind Bankguthaben und Festgeldanlagen mit Fälligkeit innerhalb von drei Monaten ab Erwerbsdatum. Kurzfristige Geldanlagen bestehen aus Bankdepositen und Festgeldanlagen mit Fälligkeit von mehr als drei Monaten ab Erwerbsdatum. Marktgängige Wertschriften, die bis zur Fälligkeit gehalten werden, werden mit den Anschaffungskosten bzw. dem allfälligen tieferen Marktwert ausgewiesen, während die zum Handel bestimmten Wertschriften zu Marktwerten bewertet werden. Sich daraus ergebende Gewinne und Verluste werden in der Erfolgsrechnung berücksichtigt.» (Nestlé, Geschäftsbericht 1998, S. 68)

Der **Roche**-Geschäftsbericht 2001 hält zur Position Liquide Mittel und Wertschriften fest:

«Liquide Mittel und äquivalente Finanzinvestitionen: Die liquiden Mittel und äquivalenten Finanzinvestitionen umfassen Kassabestände, Postcheck- und Bankguthaben, Sicht- und Depositengelder sowie äusserst liquide Finanzinvestitionen, die jederzeit in zum Voraus bestimmbare Zahlungsmittelbeträge umgewandelt werden können und nur unwesentlichen Wertschwankungsrisiken unterliegen. Diese Definition wird auch in der Geldflussrechnung angewandt.» (Roche, Geschäftsbericht 2001, S. 86)

Die **Valora-Gruppe** (u.a. Kioskgeschäfte, Alimarca Markenartikelvertrieb, Fotolabo Fotoentwicklung) weist im Geschäftsjahr 1998 flüssige Mittel von 167 Mio. CHF und Wertschriften von 353 Mio. CHF oder rund 51% des Umlaufvermögens und immerhin noch 28% der Bilanzsumme aus. Im Anhang finden sich die Einzelheiten zu diesen Positionen (vgl. ▶ Abb. 106).

Flüssige Mittel in CHF 000	2001	2002
Barbestände und Sichtguthaben	161 193	151 206
Bankterminguthaben und Festgeldanlagen	65 979	74 035
Total flüssige Mittel	**227 172**	**225 241**
Die Originallaufzeit der Bankterminguthaben und Festgeldanlagen beträgt maximal 3 Monate.		

Wertschriften in CHF 000	2001	2002
Aktien, Optionen und Partizipationsscheine	1 635	11 244
Festverzinsliche Obligationen und Festgeldanlagen	1 444	1 601
Total Wertschriften	**3 079**	**12 845**

▲ Abb. 106 Flüssige Mittel und Wertschriften (Valora, Geschäftsbericht 2001, S. 21)

18.1 Bestandteile der Position Flüssige Mittel

Hinter der scheinbar klaren Bezeichnung flüssige (oder liquide) Mittel verstecken sich vielerlei Positionen. Die einzelnen Standards enthalten Vorgaben mit unterschiedlichem Detaillierungsgrad betreffend der hier aufzuführenden Einzelposten.
Im Vordergrund stehen in jedem Fall:

- **Bargeld,**
- **Guthaben** bei Banken oder Postbanken bzw. Postkonto-Guthaben,
- **Geldmarktforderungen,** d.h. kurzfristig fällige Geldanlagen wie Callgeld oder Festgeldanlagen. In der Regel wird eine Fälligkeit innerhalb von 90 Tagen nach Geldanlage verlangt (nicht vom Bilanzstichtag gerechnet – es geht um eine fortlaufende Betrachtung, nicht um die zufällige Situation am Bilanzstichtag), um diese Kriterien erfüllen zu können,
- **diskontierbare (Besitz-)Wechsel.**
- Zur Zahlung fällige **Coupons** für Zinsen und Dividenden. Allenfalls können auch fällige Verrechnungssteuerguthaben hier aufgeführt werden. In der Regel weisen die Unternehmen rückforderbare Steuern als «Übrige Forderungen» aus.
- **Wertschriften** können nur als Äquivalent zu flüssigen Mitteln betrachtet werden, wenn sie jederzeit in einem liquiden Markt und damit ohne grosse Wertschwankungen veräussert werden können. Zudem sollten kurzfristige Wertschwankungen ausgeschlossen sein. Dies wäre allerdings bei Aktien oder vergleichbaren Wertschriften nicht der Fall, sondern nur bei Geldmarktpapieren. Im Vordergrund stehen daher festverzinsliche Titel von erstklassigen Schuldnern, die eine relativ kurze Restlaufzeit haben. Damit entfällt für die Bewertung sowohl das Bonitätsrisiko des Schuldners als auch das Marktzinsrisiko, weil man für die Restlaufzeit keine signifikanten Veränderungen des allgemeinen Zinsniveaus erwarten muss.

18.2 Bewertungsprobleme bei flüssigen Mitteln

Die Bewertung bietet bei den flüssigen Mitteln keine grösseren Probleme:

- Der Nominalbetrag ist Ausgangsgrösse.
- Fremdwährungspositionen sind (in der Regel zum Kurs am Bilanzstichtag) umzurechnen.
- Marktgängige Wertschriften sind zum Börsenkurs (Mittelkurs) am Bilanzstichtag zu bewerten. Besteht ein grosser Spread (zwischen Geld- und Briefkursen), so ist fraglich, ob die Titel wirklich marktgängig sind. Denn diese Differenz signalisiert eine ungenügende Liquidität im Handel mit dem betreffenden Titel.

Aktien unterliegen – auch bei erstklassigen Werten – teilweise erheblichen Kursschwankungen. Die Bewertung solcher Titel nach dem **Niederstwertprinzip**, d. h. zum Anschaffungs- oder tieferen Tageskurs ändert nichts an der Problematik. Damit werden Unternehmen einerseits zum Aufbau einer Bewertungsreserve in dieser Position gezwungen, falls sie Kursgewinne nicht erfolgswirksam und direkt in der Bilanz erfassen können. Das **Realisationsprinzip** verlangt, dass Gewinne erst ausgewiesen werden, wenn sie effektiv realisiert sind. Andererseits muss eine Anpassung des Buchwertes an den tiefen Marktwert zwingend erfolgen. Im Grunde widersprechen diese Überlegung den Beweggründen für eine Liquiditätshaltung in Form von marktgängigen Wertschriften. Die jederzeitige Realisierbarkeit solcher Titel und damit deren Transformation in Geldmittel wird ja unterstellt. Die jederzeitige Realisierbarkeit spricht für eine Bewertung zum (im Betrachtungszeitpunkt) realisierbaren Wert, mithin zum Markt- oder Börsenkurs. Der Trend der Standardsetzer geht in diese Richtung. Allerdings bleibt bei solchen kurzfristigen Anlagen ein gewisses Risiko. Den möglicherweise höheren Erträgen stehen entsprechende Kursverluste gegenüber.

18.3 Offenlegung

Die Offenlegung umfasst:

- Die Umschreibung der unter der Rubrik «Flüssige Mittel» erfassten **Instrumente** der Geldanlage.
- Die Beträge je einzeln für flüssige Mittel und Wertschriften, wenn diese in der Bilanz als Gesamtbetrag aufgeführt werden. Wünschenswert ist eine weitere **Aufschlüsselung** zumindest für wesentliche Instrumente wie beispielsweise leicht handelbare Beteiligungstitel (wobei hier grösste Zurückhaltung beim Ausweis im Umlaufvermögen geboten ist), Anleihen und andere Schuldtitel sowie Geldmarktpapiere.
- Da vielfach auch Titel mit längerer Laufzeit unter Wertschriften im Umlaufvermögen ausgewiesen werden (weil diese jederzeit am Markt verkauft und so in flüssige Mittel gewandelt werden können), empfiehlt sich eine Analyse der **Fälligkeits- und Zinsstruktur** für Schuldtitel.
- Angaben zu allfälligen **Verfügungsbeschränkungen** oder Mindestvorschriften (sog. Covenants) werden häufig im Zusammenhang mit Kapitalmarktfinanzierungen oder mit Refinanzierungen eingegangen. Obwohl keine eigentliche Besicherung wie bei Sachanlagen (Schuldbriefe) oder Waren (Warrants[1] im

---

[1] Warrants sind Wertpapiere, die in einzelnen Ländern (aber z.B. nicht in der Schweiz) als Dokument zur Besicherung von Krediten durch Waren genutzt werden.

angloamerikanischen Rechtssystem) bzw. Forderungen (Sicherungs- oder Globalzessionen) vorliegt, sind solche Informationen für die Anleger bzw. die Analysten wichtig. Denn je nach Umfang sind dadurch Schranken für weitere Investitionen oder Akquisitionen gesetzt.

18.4 Offenlegung von Einzelheiten im Anhang

▶ Abb. 107 und 108 zeigen zwei Beispiele, wie die flüssigen Mittel im Anhang ausgewiesen werden können.

19. Liquide Mittel

Die unter verschiedenen Bilanzpositionen ausgewiesenen liquiden Mittel des Konzerns setzen sich zum Jahresende wie folgt zusammen:

Angaben in Mio. €:	31. Dezember		
	2001	2000	1999
Zahlungsmittel*			
Zahlungsmittel von bis zu 3 Monaten	11 397	7 082	8 761
Zahlungsmittel von mehr als 3 Monaten	31	45	338
Zahlungsmittel gesamt	11 428	7 127	9 099
Wertpapiere des Umlaufvermögens	3 077	5 378	8 969
Sonstige	20	5	133
	14 525	12 510	18 201

* Zahlungsmittel umfassen im Wesentlichen Guthaben bei Kreditinstituten, Kassenbestände sowie Schecks.

▲ Abb. 107 Liquide Mittel (DaimlerChrysler, Geschäftsbericht 2001, S. 96)

Erläuterungen zur konsolidierten Bilanz		
	Mio. CHF 2000	Mio. CHF 2001
Flüssige Mittel	404	397
Festgelder bei Banken	28	7
Übrige Festgelder	0	0
Aktien	56	59
Obligationen	6	
11 Flüssige Mittel	**495**	**464**

▲ Abb. 108 Flüssige Mittel (Coop, Geschäftsbericht 2001, S. 76)

18.5 Analyse

Den flüssigen Mitteln (dem Cash) kommt aus verschiedenen Gründen ein hoher Stellenwert zu. Bargeld bzw. Bank- und ähnliche Guthaben sind in unserer Gesellschaft die **wichtigsten Zahlungsmittel.** Auch der Vormarsch der Kreditkarten hat daran nichts geändert. Denn auch bei Zahlung auf Kreditkartenbasis werden letztlich flüssige Mittel beansprucht oder kurzfristige Finanzverbindlichkeiten (verzinsliche Schulden) eingegangen. Die Veränderung der Zahlungsmittel und der Bestand an Zahlungsmitteln sind Indikatoren für die Möglichkeiten eines Unternehmens, künftige Investitionen und Akquisitionen (ganz oder teilweise) selber zu finanzieren oder Finanzverbindlichkeiten zu tilgen. Im Geschäftsverlauf ist **die Position «Flüssige Mittel» oft grossen Schwankungen** unterworfen. Bei einem kleineren Unternehmen kann man beispielsweise beobachten, wie in den ersten Wochen des Monates der Zufluss aus Kundenzahlungen den Abfluss für die Begleichung von Lieferantenrechnungen meist übersteigt und die flüssigen Mittel zunehmen. Mit der monatlichen Lohnzahlung fliesst dann ein sehr grosser Teil der Geldmittel wieder ab. Gleichwohl ist die mittel- und langfristige Veränderung der flüssigen Mittel sehr aussagekräftig. Einzelheiten dazu finden sich bei der Besprechung der Geldflussrechnung (Kapitel 17).

Die Schwankungen der flüssigen Mittel aufgrund des normalen Zahlungsverkehrs lassen sich aus der Erfahrung innerhalb eines Unternehmens und der Finanzplanung gut abschätzen. Daraus ergibt sich auch der **notwendige Durchschnittsbestand an flüssigen Mitteln.** Der überschüssige Betrag kann beispielsweise über eine mit hohem Eigenkapital ausgestattete und steuerlich privilegiert behandelte Konzerngesellschaft (sog. Finanzgesellschaft) für den Handel mit Wertschriften *(trading)* eingesetzt werden. Werden über eine normal besteuerte Gesellschaft zusätzliche Mittel aufgenommen und ebenfalls in Form von Eigenkapital in die Finanzgesellschaft eingebracht, kann der Nettoeffekt weiter erhöht werden. Selbstverständlich ist das Risiko von Verlusten auf diesem Wertschriftengeschäft in die Beurteilung mit einzubeziehen, ebenso der Aspekt der Abhängigkeit gegenüber Kapitalgebern, wenn die entsprechende Refinanzierung ein bestimmtes Mass überschreitet.

Folglich ist für die Finanzanalyse in erster Linie eine **Betrachtung der flüssigen Mittel zusammen mit den kurzfristigen Finanzverbindlichkeiten** angezeigt. Denn häufig bietet es sich aus Kostenüberlegungen oder aus Währungsgründen für die Unternehmen an, sich lokal oder auf Konzernebene zu verschulden, obwohl eigentlich genügend Mittel für die Finanzierung bereitstehen würden. Eine wichtige Grösse für die Beurteilung von Firmen durch Analysten ist der **Free Cash Flow,** der Betrag an flüssigen Mitteln, der durch die Geschäftstätigkeit generiert und nicht für Investitionen (z.B. Ersatz von Maschinen oder Renovation von Einrichtungen) wieder verbraucht wird.

Umgekehrt sieht es bei Wachstumsunternehmen aus, die in der Aufbauphase primär in Entwicklungsprojekte (z.B. Biotechnologieunternehmen) oder in den Aufbau ihrer Marktposition investieren (z.B. Firmen der Informationstechnologie). Aufgrund von Finanzierungsrunden mit Hilfe von Investoren während der Aufbauphase (Start-up-Finanzierung) oder nach erfolgreicher Publikumsöffnung (Initial Public Offering, IPO, Börsengang) stehen solchen Unternehmen erhebliche flüssige Mittel zur Verfügung. Für den Erfolg solcher Vorhaben ist entscheidend, ob diese Mittel zur Deckung der erheblichen Kosten bis hin zur erfolgreichen Markteinführung ausreichen. Daher analysiert man die gemäss Planung noch anfallenden Kosten beispielsweise je Monat und misst diese am vorhandenen Nettobestand an flüssigen Mitteln. Damit erhält man die Anzahl Monate, die ohne Hilfe von Banken vom Unternehmen selbst finanziert werden können. Innerhalb dieser Zeit muss es gelingen, den Umsatz so weit aufzubauen, dass daraus die laufenden Kosten gedeckt werden können. Mit der **Cash-Burn-Rate** wird aufgezeigt, wie lange die flüssigen Mittel zur Finanzierung der Geschäftstätigkeit ausreichen (vgl. ▶ Abb. 109).

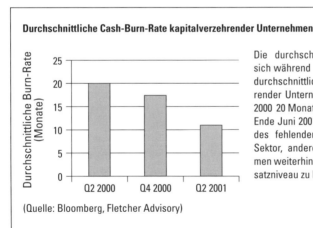

▲ Abb. 109 Cash-Burn-Rate der Unternehmen des Internet 150 Index (PricewaterhouseCoopers 2001, S. 7)

18.6 Relevante Standards

Eigentliche Standards zu den flüssigen Mitteln finden sich selten. Die IAS erwähnen bzw. definieren Cash und Cash equivalents im Framework IASC Par. 18 sowie in erster Linie in den folgenden Standards:

> **IAS 1 Presentation of Financial Statements,** insbesondere in IAS 1 Par. 66 g
>
> **IAS 7 Cash flow statements, IAS 7 Par. 6**
> - Cash comprises cash on hand and demand deposits.
> - Cash equivalents are short-term, highly liquid investments that are readily convertible to known amounts of cash and which are subject to an insignificant risk of changes in value.

18.7 Übungen

Übungsfragen

1. Weshalb sind Bestand und Veränderung der flüssigen Mittel für die Beurteilung der wirtschaftlichen Lage von Unternehmen wichtig?
2. Aus welchen Bestandteilen setzt sich in der Regel die Position «Flüssige Mittel» zusammen?
3. Welche Bewertungsfragen stellen sich im Zusammenhang mit den flüssigen Mitteln?
4. Wie wird die Cash-Burn-Rate berechnet? Für welche Art der Unternehmen ist diese Kenngrösse von besonderer Bedeutung?

Übungsaufgaben

5. Entscheiden Sie, ob die nachstehenden Finanzinstrumente unter den flüssigen Mitteln auszuweisen sind. Begründen Sie kurz Ihre Antwort.
   a. Anteile an Geldmarktfonds internationaler Grossbanken
   b. Obligationen eines Unternehmens, das in einer schwierigen Phase der Restrukturierung steht, mit einer Restlaufzeit von knapp elf Monaten
   c. Bundesanleihen (Deutschland, Schweiz oder Österreich)
   d. Festgelder mit einer Laufzeit von 24 Monaten (davon sind am Bilanzstichtag bereits 7 Monate abgelaufen)
6. Ein nach IAS bilanzierendes Schweizer Unternehmen erwirbt am 15.10.2002 Anteile an Geldmarktfonds internationaler Grossbanken im Wert von 10 000 EUR. Mit welchem CHF-Betrag werden die Anteile in der Bilanz sowie der Erfolgsrechnung des Unternehmens am Bilanzstichtag 31.12.2002 berücksichtigt? Die Entwicklung der Währungskurses EUR zu CHF ist in der nachfolgenden Tabelle dargestellt:

15.10.2002	1.46290
31.10.2002	1.46480
30.11.2002	1.47530
31.12.2002	1.45460
Durchschnittskurs (78 Tage)	1.46722

Aufgabe zur Offenlegung

7. Erläutern Sie anhand des Auszugs aus dem Anhang von Puma (▶ Abb. 110) die wichtigsten Überlegungen zur Offenlegung der Position «Flüssige Mittel».

Die Zahlungsmittel und Zahlungsmitteläquivalente

Die Zahlungsmittel und Zahlungsmitteläquivalente enthalten flüssige Mittel wie Barmittel und Guthaben bei Kreditinstituten. Soweit die Guthaben nicht unmittelbar zur Finanzierung des Umlaufvermögens benötigt werden, werden die freien Bestände am Eurogeldmarkt bis zu sechs Monaten angelegt. […]

Die am 31.12.2002 vorhandenen flüssigen Mittel betrugen T-€ 113 575 (Vorjahr: T-€ 35 308) und beinhalten Barmittel, Sichteinlagen und Festgeldanlagen bis zu drei Monaten; es bestehen keine Verfügungsbeschränkungen.

▲ Abb. 110 Flüssige Mittel (Puma, Geschäftsbericht 2002, S. 41 und 62)

Kapitel 19
Forderungen

Lernziele

- Charakterisierung der wichtigsten Forderungsarten
- Bedeutung der Mittelbindung in Form von Forderungen für die Unternehmen
- Bewertung von Forderungen, insbesondere von überfälligen oder gefährdeten Forderungen
- Bedarf an zusätzlicher Offenlegung

Beispielfirmen

Die **Oerlikon-Bührle AG** (heute Unaxis) wies im Konzernabschluss 1998 bei einer Bilanzsumme von 4.9 Mrd. CHF Forderungen von 1.15 Mrd. oder 23.7% der Bilanzsumme aus. Lediglich die Waren mit 28.8% und die Sachanlagen mit 39.6% machen einen höheren Anteil am Gesamtvermögen des Konzerns aus. In den Erläuterungen zur konsolidierten Jahresrechnung finden sich folgende Angaben:

Forderungen: Dem Kreditrisiko wird systematisch durch Einzelwertberichtigungen auf überfälligen Forderungen und durch Pauschalwertberichtigungen auf noch nicht fälligen Forderungen (latentes Risiko) Rechnung getragen. Aus Kostengründen werden diese Risiken nur in Ausnahmefällen bei Dritten versichert.

Im Anhang heisst es zudem zu den Forderungen aus Lieferungen und Leistungen:

	Berichtsjahr	Vorjahr
Kundendebitoren	960	1 077
Besitzwechsel	59	32
Delkredere	–97	–81
Total	**922**	**1 028**
Veränderung gegenüber Vorjahr	–106	12
Davon wechselkursbedingt	–5	53

▲ Abb. 111 Ausweis der Forderungen im Anhang (Oerlikon-Bührle [heute Unaxis], Geschäftsbericht 1998)

Die Tochtergesellschaft **Oerlikon Contraves** ist im Militärgeschäft teilweise mit grossen Vertragsvolumen konfrontiert. Daraus können vorübergehend bedeutende Forderungen gegenüber wenigen Kunden resultieren. Die Forderungen beinhalten folgende Positionen:

	Berichtsjahr	Vorjahr
Sonstige Forderungen	130	142
Aktive Abgrenzung	97	166
Total	**227**	**308**
Veränderung gegenüber Vorjahr	–81	104
Davon wechselkursbedingt	–3	11

▲ Abb. 112 Ausweis der Forderungen im Anhang (Oerlikon-Bührle [heute Unaxis], Geschäftsbericht 1998)

Bei **Adecco** (Temporärpersonal-Vermittlung) machen die Forderungen aus Lieferungen und Leistungen (netto) rund 50 % der Bilanzsumme aus.

	Per 30. Dezember 2001		
	CHF	USD	EUR
Angaben zur Bilanz:			
Flüssige Mittel	552	329	373
Goodwill, netto	2 292	1 364	1 549
Forderungen aus Lieferungen und Leistungen, netto	4 636	2 760	3 132
Total Aktiven	9 323	5 549	6 299

▲ Abb. 113 Ausweis der Forderungen im Anhang (Adecco, Geschäftsbericht 2001, S. 7)

19.1 Charakterisierung und betriebswirtschaftliche Bedeutung von Forderungen

Forderungen verkörpern einen in der Regel kurzfristig zu erwartenden Geldzufluss aufgrund von Lieferungen oder Leistungen, welche ein Unternehmen gegenüber Dritten erbracht hat, oder infolge anderer Ansprüche. Zu denken ist auch an gerichtlich verfügte Zahlungen eines Dritten wegen Vertragsverletzung, an Rückerstattungsansprüche gegenüber dem Staat im Zusammenhang mit der Abrechnung von Mehrwertsteuern oder an Guthaben aus Versicherungsfällen für den Arbeitsausfall von kranken oder verunfallten Mitarbeitern.

Die Gliederungsfragen sind bei den Forderungen relativ einfach zu lösen. Grundsätzlich interessiert der separate Ausweis jener **Beträge, die aus dem operativen Geschäft** anfallen, den **Forderungen aus Lieferungen und Leistungen**. Hier geht es je nach Art des Betriebes oft um sehr grosse Beträge. Die Bilanz eines Beratungsunternehmens wird wegen der geringen Anlageintensität vor allem Forderungen umfassen (neben den noch nicht fakturierten Dienstleistungen, die separat, analog zur Position «Waren/Vorräte» bei Handels- oder Produktionsgesellschaften gezeigt werden).

In der Regel analysiert man die Mittelbindung durch Forderungen und Vorräte insgesamt und unterstellt eine gewisse Kongruenz der Fristen für die Bezahlung mit jenen für Verbindlichkeiten aus Lieferungen und Leistungen. Das Nettoumlaufvermögen oder Net Working Capital (vgl. ▶ Abb. 114) zeigt auf, wie hoch der durch Finanzverbindlichkeiten oder Eigenkapital zu finanzierende Betrag der sich relativ rasch umschlagenden Positionen Waren und Forderungen ist.

Bei einem als Vermittler von Arbeitsleistungen tätigen Unternehmen (Temporärarbeit) wie Adecco manifestiert sich die Mittelbindung unter anderem in Form von hohen Forderungen gegenüber den eigenen Firmenkunden. Die vermittelten Personen müssen sofort entlöhnt werden. Werden diese Vorleistungen unmittelbar weiterverrechnet, schlagen sich die Kosten der Leistungserbringung und der aus der Geschäftstätigkeit später anfallende Gewinn in der Bilanz als Forderungen gegenüber Kunden nieder (erfolgt die Weiterbelastung verzögert, beispielsweise einmal pro Quartal, sind diese noch nicht fakturierten Dienstleistungen Teil der

Umlaufvermögen Flüssige Mittel Forderungen aus Lieferungen und Leistungen Vorräte	– kurzfristige Verbindlichkeiten Kurzfristiges Fremdkapital Kreditoren aus Lieferungen und Leistungen
	Nettoumlaufvermögen (Net Working Capital)

▲ Abb. 114 Nettoumlaufvermögen (Net Working Capital)

Position Waren oder Vorräte). Die Kunden des Vermittlers bezahlen aber die Dienstleistung erst mit einer zeitlichen Verzögerung. Die Finanzierung dieser Vorleistungen, der hohen Mittelbindung in Form von Forderungen wird ganz unterschiedlich gelöst.

Am Beispiel der Adecco (▶ Abb. 115) sieht man, wie die Finanzierung solch hoher Bestände gelöst wird, nämlich durch den Verkauf eines Forderungsportfolios. Dieses erneuert sich laufend, weil Kunden bezahlen und gleichzeitig neue

	Per 30. Dezember 2001
Aktiven	
Umlaufvermögen	
Flüssige Mittel	CHF 552
Forderungen aus Lieferungen und Leistungen, netto	4 636
Sonstiges Umlaufvermögen	499
Total Umlaufvermögen	5 687
Sachanlagen, netto	735
Goodwill, netto	2 292
Sonstige langfristige Aktiven	609
Total Aktiven	CHF 9 323
Passiven	
Kurzfristige Verbindlichkeiten	
Kurzfristige Finanzverbindlichkeiten	CHF 995
Verbindlichkeiten aus Lieferungen und Leistungen sowie sonstige kurzfristige Verbindlichkeiten	4 309
Total kurzfristige Verbindlichkeiten	5 304
Langfristige Finanzverbindlichkeiten	2 047
Sonstige Verbindlichkeiten	183
Total Verbindlichkeiten	7 534
Minderheitsanteile	2
Eigenkapital	
Aktien und Partizipationsscheine (PS)	186
Agio	3 144
Bilanzverlust	(1 469)
Kumulierter sonstiger Verlust (Accumulated Other Comprehensive Income)	(65)
	1 796
Abzüglich: eigene Aktien zu Anschaffungskosten	(9)
Total Eigenkapital	1 787
Total Passiven	CHF 9 323

▲ Abb. 115 Net Working Capital als Differenz zwischen Umlaufvermögen und kurzfristigen Verbindlichkeiten (Adecco, Geschäftsbericht 2001, S. 8)

Forderungen entstehen. Im vorliegenden Fall (vgl. ▶ Abb. 116) wird jener Teil der Forderungen, der über den Anteil am «Pool» durch einen Dritten (den «Käufer») übernommen wird, nicht mehr als eigene Forderungen bilanziert (der verbleibende Anteil von Pool-Forderungen, der an SPE übertragen, aber nicht verkauft wurde, ist unter den Forderungen aus Lieferungen und Leistungen ausgewiesen; vgl. Adecco Geschäftsbericht 2001, S. 15) Allerdings muss die besondere Risikoregelung zusätzlich berücksichtigt werden (vgl. dazu Abschnitt 19.2 «Bewertung von Forderungen»).

Mit diesem Beispiel sind die wichtigsten Aspekte für die Frage nach der Bilanzierung *(recognition,* **Bilanzierungsfähigkeit und -pflicht)** beantwortet: Geht der künftige Mittelzufluss (ohne zusätzliche Gegenleistung) an die Lieferfirma (in diesem Fall hat Adecco Arbeitsleistungen «geliefert»), so ist die Forderung bei ihr zu bilanzieren. Wurde dagegen der Mittelzufluss durch «Verkauf» der Forderungen bereits realisiert (wie es in den verschiedenen Formen des **Factoring** gehandhabt wird), werden die Forderungen nicht mehr beim Lieferunternehmen in der Bilanz ausgewiesen. Das Risiko für uneinbringliche Forderungen wird als Bewertungsfrage nachstehend behandelt. Das Factoring als Forderungsverkauf umfasst neben den Inkassoleistungen meist die gesamte Buchführung und Abrechnung

Im März 2000 schloss Adecco eine Vereinbarung ab, die den Verkauf von gewissen Forderungen aus Lieferungen und Leistungen an eine externe Gesellschaft («Käufer»), verwaltet von einem unabhängigen Finanzinstitut, regelt. Der im März 2002 auslaufende Vertrag kann jährlich erneuert werden. Dabei verkauft Adecco einen Anteil an einem sich fortlaufend erneuernden Pool von Forderungen aus Lieferungen und Leistungen ihrer britischen Tochtergesellschaft («der Pool»). Gemäss Vereinbarung werden Pool-Forderungen an eine spezielle Gesellschaft (Special Purpose Entity, «SPE») übertragen, und dann bis zu einem maximalen Betrag von GBP 65 (CHF 158) vom Käufer erworben. Die SPE wurde als separate Gesellschaft gegründet, ist aber vollständig im Besitz von Adecco und wird konsolidiert. Der vom Käufer erworbene Anteil von Forderungen kann im Verlauf der Zeit und in Abhängigkeit von spezifischen Qualitätsmerkmalen der Forderungen zu oder abnehmen. Adecco übernimmt die Administration der an die SPE übertragenen Forderungen und erhält dafür eine Abwicklungsgebühr. Gemäss Vertragsbedingungen bezahlt der Käufer jeweils den Nennwert der Forderungen zum Kaufzeitpunkt an die SPE. Dieser Verkaufspreis variiert je nach Zinssatz der zugrunde liegenden kurzfristigen Wertpapiere und den Forderungsausständen. Adecco verbucht den Verkauf der Forderungen von der SPE an den Käufer gemäss der FASB-Richtlinie Nr. 140 «Accounting for Transfers and Servicing of Financial Assets and Extinguishments of Liabilities». Der Pool der übertragenen Forderungen an die SPE belief sich per 30. Dezember 2001 auf GBP 78 (CHF 189) und per 31. Dezember 2000 auf GBP 83 (CHF 203), die von der SPE verkauften Forderungen betrugen GBP 65 (CHF 158) und GBP 49 (CHF 120). Der verbleibende Anteil von Pool-Forderungen, der an die SPE übertragen, aber nicht verkauft wurde, ist unter den Forderungen aus Lieferungen und Leistungen ausgewiesen. Dieser betrug GBP 13 (CHF 31) per 30. Dezember 2001, nach Berücksichtigung von Delkredere von GBP 0.6 (CHF 1.5) bzw. GBP 34 (CHF 82) per 31. Dezember 2000 nach Abzug von Delkredere von GBP 0.5 (CHF 1.5) auf die Forderungen, die von Adecco transferiert wurden. Ausserdem sind in den langfristigen Aktiven verkaufte Forderungen von GBP 20 (CHF 48) per 30. Dezember 2001 und GBP 12 (CHF 30) per 31. Dezember 2000 bilanziert, für die noch keine Geldmittel eingegangen sind. In 2001 mussten Abwicklungsgebühren von GBP 2 (CHF 5) und in 2000 von GBP 2 (CHF 5) an den Käufer bezahlt werden.

▲ Abb. 116 Verkauf von Forderungen (Adecco, Geschäftsbericht 2001, S. 15)

der Forderungen beispielsweise einschliesslich Mehrwertsteuern. Auf die Frage nach der Bilanzierung hat diese Ausgestaltung aber keinen Einfluss.

Eine andere Möglichkeit zur Verkürzung von Zahlungsfristen der Kunden ist das in vielen Ländern verbreitete Ziehen von **Wechseln** auf den Schuldner. Diese Wechsel können – zu einem in der Regel interessanten Satz – bei einer Bank zum Diskont, d.h. zur Auszahlung unter Abzug der Zinsen bis zum Verfalltag (sowie der Spesen für das Inkasso), eingereicht werden. Wegen des rechtlich geregelten Rückgriffs auf den Lieferanten (der den Wechsel für den Diskont an die Bank indossiert hat, was ihn der raschen und strengen Wechselbetreibung unterwirft) muss dieser den gesamten Betrag des Wechselobligo[1] unter den Eventualverbindlichkeiten (Ausserbilanzgeschäft) im Anhang im Sinne eines möglichen künftigen Mittelabflusses ausweisen. Im Beispiel des Roche-Konzerns (▶ Abb. 117) sind offenbar Kundenforderungen per Wechsel beglichen, die Wechsel aber (noch) nicht diskontiert worden. Weil mit dieser Art von Forderungen jederzeit Liquidität beschafft werden kann, ist ihr separater Ausweis für den Bilanzadressaten von Interesse.

Ebenfalls von Interesse ist die Abgrenzung von **Forderungen gegenüber Dritten bzw. nahe stehenden Personen oder Unternehmen,** an denen das berichterstattende Unternehmen beteiligt ist. Letztere werden meist als **Forderungen gegenüber verbundenen Unternehmen oder assoziierten Gesellschaften** bezeichnet. Diese Unterscheidung in assoziierte oder verbundene Unternehmen berücksichtigt, ob man eine Mehrheits- oder eine Minderheitsbeteiligung hält. In der Konzernrechnung geht es ohnehin grundsätzlich nur um Forderungen gegenüber Minderheitsbetei-

Forderungen aus Lieferungen und Leistungen in Millionen CHF		
	2001	2000
Forderungen aus Lieferungen und Leistungen	5 936	5 759
Wechsel aus Lieferungen und Leistungen	145	109
Abzüglich: Delkredere	(302)	(349)
Total Forderungen aus Lieferungen und Leistungen	5 779	5 519

Am 31. Dezember 2001 entsprachen die auf US-Dollar lautenden Forderungen aus Lieferungen und Leistungen 2.1 Milliarden Franken (2000: 2.0 Milliarden Franken) und die auf Euro lautenden Forderungen 2.0 Milliarden Franken (2000: 1.9 Milliarden Franken).
Die Debitorenverluste betrugen 30 Millionen Franken (2000: 42 Millionen Franken).

▲ Abb. 117 Forderungen aus Lieferungen und Leistungen (Roche, Geschäftsbericht 2001, S. 109)

---

1 Ein Wechselobligo ist eine Verpflichtung aufgrund eines möglichen Rückgriffs (Regress) von Dritten, denen man auf Kunden gezogene Wechsel zur Bevorschussung übergibt für den Fall, dass der Schuldner (Kunde) nicht zahlen kann (die Bank diskontiert die Forderung gegenüber dem eigentlichen Schuldner, die erst später fällig wird, auf den Auszahlungstag mit dem Diskontierungssatz und daraus ergibt sich der Abschlag auf die Grundforderung oder Diskont).

ligungen und anderen nicht konsolidierten Unternehmen, an denen eine Beteiligung gehalten wird. In der Regel stellen die Unternehmen klar, wie sie diese Bezeichnungen verwenden.

Verzinsliche Forderungen, meist in Form von Darlehen oder kurzfristig fälligen Anleihen (und ähnlichen Titeln), sind ebenfalls separat zu erfassen. Hier geht es zusätzlich darum, die Zeitspanne zwischen Bilanzstichtag und Zufluss der flüssigen Mittel zu berücksichtigen. Wie in anderen Gliederungsfragen ist ausschlaggebend, ob eine **Realisation** – hier durch Begleichung der Forderungen – innert zwölf Monaten vereinbart und auch wahrscheinlich ist. Anderenfalls sind diese verzinslichen (und auch andere) Forderungen im Anlagevermögen auszuweisen (bei verzinslichen Forderungen unter den Finanzanlagen, andernfalls unter sonstigem Anlagevermögen). Die kurzfristig fälligen Forderungen werden je nach Bedeutung zusammen mit anderen, nicht durch Lieferungen oder Leistungen im operativen Geschäft entstandene Forderungen unter der Rubrik **Sonstige Forderungen** ausgewiesen. In diese Kategorie gehören (Rückerstattungs-)Ansprüche aus Umsatz- oder Mehrwertsteuern, aus Quellensteuern (z.B. der Eidgenössischen Verrechnungssteuer auf Kapitalerträge in der Schweiz) sowie aus allen erdenklichen nicht-operativen Transaktionen wie dem Verkauf von nicht mehr benötigten Anlagen. Dieser Gliederung entspricht beispielsweise die Information im Anhang zur Konzernrechnung der Unaxis (▶ Abb. 118).

Forderungen	2001	2000
Kundendebitoren	366	619
Besitzwechsel	28	31
Sonstige Forderungen	70	180
Delkredere	−42	−55
Total	**422**	**775**
Veränderung gegenüber Vorjahr	−353	232
davon aus Veränderung Konsolidierungskreis	−58	109
davon wechselkursbedingt	−	−14

▲ Abb. 118 Anhang Forderungsausweis (Unaxis, Geschäftsbericht 2001, S. 7)

19.2 Bewertung von Forderungen

Die Bewertung von Forderungen geht von deren **Nennwert oder Nominalwert** aus. Zusätzliche Risiken sind über eine **Wertberichtigung** (Delkredere) oder Wertkorrektur zu berücksichtigen. **Risiken** bestehen hinsichtlich:

- **Zahlungseingang:** Zahlungsprobleme eines Kunden bis hin zu Befürchtungen über einen bevorstehenden Nachlass oder gar Konkurs sind unter dem Aspekt der Bonität, der Zahlungsfähigkeit des Schuldners zu berücksichtigen. Eine Analyse der Zahlungsfristen, der Struktur nach Fälligkeitsdatum (sog. *aging* oder Analyse der Altersstruktur) oder zuweilen nach Ländergruppen ermöglicht eine systematische Beurteilung. Ist mit erheblichen Verzögerungen beim Zahlungseingang zu rechnen, muss allenfalls durch Diskontierung, d.h. durch Abzug einer Art Verzugszins, eine Wertberichtigung erfolgen.
- **Gewährleistung:** Die Kundenfirma kann aufgrund von fehlerhaften Lieferungen, Qualitätsmängeln oder Nachbesserungsaufwand Ansprüche geltend machen und die Begleichung der Forderungen aus Lieferung und Leistung vorerst ganz oder teilweise einstellen. Solche Fälle können sowohl zu einer Wertberichtigung der eigenen Forderungen als auch zu Rückstellungen für zusätzliche eigene Leistungen führen (vgl. dazu auch Kapitel 28 «Rückstellungen»). Der Garantieaspekt an sich darf nicht über eine Wertberichtigung der Forderung berücksichtigt werden, denn falls keinerlei Einreden bezüglich mangelhafter Lieferung oder Leistung bestehen, sollte die Forderung – bei entsprechender Bonität des Schuldners – ungeschmälert eingehen. Der Geldabfluss aufgrund von nicht weiterverrechenbaren Aufwendungen zur Behebung der gerügten Mängel ist mit Hilfe einer entsprechenden Rückstellung für Garantieaufwand in der Bilanz zu erfassen.
- **Währungsschwankungen:** Forderungen in fremder Währung sind zum Kurs am Bilanzstichtag in die für die Rechnungslegung massgebliche Währung umzurechnen. Bestehen Absicherungsgeschäfte für Währungsrisiken, ergeben sich zusätzliche Bilanzierungsfragen.

Somit verbleiben Wertkorrekturen aufgrund von Zweifeln an der Bonität des Schuldners sowie mit Blick auf allfällige Währungsrisiken. Diese Wertkorrekturen werden als **Wertberichtigung** bezeichnet (im Sinne einer Verminderung des Wertes). In der Regel wird die Korrektur **indirekt vorgenommen,** d.h. in den Einzelkonten (Debitorenbuchhaltung, Kundenkonti etc.) wird der gesamte ursprüngliche Forderungsbetrag weitergeführt. Die Wertkorrektur wird als Posten mit negativem Saldo (d.h. einer Position auf der Habenseite) separat ausgewiesen. Damit dokumentiert das Unternehmen rechtlich den Anspruch auf den gesamten Betrag und vermeidet jeden Hinweis auf einen ganzen oder teilweisen Verzicht durch Ausbuchung der entsprechenden Forderung. Die Unternehmen erarbeiten eigene Richtlinien, welche den Umfang der Wertberichtigung nach einfachen Kriterien vorgeben.

- Die Wertberichtigung wegen **Zweifeln an der Bonität,** d.h. der Zahlungsfähigkeit des Schuldners, erfolgt durch die **Einzelbewertung** jeder Forderung. Die Ansätze sind hier von Unternehmen zu Unternehmen sehr unterschiedlich. Bestehen Anzeichen für eine Zwangsliquidation des Kunden, kann im Einzelfall die Wertberichtigung auch 100% ausmachen.
- Ebenfalls im Sinne einer **Einzelbewertung** sind die **Währungskorrekturen** vorzunehmen. Zwar bestehen in der Regel ganze Gruppen von Forderungen in bestimmter (Fremd-)Währung, doch nimmt die Berechnung gleichwohl direkt Bezug auf die einzelnen Forderungen.
- Zusätzlich wird dem allgemeinen Ausfallrisiko auf Kundenforderungen durch eine **pauschale Wertberichtigung** Rechnung getragen. Man spricht auch von **Delkredere** oder Rückstellung für Debitorenverluste (obwohl eine solche Wertberichtigung nicht – wie die Bezeichnung Rückstellung dies suggerieren würde – unter den Verbindlichkeiten ausgewiesen werden darf). Diese Wertkorrektur kann nach der **Dauer des Ausstandes, d.h. der seit der Fälligkeit verstrichenen Zeit** (Überfälligkeit, Analyse der Altersstruktur) ermittelt bzw. im unternehmensinternen Handbuch der Rechnungslegung vorgeschrieben werden: seit mehr als 60 Tage überfällige Forderungen werden beispielsweise um 5% im Wert berichtigt, bei mehr als 120 Tagen steigt der Korrekturansatz auf 10% und bei über 180 Tagen auf 15%. Dabei ist zu beachten, dass überfällige Forderungen, wenn man vom Lieferdatum der Ware ausgeht, unter Umständen schon sehr alt sind. So gelten im Export je nach Branche und Destinationsland Zahlungsfristen von 60, 90 oder mehr Tagen. Ist eine Forderung seit 180 Tagen fällig, kann sie bei Zahlungsfristen von 120 Tagen also schon über 10 Monate alt sein.

Latent besteht auch bei **noch nicht fälligen Forderungen ein Ausfallrisiko,** d.h. die Gefahr, dass der Schuldner zahlungsunfähig wird oder es bereits ist. Diesem Umstand tragen die Steuergesetze in den meisten Ländern Rechnung. An dieser Überlegung orientieren sich auch die meisten Unternehmen für ihre finanzielle Rechnungslegung. Im Vordergrund stehen pauschale Abzüge von zum Beispiel 5% auf Inland- und 10% auf Auslandforderungen. Ebenfalls angewendet werden Ansätze, die sich aus dem effektiven Ausfall der letzten Jahre errechnen lassen. Unabhängig von der angewendeten Formel sollte man für eine Rechnungslegung im Sinne der *fair presentation* auf bereits einzeln – unter Berücksichtigung der Fälligkeitsstruktur – im Wert berichtigten Forderungen nicht zusätzlich noch eine pauschale Korrektur vornehmen.

> **Forderungen**
> Forderungen werden zum Nominalwert bilanziert. Das Delkredere wird auf Grund der Fälligkeitsstruktur und der erkennbaren Bonitätsrisiken bestimmt. Neben Einzelwertberichtigungen für spezifisch bekannte Forderungsrisiken werden Pauschalwertberichtigungen anhand statistischer Erhebungen über das Ausfallrisiko gebildet.

▲ Abb. 119 Wertberichtigung Forderungen (Georg Fischer, Geschäftsbericht 2002, S. 53)

Für die Bewertung spielt die Fälligkeit der Forderungen über den Aspekt der Wertberichtigung hinaus eine Rolle. Guthaben aus Lieferungen oder Leistungen sind in der Regel innerhalb von 30, in bestimmten Branchen oder Ländern auch erst nach 90 oder mehr Tagen fällig. In bestimmten Branchen kann aber die Finanzierung für den Zuschlag bei einer Offerte (Angebot) ausschlaggebend sein. Dies gilt vor allem im Anlagenbau, bei Grossprojekten (wo auch Kaufpreisrückbehalte üblich sind) oder für Contracting im Sinne von Generalunternehmerleistungen. Werden einzelne Tranchen der Gesamtforderung erst ein Jahr nach Fertigstellung fällig oder sogar noch später, stellt sich die Frage nach der **Diskontierung von langfristigen Forderungen.** Dabei bietet sich an, den eigenen Refinanzierungssatz (berechnet als gewichteten Durchschnitt aus der effektiven Belastung durch Finanzschulden) oder einen offiziellen Leitsatz wie den Wechsel- oder Diskontsatz anzuwenden. Der entsprechende Ansatz sollte im Anhang offen gelegt werden. In der Praxis wird gleichwohl nur selten ein solcher Abzug vorgenommen. Bei Forderungen aus Lieferung und Leistungen mit normalen Zahlungsfristen wird in der Regel der volle Betrag ausgewiesen.

Über die Gewährung bestimmter Zahlungsziele hat **jede Forderung für den Kunden auch Finanzierungscharakter.** Somit spielt die Überlegung der Verzinsung nicht nur bei erst viel später fälligen Forderungen eine Rolle. Dies zeigt sich im Alltag durch die **Einräumung eines Skontos** bei Bezahlung von Lieferantenfakturen beispielsweise innerhalb von 10 Tagen. Der entsprechende Ertrag ist – aus betriebswirtschaftlicher Sicht – als Finanzertrag auszuweisen und nicht als Reduktion des Warenaufwandes. Die Nutzung des Skontoabzuges ist eine Folge der guten Liquidität und nicht die Reduktion des Einstandspreises aufgrund der eigenen Verhandlungsmacht bzw. von Verhandlungsgeschick. Ohne sofortige Zahlung wird ein Skontoabzug vom Lieferanten auch kaum gewährt. Würden zudem diese Mittel angelegt und nicht für die vorzeitige Zahlung genutzt, würden sie Zinsen und damit Finanzerträge abwerfen.

Auch die Umrechnung von Forderungen in fremder Währung ist eine Frage der Bewertung. In der Regel wird der **Devisenmittelkurs am Bilanzstichtag** für die Umrechnung verwendet. Bei schwer konvertierbaren Währungen ist dagegen eher vom Briefkurs auszugehen (denn bei solchen Währungen besteht meist ein erheblicher Spread zwischen dem Ankauf- und dem Verkaufskurs).

19.3 Offenlegung

In der Bilanz können die Forderungen netto, also nach Abzug der Wertberichtigung ausgewiesen werden. In der Regel wird zumindest für das Berichtsjahr der **Bruttoausweis bevorzugt,** d.h. es werden der gesamte Forderungsbestand und die Wertberichtigung auf Forderungen gezeigt. Im Anhang finden sich je nach Darstellung in der Bilanz die Einzelbeträge für den gesamten Forderungsbestand und die entsprechende **Wertberichtigung** im Berichts- bzw. im Vorjahr. Zudem ist anzugeben, wie die Wertberichtigung ermittelt wird (vgl. ▶ Abb. 120).

Bilanz per 31. Dezember 2002

Mio. CHF	2002	%	2001	%
Sachanlagen	1 094		1 159	
Immaterielle Anlagen	367		487	
Beteiligungen	20		27	
Latente Steueraktiven	55		39	
Übrige Finanzanlagen	133		103	
Anlagevermögen	**1 669**	**53**	**1 815**	**51**
Vorräte	556		643	
Forderungen aus Lieferungen und Leistungen	609		689	
Übrige Forderungen	138		153	
Wertschriften	11		82	
Flüssige Mittel	142		166	
Umlaufvermögen	**1 456**	**47**	**1 733**	**49**
Aktiven	**3 125**	**100**	**3 548**	**100**

Erläuterungen im Anhang
Forderungen aus Lieferungen und Leistungen

	2002	2001
Forderungen brutto	632	715
Wertberichtigung	−23	−26
Forderungen netto	**609**	**689**

Es bestehen keine Klumpenrisiken.

Übrige Forderungen

Mio. CHF	2002	2001
Steuerrückforderungen	70	76
Diverse kurzfristige Forderungen	40	59
Aktive Rechnungsabgrenzungen	28	18
Total	**138**	**153**

▲ Abb. 120 Forderungsausweis Bilanz und Anhang (Georg Fischer, Geschäftsbericht 2002, S. 59 und 46)

Die Offenlegung reduziert sich bei Forderungen auf den getrennten Ausweis von Forderungen gegenüber Beteiligungsunternehmen oder anderen nahe stehenden Personen sowie von weiteren wichtigen **Forderungskategorien**. Erfolgt der Ausweis dieser Untergruppen nicht in der Bilanz, sondern im Anhang, ist die Gliederungsfrage auch unter dem Aspekt der Offenlegung zusätzlicher Angaben zu prüfen: Je nach Unternehmenstätigkeit kann eine Aufschlüsselung nach Währungen von Interesse sein; in der Regel erfolgen solche (freiwilligen) Angaben seitens der Unternehmen eher selten.

Wichtiger sind Informationen zur **Besicherung von Finanzforderungen** (v. a. Bankkrediten) durch Globalzession von Kundenguthaben, mit Factoring-Lösungen oder ähnlichen Finanzierungskonzepten (vgl. dazu ◄ Abb. 116 auf Seite 269).

Einige Unternehmen legen das Schwergewicht bei der Offenlegung auf die Angaben zur Mittelbindung. Zu nennen wäre hier die **Swatch Group** im Jahre 1997, welche zu den Forderungen aus Lieferungen und Leistungen Folgendes festhielt (wobei die Bezeichnung «Rückstellung» sachlich unzutreffend ist):

Gefährdete sowie länger als 12 Monate ausstehende Forderungen, die nicht in verzinsliche Darlehen umgewandelt wurden, sind durch Rückstellungen gedeckt [...] Die durchschnittlichen Debitorenausstände aus Lieferungen und Leistungen blieben stabil. Anhand der effektiven Monatsumsätze berechnet, stieg die durchschnittliche Zahlungsfrist per Ende 1997 auf 53 Tage (51 Tage per Ende 1996). [...] Das Delkredere entspricht 3.6% der offenen Forderungen und deckt sämtliche Risiken ab, die bei Rechnungslegung bekannt waren.

Die Brutto-Kundenforderungen und das Delkredere für gefährdete Forderungen entwickelten sich wie folgt:

(in Mio. CHF)	1997	1996
Bruttoforderungen	507	444
Delkredere	−18	−17
Nettoforderungen	**489**	**427**

Betriebswirtschaftlich interessiert in erster Linie der Aspekt der Mittelbindung in Form von Kundenguthaben. Das Zahlungsziel, d.h. die durchschnittliche Zahlungsfrist, wird auch als *days of sales outstanding (DSO)* bezeichnet. Damit wird im Sinne eines Führungsinstrumentes aufgezeigt, wie lange der Weg vom Verkauf bis hin zum definitiven Geldzufluss ist.

19.4 Analyse

Für die Finanzanalyse sind folgende Aspekte wichtig:

- Unterscheidung von «Forderungen aus Lieferungen und Leistungen», d.h. einer Komponente der Mittelbindung aufgrund der Geschäftstätigkeit, einerseits und «Sonstigen Forderungen» andererseits.
- Offenlegung, falls Refinanzierungsinstrumente für umfangreiche Forderungsbestände eingesetzt werden. Im Vordergrund steht das Factoring mit den jeweils von Fall zu Fall auszuhandelnden Mechanismen der Risikoverteilung. Kreditkartenfirmen verbriefen sogar ihre Forderungen gegenüber den Kreditkarteninhabern und geben entsprechend besicherte Anleihen oder ähnliche Titel aus. Hier interessiert unter anderem die Regelung der Besicherung. Die Analyse prüft, welche Aktiven überhaupt zur Deckung der allgemeinen Verbindlichkeiten zur Verfügung stehen und welche Refinanzierungsmöglichkeiten noch möglich sind.

19.5 Relevante Standards

19.5.1 Swiss GAAP FER

Die Gliederung der Bilanz und Erfolgsrechnung ist grundsätzlich in Swiss GAAP FER 7 geregelt. Diese beschränkt sich auf eine Mindestgliederung, wobei auch andere sachgerechte Darstellungen zugelassen werden. Swiss GAAP FER 7/2 verlangt konkret den gesonderten Ausweis der Forderungen im Rahmen des Umlaufvermögens, unterteilt gemäss Swiss GAAP FER 7/3 in Forderungen aus Lieferungen und Leistungen sowie in solche gegenüber nichtkonsolidierten Beteiligungen und anderen nahe stehenden Unternehmen oder Personen. Indossamentsverpflichtungen aus der Weitergabe von Wechseln sind nach Swiss GAAP FER 10/3 als Eventualverpflichtungen zwingend im Anhang auszuweisen.

19.5.2 IAS

IAS 1 (rev.) verlangt in Par. 66 (f) den Ausweis der Forderungen und Rechnungsabgrenzungsposten *(trade and other receivables)* direkt in der Bilanz. Ferner sind nach Par. 54 die Forderungen hinsichtlich ihrer Restlaufzeit (mehr oder weniger als ein Jahr) zu unterscheiden, wobei der Ausweis wahlweise ebenfalls in der Bilanz oder im Anhang möglich ist.

19.5.3 EU-Richtlinie

In der 4. EU-Richtlinie wurden in Artikel 9 und 10 detaillierte Gliederungsvorschriften auch für die Forderungen erlassen. Für die nachfolgenden Positionen, die jeweils gesondert auszuweisen sind, ist ferner anzugeben, in welcher Höhe Forderungen mit einer Restlaufzeit von mehr als einem Jahr enthalten sind:

1. Forderungen aus Lieferungen und Leistungen,
2. Forderungen gegen verbundene Unternehmen,
3. Forderungen gegen Unternehmen, mit denen ein Beteiligungsverhältnis besteht,
4. sonstige Forderungen,
5. gezeichnetes Kapital, das eingefordert, aber noch nicht eingezahlt ist,
6. Rechnungsabgrenzungsposten.

19.5.4 HGB

Der deutsche Gesetzgeber hat, in Übereinstimmung mit der oben genannten 4. EU-Richtlinie, ebenfalls Gliederungsvorschriften im § 266 Abs. 2 HGB erlassen. Danach ist unter Forderungen und sonstigen Vermögensgegenständen Folgendes auszuweisen:

- Forderungen aus Lieferungen und Leistungen,
- Forderungen gegen verbundene Unternehmen,
- Forderungen gegen Unternehmen, mit denen ein Beteiligungsverhältnis besteht,
- sonstige Vermögensgegenstände.

19.6 Übungen

Übungsfragen

1. Charakterisieren Sie kurz die wichtigsten Forderungsarten.
2. Wie ist die Frage nach der Bilanzierung (Bilanzierungsfähigkeit und -pflicht) der Forderungen zu beantworten?
3. Durch welche Instrumente kann das Problem der Finanzierung der hohen Forderungsbestände gelöst werden?
4. Wie wird bei der Bewertung von Forderungen vorgegangen?
5. Erläutern Sie die möglichen Formen der Wertberichtigung.
6. Wie ist ein erhaltener (gewährter) Skonto in der Rechnungslegung zu behandeln?
7. Definieren Sie das Nettoumlaufvermögen (Net Working Capital).

8. Wie ist die Offenlegung in den verschiedenen Standards zur Rechnungslegung festgehalten?
9. Welcher Wechselkurs wird für die Umrechnung der Forderungen in fremder Währung verwendet?
10. Was ist bei der Analyse von Forderungen zu beachten?

Übungsaufgaben

11. Das Konto Delkredere soll jeweils Ende Jahr 5% des Debitorenbestandes ausweisen. Welche Auswirkung hat diese Vorgabe auf die Veränderung der mutmasslichen Debitorenverluste? Wie beeinflussen Ihre Massnahmen den Erfolg der Periode und die Bilanz?
    Der Debitorenendbestand entwickelt sich wie folgt:
    1. Jahr   10 000
    2. Jahr   15 000
    3. Jahr   13 000
    4. Jahr   13 000

12. Ordnen Sie die folgenden Positionen einer Forderungsart zu:
    a. Steuerrückforderungen
    b. Gerichtlich verfügte Zahlung eines Lieferanten infolge Vertragsverletzung
    c. Fakturierte Beraterleistung
    d. Kurzfristige unverzinsliche Ausleihung an ein Unternehmen, an dem ein Minderheitsbeteiligungsverhältnis besteht
    e. Guthaben aus dem Versicherungsfall für einen Arbeitsunfall eines Mitarbeiters

Offenlegungsaufgabe

13. Das Unternehmen Lieferag hat seinen Debitorenbestand in Höhe von 750 Mio. CHF global zediert (Sicherungszession) an die Bank Moneymaker & Cie AG. Wie ist dieser Vorfall in der Bilanz, Erfolgsrechnung sowie im Anhang der Lieferag zu berücksichtigen?

Kapitel 20
Waren und Dienstleistungen

	Lernziele
	▪ Kenntnis über die Zusammensetzung und Bedeutung der Position Waren oder Vorräte
▪ Erklärungen zur Bewertung von Waren sowie Warenflüssen
▪ Auswirkungen der allgemeinen Bewertungsgrundsätze, insbesondere des Niederstwertprinzips bei Waren und Vorräten
▪ Behandlung von Aufträgen mit langfristiger Fertigungsdauer
▪ Umfang der Offenlegung im Anhang

	Beispielfirmen

Für Handels- und Produktionsbetriebe sind Waren oder Vorräte gemessen an der Bilanzsumme regelmässig sehr bedeutend. Dies zeigt das Beispiel von Detailhandelsunternehmen wie **Coop** (vgl. ▶ Abb. 121).

Die **Berna-Gruppe** (Herstellung und Vertrieb von Immunstoffen, Plasmaderivaten etc.) bilanzierte Ende 1998 Warenvorräte von 77.1 Mio. CHF oder 28% der Bilanzsumme. Beim Stammhaus machten die Warenvorräte von 43.7 Mio. CHF sogar knapp 50% der Bilanzsumme aus. Gemäss Anhang zur Konzernrechnung erfolgt die Bewertung folgendermassen:

Konsolidierte Bilanz per 31.Dezember	Mio. CHF 2001	Anteil %	Mio. CHF 2000	Anteil %
Flüssige Mittel	495		464	
Forderungen aus Lieferungen und Leistungen	320		251	
Übrige Forderungen	226		201	
Vorräte	1 357		1 352	
Umlaufvermögen	**2 397**	**22.2**	**2 269**	**21.7**
Immaterielle Anlagen	55		107	
Finanzanlagen	497		411	
Mobilien, Fahrzeuge, Maschinen	1 185		1 173	
Immobilien	6 660		6 499	
Anlagevermögen	**8 397**	**77.8**	**8 190**	**78.3**
Aktiven	**10 794**	**100.0**	**10 459**	**100.0**
Verbindlichkeiten aus Lieferungen und Leistungen	932		757	
Übrige Verbindlichkeiten	1 163		895	
Kurzfristiges Fremdkapital	**2 095**	**19.4**	**1 652**	**15.8**
Langfristige Verbindlichkeiten	2 380		2 695	
Grundpfandgesicherte Verbindlichkeiten	2 032		2 010	
Rückstellungen	1 065		1 108	
Langfristiges Fremdkapital	**5 477**	**50.7**	**5 813**	**55.6**
Fremdkapital	**7 572**	**70.1**	**7 465**	**71.4**
Anteilscheinkapital				
Reserven	673		624	
Thesaurierte Ergebnisse	*2 070*		*2 406*	
Jahresergebnis	*302*		*–198*	
Bilanzgewinn	2 372		2 208	
Eigenkapital	**3 045**	**28.2**	**2 833**	**27.1**
Anteile Dritter am Kapital	**178**	**1.6**	**161**	**1.5**
Passiven	**10 794**	**100.0**	**10 459**	**100.0**

▲ Abb. 121 Konzernbilanz (Coop, Geschäftsbericht 2001, S. 69)

«[…] Bewertung der Halb- und Fertigfabrikate zu variablen Einzelkosten; für Rohstoffe und Handelsware gelten die Anschaffungskosten, höchstens jedoch die Marktwerte.»

Im Kommentar zur Konzernrechnung heisst es zudem:

«Die Lagerzunahme von über CHF 25 Mio. beanspruchte hohe finanzielle Mittel. Nebst aperiodischen Lieferungen von Rohstoffen für die Proteinchemie erhöhte sich das Lager auch aufgrund umfangreicherer In-Prozess-Kontrollen. So ist es leider keine Seltenheit, dass Produkte eine Durchlaufszeit von gegen 22 Monaten haben.»

Beratungsunternehmen wie etwa die **KPMG** weisen zwar kaum materielle Vorräte in ihren Bilanzen aus, wohl aber in Arbeit befindliche Aufträge (vgl. ▶ Abb. 122).

B. Umlaufvermögen		
I. Vorräte		
In Arbeit befindliche Aufträge	79 639	
Fertigerzeugnisse und Waren	337	79 976

▲ Abb. 122 Aufträge in Arbeit (KPMG Deutschland, Geschäftsbericht 2001, S. 30)

20.1 Charakterisierung und betriebswirtschaftliche Bedeutung

Das Warenlager ist zusammen mit den Forderungen die **entscheidende Grösse für die Mittelbindung im Umlaufvermögen.** Bei Investitionen in Sachanlagen und immateriellen Werte geht es zwar ebenfalls um bedeutende Beträge. Allerdings ist bei solchen Massnahmen allen Beteiligten klar, dass mit Investitionsentscheidungen eine hohe Mittelbindung und ein entsprechender Finanzierungsbedarf verbunden sind. Bei den Sachanlagen fallen in der Folge als Aufwand nur Abschreibungen an (wie in Kapitel 22 «Sachanlagen» dargelegt wird). Sie stellen lediglich den Wertverzehr dar und werden als Aufwendungen periodengerecht den Erträgen aus den (mit Hilfe der Sachanlage hergestellten) Erzeugnissen gegenübergestellt. Somit fliessen keine Mittel ab, und wenn weniger in (Ersatz-)Anlagen investiert wird, als Abschreibungen getätigt werden, erhöht sich der Mittelzufluss (als Summe des Geldflusses aus Geschäftstätigkeit – also nach Aufrechnung der Abschreibungen – und des dann im Vergleich zu den Abschreibungen geringeren Geldabflusses aus Investitionstätigkeit).

Das **Warenlager schlägt sich in der Regel viel rascher um als Sachanlagen,** aber die Mittelbindung bleibt bestehen. Es werden also keine flüssigen Mittel freigesetzt. Erhöht sich der Umsatz, steigt in der Regel auch der für die Bedienung der Kunden notwendige Lagerbestand (einschliesslich der sich in der laufenden Produktion befindenden Erzeugnisse). Gleiches gilt – bei unveränderten Zahlungsfristen – für den Forderungsbestand. Selbstverständlich erhöhen sich bei

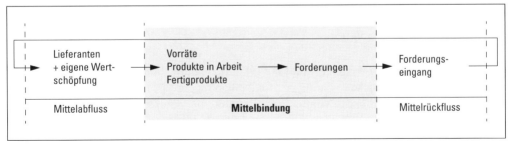

▲ Abb. 123 Kreislauf der Mittelbindung im Umlaufvermögen

einer Ausweitung des Geschäftsvolumens auch die Verbindlichkeiten gegenüber Lieferanten. Aber weil das Unternehmen einen Teil des Mehrwertes durch eigenes Personal und eigene Fertigungsanlagen erzeugt, übersteigt der Zuwachs auf Forderungen und Lagerbeständen in Phasen des Wachstums jenen der Lieferantenverbindlichkeiten. ▶ Abb. 123 zeigt diesen Kreislauf.

Hohe Lagerbestände wirken sich nicht nur negativ auf die **Lagerhaltungs- und Finanzierungskosten** aus. Überhöhte Bestände erhöhen auch die **Risiken einer Lagerentwertung** aufgrund von nicht mehr marktgängigen oder nur noch zu Tiefpreisen absetzbaren – weil veralteten oder technisch überholten – Produkten. Die entsprechenden Aufwendungen aus Wertkorrekturen (sog. Wertberichtigung) können sehr gross sein. Daher spielt die Logistik eine zentrale Rolle für die Mittelbindung. Die Durchlaufzeiten sind von entscheidender Bedeutung. Dies zeigt sich beispielsweise an einem Unternehmen, welches Edelmetalle verarbeitet. Dabei geht es nicht nur um die Minimierung von Ausschuss und Materialschwund aufgrund der Fertigungsprozesse, sondern auch um die Verweildauer der (erst nach Abschluss der Veredelung vollumfänglich verwertbaren) Edelmetallbestände in den einzelnen Produktionsphasen. Die entsprechenden Kosten sind für die Edelmetallverarbeitung insofern leicht greifbar, als die Unternehmen Gold oder Platin oft von Banken leasen. Denn sie bzw. ihre Kunden sind vielfach gar nicht in der Lage, die entsprechenden Bestände vollumfänglich zu finanzieren.

Das Beispiel der **Berna** zeigt weitere Ursachen für (möglicherweise nur temporär) überhöhte Lagerbestände auf. Bei bestimmten Rohstoffen tätigen die Unternehmen aufgrund der Verfügbarkeit oder Abnahmekonditionen Grosseinkäufe. Allerdings wird in der heutigen Wirtschaft durch Einbindung der Zulieferer im Sinne von strategisch ausgerichteten Fertigungs- und Beschaffungsketten die Lagerhaltung so weit als möglich auf die Stufen geringerer Wertschöpfung und damit (gesamthaft betrachtet) geringerer Mittelbindung verlagert. Ob dies gelingt, ist im Verhältnis zu Dritten (also bei nicht vertikal in einem Konzern integrierten Unternehmen unterschiedlicher Fertigungsstufen) primär eine Frage der Marktmacht.

20.2 Gliederung der Vorräte

Die erwähnten Beispiele zeigen, welche Bedeutung die jeweils **erreichte Stufe der Wertschöpfungskette** hat. Daher findet man regelmässig eine Gliederung der Vorräte aus der Sicht des bilanzierenden Unternehmens in Rohmaterial, Produkte oder Ware in Arbeit, Fertigfabrikate sowie Handelsware oder -bestände.

20.2.1 Rohmaterial

Eingekaufte Teile oder Komponenten für die **Verwendung in der eigenen Fertigung** – und nicht nur Rohstoffe oder Basismaterialien – werden als Rohmaterial klassiert. Aus der Sicht der Lieferanten sind diese Komponenten (z. B. Elektronik-Chips) Fertigprodukte oder Handelsware, für die Abnehmer (z. B. Firmen der Medizinaltechnik) dagegen gehören sie zu den noch nicht veredelten bzw. meist noch vielseitig verwendbaren «Rohmaterialien» oder Einzelteilen. Dieser Teilbereich der Waren wird auch als **Material** oder als **Fertigungsteile** bezeichnet (auch *production supplies, materials*). Mit Ausnahme der Eingangskontrolle und Einlagerung bzw. Aufnahme in die eigenen Unternehmensprozesse wurden noch keinerlei Fertigungsschritte im Rahmen des Wertschöpfungsprozesses des bilanzierenden Unternehmens eingeleitet. Werden solche Teile nicht mehr in der Fertigung verwendet (z. B. wegen Aufgabe einer bestimmten Produktlinie), können sie vielfach – allenfalls mit einem gewissen Preisnachlass – an den Lieferanten oder andere Unternehmen veräussert bzw. mit oder ohne Modifikationen für andere Erzeugnisse innerhalb des Unternehmens verwendet werden. Allerdings gilt dies bei weitem nicht für alle Komponenten und Einzelteile. Neben der technischen Überalterung sind auch sehr spezifische Eigenschaften von Komponenten Grund für eine weitgehende Entwertung solcher Teile, sofern die entsprechenden Produkte aus dem Programm gestrichen werden.

20.2.2 Produkte oder Ware in Arbeit

Unter der Rubrik «Produkte oder Ware in Arbeit» werden **Materialien oder Komponenten ausgewiesen, die bereits in den Fertigungsprozess eingeflossen** sind. Der entsprechende Fertigungsgrad – gemessen am Fertigprodukt – kann sehr unterschiedlich sein. Zudem ist nicht immer leicht feststellbar, in welchem Stadium der Fertigung sich die Ware befindet. Für die Bewertung am Bilanzstichtag bzw. die Überprüfung der fortlaufenden Bewertung ist daher der **Fertigungsgrad der Ware in Arbeit** zu überprüfen. Die Probleme liegen weniger bei der richtigen Erfassung des Materialaufwandes. Meist wird der Materialfluss in der Fertigung laufend manuell oder automatisch erfasst. Schwieriger ist die Schätzung der bereits erbrachten Fertigungsstunden (der Mitarbeiter in der Fertigung bzw. der Maschinenstunden) und der Zuschläge für die indirekten Aufwendungen. Erzeugnisse in Arbeit sind in der Regel nicht leicht zu veräussern. Dies zeigt sich regelmässig bei Unternehmen, welche aufgrund von Zahlungsproblemen und nachfolgendem Konkurs oder Nachlassvertrag (bzw. ähnlichen Verfahren) die Fertigung einstellen müssen.

| 20.2.3 | **Fertigfabrikate** |

Fertigfabrikate sind **selbst hergestellte Erzeugnisse,** welche für den **Absatz an die Kunden** im Rahmen der eigenen Geschäftstätigkeit bereitgestellt werden. Allfällige Maschinen oder Einrichtungen bzw. Fahrzeuge oder Mobiliar, die man im Rahmen von Ersatzinvestitionen veräussern will, gehören – auch wenn sie kurzfristig verkauft werden sollen – nicht in die Position Waren. Vielmehr sind solche Vermögenswerte – wegen des kurzfristig erwarteten Geldzuflusses – aus den Sachanlagen in die Position übrige (sonstige) Aktiven im Umlaufvermögen umzubuchen.

| 20.2.4 | **Handelsware oder Handelsbestände** |

Sofern ein Unternehmen Produkte lediglich einkauft und **ohne wesentliche zusätzliche Wertschöpfung** wie Weiterverarbeitung, Anpassung an andere Normen oder sonstige physische bzw. qualitative Veränderungen **weiterveräussert,** sind die entsprechenden Fertigprodukte als Handelsware zu bezeichnen. Tätigkeiten wie Neuverpacken oder Bereitstellung anderer Losgrössen ändern nichts am Handelswaren-Charakter von Erzeugnissen. Die Wertschöpfungstiefe ist bei einer reinen Handelssparte wesentlich geringer. Oft sind die Margen auch völlig anders als bei Fertigungsbetrieben. Vor allem aber ist die erfolgreiche Fortführung von Handelsaktivitäten abhängig von entsprechenden Vertriebs- oder Vertretungsvereinbarungen und von einer starken Stellung am Markt. Daher sind aus Sicht der Analysten alle Angaben von Interesse, welche Rückschlüsse auf die Bedeutung von Handelsaktivitäten und vor allem deren Nachhaltigkeit zulassen.

| **20.3** | **Vorräte bei Dienstleistungsunternehmen und in der Baubranche** |

Die moderne Wirtschaft besteht nicht nur aus Produktionsbetrieben. Vielfältige Dienstleistungen, vom Transport bzw. der Logistik, über Unterhaltsdienste und Beratung bis hin zu Informatik und Telekommunikation, spielen heute eine wichtige Rolle. Viele Firmen richten sich auf kombinierte Aufträge aus, bei denen sie beispielsweise Engineering, also eine Dienstleistung, erbringen und gleichzeitig Anlagen oder andere Hardware liefern. Bei der reinen Dienstleistung ist das Warenlager natürlich nicht physisch greifbar. Im Vordergrund stehen noch **nicht vollständig abgeschlossene Aufträge.** Die erbrachten Leistungen im Rahmen des vereinbarten Dienstleistungsmandates schlagen sich in einer Rechnungsstellung für geleistete Stunden oder Transportkilometer etc. nieder. Solange diese

Leistungen erbracht, aber noch nicht fakturiert sind, können sie innerhalb des Leistungserbringungsprozesses mit der Ware in Arbeit verglichen werden. Bei abgeschlossenen, aber noch nicht fakturierten Mandaten dürfen sie gleichwohl nicht undifferenziert den Fertigprodukten gleichgestellt werden, weil die «Erzeugnisse» wie die Reinigung von Gebäuden nicht (mehr) an Dritte «veräussert» werden können.

So weist die Wirtschaftsprüfungs- und Beratungsgesellschaft **KPMG** für das Geschäftsjahr 1998 Aufträge in Arbeit von 13.0 Mio. CHF oder 14.2 % der Bilanzsumme aus. Die Konzernbilanz für das Geschäftsjahr 1998/99 der im Bau- und Immobiliensektor tätigen **Züblin-Gruppe** zeigt im Umlaufvermögen die Positionen Arbeitsgemeinschaften (2.6 Mio. CHF) sowie Baustellen in Arbeit und Vorräte (1.1 Mio. CHF). Im Anhang heisst es dazu unter dem Titel «Arbeitsgemeinschaften/Baustellen in Arbeit»:

«... sowie für die Arbeitsgemeinschaften als auch für die als Baustellen in Arbeit bilanzierten, noch nicht fakturierten Bauleistungen erfolgt die Bewertung aufgrund des Baufortschrittes. Sie enthalten in der Regel einen Erfolgsanteil. Wird für den einzelnen Gesamtauftrag ein schlechteres Ergebnis erwartet als für den bereits fakturierten oder als Baustelle in Arbeit erfassten Teil, erfolgt eine entsprechende Korrektur durch Abschreibungen oder Rückstellungen.»

20.4 Bewertung und Darstellung von Vorräten

Das vorangehende Beispiel stellt eine Kombination von Materiallieferungen und Dienstleistungen dar. Zudem wird mit Blick auf die Bewertung unter anderem der **Baufortschritt** ausgewiesen. Dies ist ein Synonym zum **Fertigungsgrad**. Bei der Durchsicht der Erläuterungen im Anhang zur Jahresrechnung anderer Unternehmen finden sich viele Hinweise auf Darstellungs- und Bewertungsprobleme bei der Position Vorräte:

KPMG AG, Zürich, Konzernrechnung 1998:
Die Aufträge in Arbeit sind zum *Kosten- bzw. tieferen Realisationswert* ausgewiesen. Anzahlungen sind, soweit es sich nicht um Vorauszahlungen handelt, mit den Aufträgen in Arbeit verrechnet worden.

Globus-Warenhäuser, Konzernrechnung 1998:
Die Bewertung erfolgt zu *Durchschnitts-Einstandspreisen, höchstens jedoch zu Marktpreisen* bzw. zum niedrigeren realisierbaren Nettowert.

Nestlé Konzern, Konzernrechnung/Geschäftsbericht 1998:
Die Rohstoffe und die gekauften Fertigwaren werden zu *Beschaffungskosten* eingesetzt. Die Fertigwaren und unfertigen Erzeugnisse werden zum *Einstandspreis* bewertet. Der Einstandspreis enthält alle spezifischen Fertigungskosten sowie einen

angemessenen Anteil an den Gemeinkosten und Abschreibungen der Produktionsbetriebe. Der Wertansatz der Vorräte der wichtigsten Rohstoffe und der gekauften Fertigwaren erfolgt nach der *FIFO-Methode* (first in, first out), für andere Materialien nach der *Durchschnittsmethode*. Eine *Rückstellung* wird gebildet, falls der realisierbare Nettowert eines Artikels tiefer ist als der nach den oben beschriebenen Methoden errechnete Inventarwert.

In der Konzernrechnung der KPMG werden **Anzahlungen und Vorauszahlungen** im Zusammenhang mit den Aufträgen in Arbeit erwähnt. Sehr oft weisen Unternehmen Anzahlungen von Kunden als (kurzfristig fällige) Verbindlichkeiten aus. Für die Finanzanalyse ist ausschlaggebend, welche Geldzuflüsse bzw. Geldabflüsse zu erwarten sind. An diesen Kriterien orientieren sich auch die Definitionen für Aktiven und Verbindlichkeiten. Die KPMG weist Anzahlungen als Reduktion der Aufträge in Arbeit aus, weil seitens der Kunden nicht mehr der volle Gegenwert der hier bilanzierten, geleisteten, aber (noch) nicht fakturierten Beratungsstunden zufliessen wird. Vielmehr wird bei der Fakturierung die Anzahlung als Reduktion der Forderung ausgewiesen und nur noch das Nettoguthaben (Forderungen für sämtliche nicht fakturierten Beratungsstunden abzüglich bereits erhaltener Anzahlung) bilanziert.

Als Vorauszahlungen behandelt dieses Beratungsunternehmen jene Zahlungen von Kunden, welche nicht direkt bereits erbrachten Leistungen zugeordnet werden können. Offenbar geht es entweder um Zahlungen vor Beginn der Beratungsleistungen oder um Beträge, welche vom Kunden noch zurückgefordert werden können. Im Vordergrund steht also nicht die Reduktion eines künftigen Geldzuflusses. Vielmehr ist aufgrund der jeweiligen Abmachungen ein künftiger Geldabfluss nicht (völlig) auszuschliessen. Solche Positionen werden folgerichtig als Verbindlichkeiten ausgewiesen.

20.5 Analyse

Im Vordergrund steht eine Analyse bezüglich Bewertung der einzelnen Elemente, vor allem aber bezüglich Umschlagshäufigkeit. In der Unternehmensanalyse ist der so genannte *asset turn* eine wichtige Grösse für die Ermittlung der Ursachen einer guten oder schlechten Performance. Kenngrössen wie Return on Net Operating Assets (RONOA) sind dann sehr attraktiv, wenn nicht nur die Marge hoch, sondern auch die Mittelbindung – ausgedrückt als betriebliche Nettoaktiven (Net Operating Assets, NOA) – tief ist. Letzteres ist nur möglich, wenn die Zahlungsfrist bei den Forderungen und die Lagerdauer (Kehrwert des Warenumschlages der Vorräte) relativ kurz sind. Im Übrigen stehen Analysen bezüglich der Vorräte in erster Linie für die Kreditvergabe von Banken im Vordergrund, wogegen die Finanzanalysten bei Publikumsgesellschaften dieser Grössenordnung nur dort

Beachtung schenken, wo der Anteil der Vorräte in der Bilanzsumme sehr gross oder in jedem Fall branchenunüblich ist.

20.6 Offenlegung und relevante Standards

20.6.1 Swiss GAAP FER

> **FER 17**
>
> 1. Die Vorräte umfassen:
>   - Güter, die im ordentlichen Geschäftsverlauf zur Veräusserung gelangen, inkl. Waren/Fabrikate in Arbeit, oder bei der Herstellung von Gütern und der Erbringung von Dienstleistungen verbraucht werden,
>   - erbrachte, noch nicht fakturierte Dienstleistungen.
>   - Erhaltene Anzahlungen von Kunden für Vorräte können vom Bestand der Vorräte in Abzug gebracht werden, sofern für sie kein Rückforderungsanspruch besteht.
>
> 2. Die Bewertung der Vorräte erfolgt zu Anschaffungs- oder Herstellungskosten oder – falls dieser tiefer ist – zum realisierbaren Veräusserungswert.
>
> 3. Die Anschaffungs- oder Herstellungskosten der Vorräte umfassen sämtliche – direkten und indirekten – Aufwendungen, um die Vorräte an ihren derzeitigen Standort bzw. in ihren derzeitigen Zustand zu bringen (Vollkosten). Zur Ermittlung der Anschaffungs- und Herstellungskosten der Vorräte sind grundsätzlich die tatsächlich angefallenen Kosten massgebend (Istkosten). Die Ermittlung der Anschaffungs- oder Herstellungskosten der Vorräte erfolgt individuell für jeden einzelnen Artikel bzw. Auftrag (Einzelbewertung) oder mittels vereinfachter Bewertungsverfahren wie z.B. Kostenfolgeverfahren, dem Verbrauchsfolgeverfahren, der Standard- oder Plankostenrechnung sowie durch Rückrechnung vom Verkaufspreis. Gleichartige Vorratspositionen können zusammen bewertet werden (Gruppenbewertung).
>
> 4. Die Wertberichtigung auf den tieferen realisierbaren Veräusserungswert ist erfolgswirksam zu erfassen. Wenn sie nicht mehr benötigt wird, ist sie erfolgswirksam aufzulösen.
>
> 5. In der Bilanz oder im Anhang sind für die Vorräte offen zu legen:
>   - Aufgliederung des Bilanzwertes in die für die Geschäftstätigkeit wesentlichen Positionen
>   - Bewertungsgrundsätze und -methoden
>   - Betrag der Wertberichtigungen, die aufgrund von Wertbeeinträchtigungen vorgenommen worden sind.

20.6.2 IAS

IAS 2 Par. 34

Die Abschlüsse müssen folgende Angaben enthalten:

a. die angewandten Bilanzierungs- und Bewertungsmethoden für Vorräte einschliesslich der Zuordnungsverfahren,
b. den Gesamtbuchwert der Vorräte und die Buchwerte in einer unternehmensspezifischen Untergliederung,
c. den Buchwert der zum Nettoveräusserungswert angesetzten Vorräte,
d. den Betrag von vorgenommenen Wertaufholungen der gemäss Paragraph 31 in der Berichtsperiode als Ertrag erfasst wird,
e. die Umstände oder Ereignisse, die zu der Wertaufholung der Vorräte gemäss Paragraph 31 geführt haben, und
f. den Buchwert der Vorräte, die als Sicherheit für Verbindlichkeiten verpfändet sind.

IAS 2 Par. 36

Wenn die Anschaffungs- oder Herstellungskosten von Vorräten gemäss der alternativ zulässigen Methode in Paragraph 23 nach dem Lifo-Verfahren ermittelt worden sind, ist im Abschluss die Differenz zwischen dem Buchwert der Vorräte in der Bilanz und entweder

a. dem niedrigeren Wert des gemäss Paragraph 21 ermittelten Betrages und des Nettoveräusserungswertes oder
b. dem niedrigeren Betrag der Wiederbeschaffungs- oder Wiederherstellungskosten zum Bilanzstichtag und des Nettoveräusserungswertes

anzugeben.

IAS 2 Par. 37

Im Abschluss sind weiterhin anzugeben:

a. die Anschaffungs- und Herstellungskosten der Vorräte, die als Aufwand der Berichtsperiode erfasst worden sind, oder
b. die den Erträgen zuzurechnenden betrieblichen Aufwendungen, die während der Berichtsperiode als Aufwand erfasst worden sind, unterteilt nach Aufwandsarten.

20.7 Übungen

Übungsfragen

1. Welche Vermögenswerte gehören zur Position Waren oder Vorräte, und welche betriebswirtschaftliche Bedeutung hat diese Position?
2. Vergleichen Sie die Eigenschaften der Mittelbindung im Umlauf- sowie im Anlagevermögen.
3. Inwiefern spielt für die Bewertung der Warenfluss eine Rolle?
4. Erläutern Sie potenzielle Risiken hoher Lagerbestände.
5. Welche Regeln sind für die Kontrolle des Warenflusses und Warenbestandes zu beachten?
6. Wie sind Aufträge mit langfristiger Fertigungsdauer zu behandeln? Für welche Branchen spielt diese Behandlung eine Rolle?
7. Welches Kriterium ist für die Gliederung der Vorräte massgebend?
8. Erläutern Sie die übliche Gliederung der Vorräte in der Bilanz. Beschreiben Sie kurz die einzelnen Posten.
9. Was ist ausschlaggebend für die Finanzanalyse im Hinblick auf die Anzahlungen/Vorauszahlungen?
10. Welche Informationen sind bezüglich der Position Waren oder Dienstleistungen (Vorräte) im Anhang offen zu legen?

Übungsaufgaben

11. Der aktuelle Periodenverbrauch von Vorräten im Unternehmen Zisch-Wisch AG liegt bei 550 Stück. Die Zugänge zu den Vorratsbeständen im Laufe des Geschäftsjahres wurden wie folgt erfasst:

Datum	Zugang		
	Menge	Preis/Stk.	Wert
Anfangsbestand	150	4.00	600
1	100	3.75	375
2	150	4.00	600
3	200	4.10	820
4	50	4.40	220
5	200	3.90	780
Total	850		3 395

Der Endbestand beträgt 300 Stück. Bestimmen Sie Lagerbestandsmenge und -wert am Ende des Geschäftsjahres nach:
a. Lifo-Methode
b. FIfo-Methode

12. Die Sonnenbau AG spezialisiert sich auf den Bau von Solaranlagen. Sie schliesst einen Vertrag über den Verkauf einer Solaranlage für 1 Mio. CHF im Jahr 0 ab. Die Fertigstellung der Solaranlage ist auf Ende von Jahr 2 geplant. Die Sonnenbau AG berücksichtigt diesen langfristigen Auftrag in der Rechnungslegung mit Hilfe der Percentage-of-Completion-Methode. Bekannt sind des Weiteren folgende Informationen:

In Tausend CHF	Jahr 0	Jahr 1	Jahr 2
Geschätzte Kosten	800	850	875
davon angefallen (kumuliert)	200	500	875
davon noch offen	600	350	0
Anzahlungen vom Auftraggeber	170	240	590

Zeigen Sie die Entwicklung der relevanten Positionen in Bilanz und Erfolgsrechnung. Stellen Sie auch den jedes Jahr anfallenden Fertigungsaufwand und den Netto-Erfolgsbeitrag dar. Führen Sie die jedes Jahr anfallenden Buchungen durch.

Offenlegungsaufgabe

13. Welche Angaben zu langfristigen Aufträgen muss die nach FER bilanzierende Sonnenbau AG (siehe Aufgabe 12) in ihrem Anhang machen?

Kapitel 21
Rechnungsabgrenzung

	Lernziele

- Definition der Posten der Rechnungsabgrenzung
- Verständnis, welche Aktiven und Verbindlichkeiten der Rechnungsabgrenzung dienen
- Offenlegungsbedarf von Angaben zur Rechnungsabgrenzung
- Wichtige Aspekte für die Analyse der Rechnungsabgrenzungsposten

21.1 Charakterisierung der Positionen der Rechnungsabgrenzung

In der modernen Rechnungslegung baut die Definition von Aktiven und Verbindlichkeiten auf dem Geldfluss auf. Gleichzeitig ist die zeitliche Abgrenzung, das *accrual principle,* nicht nur ein Merkmal, sondern geradezu eine Prämisse (Grundlage der Rechnungslegung, *fundamental assumption)* für die Unternehmensberichterstattung. Daher gibt es eine Vielzahl von Sachverhalten, die als Ertrag oder Aufwand abzubilden sind, obwohl noch kein Geld geflossen ist. Mit anderen Worten geht es vielfach um Erträge, die noch zu keinen Einnahmen geführt, bzw. Aufwendungen, die sich noch nicht als Ausgabe manifestiert haben.

Anhand einiger Beispiele soll diese Feststellung veranschaulicht und gleichzeitig eine Einordnung der vielen denkbaren Sachverhalte in ein einfaches Konzept ermöglicht werden:

Das Entgelt dafür, dass ein Unternehmen Dritten die Nutzung von Aktiven wie Liegenschaften einräumt oder Kapital zur Verfügung stellt, fliesst – als Mietzins, Prämie oder Zins – nicht kontinuierlich während des fraglichen Nutzungszeitraumes. Vielmehr werden entweder nachschüssige oder vorschüssige Zahlungen vereinbart. Die Zahlungen können beispielsweise für den Zeitraum eines ganzen Jahres gebündelt werden. Vorschüssig sind solche Zahlungen in der Regel bei Sachversicherungskontrakten. Nachschüssig erfolgen die Zahlungen beispielsweise durch den Schuldner bei börsenkotierten Anleihen. Quartals- oder semesterweise im Voraus erfolgen vielfach die Zahlungen für Mietverträge, im Nachhinein unter anderem bei Hypothekarkrediten.

Sowohl Gläubiger als auch Schuldner der einzelnen Leistung müssen ihren Ertrag bzw. Aufwand wegen der nachschüssigen oder vorschüssigen Fälligkeit der Zahlungen abgrenzen, wenn während eines längeren Zeitraumes Leistungen gewährt oder in Anspruch genommen werden. Der Ausweis erfolgt über die Positionen der Rechnungsabgrenzung. Somit werden unterschieden:

- **aktive Rechnungsabgrenzungsposten,** die in der Schweiz auch als transitorische Aktiven bezeichnet werden,
- **passive Rechnungsabgrenzungsposten,** die in der Schweiz auch als transitorische Passiven bezeichnet werden.

Die folgenden Beispiele zeigen, wie je nach Sachverhalt und Partner einer Leistungsvereinbarung eine Unterscheidung oder Kategorisierung der aktiven sowie passiven Rechnungsabgrenzungsposten denkbar ist.

21.1.1 Aktive Rechnungsabgrenzung

Die wichtigsten Positionen der aktiven Rechnungsabgrenzung sind nachfolgend anhand von Beispielen erläutert.

- Zahlt der Mieter oder Versicherungsnehmer, also jene Partei, die eine Sachleistung in Anspruch nimmt, das vereinbarte Entgelt im Voraus, liegt eine Ausgabe vor, die noch zu keinem Aufwand geführt hat. In gewissem Sinne wird der Aufwand auf die neue Rechnung vorgetragen (vgl. ▶ Abb. 124). Diese Art von Posten der Rechnungsabgrenzung wird auch in Deutschland als **transitorische Aktiven** bezeichnet. Es sind vorausbezahlte Aufwendungen für spätere Perioden, d.h. bereits getätigte Ausgaben, welche zum Bilanzstichtag noch nicht einem Aufwand entsprechen.

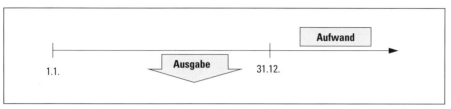

▲ Abb. 124 Konzept der transitorischen Aktiven – graphische Darstellung

- Erhält ein Gläubiger für das zur Verfügung gestellte Kapital die Zinszahlung erst in der Folgeperiode, wird er den Ertrag nicht erst in der nächsten Periode erfassen, sondern die Zahlung antizipieren, indem er ein entsprechendes Aktivum für den künftigen Geldzufluss bildet – für den von seiner Seite keine weitere Gegenleistung mehr erforderlich ist (vgl. ▶ Abb. 125). In Deutschland spricht man in diesen Fällen auch von **antizipativen Aktiven**. Vor allem in Deutschland (in der Schweiz dagegen nur selten) werden solche antizipativen Aktiven unter den Forderungen ausgewiesen. Sachlich ist dies nicht überzeugend, weil es sich um eine noch nicht fällige Forderung handelt. Denn der Zahlungsanspruch gegenüber dem Schuldner kann nur insgesamt (z.B. im Falle von Anleihen nur für den gesamten Jahreszins) geltend gemacht werden. Die erst teilweise erbrachte Leistung seitens des Kapitalgebers kann dagegen nicht für eine Teilperiode eingefordert werden. Es geht hier um Erträge, die als Teil des Entgeltes für eine Gesamtleistung erst in späteren Perioden bezahlt werden, d.h. um noch nicht fällige, aber bereits angewachsene Erträge.

Die transitorischen Aktiven im engeren Sinne sollten im Folgejahr periodengerecht und erfolgswirksam aufgelöst werden. Werden Versicherungsprämien oder andere Aufwendungen (vgl. ▶ Abb. 126) für das ganze Kalenderjahr im Voraus bezahlt, müssen sie mit $1/12$ der Jahresprämie den Monatsabschlüssen belastet werden. Antizipative Aktiven wiederum sollten bei Fälligkeit des Betrages (Couponfälligkeit) entsprechend (innerhalb der Aktiven) in die (sonstigen) Forderungen umgebucht werden. Die transitorischen bzw. die antizipativen Aktiven werden im folgenden Geschäftsjahr wieder erfolgswirksam ausgebucht; Gleiches gilt für die transitorischen Passiven.

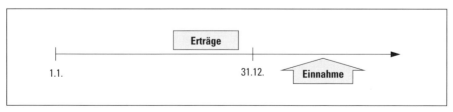

▲ Abb. 125 Konzept der antizipativen Aktiven – graphische Darstellung

	2001 Mio. CHF	2000 Mio. CHF
Aktive Rechnungsabgrenzung (Mio. CHF)		
Zinsen	24	33
Vorausbezahlte Aufwendungen	84	92
Übrige Abgrenzungen	48	44
Arbeitgeberbeitragsreserve	0	145
Total	**156**	**314**
Passive Rechnungabgrenzung		
Kursgelder der Klubschulen	18	22
Mieten	5	4
Zinsen	66	43
Übrige Abgrenzungen	140	162
Total	**229**	**231**

▲ Abb. 126 Angaben zur Rechnungsabgrenzung im Anhang (Migros, Geschäftsbericht 2001, S. 74 und 77)

In der Praxis erfolgt vielfach keine Abgrenzung. Man setzt voraus, dass bei etwa gleichem Geschäftsvolumen je Periode Jahr für Jahr die gleichen Aufwendungen anfallen und somit je Stichtag in etwa die gleichen Aufwendungen vorausbezahlt sind bzw. Erträge antizipiert werden könnten. Ein solches Vorgehen auch in allen anderen Fällen (man tut dies auch bei der passiven Rechnungsabgrenzung) führt zu einer Kumulierung von vielen Differenzen. In der Summe sind diese meistens für die Rechnungslegung des betroffenen Unternehmens wesentlich. Wie wichtig diese Abgrenzungen sind, zeigt sich bei der Bewertung von Unternehmen vor deren Verkauf. Weil sich der Unternehmer die von ihm für die Folgeperiode vorausbezahlten Aufwendungen bzw. bereits angewachsenen Erträge im Kaufpreis bezahlen lassen will, interessiert ihn eine genaue Abgrenzung auf den Übergabestichtag hin.

21.1.2 Passive Rechnungsabgrenzung

Die wichtigsten Positionen der passiven Rechnungsabgrenzung sind nachfolgend anhand von Beispielen erläutert.

- Der Vermieter bzw. die Versicherungsgesellschaft erhalten die Zahlungen für Mietzinsen bzw. Prämien in der Regel im Voraus. Ihre Gegenleistung wird erst nachher und über einen längeren Zeitraum fällig. Daher müssen sie den Ertrag auf neue Rechnung vortragen (vgl. ▶ Abb. 127). In Deutschland spricht man in diesen Fällen wie in der Schweiz von **transitorischen Passiven.** Es geht um bereits erhaltene Zahlungen für eigene Leistungen in späteren Perioden.

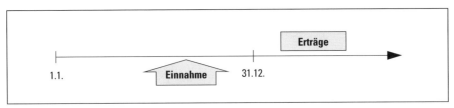

▲ Abb. 127 Konzept der transitorischen Passiven – graphische Darstellung

- Der Schuldner einer Anleihe wiederum muss den Jahreszins insgesamt zu einem bestimmten Zeitpunkt – der meist nicht mit dem Stichtag für seinen eigenen Jahresabschluss übereinstimmt – bezahlen. Da er die Finanzierung bereits während einer bestimmten Zeit in Anspruch genommen hat, muss er den entsprechenden Aufwand abgrenzen (vgl. ▶ Abb. 128). In Deutschland werden diese so genannten **antizipativen Passiven** meist unter den sonstigen Verbindlichkeiten ausgewiesen. Dies ruft nach der gleichen Kritik, die bereits für die antizipativen Aktiven begründet wurde. Es geht nämlich nicht um bereits fällige Teilforderungen, sondern um Aufwendungen, die erst in späteren Perioden als Teil des Entgeltes für eine Gesamtleistung bezahlt werden müssen.

Wichtige Anwendungsfälle für die transitorischen Passiven sind Bonusvereinbarungen für gute Kunden, beispielsweise Meilenprogramme für Vielflieger (vgl. ▶ Abb. 129 und 130) und Rückstellungen für Rabattmarkenprogramme oder Einkaufssummenprogramme (Cumulus bei der Migros in der Schweiz), wie sie neuerdings im Detailhandel wieder aufgekommen sind.

Bei den transitorischen Passiven zeigt sich, wie bei den Verbindlichkeiten generell, die Problematik bezüglich Vollständigkeit der Abgrenzung. Aufgrund von Checklisten bzw. der darin reflektierten Erfahrung kann man die wichtigsten Bereiche prüfen, bei denen Aufwendungen bereits berücksichtigt werden müssen, obwohl die definitive Abrechnung und damit auch die Verpflichtung zur (Schluss-)Zahlung noch offen ist. Dazu gehören die Vielzahl von Verpflichtungen aus dem Bereich der Sozialversicherung. Die Ermittlung der definitiven Lohnsumme nach Jahresende und teilweise der anwendbaren Sätze sowie allfälliger Abzüge sind Voraussetzung für eine abschliessende Berechnung.

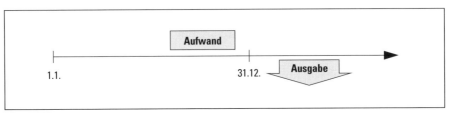

▲ Abb. 128 Konzept der antizipativen Passiven – graphische Darstellung

Sonstige Rückstellungen
Im Geschäftsjahr 2003 haben sich die einzelnen Rückstellungsgruppen wie folgt entwickelt:

Mio. €	Personalkosten	Meilenbonus-programm	Gewährleistungen	Drohende Verluste aus schwebenden Geschäften	Umweltlasten-sanierung	Laufende Prozesse	Restrukturierungs-massnahmen	Sonstige
Stand 01.01.2003	582	524	16	199	28	19	64	509
Änderung Konsolidierungskreis	6	–	0*	5	–	0*	–	2
Währungsdifferenzen	–7	–	–1	–10	–0*	–0*	–0*	–5
Verbrauch	–343	–171	–6	–54	–2	–3	–28	–328
Zuführung/Neubildung	329	173	9	29	1	12	15	420
Aufzinsung	0*	–	0*	10	1	–	0*	1
Auflösung	–35	–35	–1	–38	–	–8	–1	–57
Umgliederungen	–5	–	–	–	–	–0*	0*	–2
Stand 31.12.2003	527	491	17	141	28	20	50	540

* unter 1 Mio. €

▲ Abb. 129 Rückstellungen Lufthansa Meilenprogramm (Lufthansa, Geschäftsbericht 2003, S. 155)

9 Provisions

	March 31, 2003	Charges	Additions	March 31, 2004
Postretirement health costs	69	6	9	72
Early retirement provision	31	4	2	29
Other staff commitments	72	27	8	53
Reorganization and restructuring	75	17	–	58
Frequent flyer program	24	–	9	33
Phase out operational lease aircraft	–	–	34	34
	271	54	62	279

KLM accounts for its frequent flyer obligation on an accrual basis using the incremental cost method. For expected use of earned miles in flight awards KLM includes board supplies, fuel and passenger insurance in its incremental cost calculation. KLM sells mileage credits to the other companies participating in the program. Proceeds from the miles sold are recognized in income. Simultaneously, mileage credits awarded to the member of the frequent flyer program are expensed.

▲ Abb. 130 Rückstellungen KLM frequent flyer program (KLM, Geschäftsbericht 2003, S. 57)

Teilweise zu wenig beachtet wurden Abgrenzungen für Gleitzeitguthaben der Mitarbeiter sowie für Ferien und Überstunden. In Zusammenhang mit der Flexibilisierung der Arbeitszeit oder Modellen mit Jahresarbeitszeit wird dies wieder an Bedeutung gewinnen. Zum Abbau der Ferien- und Überstundenguthaben werden die Mitarbeiter – teilweise auf Anordnung des Arbeitgebers bei verhaltenem

Auftragseingang – weniger Arbeitszeit zur Verfügung stellen müssen, ohne dass der Geldabfluss für die Lohn- und Sozialversicherungszahlungen zurückgeht. Damit entfällt für den Arbeitgeber der normalerweise über die Personalkosten hinaus im Rahmen der Umsatzleistungen erarbeitete Deckungs- und Gewinnbeitrag. Umgekehrt beinhalten allfällige transitorische Aktiven eines Unternehmens im Zusammenhang mit Minderleistungen (negativer Saldo der Arbeitszeit) die Möglichkeit, in späteren Perioden – ohne entsprechenden Geldabfluss – die Arbeitsleistung der Mitarbeiter zu beanspruchen und darüber hinaus einen Deckungs- und Gewinnbeitrag auf den effektiv geleisteten Stunden zu erwirtschaften. In der Rechnungsabgrenzung werden nur die effektiven Personalkosten reflektiert. Die Auswirkungen auf die Wertschöpfung (Deckungs- und Gewinnbeitrag der Arbeitsleistung) erfüllen die Kriterien der Bilanzierung nicht, aber das Management muss sich dieser Auswirkungen bewusst sein.

21.2 Bewertung

Die abzugrenzenden Leistungen – Aufwand oder Ertrag – sind jeweils betragsmässig genau definiert und stellen im Zeitpunkt ihrer Fälligkeit Forderungen bzw. entsprechende Verbindlichkeiten (aus Lieferungen und Leistungen) dar. Es handelt sich also um klar bestimmbare Nominalwertforderungen und entsprechend gelten die gleichen Überlegungen wie bei der Bewertung von Forderungen bzw. (kurzfristigen) Verbindlichkeiten. Der genaue Betrag wird normalerweise als einfache, durch Bezug auf die Gesamtdauer zu berechnende Quote für den bereits abgelaufenen Teil der Periode ermittelt.

Über die Berechnung hinaus stellen sich Fragen der Umrechnung sowie der Wertberichtigung. Beträge in fremder Währung sind – in der Regel zum Kurs am Bilanzstichtag – umzurechnen. Die Zahlungsfähigkeit wird nur ausnahmsweise Probleme bereiten. Bestehen Zweifel bezüglich der Möglichkeit des Schuldners einer Anleihe, seinen Verpflichtungen nachzukommen, sollte man die abgegrenzten (weil noch nicht fälligen) Zinserträge auch entsprechend im Wert berichtigen. Dies erwies sich als richtiger Ansatz Ende 2001 im Zusammenhang mit den Schwierigkeiten der damaligen Swissair oder Ende 2002 bezüglich der Verpflichtungen der deutschen Mobilcom. Solche antizipativen Aktiven (oder Teilforderungen) sind mit Blick auf eine allenfalls notwendige Einzelwertberichtigung zu beurteilen. Dagegen ist es weder üblich noch angemessen, für antizipative Forderungen eine pauschale Wertberichtigung vorzunehmen.

Gleiches gilt bezüglich der transitorischen Aktiven im engeren Sinne. Hier geht es nicht um die Zahlungsfähigkeit der Gegenpartei, sondern um deren Leistungsfähigkeit bezüglich Versicherungsschutz oder Nutzung der Räumlichkeiten.

Bestehen Zweifel darüber, ob der Versicherer oder Vermieter weiterhin – unter dem Aspekt der Unternehmensfortführung – in der Lage ist, die vorausbezahlten Leistungen zur Verfügung zu stellen, ist Vorsicht angebracht. Im Falle eines Konkurses des Versicherers kann ein Versicherungsnehmer nicht einfach davon ausgehen, dass die von ihm bereits bezahlte Leistung ohne weiteres von einem allfälligen Nachfolgeunternehmen kostenlos erbracht würde. Etwas besser ist die Situation für Mieter. In der Regel gibt es hier mehr Möglichkeiten für ihn, bereits im Voraus bezahlte Leistungen von einem allfälligen Rechtsnachfolger des Vermieters zu beanspruchen. So sind Mietzahlungen oft an die Hypothekargläubiger verpfändet und fliessen somit teilweise bereits in der kritischen Phase vor einem Konkurs oder Nachlass des Vermieters an dessen Finanzgläubiger. Und in vielen Ländern gibt es – auch im gewerblichen Bereich – zusätzliche Schutzklauseln zugunsten der Mieter. Aus der Sicht der Rechnungslegung ist, sofern die Gegenleistung für die bereits erfolgte Zahlung mit entsprechender Wahrscheinlichkeit nicht mehr erwartet werden kann, die Notwendigkeit von Wertberichtigungen zu prüfen. Der Nutzen (z.B. die Versicherungsleistung oder das Belegen der Räumlichkeiten) kann nicht mit der notwendigen Wahrscheinlichkeit ohne (zusätzlichen) Geldabfluss beim bilanzierenden Unternehmen (hier als Mieter) erwartet werden. Solche Wertberichtigungen sind direkt von den ttransitorischen Aktiven bzw. den Posten der aktiven Rechnungsabgrenzung abzuziehen.

21.3 Offenlegung

In der Regel handelt es sich weder betragsmässig noch gemessen an der Bilanzsumme um wichtige Positionen. Sollte dies ausnahmsweise der Fall sein und stehen bestimmte Sachverhalte im Vordergrund, bietet es sich im Sinne der Klarheit an, die wichtigsten Teilpositionen im Anhang offen zu legen. Die Aufschlüsselung in antizipative Aktiven (bzw. Passiven) und transitorische Posten im engeren Sinne der Definition (wie in Deutschland üblich) ist dagegen – zumindest in der Schweiz – nicht erforderlich.

Im Anhang sollte auf allfällige Wertberichtigungen im Zusammenhang mit Zahlungsproblemen von (Finanz- oder Leistungs-)Schuldnern hingewiesen werden. Dies kann für Unternehmen wichtig sein, die bedeutende Finanzanlagen in Form von festverzinslichen Wertschriften (Anleihen) halten; vor allem dann, wenn gezielt in so genannte Junk-Bonds, also hochverzinsliche[1] Anleihen investiert wird.

---

1 Hochverzinslich sind diese Anleihen nicht nur aufgrund des Nominalzinses, sondern – und dies ist in Europa meist der Fall – aufgrund der entsprechenden Bewertung des Schuldners durch den Kapitalmarkt. Der hohe effektive Zinssatz ergibt sich aus dem hohen Disagio, mit dem die Obligationen bewertet werden.

21.4 Analyse

In der Regel sind die Posten der Rechnungsabgrenzung für die Analyse der Mittelbindung nicht wirklich relevant. Antizipative Aktiven oder Passiven sind meist kurzfristig fällig und werden daher als Teil der flüssigen Mittel (zumindest soweit es sich um abgegrenzte Erträge handelt, allerdings teilweise eben nicht innert 90 Tagen fällig) betrachtet oder als Teil der Forderungen. Im Grunde gilt dies auch für den im Voraus bezahlten Aufwand und die entsprechenden Verbindlichkeiten.

Für interne Finanzpläne reduzieren die transitorischen Aktiven den künftigen Mittelabfluss, die antizipativen Aktiven sind Teil des künftigen Zuflusses. Antizipative Passiven wiederum sind Teil des künftigen Abflusses, und transitorische Passiven reduzieren den künftigen Geldabfluss.

In der Geldflussrechnung werden die Posten der Rechnungsabgrenzung als Teil der Aufgliederung des Geldflusses aus Geschäftstätigkeit, nämlich bei der Darstellung der Veränderungen des Nettoumlaufvermögens berücksichtigt.

21.5 Übungen

Übungsfragen

1. Welche Funktion hat die Rechnungsabgrenzung?
2. Was besagt das *accrual principle*?
3. Welches ist der Unterschied zwischen einer transitorischen und antizipativen Abgrenzung?
4. Welches ist der Unterschied zwischen transitorischen und antizipativen Aktiven bzw. Passiven?
5. Was ist der Unterschied zwischen den transitorischen Passiven und Rückstellungen?
6. Erläutern Sie die unterschiedliche buchhalterische Behandlung von antizipativen Rechnungsabgrenzungsposten in Deutschland und in der Schweiz.
7. Wie sind Rechnungsabgrenzungsposten zu bewerten?
8. Welche Informationen in Bezug auf die Rechnungsabgrenzung sind im Anhang offen zu legen?
9. Welche Bedeutung hat die Rechnungsabgrenzung für die Finanzanalyse?
10. Wie werden Rechnungsabgrenzungsposten bei der Erstellung einer Geldflussrechnung behandelt?

Übungsaufgaben

11. Welche Geschäftsfälle könnten zu den folgenden Buchungssätzen geführt haben? Bestimmen Sie, ob es sich um eine Bildung oder Auflösung von transitorischen Rechnungsabgrenzungsposten handelt.
    a. Immobilienaufwand / Transitorische Passiven
    b. Transitorische Aktiven / Mietaufwand
    c. Zinsertrag / Transitorische Aktiven
    d. Transitorische Passiven / Mietaufwand

12. Erfassen Sie für die Rechnungslegung folgende Geschäftsvorfälle (Buchungssatz, Betrag, Ausweis in Jahresrechnung):
    a. Der Kontoauszug der Bank ist noch nicht eingetroffen. Das Unternehmen rechnet mit einem Zinsguthaben in Höhe von 1000 CHF.
    b. Das Unternehmen erhält am Ende des Geschäftsjahres die Miete für einen an das Nachbarunternehmen vermieteten Parkplatz. Die Gesamtbetrag beläuft sich auf 2400 und bezieht sich auf die Monate Dezember, Januar und Februar.
    c. In 2 Jahren feiert das Unternehmen sein 50-jähriges Geschäftsjubiläum, dessen Kosten auf 100 000 CHF veranschlagt werden.
    d. Die Fahrzeugversicherung ist Ende September für ein Jahr im Voraus bezahlt worden. Die Jahresprämie beträgt 4800 CHF.

Kapitel 22
Sachanlagen

Lernziele

- Kenntnis der kritischen Fragen bei der Bilanzierung von Sachanlagen
- Wichtigste Positionen der Sachanlagen
- Vorgehen bei der Ermittlung von Abschreibungen
- Besonderheiten bei der Bewertung zu aktuellen Werten

Beispielfirmen

Die Bilanz der **Deutschen Lufthansa AG** zeigte Ende 2001 die in ▶ Abb. 131 dargestellte Struktur der Aktiven.

Der hohe Anteil der Sachanlagen, zu denen vor allem Flugzeuge, Reservetriebwerke und Immobilien (übrige Sachanlagen) gehören, ist angesichts des Tätigkeitsbereiches kaum überraschend. Entsprechend wichtig sind für die Beurteilung einer Fluggesellschaft die Analyse ihrer Abschreibungs- und Unterhaltspolitik. Bei der früheren **SAirGroup** (mit der Swissair) machten die Immobilien zum gleichen Zeitpunkt rund 10% der Bilanzsumme aus, die Flugzeuge etwa 37%. Diese Verschiebung der Anteile erklärt sich dadurch, dass die SAirGroup stark im Hotelgeschäft engagiert war und im Gegensatz zur Deutschen Lufthansa auch

Aktiva	31.12.2001 Mio. €	in %
Immaterielle Vermögenswerte	1 909.9	10.5
Flugzeuge und Reservetriebwerke	7 551.7	41.5
Übrige Sachanlagen	1 351.6	7.4
Nach der Equity-Methode bewertete Finanzanlagen	1 275.9	7.0
Übrige Finanzanlagen	797.3	4.3
Anlagevermögen	**12 886.4**	
Reparaturfähige Flugzeugersatzteile	**357.6**	
	13 244.0	
Vorräte	383.7	2.1
Forderungen aus Lieferungen und Leistungen	1 747.4	9.6
Übrige Forderungen und sonstige Vermögenswerte	1 301.4	7.1
Wertpapiere	5.5	
Bankguthaben und Kassenbestände	1 176.7	6.5
Umlaufvermögen	**4 614.7**	
Ertragsteuererstattungsansprüche	**262.0**	
Rechnungsabgrenzungsposten	**85.2**	
Bilanzsumme	**18 205.9**	**100.0**

▲ Abb. 131 Auszug Bilanz (Lufthansa, Geschäftsbericht 2001, S. 77)

wesentliche Aktivitäten im Verpflegungsbereich sowie Duty-Free-Geschäft besass.

Die (private) **Model Gruppe** ist primär in der Wellkartonherstellung und -verarbeitung tätig. Ihre Aktiven sind wie folgt gegliedert (Angaben aus Kundenunterlagen zum Jahr 1998):

	in Mio. CHF	in %
Flüssige Mittel	52.3	11.0
Debitoren	52.2	11.0
Warenvorräte	34.4	7.3
Immobilien	119.6	25.2
Maschinen, Einrichtungen und Fahrzeuge	174.2	36.7
Finanzanlagen und Immaterielle Werte	41.5	8.8
Total	**474.2**	**100.0**

22.1 Gliederung der Sachanlagen

In beiden Beispielen werden die Sachanlagen in der Bilanz oder im Anhang weiter unterteilt. Diese Gliederung wird zum Teil von den **Rechnungslegungsstandards vorgegeben**. Teilweise ist sie durch **Besonderheiten der Branche** bedingt. Separat ausgewiesen werden (meistens) die Immobilien, also **Grundstücke und Bauten**. Dabei spielt es keine Rolle, wie die Eigentumsfrage geregelt ist. Als Liegenschaften werden insbesondere auch im Baurecht erstellte Gebäude bilanziert. Ebenfalls separat ausgewiesen werden **Maschinen, Einrichtungen und Fahrzeuge**. Dazu gehören auch Mobiliar und ähnliche Gegenstände. Die Lufthansa erwähnt ausdrücklich die Flugzeuge, weil diese für ihren Geschäftsbetrieb eine zentrale «Produktionsfunktion» haben. Speziell erwähnt werden bei der Model Gruppe die Vorauszahlungen für Investitionen. Sie werden auch als **Anzahlungen** bezeichnet. Weil für den Kunden mit Blick auf die Behandlung der Anzahlungen in seiner Bilanz kein Anspruch auf Rückerstattung der (überwiesenen) Gelder besteht, sondern die Mittelbindung des Herstellers im Fertigungsprozess (ganz oder teilweise) reduziert wird, steht die «Endform» der eigenen Mittelbindung und damit die Eigenschaft der Sachanlage im Vordergrund. Ebenfalls hier zu erwähnen sind die **Anlagen im Bau**. Betriebswirtschaftlich gesehen geht es bei Anzahlungen und Anlagen im Bau um Werte, die noch keinen Mittelzufluss aus Geschäftstätigkeit generieren; dies wird erst mit Beginn der Nutzung möglich (somit ab Fertigstellung und Inbetriebnahme der Sachanlage). Aber die Mittelbindung ist wegen des Zeitpunkts der Auszahlung der Gelder langfristig. Somit steht als Gliederungsschema in der Praxis im Vordergrund (vgl. ▶ Abb. 132):

- Liegenschaften,
- Maschinen und Einrichtungen,
- übrige Sachanlagen (Fahrzeuge, Mobiliar),
- Anzahlungen auf Sachanlagen und Anlagen im Bau,
- geleaste Anlagen.

Die nicht unmittelbar zu Eigentum erworbenen, sondern **geleasten Anlagen** sind aus der Sicht des Unternehmens nicht anders zu behandeln als gekaufte Anlagen. Denn aus deren Nutzung werden künftig dem Unternehmen im Rahmen der Geschäftstätigkeit Mittel zufliessen. Einzelheiten dazu werden in Kapitel 27 «Leasing» ausgeführt. Der separate Ausweis ist sinnvoll, weil für geleaste Anlagen im Falle von Zahlungsschwierigkeiten oder beim Konkurs eine Rücknahme durch den Leasinggeber möglich ist. Geleaste Güter können somit nicht zugunsten anderer Gläubiger verwertet werden.

22.2 Bewertung von Sachanlagen
22.2.1 Bewertung auf der Grundlage der historischen Kosten

Sachanlagen können auf der **Grundlage der historischen Kosten,** d.h. den für die Herstellung oder die Anschaffung der Sachanlagen angefallenen Kosten, bewertet werden. Im Vordergrund steht der Wert im Zeitpunkt des Nutzungsbeginnes bzw. im Zeitpunkt des Zuganges der Anlage zu den Vermögenswerten. Diese Kosten können ohne grössere Probleme ermittelt werden. Unternehmensintern ist einzig festzulegen, welche Kostenbestandteile (z.B. jene des Transportes der Anlagen an ihren Standort) zu aktivieren sind. Zu den **Herstell- oder Anschaffungskosten** gehören auch:

- **Einrichtungs- oder Aufstellkosten** – beispielsweise für die Befestigung von grossen Werkzeugmaschinen, ebenso wie Honorare von Planern (Ingenieuren, Architekten etc.),
- **Kosten der Inbetriebnahme,** beispielsweise Einsatz von Spezialisten,
- **Grossreparaturen,** welche die Nutzungsdauer verlängern,
- **Änderungen und Ergänzungsinvestitionen,** welche die Kapazität von Maschinen erhöhen.

In diesen Fällen ist zu prüfen, ob der künftige Nutzwert durch die zusätzlichen Aufwendungen im Vergleich zum bisherigen Nutzwert (wesentlich) erhöht wird. Im Vordergrund stehen die Verlängerung der Nutzungsdauer, die Erhöhung des Ausstosses oder die Verbesserung der Produktequalität.

Werden **Sachanlagen selbst** (d.h. im eigenen Unternehmen) **hergestellt,** zum Beispiel eine Lagerhalle für Baumaschinen durch das Baugeschäft selber, sind die **aktivierungsfähigen Kostenelemente vorsichtig zu bestimmen.** Die Verwaltungs- und Vertriebskosten des Unternehmens sowie der einkalkulierte Gewinn dürfen nicht aktiviert werden. Zudem ist durch einen Marktpreisvergleich zu prüfen, ob die Höhe der aktivierten Kosten aus der Eigenfertigung angemessen ist.

Sachanlagen – Sachanlagen werden zu Anschaffungs- oder Herstellungskosten abzüglich kumulierter Abschreibungen bewertet. Abgeschrieben wird entweder linear oder degressiv, mit Übergang auf die lineare Abschreibung, sobald die lineare Abschreibung zu höheren Abschreibungsbeträgen führt. In den Kosten für bestimmte Sachanlagen sind aktivierte Zinsaufwendungen enthalten, die über die geschätzte Nutzungsdauer der jeweiligen Vermögensgegenstände abgeschrieben werden.

Im Einzelnen liegen den Wertansätzen folgende Nutzungsdauern zugrunde:

Fabrik- und Geschäftsbauten	20 bis 50 Jahre
Übrige Bauten	5 bis 10 Jahre
Technische Anlagen und Maschinen	5 bis 10 Jahre
Betriebs- und Geschäftsausstattung	in der Regel 5 Jahre
Vermietete Erzeugnisse	in der Regel 3 bis 5 Jahre

▲ Abb. 132 Bewertung der Sachanlagen (Siemens, Geschäftsbericht 2001, S. 80)

Eine Besonderheit ergibt sich bei Anlagen, deren Herstellung einen längeren Zeitraum beansprucht. Während der **(langfristigen) Fertigungsdauer** müssen die Zinsen auf den Voraus- und Teilzahlungen berücksichtigt werden. Bis zur Inbetriebnahme stehen diesen Zinsaufwendungen keine Erträge gegenüber. Zinsen müssen – gleich wie die anderen Anschaffungs- oder Herstellkosten der Anlage – über die Nutzungsdauer wieder erarbeitet werden. Der entsprechende Aufwand im Sinne eines Wertverzehrs der Anlagen wird als Abschreibung bezeichnet. Nach dem allgemeinen Grundsatz der richtigen Zuordnung von Ertrag und Aufwand zu den einzelnen Rechnungsperioden *(matching of cost and revenue)* ist die **periodengerechte Gegenüberstellung** der Erträge aus der Nutzung einer Anlage sowie des (zeit- oder leistungsabhängigen) Wertverzehrs dieser Anlagen wichtig. Dies spricht für eine **Aktivierung der Zinsen,** die während der Her- und Fertigstellung aufgelaufen sind. Allerdings dürfen nur effektiv belastete Zinsen und nicht kalkulatorische Zinsaufwendungen (z. B. auf dem Eigenkapital) aktiviert werden.

Im Gegensatz zu Forderungen oder Warenvorräten ist bei Sachanlagen nicht unbedingt klar, weshalb sie einen künftigen Mittelzufluss für das Unternehmen darstellen: Werden beispielsweise Maschinen für die automatische Fertigung von Produkten eingesetzt, so entsteht der Mehrwert als Folge des Materialeinsatzes für das Produkt und durch die «Arbeit» der Maschine. Die Nutzung der Maschine ist also das Mittel, um einen künftigen Mittelzufluss auszulösen. Dies ist aber gleichzeitig Auslöser für eine «Abnutzung» der Maschine. Im Rechnungswesen und in der Rechnungslegung wird dieser Vorgang durch die **Abschreibung** *(depreciation)* erfasst. Ein Wertverzehr ergibt sich nicht nur bei Maschinen, Fahrzeugen oder anderen Mobilien sowie bei den Bauten; auch Rohstoffvorkommen wie Kies oder Bauxit werden durch den Abbau in ihrem Wert reduziert. In der Schweiz

---

Sachanlagevermögen: Die planmässigen Abschreibungen auf das Sachanlagevermögen werden – abhängig von der betriebsgewöhnlichen Nutzungsdauer – auf Basis der Anschaffungs- und Herstellkosten errechnet. Steuerlich zulässige Vereinfachungsregeln werden in Anspruch genommen. Für Flugzeuge mit Zubehör und Reservetriebwerke wird im Zugangsjahr die Pro-rata-temporis-Abschreibung angewendet. Geringwertige Wirtschaftsgüter werden im Zugangsjahr voll abgeschrieben.

Flugzeuge: Neue Verkehrsflugzeuge und Reservetriebwerke werden über 12 Jahre bis auf einen Restbuchwert von 15 % abgeschrieben. Dagegen werden gebrauchte erworbene Flugzeuge und Reservetriebwerke ebenso wie Schulflugzeuge ohne Berücksichtigung von Restbuchwerten innerhalb von 8 Jahren degressiv abgeschrieben. Die Nutzungsdauer für Fluggastsitze wird ab dem laufenden Geschäftsjahr aufgrund des geplanten Produktelebenszyklus auf 6 Jahre verkürzt. Hieraus ergab sich ein um 28 Millionen DM höherer Abschreibungsaufwand.

Übrige Sachanlagen: [...] Bauten und Einbauten auf fremden Grundstücken werden entsprechend der Laufzeit der Mietverträge [...] abgeschrieben [...] Es wird generell die lineare Abschreibungsmethode angewendet.

▲ Abb. 133 Ermittlung der Abschreibungsbeträge (Deutsche Lufthansa, Geschäftsbericht 1996, S. 47)

wird – soweit Rohstoffvorkommen als Sachanlagen bilanziert sind – auch hier von Abschreibungen (in den IAS oder US GAAP lautet die Bezeichnung *depletion)* gesprochen.

Für die **Ermittlung der Abschreibungsbeträge** sind verschiedene Elemente massgebend. Dies verdeutlicht die Angabe im Anhang der **Deutschen Lufthansa** (vgl. ◄ Abb. 133).

Folgende Elemente sind somit massgebend:

- **Nutzungsdauer** je Kategorie von Sachanlagen: Diese kann nicht immer einheitlich für alle Maschinen oder alle Gebäude festgelegt werden. Daher ist es zulässig, einen Rahmen für die massgebende Nutzungsdauer, zum Beispiel 5 bis 8 Jahre, festzulegen. Allerdings sollte diese Angabe nicht zu offen formuliert werden (wenig aussagekräftig wäre z.B. 3 bis 20 Jahre). Die Nutzungsdauer bestimmt sich aufgrund von **Erfahrungswerten**. Sie hängt auch von der Investitionspolitik eines Unternehmens ab: Lufthansa erwähnt sowohl Neuanschaffungen als auch die Übernahme von gebrauchten Flugzeugen. Vor allem wird die offenbar beschlossene Politik der raschen Flottenerneuerung durch eine Verkürzung der Nutzungsdauer für Fluggastsitze auf sechs Jahre berücksichtigt. Die Nutzungsdauer kann auch durch vertragliche Abmachungen vorgegeben sein: Bei der Lufthansa werden beispielsweise Investitionen in gemieteten Gebäuden (sog. *leasehold improvement,* Innenausbau) über die Laufzeit der Mietverträge abgeschrieben, denn nach Ablauf der Mietdauer können sie nicht weiter genutzt werden. Ist eine Abgeltung des Vermieters für solche Innenausbauten vereinbart, reduziert sich der insgesamt abzuschreibende Betrag entsprechend.
- **Restwert** einer konkreten Anlage: Dies ist der Wert, den man bei Stilllegung der Anlage nach eigenen Schätzungen noch erhalten wird. Die Lufthansa basiert bei neuen Flugzeugen auf einem **Verwertungserlös** nach Ablauf der Eigennutzung von 15% des Anschaffungspreises. Somit sind 85% des Anschaffungspreises über 12 Jahre (Nutzungsdauer) abzuschreiben.
- **Abschreibungsverfahren:** Die Lufthansa schreibt gebrauchte Triebwerke degressiv ab. Bei der **degressiven Abschreibung** wird mit einem stets gleich hohen prozentualen Betrag der Abschreibungsbetrag auf dem verbleibenden (Buch-) Wert errechnet. Dies führt – ausgedrückt in Geldeinheiten – zu kontinuierlich abnehmenden Abschreibungen. Meist wird ein jährlich gleich bleibender Betrag abgeschrieben **(lineare Abschreibung).** Denkbar wäre auch eine Abschreibung aufgrund der technischen Leistung **(leistungsbezogene Abschreibung)** einer Maschine oder Anlage, zum Beispiel anhand der produzierten Stückzahl im Verhältnis zum möglichen Gesamtausstoss.

- **Volle (direkte) Abschreibung im Zugangsjahr:** Diese Praxis wird in den meisten Ländern als Investitionsanreiz durch den Fiskus vorgesehen. In den Staaten, die noch auf dem Massgeblichkeitsprinzip aufbauen, folgt die Direktabschreibung in der Handelsbilanz den Vorgaben im Steuerrecht. Für die Rechnungslegung im Sinne der *fair presentation* ist dies aber nicht haltbar. Dagegen ist für die Anschaffung von Gütern von geringem Wert eine Direktabschreibung durch Anwendung des Grundsatzes der Wesentlichkeit *(materiality)* auch im Sinne der *fair presentation* akzeptabel, jedenfalls so lange als solche Anschaffungen insgesamt unwesentlich sind.
- **Veränderung der Nutzungsdauer:** Die Lufthansa hat den Abschreibungszeitraum für Sitze auf 6 Jahre verkürzt. Diese Umstellung ist nicht als Änderung der Rechnungslegungs- oder Bewertungsmethode (denn der Abschreibungsvorgang ist Teil der Bewertung) zu qualifizieren (sog. *change in accounting principles*). Vielmehr wird ein Schätzwert (ähnlich wie bei der Beurteilung von Forderungen hinsichtlich ihrer Bonität oder der Marktgängigkeit von Waren) aufgrund neuer Erkenntnisse anders festgelegt *(change in accounting estimates)*. In diesem Falle genügt es, wenn die entsprechende Auswirkung auf die Vorjahre in der laufenden Rechnung erfolgswirksam erfasst wird. Bei einer Verkürzung der Nutzungsdauer ist in den Vorjahren zu wenig abgeschrieben worden. Dieser Fehlbetrag ist zusätzlich zur nun höheren Abschreibung zu belasten. Gleichzeitig ist die **Auswirkung dieser Neueinschätzung im Anhang offen zu legen** (so z.B. gemäss IAS 8/30).

22.2.2 Bewertung auf der Grundlage aktueller Werte

Die Bewertung kann sich auch an den Möglichkeiten der Veräusserung von Sachanlagen orientieren. Massstab ist also der Markt für das entsprechende Gut. Mangels eines funktionierenden Marktes können andere Überlegungen, zum Beispiel die **Kosten für die Wiederbeschaffung** einer vergleichbaren Anlage, herangezogen werden. Die Bewertung erfolgt in diesen Fällen auf der Grundlage **aktueller Werte**.

Die Bewertung der Sachanlagen (mit Ausnahme der Maschinen und Einrichtungen) basiert bei der **Oerlikon-Bührle Holding** (heute Unaxis) auf diesen Überlegungen (vgl. ▶ Abb. 134).

Mit der jährlichen Aufwertung aufgrund eines spezifischen Index (Bauteuerung) ermittelt das Unternehmen eine Art **Tageswert,** den aktuellen Wert nach dem Kriterium Wiederbeschaffung. Mit dem kapitalisierten Bruttoertrag wird ein **Ertragswert** ermittelt; dieser widerspiegelt den Wert, den ein anderer Investor für

> **Konzernintern genutzte Fabrik- und Geschäftsgebäude exklusive Land:** bis Alter 25 jährliche Indexierung zu 75% der länderspezifischen Bauteuerung; danach Reduktion der Indexierung auf 50%; abzüglich kumulierte Abschreibungen. Objekte, die nicht mehr angemessen genutzt werden können, werden rückwirkend von der Indexierung befreit, das heisst auf der Basis historischer Anschaffungswerte bewertet.
>
> **Betriebsfremde Liegenschaften inklusive dazugehörendem Land:** Bewertung zum kapitalisierten Bruttoertrag, mindestens aber zum Verkehrswert des Grundstücks.
>
> **Bebaute und unbebaute Grundstücke:** Bewertung zum Verkehrswert, für Schätzungsrisiken reduziert um 25% für unbebautes und um 50% für bebautes Land. Die Verkehrswerte werden mindestens alle fünf Jahre überprüft.

▲ Abb. 134 Erläuterungen zur Bewertung von Gegenständen des Sachanlagevermögens (Oerlikon-Bührle Holding, Geschäftsbericht 1998)

eine solche Anlage zahlen würde. Der **Verkehrswert** orientiert sich an der gleichen Überlegung: Welcher Betrag kann im Markt für die fragliche Anlage erzielt werden? Eine etwas spezielle Situation der Veräusserung am Markt widerspiegelt der **Liquidationswert.** Hier steht eine Verwertung unter zeitlichem und wirtschaftlichem Druck im Vordergrund, was natürlich zu einer tieferen Bewertung führt.

Die Bewertung zu einem über den historischen Kosten liegenden Wert führt zu einer Erhöhung des Eigenkapitals. Normalerweise wird eine Erhöhung der Nettoaktiven (Eigenkapital) **als Gewinn,** d. h. erfolgswirksam ausgewiesen. Im Grunde ist dieser Wertzuwachs (Erhöhung des Marktwertes) nur der Gegenwartswert der in Zukunft anfallenden Mehrerträge (Barwert der höheren Nettomieterträge zuzüglich Barwert eines höheren künftigen Veräusserungswertes beispielsweise wegen erhöhter Standortqualität). Erst diese wirken sich auf den Periodenerfolg aus. Daher wird in fast allen Standards und Ländern die Erfassung der Mehrwerte als Gewinn verboten. Allerdings gibt es für ausschliesslich an Dritte vermietete Immobilien (sog. Renditeliegenschaften) spezifische Standards (z. B. IAS 40), welche als Option auch die erfolgswirksame Erfassung einer Wertsteigerung vorsehen.

Im Geschäftsbericht der **Oerlikon-Bührle Holding (heute Unaxis)** findet sich die in ▶ Abb. 135 wiedergegebene Erläuterung.

> **Neubewertungsreserven:** Diese entsprechen den kumulierten Aufwertungen gemäss Sachanlagespiegel. Die Bewertungsanpassungen aus der tageswertigen Betrachtungsweise der Immobilien werden erfolgsneutral direkt dem Eigenkapital zugerechnet und beeinflussen das Konzernergebnis nicht. Die aufwertungsbedingt höheren Abschreibungen auf den Gebäuden sind hingegen stets ergebniswirksam. Bei einem Verkauf wird die für das entsprechende Objekt früher gebildete Neubewertungsreserve erfolgsneutral auf die Gewinnreserven übertragen. Die in die Erfolgsrechnung eingehenden Erfolge aus Immobilienverkäufen widerspiegeln somit die Mehr- und Mindererlöse gegenüber den (tageswertigen) Konzernwerten.

▲ Abb. 135 Kommentar zu den Neubewertungsreserven (Oerlikon-Bührle Holding, Geschäftsbericht 1998)

Daraus ergeben sich folgende **Möglichkeiten für die Erfassung von Wertveränderungen und Veräusserungen von Sachanlagen,** wenn aktuelle Werte verwendet werden:

- Der **Mehrwert** aufgrund der Neubewertung zu aktuellen (statt historischen) Kosten ist **direkt dem Eigenkapital** gutzuschreiben. In der Regel wird der entsprechende Betrag innerhalb des Eigenkapitals als **Neubewertungs- oder Aufwertungsreserve** ausgewiesen. Es erhöhen sich also Sachanlagen und Eigenkapital:

Sachanlagen	/	Neubewertungsreserve (Eigenkapital)	50

- Eine **Wertverminderung,** beispielsweise aufgrund negativer Tendenzen im Immobilienmarkt, ist ebenfalls **erfolgsneutral** zu erfassen. Der Minderwert je Objekt wird der Aufwertungsreserve direkt belastet. **Sinkt der Verkehrswert** (oder ein anderer aktueller Referenzwert) **unter den ursprünglichen Anschaffungswert,** ist die entsprechende Wertberichtigung dagegen **erfolgswirksam,** d.h. als Aufwand zu erfassen. Da dies keine systematische Wertkorrektur wie die periodische Abschreibung ist, bezeichnet man den entsprechenden Aufwand als Wertberichtigung oder als ausserordentliche Abschreibung. Dabei ist zu prüfen, ob im Sinne der strengen Einzelbewertung die Rechnung je Liegenschaft oder Anlage getrennt erfolgen muss oder ob nicht gleichartige Sachanlagen in einer Art Gruppenbewertung zusammengefasst werden dürfen.

- Alternativ sind Wertzuwachs ebenso wie die Wertverminderung laufend erfolgswirksam zu erfassen.

- Wichtig ist – falls die Rechnungslegungsstandards keine Lösung anbieten – ein kongruenter Ausweis der beiden Ursachen für Wertveränderungen. Dies wirkt sich dann bei einem allfälligen Verkauf solcher Immobilien aus – d.h. im Zeitpunkt der Realisation eines höheren oder tieferen Werts.

- Die **Abschreibungen** sind **auf dem gesamten Wert,** d.h. auf dem höheren aktuellen Wert, zu berechnen. Eine Bewertung zu Verkehrswerten beispielsweise erhöht somit das Eigenkapital. Gleichzeitig wird der Periodengewinn reduziert, weil die Abschreibungen höher sind als auf der Grundlage der Anschaffungskosten. Die höheren Aufwendungen für Abschreibungen reflektieren somit den für die Substanzerhaltung notwendigen Betrag. Die Abschreibung in den Jahren nach der Aufwertung umfasst jeweils den für die Berichtsperiode anfallenden höheren Wertverzehr und den Nachholbedarf für die Vorperioden (vgl. zu den Auswirkungen von Änderungen des aktuellen Werts auf die Abschreibungen ▶ Abb. 136).

Abschreibung und Änderung des aktuellen Wertes			
Ausgangslage: Fabrikgebäude zum aktuellen Wert und Abschreibungsgrundlagen:			
in Mio. CHF	19x0	19x1	19x2
Anschaffungswert	120		
Aktueller Wert brutto		140	100
Planmässige Abschreibung 8 %, linear	9.6	11.2	8
Nettobuchwert in %	92 %	84 %	76 %
Aktueller Nettobuchwert	110.4	117.6	76

Verbuchung:	CHF Mio.
19x0	
1 Abschreibung/kumulierte Wertberichtigung Fabrikgebäude	9.6
(planmässige Abschreibung vom Anschaffungswert) **Abschreibungen, der Erfolgsrechnung belastet**	**9.6**
Schlussbestände der Bilanzkonti: Aktueller Fabrikgebäudewert brutto (Anschaffungswert) kumulierte Wertberichtigung Neubewertungsreserve	120 9.6 0
19x1	
1 Aktueller Fabrikgebäudewert brutto/Neubewertungsreserve	20
(Aufwertung brutto auf den aktuellen Wert) 2 Neubewertungsreserve/kumulierte Wertberichtigung Fabrikgebäude (Nachholabschreibung für 19x0 für die Aufwertung: 8% von [140 – 120])	1.6
3 Abschreibung/kumulierte Wertberichtigung Fabrikgebäude (Abschreibung 8% vom aktuellen Bruttofabrikgebäudewert von 140) **Abschreibungen, der Erfolgsrechnung belastet**	**11.2**
Schlussbestände der Bilanzkonti: Aktueller Fabrikgebäudewert brutto (Anschaffungswert) kumulierte Wertberichtigung Neubewertungsreserve	140 22.4 18.4
19x2	
1 Neubewertungsreserve/Aktueller Fabrikgebäudewert brutto	20
(Herabsetzung des aktuellen Wertes bis zum Anschaffungswert) 2 ausserplanmässige Abschreibung/Aktueller Fabrikgebäudewert brutto	20
(erfolgswirksame Anpassung unter den Anschaffungswert) 3 Kumulierte Wertberichtigung Fabrikgebäude/Neubewertungsreserve (Storno der erfolgsunwirksamen Nachholabschreibung von 19x1:	1.6
20 – Neubewertungsreservensaldo 18.4) 4 kumulierte Wertberichtigung Fabrikgebäude/ausserplanmässige Abschreibung	4.8
(Überschuss Wertberichtigung = 22.4 – 2 · 8 = 6.4. Davon bleiben als erfolgswirksame Herabsetzung der ausserplanmässigen Abschreibung: 6.4 – 1.6 neutrale Herabsetzung = 4.8) 5 Abschreibung/Wertberichtigung Fabrikgebäude	8
Abschreibung 8 % vom Aktuellen Bruttofabrikgebäudewert von 100 **planmässige Abschreibungen der Erfolgsrechnung belastet**	**8**
ausserplanmässige Abschreibungen der Erfolgsrechnung belastet	**15.2**
Schlussbestände der Bilanzkonti Ende 19x2: Aktueller Fabrikgebäudewert brutto (Anschaffungswert) kumulierte Wertberichtigung Neubewertungsreserve	100 24 0

▲ Abb. 136 Auswirkung von Änderungen des aktuellen Werts auf Abschreibungen (Swiss GAAP FER 18/Beispiel 5b) (Anmerkung: latente Steuern werden im Beispiel ausgeklammert)

Auf- und Abwertungen zu aktuellen Werten
Gebäude werden zu aktuellen Werten geführt (die latenten Steuern werden im Beispiel ausgeklammert).

Historischer Anschaffungswert	CHF 50 Mio.
Kumulierte Aufwertungen	CHF 10 Mio.
Kumulierte Abschreibungen	CHF –21 Mio.
Nettobuchwert	CHF 39 Mio.
Neubewertungsreserve	CHF 10 Mio.
Verkaufspreis	CHF 65 Mio.
Der Erfolg aus Gebäudeverkauf setzt sich wie folgt zusammen:	
Differenz zum Nettobuchwert	CHF 26 Mio.
Realisierte Neubewertungsreserve*	CHF 10 Mio.
Total	CHF 36 Mio.

* Die realisierte Neubewertungsreserve kann erfolgswirksam aufgelöst oder – wie in diesem Beispiel – direkt (also nicht über das Periodenergebnis) auf die Gewinnreserven übertragen werden.

▲ Abb. 137 Veräusserung einer zu aktuellen Werten erfassten Sachanlage (Swiss GAAP FER 18/ Beispiel 5a)

- Bei **Veräusserung** einer zu aktuellen Werten erfassten Sachanlage sind zwei Differenzbeträge zu beachten:
  1. Die Differenz zwischen dem **ursprünglichen Anschaffungswert** und dem **aktuellen Wert** (unter Berücksichtigung von Abschreibungen). Dieser Betrag wird im Beispiel der Oerlikon-Bührle Holding (heute Unaxis) erfolgsneutral direkt von den Aufwertungsreserven in die Gewinnreserven (einbehaltene Gewinne) umgebucht. Denkbar ist auch eine erfolgswirksame Erfassung. Durch die Veräusserung wird ja der bisher nur erfolgsneutral erfasste Mehrwert effektiv realisiert.
  2. Der Mehr- oder Minderwert aus dem Vergleich zwischen **Veräusserungserlös und aktuellem Wert** der Sachanlage im Zeitpunkt des Verkaufs. Er wird im Beispiel erfolgswirksam ausgewiesen, meist als nichtbetrieblicher Aufwand (Minderwert) bzw. nichtbetrieblicher Ertrag (Mehrwert) ausgewiesen.

22.2.3 Differenzierte Betrachtung der Bewertungsproblematik

Die **Bewertung** vor allem von Immobilien zu aktuellen Werten wird in den letzten Jahren **differenzierter betrachtet.** Für Liegenschaften, die gehalten werden, um Miet- und damit Finanzerträge zu erzielen – also nicht betrieblich genutzt werden – ist die Bewertung zum Markt- oder Ertragswert angezeigt. Solche Objekte können – was sinnvoller ist als die Einordnung bei den Sachanlagen – als Finanzanlagen in der Bilanz ausgewiesen werden.

Bei betrieblich genutzten Immobilien (sowie in jedem Falle bei Maschinen, Einrichtungen und anderen Sachanlagen) steht dagegen der Wertverzehr durch Nutzung dieser Ressourcen für die eigene Leistungserstellung (Produktion) im Vordergrund. Solange nicht generell in der Rechnungslegung der Aspekt der Substanzerhaltung Priorität vor anderen Überlegungen hat, sollte betriebswirtschaftlich gesehen der Wertverzehr ausgehend vom Zugang der Anlagen und damit auf der Grundlage historischer Werte berechnet werden. Denn ein allfälliger Mehrwert von Fabrikliegenschaften wegen der Lage am Immobilienmarkt kann im Rahmen der Leistungserstellung gar nicht genutzt werden. Die Produkte werden am Markt zum gleichen Betrag abgesetzt, ob nun in der bestehenden, aufgrund der Marktlage höher zu bewertenden Liegenschaft oder in einer ebenfalls für den Betrieb geeigneten, aber markant günstigeren Baute gefertigt wird. Um den Mehrwert zu realisieren, müsste der Betrieb (mit allen Kostenfolgen) umziehen können. Zudem liegt die Ursache für einen Mehrwert sehr oft im gestiegenen Preis für Bauland und weniger in der Bauteuerung. Aus all diesen Überlegungen stützen sich die meisten Konzerne für die Bewertung von betrieblich genutzten Liegenschaften weiterhin auf historische Werte.

Ein Beispiel für die Rechnungslegung im Zeitpunkt der Umstellung bietet Zellweger Luwa 1997 (vgl. ▶ Abb. 138).

Dieses Beispiel zeigt zwei weitere Überlegungen:

- Die Höherbewertung kann nicht mit dem vollen Betrag der Aufwertungsreserve zugeführt werden. Im Zeitpunkt der (künftigen) Veräusserung würden nämlich auf diesem Mehrwert Ertragssteuern anfallen. Da diese bis zum Zeitpunkt des Verkaufes aufgeschoben sind, werden sie als **latente Steuern** bezeichnet. Sie müssen gemäss den Grundsätzen über die Ertragssteuern (zumindest in der Konzernrechnung) zum erwarteten (nicht zum heutigen) Satz berechnet werden. Die frühere Praxis des Ansatzes aufgeschobener Ertragssteuern zum halben Satz (damit wurde der Diskontierungseffekt für die erst später – wenn überhaupt je – fälligen Steuern berücksichtigt) ist heute nicht mehr üblich.

> **Änderung der Bewertungsgrundsätze:** Bis und mit 1996 wurden mehrere Grundstücke über dem historischen Anschaffungswert bewertet. Im Geschäftsjahr 1997 wurden sämtliche Neubewertungsreserven und die entsprechenden latenten Steuern erfolgsneutral ausgebucht.
> **Sachanlagevermögen:** […] In Abweichung zum Anschaffungswertprinzip kamen bis und mit 1996 für Grundstücke teilweise Werte zum Ansatz, die zwischen den historischen Anschaffungswerten und dem Verkehrswert lagen. Veränderungen dieser Neubewertungen und der entsprechenden latenten Steuern wurden erfolgsneutral im konsolidierten Eigenkapital berücksichtigt.

▲ Abb. 138 Bewertung von Immobilien – historische Anschaffungskosten vs. Zeitwert (Zellweger Luwa, Geschäftsbericht 1997)

- Die **Umstellung der Bewertungsmethode** ist – im Gegensatz zur Änderung von Annahmen oder Schätzwerten (z. B. Verkürzung der Nutzungsdauer wie bei der Deutschen Lufthansa) – nicht ohne weiteres zulässig. Bei Zellweger Luwa wird sie begründet durch eine verbesserte Darstellung der wirtschaftlichen Lage des Konzerns. Allerdings müssten konsequenterweise auch die Vorjahreszahlen *(restatement)* sowie die Daten im Mehrjahresvergleich geändert werden.

22.2.4 Vorgehen bei Wertminderungen

Bei Liegenschaften kann die Marktentwicklung zu einer **nachhaltigen Wertverminderung** *(impairment)* führen. Der Buchwert liegt dann über dem Marktwert oder einem anderen aktuellen Wert bzw. dem Nutzwert für das Unternehmen. Wichtig für das weitere Vorgehen ist, ob Anzeichen für eine baldige Verminderung dieser Bewertungsdifferenz bestehen. Aufgrund von technischen Entwicklungssprüngen, der ganzen oder teilweisen Stilllegung von Betriebsteilen etc. kann sich eine nachhaltige Beeinträchtigung der Werthaltigkeit auch bei Maschinen, Einrichtungen oder anderen Sachanlagen ergeben. In den meisten Standards zur Rechnungslegung gibt es besondere Bestimmungen für die Berücksichtigung einer nachhaltigen Wertverminderung (vgl. z. B. IAS 36 oder FER 20).

Eine solche nachhaltige Wertverminderung kann als Folge von Umweltproblemen, insbesondere von Altlasten im Boden auftreten (durch Chemikalien aus der Lagerung oder Fertigung über Jahrzehnte hinweg ohne die heute üblichen und technisch möglichen Sicherungs- und Schutzmassnahmen). Die «Verseuchung» reduziert durch den limitierten Nutzungsspielraum den Wert des Grundstückes; unter Umständen kann dieser sogar – bei einem vollständigen Bau- und Nutzungsverbot – auf null sinken. Die Entsorgung bedingt darüber hinaus meistens auch erhebliche Aufwendungen. Diese führen also künftig zu einem Mittelabfluss (ohne Gegenleistung für das Unternehmen). Auf diese Problematik wird in Zusammenhang mit der Bilanzierung von Verbindlichkeiten und Rückstellungen eingetreten.

22.3 Offenlegung

Der Bedarf an Offenlegung im Anhang ist bei den Sachanlagen bedeutend. Im Vordergrund stehen folgende Angaben:

- **Bewertungsgrundlagen:** Erfolgt die Bewertung zu historischen Kosten (in der Regel der Fall für betrieblich genutzte Sachanlagen) oder zu aktuellen Werten? Wie wird im zweiten Fall der aktuelle Wert ermittelt?
- **Abschreibungsmethode:** Welche Abschreibungsmethode wird verwendet? – lineare Abschreibung über die Nutzungsdauer, eine degressive, leistungsbezogene oder eine anderweitig ermittelte Abschreibung? Die Nutzungsdauer ist für die wichtigsten Anlagekategorien offen zu legen.

15. Sachanlagen

CHF '000

	Betriebliche Immobilien	Anlageimmobilien	Betriebs- und Geschäftsausstattung	Anlagen und Maschinen	Anzahlungen und Anlagen im Bau	2001 Total	2000 Total
Anschaffungswerte							
Stand per 01.01.	207 805	44 047	85 706	46 815	1 510	385 883	469 606
Zugänge	1 508	–	5 382	5 708	2 436	15 034	13 676
Abgänge	–1 270	–12 766	–3 193	–1 475	–	–18 704	–70 969
Veränderung des Konsolidierungskreises	115	–	46	581	–51	691	–20 782
Währungsumrechnungsdifferenzen	–1 978	–	–294	420	17	–1 835	–5 648
Umgruppierungen	36	–	1 277	574	–1 887	–	–
Stand per 31.12.	**206 216**	**31 281**	**88 924**	**52 623**	**2 025**	**381 069**	**385 883**
Abschreibungen kumuliert							
Stand per 01.01.	–69 213	–14 097	–69 991	–33 056	–	–186 357	–225 597
Abschreibungen	–4 517	–797	–7 292	–5 107	–	–17 713	–20 546
Wertbeeinträchtigungen	–	–	–	–	–	–	–12 972
Abgänge	602	3 508	2 900	1 186	–	8 196	53 671
Veränderung des Konsolidierungskreises	–	–	352	36	–	388	15 692
Währungsumrechnungsdifferenzen	1 307	–	323	–154	–	1 476	3 395
Umgruppierungen	–	–	11	–11	–	–	–
Stand per 31.12.	**–71 821**	**–11 386**	**–73 697**	**–37 106**	**–**	**–194 010**	**–186 357**
Sachanlagevermögen netto							
per 01.01.	138 592	29 950	15 715	13 759	1 510	199 526	244 009
per 31.12.	**134 395**	**19 895**	**15 227**	**15 517**	**2 025**	**187 059**	**199 526**
Brandversicherungswerte per 31.12.						410 635	400 109

▲ Abb. 139 Anlagespiegel (Zellweger Luwa, Geschäftsbericht 2001, S. 20)

- **Behandlung von geleasten Anlagen:** Werden Leasingverträge, die wirtschaftlich gesehen einem Anlagenkauf gleichkommen, zum Barwert der künftigen Leasingraten, zum Marktwert etc. bilanziert?
- **Behandlung von Zinsaufwendungen** bei Sachanlagen, deren Erstellung einen längeren Zeitraum beansprucht: Werden diese Zinsen bilanziert und damit (via Abschreibung) über die Nutzungsdauer den künftigen Erträgen gegenübergestellt?
- Wie hat sich der Bestand durch **Zugänge** (Anschaffungen, selber hergestellte Anlagen etc.), durch **Abgänge** (Verkäufe, Stilllegung etc.), aufgrund von **Neubewertungen** (z. B. bei Renditeliegenschaften aufgrund der veränderten Marktwerte wie im Beispiel der Oerlikon-Bührle Holding; vgl. ◄ Abb. 135) oder durch **Veränderungen im Konsolidierungskreis** (verkaufte bzw. neu erworbene Tochterunternehmen) bzw. Währungseinflüsse verändert? Diese Informationen werden im **Anlagespiegel** zusammengefasst (vgl. ◄ Abb. 139).
- Offen zu legen ist auch die Gewährung von **Sicherheiten** für eigene Verbindlichkeiten durch Verpfändung von Sachanlagen bzw. durch die Errichtung von Schuldbriefen (Hypotheken) auf eigenen Liegenschaften. Ebenfalls im Anhang auszuweisen ist die Verpfändung von eigenen Sachanlagen für Verbindlichkeiten Dritter; in diesen Fällen spricht man von **Eventualverpflichtungen**.

22.4 Relevante Standards

22.4.1 Swiss GAAP FER

FER 18 ist eine Fachempfehlung zum Sachanlagevermögen. Sie fordert Mindestangaben je Kategorie und den separaten Ausweis von nichtbetrieblich genutzten Sachanlagen. Es werden Kriterien zur Aktivierung von selbst hergestellten Anlagen definiert und eine Überprüfung der Werthaltigkeit verlangt. Eine nachhaltige Beeinträchtigung führt zu einer direkten, dem Periodenergebnis zu belastenden ausserordentlichen Abschreibung der Sachanlage. Das Prinzip der Einzelbewertung ist einzuhalten. Die Fachempfehlung fordert zudem die Erstellung eines detaillierten Sachanlagespiegels.

22.4.2 IAS

Das IASB kennt mit IAS 16 schon seit geraumer Zeit eine Rechnungslegungsnorm zum Themenkreis Sachanlagevermögen. Aktivierbar sind grundsätzlich der Kaufpreis sowie Installations- und Beschaffungskosten. Für selbst hergestellte Sachanlagen sind es die Herstellkosten. IAS 16 bevorzugt als Methode das

Anschaffungskostenprinzip. Erlaubt ist alternativ die Aufwertung bis zum Verkehrswert. Werden solche Aufwertungen vorgenommen, müssen sie grundsätzlich offen gelegt und nach Abzug der entsprechenden latenten Steuerlast erfolgsneutral einer Aufwertungsreserve gutgeschrieben werden.

Die Verkehrswerte sollten regelmässig überprüft und gegebenenfalls angepasst werden (Stichwort *fair market value*). Im Falle einer Wertminderung wird zunächst die zuvor gebildete Aufwertungsreserve belastet. Anderenfalls muss der fragliche Betrag erfolgswirksam berücksichtigt werden. Dies gilt insbesondere, wenn der Verkehrswert der Anlage unter den Anschaffungswert gefallen ist. Nicht mehr genutzte Anlagen sind im Anhang separat auszuweisen. Sachanlagen sind über die geschätzte Lebensdauer abzuschreiben, wobei sich der abzuschreibende Gesamtbetrag aus der gewählten Wertbasis (z. B. Anschaffungswert) abzüglich des geschätzten Restwerts ergibt.

22.4.3 EU-Richtlinie

Mit der 4. EU-Richtlinie wurden in Art. 9 und 10 detaillierte Gliederungsvorschriften für die Sachanlagen erlassen. Die nachfolgenden Positionen sind jeweils gesondert auszuweisen:

- Grundstücke und Bauten,
- technische Anlagen und Maschinen,
- Andere Anlagen, Betriebs- und Geschäftsausstattung,
- geleistete Anzahlungen und Anlagen im Bau.

22.4.4 HGB

Der deutsche Gesetzgeber hat in Übereinstimmung mit der oben genannten 4. EU-Richtlinie detaillierte Gliederungsvorschriften erlassen. In § 224 Abs. 2 HGB wird die Aktivseite der Bilanz grundsätzlich in die Gruppen Anlagevermögen und Umlaufvermögen unterteilt. Im Anlagevermögen sind, neben den immateriellen Vermögensgegenständen und Finanzanlagen, die Sachanlagen gesondert auszuweisen. Letztere sind wie folgt zu unterteilen:

- bebaute Grundstücke und Bauten auf fremdem Grund,
- unbebaute Grundstücke,
- Maschinen und maschinelle Anlagen,
- Werkzeuge, Betriebs- und Geschäftsausstattung,
- geleistete Anzahlungen und Anlagen im Bau.

22.5 Übungen

Übungsfragen

1. Nennen Sie wichtige Beispiele von Sachanlagen.
2. Wie wird bei der Ermittlung von Abschreibungen vorgegangen?
3. Welche Abschreibungsmethoden gibt es? Für welche Sachverhalte sind die einzelnen Methoden geeignet?
4. Erläutern Sie die Hauptunterschiede zwischen der Bewertung nach historischen Werten und der Bewertung zu aktuellen Werten.
5. Erläutern Sie einige Besonderheiten der Bewertung nach aktuellen Werten.
6. Was ist unter einem Impairment zu verstehen?
7. Welche Problematik ergibt sich bei Änderung der Nutzungsdauer von Sachanlagen?
8. Wie werden Sachanlagen generell in der Bilanz gegliedert?
9. Welche Arten von Kosten sind bei der Ermittlung der Herstell- oder Anschaffungskosten zu berücksichtigen?
10. Welche Sachverhalte können zu einer nachhaltigen Wertminderung von Sachanlagen führen?

Übungsaufgaben

11. Eine Druckerei schafft zu Jahresanfang eine neue Druckmaschine zum Kaufpreis von 30 000 CHF (Nutzungsdauer 5 Jahre, Abschreibung linear) an. Der Hersteller stellt folgende Rechnung:
    Druckmaschine   30 000 CHF
    Installation   300 CHF
    Schulung Mitarbeiter 250 CHF
    Papiervorrat   150 CHF
    Mit welchem Betrag steht die Druckmaschine zu Jahresende in der Bilanz (Begründung für die Aktivierung oder Nichtberücksichtigung der einzelnen Beträge)?

12. Ein Produktionsbetrieb erstellt für die Nutzung im eigenen Werk eine Grossanlage. Die Konstruktionskosten belaufen sich im Jahr 1 auf 4 Mio., im Jahr 2 auf 1.5 Mio. Die Direktion schlägt eine Aktivierung der Fremdkapitalzinsen vor. Im November im Jahr 2 wird die Anlage in Betrieb genommen.
    Wie beurteilen Sie die Aktivierung der Fremdkapitalzinsen? Worauf ist bei der Bewertung der «eigenen Anlagen» zu achten? Wie würden Sie die Anlagen Ende Jahr 1 bzw. 2 im Anlagevermögen einordnen?

Offenlegungsaufgabe

13. Erläutern Sie Hintergrund und Aussagekraft für die Finanzanalyse der nachstehenden Einzelangaben im Anhang zum Geschäftsbericht 2002 von Georg Fischer.

Entwicklung der Sachanlagen								
Mio. CHF	Nicht betriebliche Liegenschaften	Betriebliche Liegenschaften	Maschinen und Produktionsanlagen	Übrige Sachanlagen	Anlagen im Bau	Anlagen in Leasing	Total 2002	Total 2001
Anschaffungswerte								
Bestand am 1. Januar	87	831	1 373	406	65	16	2 778	2 790
Effekt aus nachträgl. Goodwill-Anpassung								−44
Zugänge		12	56	15	86	2	171	233
Abgänge	−2	−5	−24	−15	−1		−47	−121
Veränderung Konsolidierungskreis		−29	−15	−16	−1		−61	−22
Übrige Veränderungen, Umbuchungen	2	4	49	7	−62			−14
Umrechnungsdifferenzen		−22	−39	−12	−2		−75	−44
Bestand am 31. Dezember	**87**	**791**	**1 400**	**385**	**85**	**18**	**2 766**	**2 778**
Abschreibungen, kumuliert								
Bestand am 1. Januar	−45	−403	−886	−280		−5	−1 619	−1 603
Effekt aus nachträgl. Goodwill-Anpassung								11
Zugänge	−1	−24	−92	−36		−2	−155	−160
Abgänge		2	22	13			37	85
Veränderung Konsolidierungskreis		3	9	14		1	27	23
Übrige Veränderungen, Umbuchungen		2	−2					
Umrechnungsdifferenzen		7	23	8			38	25
Bestand am 31. Dezember	**−46**	**−413**	**−926**	**−281**		**−6**	**−1 672**	**−1 619**
Bilanzwerte								
am 1. Januar	42	428	487	126	65	11	1 159	1 187
am 31. Dezember	**41**	**378**	**474**	**104**	**85**	**12**	**1 094**	**1 159**

▲ Abb. 140 Geschäftsbericht (Georg Fischer, Geschäftsbericht 2002, S. 57)

Kapitel 23
Finanzanlagen

Lernziele

- Kenntnis der Vermögenswerte, die als Finanzanlagen zu bilanzieren sind
- Darstellung der Kriterien der Bewertung
- Bewertung von Minderheitsbeteiligungen an deren Unternehmungen.
- Ausweis der Wertveränderungen von Finanzanlagen

23.1 Umfang der Finanzanlagen

Ein Versicherungsunternehmen hat folgende Aktiven:

Kapitalanlagen	85 623
Nicht konsolidierte Beteiligungen	1 357
Policendarlehen	642
Übrige Aktiven	9 448

Im Anhang finden sich folgende **Bewertungsregeln:**

Grundbesitz wird zu Verkehrswerten berücksichtigt. *Hypotheken* werden zum Rückzahlungswert eingesetzt. *Darlehen und Obligationen* werden nach der «Amortized

Cost Method» bewertet; dabei wird eine Differenz zwischen Anschaffungspreis und Rückzahlungswert so über die Restlaufzeit verteilt, dass eine gleichbleibende Rendite resultiert. Kotierte *Aktien* werden zum Marktwert bilanziert. Nichtkotierte Titel sind zum Anschaffungswert berücksichtigt; sofern Ertrag oder Substanz der Anlage gefährdet erscheinen, wird eine Abschreibung vorgenommen. *Nicht konsolidierte Beteiligungen* an Versicherungsunternehmen über 20% werden nach der Equity-Methode bewertet. Versicherungsbeteiligungen unter 20% sowie die übrigen Beteiligungen sind zum Anschaffungswert berücksichtigt; sofern Ertrag oder Substanz der Anlage gefährdet erscheinen, wird eine Abschreibung vorgenommen.

Dieses Beispiel zeigt eine Vielzahl von Vermögenswerten auf, in die Unternehmen zwecks Kapitalanlage investieren. Solche Vermögenswerte werden nicht im Rahmen der eigenen betrieblichen Tätigkeit genutzt. Vielmehr will das **Unternehmen damit Zins-, Miet- und Lizenzerträge, Dividenden oder eine Wertsteigerung realisieren.** Da Unternehmen in der Regel nur einen Teil der Gewinne ausschütten und zudem oft ein grosser, nicht für Investitionen oder Schuldentilgung benötigter Geldfluss (Free Cash Flow) anfällt, stehen beträchtliche Mittel für Anlagen in nichtbetrieblich genutzte Vermögenswerte zur Verfügung. Viele multinationale Unternehmen erarbeiten tatsächlich einen erheblichen Teil ihrer Gewinne mit Hilfe von Finanzerträgen (vgl. die Beispiele in ▶ Abb. 141).

	Roche		Novartis		Ciba SC	
Betriebsergebnis	3 420.00	72.63%	6 783.00	98.26%	481.00	135.49%
Finanzertrag	1 289.00	27.37%	120.00	1.74%	−126.00	−35.49%
Gewinn vor Steuern	4 709.00		6 903.00		355.00	
	Nestlé		BASF		Schering	
Betriebsergebnis	5 862.00	118.50%	5 341.50	100.20%	824.64	104.46%
Finanzertrag	−915.00	−18.50%	−10.40	−0.20%	−35.17	−4.46%
Gewinn vor Steuern	4 947.00		5 331.10		789.46	

▲ Abb. 141 Anteil des Betriebsergebnisses und des Finanzertrages am Gewinn vor Steuern (alle Daten betreffen das Geschäftsjahr 1997)

23.2 Gliederung der Finanzanlagen

Für die Gliederung verlangen die meisten Standards in der Bilanz nur den Ausweis eines Gesamtbetrages für sämtliche Finanzanlagen (*investments* in der Terminologie der IAS). **Im Anhang sind die wichtigsten Kategorien separat auszuweisen.** Im Vordergrund stehen:

- Darlehen (besichert oder unbesichert),
- Wertschriften,
- Beteiligungen an anderen Unternehmen,
- Renditeliegenschaften (nicht betrieblich genutzte sondern an Dritte vermietete Liegenschaften).

Ob Darlehen und Wertschriften im Anlagevermögen oder im Umlaufvermögen ausgewiesen werden, hängt von der **Anlageabsicht** des bilanzierenden Unternehmens ab. Die Wertschriften werden sehr oft als Teil des Umlaufvermögens gezeigt, auch wenn sie Beträge erreichen, die weit über die betriebsnotwendige Liquiditätshaltung hinausgehen. Im Umlaufvermögen sollten sie konsequenterweise zu Marktwerten erfasst werden, weil die kurzfristige Realisierung im Vordergrund steht. Bei Liegenschaften, die nichtbetrieblich genutzt, sondern an Dritte vermietet werden, spielt die Eigenschaft als Sachwert für die Bilanzierung keine grosse Rolle. Im Vordergrund steht die Absicht, mit diesen Investitionen künftig Mieterträge zu erzielen. Diese Vermögensanlagen sind somit viel eher als Finanzwerte denn als Sachanlagevermögen einzustufen. Gleichwohl weisen viele Unternehmen Renditeliegenschaften als Teil des Sachanlagevermögens aus. Andere erfassen nichtbetrieblich genutzte Liegenschaften zwar als Sachanlagen, wählen aber einen anderen Bewertungsansatz.

IAS 25 gibt den Unternehmen die Wahlmöglichkeit zwischen dem Ausweis von Renditeliegenschaften als Sachanlagen oder als Teil der Finanzanlagen. IAS 40 regelt deren Bewertung.

23.3 Bewertung von Finanzanlagen

Die Bewertung der Finanzanlagen ergibt sich aus ihrem **wirtschaftlichen Zweck**. Im Grunde bietet sich eine **ertrags- oder marktorientierte Bewertung** an. Der Barwert der künftigen Zins-, Miet- oder Dividendenerträge reflektiert diese Überlegung am ehesten. Bei kotierten Werten wird dieser Erwartungswert durch den Börsenkurs widergespiegelt. Die meisten gesetzlichen Regeln basieren allerdings nach wie vor auf historischen Werten, mithin den Anschaffungskosten. Immerhin ist bei kotierten Titeln der Börsenwert im Anhang offen zu legen. Im Zusammenhang mit der Diskussion über die Finanzderivate setzt sich allerdings zunehmend die Ansicht durch, dass nur eine Bewertung zum Marktkurs in der Bilanz selber die wirtschaftliche Lage angemessen darstellt. Bei Versicherungsunternehmen, die – zumindest im Bereich Lebensversicherung – in erster Linie Finanz- oder Kapitalanlagen mit dem Zweck der Wertsteigerung und der Erzielung eines kontinuierlichen Ertragsflusses tätigen, hat sich diese Lösung seit längerer Zeit durchgesetzt. So verlangen die Versicherungsrichtlinie der EU und FER 14 eine Bewertung in der Bilanz zu Marktwerten mit Offenlegung der historischen Kosten im Anhang oder umgekehrt. Mit den neuen Standards in den USA sowie des IASB zu den *financial instruments* gewinnt die Bewertung zu Marktkursen immer mehr an Bedeutung. Nachfolgend wird die Bewertung von Finanzanlagen im Einzelnen diskutiert.

23.3.1 Forderungen

Langfristige Forderungen, d.h. Forderungen mit einer Restlaufzeit von mehr als 12 Monaten, sind zum **Nennwert abzüglich allfälliger Wertberichtigungen** wegen ihrer Einbringbarkeit (Bonität) in der Bilanz zu erfassen. Ist ein fester Zinssatz vereinbart, wird dieser im Laufe der Zeit vom Marktzinssatz abweichen. Daraus errechnet sich – wie bei kotierten Anleihen – ein Agio (sofern der vereinbarte Zinssatz über dem Marktsatz liegt) bzw. ein Disagio. Der entsprechende Mehr- oder Minderwert müsste über die Laufzeit verteilt und erfolgswirksam erfasst werden. Allerdings wird diese Bewertungsregel nur selten von einem Rechnungslegungsstandard vorgegeben und in der Praxis auch kaum verwendet.

Bei den Forderungen aus Lieferungen und Leistungen wird ein **aktives Risikomanagement** mit Beurteilung der Länderrisiken, Festlegung von Kreditlimiten, laufender Überprüfung der Kreditrisiken und Überwachung der Forderungen durchgeführt. Deshalb sind zusätzliche Sicherheiten in der Regel nicht erforderlich. Dieses Vorgehen, verbunden mit einer breiten geographischen und Branchenverteilung der Kunden, minimiert für Unternehmen die Gefahr von Klumpenrisiken. Dagegen werden langfristige Forderungen oft besichert, etwa durch Bürgschaften Dritter oder die Verpfändung von Aktiven. Auch solche – aktiven – Sicherheiten sind im Anhang offen zu legen.

23.3.2 Wertschriften

Wertschriften mit Börsenkurs können nach dem **Niederstwertprinzip,** d.h. zu Anschaffungskosten oder zum tieferen Marktwert bilanziert werden. Wird in der Bilanz der Anschaffungskurs verwendet, ist der Marktwert – allenfalls aufgeschlüsselt nach den wichtigsten Anlagemedien wie Aktien oder Anleihen – im Anhang offen zu legen. Für dieses Vorgehen spricht die Zielsetzung der langfristigen Finanzanlage in Form von Wertschriften: Das Unternehmen will keine kurzfristigen Gewinne realisieren, sondern betrachtet die Wertsteigerung auf lange Sicht als vorrangig. Werden solche Titel verkauft, zeigt sich der realisierte Kursgewinn (oder -verlust) im Finanzergebnis. Teilweise wird das **Niederstwertprinzip**

modifiziert angewendet: Ein unter die Anschaffungskosten gefallener Marktwert wird nur berücksichtigt, wenn es sich voraussichtlich um eine nachhaltige Wertverminderung handelt. Dies ist beispielsweise der Fall bei einer Erhöhung des Marktzinsniveaus ohne erkennbare Anzeichen für eine Trendwende; die Anleihen werden in diesem Falle über eine längere Zeit an Wert verlieren. Mehr und mehr setzt sich aber die Erkenntnis durch, dass bei den Wertschriften primär der Marktwert den wirtschaftlichen Nutzen für das Unternehmen angemessen wiedergibt. Es ist also zu erwarten, dass mehr und mehr Unternehmen Wertschriften auch in den Finanzanlagen zu Marktkursen bewerten. Die Informationen über die historischen Kosten der wichtigsten Anlagekategorien im Anhang ermöglichen, zusammen mit weiteren Informationen wie zum Beispiel der Zusammensetzung der Finanzerträge, Rückschlüsse auf den Anlagehorizont und die Politik betreffend Gewinnrealisierung.

Nicht kotierte Wertschriften werden in der Regel zum Anschaffungswert abzüglich allfälliger Wertberichtigungen bewertet. Zu Diskussionen Anlass gibt gelegentlich die Bewertung von Wertschriften, die zwar nicht an einer Haupt- oder Nebenbörse kotiert sind, für die aber ein mehr oder weniger organisierter und regelmässiger ausserbörslicher Handel besteht. In der Schweiz gilt dies für eine Vielzahl von Seilbahnen, Regionalbanken oder Brauereien. Für deren Aktien wird von der Luzerner Regiobank der Marktrahmen geschaffen. Wegen der zum Teil sehr hohen Unterschiede zwischen Geld- und Briefkursen sowie der hohen Schwankungen – bedingt durch zum Teil sehr enge Märkte (kleines Handelsvolumen) – kann man bei den jeweils publizierten Kursen nicht von Börsenkursen und nur beschränkt von Marktwerten sprechen. Daher dominiert für solche Titel in der Praxis die Bewertung zu Anschaffungskosten.

Marktwerte: «The carrying amounts reflected in our consolidated balance sheets for cash, cash equivalents, marketable equity securities, investments, receivables, loans and notes payable, and long-term debt approximate their respective fair values. Fair values are based primarily on quoted prices for those or similar instruments.» *(The Coca-Cola Company,* Geschäftsbericht 1996)

Niederstwertprinzip: «Die Wertschriften beinhalten marktgängige, leicht realisierbare Titel, die im Rahmen der Konzernanlagepolitik erworben werden. Für die Bewertung gilt das Niederstwertprinzip.» *(Roche,* Geschäftsbericht 1997)

Modifiziertes Niederstwertprinzip: «Die Bewertung der Finanzanlagen erfolgt mit Ausnahme der zum Wert des anteiligen Eigenkapitals ausgewiesenen Beteiligungen an assoziierten Unternehmen zu Anschaffungskosten. Liegt der realisierbare Marktwert nicht nur vorübergehend unter den Anschaffungskosten, werden die Anschaffungskosten auf den niedrigeren Marktwert abgeschrieben.» *(Hilti,* Geschäftsbericht 1996)

Nicht kotierte Wertschriften: «Wertpapiere des Anlagevermögens betreffen langfristig gehaltene Aktien mit einem Beteiligungsanteil von weniger als 20%. Sie sind zum Anschaffungs- oder tieferen Kurswert bewertet. Das Portfolio setzt sich vorwiegend aus Aktien von Seilbahngesellschaften zusammen.» *(von Roll Gruppe,* Geschäftsbericht 1999)

23.3.3 Renditeliegenschaften

Die Renditeliegenschaften werden **vielfach unter den Sachanlagen** ausgewiesen und oft zu historischen Kosten abzüglich Abschreibungen bewertet. Da aber die Erzielung von Finanzerträgen in Form von Mietzinsen im Vordergrund steht, kann dieser Ansatz nicht genügen, um die wirtschaftliche Lage getreu darzustellen *(fair presentation)*. Vielmehr ist auf Methoden zurückzugreifen, die für die **Bewertung von Mietobjekten beim Verkauf** angewendet werden: Die Mieterträge werden mit Hilfe eines erwarteten Renditesatzes (Bruttorendite) kapitalisiert oder es wird der Barwert des freien Geldflusses aus Vermietung errechnet. Mit einer systematischen Unterhaltspolitik können solche Liegenschaften in einem guten Zustand gehalten werden. Das ermöglicht wiederum, die gewünschten Renditen auch langfristig zu erzielen. Somit bleibt der Ertragswert (natürlich in Abhängigkeit von Mietzinsniveau und Entwicklung der Zinserwartungen am Kapitalmarkt) erhalten und es besteht kein Anlass für eine systematische Abschreibung dieser Liegenschaften. Der Wertverzehr durch Nutzung zeigt sich über die Unterhaltskosten; mit diesem Aufwand wird sichergestellt, dass die Liegenschaft auch weiterhin gut vermietet werden kann. Somit wird sich mehr und mehr eine **Bewertung von Renditeliegenschaften zum Verkehrs- oder Ertragswert** (noch besser: zum Barwert der künftigen freien Geldmittelflüsse) und ohne systematische Abschreibung durchsetzen. Allfällige Wertsteigerungen über die Anschaffungskosten hinaus sind durch Aufwertung des Aktivums und direkte Zuweisung des Mehrwertes an die Aufwertungs- oder Neubewertungsreserve im Eigenkapital zu berücksichtigen. Einige Standards lassen auch die **erfolgswirksame Aufwertung** zu, obwohl die Wertsteigerung nur die künftigen (aber eben noch nicht realisierten, sondern nur über die Barwertberechnung erkennbaren) Mehrerträge widerspiegelt. Muss der Wert später wieder reduziert werden, ist diese Wertverminderung kongruent zur früheren Aufwertung darzustellen. War die Wertsteigerung als Ertrag ausgewiesen, ist die Wertberichtigung ebenfalls erfolgswirksam zu erfassen. Anderenfalls ist die Wertkorrektur bis maximal im Umfang der für das Objekt bestehenden Aufwertungsreserven ebenfalls erfolgsneutral, d.h. direkt dem Eigenkapital zu belasten. Muss der Wert unter die ursprünglichen Anschaffungskosten reduziert werden, ist die Wertberichtigung in jedem Fall erfolgswirksam zu erfassen. Denn die Anschaffungskosten wurden bezahlt; wenn nun der entsprechende Gegenwert für die beim Erwerb abgegebenen Geldmittel nicht mehr vorhanden ist, hat ein definitiver Mittelabfluss stattgefunden. Beim **Georg Fischer Konzern** wurden Renditeliegenschaften folgendermassen behandelt:

«Die Sachanlagen werden mit Ausnahme der nicht betrieblich genutzten Liegenschaften zu den Anschaffungskosten abzüglich der betriebswirtschaftlich notwendigen Abschreibungen bilanziert. Wohnliegenschaften und die nicht für den eigenen Betriebszweck genutzten Liegenschaften (nicht betriebliche Liegenschaften) sind zu vorsichtigen Verkehrswerten abzüglich latenter Steuern eingesetzt. Die Verkehrswerte werden periodisch auf der Grundlage von Schätzungen durch interne und externe Experten überprüft.» (Georg Fischer, Geschäftsbericht 1998, S. 12)

23.3.4 Beteiligungen

In den Finanzanlagen werden auch Beteiligungen an anderen Unternehmen ausgewiesen. Da in der Konzernrechnung viele Beteiligungen konsolidiert werden, umfassen dort die Finanzanlagen nur die **nicht konsolidierten Beteiligungen.** Im Grunde genommen werden die meisten Beteiligungen aus betrieblichen Überlegungen erworben. Daher gilt für diese Beteiligungen auch ein **spezieller Bewertungsansatz.** Man geht davon aus, dass das Eigenkapital des Beteiligungsunternehmens im Umfang der entsprechenden Beteiligungsquote den angemessenen Wert am besten repräsentiert. Diese so genannte **Equity-Methode** oder **Kapitalzurechnungsmethode** setzt allerdings voraus, dass bestehende Bewertungsreserven berücksichtigt und – zumindest in der Konzernrechnung – auch immaterielle Werte im Beteiligungsunternehmen bewertet werden (selbst wenn dieses in seinem Einzelabschluss die selber geschaffenen immateriellen Werte nicht bilanziert). Damit wird eine Art Kurzbewertung im Sinne der **Substanzwertermittlung** durchgeführt.

In der Konzernrechnung werden in der Regel Beteiligungen von 20 bis 50% an anderen Unternehmen nach der Equity-Methode erfasst und bewertet. Allerdings ist dies nur zulässig, wenn ein gewisser Einfluss auf die Minderheitsbeteiligung genommen werden kann, beispielsweise durch Einsitznahme in den Verwaltungsrat. Massgebend für die Quote ist deshalb der Stimmanteil *und nicht* primär der Kapitalanteil. Kleinere Beteiligungen, beispielsweise Aktien einer Publikumsgesellschaft im Umfang von etwa 7%, sind – wegen der Absicht der langfristigen Anlage – unter den Wertschriften des Anlagevermögens auszuweisen. Sie werden meist zu Anschaffungskosten bewertet. Die Berechnungen im Beispiel dienen daher primär dazu, die Notwendigkeit einer Wertberichtigung anhand des Niederstwertprinzips zu überprüfen. Beteiligungen von mehr als 50% der Stimmrechte sind in der Regel zu konsolidieren.

Für die Ermittlung der anteiligen Werte am Eigenkapital, d.h. des in die Bilanz für die Beteiligung einzustellenden Wertes, bzw. für die Bestimmung des anteiligen Periodenerfolgs ist wie folgt vorzugehen:

- Zuerst sind allfällige Bewertungsreserven (auf immateriellen Werten, Immobilien, Wertberichtigungen und Rückstellungen) in der Bilanz der Beteiligungsgesellschaft aufzulösen. Dabei ist auch die Veränderung dieser Korrekturen während der Berichtsperiode zu berücksichtigen. Daraus ergeben sich im Beispiel in ▶ Abb. 142 für das Jahr 1 per 1. Januar ein bereinigter Wert des Eigenkapitals von 9000, für das ganze Jahr ein bereinigter Periodenerfolg von 700 (ausgewiesener Gewinn von 1000 abzüglich Auflösung von Bewertungsreserven im Betrag von 300) und auf den 31. Dezember ein bereinigter Wert des Eigenkapitals (nach Abzug der Ausschüttung von 500) von 9200.
- Anschliessend werden die anteiligen Werte ermittelt. Für 30% sind dies bezogen auf das Jahr 1 ein «Gewinnanteil aus nicht konsolidierten Beteiligungen» oder ein «Gewinnanteil aus Minderheitsbeteiligungen» von 210. In der Bilanz ist die Minderheitsbeteiligung mit 2760 zu bewerten; der Goodwill reduziert sich – falls er über 5 Jahre abgeschrieben wird – auf 1040.
- Für die Überleitung des Beteiligungswertes von 2700 anfangs Jahr zum Jahresendwert von 2760 ist die Ausschüttung von 150 (30% der gesamten Dividende) zu beachten und in der Analyse der Veränderung des Eigenkapitals auszuweisen (2700 abzüglich 150 zuzüglich 30% von 700 oder 210 als Periodengewinn).

Die Veränderung des Beteiligungswertes ergibt sich in erster Linie aufgrund des Periodenergebnisses; dieser Betrag ist erfolgswirksam als Gewinn oder Verlust von Beteiligungsgesellschaften separat auszuweisen. Die englische Unternehmensgruppe **Hanson Plc** umschreibt ihre Rechnungslegungsmethode (über mehrere Jahre unverändert) wie folgt:

«Associated undertakings: The results include the relevant proportion of the profit of associated undertakings based on their latest published information. In the consolidated balance sheet the investments in associated undertakings are shown at the group's share of underlying net assets.»

Der Betriebsgewinn *(operating profit)* dieser Beteiligungen wird im Anhang separat ausgewiesen als *operating profit associated undertakings.*

Das Beispiel weist auf weitere Probleme bei der Bewertung von Beteiligungen hin: Die **Daten sind oft nicht rechtzeitig erhältlich,** und als Minderheitsaktionär hat man keinen Einfluss auf Zeitpunkt sowie Qualität der Rechnungslegung solcher Unternehmen. In diesen Fällen ist es zulässig, auf die letzten verfügbaren Informationen abzustellen. Dann muss man unter Umständen vom Vorjahresergebnis ausgehen.

Kapitel 23 Finanzanlagen

Jahr 0	Kauf der Gesellschaft A			
	Buchwert des Eigenkapitals		8 000	
	Bewertungsreserven		1 000	
	Total (für 100 % Anteil)		9 000	

Anteil an A	70 %	30 %	15 %
anteiliges Eigenkapital	6 300	2 700	1 350
Anschaffungswert	10 000	4 000	1 000
davon Goodwill/(Badwill)	3 700	1 300	(350)
Abschreibung Goodwill 20 % p.a.	740	260	(70)

Erfassung in Konzernrechnung

70 %	voll konsolidiert	–
30 %	als nicht konsolidierte Beteiligung mit	2 700
	sowie Goodwill von	1 300
15 %	als Wertschriften des Anlagevermögens	1 000

Jahr 1	Anfangskapital A		9 000	
	Gewinn der Gesellschaft A	1 000		
	Veränderung stille Reserven	(300)		
	Ausschüttung	(500)	200	
	Eigenkapital A		9 200	

Anteil an A	70 %	30 %	15 %
EK-Veränderung: +200	+140	+60	+30
Tochtergesellschaft	konsolidiert		
Beteiligungen		2 760	
Wertschriften des AV			1 000
Anteiliges Periodenergebnis	n/a	210	–
Goodwill/(Badwill)	2 960	1 040	

▲ Abb. 142 Mechanismus der Equity-Bewertung

Eine **Wertveränderung** kann sich zudem durch **Ausschüttungen** ergeben. In diesem Falle wird ein Betrag aus den Gewinnreserven der Beteiligungsgesellschaft in jene der beteiligten Unternehmen verschoben (in der Konzernrechnung darf dies daher auch nicht als Ertrag gezeigt werden, da ja die Reserven nur von einem «Gefäss» in ein anderes innerhalb der gleichen Gruppe verschoben werden). Dieser Vorgang ist in ▶ Abb. 143 dargestellt.

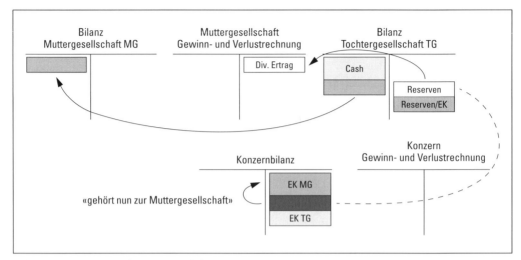

▲ Abb. 143 Wertveränderung durch Ausschüttungen

Viele Beteiligungen sind selber kotierte Unternehmen. Falls die Absicht des **längerfristigen Engagements** und nicht die Möglichkeit einer kurzfristigen Realisation von Marktwerten im Vordergrund steht (in diesem Falle müsste die Beteiligung in der Position Wertschriften im Umlaufvermögen bilanziert werden), ist die **Bewertung in der Bilanz zu Kurswerten nicht zulässig.** Der Verkauf eines grösseren Paketes ist zudem in der Regel nicht ohne Einfluss auf die Kursentwicklung möglich (bzw. in vielen Ländern an einschränkende Bedingungen im Zusammenhang mit Übernahmeregelungen oder massgebliche Beteiligungspakete gebunden). Diesen Überlegungen trägt die **Hanson Plc** Rechnung. Sie bewertet die *associated undertakings* zunächst mit Hilfe der Equity-Methode. Zusätzlich teilt sie im Anhang die Beteiligungen auf nach kotierten und nicht kotierten Unternehmen und macht Angaben zum entsprechenden Börsenwert oder (bei nicht kotierten Beteiligungen)

Consolidated …	Listed Investment		Unlisted Investments	
	Associated Undertakings	Other	Associated Undertakings	Other
at October 1, xx01	176	25	21	24
at September 30, xx02	126	53	28	34

The market value of listed investments, all of which are traded on recognised stock exchanges, was £257 mn (£236 mn) at the year end. Of this, £24 mn (£25 mn) was in respect of investments listed in the UK. The directors estimated the value of unlisted investments at September 30, … to be £53 mn (£35 mn). Included in associated undertakings shown above are loans of £12 mn (£12 mn).

▲ Abb. 144 Anlagespiegel (Hanson Plc, Geschäftsbericht 2002, S. 34)

zu eigenen Schätzungen des effektiven Wertes solcher Anteile. Im Anlagespiegel von Hanson Plc werden folgende Angaben ausgewiesen (vgl. ◄ Abb. 144).

Bei bedeutenden Beteiligungen genügt es nicht, nur den Beteiligungswert und den anteiligen Periodenerfolg auszuweisen. **Novartis** beispielsweise hielt Ende 1996 zwei gewichtige Beteiligungen an der Biotechnologiefirma Chiron (46.7%) und an der (später mit der Abspaltung der Ciba Spezialitätenchemie ausgegliederten) Hexcel Corporation (49.9%). Im Sinne der **Extended Equity Method** wurden zusätzliche Informationen zu Bilanz und Erfolgsrechnung dieser Firmen offen gelegt (vgl. ◄ Abb. 144).

Finanzielle Anlagen (in Mio. CHF)	1996	1995	1994
Beteiligungen an assoziierten Gesellschaften	1 238	825	867
Langfristige Darlehen an assoziierte Gesellschaften	238	67	77
Übrige Beteiligungen und langfristige Darlehen	1 641	1 517	1 164
Vorausbezahlte Pensionsverpflichtungen	1 128	987	543
Total	**4 245**	**3 396**	**2 651**

Novartis hält eine Anzahl von Beteiligungen, welche nach der Kapitalzurechnungsmethode konsolidiert werden. Die folgende Zusammenfassung zeigt die wichtigsten Daten der beiden grössten Beteiligungen, **Chiron Corporation** und Hexcel Corporation.

Chiron Corporation: Die Ergebnisse der strategischen Investition in Chiron wurden ab dem 1. Januar 1995 in der Konzernrechnung berücksichtigt. Bei der Bewertung wird jeweils vom Eigenkapital per 30. September ausgegangen, welches die Grundlage für den Beteiligungswert bildet.

Schlüsselzahlen des ungeprüften Chiron-Zwischenabschlusses (in Mio. USD)	1996	1995
Umsatz (für neun Monate)	943	775
Gewinn/Verlust netto (für neun Monate)	40	−530
Total Vermögen	1 668	1 442
Eigenkapital	747	634

Aus der Investition von Novartis in Chiron resultierte per 30. September 1996 für das abgelaufene Geschäftsjahr ein Betriebsgewinn von CHF 6 Mio. (1995: Betriebsverlust von CHF 78 Mio. für neun Monate). Der Buchwert der Beteiligung betrug am 31. Dezember 1996 CHF 568 Mio. Das Resultat von Chiron im Jahr 1995 war wesentlich von der Rechnungslegung des als Bestandteil der Transaktion vereinbarten Erwerbs der ehemaligen Ciba Division Diagnostika und des Anteils der ehemaligen Ciba am Biocine Joint-Venture bestimmt. Der Einfluss dieser Übernahme sowie Differenzen in den Rechnungslegungsgrundsätzen von Novartis und Chiron, primär die von Novartis über 10 Jahre vorgenommene Amortisation der im Rahmen von Akquisitionen übernommenen Forschungs- und Entwicklungsarbeiten (in-process research), welche von Chiron 1995 anlässlich der Akquisition dieser Drittfirmen vollständig abgeschrieben wurde, werden bei der Verwendung der Kapitalzurechnungsmethode[1] ausgeschaltet. Der prozentuale Anteil von Novartis an Chiron reduzierte sich von 47.7 % am 31. Dezember 1995 auf 46.7 % am 31. Dezember 1996.

Es folgen im Anhang der Konzernrechnung von Novartis die gleichen Daten wie für Chiron für die Beteiligung an der **Hexcel Corporation**. In den Grundsätzen für die Konzern-Rechnungslegung findet sich noch folgende Information:

«**Finanzielles Anlagevermögen.** Assoziierte Unternehmen und Joint-Ventures werden nach der Equity-Methode bilanziert. Die übrigen Minderheitsbeteiligungen werden zum Anschaffungswert, Darlehen zum Nominalwert ausgewiesen. Bei dauernder Wertverminderung wird eine Wertberichtigung vorgenommen.»

Die **Equity-Methode** wird folglich auch **für Joint Ventures,** mithin für Gemeinschaftsunternehmen als Bewertungsmethode angewendet. Allerdings findet sich in Konzernrechnungen gelegentlich auch die Methode der **Quotenkonsolidierung**. In diesem Falle werden die Bilanz- und Erfolgsrechnungspositionen nicht vollumfänglich berücksichtigt (und der Anteil der Minderheitsaktionäre in Bilanz und Erfolgsrechnung als besonderer Korrekturposten ausgewiesen), sondern nur im Umfange der Beteiligungsquote des jeweiligen Joint-Venture-Partners. In den *Notes to the accounts* weist die Hanson Plc ihre Joint Ventures aus (vgl. ▶ Abb. 145).

Beteiligungen von weniger als 20 % oder grössere Beteiligungen, bei denen das beteiligte Unternehmen keinen massgeblichen Einfluss ausüben kann, werden in der Regel zum **Anschaffungswert abzüglich allfällige Wertberichtigungen** bewertet. An sich gelten die gleichen Überlegungen wie für die nicht kotierten Wertschriften.

Joint ventures
The following joint ventures, which are the principal joint ventures in the group, have been proportionately included in the consolidated accounts.

	Country	%-owned
Coal Mining		
Narama Mine	Australia	50 %
…	…	…
Gas Fields		
Schooner	UK	5 %
…	…	…

▲ Abb. 145 Joint Ventures (Hanson Plc, Geschäftsbericht 1998)

---

1 Kapitalzurechnungsmethode ist eine andere Bezeichnung für die Equity-Methode.

23.3.5 Übrige Finanzanlagen

Die übrigen Finanzanlagen umfassen beispielsweise Vermögenswerte, die im Zusammenhang mit der **Sicherstellung von Pensionsverpflichtungen** erworben werden oder **Kapitalanlagen für Rechnung und Risiko** von Inhabern von Lebensversicherungspolicen. Die Grundsätze der Rechnungslegung der früher selbstständigen (heute Teil der Credit Suisse) **Winterthur-Gruppe** sagten dazu jeweils:

«Die Kapitalanlagen für Rechnung und Risiko von Inhabern von Lebensversicherungspolicen werden zu Marktwerten ausgewiesen.»

Die übrigen Finanzanlagen können sachlich meistens einer der bereits behandelten Kategorien von Vermögensanlagen zugeordnet und entsprechend bewertet werden.

23.4 Offenlegung

Die Offenlegung ist bei den Finanzanlagen einerseits auf die **Aufschlüsselung der verschiedenen Kategorien** und andererseits auf die **Bekanntgabe der jeweiligen Bewertungsgrundsätze** ausgerichtet. Besonders wichtig sind Informationen darüber, wie Erträge und Wertveränderungen erfasst werden. In der Regel werden die Erträge aus den Finanzanlagen in der Erfolgsrechnung im Finanzergebnis ausgewiesen.

Eine Aufschlüsselung der einzelnen **Komponenten der Erträge aus Finanzanlagen im Finanzergebnis** ist nicht notwendig. Dagegen sind Erträge und Aufwendungen je separat zu zeigen (Bruttoprinzip); allenfalls sind grössere Einzelpositionen zu kommentieren und bei Bedarf auch zu quantifizieren. Nicht erfolgswirksam erfasste Wertveränderungen von Finanzanlagen sind bei der **Analyse der Eigenkapitalentwicklung** offen zu legen (vgl. ▶ Abb. 146).

Mio. CHF	Aktienkapital	Kapitalreserven (Agio)	Gewinnreserven (exkl. Umrechnungs-differenzen)	Umrechnungs-differenzen	Eigenkapital	Minderheitsanteile
Stand 31.1.2001	**334**	**126**	**640**	**−57**	**1 043**	**136**
Eigene Aktien, Veränderung		2			2	
Konzernergebnis			−20		−20	8
Erhöhung Beteiligung an Agie Charmilles					0	−34
Umbuchung aus Fusion[1]		2	−2		0	
Marktwertschwankungen Finanzaktiven			−3		−3	
Realisierte Ergebnisse Finanzaktiven			−1		−1	
Impairment auf Finanzaktiven			8		8	
Dividenden			−24		−24	−7
Umrechnungsdifferenzen				−51	−51	−3
Stand 31.1.2002	**334**	**130**	**598**	**−108**	**954**	**100**
Eigene Aktien, Veränderung		1	1		2	
Konzernergebnis			−147		−147	−2
Eigenkapital aus subordinierter Wandelanleihe		12			12	
Ausgabe von Vorwegzeichnungsrechten		−16			−16	
Veräusserung eigener Vorwegzeichnungsrechte		1			1	
Marktwertschwankungen Finanzaktiven			2		2	
Impairment auf Finanzaktiven			21		21	
Kapitalerhöhung					0	1
Dividenden					0	−11
Umrechnungsdifferenzen				15	15	
Stand 31.1.2003	**335**	**128**	**474**	**−93**	**844**	**88**

1 Betrifft Fusion mit der Georg Fischer Anlagenbau Holding AG

▲ Abb. 146 Eigenkapitalnachweis (Georg Fischer, Geschäftsbericht 2003, S. 52)

23.5 Übungen

Übungsfragen

1. Welche Arten von Finanzanlagen gibt es?
2. Nach welchen Grundsätzen können Finanzanlagen bewertet werden?
3. Was ist unter Fair-Value-Bewertung zu verstehen?
4. Anhand welches Bewertungsgrundsatzes würden Sie eine Renditeliegenschaft bzw. ein betriebsnotwendiges Gebäude bewerten? Begründen Sie Ihre Angaben.
5. Welche Ansatzmöglichkeiten (Bewertung in der Bilanz) von Beteiligungen gibt es, und wodurch unterscheiden sich diese?

6. Erklären Sie die Funktionsweise der Equity-Bewertung. Wann wird diese Methode zur Bewertung von Beteiligungen eingesetzt?
7. Welche Methoden zur Bilanzierung von Joint Ventures gibt es?
8. Wie sind Wertveränderungen von Finanzanlagen auszuweisen?
9. Wie werden Wertschriften bewertet?
10. Was bedeutet Niederstwertprinzip im Zusammenhang mit Finanzanlagen?

Übungsaufgaben

11. Das Unternehmen X-AG erwirbt im Jahr 0 einen 30-prozentigen Anteil an der Y-AG für 3 Mio. Das gesamte Eigenkapital der Y-AG beträgt 4 Mio. Der Kaufpreis wurde ermittelt unter Berücksichtigung von stillen Reserven im immateriellen Anlagevermögen der Y-AG von 6 Mio., die nicht in der Bilanz ausgewiesen wurden (Restnutzungsdauer 5 Jahre) sowie einer möglichen Umweltschutzauflage in Höhe von 0.9 Mio., die jedoch in der Bilanz der Y-AG noch keinen Niederschlag gefunden hat. Der Ertragssteuersatz beträgt 33.33 %. Die verbleibende Differenz zwischen dem anteiligen Eigenkapital sowie dem Kaufpreis ist als Goodwill zu charakterisieren. Im Jahr 1 beträgt der Jahresüberschuss der Y-AG 0.8 Mio.
Stellen Sie anhand des unteren Schemas die einzelnen Positionen der X-AG dar für das Ende von Jahr 0 sowie das Jahr 1.

Kauf der Gesellschaft:
Erwerbspreis:
minus anteiliges Eigenkapital:
= Differenz:
davon stille Reserven:
davon nicht bilanzierte Verpflichtungen/Verbindlichkeiten:
Goodwill:
Bewertung der Beteiligung in der Konzernrechnung im Jahr 1:
Bewertung Beteiligung in Konzernbilanz zu Beginn von Jahr 1:
Abschreibung Firmenwert:
Abschreibung immaterielles Vermögen:
Gewinnanteil:
Bewertung Beteiligung in der Konzernbilanz am Ende von Jahr 1:
Anteil am Periodenergebnis Jahr 1:

12. Wie werden die einzelnen Sachverhalte im Konzernabschluss ausgewiesen?
    a. Aktien im Wert von 80 000 an einem Telekomunternehmen, erworben, um damit zu handeln und kurzfristig einen Gewinn zu erzielen (Anschaffung vor 1 Jahr zu Anschaffungskosten von 70 000).

b. Forderungen in Höhe von 1.2 Mio. gegenüber der A-AG, an der die X-AG mit 70 % beteiligt ist.
c. Strategische Beteiligung von 15 % am kotierten Vertriebsunternehmen B-AG (Anschaffungskosten 12 Mio., aktueller Marktwert 13 Mio.).
d. Darlehen in Höhe von 1 Mio. gegenüber der A-AG und in Höhe in 0.5 Mio. gegenüber der B-AG.
e. Forderungen in Höhe von 0.8 gegenüber einem der Hauptkunden, der C-AG.

13. Die Position Wertschriften wird im Geschäftsbericht 2000 des Ciba-Konzerns wie folgt erläutert:
«**Wertschriften:** Die Position ‹Wertschriften› umfasst Anlagen in marktgängigen, leicht realisierbaren Wertpapieren, welche aus rein finanziellen Erwägungen erfolgen. Die Bewertung dieser nicht dauerhaft gehaltenen Anlagen erfolgt auf der Basis ihrer Marktwerte. Bewertungsdifferenzen sind im Finanzaufwand respektive Finanzertrag der Periode enthalten. Diese ‹Wertschriften› sind Bestandteil des Fonds ‹flüssige Mittel› in der konsolidierten Mittelflussrechnung.»

Demgegenüber findet sich im Geschäftsbericht 2000 der Alusuisse (heute Alcan) folgende Erläuterung:
«**Flüssige Mittel und Wertschriften:** Die flüssigen Mittel enthalten Kassabestände, Postscheck- und Bankguthaben sowie Sicht- und Depositengelder. Wertschriften sind marktgängige, leicht realisierbare Titel. Sie sind zu Anschaffungspreisen, höchstens aber zum Börsenkurs bewertet. Die eigenen Aktien sind zum Nominalwert bilanziert.»

Erläutern Sie die Unterschiede.

Kapitel 24
Immaterielle Werte

	Lernziele

- Bedeutung von immateriellen Werten und wichtigste Arten
- Bewertungsgrundsätze
- Erläuterung der Einflüsse auf die Erfolgsrechnung
- Behandlung selber geschaffener immaterieller Werte

	Beispielfirmen

Die Bilanz des **Richemont-Konzerns,** der schwergewichtig im Tabak- sowie Luxusgüterbereich tätig ist, wies Ende 1998 bei einer Bilanzsumme von 5030 Mio. GBP immaterielle Werte von 2968 Mio. GBP oder 59% aus. Es handelt sich dabei ausschliesslich um Goodwill. Im Anhang heisst es dazu:

Goodwill: Ein beim Erwerb einer Tochtergesellschaft bzw. assoziierten Gesellschaft entstehender Mehrbetrag zwischen dem Erwerbspreis und dem vom Konzern als fair betrachteten Wert des ausscheidbaren Nettovermögens wird als Goodwill betrachtet. Dieser wird linear über die erwartete Nutzungsdauer über höchstens 20 Jahre erfolgswirksam abgeschrieben.

Anhang 12 – Goodwill: Der Goodwillzugang für das Geschäftsjahr [...] geht im Wesentlichen auf den Aufkauf der Minderheitsanteile an der Vendôme Luxury Group im März 1998 sowie den Erwerb von Lancel zurück. (Richemont, Geschäftsbericht 1998)

Der Goodwill setzt sich wie folgt zusammen (in Mio. GBP):

Kaufpreis	1 264.0
Übernommene Aktiven	−372.9
Goodwill	**891.1**

Anhang 13 – Beteiligungen an assoziierten Gesellschaften: Diese Position enthält Goodwill im Betrag von £ 209.6 Mio. Das Eigenkapital betrug im Berichtsjahr £ 2 430.6 Mio. Das ausgewiesene Nettoumlaufvermögen (ohne Goodwill) abzüglich langfristige Verbindlichkeiten betrug lediglich rund £ 82 Mio. Die Abschreibungen auf dem Goodwill belasteten die Erfolgsrechnung im Berichtsjahr mit £ 120.3 Mio. bei einem ausgewiesenen Reingewinn von £ 329.4 Mio.

Der Pharmakonzern **Roche** wies lange Zeit einen bedeutenden Anteil immaterieller Werte an der Bilanzsumme (rund 20%) aus. Im Anhang finden sich Angaben zur Art der immateriellen Werte und zur Abschreibungspraxis (vgl. ▶ Abb. 147).

Die Abschreibungen betrugen im Berichtsjahr 908 Mio. CHF bei einem Reingewinn von 4392 Mio. CHF.

Der hohe Anteil der immateriellen Werte erklärt sich bei beiden Konzernen aus ihrer **Akquisitionspolitik.** Bei Richemont spielt die Nutzung von gut eingeführten Marken im Tabak- und Luxusgüterbereich eine wichtige Rolle. Bei Roche, als Pharmaunternehmen, geht es um das Potenzial der Produkte und Entwicklungsprojekte der erworbenen, meist jungen und stark forschungsorientierten Firmen. Beide Firmen bilanzieren keine Beträge für selber aufgebaute Marken oder Patente als Ergebnis eigener Entwicklungsbemühungen. Auch bei **Henkel** (u.a. Kosmetik, Waschmittel und Klebstoffe) machen die immateriellen Werte über 20% der Bilanzsumme aus. Ein wesentlicher Teil betrifft von Dritten erworbene Patente, Lizenzen und ähnliche Rechte. Die Abschreibungen auf dem Goodwill machen in einzelnen Jahren gegen 30% des Konzerngewinnes aus.

Abschreibungen auf immateriellem Anlagevermögen: Die Abschreibungen auf immateriellem Anlagevermögen nahmen infolge des Erwerbs von Kytril im Dezember 2000 um 8% zu. Mit einem Anteil von gegenwärtig mehr als 5% der Verkäufe liegen die Abschreibungen von Roche erneut deutlich über dem Branchendurchschnitt. Dies ist primär auf den Goodwill, der beim Wachstum des Konzerns durch Akquisitionen entstanden ist, sowie auf die Anforderungen der International Accounting Standards an die buchhalterische Behandlung dieser Akquisitionen zurückzuführen.

▲ Abb. 147 Abschreibungen auf immaterielles Vermögen (Roche, Geschäftsbericht 2001, S. 69)

- Spielerlizenzen (z. B. für Profi-Fussballer)
- Ausstrahlungsrechte für Spielfilme
- Auftragsbestand
- Software
- Baugenehmigungen
- Förderrechte
- Franchisingverträge
- Konzessionen für Spielcasinos
- Verlagsrechte

▲ Abb. 148 Beispiele für immaterielle Vermögensgegenstände

Neue Dimensionen erreichten die immateriellen Werte mit der **Versteigerung der Lizenzen für die 3. Generation** im Mobilfunkbereich (dem sog. Universal Mobile Telecommunications System, UMTS) in den Jahren 2000 und 2001. Obwohl beispielsweise die auf den Mobilfunkbereich fokussierte britische Vodafone für Akquisitionen vor dem 1. April 1998 den Goodwill direkt mit dem Eigenkapital verrechnete, machten die immateriellen Werte im Abschluss zum 30. September 2000 96.5 Mrd. GBP oder rund 60 % der Bilanzsumme aus.

Je nach Geschäftstätigkeit findet sich eine Vielzahl von Beispielen für immaterielle Werte neben den in der Regel genannten Patenten oder Lizenzen bzw. Marken einerseits und dem Geschäftswert oder Goodwill andererseits. ◄ Abb. 148 zeigt einige Beispiele.

24.1 Behandlung von Goodwill in der Rechnungslegung

Wie das Beispiel Richemont zeigt, liegt der Kaufpreis für ein Unternehmen meist wesentlich über dem Wert der übernommenen Nettoaktiven (unabhängig davon, ob Aktien bzw. Anteile in einem sog. **Share Deal** oder ob Aktiven und Verbindlichkeiten in einem sog. **Asset Deal** erworben werden). Die resultierende Differenz wird als Goodwill oder Geschäftsmehrwert bezeichnet. Allerdings werden bei neu erworbenen Tochtergesellschaften oder Minderheitsbeteiligungen vorweg die übernommenen Aktiven und Verbindlichkeiten neu beurteilt (anhand der im übernehmenden Konzern bisher geltenden Grundsätze) und zum Nutzwert für den Konzern oder zum Marktwert bilanziert (Fair Value). Dieses Vorgehen wird als **Purchase Method** bezeichnet. Bewertungsreserven (stille Reserven) auf Wertberichtigungen und Rückstellungen, Immobilien oder immateriellen Werten erhöhen das Eigenkapital der übernommenen Unternehmung. Dadurch reduziert sich die Differenz zum Kaufpreis und entsprechend der Goodwill.

Der **Aufpreis wird durch den Ertrag oder Nutzen bestimmt,** den sich der Käufer verspricht. Bei guten Akquisitionsobjekten liegt der operative Erfolg meist markant über der normalerweise für Investitionen in Unternehmen zu erwartenden Rendite auf dem eingesetzten Kapital (d.h. es liegt ein positiver Economic Value Added oder EVA vor). Firmenübernahmen ermöglichen beispielsweise die bessere Nutzung von Vertriebskanälen oder die Stärkung der Marktposition und führen so zu höheren Margen. Ebenso sind günstigere Kostenstrukturen aufgrund der *economies of scale* denkbar.

Hat das übernommene Unternehmen über die Jahre starke Marken oder durch Patente geschütztes Know-how aufgebaut, kann ein Teil des Mehrwertes diesen – in den übernommenen Gesellschaften oft nicht bilanzierten oder tief bewerteten – spezifischen immateriellen Werten zugewiesen werden. Auch für nicht selber genutzte, sondern an Dritte vermietete Liegenschaften (sog. Renditeliegenschaften) führt eine Neubeurteilung im Zusammenhang mit einer Akquisition oft zu einer höheren Bewertung. ▶ Abb. 149 zeigt, wie die Differenz zwischen Kaufpreis und übernommenen Nettoaktiven durch eine Neubewertung reduziert wird und der Goodwill ermittelt werden kann.

Der bezahlte Goodwill repräsentiert also den vom Erwerber erwarteten Mehrwert verglichen mit einer Normalverzinsung der übernommenen Nettoaktiven. Man kann ihn auch als Barwert der erwarteten künftigen Übergewinne bezeichnen. Dies ist der Gegenwert der diskontierten Differenz zwischen dem erwarteten Gewinn und der Normalverzinsung. **Der übernehmende Konzern bezahlt in gewissem Sinne diese künftig zu erwartenden Mehrerträge im Voraus.** Das übernommene Unternehmen ermöglicht durch seine Aktivität die Erzielung eines zusätzlichen Nutzens oder Geldzuflusses, wie dies beispielsweise eine Maschine im Rahmen des Fertigungsprozesses tut. Für solche Sachanlagen wird jeder Periode in Form von Abschreibungen ein Aufwand für den Wertverzehr belastet. Die systematische Erfassung dieses Aufwandes soll helfen, den Periodenerfolg im Sinne des *matching principle* möglichst richtig zu ermitteln. Genauso ist aus betriebswirtschaftlicher Sicht mit dem Goodwill zu verfahren. Der allenfalls künftig anfallende Mehrertrag wurde vorausbezahlt und es wäre falsch, den Zusatznutzen ungeschmälert als Erfolg der Periode auszuweisen.

Der Geschäftsmehrwert kann auch durch die Stärke einer Marke begründet sein. Falls dieser mit entsprechendem (den Reingewinn schmälernden) Aufwand gepflegt wird, besteht kaum Anlass, die Werthaltigkeit der Marke zu bezweifeln. Sehr oft sind es aber Vertriebswege wie zum Beispiel der Direktvertrieb, besondere Standorte beispielsweise bei Betrieben der Gastronomie oder des Detailhandels oder spezielles Fertigungs-Know-how, welche den Mehrwert ausmachen. Diese Elemente lassen sich nicht unbedingt isoliert beurteilen und bewerten. Kommen persönliche Beziehungen und Stärken der früheren Eigentümer oder anderer Personen hinzu, kann es fraglich sein, ob die Ertragsstärke über eine längere Periode ohne erhebliche zusätzliche Leistungen gehalten werden kann.

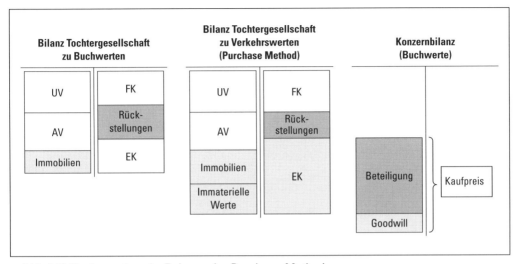

▲ Abb. 149 Neubewertung im Rahmen der Purchase-Methode

Die mit dem Wirtschaftsboom der letzten Jahrzehnte zusammenhängenden Grossakquisitionen von Konzernen wie Nestlé oder General Electric führten einerseits zu immer höheren Aufpreisen (Goodwill) für Übernahmen. Die früher von Produktionsunternehmen geprägte Denkweise bot wenig Raum für die Aktivierung von Goodwill. Mit dem Argument der Vorsicht wurde der Goodwill daher früher gleich im Erwerbsjahr mit dem Eigenkapital verrechnet. Dies tangierte zwar den Reingewinn nicht. Dagegen verringerte sich das Eigenkapital oft dramatisch. Vereinzelt wäre – ohne andere Massnahmen – das **Eigenkapital** durch die **direkte Verrechnung** des Goodwills sogar ganz aufgebraucht worden. Befürworter dieser Darstellungsart nahmen zwar das Argument der Vorsicht für sich in Anspruch. Ebenso gewichtig war aber der Umstand, dass die künftigen Gewinne auf einem (durch die Goodwillverrechnung) massiv reduzierten Eigenkapital erzielt wurden. Dies wiederum erhöhte die Eigenkapitalrendite.

Um das Eigenkapital nicht zu stark zu reduzieren, suchten Konzerne Möglichkeiten wie die **Aktivierung von erworbenen Marken.** Die entsprechenden Werte wurden dann über Jahre ungeschmälert in der Bilanz belassen und nicht systematisch abgeschrieben. Vereinzelt wurde der Goodwill aktiviert, ebenfalls ohne systematische Abschreibung. Dieses Vorgehen wurde von Finanzanalysten und Wirtschaftsjournalisten kritisiert.

Ausgehend von der Begründung des Mehrwertes durch objektive oder an Personen gebundene Eigenschaften des übernommen Unternehmens wurde der Goodwill in den USA als Aktivum, als Barwert eines künftigen Geldzuflusses im Sinne des erwarteten Mehrertrages behandelt. Im Bestreben, möglichst den «richtigen» Periodengewinn auszuweisen, wurde die **systematische Abschreibung des**

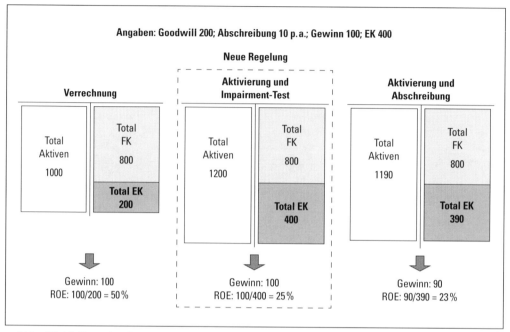

▲ Abb. 150 Einfluss der Goodwillbilanzierung auf Gewinn und EK-Rendite

Goodwills verlangt. Gegen Ende des 20. Jahrhunderts hat sich über die IAS weltweit die Regel durchgesetzt, wonach Goodwill aktiviert und dann über die geschätzte Nutzungsdauer abgeschrieben werden muss. Die Auswirkungen dieses Grundsatzes auf Eigenkapital, künftige Gewinne und damit die Eigenkapitalrendite sind erheblich. ◄ Abb. 150[1] zeigt die Relationen.

In Grossbritannien erlaubten früher die Rechnungslegungsstandards eine direkte Verrechnung des Goodwills. Das aggressive Akquisitionsverhalten vieler englischer Konzerne, verglichen mit amerikanischen Konkurrenten, wurde da-

---

1 Impairment bedeutet Wertbeeinträchtigung: Die Werthaltigkeit ist für jeden Abschluss zu prüfen. Im Zusammenhang mit Goodwill aus Akquisitionen steht – je Beteiligung – eine Discounted-Cash-Flow-Analyse im Vordergrund. Sofern der Barwert des am Bilanzstichtag für eine Beteiligung zu erwartenden Nettogeldzuflusses kleiner ist als die Summe aus Nettoaktiven (Eigenkapital) und Goodwill aus dem Kauf der fraglichen Beteiligung, so liegt ein Impairment vor. Die Wertbeeinträchtigung ist als Aufwand erfolgswirksam der Periode zu belasten. Kauft ein Unternehmen ein anderes (Kauf von 100%) für 1000 und hat die Beteiligung Nettoaktiven von 400, so hat es einen Goodwill von 600 bezahlt. Falls diese Tochtergesellschaft in der Folge während 2 Jahren Verlust schreibt und so die Nettoaktiven unter 400 (z.B. auf 360) sinken, ist ein Impairment-Test durchzuführen (nach dem ersten Jahr wird in der Regel darauf verzichtet, weil unmittelbar nach dem Kauf der bezahlte Preis noch als «marktnah» beurteilt wird). Ist der Barwert der künftigen Nettogeldzuflüsse trotz Restrukturierungsmassnahmen beispielsweise nur 700, so ist eine Impairment-Korrektur von 600 (Goodwill) + 360 (net assets) – 700 (Barwert) = 260 nötig.

mals auch auf die vorteilhaften Möglichkeiten der Bilanzierung in Grossbritannien zurückgeführt. Noch heute finden sich Spuren dieser Praxis in den Abschlüssen britischer Firmen. Bei der Einführung der neuen Regeln zur Behandlung von Goodwill aus Akquisitionen wurde nämlich in England (ebenso wie für die Swiss GAAP FER und die IAS) darauf verzichtet, die Aktivierungspflicht auf frühere Akquisitionen auszudehnen. Somit bleiben über Jahre hinweg die Abschlüsse von Firmen selbst dann nicht ohne weiteres vergleichbar, wenn sie die gleichen Standards anwendeten – je nach Bedeutung früherer Akquisitionen wird die Ertragslage (wegen der fehlenden Abschreibungen auf früheren Akquisitionen) verzerrt dargestellt. Dies trifft beispielsweise für die British Telecom zu:

«For acquisitions completed on or after April 1, 1998, the goodwill arising is capitalised as an intangible asset […] for acquisitions on or before March 31, 1998, the goodwill is written off on acquisition against group reserves.» (Geschäftsbericht 1999/2000)

Die **Bestimmung der Nutzungsdauer** fällt allerdings schwer. Kann der Mehrnutzen aufgrund von stabilen, gut etablierten Strukturen (Vertriebswege, Standortvorteile, dominierende Marktstellung etc.) erzielt werden, so dürfte dieser Vorteil nicht so rasch wegfallen. Man spricht dann von einem **objektiv begründeten Goodwill**. Anders sieht die Sache aus, wenn Fähigkeiten einzelner Personen oder generell besondere Managementfähigkeiten für den bisherigen Erfolg besonders stark ins Gewicht fielen. Zudem kann bei Unternehmen mit gut etablierten Vertriebswegen und vorteilhaften Standorten argumentiert werden, diese Vorteile seien – ebenso wie bei starken Marken – kaum einem Wertverzehr unterworfen; vielmehr sei mit entsprechendem Aufwand (der sich ja gewinnschmälernd auswirkt) die Erhaltung und sogar der Ausbau dieser Stärken möglich. Daher war in den USA bis zur Änderung der Standards eine maximale Nutzungsdauer von 40 Jahren zugelassen. IAS und FER setzten die maximale Nutzungsdauer mit 20 Jahren an (vgl. ▶ Abb. 151). Wegen der Unsicherheiten betreffend Nutzungsdauer

---

p) Goodwill und andere immaterielle Anlagen
Goodwill ist die Differenz zwischen dem bezahlten Kaufpreis und dem per Akquisitionsdatum bestimmten Fair Value der identifizierbaren Nettoaktiven einer vom Konzern erworbenen Unternehmung.

Übrige immaterielle Anlagen enthalten separat identifizierbare immaterielle Vermögenswerte, die von Akquisitionen und gewissen gekauften Markennamen und Ähnlichem resultieren.

Goodwill sowie Übrige immaterielle Anlagen werden in der Bilanz aktiviert und linear über die geschätzte Nutzungsdauer, jedoch nicht über mehr als 20 Jahre, abgeschrieben. An jedem Bilanzstichtag wird überprüft, ob es beim Goodwill und bei den Übrigen immateriellen Anlagen Anhaltspunkte für eine Wertbeeinträchtigung gibt. Bestehen solche Anhaltspunkte, wird ermittelt, ob und in welcher Höhe eine Wertherabsetzung erforderlich ist.

▲ Abb. 151 Behandlung des Goodwills (UBS, Geschäftsbericht 2001, S. 100)

geht man in der Finanzanalyse seit längerer Zeit von Erfolgsdaten vor Goodwillabschreibungen aus.[1]

24.1.1 Pooling of Interests

Die jahrelange Belastung der Gewinne durch Abschreibungen auf dem Goodwill ruft geradezu nach Lösungen, mit denen sich die Nachteile der Goodwillaktivierung vermeiden lassen. Der Zusammenschluss von Firmen auf der Basis eines Aktientauschs, die Kombination von zwei Konzernen zu einem neuen Gebilde lieferte die Basis für ein neues Konzept: Das **Pooling of Interests** geht davon aus, dass **zwei gleichwertige Unternehmensgruppen im Wesentlichen über Aktientausch** zusammengeführt werden *(merger amongst equals)*. Weil kein Unternehmenskauf vorliegt, gibt es keinen Kaufpreis und so fällt auch keine Differenz zwischen Erwerbspreis und Nettoaktiven an. Vielmehr werden die Bilanzpositionen der beiden Unternehmen zusammengezählt. ▶ Abb. 152 zeigt ein entsprechendes Beispiel.

Um Missbräuche zu verhindern, wurden strenge Voraussetzungen verlangt, damit das Pooling of Interests angewendet werden darf. Die einzelnen Rechnungslegungswerke gingen dabei von unterschiedlichen Kriterien aus, und so wurde beispielsweise bei der Umstellung von IAS auf US GAAP bei einzelnen Konzernen eine Rückabwicklung nach dem Konzept des Pooling of Interests (oder Uniting of Interests; vgl. ▶ Abb. 152) und eine Umstellung auf die **Purchase-Methode** notwendig. Durch spätere Anpassungen der Standards wurde die **Anwendbarkeit des Pooling weiter eingeschränkt.** Ein Versuch des FASB zur Abschaffung der Methode blieb zunächst erfolglos, wurde jedoch inzwischen mit den Standards SFAS 141 *Business Combinations* und SFAS 142 *Goodwill and Other Intangible Assets* durchgesetzt. Vermutlich wird diese Methode schon bald weder international noch in einzelnen Ländern zugelassen sein.

Der Konzern wurde am 20. Dezember 1996 durch Übertrag aller Aktiven und Passiven der Sandoz AG und der Ciba-Geigy AG kraft Universalsukzession auf die Novartis AG gebildet. Die Transaktion wurde als Fusion zweier ebenbürtiger Partner mit einem Aktientausch durchgeführt und gab den ehemaligen Sandoz Aktionären einen Anteil von	55% und den ehemaligen Ciba-Geigy AG Aktionären einen Anteil von 45% an der neuen Gesellschaft. Für diese Transaktion kam die «Uniting of Interest»-Methode zur Anwendung. Die Fusion wurde vor dem Inkrafttreten der Interpretation 9 der SIC über die Bilanzierung von Unternehmenszusammenschlüssen vollendet.

▲ Abb. 152 Pooling oder Uniting of Interests (Novartis AG, Finanzbericht 2000, S. 33)

---

1 Statt EBIT (Earnings Before Interest and Taxes) berechnet man den EBITA (Earnings Before Interest, Taxes and Amortization, also den Erfolg nicht nur vor Zinsen und Ertragssteuern, sondern auch auf immateriellen Werten).

24.1.2 Weitere Möglichkeiten für die Bilanzierung eines Aufpreises bei Akquisitionen

Eine Alternative zur Pooling-Methode mit dem resultierenden Wegfall von Abschreibungen auf Goodwill ergab sich bei der **Übernahme von Firmen mit hohem Entwicklungsaufwand.** Der Mehrpreis wurde teilweise als Kompensation für die in der übernommenen Firma laufenden, im Umfang der bereits angefallenen Aufwendungen aber bereits der Erfolgsrechnung belasteten Entwicklungsprojekte begründet. Diese Projekte werden als *in-process research* bezeichnet. Im Erwerbsjahr belastet der übernehmende Konzern den entsprechenden Betrag der Erfolgsrechnung. Durch separaten Ausweis wird die «Einmaligkeit» dieses Aufwandes signalisiert. In der Zukunft fallen auf diesem Betrag keine Abschreibungen mehr an. Für die Finanzanalyse wird zudem ein solcher Betrag meist ausgeklammert. Damit verbessert sich die ausgewiesene Rentabilität bei gleicher Ertragslage verglichen mit einer Goodwillaktivierung im entsprechenden Ausmass enorm.

Als weitere Möglichkeit bleibt die **Identifizierung von immateriellen Werten, die keine Abschreibung auslösen.** Dies sind in erster Linie Marken. Allerdings lassen viele Standards eine solche Aufteilung nur zu, falls in den Kaufverhandlungen nachweislich diese immateriellen Werte quantifiziert wurden oder wenn dafür ein Sekundärmarkt besteht. Betriebswirtschaftlich macht eine Zuordnung des bezahlten Aufpreises (Differenz zwischen Kaufpreis und Nettoaktiven) auf spezifische Vermögenswerte jedoch Sinn.

24.1.3 Neueste Regelungen

Die vielen Probleme mit den verschiedenen Methoden und die enorme Belastung vieler Konzerne durch Abschreibungen auf Geschäftsmehrwerten haben die Diskussion um die Behandlung des Goodwills in neue Bahnen gelenkt. Weil im Vergleich zu Sachanlagen der Wertverzehr weniger offensichtlich ist, soll der **Goodwill aktiviert werden können, ohne gleichzeitig eine Pflicht zur Abschreibung auszulösen.** Damit bleibt der Goodwill als Barwert der erwarteten künftigen Mehrerträge aktiviert. Es wird unterstellt, dass die Mehrerträge «ewig» fliessen. Allerdings muss dieser Wert laufend beurteilt werden. Ergeben sich Anhaltspunkte für eine Wertbeeinträchtigung, so ist zu Lasten des Erfolges eine Wertberichtigung vorzunehmen. Die anwendbaren Kriterien entsprechen den Regeln der Wertbeeinträchtigung, wie sie bei den Sachanlagen erläutert wurden. ▶ Abb. 153 zeigt, welche Indikatoren für das Vorliegen einer Wertbeeinträchtigung vor allem in Betracht kommen.

> **Beispiel: Schlechter Geschäftsgang bei vor kurzem erworbenem Unternehmen**
>
> *In Anlehnung an Swiss GAAP FER 20*
>
> Eine Möbelfabrik produziert und verkauft verschiedenartige Büromöbel, unter anderem die Produktlinien Rustic aus Holz sowie ein modulares Stahlmöbel-Programm, Vision Office. Die Möbelfabrik verzeichnet einen Absatzeinbruch, welcher darauf zurückzuführen ist, dass die Abnehmer nicht mehr Stahlmöbel, sondern Kunststoffmöbel kaufen. Dagegen ist die Nachfrage nach den Holzmöbeln Rustic unverändert stabil. Es besteht somit ein Anzeichen für eine Wertbeeinträchtigung.

▲ Abb. 153 Beispiel 3 zu den Ziffern 9 und 27 zur Wertbeeinträchtigung von Aktiven (Swiss GAAP FER 20)

Mit dieser Methode nähert sich die Bilanz mit dem Ausweis der Nettoaktiven einschliesslich Goodwill immer mehr einer **rudimentären Unternehmensbewertung** an, jedenfalls hinsichtlich der Auswirkungen jener Mehrerträge, die aus oder im Verbund mit erworbenen Unternehmen erzielt werden. Solange allerdings ein Unternehmen nicht von einem anderen übernommen wird, kann ein über die Normalrendite hinausgehender Gewinn nicht als Anlass genommen werden, einen Geschäftsmehrwert zu aktivieren. In einzelnen Ländern und Branchen (z. B. in Frankreich als *fonds de commerce*) ist dieser Geschäftsmehrwert aber eine Grösse, die regelmässig bilanziert wird. Auch Überlegungen wie die Aktivierung des eigenen Know-hows als selbst geschaffener, originärer Goodwill werden von den wichtigsten Standards meist ausdrücklich verboten. Goodwill als bilanzierungsfähiger (bzw. bilanzierungspflichtiger) Vermögenswert entsteht somit nur im Zusammenhang mit Akquisitionen.

24.2 Weitere immaterielle Werte

24.2.1 Selbst erstellte immaterielle Werte

Neben dem Goodwill gibt es eine Vielzahl von immateriellen Vermögenswerten ohne physische Existenz (im Gegensatz zu Vorräten oder Sachanlagen). Dabei spielt es keine Rolle, ob sie vom bilanzierenden Unternehmen erworben oder selber geschaffen wurden. Die Frage nach der **Aktivierung** beantwortet sich aufgrund der bekannten **Kriterien für die Bilanzierung von Vermögenswerten:** Es ist zu prüfen, ob ein künftiger Nutzen oder Geldzufluss vorliegt, ob die Kontrolle der entsprechenden Ressourcen sowie Wahrscheinlichkeit und Messbarkeit des Nutzens bejaht werden können. Vor allem bei selbst geschaffenen immateriellen Werten gilt es, diese Kriterien näher zu definieren.

Der entsprechende Vermögenswert muss identifizierbar sein. Die Feststellung eines allgemein guten Know-hows oder einer hohen Innovationskraft genügt nicht. Identifizierbar ist dagegen beispielsweise ein Vertriebssystem im Rahmen des E-Commerce. Zudem müssen die zum Aufbau dieser Vermögenswerte angefallenen Aufwendungen separat erfasst worden sein. Die Wahrscheinlichkeit des künftigen Geldzuflusses ist beispielsweise bei eigenen Entwicklungen zudem nur genügend hoch, wenn auch die notwendigen Mittel für die Markteinführung verfügbar sind.

Neben den Marken und Patenten bzw. den entsprechenden Lizenzen gibt es eine Vielzahl von anderen immateriellen Werten. Zu nennen sind Gebrauchsmuster, Verlagsrechte oder Rechte auf Zeitschriftentitel. Ausserdem sind Zuteilungsquoten oder Kontingente zu beachten. Kontingente bestehen in regulierten Märkten, zum Beispiel in der Landwirtschaft und den damit zusammenhängenden Bereichen, oder in kartellierten Märkten. Kontingente können unter Umständen einen sehr hohen Liquidationswert haben und sind dann entsprechend zu bewerten.

Auch in diesen Fällen stellen sich die Fragen nach

- Aktivierbarkeit und Pflicht zur Aktivierung,
- Erstbewertung,
- Bewertung in den Folgeperioden einschliesslich Auswirkungen auf die Erfolgsrechnung.

24.2.2 Erworbene immaterielle Werte

Bei den erworbenen Rechten (diese werden im Gegensatz zu den selber geschaffenen, originären Werten auch als **derivative immaterielle Werte** bezeichnet) ist davon auszugehen, dass der Erwerb in Erwartung eines künftigen Nutzens erfolgte. Die entsprechende Kontrolle ergibt sich ebenso wie die klare Identifizierung des Vermögenswertes ohne weiteres aus der Übernahmevereinbarung. Hinsichtlich der Bewertung ist durch die Verhandlungen bei der Übernahme die Messbarkeit erhärtet und in der Vereinbarung ein in der Regel klarer Wert festgelegt worden. Damit sind sämtliche **Voraussetzungen für die Aktivierung** erfüllt und der Erwerbspreis für den Ansatz in der Bilanz *(initial recognition)* massgebend. Zur Diskussion stehen nur immaterielle Werte, welche aus der Sicht des Erwerbers für einen längeren Zeitraum einen Nutzen, einen Geldzufluss erwarten lassen. Im Sinne der *fair presentation* ist die Aktivierungspflicht zu bejahen.

Schwieriger ist die Frage der **Bewertung in den Folgeperioden.** Im Sinne des *matching principle* sollte der Wertverzehr durch die Nutzung der immateriellen Werte als Aufwand periodengerecht den Erträgen gegenübergestellt werden. Bei Rechten wie Lizenzen oder Konzessionen, deren Nutzung durch Gesetz oder Vertrag zeitlich limitiert ist, erscheint eine planmässige Abschreibung über die Nutzungsdauer zwingend. Diese muss nicht unbedingt linear, d.h. in gleich hohen Beträgen je Periode erfolgen. Denn sehr oft wird sich der grösste Nutzen erst nach einer Einführungsphase, beispielsweise für Produkte basierend auf innovativen Technologien, ergeben.

Andere immaterielle Werte sind in ihrer Nutzung zeitlich nicht beschränkt. Dies gilt insbesondere für Marken und ähnliche Rechte. In der Auseinandersetzung mit den Exponenten einer Abschreibungspflicht, die sich vor allem in Amerika fanden, wurde von Abschreibungsgegnern das Beispiel der Marke Johnny Walker ins Feld geführt, die als Marke schon bestanden habe, bevor die USA ihre Unabhängigkeit deklarierte und die auch heute noch führend ist. Als Alternative bietet sich bei solchen Werten wie beim Goodwill die laufende Beurteilung der Werthaltigkeit an. Liegen Indikatoren für eine Beeinträchtigung der Werthaltigkeit vor, so ist nach den allgemeinen Regeln der Wertbeeinträchtigung vorzugehen. Daraus kann sich eine erfolgswirksame Wertberichtigung ergeben.

24.3 Bilanzierung und Bewertung von immateriellen Werten

Die wichtigsten Elemente für die **Bilanzierung und Bewertung** von Goodwill einerseits und generell immateriellen Werten andererseits lassen sich wie folgt zusammenfassen:

- **Goodwill** als Differenz zwischen dem Erwerbspreis und den übernommenen Nettoaktiven bei Unternehmenskäufen oder Unternehmenszusammenschlüssen ist als immaterieller Wert (zum historischen Wert also) zu aktivieren. Für die **Folgebewertung** ist der Goodwill entweder
    - systematisch über die Nutzungsdauer (die meisten Standards sehen eine Maximaldauer vor) erfolgswirksam abzuschreiben oder
    - regelmässig neu zu beurteilen. Eine allfällige Wertberichtigung ist erfolgswirksam vorzunehmen. In der Regel ist eine Höherbewertung über den Ursprungswert hinaus (ebenso wie die Aktivierung eines vom bilanzierenden Unternehmen selber geschaffenen Goodwills) nicht zulässig. Fallen die Gründe für eine Wertberichtigung dahin oder wird das Unternehmen verkauft, so gelten die entsprechenden allgemeinen Regeln für Wertberichtigungen.

- **Erworbene immaterielle Werte** wie Wassernutzungs- oder Casinokonzessionen, Lizenznutzungsrechte, Verlagsrechte, Rezepturen oder Marken sind mit ihren Anschaffungskosten zu bilanzieren. In der Folge sind diese Rechte entweder
    - systematisch über die Nutzungsdauer (die vertraglich bzw. durch einen hoheitlichen Akt festgelegt oder durch andere Faktoren begrenzt sein kann) erfolgswirksam abzuschreiben oder
    - regelmässig neu zu beurteilen. Dies gilt in erster Linie für Marken, die bei entsprechender Pflege während Jahrzehnten Grundlage für eine überdurch-

schnittliche Marge bzw. ein hohes Volumen sein können. Eine allfällige Wertberichtigung ist erfolgswirksam vorzunehmen. Eine Höherbewertung über den Ursprungswert hinaus ist zulässig, sofern das Unternehmen auf der Grundlage aktueller Werte bilanziert.

Die systematische Abschreibung soll den Verlauf des Wertverzehrs widerspiegeln. Daher stehen wie für Sachanlagen verschiedene Abschreibungsmethoden zur Wahl. In der Regel wählen Unternehmen die lineare Methode mit gleich hohen Beträgen in den einzelnen Nutzungsjahren.

- Die **Aktivierung selber geschaffener immaterieller Werte** (mit Ausnahme eines Goodwills) ist zulässig. Allerdings muss dieser Wert identifizierbar sein und – entsprechend der **allgemeinen Definition von Aktiven** – für das Unternehmen einen (langfristigen) messbaren Geldzufluss oder Nutzen bringen. Als Wert ist bei der Ersterfassung der Gegenwert der im Unternehmen angefallenen Kosten (die entsprechend separat erfasst werden müssen) anzusetzen. Im Vordergrund steht die Aktivierung von Entwicklungskosten oder von selber geschaffenen Patenten.

- Die erfolgreiche Vermarktung von eigenen Entwicklungen setzt voraus, dass dem bilanzierenden Unternehmen die **entsprechenden Mittel zur Verfügung** stehen. Bei jungen Unternehmen ist dies nicht unbedingt der Fall. Entsprechend wichtig ist in solchen Fällen eine genügende Finanzierung. Vielfach wird dazu die Cash-Burn-Rate berechnet, welche aussagt, über welchen Zeitraum das Unternehmen den *cash drain* (resultierend aus hohen Entwicklungs- und Markteinführungskosten) decken kann.

- Oft können wichtige Voraussetzungen der Aktivierung erst in einem relativ späten Zeitpunkt der Entwicklung beurteilt werden, beispielsweise ob ein Produkt marktreif ist und damit einen künftigen Geldzufluss auslösen wird. Bis zum Zeitpunkt, in dem diese Fragen zuverlässig bejaht werden können, sind die entsprechenden Entwicklungs- oder Marktaufbaukosten der Erfolgsrechnung zu belasten. Eine **nachträgliche Aktivierung ist in der Regel nicht zugelassen**.

- Unternehmen sind in der Beurteilung der Voraussetzungen zur **Aktivierung von Entwicklungskosten in der Regel sehr zurückhaltend**. Deshalb finden sich beispielsweise in Pharmakonzernen relativ selten aktivierte Entwicklungskosten. In den ersten Jahren der Entwicklung von Produkten ist in der Regel noch nicht abschätzbar, ob wirklich ein künftiger Nutzen resultiert. Sind die Arbeiten so weit fortgeschritten, dass eine verlässliche Beurteilung möglich wird, fallen – gemessen an den gesamten Entwicklungsarbeiten – in der betreffenden Periode in der Regel nur noch wenige und damit unwesentliche Aufwendungen an. Daher darf auf die Aktivierung dieser «Restaufwendungen» verzichtet werden.

- Bei jungen Unternehmen und vor allem in spezifischen Branchen wie der Software-Entwicklung fallen während längerer Zeit keine Erträge, sondern nur Entwicklungskosten an. In der Regel (v. a. wenn keine Publikumsöffnung mit entsprechend hohem Mittelzufluss erfolgt) wären solche Unternehmen ohne Aktivierung der Entwicklungskosten rasch überschuldet. Bei solchen Unternehmen ist die Frage der Aktivierung im Licht der allgemeinen Regeln besonders kritisch zu prüfen. In einzelnen Ländern gibt es zudem **besondere Standards für die Behandlung von Entwicklungskosten,** die hier zu beachten sind.

Die Erstbewertung (Ansatz in der Bilanz, *initial recognition*) geht in jedem Fall von den Anschaffungs- oder Herstellkosten, mithin vom Erwerbspreis oder den eigenen Aufwendungen zur Schaffung eines immateriellen Wertes aus. Die Folgebewertung kann – wie dies für alle Bilanzpositionen gilt – auch auf der Grundlage aktueller Werte erfolgen. Im Zeitpunkt des Erwerbs reflektiert der Kaufpreis den Marktwert. Diese Tageswerte oder Marktwerte sind auch massgebend für die Berechnung der Abschreibungen. Bei steigenden Marktwerten erhöht sich so das Eigenkapital, aber der zusätzliche Abschreibungsbedarf reduziert auch die künftigen Gewinne. Nur bei Wahl dieser Alternative lassen einzelne Standards auch die Aktivierung von Fremdkapitalkosten zu (dies gilt aber nicht für alle Regelwerke der Rechnungslegung).

Die systematische Erfassung des Wertverzehrs durch Abschreibungen entbindet nicht von der Pflicht, immaterielle Werte – ebenso wie andere Vermögenswerte – im Zusammenhang mit einem Abschluss hinsichtlich ihrer **Werthaltigkeit zu überprüfen.** Die Regeln des Impairment (der Wertbeeinträchtigung) gelten für immaterielle Werte sinngemäss. Goodwill kann nie für sich allein, sondern immer nur im Verbund mit einer Gruppe von anderen Vermögenswerten einen Geldfluss erzeugen, und daher kann er auch nicht separat bewertet werden. Genügt der so ermittelte künftige Geldfluss nicht, um den Wert sämtlicher betrachteter Vermögenswerte einschliesslich Goodwill zu stützen, so ist der Goodwill vorweg im Wert zu berichtigen.

24.4 Offenlegung

Die Offenlegung im Zusammenhang mit der Rechnungslegung für immaterielle Werte konzentriert sich auf die Erläuterung der Zusammensetzung sowie der Entwicklung der Position (vgl. ▶ Abb. 154) sowie (vgl. ▶ Abb. 155) auf zwei Aspekte:

- **Wiedergabe der verwendeten Grundsätze** im Anhang (vgl. ▶ Abb. 156):
    - Bewertungsgrundlage für die Ersterfassung und die Folgebewertung (historische oder aktuelle Werte);

- Behandlung von selber geschaffenen immateriellen Werten;
- systematische Abschreibung über die Nutzungsdauer oder beispielsweise bei Goodwill oder Marken (je nach lokaler Regelung) regelmässige Überprüfung der Werthaltigkeit und allfällige erfolgswirksame Wertberichtigung (Impairment);
- Darstellung der Entwicklung im Rahmen eines Anlagespiegels.

Anmerkung 16 Goodwill und andere immaterielle Anlagen

Mio. CHF	Goodwill	Andere immaterielle Anlagen	31.12.01	31.12.00
Anschaffungskosten				
Stand am Anfang des Geschäftsjahres	16 272	4 894	21 166	4 534
Zugänge	454	2	456	17 841
Ausbuchungen[1]	(232)	(15)	(247)	(16)
Umrechnungsdifferenzen	325	92	417	(1 193)
Stand am Ende des Geschäftsjahres	16 819	4 973	21 792	21 166
Kumulierte Abschreibungen				
Stand am Anfang des Geschäftsjahres	1 445	184	1 629	991
Laufende Abschreibungen	1 025	298	1 323	667
Ausbuchungen[1]	(232)	(15)	(247)	(16)
Umrechnungsdifferenzen	3	(1)	2	(13)
Stand am Ende des Geschäftsjahres	2 241	466	2 707	1 629
Netto-Buchwerte am Ende des Geschäftsjahres	**14 578**	**4 507**	**19 085**	**19 537**

1 Beinhaltet Ausbuchungen von vollständig abgeschriebenem Goodwill und vollständig abgeschriebenen anderen immateriellen Anlagen.

Ein wesentlicher Teil des Goodwills und der anderen immateriellen Anlagen betrifft die Akquisition der Paine Webber Group, Inc. Für weitergehende Informationen, siehe Anmerkung 37.

▲ Abb. 154 Immaterielle Anlagen (UBS, Geschäftsbericht 2001 S. 121)

(18) Immaterielle Vermögenswerte

Entgeltlich erworbene immaterielle Vermögenswerte sind mit den Anschaffungskosten angesetzt. Sie werden entsprechend ihrer jeweiligen Nutzungsdauer planmässig abgeschrieben. Die Abschreibung immaterieller Vermögenswerte, mit Ausnahme von Firmenwerten, erfolgt linear über einen Zeitraum von 4 bis 15 Jahren. Dauerhafte Wertminderungen werden durch ausserplanmässige Abschreibungen berücksichtigt. Bei Fortfall der Gründe für ausserplanmässige Abschreibungen werden entsprechende Zuschreibungen vorgenommen.

Firmenwerte, auch solche aus der Kapitalkonsolidierung, werden in Übereinstimmung mit IAS 22 (Business Combinations) aktiviert und linear über ihre voraussichtliche Nutzungsdauer, maximal jedoch über 20 Jahre, abgeschrieben. Die Werthaltigkeit der Firmenwerte wird regelmässig überprüft; sofern erforderlich, werden entsprechende Wertberichtigungen vorgenommen. Gemäss IAS 36 (Impairment of Assets) werden diese anhand von Vergleichen mit den diskontierten erwarteten zukünftigen Cashflows ermittelt, die durch die Nutzung derjenigen Vermögenswerte entstehen, denen die entsprechenden Goodwill-Beträge zuzuordnen sind.

Selbst erstellte immaterielle Vermögenswerte werden nicht aktiviert.

Im Konzern werden Entwicklungskosten aktiviert, die bei intern entwickelter Software in der Phase der Anwendungsentwicklung anfallen. Die Abschreibung dieser Kosten über die zu erwartende Nutzungsdauer beginnt mit dem erstmaligen Einsatz der Software.

▲ Abb. 155 Behandlung immaterieller Vermögenswerte (Bayer, Geschäftsbericht 2001, S. 29)

> **Immaterielle Vermögenswerte**
> Erworbene immaterielle Vermögenswerte werden zu Anschaffungskosten, selbsterstellte immaterielle Vermögenswerte, aus denen dem Konzern wahrscheinlich ein künftiger Nutzen zufliesst und die verlässlich bewertet werden können, werden mit ihren Herstellungskosten aktiviert und jeweils über eine Nutzungsdauer von fünf Jahren planmässig linear abgeschrieben. Die Herstellungskosten umfassen dabei alle direkt dem Herstellungsprozess zurechenbaren Kosten sowie angemessene Teile der fertigungsbezogenen Gemeinkosten. Finanzierungskosten werden nicht aktiviert.

▲ Abb. 156 Behandlung immaterieller Werte (Lufthansa, Geschäftsbericht 2001, S. 84)

- **Nutzung eines allfälligen Darstellungswahlrechtes bei der Erfassung des Goodwills:** Die Swiss GAAP FER beispielsweise lassen eine direkte Verrechnung des Goodwills mit dem Eigenkapital zu. Allerdings sind im Anhang die Auswirkungen einer theoretischen Aktivierung auszuweisen (vgl. FER 9/3). Die entsprechenden Informationen sind nicht nur im Erwerbsjahr, sondern während der angenommenen Nutzungsdauer jeweils für Berichts- und Vorjahr aufzuführen. Damit wird oft erst richtig klar, wie gross der Einfluss der Goodwillabschreibung auf Reingewinn und Eigenkapitalrentabilität sein kann.

Teilweise veröffentlichen **Firmen freiwillig wesentlich mehr Informationen** als von den Standards verlangt. Die damit vermittelte Transparenz soll ein positives Signal ausstrahlen für die Beurteilung durch die Kapitalgeber oder zumindest kritische Sachverhalte vorweg klarstellen. Im Telekommunikationsbereich mit den vielen Übernahmen und den teilweise enormen Investitionen in Lizenzen und ähnliche Rechte veröffentlichen verschiedene Konzerne den Goodwill und dessen Entwicklung im Berichtsjahr aufgeteilt auf die wichtigsten Akquisitionen (einschliesslich solcher aus Vorjahren). Die spanische Telefonica zeigt so in ihrem Bericht zum Geschäftsjahr 1998/99 den Goodwill für mehr als 30 übernommene Firmen im Detail auf.

Die Bedeutung der Investitionen in Akquisitionen sowie von Marken oder Entwicklungsprojekten («Pipeline» von Pharma- und Biotechnologiefirmen) wird auch weiterhin dafür sorgen, dass die Behandlung der immateriellen Werte in der Rechnungslegung im Zentrum des Interesses bleibt und die Standards verfeinert oder angepasst werden. Auch die Finanzanalyse hat heute keinen wirklich befriedigenden Ansatz für die Beurteilung der entsprechenden Fragen gefunden.

24.5 Übungen

Übungsfragen

1. Nennen Sie die wichtigsten Arten immaterieller Werte sowie deren Bedeutung in der Praxis.
2. Wie entsteht ein Goodwill?
3. Welche Möglichkeiten bestehen für die Behandlung des Goodwills in der Rechnungslegung?
4. Welche Auswirkungen haben die unterschiedlichen Vorgehensweisen bei der Behandlung des Goodwills auf Bilanz, Erfolgsrechnung und wichtige Kennzahlen?
5. Wie werden selber geschaffene immaterielle Werte behandelt?
6. Wie werden erworbene immaterielle Werte behandelt?
7. Inwiefern sind immaterielle Werte schwieriger zu bewerten, verglichen mit beispielsweise Sachanlagen?
8. Welche Einflüsse haben die verschiedenen Bewertungs- und Verrechnungsverfahren auf die Erfolgsrechnung?
9. Welche Offenlegungsvorschriften bestehen für immaterielle Werte?

Übungsaufgaben

10. Für die Entwicklung der neuen Parfum-Linie «Fameuse» entstanden zusätzliche Entwicklungskosten (angewandte Forschung zur Herstellung von Parfums auf «natürlicher» Basis). Über 5 Jahre fielen jährlich Kosten von 1 Mio. für allgemeine Forschung und in den letzten drei Jahren total 7 Mio. für produktspezifische Forschung an. Die Firma hat jährliche F&E-Kosten von durchschnittlich 4 Mio. Wie behandeln Sie diese Posten in der Rechnungslegung?
11. Die M-AG kauft für einen Preis von 130 die T-AG. Die Bilanzposten der M-AG und T-AG stellen sich verkürzt folgendermassen dar:

M-AG		
Umlaufvermögen	300	
Anlagevermögen	100	
Fremdkapital	200	
Eigenkapital	200	
T-AG		
Umlaufvermögen	50	
Grundstücke	100	(unterbewertet, stille Reserven geschätzt auf 30)
Fremdkapital	70	
Eigenkapital	80	

Stellen Sie die Konzernbilanz der M-AG nach dem Kauf dar, einmal mit Goodwillansatz, einmal mit Goodwillverrechnung.

12. Was vermittelt der Ausschnitt aus dem Geschäftsbericht 2002 des Bayer-Konzerns? Und warum finden sich keine aktivierten Forschungs- und Entwicklungskosten in dieser Aufstellung?

in Mio. €	Konzessionen, gewerbliche Schutzrechte und ähnliche Rechte und Werte sowie Lizenzen an solchen Rechten und Werten	Erworbener Firmenwert	Geleistete Anzahlungen	Summe
Bruttowerte 31.12.2001	5 240	1 399	42	6 681
Währungsänderungen	−529	−163	−4	−696
Konzernkreisänderungen	2	7	–	9
Akquisitionen	3 057	2 267	–	5 324
Investitionen	363	–	72	435
Abgänge	−249	−204	−13	−466
Umbuchungen	39	–	−39	–
Bruttowerte 31.12.2002	7 923	3 306	58	11 287
Abschreibungen 31.12.2001	1 243	424	–	1 667
Währungsänderungen	−149	−43	–	−192
Konzernkreisänderungen	–	–	–	–
Abschreibungen 2002	1 058	205	–	1 263
Davon ausserplanmässig	*(249)*	*(11)*	*(–)*	*(260)*
Wertaufholungen	–	–	–	–
Abgänge	−186	−144	–	−330
Umbuchungen	–	–	–	–
Abschreibungen 31.12.2002	1 966	442	–	2 408
Nettowerte 31.12.2002	5 957	2 864	58	8 879
Nettowerte 31.12.2001	3 997	975	42	5 014

▲ Abb. 157 Anlagespiegel (Bayer, Geschäftsbericht 2002, S. 30)

Kapitel 25
Kurzfristige Verbindlichkeiten

	Lernziele

- Charakterisierung der wichtigsten kurzfristigen Verbindlichkeiten
- Auswirkungen auf Finanzierung und Geldfluss
- Vollständige und periodengerechte Abgrenzung von Aufwendungen und Erträgen

	Beispielfirmen

Die **Mövenpick-Gruppe** weist bei einer Bilanzsumme von 833.6 Mio. CHF und einem Eigenkapital von 353.9 Mio. CHF ein kurzfristiges Fremdkapital von 277.7 Mio. CHF aus. Es umfasst:

Passiven (in CHF)	31.12.2000
Lieferantenverbindlichkeiten	51.5
Bankverbindlichkeiten	1.3
Sonstige Verbindlichkeiten	172.0
Anleihen	50.0
Rechnungsabgrenzung	2.9
Total	**277.70**

Zu den sonstigen kurzfristigen Verbindlichkeiten finden Sie im Anhang folgende Angaben:

Sonstige Verbindlichkeiten	31.12.2000
Anzahlungen von Kunden	23.1
Darlehen von nicht konsolidierten Unternehmen	1.2
Nicht definitive Steuern	37.8
Abgrenzungen, die im neuen Jahr zur Auszahlung gelangen	109.9
Total	**172.0**

Die Anzahlungen von Kunden beinhalten Bordeaux-Subskriptionen in der Höhe von 19.3 Mio. CHF. Als Gegenposition sind in den Warenvorräten (Index 10) 27.8 Mio. CHF enthalten.

Der englische **Hanson Trust** zeigte in seiner Konzernrechnung für 1995 mit Hilfe der Staffelform die so genannten *net current assets* als Saldo aus *current assets* und *creditors-due within one year*. Die kurzfristigen Verbindlichkeiten umfassen (in Mio. GBP):

Debenture loans	3 833
Bank loans and overdrafts	1 067
Trade creditors	814
Other creditors	4 507
Dividend	156

Im Anhang finden sich verschiedene Angaben zu den verzinslichen kurzfristigen Verbindlichkeiten (die *debenture loans* wurden meist als *commercial papers* ausgegeben), sowie die Zinssätze auf diesen Finanzschulden («... *bear interest at rates ranging from 5.67% to 7.75% per annum*»). Zudem werden die *other creditors* wie folgt aufgeschlüsselt:

Taxation and social security	
▪ Corporate taxes	494
▪ Excise duty and other taxes	378
Accruals	869
Other	2 766

Diese Beispiele zeigen bereits eine Vielzahl von möglichen kurzfristigen Verbindlichkeiten auf. Die konkrete Ausgestaltung ändert sich zudem je nach Branche. So zeigen beispielsweise Fluggesellschaften hier die Verpflichtung aus Meilen-Bonusprogrammen oder Blumengeschäfte die verkauften, aber noch nicht eingelösten Geschenkgutscheine.

25.1 Gliederung der kurzfristigen Verbindlichkeiten

Für die Gliederung der kurzfristigen Verbindlichkeiten gibt es nur eine allgemein verbindliche Regel: Sämtliche Verpflichtungen, die mit **hoher Wahrscheinlichkeit zu einem Geldabfluss** (oder beim noch nicht eingelösten Geschenkgutschein zu einer eigenen Leistung ohne entsprechenden Geldzufluss) **innerhalb von 12 Monaten** (d.h. bis zum Stichtag für die nächste Jahresrechnung) führen, sind in den kurzfristigen Verbindlichkeiten auszuweisen. Folgende Arten von Verpflichtungen erscheinen relativ oft:

- **Verbindlichkeiten gegenüber Lieferanten.**
- **Verzinsliche kurzfristige Verbindlichkeiten** (sog. kurzfristige Finanzschulden): Dazu gehören Kontokorrentkredite bei Banken oder feste Kredite mit einer Laufzeit von weniger als 12 Monaten, ebenso Wechselverbindlichkeiten. Ebenfalls in diese Kategorie gehören die innerhalb Jahresfrist fällig werdenden Raten aus an sich langfristigen Finanzierungsverhältnissen, beispielsweise bei einer teilweisen vorzeitigen Rückzahlung von Anleihen oder bei Leasingverträgen. Alle diese Verbindlichkeiten sind verzinslich (die Wechselverbindlichkeiten indirekt durch deren Diskontierung).
- **Abgrenzungen im Zusammenhang mit Leistungen an Mitarbeiter und Sozialversicherungen:** Noch nicht bezogene Ferien, Gleitzeit- und Überzeitguthaben von Mitarbeitern können sehr grosse Beträge ausmachen, ebenso Guthaben der Mitarbeiter oder Kaderleute aus Bonus- und Gewinnbeteiligungsprogrammen. Bei der Abgrenzung der Beiträge an Sozialversicherungen und andere Einrichtungen der Personalvorsorge ist daran zu denken, dass in einzelnen Ländern – so zum Beispiel in der Schweiz – Verbindlichkeiten gegenüber Personalvorsorgeeinrichtungen (selbstständige Pensionskassen) separat ausgewiesen werden müssen und zudem gewisse Restriktionen hinsichtlich der Höhe dieser Ausstände vorgegeben sind.
- Viele Verpflichtungen eines Unternehmens werden nicht am Bilanzstichtag zur Zahlung fällig. Beispiele dafür sind die Verzinsung von Anleihen, Gewinnbeteiligungsprogramme für Kaderleute oder Gebühren für Energie und Versorgungsleistungen der öffentlichen Werke. Gleiches gilt für Vergütungen, die einem Unternehmen im Voraus zufliessen und es zu einer Leistung in der folgenden Periode verpflichten. So wird die Raummiete meist vorausbezahlt, ebenso Versicherungsprämien. Vermieter bzw. Versicherer müssen für diese bereits bezahlten, von ihnen aber noch zu erbringenden Leistungen – die betragsmässig eine klar definierte Verpflichtung darstellen – eine Art Leistungsrückstellung bilden. Solche Abgrenzungen werden meist in einer einzigen Position zusammengefasst. Deren Bezeichnung ist allerdings in den einzelnen Ländern recht unterschiedlich. In der Schweiz spricht man von **transitorischen**

Passiven und **kurzfristigen Rückstellungen,** in den englischsprachigen Ländern unter anderem von *accrued expenses.* In der EU wird ein Teil unter den sonstigen kurzfristigen Verpflichtungen ausgewiesen. Die hierfür an sich nahe liegende Position **Rechnungsabgrenzung** wird eher restriktiv verwendet.

- Die Verfahren zur **Steuerbemessung** erlauben es in der Regel nicht, im Laufe des Jahres den vollen Ertragssteuerbetrag zu bezahlen. Die definitive Veranlagung ist erst nach Vorliegen der bereinigten Ertragszahlen möglich. Daher erscheint regelmässig ein grösserer Betrag für Ertragssteuern (und andere Steuern) in den kurzfristigen Verbindlichkeiten. Erst in Folgeperioden anfallende Steuerbeträge (z. B. wegen einer im Steuerrecht verglichen mit der finanziellen Rechnungslegung schnelleren Abschreibung) oder latente Steuern auf nicht realisierten Mehrwerten bei Renditeliegenschaften sind dagegen unter den langfristigen Verbindlichkeiten – meist den Rückstellungen – als gesonderte Position auszuweisen.

25.2 Offenlegung

Ein Pharmakonzern zeigt unter kurzfristigen Verbindlichkeiten folgende Informationen:

	Berichtsjahr	Vorjahr
Verbindlichkeiten gegenüber Lieferanten	1 611	1 426
Sonstige kurzfristige Verbindlichkeiten und Rechnungsabgrenzungen	2 227	2 511
Verbindlichkeiten aus Optionen	162	911
Kurzfristige Anteile an langfristigen Darlehen	167	83
Kurzfristige Darlehen	1 267	726
Total kurzfristige Verbindlichkeiten	**5 434**	**5 657**

Im Anhang finden sich zu den sonstigen kurzfristigen Verbindlichkeiten folgende Erläuterungen:

	Berichtsjahr	Vorjahr
Abgegrenzter Ertrag	63	116
Abgegrenzte Löhne, Gehälter und ähnliche Positionen	323	256
Zinsverbindlichkeiten	148	126
Restrukturierungsrückstellungen	185	500
Sonstige Rechnungsabgrenzungen	1 508	1 513
Total sonstige kurzfristige Verbindlichkeiten und passive Rechnungsabgrenzungen	**2 227**	**2 511**

Die Konzernrechnung der **Holderbank** zeigt in der Bilanz unter kurzfristigen Verbindlichkeiten:

Mio. CHF	1997	1996
Verbindlichkeiten aus Lieferungen und Leistungen	852	934
Verbindlichkeiten aus kurzfristiger Finanzierung	2 140	1 907
Andere kurzfristige Verbindlichkeiten	881	825
Total kurzfristiges Fremdkapital	**3 873**	**3 666**

Im Anhang finden sich dazu folgende Einzelheiten:

Verbindlichkeiten aus Lieferungen und Leistungen (Mio. CHF)	**1997**	**1996**
Verbindlichkeiten gegenüber Dritten	763	868
Verbindlichkeiten gegenüber assoziierten Unternehmen	17	868
Vorauszahlungen von Kunden	72	50
Total	**852**	**934**

Verbindlichkeiten aus kurzfristiger Finanzierung (Mio. CHF)		
Verbindlichkeiten aus kurzfristiger Finanzierung		
■ Assoziierte Unternehmen	13	11
■ Dritte	1 461	1 497

Kurzfristiger Anteil Verbindlichkeiten aus langfristiger Finanzierung (Mio. CHF)		
■ Dritte	641	378
■ Leasingverbindlichkeiten	25	21
Total	**2 140**	**1 907**
Davon gegen Sicherheiten	45	42

Andere kurzfristige Verbindlichkeiten (Mio. CHF)	**1997**	**1996**
Übrige unverzinsliche Verbindlichkeiten	774	693
Rückstellung für laufende Ertragssteuern	107	129
Total	**881**	**825**

25.3 Relevante Standards

25.3.1 Swiss GAAP FER

In der Fachempfehlung zur Rechnungslegung Nr. 7 zur Darstellung und Gliederung der Konzernbilanz sieht Swiss GAAP FER 7/2 vor, die kurzfristigen Verbindlichkeiten aufgeschlüsselt in Finanzverbindlichkeiten, Sonstige Verbindlichkeiten und Rechnungsabgrenzung auszuweisen.

25.3.2 IAS

Das IASB verlangt in IAS 1 keine sehr weitgehende Aufschlüsselung der Verbindlichkeiten in der Bilanz (gesondert auszuweisen sind: Lieferanten- und andere Verbindlichkeiten, Verbindlichkeiten in Zusammenhang mit Ertragssteuern, Rückstellungen sowie langfristige Finanzverbindlichkeiten). Besondere Beachtung schenkt IAS 1 (in Par. 53 ff.) der Unterscheidung zwischen Lang- und Kurzfristigkeit. Als kurzfristig werden (gemäss Par. 60) diejenigen Verbindlichkeiten angesehen, die entweder im zu erwartenden normalen Geschäftsverlauf *(operating cycle)* oder innerhalb der nächsten zwölf Monate ab Bilanzstichtag beglichen werden müssen. Somit sind nach IAS in der Bilanz mindestens die kurzfristigen Rückstellungen, die Finanzverbindlichkeiten sowie die übrigen kurzfristigen Verbindlichkeiten gesondert auszuweisen. Unterscheidet eine Gesellschaft nicht nach Lang- und Kurzfristigkeit, sollten die entsprechenden Verbindlichkeiten (Par. 54) wenigstens nach ihrer Fälligkeit gestaffelt werden.

25.3.3 EU-Richtlinie

Die 4. EU-Richtlinie setzt in Artikel 9 und 10 detaillierte Gliederungsvorschriften auch für die Verbindlichkeiten. Für die nachfolgenden Positionen, die jeweils gesondert auszuweisen sind, ist ferner anzugeben, in welcher Höhe Verbindlichkeiten mit einer Restlaufzeit von bis zu einem Jahr enthalten sind:

1. Anleihen, davon konvertibel,
2. Verbindlichkeiten gegenüber Kreditinstituten,
3. erhaltene Anzahlungen auf Bestellungen, soweit diese nicht von dem Posten Vorräte offen abgesetzt werden,
4. Verbindlichkeiten aus Lieferungen und Leistungen,
5. Verbindlichkeiten aus Wechseln,
6. Verbindlichkeiten gegenüber verbundenen Unternehmen,
7. Verbindlichkeiten gegenüber Unternehmen, mit denen ein Beteiligungsverhältnis besteht,
8. sonstige Verbindlichkeiten, davon Verbindlichkeiten aus Steuern und Verbindlichkeiten im Rahmen der sozialen Sicherheit,
9. Rechnungsabgrenzungsposten (sofern nicht die einzelstaatlichen Rechtsvorschriften einen eigenständigen Ausweis verlangen).

25.3.4 HGB

Der deutsche Gesetzgeber hat in Übereinstimmung mit der 4. EU-Richtlinie, recht detaillierte Gliederungsvorschriften erlassen. In § 224 Abs. 3 HGB wird die Passivseite der Bilanz grundsätzlich in die Positionen Eigenkapital, unversteuerte Rücklagen, Rückstellungen, Verbindlichkeiten und Rechnungsabgrenzungsposten unterteilt. Die Verbindlichkeiten sind weiter in die folgenden acht Einzelpositionen zu untergliedern:

1. Anleihen,
2. Verbindlichkeiten gegenüber Banken,
3. erhaltene Anzahlungen auf Bestellungen,
4. Verbindlichkeiten aus Lieferungen und Leistungen,
5. Verbindlichkeiten aus der Annahme gezogener Wechsel und der Ausstellung eigener Wechsel,
6. Verbindlichkeiten gegenüber verbundenen Unternehmen,
7. Verbindlichkeiten gegenüber Unternehmen, mit denen ein Beteiligungsverhältnis besteht,
8. sonstige Verbindlichkeiten.

Eine Unterscheidung nach der Fristigkeit wird in § 224 Abs. 3 HGB nicht verlangt. Grundsätzlich ergibt sich aber aus § 225 Abs. 6 HGB sowie § 237 Ziff. 1 HGB eine Aufgliederung der einzelnen Verbindlichkeitsposten in drei Fristengruppen: Gemäss ersterer Norm ist in der Bilanz oder im Anhang der Betrag der Verbindlichkeiten mit einer Restlaufzeit bis zu einem Jahr bei jedem gesondert ausgewiesenen Posten anzugeben, letztere verlangt im Anhang den Ausweis des Gesamtbetrages der Verbindlichkeiten mit einer Restlaufzeit von mehr als fünf Jahren.

25.4 Übungen

Siehe dazu Kapitel 26 «Langfristige Verbindlichkeiten».

Kapitel 26
Langfristige Verbindlichkeiten

	Lernziele
	■ Charakterisierung der wichtigsten langfristigen Verbindlichkeiten ■ Klärung der Auswirkungen auf Finanzierung und Geldfluss ■ Erkennen von zusätzlich notwendigen Angaben für die Offenlegung ■ Periodengerechte Ermittlung des Aufwandes für langfristige Verbindlichkeiten

	Beispielfirmen

Die **Deutsche Telekom AG** hatte unmittelbar vor ihrem Börsengang 1996 folgende Passiven-Struktur (in Mrd. DM):

Eigenkapital	24.7	(15%)
Rückstellungen	13.0	(8%)
Finanzschulden	110.4	(70%)
Übrige Verbindlichkeiten	11.6	(7%)

Die **Haniel-Gruppe,** ein deutscher Mischkonzern, zeigt unter den Passiven neben Eigenkapital (2.6) und Rückstellungen (1.2) sowie Verbindlichkeiten (4.9) noch subordinierte Darlehen im Betrag von 0.7 Mrd. DM. Der **Volkswagen-Konzern** verdeutlicht die Fälligkeitsstruktur durch die Gliederung seiner Verbindlichkeiten nicht nur in langfristiges und kurzfristiges, sondern auch in mittelfristiges Fremdkapital.

26.1 Allgemeines zu den Verbindlichkeiten

Die Beispiele zeigen einige der wichtigsten Verpflichtungen auf, die sich in der Bilanz niederschlagen. Ein wichtiges Kriterium für die Einordnung von Verbindlichkeiten ist deren **Fälligkeit**. Ein zweites Element ist die Unterscheidung zwischen verzinslichen Verbindlichkeiten, den so genannten **Finanzschulden,** und **unverzinslichen Verbindlichkeiten.** Allerdings enthalten auch scheinbar unverzinsliche Ansprüche Dritter, zum Beispiel die Fakturen der Lieferanten, ein Zinselement. Dieses ist aber durch die Vereinbarung einer bestimmten Zahlungsfrist bereits berücksichtigt. Eine zusätzliche Verzinsung kann sich ergeben, falls das Unternehmen mit der Zahlung in Verzug gerät und aufgrund der allgemeinen Vertragsbedingungen des Lieferanten oder kraft Gesetz für die verspätete Zahlung einen Zinsausgleich (Verzugszinsen) leisten muss. Eine besondere Art von Verpflichtungen sind die **Rückstellungen.** Die Verbindlichkeiten insgesamt werden meist unter der Bezeichnung Fremdkapital zusammengefasst. Schliesslich gibt es eine Vielzahl von Verpflichtungen, die nicht oder nicht unmittelbar in der Bilanz erfasst werden (können). Diese müssen als **nicht bilanzierte Verpflichtungen** oder **Ausserbilanzgeschäft** allenfalls im Anhang offen gelegt werden.

Die **Höhe der Verschuldung,** ausgedrückt als Anteil der Verbindlichkeiten an der Bilanzsumme (Verschuldungsgrad) oder als Verhältnis von Fremd- zu Eigenkapital (Finanzierungsverhältnis) kann einen **Hinweis geben auf die Branche,** in der ein Unternehmen tätig ist. Eine im Kreditgeschäft tätige Bank beispielsweise hat einen sehr hohen Anteil an Fremdkapital. Sie erzielt ihren Gewinn in erster Linie durch die Gewährung von Krediten und unter Nutzung der Zinsspanne zwischen ihrem Aktiv- und Passivgeschäft. Ihr Erfolg hängt entsprechend vom Kreditvolumen ab. Banken weisen daher regelmässig eine geringe Eigenkapitalquote aus. Zugleich zeigt die Analyse der Verschuldung eines Unternehmens, wie stark die künftige Belastung durch den Kapitaldienst, d.h. die Verzinsung und Tilgung der Finanzschulden, sein wird. Dies wirkt sich sowohl auf den Geldfluss als auch die Ertragslage aus.

Das kurzfristige Fremdkapital ist Gegenstand von Kapitel 25, Rückstellungen werden in Kapitel 28 behandelt. An dieser Stelle interessieren nur jene Verbindlichkeiten, die erst in einem Jahr oder noch später fällig und daher unter der Bezeichnung **langfristiges Fremdkapital** zusammengefasst werden. In der Regel handelt es sich um verzinsliche Schulden. Immerhin können bei grossen Investitionsvorhaben auch unverzinsliche Verbindlichkeiten langfristiger Natur sein, beispielsweise wenn ein Garantierückbehalt oder eine Restzahlung erst bei problemlosem Funktionieren der Anlage während einer bestimmten Periode fällig wird.

Überlegungen im Zusammenhang mit der Aufnahme von erst in einigen Jahren zur Rückzahlung fälligen Geldmitteln sind in erster Linie Gegenstand der **Finanzierungslehre** bzw. im Unternehmen selber des Finanzbereiches **(Corporate Finance)**. Die Grundsätze der **Rentabilität,** der **Liquidität** sowie der **Sicherheit** bzw. **Unabhängigkeit** stehen dabei im Vordergrund. Liegen die Zinskosten des langfristigen Fremdkapitals tiefer als die Gesamtrendite des Unternehmens, erhöht sich die Eigenkapitalrentabilität. Dieser Effekt wird als **Hebelwirkung der Fremdfinanzierung** oder *financial leverage* bezeichnet. Da der Zinsaufwand steuerlich abzugsfähig ist, belastet er das Unternehmen weniger als der für die Ausschüttung als Dividende zugunsten der Eigenkapitalgeber zu erarbeitende Gewinn. Bei gleichen Beträgen für die «Ausschüttung» an die Kapitalgeber bzw. gleichen Kapitalkostensätzen muss durch das Unternehmen wegen der Steuerbelastung ein wesentlich höherer Betrag für die Gewinnausschüttung erarbeitet werden als für die Auszahlung als Zinsbetreffnis. Eine zu hohe Verschuldung beeinträchtigt allerdings die Sicherheit des Geschäftsganges. Bereits kleinere Abweichungen vom Ertrags- und Finanzplan führen zu Schwierigkeiten bei der Bedienung des Fremdkapitals und beeinträchtigen die Zahlungsfähigkeit. Für das Management eines Unternehmens wiederum kann die Finanzierung der Investitionen durch langfristiges Fremdkapital «angenehmer» sein als die Beschaffung mittels Erhöhung des Eigenkapitals, weil sie den Fremdkapitalgebern keine Mitbestimmungsrechte abgeben müssen. In der Realität kann aber die Berichterstattung beispielsweise an die Kredit gewährenden Banken für das Management bei schlechtem Geschäftsgang rasch eine höhere Belastung bedeuten als die Rechnungslegung gegenüber den eigenen Aktionären.

26.2 Klassifizierung des langfristigen Fremdkapitals

Die wichtigsten langfristigen Finanzverbindlichkeiten sind **Anleihen** sowie **hypothekarisch oder grundpfandrechtlich gesicherte Kredite.** Bei den Anleihen gibt es eine Vielzahl von Varianten, die sich in erster Linie durch die Art der Verzinsung voneinander unterscheiden. Festverzinsliche Anleihen werden über die gesamte Laufzeit zu einem stets gleichen Satz verzinst. Je nach Höhe des Marktzinssatzes im Zeitpunkt der Emission müssen Anleihen mit einem Diskont (Disagio), d. h. zu weniger als 100 % des Nennwertes, oder mit einem Agio, d. h. zu einem über dem Nennwert liegenden Betrag liberiert (bezahlt) werden. Mit Anleihen wird oft die Möglichkeit verbunden, innerhalb einer bestimmten Frist Beteiligungspapiere (meistens Aktien) zu einem im Voraus bestimmten Preis zu erwerben. Wird die Anleihe mit einem Anrecht auf die Zeichnung von Aktien begeben, in jedem Falle aber der Schuldbetrag über die ganze Laufzeit verzinst und am Ende zurückbezahlt, spricht man von Optionsanleihen. Müssen die Aktien durch Verrechnung mit einem Teil oder dem gesamten Betrag der Anleihe liberiert werden, liegt eine Wandelanleihe vor.

Die Rückzahlung einer Anleihe kann auf einen festen Termin vereinbart werden; zuweilen erhält der Anleihensschuldner die Möglichkeit, die Anleihe vorzeitig zurückzuzahlen und so die Chancen und Risiken am Kapitalmarkt insbesondere bezüglich Entwicklung des Zinssatzes besser zu bewirtschaften. Ebenfalls denkbar ist die Rückzahlung in verschiedenen Tranchen. Dabei werden früher zur Rückzahlung gelangende Titel ausgelost oder sämtliche Titel anteilmässig vorzeitig bedient.

26.3 Gliederungsfragen

Hinsichtlich Gliederung hat sich weltweit eine **Aufteilung in kurzfristige und langfristige Verbindlichkeiten** bzw. kurzfristiges und langfristiges Fremdkapital (nach

Konsolidierte Bilanzen per 31. Dezember, 2002 und 2001	2002 Mio. CHF	2001 Mio. CHF
Passiven		
Eigenkapital		
Aktienkapital	1 412	1 443
Eigene Aktien	–175	–169
Reserven	38 445	40 971
Total Eigenkapital	**39 682**	**42 245**
Minderheitsanteile	**92**	**104**
Fremdkapital		
Langfristige Verbindlichkeiten		
Finanzielle Verbindlichkeiten	3 831	2 500
Latente Steuern	3 959	3 885
Rückstellungen und übrige langfristige Verbindlichkeiten	4 026	3 830
Total langfristige Verbindlichkeiten	**11 816**	**10 215**
Kurzfristige Verbindlichkeiten		
Lieferanten	1 778	1 809
Finanzielle Verbindlichkeiten	3 988	6 177
Übrige kurzfristige Verbindlichkeiten	5 846	6 211
Total kurzfristige Verbindlichkeiten	**11 612**	**14 197**
Total Fremdkapital	**23 428**	**24 412**
Total Passiven	**63 202**	**66 761**

▲ Abb. 158 Gliederung Fremdkapital (Novartis, Geschäftsbericht 2002, S. 110)

der Terminologie der IAS und US GAAP: *current liabilities* für kurzfristige und *long-term liabilities* bzw. *debt* für langfristige Finanzschulden) durchgesetzt (vgl. ◄ Abb. 158).

26.4 Bewertung von langfristigen Finanzverbindlichkeiten

Die Bewertung von langfristigen Verbindlichkeiten birgt auf den ersten Blick keine Probleme. Im Gegensatz zu den Forderungen gibt es keine Schwierigkeiten mit der «Einbringbarkeit». Die Verpflichtungen sind vielmehr im vollen Umfange bei Fälligkeit zu erfüllen.

Bestehen Unklarheiten über die Höhe des (allenfalls) geschuldeten Betrages einer Finanzverbindlichkeit, handelt es sich um Rückstellungen; diese Position wird in Kapitel 28 behandelt. Allerdings gibt es auch bei Finanzschulden ein spezifisches Bewertungsproblem. Weil der **Marktzinssatz sich im Laufe der Zeit markant verändern** kann, sind alle Finanzschulden, für die kein variabler und damit marktabhängiger Satz, sondern ein fixer Satz vereinbart wurde, im Vergleich zu einem neu aufgenommenen Kredit entweder «teurer» oder «billiger». Konnte eine Anleihe zu einem Satz aufgenommen werden, der unter dem Marktzinssatz im Zeitpunkt der Bilanzierung liegt, profitiert das Unternehmen aufgrund des tieferen Zinsaufwandes. Bewertet man diese Finanzschulden marktkonform, so ist die Einsparung aus der tieferen Verzinsung als Reduktion der Gesamtverpflichtung einzusetzen. Und entsprechend führt ein mittlerweile tieferes Zinsniveau zu einer relativen Verteuerung des früher aufgenommenen Kredits und damit einer Erhöhung der Gesamtverpflichtung. Allerdings hat sich diese Art der Bewertung in der Rechnungslegung (noch) nicht durchgesetzt. Für interne Analysen oder eine **Zinsabsicherungsstrategie** ist aber diese Betrachtungsweise unabdingbar.

Beispiel: Das Unternehmen A hat eine 8-jährige Anleihe über 50 Mio. zum Satz von 3% am 1. Oktober des Jahres 1 aufgenommen, mit Zinstermin am 30. September. Im Zeitpunkt der Rechnungslegung 2 $\frac{1}{4}$ Jahre später (also am 31. Dezember des Jahres 3) ist der Marktzinssatz für vergleichbare Anleihen auf 6% angestiegen. Das Unternehmen A entscheidet sich, in der Rechnungslegung Finanzschulden unter Berücksichtigung einer marktkonformen Verzinsung zu bewerten.

Das Unternehmen hat während der nächsten 5 $\frac{3}{4}$ Jahre den Vorteil einer tieferen Zinsbelastung. Umgekehrt wäre ein Anleger nicht bereit, für diese Anleihe mit jährlichen Zinserträgen von 1.5 Mio. den vollen Nennwert von 50 Mio. zu zahlen. Daher ist der am Ende zur Rückzahlung fällige Betrag mit dem Marktsatz von 6% zu diskontieren; die jährlichen Zinszahlungen sind ebenfalls zum Satz von 6% zu diskontieren.

| Diskontierungs- | Jahre/Laufzeit/Fälligkeit | | | | | |
faktoren in %	1 Jahr	2 Jahre	3 Jahre	4 Jahre	5 Jahre	5.75 Jahre
0.01	99.01 %	98.03 %	97.06 %	96.10 %	95.15 %	94.44 %
0.02	98.04 %	96.12 %	94.23 %	92.38 %	90.57 %	89.24 %
0.03	97.09 %	94.26 %	91.51 %	88.85 %	86.26 %	84.37 %
0.04	96.15 %	92.46 %	88.90 %	85.48 %	82.19 %	79.81 %
0.05	95.24 %	90.70 %	86.38 %	82.27 %	78.35 %	75.54 %
0.06	94.34 %	89.00 %	83.96 %	79.21 %	74.73 %	71.53 %
0.07	93.46 %	87.34 %	81.63 %	76.29 %	71.30 %	67.77 %
0.08	92.59 %	85.73 %	79.38 %	73.50 %	68.06 %	64.24 %
0.09	91.74 %	84.17 %	77.22 %	70.84 %	64.99 %	60.93 %

(Row label: Diskontierungszinssatz)

Laufzeit:	8	Coupon:	3.00 %
Nominalwert:	50 000 000	Termin:	1.10.

Marktzinssatz: 6 %
31.12. Jahr 3: 3

Fälligkeit (Jahr)	4	5	6	7	8	8.75
Betrag	1 500 000	1 500 000	1 500 000	1 500 000	1 500 000	51 125 000
Diskontierungsfaktor	94.34 %	89.00 %	83.96 %	79.21 %	74.73 %	71.53 %
Barwert	1 415 094	1 334 995	1 259 429	1 188 140	1 120 887	36 569 969
Marktwert der Anleihe	42 888 515					

Bei Bilanzierung der Finanzschulden unter Berücksichtigung einer marktkonformen Verzinsung müsste das Unternehmen A die Anleihe mit Nennwert von 50 Mio. zu lediglich 42.89 Mio. bewerten.

Etwas einfacher und in der Praxis auch weitgehend umgesetzt ist das Vorgehen bei Anleihen, die im Zeitpunkt der Begebung mit einem Betrag, der über dem Nennwert liegt, also mit einem Agio begeben bzw. umgekehrt zu einem tieferen Betrag, einem Diskont, ausgegeben werden. **Diskont und Agio** können entweder im Zeitpunkt der Begebung der Anleihe erfasst oder über die ganze Laufzeit als Erhöhung bzw. Reduktion des Finanzaufwandes verteilt werden. Letzteres entspricht der **Amortized Cost Method** bei der Bewertung von festverzinslichen Finanzanlagen (wie z. B. in FER 14/27 zugelassen). Bei der **Winterthur** wird dieser Sachverhalt folgendermassen gehandhabt:

«**Darlehen und Obligationen.** Darlehen und Obligationen werden nach der ‹Amortized Cost Method› bewertet. Dabei wird eine Differenz zwischen Anschaffungspreis und Rückzahlungswert so über die Restlaufzeit verteilt, dass eine gleich bleibende Rendite resultiert. Die entsprechende Bewertungskorrektur wird unter der Position Erfolg aus Kapitalanlagen ausgewiesen. Bonitätsrisiken wird durch Abschreibungen Rechnung getragen.» (Winterthur, Geschäftsbericht 2001)

26.5 Offenlegung

Von grösserer Bedeutung als die Bewertungsfrage ist bei den langfristigen Verbindlichkeiten, insbesondere bei den Finanzschulden, der Aspekt der Offenlegung. In erster Linie interessieren folgende Informationen:

- Fälligkeitsstruktur,
- Kosten der Fremdfinanzierung,
- Besicherung durch Vermögenswerte und andere Restriktionen zulasten des Kreditnehmers.

Diese Angaben werden in der Regel im Anhang gemacht, beispielsweise mit Hilfe eines Spiegels des Fremdkapitals, in dem die verschiedenen Arten von Verbindlichkeiten als Total und mit den Restlaufzeiten über 1 bis 5 Jahren sowie über 5 Jahren gezeigt werden. Der Anteil der innerhalb von längstens einem Jahr fälligen Verbindlichkeiten wird als kurzfristiges Fremdkapital ausgewiesen. Für Finanzverbindlichkeiten werden meist die durchschnittlichen Zinssätze je Kategorie, zum Beispiel unterteilt nach den wichtigsten Währungen, offen gelegt. Für Anleihen und ähnliche langfristige Finanzschulden werden die Konditionen je Emission separat aufgelistet (vgl. ▶ Abb. 159).

A. Bonds
Bond issues are as follows:

€ million	Issue currency	2003	2002	2001
2003 issue at 4.785 %	EUR	20		
2003 issue at 1.23 %	JPY	222		
2003 issue at 4.41 %	EUR	10		
2003 issue at 5.4025 %	EUR	41		
2003 issue at 4.25375 % on tranche A	EUR	65		
2003 issue at 4.2675 % on tranche B	EUR	35		
2003 issue at 0.7150 %	EUR	81		
2003 issue at 0.8105 %	JPY	52		
2003 issue at 1.2360 %	EUR	741		
2003 issue at 0.70 %	JPY	37		
2003 issue at 0.75 %	JPY	37		
2003 issue at 0.70 %	JPY	52		
2003 issue at 1.013 %	JPY	7		
2002 issue at 0.8675 %	JPY	7	8	
2002 issue at 1.86 %	EUR	871	946	
2001 issue at 1.29 %	JPY	370	402	433
2000 issue at 2.7276 %	EUR	458	500	500
1999 issue at 1.795 %	EUR	461	500	539
1998 issue at Pibor + 3-month −0.17 %	FRF	76	76	76
1996 issue at 2.9111 %	FRF	292	305	305
1994 issue at 3.8627 %	FRF	292	305	305
1993 issue at 7.25 %	FRF			229
1993 issue at 7.50 %	FRF	0	229	229
Accrued interest		22	39	46
Total		4 249	3 310	2 662

The rates shown above are the rates after swaps for hedging rather than the original rates.

▲ Abb. 159 Anleihen (Renault, Geschäftsbericht 2003, S. 213)

26.6 Analyse

Die bisherigen Ausführungen waren auf die Bilanz und den Anhang beschränkt. Darüber hinaus stellen sich weitere Probleme für die Erfassung sowie Darstellung der langfristigen Verbindlichkeiten und mit ihnen zusammenhängender Transaktionen im Rahmen der Rechnungslegung:

- **Verzinsung:** Der Zinsaufwand und sämtliche mit einer Anleihe zusammenhängende Kosten wie Kommissionen an die Emissionsbanken oder Aufwendungen für Emissionsprospekte sind in der Erfolgsrechnung im Finanzaufwand auszuweisen.
- **Zinsabgrenzung:** Zum Bilanzstichtag sind die aufgelaufenen Zinsen abzugrenzen. Sie sind als transitorische Passiven (Schweiz) oder als *accrued expenses* bzw. als sonstige kurzfristige Verbindlichkeiten (nach EU-Richtlinien) unter den kurzfristigen Verbindlichkeiten auszuweisen.
- **Rückzahlung:** In der Geldflussrechnung ist die Rückzahlung einer Anleihe oder eines Teils davon im Geldfluss aus Finanzierungstätigkeit auszuweisen.
- **Konversion:** Wird eine Anleihe am Ende der Laufzeit nicht zurückbezahlt, sondern in eine neue Anleihe umgewandelt, so ist dies als Rückzahlung mit gleichzeitiger Neuaufnahme im entsprechenden Betrag zu behandeln und insbesondere in der Geldflussrechnung auszuweisen (Geldfluss aus Finanzierungstätigkeit).
- **Umwandlung in Eigenkapital:** Diese Problematik ist bei Wandel- und Optionsanleihen von grosser Relevanz. Die entsprechenden Bedingungen sind im Anhang offen zu legen wie im Beispiel einer Wandelanleihe von **Sika** (vgl. ▶ Abb. 160).

Die Unternehmen sehen sich mit einer **Vielzahl von weiteren langfristigen Verbindlichkeiten** konfrontiert, die nicht unter die Finanzschulden fallen. So gehen Firmen regelmässig im Zusammenhang mit grossen Investitionen oder mit der Beschaffung bzw. dem Absatz wichtiger Güter **Verpflichtungen** ein, die über mehrere Jahre hinaus ihre Wirkung entfalten. In all diesen Fällen erfolgen aber die Geldabflüsse aus dem Unternehmen nicht ohne Gegenleistung. Bei Verträgen mit

---

Wandelanleihen: CHF 224.4 Mio., wie im Vorjahr. Die Wandelanleihe ist unverändert. Die Bedingungen lauten: Eine Wandelobligation von CHF 3700 berechtigt vom 15. Juli 1993 bis und mit 2. Juni 2000 zum Erwerb von neu zehn Inhaberaktien Sika Finanzen AG von je CHF 60.– Nennwert zum Preis von insgesamt CHF 3596.–. In Übereinstimmung mit Ziffer 10 der Anleihensbedingungen wurde der Wandelpreis im Anschluss an die Aktienkapitalerhöhung vom Juni 1993 von bisher CHF 3700.– um CHF 104.– auf neu 3596.– ermässigt.

▲ Abb. 160 Beispiel Wandelanleihe (SIKA, Geschäftsbericht 1998)

einem Generalunternehmen (z.B. für den Bau einer neuen Fertigungsstrasse in den nächsten 18 Monaten) hat das Unternehmen zwar regelmässig Teilzahlungen zu leisten, aber im Gegenzuge entstehen auch neue Sachanlagen. Bei einem **langfristigen Abnahmevertrag** über bestimmte Mengen verhält es sich genau gleich: Das Unternehmen muss zwar Zahlungen in bestimmter Höhe planen, aber dafür erhält es auch Waren oder Dienstleistungen im entsprechenden Gegenwert. Daher sind solche Verpflichtungen nicht zu bilanzieren. Einzelheiten dazu finden sich in den Kapiteln über die nichtbilanzierten Verpflichtungen (Kapitel 33) und das Ausserbilanzgeschäft (Kapitel 37).

Die langfristigen Verpflichtungen aus **Leasinggeschäften** sind, sofern es sich um einen kaufähnlichen Vorgang handelt, ebenfalls als Finanzschulden zu klassifizieren. Die Leasingraten enthalten neben der Tilgung der Schuld auch einen Zinsanteil (sowie allenfalls weitere Elemente im Zusammenhang mit zusätzlichen Dienst- oder Versicherungsleistungen). Da beim Leasinggeschäft noch eine Vielzahl weiterer Fragen im Zusammenhang mit der Bilanzierung zu beantworten sind, gibt es auch entsprechende Standards. Diese Fragen sind daher Gegenstand des nächsten Kapitels.

Ebenfalls separat behandelt werden die langfristigen Verpflichtungen von Unternehmen aus der Altersvorsorge (Kapitel 35). In einigen Ländern ist hierfür eine besondere Position unter den Rückstellungen (**Pensionsrückstellung**) vorgesehen. In anderen Ländern werden diese künftigen Rentenzahlungen als **Verbindlichkeiten aus Personalvorsorge** *(post retirement benefits)* separat unter den langfristigen Verbindlichkeiten ausgewiesen.

26.7 Relevante Standards
26.7.1 Swiss GAAP FER

Die Swiss GAAP FER sehen (in FER 7/2) vor, die langfristigen Verbindlichkeiten, unterteilt in Finanzverbindlichkeiten, sonstige Verbindlichkeiten und Rückstellungen, gesondert auszuweisen.

26.7.2 IAS

Gemäss IAS 1 sind als langfristige Verbindlichkeiten all jene Verpflichtungen einzustufen, die weder im zu erwartenden normalen Geschäftsverlauf *(operating cycle)* noch innerhalb der nächsten zwölf Monate ab Bilanzstichtag beglichen werden müssen. In der Bilanz sind zudem mindestens die langfristigen Rückstellungen, die Finanzverbindlichkeiten sowie die übrigen langfristigen Verbindlichkeiten gesondert auszuweisen.

Unterscheidet eine Gesellschaft nicht nach Lang- und Kurzfristigkeit, sollten die entsprechenden Verbindlichkeiten wenigstens nach ihrer Fälligkeit gestaffelt ausgewiesen werden. Wird die Refinanzierung einer langfristigen Verbindlichkeit geplant und ist der neue Kredit ebenfalls wieder langfristiger Natur, so soll gemäss IAS die an sich kurzfristig fällige Verbindlichkeit weiterhin als langfristig ausgewiesen werden. Der fragliche Betrag muss zusammen mit den notwendigen weiteren Informationen im Anhang offen gelegt werden. Dagegen sind gemäss IAS ebenso wie nach Swiss GAAP FER kurzfristig zur Rückzahlung fällige Teilbeträge in das kurzfristige Fremdkapital zu reklassieren. In der Erfolgsrechnung sind die so genannten Finanzierungskosten *(finance costs)* gesondert auszuweisen.

26.7.3 EU-Richtlinie

Die 4. EU-Richtlinie kennt (in Artikel 9 und 10) detaillierte Gliederungsvorschriften auch für die Verbindlichkeiten. Die nachfolgenden Positionen sind gesondert auszuweisen, wobei anzugeben ist, in welcher Höhe Verbindlichkeiten mit einer Restlaufzeit von bis zu einem Jahr enthalten sind:

1. Anleihen, davon konvertibel,
2. Verbindlichkeiten gegenüber Kreditinstituten,
3. erhaltene Anzahlungen auf Bestellungen, soweit diese nicht von dem Posten Vorräte offen abgesetzt werden.

26.7.4 HGB

Ähnliche Regeln gelten in Übereinstimmung mit der 4. EU-Richtlinie gemäss dem deutschen Handelsgesetzbuch HGB (§ 224 Abs. 3 HGB). Insbesondere sind Anleihen gesondert auszuweisen.

Dagegen wird keine Unterscheidung nach der Fristigkeit verlangt. Gleichwohl ergibt sich (§ 225 Abs. 6 sowie § 237 Ziff. 1 HGB) eine Aufgliederung der einzelnen Verbindlichkeitsposten in drei Fristengruppen: Verbindlichkeiten mit einer Restlaufzeit bis zu einem Jahr sowie solche mit einer Restlaufzeit von mehr als fünf Jahren. Daraus kann man die innerhalb von 1 bis 5 Jahren fälligen Verbindlichkeiten ermitteln.

26.8 Übungen

Übungsfragen

1. Charakterisieren Sie die verschiedenen Arten von kurzfristigen Verbindlichkeiten.
2. Wie wird bei der Ermittlung von Verbindlichkeiten im Sinne der passiven Rechnungsabgrenzung vorgegangen? Was wird damit bezweckt?
3. Welche Auswirkungen haben kurzfristige Verbindlichkeiten auf Finanzierung und Geldfluss der Unternehmen?
4. Mit welchem Kriterium werden langfristige von kurzfristigen Verbindlichkeiten abgegrenzt?
5. Nennen Sie die wichtigsten langfristigen Verbindlichkeiten.
6. Was wird unter Agio, was unter Diskont verstanden?
7. Welche Aspekte interessieren bei der Offenlegung von langfristigen Verbindlichkeiten besonders?
8. Erklären Sie das Prinzip der Zinsabgrenzung.
9. Was versteht man im Zusammenhang mit Anleihen unter «Konversion»?
10. Erklären Sie anhand eines Beispiels das Prinzip des *Financial Leverage*.

Übungsaufgaben

11. Im letzten Geschäftsjahr wurde vom Produktionsbetrieb P-AG ein Grossvertrag mit einem Versandhaus VERS-AG abgeschlossen. Die genaue Liefermenge ist noch nicht festgelegt. Das Versandhaus hat bereits eine Anzahlung von 1 Mio. CHF geleistet. Wie ist die geleistete Anzahlung bei der VERS-AG und wie ist die erhaltene Anzahlung bei der P-AG zu bilanzieren?
12. Die X-AG nimmt zur Finanzierung eine Wandelanleihe auf: Welche Informationen dazu erwarten Sie im Anhang zur Jahresrechnung (nach Begebung der Wandelanleihe)?

Kapitel 27
Leasing

	Lernziele

- Erläuterung des wirtschaftlichen Hintergrunds des Leasings
- Möglichkeiten der Behandlung von Leasinggeschäften in der Rechnungslegung
- Einfluss auf die Darstellung der wirtschaftlichen Lage und damit der Kennzahlen

	Beispielfirmen

Die Konzernrechnung 1995 der **SAirGroup** enthielt im Anhang unter der Rubrik «Anlagen und Güter im Leasing» folgende Informationen:

Der Umfang der nicht bilanzierten geleasten Anlagen und Güter sowie die noch ausstehenden finanziellen Verpflichtungen betragen (in Mio. CHF):

	Anschaffungswerte		Finanzielle Verpflichtungen	
	1995	1994	1995	1994
Flugzeuge/Triebwerke	2 327	2 262	1 712	1 488
Übrige Sachanlagen	9	8	7	5
Total	**2 336**	**2 270**	**1 719**	**1 493**

228 Mio. Franken der zukünftigen finanziellen Verpflichtungen sind innerhalb eines Jahres fällig. Vom Gesamtbestand von 121 Verkehrsflugzeugen sind 51 Flugzeuge gemietet.

	Operating Leases	Financial Leases
Swissair	10 MD-81*, 2 MD-83	2 B747-357, 6 MD-11, 1 A310
		4 A321, 1 MD-81
		16 Triebwerke CFM56
Crossair	4 Saab 340A, 2 Bae146-300	10 Saab 2000, 4 Saab 340 B
		5 Avro RJ100

* Sale-and-lease-back-Geschäfte

British Airways weist in der Konzernrechnung 2001/2002 an mehreren Stellen auf Leasinggeschäfte hin:

«**Leased and hire purchased assets:** Where assets are financed through finance leases or hire purchase arrangements, under which substantially all the risks and rewards of ownership are transferred to the Group, the assets are treated as if they had been purchased outright. The amount included in the cost of tangible fixed assets represents the aggregate of the capital elements payable during the lease or hire purchase term. The corresponding obligation, reduced by the appropriate proportion of lease or hire purchase term. The corresponding obligation, reduced by the appropriate proportion of lease or hire purchase payments made, is included in creditors. The amount included in the cost of tangible fixed assets is depreciated on the basis described in the preceding paragraphs and the interest element of lease or hire purchase payments made is included in interest payable in the profit and loss account.»

£ million	Fleet	Property	Equipment	Group total 1997	1996
Cost or valuation					
Balance at April 1	8 289	965	738	9 992	9 014
Exchange adjustments	(131)	(1)	(1)	(133)	123
Additions	1 662	157	108	1 927	1 254
Disposals	(206)	(3)	(55)	(264)	(204)
Refund of progress payments	(459)			(459)	(195)
Balance at March 31	9 155	1 118	790	11 063	9 992
Depreciation					
Balance at April 1	2 563	99	504	3 166	2 851
Exchange adjustments	(29)		1	(28)	14
Charge for the year	401	32	73	506	461
Provision against aircraft held for resale					5
Disposals	(117)	(1)	(51)	(169)	(165)
Balance at March 31	2 818	130	527	3 475	3 166
Net book amounts					
March 31, 1997	6 337	988	263	7 588	6 826
March 31, 1996	5 726	866	234		

(Forts.) £ million	Fleet	Property	Equipment	Group total 1997	1996
Utilisation at March 31					
Assets in current use					
Owned	2 248	781	209	3 238	2 846
Finance leased	1 266			1 266	1 399
Hire purchase arrangements	1 968			1 968	1 643
Progress payments	851	207	54	1 112	932
Assets held for resale	4			4	6
	6 337	988	263	7 588	6 826
The net book amount of property comprises:					
Freehold				298	232
Long leasehold				414	412
Short leasehold				276	222
				988	866

Revaluation (S. 40 c):
All freehold properties of the Group, and certain leasehold properties, where leases give long term security of tenure and rights to development, disposal and sub-letting, were revalued at open market value for existing use at March 31, 1995.

Rund 20% der Sachanlagen *(tangible assets)* von British Airways werden somit über Leasingtransaktionen finanziert und beschafft. ▶ Abb. 161 zeigt die wichtigsten Kennzahlen für British Airways bzw. Swissair – mit und ohne Bilanzierung des Finance Leasing – in jenen Jahren.

Die Überlegungen, die zu einer Aufwertung von Anlagewerten über deren Anschaffungswert oder Zeitwert (Anschaffungswert abzüglich kumulierte Abschreibungen) hinaus führen, sind ebenso wie die Darstellung der Begründung und Möglichkeiten von Abschreibungen Gegenstand von Kapitel 22 «Sachanlagen». Vorerst sollen die wirtschaftlichen Hintergründe des Leasinggeschäftes und anschliessend die Erfassung von Leasingtransaktionen in der Rechnungslegung erläutert werden.

	British Airways	Swissair-Bilanz ohne Leasing	Swissair-Bilanz mit Leasing
Fremdkapitalquote	71.10%	77.98%	80.47%
Anteil Anlagevermögen	79.26%	60.42%	64.89%

▲ Abb. 161 Kennzahlen von British Airways und Swissair

27.1 Wirtschaftliche Begründung und Eigenheiten von Leasinggeschäften

Der hohe Kapitalbedarf für Investitionen in Sachanlagen, Marktaufbau sowie Forschung und Entwicklung kann von Unternehmen oft nicht allein aus eigenen Mitteln, zuweilen auch nicht mit den traditionellen Kreditinstrumenten gedeckt werden. Wachstumsunternehmen beispielsweise können zwar mit einem hohen Geldzufluss aus der betrieblichen Tätigkeit rechnen, binden aber diese Mittel meist wieder für die Finanzierung der mit dem Umsatz steigenden Debitorenausstände sowie des Warenlagers bzw. der noch nicht fakturierten Dienstleistungen. In anderen Fällen sind die Banken mangels Möglichkeiten der Besicherung und wegen der ohnehin schon schlechten Finanzlage eines Unternehmens nicht bereit, Kredite zu gewähren, oder – dies war zumindest früher der Fall – Unternehmen möchten Verpflichtungen möglichst aus der Bilanz heraushalten, um so ihre Kennzahlen zu verbessern und dadurch den Auflagen der Banken nachzukommen. Vor diesem Hintergrund haben sich in der Praxis spezielle Finanzierungs- und Nutzungsformen für Maschinen und andere Mobilien, für Einrichtungen oder auch Immobilien entwickelt. Abzahlungsgeschäfte und damit verbunden ein Eigentumsvorbehalt für den Verkäufer oder Kreditgeber, aber auch dem Mietrecht nachgebildete Lösungen setzten sich nicht durch. Vielmehr schaffte auch in Europa das so genannte Leasinggeschäft den Durchbruch.

Beim **Leasing** wird ein Gut dem Leasingnehmer zur (exklusiven) Nutzung überlassen, und zwar gegen Zahlung einer periodischen Gebühr (Leasingrate) an den Leasingnehmer; in der Regel verbleiben die Eigentumsrechte beim Leasinggeber. Der Leasingnehmer erhält einen Anspruch auf Erwerb des Gutes zu einem im Voraus festgelegten Betrag am Ende der Leasingdauer. Die entgeltliche Nutzung entspricht somit der Charakteristik eines Mietvertrages; der Anspruch (oder die Option) auf den Erwerb zu Eigentum ist dem Kaufvertragsrecht zuzuordnen.

Diese erste Umschreibung des Leasings weist auf weitere Motive für die Wahl dieser Geschäftsform hin. Die Leasingdauer kann von den Parteien festgelegt werden; ist diese kürzer als die steuerrechtlich für die Abschreibung zugelassene Nutzungsdauer, kann der Leasingnehmer daraus einen wirtschaftlichen Vorteil durch Aufschub der entsprechenden Ertragssteuern erzielen. Kann der Leasinggeber – wie in einigen Ländern zulässig – zusätzlich eine beschleunigte Abschreibung vornehmen, erhöht sich der Gesamtnutzen des Leasings. Vor allem bei Leasingtransaktionen über die Landesgrenzen hinweg und unter Nutzung nationaler Unterschiede fallen beachtliche Einsparungen an. Ein weiterer Grund für die Wahl von Leasing als Mittel für die Beschaffung der betrieblich notwendigen Einrichtungen oder Gegenstände liegt in der raschen technischen Weiterentwicklung oder im zusätzlichen Dienstleistungsangebot des Leasinggebers (bzw. des Lieferanten, wenn dieser das Leasing nicht selber sondern über eine spezialisierte

Leasingfirma abwickelt): So nutzen Firmen die Möglichkeit, im Telekommunikationsbereich oder in der Office-Automation periodisch die neueste Generation von Geräten und Anwendungsmöglichkeiten zu erhalten. Gleichzeitig können sie den Service sowie allfällige Versicherungsaspekte über den Leasingvertrag abdecken bzw. im Sinne des **Outsourcings** an Dritte übertragen. Mit den gleichen Überlegungen werden ganze Autoflotten für Monteure, Servicepersonal etc. geleast und beispielsweise (rollend) alle drei Jahre erneuert.

27.2 Möglichkeiten der Behandlung des Leasings
27.2.1 Allgemeines

An sich bieten sich zwei Möglichkeiten der Behandlung des Leasings in der Rechnungslegung an:

- **Bilanzierung beim Leasinggeber,** wenn er rechtlich gesehen Eigentümer bleibt oder noch einen Eigentumsanspruch (z.B. über den Eigentumsvorbehalt) erheben kann. Beim Leasingnehmer wird die Leasingbeziehung in der Bilanz dagegen nicht erfasst. Diese **juristische Betrachtungsweise** *(legal approach)* verliert an Bedeutung. In der Schweiz und der EU werden Angaben zum Leasing im Anhang verlangt, insbesondere der Gesamtbetrag der noch offenen Verpflichtungen.

- **Bilanzierung** des geleasten Gutes und der Leasingverbindlichkeiten **beim Leasingnehmer** (allenfalls mit zusätzlichen Angaben im Anhang). Die **wirtschaftliche Betrachtungsweise** *(economic approach)* steht hier im Vordergrund. Daher hat sich diese Methode in Europa vor allem in der Konzernrechnung durchgesetzt, weil diese in erster Linie auf wirtschaftlichen Überlegungen aufbaut.

Die Rechnungslegung stellt den **wirtschaftlichen Aspekt** *(substance over form)* in den Vordergrund. Sie wählt die Informationen mit Blick auf die Entscheidungsfindung der Adressaten der Jahresrechnung aus. Daher entspricht die juristische Betrachtungsweise nicht den Bedürfnissen der heutigen Rechnungslegung. Selbst bei einem unter juristischer Würdigung weitgehend als Mietvertrag aufgebauten Leasingverhältnis ist die Verpflichtung zur Zahlung von Leasing- oder Mietraten für eine Dauer von einem Jahr oder sogar mehr eine wichtige Komponente für die Beurteilung der wirtschaftlichen Lage. Einerseits ist damit ein konstanter Mittelabfluss verbunden; andererseits kann die Höhe der Miet- oder Leasingraten während der Vertragsdauer nicht oder nur beschränkt den Veränderungen am Markt angepasst werden. Dies kann durchaus zum Vorteil, aber auch zum Nachteil des Mieters bzw. Leasingnehmers gehen.

Steht beim Leasing die Finanzierung einer Investition im Vordergrund, die eigentlich auch in Form eines Kaufgeschäftes getätigt werden könnte, stellt sich die wirtschaftliche Lage nochmals anders dar. Denn hier geht das geleaste Gut faktisch «vollumfänglich» an den Leasingnehmer, der seinerseits feste Rückzahlungsverpflichtungen übernimmt. Somit dürfte eine Bilanzierung der geleasten Güter als Aktiven und der Leasingraten als Verbindlichkeiten den wirtschaftlichen Charakter des Geschäftes am besten widerspiegeln.

Die Bilanzierung des Leasinggeschäftes hat natürlich einige «unangenehme» Folgen:

- Die Bilanz wird «verlängert», d.h. die Bilanzsumme steigt.
- Gemessen an der nun höheren Bilanzsumme sinkt der Anteil des Eigenkapitals, d.h. die Eigenkapitalquote nimmt ab.
- Das Finanzierungsverhältnis verschlechtert sich, weil das Fremdkapital auch die Leasingverpflichtungen umfasst.

Selbstverständlich werden weitere, direkt oder indirekt mit den angesprochenen Auswirkungen der Bilanzierung zusammenhängende Kennzahlen negativ beeinflusst. Unternehmen und Wirtschaftsprüfer benötigen bei dieser Ausgangslage eindeutige Kriterien, um die Entscheidung für oder gegen eine Bilanzierungspflicht im Einzelfall treffen zu können.

In der Vergangenheit hat man in vielen Ländern die Notwendigkeit einer Offenlegung der künftigen Zahlungsverpflichtungen aus Leasingverträgen erkannt. Gleichwohl wurde die juristische Betrachtungsweise *(legal approach)* in den Vordergrund gestellt und eine Bilanzierung des Leasinggutes beim Leasinggeber als Eigentümer vorgeschrieben; der Leasingnehmer musste immerhin gewisse Angaben zum Leasingverhältnis, insbesondere den Gesamtbetrag der offenen Leasingzahlungen, im Anhang ausweisen. In Spanien wurde dagegen die Bilanzierung des Gutes sowohl beim Leasinggeber als auch beim Leasingnehmer vorgeschrieben.

27.2.2 Finanzierungsleasing und Operating Leasing

Vor allem in den USA und in England steht für die Rechnungslegung die wirtschaftliche Betrachtungsweise *(economic approach)* im Vordergrund. Sobald ein Leasingvertrag weitgehend die Kernelemente eines Kaufvertrages enthält, werden die Aktivierung des Leasinggutes und die Passivierung der Leasingverbindlichkeiten verlangt. Die Bilanzierung entspricht folglich jener bei einem **Kauf auf Kredit.** Kernpunkte eines Kaufvertrages sind:

- der Kaufpreis oder – wenn man die Gegenleistung betrachtet – der Wert des Kaufgegenstandes im Zeitpunkt des Vertragsvollzuges;
- die Nutzungsdauer für das gekaufte, nun voll auf den Käufer übergehende Gut;
- die Tatsache, dass der Käufer das Gut zu Eigentum erwirbt.

Genau auf diese Kriterien stellt beispielsweise Swiss GAAP FER (FER 13) ab. Ein solches Leasing wird als **Finanzierungsleasing** (Financial Leasing oder Finance Lease) bezeichnet, weil der Finanzierungsaspekt – als Alternative zur Kauflösung – im Vordergrund steht. Ein Finanzierungsleasing liegt in der Regel vor, wenn eines der folgenden Kriterien bejaht werden kann (FER 13/3):

- Bei Vertragsschluss entspricht der Barwert der Leasingraten einschliesslich einer allfälligen Restzahlung (bei Ende der Vertragsdauer) in etwa dem Marktwert (Kaufpreis) des Leasinggutes.
- Die vereinbarte Leasingdauer entspricht ungefähr der wirtschaftlichen Nutzungsdauer für das geleaste Gut.
- Das Leasinggut kann nach Abschluss der Leasingdauer vom Leasingnehmer zu Eigentum übernommen werden.
- Eine allfällige Restzahlung am Ende der Vertragsdauer, mit der das Leasinggut vom Leasingnehmer käuflich zu Eigentum erworben wird, liegt wesentlich unter dem für jenen Zeitpunkt zu erwartenden Marktwert.

In vielen Ländern werden diese Kriterien präzisiert, indem beispielsweise der Barwert der Leasingzahlungen (einschliesslich Restzahlung) einen bestimmten Prozentsatz des Marktwertes nicht unterschreiten darf. Diese und andere quantitative Kriterien bieten zwar einfache Anhaltspunkte. Gleichzeitig begünstigen sie missbräuchliche Lösungen. Je konkreter die Kriterien festgehalten werden, desto leichter fällt es, einen Vertrag zu strukturieren, der eben diesen Kriterien – meist ganz knapp – nicht entspricht. Die Kriterien der FER sind daher sehr breit gehalten und es finden sich darin keine präzisen Vorgaben wie beispielsweise Prozentsätze. Die IAS (IAS 17) verzichten ebenfalls auf quantitative Präzisierungen. Dafür werden über die vier vorstehenden Kriterien von FER 13 hinaus weitere Eigenheiten des Leasinggeschäftes genannt, die jede für sich die Qualifizierung eines Vertrags als Financial Leasing begründen:

- Das geleaste Gut ist spezifisch auf die Nutzung durch den Leasingnehmer ausgerichtet und kann von einem anderen Unternehmen nur mit erheblichem Anpassungsaufwand genutzt werden.
- Bei einer (an sich nicht üblichen) vorzeitigen Kündigung durch den Leasingnehmer muss dieser dem Leasinggeber einen allfälligen Verlust voll ausgleichen.

- Mehr- oder Minderkosten aus Marktwertschwankungen wirken sich direkt beim Leasingnehmer durch Erhöhung bzw. Reduzierung der Leasinggebühren aus.
- Der Leasingnehmer kann nach Ablauf der Leasingdauer das Gut während einer Folgeperiode nutzen zu einer Leasinggebühr, die wesentlich unter dem entsprechenden Marktpreis liegt.

Wird keines dieser Kriterien erfüllt, so handelt es sich um eine **dem Mietgeschäft nachgebildete Nutzungsvereinbarung.** Charakteristisch für diese als **Operating Leasing** oder Operating Lease bezeichneten Verhältnisse ist die kurze Laufzeit oder die Möglichkeit einer Kündigung vor Ablauf der Nutzungsdauer. Häufig sind auch erhebliche Service- und Versicherungsleistungen im Leasingarrangement eingeschlossen. In vielen Fällen lässt sich das Operating Lease auf einen Mietvertrag (allenfalls kombiniert mit einem Dienstleistungsvertrag) reduzieren.

Beim **Finance Lease** beinhaltet die finanzielle Verpflichtung die Zahlung des gesamten Kaufpreises für das geleaste Gut; statt einer Barzahlung bei Beginn der Nutzung wird der Kaufpreis in mehreren Raten entrichtet. Das **Operating Lease** lässt dagegen die Möglichkeit einer Vertragsbeendigung vor Ablauf der maximalen Nutzungsdauer offen. Beiden gemeinsam ist die Verpflichtung zu (substanziellen) Zahlungen in späteren Perioden sowie die Tatsache, dass bei Verzug in der Zahlung der Raten die geleaste Sache an den Leasinggeber zurückgeht. Aus diesen Gemeinsamkeiten und Unterschieden leiten sich die heute üblichen Regeln der Rechnungslegung für Leasinggeschäfte ab.

Allerdings gibt es mit dem so genannten *market approach*[1] auch Bestrebungen, die Unterscheidung in Finance und Operating Lease mit all ihren Missbrauchsmöglichkeiten gänzlich zu überwinden. Bei diesem Konzept ist nur zu klären, ob ein Leasinggegenstand für den Leasingnehmer ein Nutzenpotenzial darstellt oder einen zukünftigen wirtschaftlichen Nutzen generiert; Leasinggegenstände werden dabei wie normale Vermögensgegenstände behandelt entsprechend der Definition von Aktiven im Framework des IASB: Ein Vermögensgegenstand ist zu bilanzieren, wenn er einen künftigen wirtschaftlichen Nutzen generiert und diese Ressource aufgrund eines bereits vergangenen Ereignisses vom Unternehmen «kontrolliert» werden kann. Der wirtschaftliche Nutzen muss mit hoher Wahrscheinlichkeit eintreten und der entsprechende Wert verlässlich geschätzt werden können. Ist ein Vertrag kündbar, so ist nach diesem Konzept keine Bilanzierung beim Leasingnehmer möglich. Allerdings hat sich diese Betrachtungsweise bisher nicht durchgesetzt. Im Vordergrund steht der *economic approach* und damit die Unterscheidung von Finance und Operating Lease.

---

1 In Australien ist dieser Ansatz als Wahlmöglichkeit vorgesehen gemäss Australian Accounting Research Foundation (AARF) und Australian Accounting Standards Board (AASB), Statement on Accounting Concepts SAC 4.

Für das **Finance Lease** gelten folgende Rechnungslegungsgrundsätze:

- Leasinggut und Leasingverpflichtung sind bei Vertragsbeginn mit dem gleichen Betrag zu bilanzieren.
- Massgebend ist der Marktwert für das geleaste Gut oder – falls niedriger – der Barwert der künftigen Leasingverpflichtungen.
- Für die Barwertberechnung ist der für den Leasingvertrag verwendete Zinssatz massgebend. Mangels Angaben dazu ist der für das Unternehmen massgebende Grenzzinssatz zu verwenden. Das ist jener Zinssatz, der bei der Aufnahme eines zusätzlichen Kredites angewendet würde.
- Das Leasinggut ist über die Nutzungsdauer oder – falls keine Kaufoption besteht – über die (kürzere) Vertragsdauer abzuschreiben. Es ist die gleiche Methode zu verwenden, die für vergleichbare Anlagegüter gilt, welche vom Unternehmen zu Eigentum erworben wurden. Laufzeit des Leasinggeschäftes und Abschreibungsdauer müssen also nicht deckungsgleich sein.
- Die Leasingzahlungen sind je Periode aufzuteilen in Zinsaufwand und Schuldentilgungskomponente.
- Allfällige weitere Komponenten der Leasingzahlungen beispielsweise für Serviceleistungen, Unterhaltspauschalen oder Versicherungsprämien sind separat zu erfassen.
- Für die wichtigsten Arten der geleasten Sachanlagen sind die Nettobuchwerte im Anhang offen zu legen. Beispielsweise sind geleaste Liegenschaften und Maschinen je separat auszuweisen.
- Die Leasingverbindlichkeiten sind – gleich wie die übrigen Finanzverbindlichkeiten – nach ihrer Fälligkeit (innerhalb von 1 Jahr, innerhalb von mehr als 1 und weniger als 5 Jahren bzw. in 5 Jahren oder später) getrennt auszuweisen.
- Weitere wichtige Angaben sind ebenfalls im Anhang offen zu legen. Im Vordergrund stehen Restriktionen betreffend die weitere Verschuldung oder Bestellung von Sicherheiten zugunsten anderer Gläubiger, Abmachungen betreffend Berechnung eines Teiles der Leasingzahlungen in Abhängigkeit von Verkaufsumsätzen oder anderen Grössen (sog. *contingent rent),* allfällige Erträge (vergangene und künftige) aus der Weitergabe der Nutzung *(sublease arrangement)* an Dritte.

Ein Teil dieser Überlegungen hat Auswirkungen auf die Rechnungslegung beim Leasinggeber. Insbesondere Service-, Unterhaltspauschalen oder Versicherungsprämien sind bei der Erfassung des Umsatzes im Zeitpunkt des Verkaufs des Leasingobjektes auszuklammern und über die vereinbarte Laufzeit als Ertrag zu erfassen. Die entsprechenden Entgelte werden also erst im Laufe der Zeit umsatzwirksam. Die zeitliche Abgrenzung erfolgt über transitorische Aktiven bzw. Passiven (Posten der Rechnungsabgrenzung).

| 27.2.3 | Illustration des Leasings anhand von Beispielen |

Das folgende **Beispiel der ABC AG** soll helfen, die Funktionsweise des Leasings darzustellen.

Problemstellung: Ein Leasingvertrag läuft über 5 Jahre und sieht jährliche Zahlungen von 2309.75 vor. Als Zinssatz für die Kalkulation wird 5% veranschlagt. Der Marktpreis der entsprechenden Maschine beträgt rund 10 000.

Lösungshinweise zur bilanziellen Behandlung (Teil I): Der Barwert aller Raten (drei Perioden) entspricht mit 10 000 (vgl. Tabelle) dem Verkaufspreis im Zeitpunkt des Vertragsabschlusses. Daher ist von einer Behandlung als **Finance Lease** auszugehen. Die Berechnungen zur Ermittlung der buchungsrelevanten Beträge lauten:

Jahr	Zahlungen	Barwert Zahlungen 5%	Verzinsung Restschuld 5%	Tilgung	Abschreibung	Restwert	Restschuld Jahresende
0						10 000.00	10 000.00
1	2 309.75	2 199.76	500.00	1 809.75	2 000.00	8 000.00	8 190.25
2	2 309.75	2 095.01	409.51	1 900.24	2 000.00	6 000.00	6 290.01
3	2 309.75	1 995.25	314.50	1 995.25	2 000.00	4 000.00	4 294.76
4	2 309.75	1 900.24	214.74	2.095.01	2 000.00	2 000.00	2 199.75
5	2 309.75	1 809.75	109.99	2 199.76	2 000.00	–	–0.01
Summe	**11 548.75**	**10 000.01**	**–0.00**	**10 000.01**	**10 000.00**		
Zinssatz		0.05					
Marktwert Leasinggut		10 000.00					

| 27.3 | Sale-and-lease-back-Transaktionen |

Im Zusammenhang mit Leasingfinanzierungen sind die so genannten Sale-and-lease-back-Transaktionen zu behandeln. Diese werden nach folgendem Muster abgewickelt: Ein Unternehmen besitzt zum Beispiel eine Betriebsliegenschaft an guter Lage, die zu einem markant unter dem Marktwert liegenden Betrag bilanziert ist. Es verkauft diese Liegenschaft an ein Leasingunternehmen und erzielt damit einen beachtlichen Gewinn. Zudem fliessen ihm Mittel in der Höhe des Verkaufspreises zu. Diese Mittel kann es einsetzen, um Verpflichtungen zu reduzieren oder andere Anlagen bzw. die Geschäftstätigkeit zu finanzieren. Gleichzeitig verpflichtet es sich gegenüber der Leasinggesellschaft, die Liegenschaft über zum Beispiel 25 Jahre zu leasen und damit am Ende der Vertragsdauer wieder zu erwerben. Tatsächlich erfolgt aber dadurch – wirtschaftlich gesehen – nur eine Aufwertung auf den Verkehrswert. Es wird kein echter Gewinn erzielt. Der über den Buchwert hinausgehende Erlös wird der Leasinggesellschaft über die Ver-

> **Projekte in Arbeit in Leasing:** Die Flughafen Zürich AG ist im Dezember 2001 in einen Leasing-Rahmenvertrag zur Finanzierung der Gepäcksortier- und Gepäckförderanlage sowie von Flugzeugenergieversorgungsanlagen eingetreten. Zum Zeitpunkt der Erstellung des vorliegenden Geschäftsberichtes wird über den Abschluss von definitiven Leasingverträgen weiterhin verhandelt. Der Leasing-Rahmenvertrag ist vom Sachverhalt her als Finanzierungsleasing einzustufen und wurde deshalb aktiviert.

▲ Abb. 162 Leasingkonstruktionen zur Finanzierung der Bauphase (Unique AG, Geschäftsbericht 2002, S. 60)

tragsdauer zurückbezahlt (zusammen mit der Abgeltung des Buchwertes und dem Zinsaufwand). Daher untersagen die meisten Standards bei **Sale-and-lease-back-Transaktionen** in Form eines **Finance Leasing** den Ausweis des Gewinnes aus dem Verkauf in der Erfolgsrechnung; vielmehr ist dieser in den Passiven abzugrenzen und über die Laufzeit aufzulösen.

Gleichwohl kann ein Sale-and-lease-back-Geschäft sinnvoll sein. Ist ein Unternehmen hoch verschuldet und kann es sich nur noch zu unattraktiven Zinssätzen – wenn überhaupt – refinanzieren, ist der Verkauf einer rentablen, unabhängig vom Betrieb jenes Unternehmens nutzbaren, Liegenschaft eine Möglichkeit, um Geld zu beschaffen. So hat der Flughafen Zürich Unique AG im Jahr 2003 zwei Parkhäuser an Investoren verkauft und auf der Grundlage eines attraktiven Zinssatzes zurückgeleast. Der Kapitalmarkt reflektierte zu jenem Zeitpunkt aufgrund der Notierung für ausstehende Anleihen einen Zinssatz von rund 10 % für die Unique AG verglichen mit einem Marktsatz von 3.5 % für ähnliche Unternehmen. Mit dem Geldzufluss aus dem Sale-and-lease-back-Geschäft konnte der Flughafenbetreiber seine mit einem Disagio (also weit unter dem Nennwert von 100 %) gehandelten Anleihen teilweise zurückkaufen und so die Nettoverschuldung reduzieren. Ähnliche Erwägungen können auch für eine Verwendung von Leasingkonstruktionen bereits in der Bauphase neuer Anlagen sprechen (vgl. ◄ Abb. 162).

Interessant können Sale-and-lease-back-Geschäfte in Ländern sein, die für Verkaufsgewinne auf langfristigen Anlagen, insbesondere auf Liegenschaften, einen tieferen Steuersatz (oft nur die Hälfte) als für den Gewinn aus Betriebstätigkeit kennen. Durch die Abschreibungen über die Leasingdauer werden (auch bei einer Barwertbetrachtung) wesentlich höhere Beträge an Ertragssteuern gespart, als im Verkaufszeitpunkt auf dem Gewinn aus der Veräusserung solcher Immobilien anfallen.

Zur Verdeutlichung der Thematik des Sale-and-lease-back-Geschäfts zunächst ein Beispiel bei Vorliegen eines Finance Lease:

Die Uhrenfabrik Longuevie S.A. in Le Locle (NE) hat einige sehr kapitalintensive Investitionen zu tätigen, um weiterhin auf dem Uhrenmarkt bestehen zu können. Da die Firma kaum über flüssige Mittel verfügt, beschliesst die Geschäftsführung die Fabrikliegenschaft an eine Leasingfirma zu verkaufen. Der Buchwert bei Verkauf betrug

100 000 CHF, der Verkaufswert wurde auf 2 000 000 CHF festgelegt. Die Vertragsdauer wurde mit 20 Jahren veranschlagt, die Verzinsung beträgt jährlich 5%. Im laufenden Jahr würde somit ein Buchgewinn von 1.9 Mio. CHF realisiert.[1] Dieser Gewinn darf nicht in der Periode realisiert, sondern soll vielmehr über die Laufzeit des Leasingvertrags «abgeschrieben» werden.

Bei der Longuevie S.A. schlagen sich diese Vorgänge wie folgt nieder:

Soll	Haben	Kommentar	Betrag	Annuität
Bank	Immobilien	Verkaufserlös zum Buchwert	100 000.00	
Bank	Reserven Leasing	Abgrenzung Verkaufsgewinn	1 900 000.00	
Immobilien	Langfristige Verbindlichkeiten	Marktwert Immobilie/ Barwert Leasingschuld bei Vertragsbeginn	2 000 000.00	
Langfristige Verbindlichkeiten	Bank	Tilgung Jahr 1	60 485.17	
Zinsaufwand	Bank	Zinsen Jahr 1	100 000.00	160 485.17
Reserven Leasing	Ertrag aus Sale-and-lease-back	«Auflösung» Gewinnreserve über 20 Jahre	95 000.00	

Wird beim **Sale-and-lease-back-Geschäft** das veräusserte Gut in Form eines **Operating Leasing** dem (verkaufenden) Unternehmen wieder zur Nutzung überlassen, darf der Verkaufsgewinn erfolgswirksam erfasst werden. Wegen der kurzfristigen Kündbarkeit des Leasingvertrages hat das verkaufende Unternehmen die Möglichkeit, den Gewinn nach Ablauf einer bestimmten Zeit durch Beendigung der Verpflichtung zur Nutzung auch tatsächlich zu realisieren. Im Beispiel der Longuevie S.A. führt dies bei Vorliegen eines Operating Lease zu folgender Darstellung:

Die Uhrenfabrik Longuevie S.A. in Le Locle (NE) möchte im EDV-Bereich stets up-to-date sein. Um dies sicherzustellen, schlägt der Verantwortliche des Informatikbereichs vor, die bestehende Anlage (vor 2 Jahren für 400 000 CHF gekauft) an eine Leasingfirma zu verkaufen und sie anschliessend zu leasen. Die Leasingfirma (Leasinggeber) übernimmt auf ihre Kosten die Wartung. Sie garantiert ebenfalls, dass die zur Verfügung stehende Hardware und Standardsoftware stets auf dem neuesten Stand bleiben. Die alte Anlage hat einen Buchwert von 50 000 CHF. Die Leasingfirma übernimmt die Anlage zu 80 000 CHF. Jährlich muss die Longuevie S.A. eine Leasingrate von 40 000 CHF entrichten. Der Vertrag mit der Leasinggeberin ist innerhalb Jahresfrist kündbar.

---

[1] Beispielsweise gemäss IAS 17 Par. 56 ff.

In der Jahresrechnung der Longuevie S. A. zeigt sich das wie folgt:

Soll	Haben	Kommentar	Betrag
Bank	Sachanlagen	Verkaufserlös zum Buchwert	50 000
Bank	Ertrag Verkauf EDV	Durch Verkaufserlös realisierter Gewinn	30 000
EDV-Leasing	Bank	Zahlung (Aufwand) der Leasingrate für laufendes Jahr 1	40 000

27.4 Relevante Standards

27.4.1 Swiss GAAP FER

Swiss GAAP FER 13 regelt die Darstellung der Leasinggeschäfte durch den Leasingnehmer. Es wird unterschieden zwischen Finanzierungsleasing (Financial Lease) und operativem Leasing (Operating Lease). Ob ein Finanzierungsleasing vorliegt, bestimmt sich nach der wirtschaftlichen Betrachtungsweise. Daher sind die vier in der Fachempfehlung aufgeführten Kriterien qualitativer Natur. Finanzierungsleasing wird in der Konzernbilanz erfasst und ist separat auszuweisen. Operatives Leasing wird nicht bilanziert, ist aber im Anhang (als Gesamtbetrag, d.h. nicht je Geschäft einzeln) offen zu legen. Der Gewinn aus **Sale-and-lease-back-Transaktionen** ist erfolgsneutral zu behandeln. Dagegen wird keine Auflösung des Gewinnes über die Laufzeit des Vertrages verlangt.

27.4.2 IAS

IAS 17 *(Accounting for Leases)* beschäftigt sich ausführlich mit der Behandlung von Leasingverträgen sowohl beim Leasingnehmer *(lessee)* als auch beim Leasinggeber *(lessor)*. Ein Finanzierungsleasing wird angenommen, wenn praktisch alle Risiken und der Nutzen bei Vertragsabschluss an den Leasingnehmer übergehen. Grundsätzlich wird dafür auf die wirtschaftliche Betrachtungsweise abgestellt und nicht auf die rechtliche Einstufung des Vertrags *(substance over form)*. Auch das IASB hat vier Kriterien qualitativer Natur zur Prüfung der Frage definiert, ob es sich um ein Finanzierungsleasing oder bloss um ein Operating Lease handelt. Indikatoren für ein Finanzierungsleasing sind der Eigentumsübergang bzw. die Möglichkeit zum Erwerb durch eine nur unbedeutende Zahlung bei Vertragsende, die Kongruenz zwischen Leasing- und Nutzungsdauer des Anlagegegenstands und die Übereinstimmung des Barwertes der Leasingraten mit dem Verkehrswert des geleasten Objektes.

Der Leasinggegenstand ist bei Einstufung als Finanzierungsleasing zwingend zu bilanzieren. Als Betrag wird der Verkehrswert der Anlage oder, falls kleiner, der Barwert der Leasingraten eingesetzt. Die Abschreibung erfolgt über die geschätzte Nutzungsdauer oder, falls kürzer, über die Leasingdauer. Bei einem Operating Lease sind die dem Aufwand belasteten Mietgebühren gesondert im Anhang auszuweisen. Gewinne aus Sale-and-lease-back-Transaktionen sind zurückzustellen und über die Laufzeit des Leasingvertrages erfolgswirksam als Reduktion des (Zins-)Aufwandes aufzulösen. Beide Vertragsparteien werden zu umfangreichen Offenlegungen im Anhang verpflichtet.

27.5 Übungen

Übungsfragen

1. Wie unterscheiden sich Finance Lease und Operating Lease voneinander? Illustrieren Sie Ihre Ausführungen mit Beispielen.
2. Welche Grundsätze gelten für die Rechnungslegung bei Finance Leases?
3. Welche Grundsätze gelten für die Rechnungslegung bei Operating Leases?
4. Was versteht man unter «Sale and lease back»? Wann machen solche Transaktionen betriebswirtschaftlich Sinn?
5. Welchen Einfluss hat die Methode der Rechnungslegung des Leasings auf die Bilanzstruktur?
6. Welches sind die Vorteile einer Finanzierung von Sachanlagevermögen durch Leasing gegenüber einer Eigen- oder Kreditfinanzierung?
7. Wer ist «Eigentümer» des geleasten Vermögensgegenstandes im Falle eines Financial Lease und bei einem Operating Lease? Unterscheiden Sie zwischen juristischer und betriebswirtschaftlicher Betrachtungsweise.
8. Welche Offenlegungsvorschriften gelten für ein Finance Lease?
9. Welche Offenlegungsvorschriften gelten für ein Operating Lease?
10. Welche Überlegungen sprechen für eine Neuregelung der Rechnungslegung für Leasinggeschäfte?

Übungsaufgaben

11. Ein Unternehmen entscheidet sich bei einer Ersatzinvestition für eine Leasingfinanzierung. Die Lebensdauer der Maschine beträgt 8 Jahre, der Marktwert 22 000 CHF. Der Restwert (Schrottwert) beträgt 1000.
    Der Leasingvertrag umfasst folgende Abmachungen:

Dauer:	7 Jahre
Leasingrate:	4713.52 p.a. nachschüssig
Versicherung:	400 p.a. (in der Leasingrate enthalten)
Zinssatz:	10 %

Berechnen Sie das Tilgungsschema anhand der untenstehenden Tabelle, und stellen Sie die erforderlichen Buchungen bei Vertragsabschluss und die bilanzielle Behandlung im Jahr 1 dar.

Jahr	Zahlungen	Barwert Zahlungen (10%)	Verzinsung Restschuld (10%)	Tilgung	Abschreibung	Restwert*	Restschuld Jahresende
0							
1							
2							
3							
4							
5							
6							
7							
Summe							
Zissatz		0.10					
Marktwert Leasinggut		22 000.00					

12. Ein Unternehmen entscheidet sich bei einer Ersatzinvestition gegen den Kauf und für ein Leasinggeschäft. Die Lebensdauer der Maschine beträgt 7 Jahre, der Marktwert beträgt 22 000 CHF.
Der Leasingvertrag umfasst folgende Regelungen:

Dauer:	5 Jahre
Leasingraten:	6500 p.a. nachschüssig
Versicherung:	750 p.a. (in Leasingrate enthalten)
Restkaufpreis:	300
Zinssatz:	10 %

Berechnen Sie das Tilgungsschema anhand untenstehender Tabelle, und stellen Sie die erforderlichen Buchungen beim Einbezug und der bilanziellen Behandlung im Jahr 1 dar.

Jahr	Buchwert	Abschreibung	Leasingverbindlichkeit	Zinsaufwand	Amortisation
0					
1					
2					
3					
4					
5					
6					
7					

a. In Abwandlung des Basisfalls kann der Leasingvertrag nach zwei Jahren durch den Leasingnehmer gekündigt werden, ohne dass dieser dafür eine «Strafzahlung» leisten muss. Die Leasingraten betragen nun p.a. 7000 (Erhöhung); es besteht keine Rückkaufsoption. Wie ist dieser Fall (Swiss GAAP FER oder IAS) zu beurteilen?

b. Verwenden Sie die obigen Daten (Basisfall und Abwandlung des Basisfalls) und stellen Sie die jeweiligen Auswirkungen auf Gewinn, Bilanz und Eigenkapitalquote dar. Erläutern Sie zudem die erforderlichen Angaben im Anhang. Als weitere Angaben sind bekannt (vor Berücksichtigung des Leasinggeschäfts und per 1.1. des Berichtsjahrs):

Aktiven		Passiven	
Umlaufvermögen	15 000	Kurzfristige Verbindlichkeiten	5 000
Sachanlagen	5 000	Langfristige Verbindlichkeiten	5 000
		Eigenkapital	2 500
		Periodengewinn	7 500
	20 000		20 000

13. Wie beurteilen Sie die Aussage im Geschäftsbericht 2002 von Georg Fischer zum Leasing?

Leasing
Leasingverträge werden bilanziert, wenn Risiken und Nutzen bei Vertragsabschluss mehrheitlich an die Konzerngesellschaft übergehen. Die Leasingraten werden in Zinsaufwand und Tilgungsbetrag gemäss Annuitätenmethode aufgeteilt. Die Abschreibung der Leasinggegenstände erfolgt über die geschätzte Nutzungs- oder kürzere Leasingdauer. Zahlungen für operatives Leasing werden linear über die Leasingdauer erfolgswirksam erfasst.

Mio. CHF	2002	2001
Leasingverpflichtung bis 1 Jahr	2	1
Leasingverpflichtung 2 bis 5 Jahre	5	1
Leasingverpflichtung über 5 Jahre	2	
Finanzleasing (Nominalwerte)	**9**	**2**
Leasingverpflichtung bis 1 Jahr	12	11
Leasingverpflichtung 2 bis 5 Jahre	18	21
Leasingverpflichtung über 5 Jahre	9	1
Operatives Leasing (Nominalwerte)	**39**	**33**

▲ Abb. 163 Angaben zu Leasing im Anhang (Georg Fischer, Geschäftsbericht 2002, S. 54 und 65)

Kapitel 28
Rückstellungen

Lernziele

- Kenntnis der wichtigsten Arten von Rückstellungen
- Auswirkungen der Rückstellungen auf den künftigen Geldfluss
- Bestimmung der Höhe von Rückstellungen
- Behandlung von Verpflichtungen, deren Höhe nicht zuverlässig geschätzt werden kann
- Anforderungen an die Offenlegung

Beispielfirmen

Die Kreditwürdigkeit des Unternehmens ThyssenKrupp ist im Jahre 2003 zur Überraschung der Kapitalmärkte aufgrund der hohen Rückstellungen für Pensionsansprüche von der Rating-Agentur Standard & Poors auf «Sub-Investment Grade» (sog. Junk-Bond-Status) heruntergestuft worden. Die Position «Rückstellungen für Pensionen und ähnliche Verpflichtungen» betrug im September 2003 7.39 Mrd. EUR. Neben ThyssenKrupp sind auch die Unternehmen Deutsche Post und Linde aufgrund ihrer Pensionsrückstellungen Gegenstand ähnlicher Diskussionen geworden.

28.1 Elemente der Rückstellungen

Die Konzernrechnung der Unaxis AG zeigt im Anhang zum Jahresabschluss 2001 die Rückstellungen im Detail (vgl. ▶ Abb. 164).

Rückstellungen für latente Steuern	2001	Restlaufzeit/Fälligkeit		2000
in Mio. CHF		bis über 1 Jahr	über 1 Jahr	
Total	55	0	55	87
Veränderung gegenüber Vorjahr	−32			11
Übrige Rückstellungen	**2001**	**Restlaufzeit/Fälligkeit**		**2000**
		bis über 1 Jahr	über 1 Jahr	
Rückstellungen für laufende Ertragssteuern	47	47		59
Vorsorgerückstellungen	248	158	90	270
Diverse Rückstellungen	392	199	193	463
Total	687	404	283	792
Veränderung gegenüber Vorjahr	−105			50

▲ Abb. 164 Angaben zu Rückstellungen im Anhang (Unaxis, Geschäftsbericht 2001, S. 77)

Für die diversen Rückstellungen werden die Veränderungen der wichtigsten Einzelpositionen aufgeschlüsselt (vgl. ▶ Abb. 165).

Diverse Rückstellungen								
	EBIT-bezogene Rückstellungen						Nicht EBIT-bezogene Rückstellungen	Total
in Mio. CHF	Garantie/ Nacharbeiten	Produkte- haftpflicht	Belastende Verträge	langfristige Personal- leistungen	Restrukturie- rungen	Übrige		
Stand 1. Januar 2001	69	4	4	5	95	78	208	463
Währungsdifferenzen						−2		−2
Veränderung des Konsolidierungskreises	−27		−2	−4				−33
Verbrauch	−18				−16	−44	−14	−92
Auflösung	−15		−2		−25	−13	−2	−57
Bildung	30			5	10	58	10	113
Umbuchungen		8				−2	−6	0
Stand 31. Dezember 2001	39	12	0	6	64	75	196	392
davon:								
fällig bis 1 Jahr	32	8		1	50	55	53	199
fällig über 1 Jahr	7	4		5	14	20	143	193

Die nicht EBIT-bezogenen Rückstellungen dienen mehrheitlich zur Deckung erkennbarer Risiken aus Beteiligungsverkäufen der letzten Jahre.

▲ Abb. 165 Entwicklung der Beträge für diverse Rückstellungen (Unaxis, Geschäftsbericht 2001, S. 79)

Die Anmerkung in ◄ Abb. 165 zeigt den Sinn der Unterteilung in EBIT-bezogene bzw. andere Rückstellungen auf. Erstere betreffen künftige Geldabflüsse, die als Aufwand in der fraglichen Periode den operativen Erfolg belasten. Die anderen Rückstellungen wurden offenbar mit Blick auf künftige Verluste im Zusammenhang mit Beteiligungsverkäufen gebildet. Allerdings müsste auch ein solcher Geldabfluss als betrieblicher Aufwand erfasst werden. Handelt es sich dagegen um mögliche Verluste auf dem Buchwert von Beteiligungen bei deren Veräusserung, ist dies als Wertberichtigung und damit als direkte Wertkorrektur der entsprechenden Aktiven zu erfassen. Die Bildung einer Rückstellung – die unter den Verbindlichkeiten ausgewiesen wird – signalisiert nämlich einen künftigen Mittelabfluss (ohne Gegenleistung). Unaxis erwähnt im Zusammenhang mit der Offenlegung der Rechnungslegungsgrundsätze, dass «Aufwendungen im Zusammenhang mit Umstrukturierungen […] in Ausnahmefällen im übrigen Ergebnis verbucht» werden. Im Anhang der Konzernrechnung 2001 findet sich noch folgende allgemeine Aussage:

«**Rückstellungen:** Diese werden konzernweit nach einheitlichen, gleich bleibenden betriebswirtschaftlichen Kriterien ermittelt. Sie dienen der Abdeckung erkennbarer Abflüsse von Ressourcen, welche durch verpflichtende Ereignisse der Vergangenheit wahrscheinlich und einigermassen zuverlässig abschätzbar sind.» (Unaxis, Konzernrechnung 2001, Anhang)

Diese Beispiele zeigen die wichtigsten Eigenschaften, Funktionen und Arten von Rückstellungen auf: Rückstellungen verkörpern – im Sinne der Definition von Verbindlichkeiten – den Barwert künftiger Geldabflüsse (ohne Gegenleistung zugunsten der bilanzierenden Unternehmung). Die Verpflichtung dazu ergibt sich meist aufgrund der rechtlichen Ausgangslage bzw. eines Vorfalles aus der Vergangenheit. Aber eines oder mehrere der drei Kriterien einer normalen Verbindlichkeit – nämlich Betrag, Fälligkeit und effektive Verpflichtung – stehen (noch) nicht fest bzw. sind nicht genau bestimmbar. Gleichwohl ist der Geldabfluss aufgrund einer Gesamtbeurteilung wahrscheinlich und betragsmässig abschätzbar, wenn auch nicht sehr genau.

Die wichtigsten Ursachen für die Bildung und damit auch die wichtigsten Arten von Rückstellungen sind:

- **Verpflichtungen im Zusammenhang mit der Altersvorsorge:** Hier geht es um allfällige Rentenzahlungen durch das Unternehmen nach Übertritt von Mitarbeitern in den Ruhestand. In vielen Ländern ist die Altersvorsorge (vgl. dazu Kapitel 35) ausgegliedert in so genannte Pensionskassen. Dagegen werden beispielsweise in Deutschland die Renten vielfach direkt von der Arbeitgeberfirma ausbezahlt. Dies hat den Vorteil, dass während der Anstellungsperiode der späteren Rentenbezüger keine Gelder aus dem Unternehmen abfliessen. Diese stehen vielmehr für die Finanzierung produktiver Investitionen zur Verfügung. Mit Blick auf die erst sehr viel später – im Durchschnitt in etwa 20 oder mehr Jahren – fälligen Pensionszahlungen ist daher eine Rückstellung zu bilden. Die Fälligkeit je Einzelperson lässt sich grundsätzlich klar bestimmen, sieht man von allfälligen vorgezogenen Übertritten in den Ruhestand ab. Dagegen ist der Betrag nur mit Hilfe von gewissen Parametern und jedenfalls nicht genau bestimmbar. Das so genannte Deckungskapital für künftige Rentenzahlungen hängt, je nach Art der Rentenberechnung, mehr oder weniger stark ab von der Entwicklung der künftigen Lebenserwartung, vom Zinsniveau bzw. Ertragspotenzial einer allfälligen Anlage der im Unternehmen zurückbehaltenen Gelder. Auch Schweizer Konzerne weisen – trotz der gesetzlich vorgeschriebenen Ausgliederung der Pensionssysteme in rechtlich selbstständige Pensionskassen oder Sammelstiftungen – solche Rückstellungen für Altersvorsorge auf, weil sie in der Regel mehr oder weniger bedeutende Tochtergesellschaften in Ländern mit direkten Pensionszahlungen seitens der Unternehmen kontrollieren.

- **Steuerliche Verpflichtungen:** Die Steuern bemessen sich in den meisten Ländern aufgrund des Einzelabschlusses. Auch dort, wo eine mehr oder weniger umfassende Konzernbesteuerung realisiert wurde, bestehen teilweise erhebliche Abweichungen bezüglich Bewertung und Bewertungskorrekturen wie Abschreibungen oder Wertberichtigungen zwischen den von den Steuerbehörden vorgegebenen Regeln und den Rechnungslegungsstandards für die Berichterstattung an den Kapitalmarkt. In Deutschland, Österreich und der Schweiz beispielsweise gilt aufgrund des Massgeblichkeitsgrundsatzes die Handelsbilanz als Grundlage für die Steuerbemessung. In der konsolidierten Rechnungslegung zuhanden der Investoren werden die aufgrund der einzelstaatlichen Regeln des Gesellschaftsrechtes erstellten Abschlüsse den konzernweit einheitlichen Rechnungslegungsstandards (z.B. IAS [IFRS], Swiss GAAP FER oder US GAAP) angepasst. Die Einzelabschlüsse basieren zudem (weitgehend) auf historischen Kosten. Eine moderne Konzernrechnung dagegen stellt vermehrt auf so genannte Fair Values ab und damit auch auf Marktwerte. Die Werte von Aktiven wie Wertschriften, Forderungen, Vorräte oder Sachanlagen sind in den Konzernabschlüssen daher oft höher als die für die Steuerbemessung massgeblichen Werte der Einzelabschlüsse. Im Falle der Realisierung solcher Mehrwerte verbessert sich der Unternehmenserfolg. Dadurch würden auch Ertragssteuern ausgelöst. Diesen Umstand berücksichtigt man durch Rückstellung dieser aufgeschobenen – also latenten – Steuerbelastung. Es werden Rückstellungen für die Ertragssteuern, die auf den im Zeitpunkt der Realisierung (z.B. durch Verkauf) in der Konzernrechnung berücksichtigten Mehrwerten anfallen, gebildet (vgl. zu den aktiven und passiven latenten Steuern das Kapitel 34 «Ertragssteuern»). Rückstellungen für latente Steuern sind zumindest im Anhang separat auszuweisen.

- **Sonstige Verpflichtungen aufgrund der Unternehmenstätigkeit:** Es gibt eine Vielzahl von Verpflichtungen aufgrund der Unternehmenstätigkeit. Dazu gehören regelmässig mögliche künftige Belastungen aufgrund von Garantiefällen und Nachbearbeitungsverpflichtungen oder aus Produkthaftung. Auch im Zusammenhang mit Verpflichtungen gegenüber Mitarbeitern und Führungskräften gibt es Situationen, die zur Bildung von Rückstellungen führen. Im Vordergrund stehen künftige Zahlungen aus bereits verbindlich vereinbarten Sozialplänen oder ähnlichen Massnahmen, ebenso allfällige Lohnfortzahlungen und weitere Leistungen aufgrund der Freistellung von Führungskräften. Schliesslich gibt es im Zusammenhang mit Restrukturierungen noch andere Verpflichtungen, die über mehrere Perioden hinweg zu Geldabflüssen führen. Beispiele dafür sind Aufwendungen für die Stilllegung von Fabriken, Kosten der Marktbereinigung wie Abfindungen für bisherige Vertretungen, Vergünstigungen gegenüber abgespaltenen oder verselbstständigten Betriebsteilen (Buy-out durch das Management etc.). Die Liste der Beispiele für die übrigen Verpflichtungen bzw. Rückstellungen lässt sich beliebig verlängern.

28.2 Zeitpunkt und Umfang der Bildung von Rückstellungen

Rückstellungen widerspiegeln wie andere Verbindlichkeiten einen künftigen Geldabfluss aufgrund einer in der Vergangenheit, also vor dem Bilanzstichtag entstandenen Verpflichtung. Bevor im Zusammenhang mit der Bildung von Rückstellungen deren Bemessung – als Pendant zur Bewertungsfrage bei Aktiven – angegangen wird, ist zu klären, **ob überhaupt eine Verpflichtung besteht.** Die Verpflichtung kann durch eine Vereinbarung, durch einseitige Erklärung bzw. durch konkludentes Handeln[1] des Unternehmens entstehen. Denkbar ist auch eine behördliche Anordnung oder ein gerichtliches Urteil als Grundlage der Verpflichtung. Diese kann auch faktisch, d.h. wegen des Sachverhaltes und den daraus aufgrund der allgemeinen Erfahrung geknüpften Folgen entstehen (das konkludente Verhalten des Unternehmens und die faktische begründete Verpflichtung werden in den IAS als *constructive obligation* bezeichnet).

---

1 Konkludentes Handeln ist ein Begriff der Rechtssprache: Gemeint ist damit das Verhalten einer Partei, wenn diese etwas nicht ausdrücklich genehmigt oder ihren Willen klar mitteilt, sondern durch ihr Verhalten der Gegenpartei den Eindruck vermittelt, dass sie im Grundsatz mit einem Vorschlag einverstanden ist. Bezahlt eine Firma über Jahre hinweg beispielsweise gewisse Deckungslücken der Pensionskasse, so ist dies ein Hinweis darauf, dass sie sich auch künftig so verhalten wird. Oder wenn eine Firma die schriftliche Bestätigung einer telefonischen Absprache nicht innert nützlicher Frist zurückweist, dann gilt diese als stillschweigend genehmigt. In der Rechnungslegung wird für solche Situationen – vor allem im Zusammenhang mit der Altersvorsorge – auch von *constructive obligation* gesprochen. Konkludentes Verhalten ist also ein Verhalten, bei dem aus verschiedenen wiederholten Vorgängen eine Verpflichtung abgeleitet werden kann.

28.2.1 Verpflichtung

Garantieverpflichtungen sind das Ergebnis einer vertraglichen Zusicherung bestimmter Eigenschaften. Mit der Auslieferung beginnt in der Regel die Garantiefrist. Die – latente – Verpflichtung für bereits erbrachte Lieferungen und Leistungen ist Anknüpfungspunkt für die Bildung von entsprechenden Rückstellungen. Einseitige Erklärungen sind eher selten, weil in den meisten Fällen solche Aussagen der Unternehmen rechtlich gesehen empfangsbedürftig sind und dadurch eine Art Vereinbarung entsteht. Sozialpläne beispielsweise sind nicht einfach eine unilaterale Zusage der Arbeitgeberfirma, sondern Voraussetzung dafür, dass die betroffenen Mitarbeiter die Kündigung entgegennehmen, ohne allfällige Klagerechte zu nutzen. In vielen Fällen sind sie zudem Ergebnis von Verhandlungen zwischen Unternehmensführung und der Vertretung der Mitarbeiterschaft (Personalkommission, Betriebsrat, unter Umständen auch gewerkschaftliche Delegationen). Gerade bei Restrukturierungen wird in der modernen Rechnungslegung sehr genau geprüft, ob bereits eine Verpflichtung entstanden ist oder erst eine mehr oder weniger genau formulierte Absicht der Unternehmensführung vorliegt. So verlangen die IAS im Falle von Verpflichtungen aufgrund eines konkludenten Verhaltens des Unternehmens *(constructive obligation,* wobei präzisiert wird, dass ein bestimmtes Verhalten des Unternehmens als Anknüpfungspunkt genügt) starke Anhaltspunkte dafür, dass es diese Verpflichtungen auch respektieren und honorieren werde. Keine Begründung einer konkludenten Verpflichtung im Rahmen von Restrukturierungen ist die formelle interne Verabschiedung eines Restrukturierungsplans. Vielmehr muss die Umsetzung des Plans – für Dritte erkennbar – bereits eingeleitet oder der Plan öffentlich, d.h. insbesondere gegenüber den Mitarbeitern bzw. deren Vertretern bekannt gegeben worden sein.[1]

Keine Verpflichtung ist erkennbar, wenn Unternehmen Rückstellungen im Zusammenhang mit künftigen betrieblichen Verlusten im Rahmen einer geplanten Restrukturierung bilden.[2] Es ist nicht immer leicht, die verschiedenen Folgen von Restrukturierungsmassnahmen entweder als Geldabfluss aufgrund einer – konkludent – eingegangen Verpflichtung oder eben nur als Vorwegnahme künftiger negativer Betriebsergebnisse und damit als «Entlastung der Zukunft» zu qualifizieren. Wie die Praxis zeigt, verbleiben im Rahmen des grossen – und kaum effizient einzuengenden – Ermessensspielraumes dem Management durchaus Möglichkeiten, um nach einem Wechsel in der Unternehmensführung künftige Verluste in gewissem Sinne über die Bildung von Rückstellungen noch der Vergangenheit zu belasten. Sachlich angemessener wäre in solchen Fälle eine Neu-

---

[1] Vgl. IAS 38 Par. 72 ff.
[2] IAS 37 Par. 63 verbietet sogar ausdrücklich die Bildung von Rückstellungen für künftige Betriebsverluste.

beurteilung der Aktiven mit Blick auf mögliche Wertbeeinträchtigungen. So können die Anlagen – weil veraltet oder nicht mehr voll nutzbar – zu hoch bewertet sein gemessen am Barwert des künftigen, nun eben stark beschränkten Nutzens aus der maschinellen Fertigung und dem anschliessenden Absatz der hergestellten Produkte. Gegen eine solche Wertberichtigung und damit Belastung des Betriebsergebnisses im laufenden (oder eben abgeschlossenen) Geschäftsjahr ist sachlich nichts einzuwenden. Denn der künftig zu erwartende Geldzufluss aus der Nutzung solcher Aktiven ist offensichtlich reduziert. Mit der Bildung einer Rückstellung würde man dagegen einen Geldabfluss aufgrund einer Verpflichtung signalisieren. Dies wäre aber in solchen Fällen keine zutreffende Darstellung der wirtschaftlichen Lage.

28.2.2 Bemessung der Rückstellung

Für die Ermittlung der Höhe einer Rückstellung sind verschiedene Ansätze denkbar. Einerseits müssen die sachlich zutreffenden Annahmen in die Berechnung einbezogen werden. Bei der Rückstellung für Altersvorsorge sind die Spezialvorschriften der Rechnungslegung zu beachten, ergänzt um – teilweise periodisch angepasste – nationale Bestimmungen. So können sich der Diskontierungssatz für die Bewertung der künftigen Verpflichtungen auf den Zeitpunkt der Bilanzierung oder der Satz für die Verzinsung der einzelnen «Altersguthaben» ebenso verändern wie die demographischen Daten sowie die Lohnentwicklung.

Bei Steuerverpflichtungen stellt sich die Frage nach dem massgeblichen Steuersatz. Ist der aktuelle oder der (erwartete) künftige Steuersatz zu berücksichtigen? Weil heute in der Regel der künftige Geldabfluss und damit eine bilanzielle Sicht in der Rechnungslegung im Vordergrund steht (und nicht primär eine für die Betrachtungsperiode – mit den zur Zeit geltenden Parametern – relevante Zuordnung), ist die Berechnung mit dem (erwarteten) künftigen Steuersatz durchzuführen.

Für andere Sachverhalte gibt es unter Umständen Erfahrungswerte wie die durchschnittlichen Garantieaufwendungen in der Vergangenheit bei der Ermittlung der Rückstellung aus Garantieverpflichtungen. Teilweise lassen sich die Werte, wie bei der Bezifferung der Kosten eines Sozialplans, ziemlich genau berechnen. Dagegen ist der Zeitpunkt der Fälligkeit der einzelnen Zahlungen meistens (noch) nicht eindeutig festgelegt. Daher werden die entsprechenden Beträge nicht unter den passiven Rechnungsabgrenzungsposten, transitorischen Passiven oder sonstigen Verbindlichkeiten, sondern als Rückstellungen ausgewiesen.

Teilweise ist es kaum möglich, den Betrag der künftigen Zahlungen einigermassen verlässlich abzuschätzen. Die Entwicklung der Rechtsprechung bzw. der gerichtlichen und aussergerichtlichen Vereinbarungen in den USA im Zusammenhang mit Klagen gegen die Tabakindustrie oder Unternehmen, die Asbest verarbeitet haben, führt zu stets höheren, zum Teil astronomischen Zahlen. Solche Verfahren können Unternehmen in die Zahlungsunfähigkeit treiben. Kann trotz aller Bemühungen kein Betrag einigermassen zuverlässig geschätzt werden, wäre die Bildung einer Rückstellung – in letztlich willkürlich gewählter Höhe – nicht mit der Zielsetzung der modernen Rechnungslegung vereinbar. Hier bietet sich die Offenlegung der entsprechenden Risiken im Anhang an. Dies erfolgt durch einen Verweis auf laufende oder angedrohte Verfahren und die im Raum stehenden Forderungen. Diese Informationen werden meist durch eine eigene Wertung der möglicherweise resultierenden Zahlungspflichten ergänzt. Oft wird von den betroffenen Unternehmen entweder das Bestehen einer Verpflichtung als möglich oder sogar wahrscheinlich beurteilt, der geforderte Betrag aber als unangemessen hoch abgelehnt. Oder das Unternehmen sieht sich in keiner Weise im Unrecht und verneint das Bestehen einer Verpflichtung, welche die Bildung einer Rückstellung auslösen würde. Gleichwohl bietet es sich an, auch im letzteren Fall zumindest die Risiken einer solchen Entwicklung im Anhang aufzuzeigen.

Vorerst sind für die Bejahung einer Verpflichtung und deren Bewertung die sachlich zutreffenden Parameter zu bestimmen. Dann sind verschiedene Szenarien zu prüfen. Die Entwicklung der Rückstellungen für Asbestklagen bei ABB (vgl. ▶ Abb. 166) oder für die Forderungen im Zusammenhang mit der Lieferung von verunreinigten künstlichen Gelenken durch Sulzer Medica/Centerpulse (vgl.

Eventualverbindlichkeiten aus dem ehemaligen Stromerzeugungsgeschäft

Combustion Engineering, Inc., («Combustion Engineering») eine Tochtergesellschaft, die zum veräusserten Stromerzeugungsgeschäft gehörte und die nun kommerzielle Immobilien an Drittparteien vermietet, bleibt im Besitz des Unternehmens. Gemeinsam mit anderen Gesellschaften ist das Unternehmen Mitbeklagte in zahlreichen in den USA hängigen Gerichtsverfahren. Die Klageparteien verlangen Schadenersatz für Körperverletzungen aus der Gefährdung durch oder Verwendung von asbesthaltigen Produkten, die Combustion Engineering hauptsächlich während der 70er-Jahre, aber auch zuvor vertrieb.

Es wird davon ausgegangen, dass weitere Asbestklagen erhoben werden. Die endgültigen Kosten aus diesen Asbestprozessen können auf Grund der Art solcher Klagen und der damit verbundenen Variablen nur schwer eingeschätzt werden. Die Verlässlichkeit der Schätzungen bezüglich potenziellen Kosten aus den noch nicht definitiven Klagen können unter anderem von folgenden Faktoren beeinflusst werden: die Frequenz, mit der neue Klagen angemeldet werden; die Auswirkungen von Gerichtsentscheiden und gerichtlichen Massnahmen; das Ausmass der Aussetzung der Kläger gegenüber den Produkten, Ausrüstungen oder Aktivitäten von Combustion Engineering oder anderen Beklagten; die Art und das Ausmass der von den Klägern geltend gemachten Schädigungen oder Krankheiten; die Art der Prozessbeilegung in solchen Fällen; die finanzielle Situation anderer Beklagter; und die Verfügbarkeit von Versicherungsverträgen im Zusammenhang mit einer bis zur Policenlimite gehenden Übernahme der Prozesskosten. Am 31. Dezember 2001 waren rund 94 000 Fälle (2000: 66 000) gegen Combustion Engineering hängig. Im Jahr 2001 waren rund 55 000 neue Klagen eingegangen (2000: 39 000), rund 27 000 Klagen (2000: 34 000) konnten beigelegt werden. Die durchschnittlich bezahlte Summe je Klage stieg vom Jahr 2000 auf das Jahr 2001 um 26 Prozent. In den Jahren 2001, 2000 respektive 1999 beliefen sich die Administrations- und Prozesskosten auf 12.8 Mio., 10.5 Mio. und 8.2 Mio. US-Dollar.

▲ Abb. 166 Eventualverbindlichkeiten (ABB Ltd., Geschäftsbericht 2001, S. 92f.)

Mill. CHF	Personnel related provisions	Warranties, litigation risks	Provision for taxes	Other provisions	2001 Total	2000 Total
Balance of January 1	18	3	107	70	198	203
Changes in composition of Group	–	–	–	3	3	–
Increase	1	1 563	29	44	1 637	71
Unused amounts reversed	–	–	–	–	–	–6
Utilisation	–15	–84	–27	–15	–141	–71
Currency conversion adjustment	–	–8	–	2	–6	1
Balance of December 31	**4**	**1 474**	**109**	**104**	**1 691**	**198**
Sort-term portion	1	170	31	21	223	54
Long-term portion	3	1 304	78	83	1 468	144
Balance of December 31	**4**	**1 474**	**109**	**104**	**1 691**	**198**

Due to random nature of the problem the Company is not in a position as of this date to provide a final figure for the number of patients who might need revision surgery. The Management is of the opinion that the product liability insurance is adequate to cover the cost associated with the revision surgeries and related claims known to the Company as of March 1, 2001.

The strong increase in provisions for litigation risks of CHF 1563 million is mainly related to the hip an knee settlement of CHF 1476 million. Additional provisions were built to reflect the settlement of all claims between Sulzer and SulzerMedica relating to the Spin-Off agreement.

▲ Abb. 167 Entwicklung und Erläuterung der Rückstellungsbeträge (Sulzer Medica, Geschäftsbericht 2001)

◀ Abb. 167) zeigt, dass einerseits die maximalen Forderungen der Betroffenen und andererseits die minimalen Zugeständnisse des Unternehmens weit auseinander klaffen. Die Erfahrung legt den Schluss nahe, dass sich die Parteien oder die Gerichte für einen zwischen diesen beiden Extremwerten liegenden Betrag entscheiden werden. Soll man daher einen Mittelwert, allenfalls gewichtet aufgrund verschiedener Szenarien, wählen?

Die moderne Rechnungslegung verlangt, dass der Betrag nach bestem Wissen und Gewissen bestimmt wird. Geht es um eine einzelne Verpflichtung, wird diese in der Regel mit jenem Betrag bilanziert, der mit grösster Wahrscheinlichkeit abfliessen wird. Stehen dagegen viele einzelne Sachverhalte zur Diskussion, beispielsweise im Zusammenhang mit Garantien oder Produkthaftpflicht, sind die möglichen Szenarien zu gewichten. Daraus ist eine Art statistisch untermauerter Erwartungswert zu bestimmen. Viele Firmen wählen diese Methode bei der Bestimmung der Höhe ihrer künftigen Garantieverpflichtungen. Aus Erfahrung ist ein bestimmter Prozentsatz der Lieferungen im Laufe der Garantiezeit kostenlos zu ersetzen, ein weiterer Teil muss nachbearbeitet werden etc. Durch Gewichtung der noch in der Garantiefrist liegenden Umsätze mit diesen Erfahrungswerten kann eine sachlich gut abgestützte Berechnung vorgenommen werden (vgl. ▶ Abb. 168).

Der Konzern gewährt verschiedene Arten von vertraglich vereinbarten Produktgarantien, die üblicherweise die Funktion eines Produktes oder einer erbrachten Dienstleistung für eine bestimmte Periode garantieren (vgl. Anmerkung 31). Darüber hinaus sind in der Rückstellung für Produktgarantien auch erwartete Aufwendungen für Kulanzleistungen, Rückrufaktionen und Rückkaufverpflichtungen enthalten. Die Veränderung der Rückstellung für diese Produktgarantien setzt sich wie folgt zusammen:	

Angaben in Mio. €	
Stand zum 1. Januar 2002	9 059
Wechselkursveränderungen	(1 057)
Inanspruchnahmen und Umbuchungen	(4 384)
Andere Veränderungen von Produktgarantien, die im Jahr 2002 gewährt wurden	5 423
Andere Veränderungen von Produktgarantien, die in früheren Jahren gewährt wurden	(27)
Stand zum 31. Dezember 2002	9 014

▲ Abb. 168 Beispiel für Produktgarantien (DaimlerChrysler AG, Geschäftsbericht 2002, S. 127)

Ganz allgemein spricht man daher von «*best estimate*» oder «bestmöglicher Schätzung» (IAS 37 Par. 36). Dabei wird – bildlich – unterstellt, dass dies jener Betrag ist, den ein Unternehmen zu zahlen bereit wäre, falls ein Dritter diese Verpflichtung an seiner Stelle übernehmen würde. In der Regel wird darauf verzichtet, die einzelnen für die nähere Zukunft ermittelten Zahlungsflüsse auf den Bilanzstichtag zu diskontieren.

28.3 Fälligkeit

Obwohl es zu den Charakteristika vieler (aber nicht aller) Rückstellungen gehört, dass die Fälligkeit der entsprechenden Zahlungen nicht oder nicht klar bestimmbar ist, kann man in der Praxis auf gewisse Regelmässigkeiten zählen. Diese erleichtern die Einordnung in die übliche Gliederung der Verbindlichkeiten. In den meisten Fällen sind die Rückstellungen langfristiger Natur. Sie werden dann als Teil des langfristigen Fremdkapitals bzw. der langfristigen Verbindlichkeiten ausgewiesen. Aufgrund der Offenlegungsbestimmungen für langfristige Verbindlichkeiten ist unter Umständen im Anhang eine Aufschlüsselung der – mutmasslichen – Fälligkeit erforderlich (in die Kategorien 1 bis 5 Jahre bzw. erst in 5 Jahren oder später). In einigen Fällen können Zahlungen sogar kurzfristig, d.h. innerhalb der nächsten 12 Monate fällig werden (vgl. dazu ▶ Abb. 169). So sind bei Restrukturierungen Sozialpläne zumindest teilweise relativ rasch wirksam und führen zu entsprechenden Geldabflüssen. Diese kurzfristig fälligen Teile von neu oder bereits vor längerer Zeit gebildeten Rückstellungen sind entsprechend unter den kurzfristigen Verbindlichkeiten auszuweisen. Meist werden sie in die passive Rechnungsabgrenzung bzw. die transitorischen Passiven integriert oder als kurzfristige Rückstellungen separat bzw. unter den sonstigen kurzfristigen Verbindlichkeiten bilanziert.

Passiva	
Kurzfristige Verbindlichkeiten	
Kurzfristige Finanzschulden und kurzfristig fällige Anteile langfristiger Finanzschulden	2 103
Verbindlichkeiten aus Lieferungen und Leistungen	8 649
Konzerninterne Verbindlichkeiten	
Rückstellungen	9 608
Latente Ertragsteuern	661
Sonstige kurzfristige Verbindlichkeiten	13 691
Summe kurzfristige Verbindlichkeiten	34 712
Langfristige Finanzschulden	10 243
Pensionen und ähnliche Verpflichtungen	5 326
Latente Ertragsteuern	195
Übrige Rückstellungen	3 401
Sonstige konzerninterne Verbindlichkeiten	
	53 877

▲ Abb. 169 Kurz- und langfristige Rückstellungen (Siemens AG, Geschäftsbericht 2002, S. 88)

28.4 Offenlegung

In der Regel wird eine Gliederung der Rückstellungen in der Bilanz in die drei Kategorien Altersvorsorge, latente Steuern und übrige Rückstellungen verlangt. Die weitere Aufschlüsselung erfolgt in den meisten Fällen im Anhang. In den Standards zur Rechnungslegung werden meist folgende Informationen verlangt:

- Separater Ausweis der wichtigsten Einzelpositionen der übrigen Rückstellungen im Anhang (vgl. ▶ Abb. 170), ergänzt um eine kurze Beschreibung bzw. Begründung der entsprechenden Verpflichtung, deren mutmassliche Tragweite und Fälligkeit. Dazu gehört auch die Bekanntgabe der wichtigsten Annahmen, welche für die Bemessung des Rückstellungsbetrages getroffen wurden, bei-

Die Rückstellungen für sonstige Risiken entfallen hauptsächlich auf:		
	\multicolumn{2}{c}{31. Dezember}
Angaben in Mio. €	2002	2001
Gewährleistungen und Abrechnungsrisiken	9 120	9 213
Drohende Verluste aus schwebenden Geschäften	507	549
Restrukturierung	758	1 190
Verpflichtungen im Personal- und Sozialbereich	2 286	2 386
Verkaufsaufwendungen	4 813	4 395
Andere	6 698	9 421
	24 182	27 154

▲ Abb. 170 Gliederung der Rückstellungen (DaimlerChrysler AG, Geschäftsbericht 2002, S. 126)

Angaben in Mio. €	Abfindungszahlungen	Schliessungskosten	Gesamt
Die Rückstellungen für Restrukturierung umfassen Abfindungszahlungen an Beschäftigte sowie Aufwendungen, die in direktem Zusammenhang mit der Redimensionierung von Kapazitäten stehen.			
Stand zum 1. Januar 2000	407	188	595
Inanspruchnahmen und Umbuchungen	(229)	(56)	(285)
Auflösungen	(43)	(34)	(77)
Zuführungen	16	11	27
Stand zum 31. Dezember 2000	151	109	260
Inanspruchnahmen und Umbuchungen	(947)	(275)	(1 222)
Auflösungen	(135)	(144)	(279)
Zuführungen	1 504	927	2 431
Stand zum 31. Dezember 2001	573	617	1 190
Inanspruchnahmen und Umbuchungen	(461)	(358)	(819)
Auflösungen	(57)	(39)	(96)
Zuführungen	323	160	483
Stand zum 31. Dezember 2002	378	380	758

▲ Abb. 171 Veränderung der Restrukturierungsrückstellungen (DaimlerChrysler AG, Geschäftsbericht 2002, S. 127)

spielsweise der Vermögensrenditen und Diskontsätze im Zusammenhang mit der Ermittlung der Rückstellungen für Altersvorsorge.
- Angaben über die Veränderung der einzelnen Rückstellungsbeträge, insbesondere durch Beanspruchung, Neubildung oder Auflösung nicht (mehr) benötigter Rückstellungen. Wurden die erwarteten künftigen Geldabflüsse diskontiert, ist auch die Veränderung des Betrages aufgrund des Zeitablaufes aufzuzeigen (vgl. ◄ Abb. 171).
- Offenlegung im Anhang jener Sachverhalte, die an sich die Bildung einer Rückstellung verlangen, bei denen aber der mutmasslich zu zahlenden Betrag (noch) nicht zuverlässig bestimmt werden kann. Ausnahmsweise kann ein Unternehmen nur grundsätzlich auf Zahlungsrisiken hinweisen, aber sonst keine weiteren Angaben machen. Allerdings könnten zusätzliche Informationen in den zu erwartenden Auseinandersetzungen mit Dritten für das bilanzierende Unternehmen nachteilig sein. Keine weiteren Angaben zu machen, hilft Gesellschaften, die sich mit Produkthaftpflicht- oder Schadenersatzklagen von Investoren und ähnlichen Ansprüchen konfrontiert sehen (vgl. dazu ◄ Abb. 166).

28.5 Analyse

Für die Analyse werden Rückstellungen für Altersvorsorge oft als Finanzverbindlichkeiten gewertet. Dies ist grundsätzlich richtig, weil eine jährliche Zinsgutschrift auf dem einbehaltenen Betrag erfolgt. Damit wird die gleiche Wirkung erzielt wie im Falle der Anlage der jährlich an eine Pensionskasse überwiesenen Gelder (Arbeitgeber- und Arbeitnehmerbeiträge zur Altersvorsorge) durch diese unabhängige Einrichtung am Kapitalmarkt. Die entsprechenden Beiträge fliessen aus dem Unternehmen ab, was die Finanzschulden erhöht – mit entsprechendem Zinsaufwand – oder die flüssigen Mittel reduziert, welche allenfalls ertragsbringend angelegt werden könnten. Die Finanzierung produktiver Investitionen war ein wichtiges Motiv bei der Einführung solcher Systeme durch den Gesetzgeber. Entsprechend ist der Zinsanteil auf den jährlichen Gutschriften der Arbeitgeberfirma für die Altersvorsorge als Finanzaufwand zu erfassen. Dadurch erhöht sich der operative Erfolg im Sinne des EBIT (Betriebsergebnis vor Finanzergebnis und Ertragssteuern). Allerdings darf für die Bilanzanalyse die Finanzschuld nicht einfach den langfristigen Rückstellungen zugeordnet werden. Im Grunde ist diese Rückstellung zu keinem Zeitpunkt insgesamt zur Zahlung fällig. Es handelt sich vielmehr um eine sehr, sehr langfristige Verbindlichkeit, die jedenfalls nur in jährlichen Raten beglichen werden muss. Solange ein einigermassen ausgewogenes Verhältnis zwischen als Mitarbeiter (noch) aktiven künftigen Begünstigten und Rentenempfängern besteht, wird die Rückstellung selber durch Zahlungen kaum reduziert. Dagegen erhöht sich mit steigender Zahl von Personen im Rentenalter bei stagnierendem Mitarbeiterbestand der jährliche Geldabfluss im Zusammenhang mit der Altersvorsorge. Die Zahlungen für Renten nähern sich dann immer mehr jenem Betrag an, der mit Blick auf künftige Ansprüche der Mitarbeiter zwar als Aufwand erfasst und der Rückstellung für Altersvorsorge zugeführt wird, aber noch keinen Geldabfluss auslöst.

Bei Publikumsgesellschaften beobachtet man nach Bekanntgabe von Restrukturierungsplänen oft steigende Kurse. Börse und Analysten erwarten ein künftig höheres Ertragspotenzial und als Folge der sofortigen Belastung dieser Aufwendungen in der laufenden Geschäftsperiode auch höhere ausgewiesene Gewinne in den folgenden Jahren. Die Kehrseite der Medaille zeigt sich durch einen hohen Geldabfluss in der unmittelbaren Zukunft für Zahlungen aufgrund von Sozialplänen und ähnlichen Aufwendungen. Die Bereitstellung der entsprechenden Geldmittel ist in solchen Phasen oft schwierig. Die Unmöglichkeit, den Finanzierungsbedarf sicherzustellen, verleitet Unternehmen oft dazu, an sich sinnvolle Restrukturierungen aufzuschieben. Dabei ist durchaus unbestritten, dass in einer Gesamtbetrachtung der Saldo zwischen künftigen Geldzuflüssen und der Vorfinanzierung solcher Massnahmen positiv ist. Rückstellungen für Restrukturierungen signalisieren somit in der Regel einen relativ hohen, kurzfristig fälligen Geldabfluss im Rahmen der Geschäftstätigkeit (aber auch eine Erhöhung des Barwertes der künftigen operativen Geldflüsse).

Rückstellungen für latente Steuern belasten dagegen den Geldfluss aus Geschäftstätigkeit kaum je. In der Regel werden Unternehmen die Mehrwerte nur durch effektive Veräusserung solcher Aktiven realisieren. Mehr oder weniger gleichzeitig mit dem Geldabfluss aufgrund der Ertragssteuerbelastung verzeichnet folglich ein Unternehmen im Rahmen des Desinvestitionsvorganges einen wesentlich höheren Geldzufluss in Form des Verkaufspreises. Solche Mehrwerte werden zuweilen in Form von Sale-and-lease-back-Arrangements realisiert. Den Ertragssteuern, die beim Abschluss solcher Leasingvereinbarungen durch die Realisation dieser Mehrwerte (Differenz zwischen Marktwert und Buchwert) beim «Verkauf» an die Leasinggesellschaft ausgelöst werden, steht ein wesentlich höherer Geldzufluss (Verkaufspreis) gegenüber. Allerdings erscheint dieser nicht als Ergebnis einer Desinvestition, sondern wird im Rahmen der Finanzierungsvorgänge ausgewiesen. Dem Unternehmen fliessen Geldmittel in der Höhe des festgelegten Transaktionswertes zu. Fortan wird dieser Betrag als (Leasing-)Verbindlichkeit passiviert. Einzig im Falle einer Aufwertung von Grundstücken oder Beteiligungen bei Sanierungen, wie dies im schweizerischen Aktienrecht (Art. 670 OR) zugelassen wird, fliesst grundsätzlich der für latente Ertragssteuern zurückgestellte Betrag relativ rasch ab. In der Regel stehen aber steuerlich nutzbare Verlustverträge zur Verfügung (die in der modernen Rechnungslegung unter gewissen Voraussetzungen aktiviert werden müssen im Sinne der Reduktion künftiger Geldabflüsse), so dass gar kein Geldabfluss stattfindet.

Die übrigen Rückstellungen führen mehr oder weniger rasch zu einem Geldabfluss. Insbesondere im Zusammenhang mit Ansprüchen aus Produkthaftpflicht ist die Bereitstellung der entsprechenden Zahlungsmittel schwierig und eine gestaffelte Auszahlung Voraussetzung für das Überleben der belasteten Unternehmung. Union Carbide, eine amerikanische Chemiefirma beispielsweise musste – als Folge der Chemiegas-Katastrophe in Bhopal, Indien, am 2. Dezember 1984 – Schadensersatzforderungen in Höhe von 470 Mio. USD finanzieren. (Union Carbide schaffte diese Hürden und wurde erst 2001 von Dow Chemical übernommen.)

Die Veränderung der Rückstellungen ist als Teil des Geldflusses aus Geschäftstätigkeit auszuweisen. Dieser Teil der Geldflussrechnung zeigt zwar eine Retrospektive und ist keine Projektion der künftigen Entwicklung. Gleichwohl lassen sich daraus gewisse Erfahrungen bezüglich des Geldflusses im Zusammenhang mit Rückstellungen ableiten (vgl. ▶ Abb. 172).

Die Rückstellungen sind in vielen Firmen ein wesentlicher Teil der Verbindlichkeiten. Vor allem bei Unternehmen, welche die Altersvorsorge nicht in eine unabhängige Einrichtung ausgegliedert haben oder bei denen erhebliche Unter-

Geldflussrechnung 2002		
Mio. CHF	**2002**	2001
Konzernergebnis vor Steuern	–9	106
Wertberichtigung Coperion	25	
Übriges Finanzergebnis	66	56
Abschreibungen	154	159
Amortisation	41	41
Übriger nicht liquiditätswirksamer Erfolg	44	5
Bildung Rückstellungen netto	25	45
Verbrauch Rückstellungen	–40	–77
Veränderung		
Vorräte	27	–16
Forderungen aus Lieferungen und Leistungen	13	145
Übrige Forderungen	3	9
Verbindlichkeiten aus Lieferungen und Leistungen	1	–38
Übriges unverzinsliches Fremdkapital	11	–27
Bezahlte Ertragssteuern	–38	–37
Cashflow aus Geschäftstätigkeit	**323**	**371**

▲ Abb. 172 Berücksichtigung der Rückstellungsentwicklung in der Geldflussrechnung (Georg Fischer AG, Geschäftsbericht 2002, S. 49)

schiede zwischen den steuerlich massgeblichen und den für die Rechnungslegung verwendeten betriebswirtschaftlichen und am Markt orientierten Werten bestehen, können die Rückstellungen bedeutend sein. Und zudem sollte geprüft werden, ob ein Teil der Rückstellungen, in erster Linie jene für Altersvorsorge (Pensionsverpflichtungen) nicht als Finanzverbindlichkeiten (verzinsliches Fremdkapital) für die Analyse einzustufen ist (vgl. ▶ Abb. 173).

Die Notwendigkeit der Bildung einer Rückstellung ist in der Regel leicht überprüfbar. Die entsprechende Verpflichtung ist entweder klar gegeben, oder – vor allem im Falle von konkludentem Handeln beispielsweise im Vorfeld von Restrukturierungen – es ergeben sich aufgrund der Rechnungslegungsstandards gute Anhaltspunkte für die Beurteilung solcher Verpflichtungen.

Wesentlich grösser ist der Spielraum bei der Bemessung der einzelnen Beträge. Dies gilt weniger für Rückstellungen im Zusammenhang mit latenten Steuern auf

Bilanz ABB 2001 (in Mio. $)	
Eigenkapital	2 014
Pensionsverpflichtungen	1 688
Verzinsliches Fremdkapital	9 790
FK (mit PK) / EK =	570 %
FK (ohne PK) / EK =	485 %

▲ Abb. 173 Gegenüberstellung von Finanzschulden mit und ohne PK-Verpflichtungen (ABB Ltd., Geschäftsbericht 2001)

Mehrwerten. Die Bestimmung des künftigen Steuersatzes löst in der Regel wenig Diskussionen aus. Bei der Berechnung der Rückstellungen für Altersvorsorge spielt das Ermessen dagegen eine beachtliche Rolle. Ob die Vermögensrendite aufgrund der Erfahrungszahlen und der Marktsituation 50 Basispunkte (also 0.5%) höher oder tiefer anzusetzen ist, kann nicht einfach rational begründet werden. Die entsprechenden betragsmässigen Auswirkungen sind aber sehr gross. Immerhin hilft die Pflicht zur Offenlegung der Annahmen den Analysten und Investoren, die bilanzierten Rückstellungen für Altersvorsorge kritisch zu hinterfragen. Der Grundsatz der Stetigkeit (in der Bewertung und Darstellung) hilft ebenfalls mit, den Ermessensspielraum weiter einzuschränken, vermag diesen aber nie auf ein wirklich unwesentliches Mass zu reduzieren. Daher ist die Offenlegung der gewählten Parameter sehr wichtig.

Wesentlich schwieriger wird die Überprüfung der Überlegungen des Managements im Zusammenhang mit der Bemessung der vielen «übrigen Rückstellungen». Selbst die Wirtschaftsprüfer können oft nur Angaben zur Kenntnis nehmen, haben aber kaum die Möglichkeit, eine abweichende eigene Quantifizierung mit guten Argumenten durchzusetzen. Es wäre unrealistisch, im Zusammenhang mit der Bildung und Auflösung von Rückstellungen von einer Elimination des Ermessens seitens des Managements zu träumen. Einerseits kann man in guten Treuen unterschiedliche Annahmen treffen bzw. begründen. Andererseits hilft als Korrektiv die Pflicht zur Offenlegung der wichtigsten Annahmen sowie der Entwicklung der verschiedenen Rückstellungspositionen. Mit dieser Transparenz kann man den Ermessensspielraum auf ein sinnvolles Mass reduzieren.

28.6 Relevante Standards

Sowohl die Swiss GAAP FER mit FER 23 als auch das IASB mit IAS 37 kennen detaillierte Standards zu den Rückstellungen. Zusätzlich sind Standards zur Altersvorsorge (FER 16 und IAS 19), zur Abgrenzung von Ertragssteuern (FER 11 und IAS) und im Zusammenhang mit Restrukturierungen zu beachten.

28.7 Übungen

Übungsfragen

1. Welche Arten von Rückstellungen kennen Sie?
2. Worin unterscheiden sich Rückstellungen und («normale») Verbindlichkeiten?
3. Nennen Sie Sachverhalte, die zur Bildung einer Rückstellung führen.
4. Aus welchem Grund bildet ein Unternehmen Rückstellungen?

Kapitel 28   Rückstellungen

5. Zu welchem Zeitpunkt müssen Rückstellungen angesetzt werden?
6. In welcher Höhe sind Rückstellungen zu bilden? Wie lässt sich die Höhe bei den unterschiedlichen Arten von Rückstellungen berechnen?
7. Welcher Unterschied besteht zwischen Eventualverbindlichkeiten und Rückstellungen?
8. Geben Sie Beispiele für die unterschiedliche Einordnung von Rückstellungen, abhängig von ihrer Fälligkeit.
9. Wie sind Rückstellungen für Altersvorsorge, Restrukturierungsrückstellungen, Rückstellungen für latente Steuern und übrige Rückstellungen im Rahmen einer Finanzanalyse zu betrachten?
10. Welche Offenlegungsvorschriften bestehen in Bezug auf Rückstellungen?

Übungsaufgaben

11. Ein Pharmabetrieb vertreibt Naturmedikamente. Es stellte sich heraus, dass ein Präparat bei Kleinkindern chronische Bronchitis hervorruft. Das Medikament wird sofort aus dem Markt genommen. Trotzdem ist zu befürchten, dass Schadenersatzklagen ins Haus stehen. Wie sind diese Ereignisse im Jahresabschluss zu berücksichtigen?
12. Da der Pharmabetrieb alle Medikamente auf der Basis von chinesischen Heilkräutern herstellt und das Erntegebiet im Monsungürtel liegt, werden die Kräuterkäufe im Voraus durch Termingeschäfte gegen Preisschwankungen abgesichert. Die Verträge werden immer am 1.7. eines Jahres unterzeichnet. Am Bilanzstichtag liegt der Preis der Kräuter allerdings um 60 % unter dem vereinbarten (abgesicherten) Preis. Wie ist dies zu berücksichtigen?
13. Welche Sachverhalte könnten den in ▶ Abb. 174 dargestellten Rückstellungsarten bzw. der Veränderung dieser Beträge zugrunde liegen?

Mio. CHF	Gewährleistungen	Belastende Verträge	Rechtsfälle	Restrukturierungen, Sozialpläne	Übrige Rückstellungen	Total 2002	Total 2001
Bestand am 1. Januar	45	14	8	8	44	119	145
Umbuchungen							−23
Bildung	21	11	1	4	9	46	69
Verbrauch	−18	−7		−6	−9	−40	−77
Auflösung	−7	−2	−1	−3	−12	−25	−24
Veränderung Konsolidierungskreis	−8			−2	−8	−18	31
Umrechnungsdifferenzen	−1				−5	−6	−2
Bestand am 31. Dezember	**32**	**16**	**8**	**1**	**19**	**76**	**119**

▲ Abb. 174 Veränderung der Rückstellungen (Georg Fischer, Geschäftsbericht 2002, S. 60)

Kapitel 29
Eigenkapital

	Lernziele
	■ Bestimmungen ■ Darstellungsformen ■ Zielsetzung des Eigenkapitalnachweises

	Beispielfirmen

Die UBS als eine der grössten Universalbanken weist Ende 2002 ein Eigenkapital von 39 Mrd. CHF oder rund 3.3% der Bilanzsumme aus. Der Hilti-Konzern, Marktführer in der Befestigungstechnik, weist Ende 2002 bei einer Bilanzsumme von 3.6 Mrd. CHF rund 64% oder 2.29 Mrd. CHF Eigenkapital auf. Das deutsche Industrieunternehmen Siemens wiederum zeigt in der Konzernrechnung 2002 ein Eigenkapital in Höhe von 23.5 Mrd. EUR, was einem Eigenkapitalanteil von ca. 30% entspricht. Alle drei Konzerne sind in ihrer Branche sehr erfolgreich. Weshalb weisen sie dennoch so unterschiedliche Eigenkapitalanteile aus?

Im Vordergrund steht wie bei der Struktur der Aktiven die Art der Geschäftstätigkeit. Die UBS vermittelt in vielen Fällen lediglich Leistungen zwischen Parteien, beispielsweise bei der Börseneinführung oder Emission von Anleihen (sog.

Kommissionsgeschäft, Dienstleistungsgeschäft). Im Kreditgeschäft refinanziert sie ihre Ausleihungen weitgehend durch Einlagen von Kunden (Spar- und Anlagekonten, Kassaobligationen etc.). Weil Banken den entsprechenden Hebel *(leverage)* zwischen Fremd- und Eigenkapital extrem steigern könnten, legen die Bankenaufsichtsbehörden Mindestquoten für das Eigenkapital fest (und definieren darüber hinaus, welche Engagements, Aktivitäten oder Risiken mit welchem Eigenkapitalanteil unterlegt werden müssen). Verglichen mit Industrie- oder Handelsfirmen bleibt der Eigenkapitalanteil von Banken trotz dieser Vorschriften aufgrund ihres Geschäftsmodells sehr tief. Die Bildung von Eigenkapital kann zudem durch Steuervorschriften begünstigt und durch die Finanzierungs- sowie die Ausschüttungspolitik beeinflusst werden.

29.1 Definitionen für das Eigenkapital

In der Bilanz reflektiert das Eigenkapital als Teil der Passiven jenen Teil der Finanzierung, der von den Gesellschaftern (bzw. Anteilseignern oder Aktionären – die Bezeichnung ändert je nach Rechtsform des Unternehmens) getragen wird. Aus **betriebswirtschaftlicher Sicht** ist das Eigenkapital eine Restgrösse. Zieht man von den Vermögenswerten eines Unternehmens im Sinne der Aktiven sämtliche Verbindlichkeiten ab, ergibt sich der den Eigentümern zustehende Betrag. Meist bezeichnet man diese Grösse als Eigenkapital oder als eigene Mittel des Unternehmens. Allerdings darf man nicht davon ausgehen, dass genau dieser Betrag im Falle einer Liquidation des Unternehmens den Eigentümern zufliessen würde. Bei einer Liquidation sind nicht die Fortführungswerte massgebend, vielmehr sind Markt- oder Liquidationswerte zu berücksichtigen. Diese können im Einzelfall höher liegen als die Fortführungswerte, beispielsweise bei betrieblich genutzten Liegenschaften an bester Lage. Ebenso kann ein Minderwert resultieren, was meist für die Vorräte zutrifft. In jedem Fall führt eine Liquidation zu hohen Kosten im Zusammenhang mit Entlassungen und der Stilllegung des Betriebes. Die Nettoaktiven entsprechen in aller Regel nicht dem Wert, der für ein Unternehmen oder eine Beteiligung durch Veräusserung erzielt werden kann. Zwar können die Nettoaktiven im Rahmen einer Unternehmensbewertung unter der Bezeichnung Substanzwert eine Rolle spielen, beispielsweise als Untergrenze für die Preisfindung. Aber grundsätzlich berücksichtigt man für die Unternehmensbewertung primär andere Überlegungen, in erster Linie die Barwerte der künftigen Gewinne oder der künftig zufliessenden, frei verfügbaren Geldmittel. Das Eigenkapital ist im Rahmen einer wirtschaftlichen Betrachtung folglich deckungsgleich mit den Nettoaktiven *(net assets)*. Neben dieser auf die Ermittlung des Betrages ausgerichteten Überlegung steht der Finanzierungsaspekt im Vordergrund. Das Eigen-

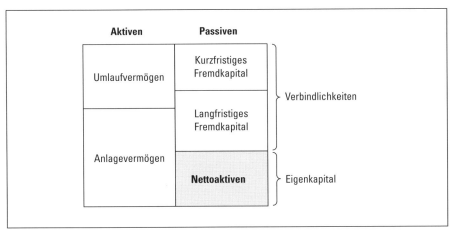

▲ Abb. 175 Nettoaktiven bzw. Eigenkapital als Saldo von Aktiven und Verbindlichkeiten

kapital zeigt, in welchem Umfang die Aktiven nicht durch Verbindlichkeiten finanziert werden. Aus der Gliederung gemäss wirtschaftlicher Betrachtungsweise wird erkennbar, in welchem Umfang die eigenen Mittel von den Anteilseignern zur Verfügung gestellt bzw. im Unternehmen erarbeitet (und dort zurückbehalten) wurden.

Diese Grundgleichung der Bilanzierung ist in ◄ Abb. 175 anhand der wichtigsten Positionen dargestellt.

Für die Rechnungslegung ist in erster Linie diese betriebswirtschaftliche Interpretation des Eigenkapitals ausschlaggebend.

Die **rechtliche Sicht** betont einerseits den Gedanken der Beteiligung an einem Unternehmen bzw. die Frage nach dem Eigentümer. Andererseits weist die Gliederung des Eigenkapitals auf verschiedene rechtliche Konsequenzen hin. Zu denken ist an die Aufteilung beispielsweise in Aktienkapital – mit entsprechendem Stimmrecht für die Aktionäre – sowie (stimmrechtslose) Partizipationsscheine *(non-voting shares)*. Ebenfalls wichtig sind die verschiedenen Vorschriften über die Gewinnverwendung. Diese Vorschriften schränken allenfalls den für eine allfällige Gewinnausschüttung – im Sinne einer Dividende – an die Anteilseigner verfügbaren Betrag ein. Für die Gliederung des Eigenkapitals ist im Einzelabschluss in erster Linie die rechtliche Interpretation des Begriffes Eigenkapital ausschlaggebend. Im Konzernabschluss dagegen überwiegt die wirtschaftliche Betrachtungsweise.

Je nach Rechtsform des Unternehmens lauten die Bezeichnungen für die Eigenkapitalgeber unterschiedlich. Bei Personengesellschaften (Kollektiv- oder Kommanditgesellschaften) spricht man von Gesellschaftern oder auch Partnern, bei Genossenschaften oder Gesellschaften mit beschränkter Haftung (GmbH) von

Anteilseignern (Genossenschaftsanteile bzw. Stammanteile bei der GmbH). Die Gesellschafter oder Anteilseigner einer Aktiengesellschaft werden meist als Aktionäre bezeichnet. Bei einem nicht als Kapitalgesellschaft organisierten Unternehmen, das lediglich einer Person gehört, spricht man von Einzelunternehmen. Diese Person haftet unbeschränkt mit ihrem Vermögen, unabhängig davon, ob dieses Teil des Geschäftes ist oder nicht. Die Einkünfte aus der Geschäftstätigkeit sind im Rahmen der persönlichen Steuererklärung abzurechnen (mit entsprechenden Konsequenzen in vielen Ländern auf die Progression des Steuersatzes wegen der Kumulation von geschäftlichem und privatem Einkommen). Das Geschäftseinkommen des Einzelunternehmers wird in vielen Ländern auch mit Sozialabgaben belastet.

29.2 Gliederung des Eigenkapitals

Die Gliederung des Eigenkapitals folgt zumindest im Einzelabschluss vollumfänglich rechtlichen Überlegungen. Für den Konzernabschluss gilt dies nur zum Teil. In der Regel zeigt die Gliederung:

- **Einbezahltes Kapital der Anteilseigner,** unterteilt nach den damit verbundenen Rechten: Bei der Aktiengesellschaft geht es um die Anzahl ausgegebener Aktien und deren Nennwert, um allfällige Aktienkategorien (Inhaber- und Namenaktien, vgl. ▶ Abb. 176) oder um die Ausgabe von stimmrechtslosen Aktien (je nach Land als Partizipationsscheine – vgl. ▶ Abb. 177 – oder *non-voting shares* etc. bezeichnet) sowie allenfalls weitere damit verbundene Rechte wie beispielsweise den Anspruch auf eine Vorzugsdividende. Solche Vorrechte können sich aus Restrukturierungen ergeben oder aus dem Verzicht auf andere Ansprüche. Allerdings finden sich solche Regelungen in der Praxis bei Publikumsgesellschaften kaum und bei privat gehaltenen Unternehmen nur selten. Bei Kapitalerhöhungen wird der Ausgabepreis der Anteile häufig über deren Nennwert liegen. Damit wird eine Verwässerung des Werts der bestehen-

Die Struktur des einbezahlten Kapitals der Zellweger Luwa AG sieht wie folgt aus:		
CHF	2002	2001
2 309 875 (2001: 2 804 220) Inhaberaktien zu CHF 7.– Nennwert	16 169 125	19 629 540
6 646 978 (2001: 7 200 000) Namenaktien zu CHF 1.40 Nennwert	9 305 769	10 080 000
Grundkapital	**25 474 894**	**29 709 540**
Einbezahlte Reserven (Agio)	36 162 992	65 172 018
Total einbezahltes Kapital	**61 637 886**	**94 881 558**

▲ Abb. 176 Separater Ausweis von zwei Aktienkategorien im Anhang (Zellweger Luwa, Geschäftsbericht 2002, S. 63)

Passiven	2002	2001
Aktienkapital	88.0	88.0
Partizipationskapital	38.7	38.7
Kapitalreserven	156.0	156.0
Gewinnreserven	1 976.2	1 802.5
Konzernreingewinn	27.1	261.0
Total Eigenkapital	**2 286.0**	**2 346.2**

▲ Abb. 177 Separater Ausweis von Aktien- und Partizipationsscheinkapital in der Bilanz (Hilti, Finanzbericht 2002, S. 4)

den Aktien vermieden. Der Aufpreis wird als Agio bezeichnet oder als *paid-in surplus,* als einbezahlter Mehrwert (verglichen mit dem Nennwert). Auch bei der GmbH sowie der Genossenschaft ist – analog zur Aktiengesellschaft – die Angabe des Grundkapitals als Ergebnis der Multiplikation der Anzahl Anteile mit dem entsprechenden Nennwert wichtig. Für Stiftungen wird das im Zeitpunkt der Gründung dem betreffenden Zweck von den Stiftern gewidmete Kapital unter dieser Rubrik ausgewiesen. Personengesellschaften sowie Einzelunternehmen verzichten vielfach darauf, den ursprünglich einbezahlten Betrag separat auszuweisen.

- **Im Unternehmen erarbeitete Gewinne:** Der Periodenerfolg ist Teil des Eigenkapitals. Sofern keine Ausschüttung erfolgt, bleibt der erarbeitete Gewinn im Unternehmen. Im Bilanzausweis wird dies als Vortrag auf die neue, d.h. die unmittelbar an den Berichtszeitraum anschliessende Geschäftsperiode (in der Regel das Geschäftsjahr) dargestellt. Die Bezeichnung hierfür lautet **Gewinnvortrag.** In den meisten Ländern hat der Gesetzgeber Vorschriften erlassen, mit denen er eine vollumfängliche Ausschüttung der erarbeiteten Gewinne bei Kapitalgesellschaften verhindern und die Eigenfinanzierung der Unternehmen stärken will (im Vordergrund steht die Aktiengesellschaft). Die gesetzlichen Bestimmungen zur Gewinnverwendung verlangen meist die Zuweisung eines Prozentsatzes des Periodengewinnes an so genannte **gesetzliche Reserven** (so lautet die Bezeichnung in den deutschsprachigen Ländern), bis diese einen bestimmten Betrag (in der Regel 50% des Nennwertes des Anteilskapitals) erreicht haben. Diese stehen – im Gegensatz zum Gewinnvortrag – nicht für Ausschüttungen zur Verfügung.
- **Spezialreserven:** Die im Unternehmen erarbeiteten Gewinne stehen – mit Ausnahme der gesetzlichen Reserven – grundsätzlich für Ausschüttungen an die Aktionäre zur Verfügung. Zuweilen wird ein Teil der erarbeiteten Gewinne, auch wenn die gesetzlichen Reserven bereits voll geäufnet wurden, weiteren Reservekategorien, beispielsweise den freien oder den statutarischen Reserven zugewiesen. Die einzige Auswirkung dieser Zuweisung besteht darin, dass für eine Ausschüttung die entsprechenden Beträge durch Beschluss der General-

versammlung zuerst wieder ausdrücklich diesen Reserven «entnommen» werden müssen. Durch Gesetz oder Statuten werden weitere solcher Reservekategorien vorgesehen beispielsweise Schwankungsreserven bei Versicherungen und Pensionskassen zum Ausgleich von Kurseinbrüchen von Kapitalanlagen. In jedem Falle ist sorgfältig zu klären und im Anhang offen zu legen, welche Restriktionen allenfalls mit der Zuweisung von erarbeiteten Gewinnen in diese Reservepositionen verbunden sind.

Wichtiger sind die weiteren, im Gesellschaftsrecht vorgesehenen bzw. vorgeschriebenen Kategorien von Reserven:

- **Reserven für eigene Aktien** sind auszuscheiden, falls ein Unternehmen eigene Aktien erwirbt und diese als Wertschriften oder unter einer anderen Position aktiviert. Der Gesetzgeber sieht den Kauf eigener Aktien als Investition oder Mittelbindung. Mit der Bildung einer Reserve in gleicher Höhe wie die entsprechenden Aktiven (also im Zeitpunkt des Erwerbs von eigenen Aktien in der Höhe des Kaufpreises für diese Titel) will der Gesetzgeber vermeiden, dass die im Grunde bereits an – allerdings ganz spezifische – Aktionäre ausbezahlten Mittel nochmals ausgeschüttet werden (vgl. dazu Abschnitt 29.5 «Transaktionen mit eigenen Aktien»).
- **Aufwertungsreserven:** Im Zusammenhang mit der Sanierung von Bilanzen lässt das schweizerische Aktienrecht (Art. 670 OR) die Aufwertung von Grundstücken oder Beteiligungen über den Anschaffungswert hinaus zu, falls deren Marktwert höher liegt. Damit kann der Ausweis einer Überschuldung (d.h. die Verbindlichkeiten sind höher als die Aktiven) bzw. einer Unterkapitalisierung (d.h. die Aktiven decken über die Verbindlichkeiten hinaus weniger als die Hälfte des massgeblichen Grundkapitals, vgl. dazu für die Schweiz Art. 725 OR) in der Bilanz vermieden werden. Mit der Zuweisung des aus der Aufwertung resultierenden Zuwachses an Eigenkapital in eine Aufwertungsreserve verhindert der Gesetzgeber zugleich die Ausschüttung von Mitteln der Gesellschaft an ihre Aktionäre im Umfange dieser über die historischen Kosten hinaus gehenden Aufwertung.

Im Konzernabschluss interessiert primär die wirtschaftliche Betrachtungsweise. Zwar finden sich auch hier Angaben zum Grundkapital, also zum Aktienkapital (allenfalls unterteilt nach Kategorien) und einem allfälligen Partizipationsscheinkapital. Im Vordergrund steht aber die Analyse der Ursachen für die Veränderung des Eigenkapitals. Dies zeigt sich schon aus der Gliederung:

- **Gewinnreserven** bzw. die dafür verwendeten englischen Bezeichnungen *retained earnings* oder *earned surplus* weisen auf den Entstehungsgrund für diesen Teil des Eigenkapitals hin. Über viele Perioden hinweg wurde mit der Ge-

schäftstätigkeit ein Gewinn erarbeitet und im Unternehmen zurückbehalten (nach Abzug allfälliger Ausschüttungen).
- **Kapitalreserven** bzw. *paid-in surplus* umfassen über den Nennwert der Anteile hinausgehende Beträge, die von den Aktionären einbezahlt wurden (meist als Aufpreis oder sog. Agio im Zusammenhang mit einer Kapitalerhöhung).
- **Neubewertungsreserven** zeigen auf, in welchem Umfang sich die Nettoaktiven (und damit das Eigenkapital) bei Anwendung von betriebswirtschaftlichen oder aktuellen Werten (z. B. Marktwerte) anstelle der im Einzelabschluss (meist mit Rücksicht auf die steuerlichen Implikationen) massgeblichen historischen Werte erhöht haben. Beispielsweise werden Wertschriften zu Marktwerten oder Renditeliegenschaften mit dem Barwert der künftigen Nettozuflüsse aus Vermietung (bzw. einem späteren Verkauf) in der Konzernrechnung eingesetzt. Diese sind oft wesentlich höher als die (historischen) Werte im Einzelabschluss.

29.3 Bewertungsprobleme

Das Eigenkapital ist – verstanden als Differenzgrösse – nicht direkt zu bewerten. Vielmehr widerspiegelt es allfällige Bewertungsprobleme bzw. -korrekturen in den Aktiven sowie Verbindlichkeiten. In der Regel werden Bewertungskorrekturen in Form von Abschreibungen, Wertberichtigungen oder der Bildung bzw. Erhöhung von Rückstellungen der Erfolgsrechnung belastet. Damit verändert sich – über den Periodenerfolg – auch das Eigenkapital. In diesen Fällen spricht man von erfolgswirksamer Erfassung der Wertkorrekturen. Allerdings finden sich auch Beispiele, bei denen die **Veränderung erfolgsneutral ausgewiesen** wird: Die Wertkorrektur auf Aktiven oder Verbindlichkeiten wird nicht als Aufwand oder Ertrag erfasst, sondern direkt dem Eigenkapital belastet oder gutgeschrieben. Zu nennen sind die früher übliche direkte Verrechnung des Goodwills aus einer Akquisition mit dem Eigenkapital, die Erfassung der Kursänderungen auf bestimmten Wertschriften (vgl. dazu Kapitel 23 «Finanzanlagen») oder die Veränderung des Wertes von Renditeliegenschaften (nach gewissen Standards muss diese erfolgswirksam erfolgen, teilweise ist eine erfolgsneutrale Anpassung zugelassen oder sogar vorgeschrieben, vgl. dazu Kapitel 23 «Finanzanlagen»). In der Konzernrechnung ergibt sich aufgrund der Wechselkursverschiebungen von einem Jahr zum anderen auf den in fremder Währung gehaltenen Nettoaktiven, d. h. dem Eigenkapital von Tochtergesellschaften im Ausland, ebenfalls regelmässig eine Erhöhung oder Reduktion des Eigenkapitals, die sich nicht in der Erfolgsrechnung niederschlägt (vgl. ▶ Abb. 178).

Die Veränderung des Eigenkapitals widerspiegelt somit – wie die Umschreibung als Nettoaktiven bereits vermuten lässt – zwingend sämtliche Bewertungs-

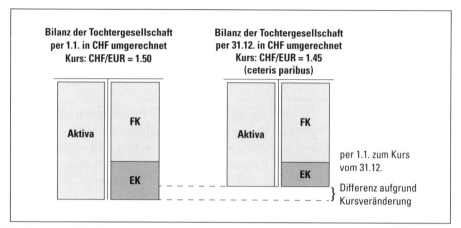

▲ Abb. 178 Einfluss von Wechselkursdifferenzen auf Bilanz und Eigenkapitalausweis

korrekturen. Diese erhöhen bzw. reduzieren das Eigenkapital über den Periodenerfolg und sind damit erfolgswirksam. Zuweilen werden die Wertkorrekturen erfolgsneutral erfasst. Bezüglich der Wechselkursdifferenzen bei der Umrechnung von Abschlüssen in fremder Währung für die Konsolidierung geht dies gar nicht anders, weil sich nicht nur alle Aktiven und Verbindlichkeiten, sondern dadurch gezwungenermassen auch die Nettoaktiven verändern.

29.4 Veränderung des Eigenkapitals

Das Eigenkapital verändert sich laufend **aufgrund der Geschäftstätigkeit.** Gewinne oder Verluste (man spricht auch vom Periodenerfolg) sind nichts anderes als die Veränderung des Saldos sämtlicher künftiger Geldzu- und -abflüsse. Aktiven und Verbindlichkeiten sind ihrerseits als Barwerte künftiger Geldflüsse zu verstehen. Entsprechend führt der Periodenerfolg auch zu einer Veränderung der Nettoaktiven und damit des Eigenkapitals.

Wertverschiebungen auf Aktiven und Verbindlichkeiten, die nicht als Aufwand oder Ertrag erfasst werden, sind eine weitere Ursache für die Veränderung des Eigenkapitals. Für die Adressaten der Rechnungslegung erschwert die Aufteilung in erfolgswirksame und erfolgsneutrale Wertkorrekturen allerdings die Übersichtlichkeit. Daher empfiehlt es sich, die Analyse der Veränderung des Eigenkapitals zu beachten. Diese findet sich – zumindest für Konzernrechnungen – im Anhang. Verschiedentlich wurde auch vorgeschlagen, die Veränderungen des Eigenkapitals in einem weiteren Bestandteil der Jahresrechnung offen zu legen, soweit sie nicht aus Transaktionen – wie beispielsweise einer Kapitalerhöhung – mit den Eignern des Unternehmens (Aktionäre etc.) stammen.

Unternehmen können eine allfällige Finanzierungslücke, d.h. einen Investitionsüberhang nach Berücksichtigung des Geldzuflusses aus der Geschäftstätigkeit (vgl. dazu Kapitel 17 «Geldflussrechnung») durch Aufnahme eines Krediten fremd- oder mit Hilfe einer **Kapitalerhöhung** eigenfinanzieren. Dafür gibt es eine Vielzahl von Möglichkeiten und Rahmenbedingungen. Im Vordergrund stehen Kapitalerhöhungen in bar, meist verbunden mit einem Aufpreis (Agio). Kapitalerhöhungen bei Publikumsgesellschaften werden durch das Instrument des genehmigten Kapitals vereinfacht. Der Verwaltungsrat kann so bis zu einem bestimmten Betrag die Mittelbeschaffung selbstständig und damit rasch durchführen. Die Rückzahlung von Mitteln an die Aktionäre in Form der **Kapitalherabsetzung** ist an bestimmte Restriktionen gebunden. Sie bedingt meist auch zusätzliche Bestätigungen seitens der Wirtschaftsprüfer. Damit verbunden ist die Vernichtung der zurückgekauften Titel. Man spricht auch von einer Kapitalrückzahlung.

Davon zu unterscheiden ist die Rückzahlung von Mitteln an die Aktionäre durch **Kauf von eigenen Aktien** ohne anschliessende Vernichtung dieser Titel. Bei dieser Variante handelt es sich um eine wirtschaftliche Kapitalherabsetzung ohne – strengen rechtlichen Vorschriften unterliegende – formelle Vernichtung der zurückgekauften Aktien. Im Anschluss an einen solchen Rückkauf kann durch Veräusserung der eigenen Aktien am Markt (z.B. nach einer markanten Kurssteigerung) im wirtschaftlichen Sinne auch wieder eine Kapitalerhöhung, eine Beschaffung eigener Mittel durchgeführt werden. Der Rückkauf von eigenen Aktien ist in den meisten Ländern auf 10% des gesamten Grundkapitals beschränkt. Zudem sind steuerrechtliche Konsequenzen beispielsweise in der Schweiz die Belastung durch die Verrechnungssteuer zu beachten bzw. durch entsprechende Vorkehrungen zu vermeiden.

In der Konzernrechnung verändert sich das Eigenkapital auch aufgrund des Erwerbs bzw. des Verkaufs von Tochtergesellschaften oder (nicht konsolidierten) Beteiligungen an anderen Unternehmen. Diese Vorgänge werden in der Analyse (im Anhang) gesondert ausgewiesen (vgl. die Beispiele in ▶ Abb. 179 bis 182).

Die wichtigsten Veränderungen für die Analyse insbesondere auf Konzernstufe sind:

- Kapitaltransaktionen: Kapitalerhöhungen entweder durch Neuausgabe von Titeln oder durch Wandlung und Kapitalherabsetzung;

- Ausschüttungen: Dividenden oder bei gewissen hybriden Finanzierungsvarianten (mit teilweise Eigenkapital- und teilweise Fremdkapitalcharakter) auch die gewinnabhängige Verzinsung;

- Veränderung aufgrund des Ergebnisses der Periode;

Eigenkapitalnachweis 2002 Mio. CHF	Aktienkapital	Kapitalreserven (Agio)	Gewinnreserven (exkl. Umrechnungs- differenzen)	Umrechnungs- differenzen	Eigenkapital	Minderheitsanteile
Stand 31.12.2000	336	131	654	−36	1 085	145
Effekt aus Erstanwendung IAS 39			26		26	
Angepasster Stand 1.1.2001	336	131	680	−36	1 111	145
Eigene Aktien, Veränderung	−2	−5			−7	
Konzernergebnis			65		65	11
Marktwertschwankungen Finanzaktiven			−31		−31	
Realisierte Ergebnisse Finanzaktiven			−22		−22	
Dividenden			−52		−52	−16
Umrechnungsdifferenzen				−21	−21	−4
Stand 31.12.2001	334	126	640	−57	1 043	136
Eigene Aktien, Veränderung		2			2	
Konzernergebnis			−20		−20	8
Erhöhung Beteiligung an Agie Charmilles						−34
Umbuchung aus Fusion[1]		2	−2			
Marktwertschwankungen Finanzaktiven			−3		−3	
Realisierte Ergebnisse Finanzaktiven			−1		−1	
Impairment auf Finanzaktiven			8		8	
Dividenden			−24		−24	−7
Umrechnungsdifferenzen				−51	−51	−3
Stand 31.12.2002	334	130	598	−108	954	100

[1] Betrifft Fusion mit der Georg Fischer Anlagenbau Holding AG (siehe Finanzieller Lagebericht Georg Fischer AG, Seite 72)

Der Gesamtbetrag der in den Gewinnreserven direkt erfassten Ergebnisse beträgt CHF −47 Mio. (Vorjahr CHF −48 Mio.). Der Gesamtbetrag der in den Gewinnreserven direkt erfassten kumulierten Ergebnisse aus Finanzinstrumenten beträgt CHF −23 Mio. (Vorjahr CHF −27 Mio.).

Die Reduktion der Minderheitsanteile ist im Wesentlichen auf den erstmaligen Einbezug in die Konsolidierung des im Jahre 2001 erworbenen und bis 1.1.2002 unter den Wertschriften gehaltenen Anteils von 9.87% an Agie Charmilles zurückzuführen.

Die Umrechnungsdifferenzen sind im Wesentlichen auf den Chinesischen Renminbi Yuan, den Israelischen Neuen Schekel, den Brasilianischen Real und den Euro zurückzuführen.

Eigene Aktien im Nominalwert von CHF 16 Mio. (Vorjahr CHF 16 Mio.) sind vom Aktienkapital in Abzug gebracht. Die zugehörigen Agios in Höhe von CHF 37 Mio. (Vorjahr CHF 39 Mio.) sind entsprechend von den Kapitalreserven abgezogen.

Betreffend Aktienkapital und eigene Aktien wird auf den Anhang und den Kommentar zur Jahresrechnung der Georg Fischer AG, Seiten 72 bis 75, verwiesen.

▲ Abb. 179 Analyse der Veränderung des Eigenkapitals (Georg Fischer, Geschäftsbericht 2002, S. 48)

Kapitel 29 Eigenkapital

Konsolidierte Eigenkapitalnachweise
(in Millionen Schweizer Franken, ausser Angaben pro Aktie)

	Aktien-kapital	Kapital-reserven	Gewinn-reserven	Kumuliertes übriges «Comprehensive Income»	Eigene Aktien: nicht reservierte Aktien	Eigene Aktien: reservierte Aktien	Total
Bestand am 31. Dezember 2000	721	3 955	(324)	(116)	(72)	(410)	3 754
Konzerngewinn			382				382
Umrechnungsdifferenzen				(83)			(83)
Nicht realisierter Verlust aus zum Verkauf stehenden Aktien nach Steuern von 14 CHF				(23)			(23)
Anpassung der Mindestschuld der Pensionspläne nach Steuern von 12 CHF				(19)			(19)
Umfassender Konzerngewinn «Comprehensive Income»			382	(125)			257
Bardividenden, beschlossen und ausgeschüttet[1]			(132)				(132)
Transaktionen mit eigenen Aktien		(4)			6	19	21
Übriges		6		1	1		8
Bestand am 31. Dezember 2001	721	3 957	(74)	(240)	(65)	(391)	3 908
Konzerngewinn			406				406
Umrechnungsdifferenzen				(86)			(86)
Realisierung von vorherigem nicht realisiertem Verlust aus zum Verkauf stehenden Aktien nach Steuern von 16 CHF				28			28
Nicht realisierter Verlust aus zum Verkauf stehenden Aktien nach Steuern von 2 CHF				(5)			(5)
Nicht realisierter Gewinn aus «Cash Flow Hedges» nach Steuern von 0.7 CHF				1			1
Anpassung der Mindestschuld der Pensionspläne nach Steuern von 37 CHF				(58)			(58)
Übriges				0			0
Umfassender Konzerngewinn «Comprehensive Income»			406	(120)			286
Bardividenden, beschlossen und ausgeschüttet[1]			(134)				(134)
Kapitalrückzahlung[2]	(72)	3					(69)
Transaktionen mit eigenen Aktien		216			(13)	150	353
Übriges		10					10
Bestand am 31. Dezember 2002	649	4 186	198	(360)	(78)	(241)	4 354

(1) Bardividenden, beschlossen und ausgeschüttet betrugen 2.00 CHF je Aktie in den Jahren 2002 und 2001.
(2) Die Kapitalrückzahlung betrug 1.00 CHF je Aktie im Jahr 2002.

▲ Abb. 180 Analyse der Veränderung des Eigenkapitals (Ciba Spezialitätenchemie, Geschäftsbericht 2002, S. 21)

Veränderungen des konsolidierten Eigenkapitals
(2002 und 2001)

	Agio Mio. CHF	Zurückbehaltene Gewinne Mio. CHF	Wertanpassungen auf Wertschriften nicht im Reingewinn verbucht CHF Mio.	Wertveränderungen Cash Flow Hedges, nicht im Reingewinn verbucht CHF Mio.	Kumulative Umrechnungsdifferenzen, nicht im Reingewinn verbucht CHF Mio.	Total Reserven Mio. CHF	Total Aktienkapital Mio. CHF	Eigene Aktien Mio. CHF	Total Eigenkapital Mio. CHF
1. Januar 2001	289	35 976	1 943	103	−707	37 604	1 443	−139	38 908
Anpassung der Finanzinstrumente an den Marktwert			−889	−123		−1 012			−1 012
Kapitalveränderungen assoziierter Gesellschaften		−7				−7			−7
Umrechnungsdifferenzen					−637	−637			−637
Reingewinn		7 024				7 024			7 024
Total der Bestandteile des Gesamtgewinns (Comprehensive Income)		7 017	−889	−123	−637	5 368			5 368
Dividenden		−2 194				−2 194			−2 194
Kauf eigener Aktien		−3 818				−3 818		−30	−3 848
Ausgabe von Call-Optionen auf Novartis Aktien	3 102					3 102			3 102
Ausgabe von Put-Optionen auf Novartis Aktien	909					909			909
Total übriger Eigenkapitalveränderungen	4 011	−6 012				−2 001		−30	−2 031
31. Dezember 2001	4 300	36 981	1 054	−20	−1 344	40 971	1 443	−169	42 245
Anpassung der Finanzinstrumente an den Marktwert			138	−1 467	201	−1 128			−1 128
Kapitalveränderungen assoziierter Gesellschaften		−111			−35	−146			−146
Aufschreibung Goodwill		41				41			41
Umrechnungsdifferenzen					−1 501	−1 501			−1 501
Reingewinn		7 313				7 313			7 313
Total der Bestandteile des Gesamtgewinns (Comprehensive Income)		7 381	−1 467	201	−1 536	4 579			4 579
Dividenden		−2 294				−2 294			−2 294
Kauf eigener Aktien		−4 811				−4 811		−37	−4 848
Herabsetzung des Eigenkapitals							−31	31	
Total übriger Eigenkapitalveränderungen		−7 105				−7 105	−31	−6	−7 142
31. Dezember 2002	4 300	37 257	−413	181	−2 880	38 445	1 412	−175	39 682

▲ Abb. 181 Analyse der Veränderung des Eigenkapitals (Novartis, Geschäftsbericht 2002, S. 112)

24. Veränderung des konsolidierten Eigenkapitals

a) Nicht realisierte Gewinne und Verluste auf Finanzinstrumenten und die Überträge der realisierten Gewinne und Verluste in die Erfolgsrechnung setzen sich in den Jahren 2002 und 2001 wie folgt zusammen:

	Marktwertanpassungen der Wertschriften Mio. CHF	Wertveränderungen der Cash Flow Hedges Mio. CHF	Total Mio. CHF
Marktwertanpassungen per 1. Januar 2001	1 943	103	2 046
Marktwertveränderungen:			
Zur Veräusserung verfügbare Wertschriften	–150		–150
Cash-Flow Hedges		18	18
In die Erfolgsrechnung übertragene realisierte Gewinne oder Verluste auf:			
verkauften Wertschriften	–648		–648
derivativen Finanzinstrumenten	–265	–152	–417
Wertverminderungen auf Wertschriften und übrigen Finanzanlagen	101		101
Latente Steuern auf obige Posten	73	11	84
Marktwertanpassungen per 31. Dezember 2001	1 054	–20	1 034
Marktwertanpassungen:			
Zur Veräusserung verfügbare Wertschriften	–766		–766
Cash-Flow Hedges		223	223
übrige Finanzanlagen	–533		–533
In die Erfolgsrechnung übertragene realisierte Gewinne oder Verluste auf:			
verkauften Wertschriften	–270		–270
derivativen Finanzinstrumenten		–137	–137
übrige (verkaufte) Finanzanlagen	–13		–13
Wertverminderungen auf Finanzanlagen	100		100
Umbuchungen im Eigenkapital[1]	–138	133	–5
Latente Steuern auf obige Posten	153	–18	135
Marktwertanpassungen per 31. Dezember 2002	–413	181	–232

1 Transfer von CHF 138 Millionen nicht realisierter Gewinne auf Aktien der Syngenta AG, welche seit der Ausgliederung des Bereichs Agribusiness im Jahr 2000 im Besitz des Konzerns sind, und Transfer von CHF 133 Millionen von negativen Umrechnungsdifferenzen bezüglich Sicherungsgeschäften zur Absicherung von Nettoinvestitionen in ausländische Tochtergesellschaften.

b) Der Konzern hält Beteiligungen an assoziierten Gesellschaften, in erster Linie an der Roche Holding AG und der Chiron Corporation. Der Anteil des Konzerns an den Eigenkapitalbewegungen dieser Gesellschaften, die nicht mit dem Reingewinn zusammenhängen, werden direkt den Veränderungen des konsolidierten Eigenkapitals zugewiesen.

c) Im Laufe des Jahres 2001 wurden Anleihen verkauft und in diesem Zusammenhang wurde eine Tochtergesellschaft liquidiert. Dies führte 2001 dazu, dass ein Gewinn von CHF 641 Millionen aus den kumulativen Umrechnungsdifferenzen und ein Verlust auf Hedging von CHF 34 Millionen zu Gunsten bzw. zu Lasten des Finanzergebnisses in die Erfolgsrechnung umgebucht wurden.

d) Der Verwaltungsrat beantragt für 2002 eine Dividende von CHF 0.95 pro Aktie, was einer Summe von CHF 2.4 Milliarden für alle dividendenberechtigten Aktien entspricht. (2001: CHF 0.90 pro Aktie, was zu einem Betrag von CHF 2.3 Milliarden führte, welcher im Jahr 2002 ausbezahlt wurde). Der für die Dividendenausschüttung zur Verfügung stehende Betrag basiert auf dem Eigenkapital der Novartis AG und wird in Übereinstimmung mit den Bestimmungen des schweizerischen Obligationenrechts festgelegt.

e) Im Rahmen des dritten Aktienrückkaufprogramms wurden im Jahr 2002 über die zweite Handelslinie eigene Aktien für CHF 1.5 Milliarden gekauft. Zusätzlich wurden für CHF 3.9 Milliarden eigene Aktien über die erste Handelslinie erworben. Diese Beträge wurden kompensiert durch den Verkauf eigener Aktien im Umfang von CHF 0.3 Milliarden sowie durch eine Reduktion des Bestands eigener Aktien um CHF 0.3 Milliarden infolge der Zahlung mit Aktien im Rahmen einer Akquisition hatte eine Nettoveränderung des konsolidierten Eigenkapitals des Konzerns um CHF 4.8 Milliarden (2001: CHF 3.8 Milliarden) zur Folge.

▲ Abb. 182 Erläuterungen zur Veränderung des Eigenkapitals im Anhang (Novartis, Geschäftsbericht 2002, S. 139f.)

f) Im Dezember 2001 verkaufte Novartis 55 Millionen Call-Optionen mit zehnjähriger Laufzeit (Low Exercise Price Options «LEPOs») auf Novartis Aktien mit einem Ausübungspreis von CHF 0.01 an einen Dritten. Sie erhielt dafür EUR 2.2 Milliarden (EUR 40 pro LEPO). Es besteht die Absicht, die LEPOs mit Novartis Aktien aus bestehendem Eigenbestand zu begleichen. Die Gruppe erfasste die für die LEPOs erhaltene Prämie zum Marktwert abzüglich der Ausgabekosten und weist sie als Erhöhung des Agios aus. Die Ausübung der Optionen wird als Abgabe von Aktien aus Eigenbestand ohne Einfluss auf die Erfolgsrechnung erfasst.

g) Novartis verkaufte im Dezember 2001 55 Millionen Put-Optionen (Laufzeit 9 bzw. 10 Jahre) auf Novartis Aktien in zwei Tranchen an einen Dritten mit einem Ausübungspreis von EUR 51 und erhielt dafür EUR 0.6 Milliarden (EUR 11 pro Put-Option). Die Put-Optionen können an bestimmten Stichtagen zwischen den Jahren drei und zehn ausgeübt werden und können nach dem Ermessen von Novartis entweder physisch (Rücknahme von Aktien für den gesamten Betrag) oder netto (Wert der Differenz zwischen Ausübungspreis und Marktpreis) mit Aktien abgegolten werden. Gemäss den Vertragsbedingungen kann sich die dafür nötige Anzahl der Novartis Aktien unter gewissen Bedingungen verändern. Die Vertragsbedingungen sehen eine Begrenzung der Anzahl Aktien im Falle einer Nettobegleichung mit Aktien vor, sodass Novartis unter keinen Umständen durch die Gegenpartei zu einer physischen Begleichung gezwungen werden kann. Nur wenn der Konzern sich für die physische Begleichung der Put-Option entscheidet, würde dies zu einer Barzahlung an die Gegenpartei führen. Im Zeitpunkt des frühesten möglichen Ausübungsdatums für die beiden Tranchen von Put-Optionen (2004 und 2005) wäre eine Barzahlung im Betrag von EUR 3.1 Milliarden erforderlich. Diese würde sich bis zum Verfalldatum (2010 und 2011) auf EUR 3.8 Milliarden erhöhen. Am 6. Dezember 2006 oder jederzeit danach darf Novartis bei bestimmten Ereignissen die Ausübung der Option zum angewachsenen Ausübungspreis auslösen. Die Gruppe weist die Optionsprämien abzüglich Ausgabekosten für die Put-Optionen als Erhöhung des Agios aus. Ausübungen werden als Transaktionen mit eigenen Aktien ohne Einfluss auf die konsolidierte Erfolgsrechnung ausgewiesen.

h) Die Verminderung der Desinvestitionsgewinne um den Goodwill, welcher anlässlich der Akquisition der verkauften Einheit im Einklang mit den vor 1995 geltenden IAS-Bestimmungen zu Lasten des Eigenkapitals abgeschrieben wurde.

i) Am 21. März 2002 wurde anlässlich der Generalversammlung der Aktionäre eine Kapitalherabsetzung im Umfang von 61.1 Millionen Aktien zum Nominalwert von CHF 31 Millionen beschlossen.

▲ Abb. 182 Erläuterungen zur Veränderung des Eigenkapitals im Anhang (Novartis, Geschäftsbericht 2002, S. 139f.) (Forts.)

- Veränderung aufgrund von direkt dem Eigenkapital belasteten oder gutgeschriebenen Veränderungen von Bilanzpositionen:
  - Marktwertänderung von Wertschriften der Kategorie *available for sale*, soweit es sich nicht um eine dauernde Wertbeeinträchtigung (Impairment) handelt;
  - Auswirkungen von Optionsprogrammen;
  - Mehr- oder Minderwerte aus der Neubewertung von Renditeliegenschaften (nicht in allen Standards gleich geregelt);
- Veränderungen aufgrund der Umrechnung von Nettoinvestitionen in Tochtergesellschaften in fremder Währung: Differenz zwischen Gegenwert bei Umrechnung zum Kurs zu Beginn sowie am Ende der Berichtsperiode;
- Veränderungen im Zusammenhang mit Unternehmenszusammenschlüssen: Fusionen, Akquisitionen und ähnliche Vorgänge.

29.5 Transaktionen mit eigenen Aktien

Der Kauf oder Verkauf eigener Aktien kann entweder als Investition (beim Kauf) in Form von Wertschriften oder Finanzanlagen bzw. als Desinvestition (beim Verkauf) verstanden werden. Oder man stellt den Finanzierungsaspekt in den Vordergrund. Mit dem Rückkauf eigener Aktien werden Mittel der Unternehmung an (bestimmte) Anteilseigner (zurück-)bezahlt. Dieser Vorgang ist durchaus vergleichbar mit der Rückzahlung eines Kredites. Dem Unternehmen wird durch den Kauf eigener Aktien Haftungssubstrat entzogen. Daher bietet es sich an, den Rückkauf eigener Aktien als Reduktion der Nettoaktiven und damit des Eigenkapitals darzustellen. Beim Kauf werden die flüssigen Mittel reduziert. Der systematische Rückkauf eigener Aktien wird oft damit begründet, dass überschüssige flüssige Mittel eine schlechte Rendite abwerfen. Die aus solchen Transaktionen resultierende Eigenkapitalreduktion erhöht – als Folge des Leverage-Effektes bei der Finanzierung – die Rendite des restlichen Eigenkapitals. Allerdings darf dabei der Aspekt der Liquidität und Sicherheit – den beiden anderen Kerngrössen der finanziellen Führung neben der Rentabilität – nicht ausser Acht gelassen werden.

Der Fall ABB (vgl. ▶ Abb. 183) hat gezeigt, wie ein zur Steigerung der Eigenkapitalrentabilität durchgeführtes Rückkaufprogramm für eigene Aktien schon kurze Zeit später zu fast existenziellen Bedrohungen führen kann. In der ersten Hälfte des Jahres 2001 erwarb das Unternehmen eigene Aktien im Umfang von 1.4 Mrd. USD und finanzierte den Kauf über die Ausschöpfung von Kreditlinien. Dadurch sank die Eigenkapitalquote von fast 17 % (Anfang 2001) auf unter 10 % (Juni 2001). Ende 2001 kamen erste Gerüchte über mögliche Liquiditätsprobleme auf, die sich bis zum Sommer 2002 schrittweise verstärkten. Im Juni 2002 bezeichnete der damalige CEO Jörgen Centerman das Rückkaufprogramm, das im Verwaltungsrat unter dem Vorsitz von Jürgen Dormann beschlossen wurde, als einen Fehler. In den Medien wurde über die Vorteile spekuliert, die für die damaligen Verwaltungsräte Martin Ebner und Percy Barnevik – beide bedeutende Aktionäre von ABB – mit dem Rückkauf verbunden gewesen waren. Erst im Spätsommer 2002 konnte die inzwischen bedrohliche Liquiditätslage mit dem Verkauf der Finanzsparte zeitweise stabilisiert werden. Anfang September 2002

Treasury and capital stock
At our annual general meeting held on March 20, 2001 our shareholders approved a share repurchase of 24 million shares, which corresponds to approximately 2 % of our nominal share capital. As of June 30, 2001 all of the 24 million shares have been purchased using a second trading line. We intend to propose to our shareholders at next year's annual general meeting a reduction of our nominal share capital for the purpose of canceling such shares.

▲ Abb. 183 Aktienrückkaufprogramm (ABB, Halbjahresbericht 2001, S. 13)

übernahm Verwaltungsratspräsident Jürgen Dormann in Personalunion auch das Amt des CEO. Jörgen Centerman verliess das Unternehmen. Die Unsicherheit im Rahmen der Asbestklagen gegen die US-amerikanische ABB-Tochter Combustion Engineering trug im Oktober 2002 schliesslich zu einem Einbruch des Aktienkurses auf unter 2 CHF bei.

Entsteht eine Finanzierungslücke, kann diese nicht ohne weiteres durch die Veräusserung der eigenen Aktien bewältigt werden. Der Markt ist unter Umständen nicht liquid und in schwierigen Zeiten wird es ohnehin nicht leicht fallen, einen guten Preis für diese Aktien zu erzielen. Diese Überlegungen sprechen für eine Qualifikation des Rückkaufs eigener Aktien in wirtschaftlicher Sicht als Kapitalherabsetzung. Die Darstellung solcher Transaktionen in der modernen Rechnungslegung folgt dem Gedanken der Kapitalherabsetzung bzw. Kapitalerhöhung. Die zurückgekauften Aktien (als *treasury shares,* also eine Art Vorratsaktien für eine spätere Kapitalbeschaffung bezeichnet) werden nicht als Inves-

Mio. CHF	Aktienkapital	Kapitalreserven (Agio)	Gewinnreserven (exkl. Umrechnungs- differenzen)	Umrechnungs- differenzen	Eigenkapital	Minderheitsanteile
Angepasster Stand 1.1.2001	**336**	**131**	**680**	**−36**	**1 111**	**145**
Eigene Aktien, Veränderung	−2	−5			−7	
Konzernergebnis			65		65	11
Marktwertschwankungen Finanzaktiven			−31		−31	
Realisierte Ergebnisse Finanzaktiven			−22		−22	
Dividenden			−52		−52	−16
Umrechnungsdifferenzen				−21	−21	−4
Stand 31.12.2001	**334**	**126**	**640**	**−57**	**1 043**	**136**
Eigene Aktien, Veränderung		2			2	
Konzernergebnis			−20		−20	8
Erhöhung Beteiligung an Agie Charmilles						−34
Umbuchung aus Fusion[1)]		2	−2			
Marktwertschwankungen Finanzaktiven			−3		−3	
Realisierte Ergebnisse Finanzaktiven			−1		−1	
Impairment auf Finanzaktiven			8		8	
Dividenden			−24		−24	−7
Umrechnungsdifferenzen				−51	−51	−3
Stand 31.12.2002	**334**	**130**	**598**	**−108**	**954**	**100**

Eigene Aktien im Nominalwert von CHF 16 Mio. (Vorjahr CHF 16 Mio.) sind vom Aktienkapital in Abzug gebracht. Die zugehörigen Agios in Höhe von CHF 37 Mio. (Vorjahr CHF 39 Mio.) sind entsprechend von den Kapitalreserven abgezogen.

▲ Abb. 184 Eigenkapitalnachweis gemäss Treasury-Share-Konzept in der Konzernrechnung der Georg Fischer Gruppe (Georg Fischer, Geschäftsbericht 2002, S. 48)

1 000 CHF	Aktien-kapital	Allgemeine Reserven	Reserven für eigene Aktien	Spezial-reserve	Bilanz-gewinn	Eigenkapital
Stand 31.12.2000	**349 948**	**204 493**	**48 437**	**125 163**	**176 323**	**904 364**
Gewinn					76 475	76 475
Dividende					–51 742	–51 742
Zuweisung Spezialreserve				60 000	–60 000	
Umbuchungen			7 647	–7 647		
Stand 31.12.2001	**349 948**	**204 493**	**56 084**	**177 516**	**141 056**	**929 097**
Fusionsgewinn		1 554				1 554
Verlust					–47 822	–47 822
Dividende					–24 146	–24 146
Zuweisung Spezialreserve				30 000	–30 000	
Umbuchungen			–1 926	1 926		
Stand 31.12.2002	**349 948**	**206 047**	**54 158**	**209 442**	**39 088**	**858 683**

▲ Abb. 185 Eigenkapitalnachweis gemäss «Reserven für eigene Aktien»-Konzept in Einzelabschluss der Georg Fischer AG (Georg Fischer, Geschäftsbericht 2002, S. 71)

tition und somit als Aktiven in der Bilanz erfasst. Vielmehr erscheinen sie als Abzugsposten im Eigenkapital. Der Kaufpreis ist aufzuteilen in Nennwert, allfälliges Agio aus der früheren Begebung und dem den Gewinnreserven zu belastenden Restbetrag. Jeder Aktienrückkauf reduziert somit das Eigenkapital, wobei der Kaufpreis auf die verschiedenen Einzelpositionen des Eigenkapitals aufzuschlüsseln ist. Die wirtschaftliche Betrachtungsweise führt zudem zu einer Verkürzung der Bilanz. Der Abfluss an Geldbeständen wird nicht durch eine Aktivierung der eigenen Aktien als Wertschriften kompensiert, sondern als Kapitalreduktion erfasst. Damit erhöht sich die Eigenkapitalquote. Werden solche Aktien später wieder platziert, d. h. am Markt verkauft, so ist der gesamte Betrag als Kapitalerhöhung und damit erfolgsneutral zu erfassen. Keinesfalls dürfen Erträge aus Verkäufen vorgetäuscht werden.

Diese Darstellung in Form von *treasury shares* (statt der früher üblichen Erfassung als Anlage in Wertschriften) findet sich heute in fast allen Konzernrechnungen (vgl. ◄ Abb. 184).

Viele Gesetzgeber behandeln dagegen den Erwerb eigener Aktien als Investition. Damit wird ein Aktiventausch von den flüssigen Mitteln zu Wertschriften oder Finanzanlagen unterstellt. Weil auch bei dieser Betrachtungsweise die Schmälerung des Haftungssubstrates offensichtlich ist, verlangen die Gesetze konsequenterweise die Ausscheidung von Gewinnreserven in Höhe des Kaufpreises im Eigenkapital. Diese **Reserve für eigene Aktien** signalisiert, in welchem Umfang Nettoaktiven oder eigene Mittel bereits an (einzelne) Aktionäre ausbezahlt wurden und daher nicht mehr für Ausschüttungen zur Verfügung stehen. Diese Art der Rechnungslegung findet sich noch sehr häufig im Einzelabschluss (sie ist z. B. gemäss Schweizer Aktienrecht vorgeschrieben). Vgl. dazu ◄ Abb. 185.

Die Auswirkungen der beiden Darstellungsvarianten auf die Bilanzsumme sowie das ausgewiesene Eigenkapital werden in ▶ Abb. 186 und 187 verdeutlicht.

Werden zurückgekaufte eigene Aktien aktiviert, verstellt dies den Blick auf die im Grunde erfolgte Kapitalherabsetzung. Zusätzlich führt dies zu einem laufenden Korrekturbedarf aufgrund der normalerweise auftretenden Veränderungen

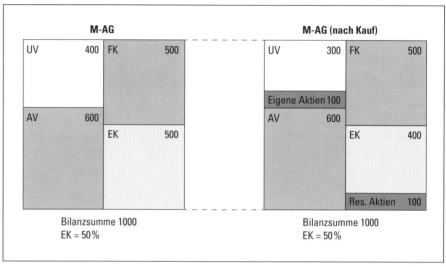

▲ Abb. 186 Bilanzierung eigener Aktien durch Aktivierung und Reservebildung

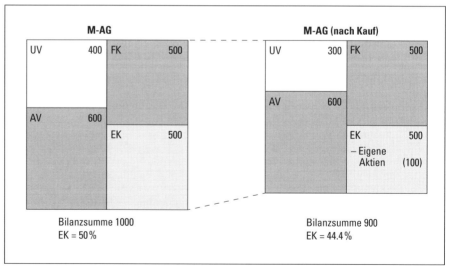

▲ Abb. 187 Bilanzierung eigener Aktien nach dem Treasury-Share-Konzept

des Börsenkurses der Titel. Dabei stellt sich die Frage, ob nicht realisierte Kurssteigerungen erfolgsneutral oder erfolgswirksam gezeigt werden sollen.

Unabhängig von den jeweiligen Regelungen in den anwendbaren Standards sind folgende Überlegungen zu beachten:

- Handelt ein Unternehmen mit eigenen Aktien aktiv, so führt diese so genannte *trading activity* wie beim Handeln mit anderen kotierten Titeln zu einem Gewinn oder Verlust. Die entsprechenden Bestände sind folglich als Teil der Wertschriften im Umlaufvermögen auszuweisen. Sie werden ja in Handelsabsicht und nicht mit dem Ziel einer zumindest vorläufigen Kapitalrückzahlung erworben. Der Kurserfolg ist im Finanzergebnis auszuweisen, auch wenn er noch nicht realisiert ist, d.h. wenn am Bilanzstichtag die Titel noch nicht veräussert sind.
- Handelt es sich um erhebliche Bestände, können zumindest kleinere Publikumsgesellschaften mit einem relativ bescheidenen täglichen Handelsvolumen nicht ohne weiteres sämtliche eigenen Aktien als Handelsbestand einstufen. In der Regel ist daher der grösste Teil der Aktien im Sinne einer wirtschaftlichen Kapitalrückzahlung zu erfassen.

29.6 Optionspläne

Erst seit kurzem gibt es Standards zur Offenlegung der Kosten von Options- oder ähnlichen Plänen bei Erfolgsbeteiligung von Management und Mitarbeitern. Je nach Standard sind eine mehr oder weniger grosse Zahl an Angaben notwendig (vgl. ▶ Abb. 188). Vereinfacht ausgedrückt geben die Optionen das Recht, in einem bestimmten Zeitpunkt zu einem im Voraus festgelegten Preis Beteiligungstitel zu kaufen. Der Preis für dieses Anrecht bestimmt sich in der Regel anhand von Laufzeit, Marktzins, Ausübungspreis und Volatilität des entsprechenden Titels (verstanden als Mass für die Schwankungen des Kurses im Vergleich zum Gesamtmarkt; selbstverständlich sind dabei auch allfällige Dividendenzahlungen oder Kapitalherabsetzungen bzw. -erhöhungen zu berücksichtigen). Die Berechtigten werden die Optionen ausüben, falls der Ausübungskurs zu gegebener Zeit unter dem Marktkurs liegt. Das Unternehmen muss dann entweder Kapital im Vergleich zum aktuellen Börsenkurs günstiger emittieren (durch Verkauf von eigenen Aktien etc.) oder die Aktien am Markt teuer kaufen, um sie zum tieferen Ausübungspreis weiterzugeben. Faktisch resultiert eine Zahlung aus Mitteln des Unternehmens im Umfang der Differenz zwischen Kurs- und Ausübungspreis. Diese Verwässerung zulasten der übrigen Aktionäre wurde lange Zeit nur über das Eigenkapital erfasst und nicht als Aufwand. Weil die Kosten solcher Optionsprogramme nicht erfolgswirksam dargestellt wurden, hat man sie vielfach unter-

18. Auf Aktien basierende Vergütungspläne
Der Konzern wendet die Vorschriften des Anhangs zu SFAS Nr. 123 «Rechnungslegung von auf Aktien basierenden Vergütungen» («Accounting for Stock Based Compensation») an und beachtet bei der Bilanzierung seiner Vergütungspläne die Vorschriften aus der «Accounting Principles Board Opinion» Nr. 25 und der damit verbundenen Interpretationen. Die Vergütungspläne lassen sich wie folgt beschreiben.

Im Jahr 2002 hat der Konzern im Zusammenhang mit der Kapitalreduktion von 1 CHF pro Aktie (siehe Erläuterung 17) und in Übereinstimmung mit den Bestimmungen seiner Vergütungspläne in Optionen den Ausübungspreis seiner ausstehenden Optionen herabgesetzt. In Folge dieser Kapitalherabsetzung wurden keine Vergütungsaufwendungen verbucht. Für den «Leveraged Executive Asset Plan» (LEAP) wurde die Kapitalherabsetzung durch die Investmentbank vorgenommen. Die in dieser Erläuterung publizierten Ausübungspreise wurden entsprechend bereinigt.

LEAP – Im März 1997 etablierte der Konzern einen einmaligen «Leveraged Executive Asset Plan» für das obere Kader, Inhaber von Schlüsselfunktionen sowie den Verwaltungsrat, um den Aktienbesitz zu fördern. Im Rahmen dieses Programms erhielten etwa 320 Teilnehmer die Möglichkeit, insgesamt 288 400 Aktien des Konzerns zum Wert von 110 CHF pro Aktie zu erwerben. Dieser spiegelte den Marktwert am Erwerbstag wider. Für jede gekaufte Aktie erhielt der Teilnehmer vier Aktienoptionen (insgesamt 1 153 600 Stück) zu einem Ausübungspreis von 110 CHF pro Aktie, dem Marktwert der Aktie am Ausgabetag (auf 108.70 CHF umbewertet nach der Kapitalherabsetzung). Den Teilnehmern wird der Gegenwert des Kursgewinns zwischen dem Gewährungstag und dem Ausübungstag in Form von Aktien des Konzerns vergütet. Diese Aktien wurden am 15. März 2002 an die Teilnehmer ausgegeben. Das Eigentum an den Optionen wurde zum 1. März 2000 übertragen. Die Optionen können zum 15. jeden Monats, erstmalig am 15. März 2002, bis zum 15. März 2005, dem Tag, an dem die Optionen verfallen, ausgeübt werden. Per 31. Dezember 2002 waren insgesamt 50 468 Optionen ausgeübt worden. Aufgrund von Rücktritten aus diesem Programm wurden 60 318 Optionen (2001: 58 502 Optionen) an den Konzern zurückgegeben.

Der Konzern entrichtete eine Gebühr von 51 Millionen CHF an eine führende Investmentbank für die Verwaltung des Planes, deren Aufgabe es ist, bei Fälligkeit alle notwendigen Aktienäquivalente aus dem Konzernbesitz den Teilnehmern des LEAP-Programms zur Verfügung zu stellen. Selbst wenn die Kosten des Aktienkaufs über der bereits vom Konzern bezahlten Gebühr von 51 Millionen CHF liegen, wird die beauftragte Bank alle notwendigen Aktien beschaffen, so dass der Konzern keine zusätzlichen Aktien ausgeben muss. Deshalb werden die Gesamtkosten des «LEAP»-Programms, unabhängig von der zukünftigen Kursentwicklung, die schon bezahlten Gebühren von insgesamt 51 Millionen CHF für Kurssicherung und Administration des Programms nicht übersteigen. Die bezahlten Gebühren wurden als vorausbezahlter Personalaufwand verbucht und im Verhältnis über die dreijährige Laufzeit bis 1. März 2000 amortisiert.

CAPS – 1997 etablierte der Konzern einen «Capital Appreciation Performance Share»-Plan für das obere Kader, Inhaber von Schlüsselfunktionen sowie den Verwaltungsrat. Unter «CAPS» erhielten die Teilnehmer ein Anrecht auf eine Aktie des Konzerns je gewährtem Anrecht, sofern der Aktienschlusskurs des Konzerns an sieben beliebigen Tagen bis zum 31. August 2001, dem Tag an dem die Optionen verfallen, den Preis von 264 CHF pro Aktie erreichte oder überstieg (dies entsprach dem zweifachen Kurs vom Gewährungstag des Programms im August 1997). Unter diesem Programm erhielten 1998 fünf Teilnehmer 8 192 Anrechte und 1997 333 Teilnehmer 342 572 Anrechte. Da die Bedingungen des Aktien-Plans am 31. August 2001 nicht erfüllt waren, verfielen alle Aktienanrechte dieses Programms. Da der vereinbarte Zielkurs der Aktie nie erreicht wurde, wurden keine Vergütungsaufwendungen zu diesem Plan verbucht.

LTIP – Im Jahr 1998 etablierte der Konzern einen «Long-Term Incentive Plan», welcher leitenden Angestellten und anderen Mitarbeitern in wichtigen Schlüsselpositionen Optionen und seit dem Jahr 2000 auch Aktien des Konzerns, gewährt. Die Optionen, welche für Teilnehmer ausserhalb der USA eingeräumt wurden, unterliegen einer Sperrfrist von drei Jahren nach dem Gewährungszeitpunkt. Anrechte, welche Teilnehmern in den USA eingeräumt wurden, sind über drei Jahre verteilt, d.h. diese Anrechte gehen jedes Jahr jeweils zu einem Drittel in deren Eigentum über und sind sofort ausübbar. Die Optionen verfallen fünf oder zehn Jahre nach dem Gewährungszeitpunkt. In den Jahren 2002 und 2001 wurden zu diesem Plan noch keine Vergütungsaufwendungen verbucht.

▲ Abb. 188 Angaben zum Optionsplan (Ciba Spezialitätenchemie, Geschäftsbericht 2002, S. 36–38)

Die folgende Übersicht zeigt die Aktivitäten in diesen Optionen (LTIP) für die Jahre 2002 und 2001.

	Gewichteter mittlerer Ausübungspreis	Anzahl ausstehender Optionen
Stand am 31. Dezember 2000	123.81	1 299 900
Gewährte Optionen	111.07	461 444
Aus «Stock Appreciation Rights» gewandelte Optionen	163.70	60 799
Gelöschte und zurückgegebene Optionen	114.61	(43 694)
Stand am 31. Dezember 2001	122.09	1 778 449
Gewährte Optionen	111.09	481 401
Ausgeübte Optionen	110.90	(32 098)
Gelöschte und zurückgegebene Optionen	113.41	(32 413)
Stand am 31. Dezember 2002	119.97	2 195 339

Im Januar 1998 gewährte der Konzern einigen seiner leitenden Angestellten 68 500 «Stock Appreciation Rights» (SAR) mit dem am Gewährungszeitpunkt dem Marktpreis entsprechenden Ausübungspreis von 165 CHF, bzw. bereinigt 163.70 CHF nach der Kapitalherabsetzung. Diese Anrechte gewähren dem Teilnehmer den Anspruch auf den Wertzuwachs der Aktien zwischen dem Zeitpunkt der Gewährung und der Ausübung. Dieser Anspruch kann entweder zum Gegenwert in bar oder unter bestimmten Bedingungen in Aktien beglichen werden. Die Anrechte unterliegen einer Pro-Rata-Sperrfrist von drei Jahren und verfallen zehn Jahre nach dem Gewährungszeitpunkt. Im März 2001 wurden die verbliebenen 60 799 «Stock Appreciation Rights» in Übereinstimmung mit den Bestimmungen des Plans in Aktienoptionen mit einem Ausübungspreis von 163.70 CHF gewandelt. Im Jahr 2001 wurden unter diesen «Stock Appreciation Rights» keine Vergütungsaufwendungen verbucht.

Die folgende Übersicht zeigt den Status der ausstehenden und ausübbaren Optionen zum 31. Dezember 2002:

In Verbindung mit LTIP 2001 hat der Konzern 639 Teilnehmern 96 729 Aktien gewährt, welche einer Sperrfrist von 3 Jahren nach dem Gewährungszeitpunkt unterliegen. Diese Aktien wurden als Teil der Leistungszulage für das Jahr 2000 gewährt, die im Jahr 2000 als Vergütungsaufwendung ausgewiesen wurde. Der Marktwert der Aktien betrug am Gewährungszeitpunkt 112 CHF pro Aktie.

In Verbindung mit LTIP 2002 hat der Konzern 683 Teilnehmern 85 128 Aktien gewährt, welche einer Sperrfrist von 3 Jahren nach dem Gewährungszeitpunkt unterliegen. Der Marktwert der Aktien betrug am Gewährungstag 112 CHF pro Aktie. Im Zusammenhang mit diesen Aktien wurden im Jahr 2002 ca. 10 Millionen CHF Vergütungsaufwendungen verbucht.

LEXIP – Im April 1998 schuf der Konzern einen «Long-Term Executive Incentive Plan», welcher fünf Teilnehmern das Recht gab, 6 007 Aktien des Konzerns zu dem am Gewährungszeitpunkt gültigen Marktpreis von 183 CHF zu erwerben. Für jede erworbene Aktie erhielten die Teilnehmer ein Optionsrecht zum Erwerb von weiteren vier Aktien (insgesamt 24 028). Der Basis-Ausübungspreis entspricht dem gültigen Marktpreis von 183 CHF am Gewährungszeitpunkt, bzw. bereinigt 181.70 CHF nach der Kapitalherabsetzung. Der Anspruch auf Ausübung dieser Optionen unterliegt einer Sperrfrist von vier Jahren und verfällt sieben Jahre nach dem Gewährungszeitpunkt. Per 31. Dezember 2002 wurden 12 560 Optionen zurückgegeben. In den Jahren 2002 und 2001 wurden unter diesem Plan keine Vergütungsaufwendungen verbucht.

ESOP – Im Jahr 1998 etablierte der Konzern einen «Employee Share Ownership Plan», welcher es nahezu allen Mitarbeiterinnen und Mitarbeitern ermöglicht, jährlich bis zu 20 Aktien zu erwerben, und zwar zu einem Preis von 85 Prozent des durchschnittlichen Marktpreises, der sich als Durchschnittsschlusskurs der Aktien an der Schweizer Börse innerhalb der letzten zehn Tage vor dem Kauf der Aktien berechnet. Im Jahr 2002 erwarben 1 660 Mitarbei-

		Ausstehende Optionen			Ausübbare Optionen	
Ausübungspreisspanne	Gewichteter mittlerer Ausübungspreis – ausstehende/ausübbare	Anzahl ausstehender Optionen	Gewichteter Mittelwert der restlichen Laufzeit (in Jahren)	Anzahl ausstehender Optionen	Gewichteter Mittelwert der restlichen Laufzeit (in Jahren)
107.09 –114.09	110.20/ 111.12	1 802 321	4.3	636 234	4.1
163.70	163.70/ 163.70	393 018	1.6	393 018	1.6
		2 195 339		1 029 252	

▲ Abb. 188 Angaben zum Optionsplan (Ciba Spezialitätenchemie, Geschäftsbericht 2002, S. 36–38) (Forts.)

terinnen und Mitarbeiter (2001: 2 279 Mitarbeiterinnen und Mitarbeiter) 29 499 Aktien (2001: 40 069 Aktien) zu einem Preis von ca. 3 Millionen CHF (2001: 4 Millionen CHF). In den Jahren 2002 und 2001 wurden unter diesem Plan keine Vergütungsaufwendungen verbucht.

MAB – Im Jahr 1998 etablierte der Konzern einen Mitarbeiterbeteiligungsplan, welcher den meisten Mitarbeiterinnen und Mitarbeiter mit einem Schweizer Arbeitsvertrag als Ergänzung zu ihren Pensionsleistungen das Recht einräumt, jährlich 20 Aktien (25 Aktien ab dem Jahr 2003) zu einem Preis von 15 CHF pro Aktie zu erwerben (solange der Kurs unter 200 CHF pro Aktie bleibt; bei welchem der Preis für die Mitarbeiter angepasst werden könnte). Die Anrechte werden am Gewährungstag gültig und sind bei Pensionierung oder Ausscheiden des Mitarbeiters ausübbar. Die folgende Tabelle zeigt für die Jahre 2002 und 2001 eine Zusammenfassung der für MAB aktivierter Anrechte.

	Ausübungspreis	Ausstehende Anrechte
Stand am 31. Dezember 2000	15	232 760
Gewährte Anrechte	15	86 240
Ausgeübte Anrechte	15	(16 260)
Stand am 31. Dezember 2001	15	302 740
Gewährte Anrechte	15	86 040
Ausgeübte Anrechte	15	(18 500)
Stand am 31. Dezember 2002	15	370 280

Die Vergütungsaufwendungen werden im Jahr der Gewährung verbucht. Im Jahr 2002 wurden 8 Millionen CHF (2001: 8 Millionen CHF) als Vergütungsaufwendung unter diesem Plan verbucht.

PSP – Im Jahr 2001 etablierte der Konzern einen «Performance Share Plan» (PSP) für bestimmte Manager in wichtigen Schlüsselpositionen und die Mitglieder des Verwaltungsrates ohne Konzernleitungsfunktion (Teilnehmer). Innerhalb des PSP wird den Teilnehmern das Recht eingeräumt, Aktien des Konzerns zu erhalten, falls die Leistung des Konzerns, die als «Total Shareholder Return» (TSR) bezeichnet und gemessen wird, während der Laufzeit des PSP bestimmte Kriterien erfüllt oder übertrifft und der Kurswert der Konzernaktien gleich oder höher als zu Beginn der Laufzeit ist. Der TSR umfasst drei Parameter: (i) die prozentuale Veränderung des Kurswertes am Ende des ersten Handelstages der Laufzeit zum Kurswert am Ende des letzten Handelstages der Laufzeit; (ii) die während der Laufzeit ausbezahlte oder zu zahlende Dividende; (iii) alle ausserordentlichen Ausschüttungen an die Aktionäre während der Laufzeit. Im Jahr 2001 wurden 137 Teilnehmern 86 700 Rechte mit einer Laufzeit vom 1. Januar 2001 bis zum 31. Dezember 2003 gewährt. Der Aktienpreis betrug zu Beginn der Laufzeit 109.25 CHF, was dem Börsenkurs des 3. Januar 2001 entsprach. Die Rechte sind über drei Jahre verteilt, d.h. sie gehen jedes Jahr jeweils zu einem Drittel in das Eigentum der Teilnehmer über, ausgenommen der Teilnehmer hat das Beschäftigungsverhältnis selbst gekündigt. In diesem Fall verfallen die Rechte. Jedes Recht ermächtigt zu einem Bezug von einer bis zu maximal vier Aktien, abhängig vom Kurswert und dem Rang, den der Konzern mit seinem TSR unter vergleichbaren Unternehmen am Ende der Laufzeit einnimmt. Durch Kündigungen sind insgesamt 1 675 Rechte (2001: 1 250 Rechte) an den Konzern zurückgefallen. Da die Kriterien des PSP nicht erreicht wurden, wurden in den Jahren 2002 und 2001 unter diesem Plan keine Vergütungsaufwendungen ausgewiesen.

Änderung der Eigentumsverhältnisse am Konzern und Bereithaltung von Aktien
Im Falle der Änderung der Eigentumsverhältnisse am Konzern (definiert im LEAP ab 30 Prozent im LTIP-Programm ab 33.33 Prozent, ausser im LTIP 1998 ab 50 Prozent, und im PSP ab 20 Prozent aller Stimmrechte, im PSP für den Fall einer Fusion zusätzlich definiert, wenn die Aktionäre weniger als 50 Prozent der Stimmen der fusionierten Firma halten oder der Verwaltungsrat nicht das Stimmenmehr in derselben besitzt) werden die Gültigkeitsperioden und Sperrfristen der oben beschriebenen Pläne (falls noch vorhanden) ablaufen. Gleichzeitig wird eine Vergütung in bar oder Aktien in Höhe des Wertes der ausstehenden Pläne und der damit verbundenen Steuern und Abgaben an die Teilnehmer fällig.

Per 31. Dezember 2002 hielt der Konzern ca. 2.0 Millionen eigene Aktien (im Jahr 2001: 1.8 Millionen Aktien), um die verschiedenen, auf Aktien basierenden Vergütungspläne zu erfüllen.

▲ Abb. 188 Angaben zum Optionsplan (Ciba Spezialitätenchemie, Geschäftsbericht 2002, S. 36–38) (Forts.)

Pro-Forma-Angaben
Der Pro-Forma-Konzerngewinn und der Pro-Forma-Gewinn pro Aktie für 2002 und 2001 wurden berechnet, als ob der Konzern in Übereinstimmung mit SFAS Nr. 123 die Marktpreismethode («Fair Value Method») für seine auf Aktien basierende Vergütungspläne angewandt hätte. In Folge der Kapitalherabsetzung wurden keine Vergütungsaufwendungen verbucht. Die nachfolgend dargestellten Pro-Forma-Beträge spiegeln den Teil des geschätzten Marktwertes der für die Jahre 2002 und 2001 gewährten Beiträge wider, unter Berücksichtigung der Sperrfrist und des Dienstalters.

Für das am 31. Dezember endende Geschäftsjahr	2002	2001
Ausgewiesener Gewinn aus fortgeführten Geschäften	406	382
Zuzüglich: Im ausgewiesenen Konzerngewinn enthaltene auf Aktien basierende Mitarbeitervergütungen, netto, nach Berücksichtigung der damit verbundenen Steuereffekte	18	8
Abzüglich: Auf Aktien basierende Mitarbeitervergütungen, im Falle der Anwendung der Marktpreismethode für alle Pläne, netto, nach Berücksichtigung der damit verbundenen Steuereffekte	(29)	(20)
Pro-Forma-Konzerngewinn	395	370
Gewinn pro Aktie (verwässert und nicht verwässert):		
Ausgewiesener Konzerngewinn pro Aktie	5.92	5.76
Pro-Forma-Konzerngewinn pro Aktie	5.76	5.57

Zur Bewertung der gewährten Aktienoptionen hat der Konzern das Black-Scholes-Modell angewandt. Um die in die Pro-Forma-Werte eingehenden Marktwerte der Optionen zu ermitteln, fanden folgende gewichtete, durchschnittliche Annahmen Verwendung:

Für das am 31. Dezember endende Geschäftsjahr	2002	2001
Erwartete Laufzeit der Option in Jahren	6.07	7.04
Erwartete Volatilität in Prozent	23.00	29.93
Risikofreier Zinssatz in Prozent	3.23	3.60
Erwartete Dividendenrendite in Prozent	1.81	1.80
Gewichteter Mittelwert des Marktwertes in CHF	24.05	33.13

▲ Abb. 188 Angaben zum Optionsplan (Ciba Spezialitätenchemie, Geschäftsbericht 2002, S. 36–38) (Forts.)

schätzt. Erst in jüngerer Zeit verlangen einzelne Standards eine Erfassung dieser Kosten als Personalaufwand. Bereits haben grosse Unternehmen als Konsequenz daraus ihre Optionsprogramme eingestellt, weil sonst der Gewinnausweis erheblich belastet worden wäre.

Trotz der heute meist strengeren Regeln ergeben sich erhebliche Unterschiede bei der Ermittlung des Aufwandes solcher Programme. Massgebend ist unter anderem, welcher Zeitpunkt für die Bewertung gewählt wird und welche Parameter in die Berechnung des Optionspreises im Zeitpunkt der Begebung einfliessen.

29.7 Offenlegung

Eine Vielzahl von Informationen ergibt sich bereits aus der Gliederung des Eigenkapitals unmittelbar in der Bilanz oder im Rahmen der zusätzlichen Angaben im Anhang. Dabei finden sich häufig in Konzernrechnung und Einzelabschluss unterschiedliche Gliederungskonzepte. Meist werden für den Einzelabschluss der

17. Eigenkapital

Am 20. April 1998 stimmten die Aktionäre des Konzerns der Schaffung von genehmigtem und bedingtem Aktienkapital zu. Die Genehmigung lässt die Ausgabe von maximal 10 Millionen Aktien mit einem Nominalwert von 9 CHF pro Aktie (2001: 10 CHF pro Aktie) zu. Davon sind 2 Millionen Aktien für Mitarbeiterbeteiligungsprogramme und 4 Millionen Aktien in erster Linie für eine Ausgabe bei künftigen Wandelanleihen und ähnlichen Finanzierungsinstrumenten reserviert. Nach einer erneuten Genehmigung durch die Aktionäre, notwendig aufgrund von Bestimmungen des Schweizer Rechts, können zusätzliche 4 Millionen Aktien bis zum 22. März 2004 ohne Einschränkung ausgegeben werden.

Gemäss schweizerischem Obligationenrecht darf der Konzern unter bestimmten definierten Bedingungen bis zu 10 Prozent des eigenen Aktienkapitals erwerben. In diesem Limit beabsichtigt der Konzern bis zu 5 Prozent des eigenen Aktienkapitals zu erwerben, um die Nachfrage nach künftigen Optionsplänen zu befriedigen, welche in den nächsten fünf Jahren vom Konzern aufgestellt werden könnten (siehe Erläuterung 18).

An der jährlichen Generalversammlung des 22. März 2002 nahmen die Aktionäre den Antrag des Verwaltungsrats an, aufgrund des Jahresergebnisses des Jahres 2001, eine unveränderte Dividende von 2 CHF pro Aktie auszuschütten und eine Kapitalreduktion von 1 CHF pro Aktie vorzunehmen. Die Kapitalrückzahlung erfolgte in Form einer Herabsetzung des Aktiennennwerts von 10 CHF auf 9 CHF pro Aktie. Der Konzern zahlte die Dividende, die sich auf 134 Millionen CHF belief, am 27. März 2002 aus (im Jahr 2001 wurden, aufgrund des Jahresergebnisses des Jahres 2000, am 28. März 2001 132 Millionen CHF ausbezahlt). Die Kapitalrückzahlung, die sich auf 69 Millionen CHF belief, erfolgte am 28. Juni 2002.

Der Konzern veräusserte im Jahr 2002 4 970 437 eigene Aktien (im Jahr 2001: 1 929 453 Aktien) zu Marktpreisen. Zusätzlich erwarb der Konzern im Jahr 2002 2 174 577 (2001: 1 855 966) eigene Aktien zu Marktpreisen. Per 31. Dezember hielt der Konzern 3 192 087 eigene Aktien (2001: 5 987 947 eigene Aktien).

Im Jahr 2002 bestimmte der Konzern insgesamt 1 978 567 (2001: 5 278 224) seiner eigenen Aktien zur späteren Verwendung im Mitarbeiterbeteiligungsplan und im Jahr 2001 zudem für etwaige Ausgaben von bestehenden Wandelanleihen (siehe Erläuterungen 14 und 18). Die restlichen 1 213 520 eigenen Aktien im Jahr 2002 (709 723 eigene Aktien im Jahr 2001) sind nicht für einen bestimmten Zweck reserviert.

Die Bestandteile des kumulierten übrigen umfassenden Konzerngewinns («Comprehensive Income») nach Steuern zeigt nachfolgende Tabelle:

	2002	2001
Umrechnungsdifferenzen auf Fremdwährungen	(285)	(199)
Nicht realisierter Gewinn aus «Cash Flow Hedges» nach Steuern	1	0
Nicht realisierter Gewinn/(Verlust) auf zum Verkauf stehenden Aktien nach Steuern	0	(23)
Mindestschuldanpassung der Pensionspläne nach Steuern	(77)	(19)
Übriges nach Steuern	1	1
Kumulierter übriger umfassender Konzerngewinn «Other Comprehensive Income»	**(360)**	**(240)**

Der latente Steuereffekt aus nicht realisiertem Gewinn/(Verlust) auf zum Verkauf stehenden Aktien nach Steuern ist eine Gutschrift von 0 Millionen CHF im Jahr 2002 (2001: 14 Millionen CHF) und aus Sicherungsgeschäften zur Absicherung der Mittelflüsse («Cash-Flow-Hedges») ist ein Aufwand von 0.7 Millionen CHF (2001: 0 Millionen CHF). Der latente Steuereffekt aus der Mindestschuldanpassung der Pensionspläne ist eine latente Steuergutschrift von 49 Millionen CHF im Jahr 2002 (2001: 12 Millionen CHF). Die Währungsanpassungen wurden nicht bezüglich der Ertragsteuern korrigiert, da diese hauptsächlich aus auf unbestimmte Zeit getätigte Beteiligungen an Nicht-Schweizer Tochtergesellschaften resultiert.

▲ Abb. 189 Angaben zum Eigenkapital (Ciba Spezialitätenchemie, Geschäftsbericht 2002, S. 35ff.)

obersten Konzerngesellschaft (Muttergesellschaft, Holding) nur die viel weniger weitgehenden gesetzlichen Minimalvorschriften berücksichtigt.

Darüber hinaus erwartet der Investor Angaben zu:

- Nennwert und Anzahl ausstehender Titel je Kategorie von Aktien oder anderen Beteiligungstiteln wie Partizipationsscheinen (vgl. ◄ Abb. 189);
- Höhe des bedingten Kapitals, d.h. der von der Generalversammlung an den Verwaltungsrat delegierten möglichen Eigenkapitalbeschaffung;
- Umfang des genehmigten Kapitals, d.h. der möglicherweise mit Blick auf Wandel- oder Optionsanleihen und Mitarbeiterbeteiligungsprogramme auszugebenden eigenen Aktien;
- Privilegien oder Restriktionen für bestimmte Aktienkategorien.

29.8 Analyse

Das Eigenkapital ist für die meisten Analysen als Bezugsgrösse relevant. Das Finanzierungsverhältnis und die Bestimmung der Rendite stehen im Vordergrund. Die Analyse der Veränderung des Eigenkapitals zeigt die Einflüsse verschiedener vom Unternehmen kaum beeinflussbarer Grössen, wie der Schwankung von Wechselkursen oder Marktwerten für Wertschriften, ebenso wie das Ergebnis der Geschäfts- und Finanzierungstätigkeit eines Unternehmens.

29.9 Relevante Standards

29.9.1 IAS

> **IAS 1 Par. 86 (Veränderung des Eigenkapitals)**
>
> «Ein Unternehmen hat als gesonderten Bestandteil seines Abschlusses eine Aufstellung anzugeben, die zeigt:
>
> a. das Periodenergebnis,
> b. jeden Ertrags- und Aufwands-, Gewinn- oder Verlustposten, der nach anderen Standards direkt im Eigenkapital erfasst wird, sowie die Summe dieser Posten, und
> c. die Gesamtauswirkung der Änderungen der Bilanzierungs- und Bewertungsmethoden und der Berichtigung grundlegender Fehler, die als Benchmark-Methode in IAS 8 behandelt wird.

Zusätzlich hat ein Unternehmen entweder in dieser Aufstellung oder im Anhang anzugeben:

d. Kapitaltransaktionen mit Anteilseignern und Ausschüttungen an Anteilseignern,
e. den Betrag der angesammelten Ergebnisse zu Beginn der Periode und zum Bilanzstichtag sowie die Bewegungen während der Periode und
f. eine Überleitungsrechnung der Buchwerte jeder Kategorie des gezeichneten Kapitals, des Agios und sämtlicher Rücklagen zu Beginn und am Ende der Periode, die jede Bewegung gesondert angibt.»

29.9.2 Swiss GAAP FER

FER 2/9

«Die einzelnen Elemente der Veränderungen des Eigenkapitals sind zu erläutern. Insbesondere sind auszuweisen:

- Gewinn und Verlust des Konzerns
- Gewinnverwendung der Muttergesellschaft
- Veränderung des Grundkapitals der Muttergesellschaft
- Veränderungen des Konsolidierungskreises
- Einfluss der Wechselkurse
- Erfolgsneutral erfasste Bewertungskorrekturen.»

FER 2/28

«Veränderungen von Reserven, insbesondere aus Umrechnungsdifferenzen oder Neubewertungen, sind den entsprechenden Reservepositionen zuzuweisen.»

29.9.3 OR

Art. 659 Abs. 1–2 OR

«Die Gesellschaft darf eigene Aktien nur dann erwerben, wenn frei verwendbares Eigenkapital in der Höhe der dafür nötigen Mittel vorhanden ist und der gesamte Nennwert dieser Aktien 10 Prozent des Aktienkapitals nicht übersteigt.

Werden im Zusammenhang mit einer Übertragbarkeitsbeschränkung Namensaktien erworben, so beträgt die Höchstgrenze 20 Prozent. Die über 10 Prozent des Aktienkapitals erworbenen eigenen Aktien sind innert zweier Jahre zu veräussern oder durch Kapitalherabsetzung zu vernichten.»

Art. 659 a Abs. 2 OR

«Die Gesellschaft hat für die eigenen Aktien einen dem Anschaffungswert entsprechenden Betrag gesondert als Reserve auszuweisen.»

Art. 659 b Abs. 1–3 OR

«Ist eine Gesellschaft an Tochtergesellschaften mehrheitlich beteiligt, so gelten für den Erwerb ihrer Aktien durch diese Tochtergesellschaften die gleichen Einschränkungen und Folgen wie für den Erwerb eigener Aktien.

Erwirbt eine Gesellschaft die Mehrheitsbeteiligung an einer anderen Gesellschaft, die ihrerseits Aktien der Erwerberin hält, so gelten diese als eigene Aktien der Erwerberin.

Die Reservebildung obliegt der Gesellschaft, welche die Mehrheitsbeteiligung hält.»

Art. 663 b Ziff. 10 OR

«[…] Angaben über Erwerb, Veräusserung und Anzahl der von der Gesellschaft gehaltenen eigenen Aktien, einschliesslich ihrer Aktien, die eine andere Gesellschaft hält, an der sie mehrheitlich beteiligt ist; anzugeben sind ebenfalls die Bedingungen, zu denen die Gesellschaft die eigenen Aktien erworben oder veräussert hat; […]»

29.10 Übungen

Übungsfragen

1. Wie definiert sich der Posten Eigenkapital?
2. In welche Positionen ist der Posten Eigenkapital gegliedert?
3. Wie entstehen Aufwertungsreserven, wodurch kommt es zu Spezialreserven?
4. Welche Sachverhalte widerspiegeln sich in den Neubewertungsreserven?
5. Nach welchen Methoden können eigene Aktien behandelt werden?
6. Wie wirkt sich ein Rückkauf eigener Aktien auf Bilanz und Erfolgsrechnung aus? Wann macht der Rückkauf eigener Aktien für ein Unternehmen Sinn?
7. Erläutern Sie in groben Zügen die Behandlung von Optionsplänen in der Rechnungslegung.
8. Durch welche vom Unternehmen beeinflussbaren Grössen kann sich das Eigenkapital verändern?

9. Durch welche vom Unternehmen kaum beeinflussbaren Grössen kann sich das Eigenkapital verändern?
10. Welche Details bezüglich des Eigenkapitals sind offen zu legen?

Übungsaufgaben

11. Die Bilanz der X-AG sieht zum 31.12. folgendermassen aus (in Tsd. CHF):

Aktiva		Passiva	
Zahlungsmittel	900	Fremdkapital	1 900
Übrige Aktiva	3 100	Aktienkapital*	1 000
		Allgemeine Reserve	300
		Freie Reserve	800
	4 000		4 000

* 2 000 Aktien zu 500 CHF nominal

Der Verwaltungsrat beschliesst zum 31.12. 400 Aktien im Nominalbetrag von 200 zum Preis von 420 von einem Aktionär zu übernehmen. Welche Änderungen ergeben sich in der Bilanz des Einzelabschlusses?

12. Die Holding AG zeigt einen Jahresgewinn von 110 000. Das Eigenkapital von 1 103 200 umfasst:

Aktien- und Partizipationskapital	1 000 000
Allgemeine gesetzliche Reserven	100 000
Gewinnvortrag des Vorjahres	3 200

Es soll eine möglichst hohe Dividende ausgeschüttet und der verbleibende Betrag auf die neue Rechnung (Gewinnvortrag) vorgetragen werden.
Wie sieht die Gewinnverwendung der Holding AG aus? Beachten Sie dabei die Ausschüttungsvorschriften des Aktienrechts, in der Schweiz beispielsweise von Art. 671 OR: «5 Prozent des Jahresgewinnes sind der allgemeinen Reserve zuzuweisen, bis diese 20 Prozent des einbezahlten Aktienkapitals erreicht.
Dieser Reserve sind, auch nachdem sie die gesetzliche Höhe erreicht hat, zuzuweisen:
- ein bei der Ausgabe von Aktien nach Deckung der Ausgabekosten über den Nennwert hinaus erzielter Mehrerlös, soweit er nicht zu Abschreibungen oder zu Wohlfahrtszwecken verwendet wird;
- was von den geleisteten Einzahlungen auf ausgefallene Aktien übrigbleibt, nachdem ein allfälliger Mindererlös aus den dafür ausgegebenen Aktien gedeckt worden ist;
- 10 Prozent der Beträge, die nach Bezahlung einer Dividende von 5 Prozent als Gewinnanteil ausgerichtet werden. […]»

13. ▶ Abb. 190 und 191 zeigen Einzel- und Konzernabschluss 2002 des Unternehmens Georg Fischer. Welche Unterschiede stellen Sie hinsichtlich Darstellung des Eigenkapitals fest?

1 000 CHF	Aktien-kapital	Allgemeine Reserven	Reserven für eigene Aktien	Spezial-reserve	Bilanz-gewinn	Eigenkapital
Stand 31.12.2000	**349 948**	**204 493**	**48 437**	**125 163**	**176 323**	**904 364**
Gewinn					76 475	76 475
Dividende					–51 742	–51 742
Zuweisung Spezialreserve				60 000	–60 000	
Umbuchungen			7 647	–7 647		
Stand 31.12.2001	**349 948**	**204 493**	**56 084**	**177 516**	**141 056**	**929 097**
Fusionsgewinn		1 554				1 554
Verlust					–47 822	–47 822
Dividende					–24 146	–24 146
Zuweisung Spezialreserve				30 000	–30 000	
Umbuchungen			–1 926	1 926		
Stand 31.12.2002	**349 948**	**206 047**	**54 158**	**209 442**	**39 088**	**858 683**

▲ Abb. 190 Eigenkapitalausweis im Einzelabschluss (Georg Fischer, Geschäftsbericht 2002)

Mio. CHF	Aktienkapital	Kapitalreserven (Agio)	Gewinnreserven (exkl. Umrechnungs-differenzen)	Umrechnungs-differenzen	Eigenkapital	Minderheitsanteile
Stand 31.12.2000	**336**	**131**	**654**	**–36**	**1 085**	**145**
Effekt aus Erstanwendung IAS 39			26		26	
Angepasster Stand 1.1.2001	**336**	**131**	**680**	**–36**	**1 111**	**145**
Eigene Aktien, Veränderung	–2	–5			–7	
Konzernergebnis			65		65	11
Marktwertschwankungen Finanzaktiven			–31		–31	
Realisierte Ergebnisse Finanzaktiven			–22		–22	
Dividenden			–52		–52	–16
Umrechnungsdifferenzen				–21	–21	–4
Stand 31.12.2001	**334**	**126**	**640**	**–57**	**1 043**	**136**
Eigene Aktien, Veränderung		2			2	
Konzernergebnis			–20		–20	8
Erhöhung Beteiligung an Agie Charmilles						–34
Umbuchung aus Fusion[1]		2	–2			
Marktwertschwankungen Finanzaktiven			–3		–3	
Realisierte Ergebnisse Finanzaktiven			–1		–1	
Impairment auf Finanzaktiven			8		8	
Dividenden			–24		–24	–7
Umrechnungsdifferenzen				–51	–51	–3
Stand 31.12.2002	**334**	**130**	**598**	**–108**	**954**	**100**

1) Betrifft Fusion mit der Georg Fischer Anlagenbau Holding AG (siehe Finanzieller Lagebericht Georg Fischer AG, Seite 72)

▲ Abb. 191 Eigenkapitalausweis im Konzernabschluss (Georg Fischer, Geschäftsbericht 2002)

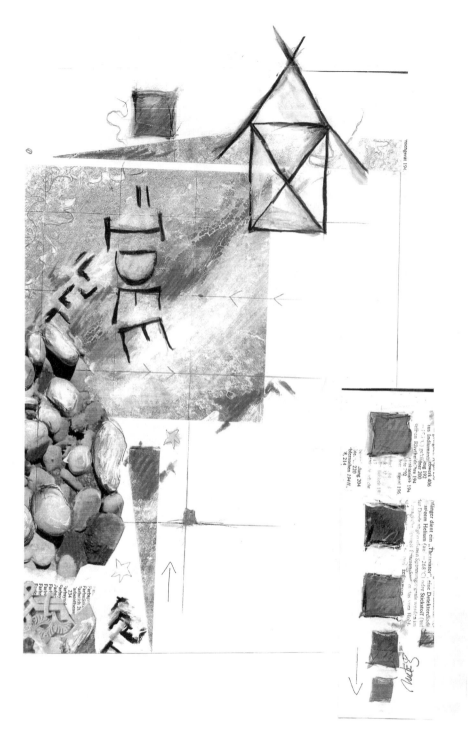

Kapitel 30
Ertrag aus Geschäftstätigkeit

Lernziele

- Kenntnis über die typischen Ertragspositionen
- Erklärung des Einflusses von Lagerveränderungen auf Umsatz und Erfolg
- Erläuterungen zu den Bewertungsproblemen

Beispielfirmen

Bruttoumsatz und Ertragsrealisation
Fakturierungen für Lieferungen und Leistungen werden als Bruttoumsatz bei Leistungserbringung verbucht. Der Bruttoumsatz ist ohne Umsatz- und Mehrwertsteuer und vor Abzug von Gutschriften und Rabatten ausgewiesen. Langfristige Fertigungsaufträge im Anlagenbau wurden bis zur Dekonsolidierung (siehe Erläuterung 24) nach Auftragsfortschritt (Percentage-of-Completion-Methode) bewertet.

▲ Abb. 192 Bruttoumsatz und Ertragsrealisation (Georg Fischer, Geschäftsbericht 2002, S. 52)

> **Verkäufe und Herstellkosten der verkauften Produkte**
> Die Verkäufe entsprechen den erhaltenen Zahlungen und Forderungen für an Dritte verkaufte Produkte und erbrachte Leistungen nach Abzug von Mengenrabatten und Mehrwertsteuern. Die Herstellkosten der verkauften Produkte beinhalten die direkten Produktionskosten sowie die damit verbundenen Produktionsgemeinkosten der verkauften Produkte und erbrachten Leistungen.

▲ Abb. 193 Verkäufe und Herstellkosten (Roche, Geschäftsbericht 2000, S. 64)

> **Revenue Recognition**
> Revenue is recognized when earned. The Company's revenue recognition policies are in compliance with all applicable accounting regulations, including American Institute of Certified Public Accountants (AICPA) Statement of Position (SOP) 97-2, *Software Revenue Recognition*, and SOP 98-9, *Modification of SOP 97-2, With Respect to Certain Transactions*. Revenue from products licensed to original equipment manufacturers is recorded when OEMs ship licensed products while revenue from certain license programs is recorded when the software has been delivered and the customer is invoiced. Revenue from packaged product sales to and through distributors and resellers is recorded when related products are shipped. Maintenance and subscription revenue is recognized ratably over the contract period. Revenue attributable to undelivered elements, including technical support and Internet browser technologies, is based on the average sales price of those elements and is recognized ratably on a straight-line basis over the product's life cycle. When the revenue recognition criteria required for distributor and reseller arrangements are not met, revenue is recognized as payments are received. Costs related to insignificant obligations, which include telephone support for certain products, are accrued. Provisions are recorded for returns, concessions and bad debts.

▲ Abb. 194 Ertragsrealisation (Microsoft, Geschäftsbericht 2000, S. 23)

30.1 Arten des Geschäftsertrages und Abgrenzungsfragen

Für die meisten Firmen sind die Verkaufserlöse für selber hergestellte Produkte oder Handelswaren bzw. für erbrachte Dienstleistungen (Transporte, Beratung etc.) die wichtigsten Erträge aus der eigenen Geschäftstätigkeit. Meistens werden diese Positionen als Umsatz bezeichnet. Die Leistung des bilanzierenden Unternehmens für diese Erträge ist je nach Branche unterschiedlich. In der Regel geht es um Lieferungen von Produkten, um Tätigkeiten und mithin Dienstleistungen oder um eine Kombination von Lieferungen und Leistungen wie bei Baumeisterarbeiten, wo geleistete Stunde und verwendetes Baumaterial zusammen die Umsatzleistung darstellen. Die Art der erbrachten Lieferungen oder Leistungen wiederum hat vielfältige Auswirkungen auf Abgrenzungs- und Bewertungsfragen.

Ganz allgemein können Erträge als Zunahme des Nutzens für ein Unternehmen in der Berichtsperiode in Form von Zuflüssen oder Erhöhungen von Vermögenswerten (beides immer verstanden als Barwert künftiger Geldzuflüsse) oder einer Abnahme von Schulden definiert werden, die zu einer Erhöhung des Eigenkapi-

Erfolgsrechnung 2002				
Mio. CHF	2002	%	2001	%
Bruttoumsatz	**3 457**		**3 898**	
Erlösminderungen	−40		−50	
Umsatz	**3 417**	**100**	**3 848**	**100**
Bestandesänderungen Vorräte	−13		−1	
Übriger betrieblicher Ertrag	69		71	
Ertrag	**3 473**	**102**	**3 918**	**102**

▲ Abb. 195 Übersicht der Ertragskomponenten (Georg Fischer, Geschäftsbericht 2002, S. 47)

tals führen. Keine Erträge sind Zuflüsse von Geld oder anderen Vermögenswerten, die als Einlage von den Anteilseignern geleistet werden. Es handelt sich dabei nicht um ein Ergebnis der Geschäftstätigkeit, sondern um Finanzierungsvorgänge. Diese sind in der Geldflussrechnung bei der Analyse der Veränderungen aufgrund der Finanzierungstätigkeit auszuweisen (und eben nicht in der Erfolgsrechnung).

Im Geschäftsbericht des Jahres 2002 der **Georg Fischer** findet sich in der Erfolgsrechnung die in ◄ Abb. 195 gezeigte Übersicht zum Ertrag aus der Geschäftstätigkeit.

Beim **betrieblichen Ertrag** stehen folgende Positionen im Vordergrund:

- Umsatz,
- Erlösminderungen,
- allenfalls Bestandesveränderung für Warenlager (je nach gewählter Darstellungsart),
- aktivierte Eigenleistungen,
- sonstige betriebliche Erträge.

Der **Umsatz** umfasst die **fakturierten Lieferungen oder Leistungen** eines Unternehmens. Man unterscheidet zwischen Brutto- und Nettoumsatz. Vielfach wird direkt der Nettoumsatz ausgewiesen. Die Überleitung vom Brutto- zum Nettoumsatz erfolgt durch Abzug der Erlösminderungen sowie von Vertriebssonderkosten. Erlösminderungen sind beispielsweise Skonti, Umsatzsteuern oder Rabatte. Vertriebssonderkosten sind Transportkosten, Provisionen oder Kommissionszahlungen. Bezüglich der Skonti wird vielfach – und durchaus berechtigterweise – argumentiert, sie seien als Finanzertrag auszuweisen. Normalerweise werden über die allgemeinen Geschäftsbedingungen, durch direkten Vermerk auf der Faktura oder im Rahmen einer spezifischen Vereinbarung Zahlungsbedingungen festgelegt. In vielen Ländern, so in Deutschland, Österreich und der Schweiz, ist eine Zahlungsfrist von 30 Tagen nach Lieferung oder Rechnungsstellung üblich. Für den Geschäftsverkehr in Frankreich oder Italien beispielsweise gelten bereits aufgrund der Rechnungsstellung längere Zahlungsfristen, beispielsweise 60 Tage. In der Realität muss man dort oft noch viel länger auf die Begleichung der Ausstände warten (allerdings haben diese langen Zahlungsfristen nicht zwingend höhere Zahlungsausfälle zur Folge als in Ländern mit rascherem Zahlungsrhythmus). Teilweise ist dies bedingt durch das Zahlungsverhalten von Kunden aus dem Sektor der Staatsbetriebe und dem öffentlichen Gemeinwesen. Grundsätzlich ist davon auszugehen, dass in der Preisfindung eine gewisse Dauer der «Kreditgewährung» durch den Lieferanten an seine Kunden – zumindest theoretisch – berücksichtigt ist. Zahlt ein Kunde statt nach 30 Tagen bereits innerhalb von 10 Tagen nach Lieferung, darf er als Gegenleistung beispielsweise 2 % vom Brutto-Fakturabetrag als Skonto abziehen. Damit entscheidet er sich im Grunde für eine andere Art des Cash-Managements: Statt seine flüssigen Mittel anzulegen und damit einen – meist sehr bescheidenen – Zinsertrag zu erwirtschaften, versucht er, durch vorzeitige Zahlung seinen Einstandspreis für die eingekaufte Ware zu reduzieren. Rechnet man den Skonto von 2 % auf Jahresbasis um, ergibt sich eine «Geldanlage» für die Dauer von 20 Tagen (wenn die normale Zahlungsfrist 30 Tage ausmacht und für die Nutzung des Skontos bereits innerhalb von 10 Tagen bezahlt werden muss). Aufs Jahr hochgerechnet macht dies rund 36 % Zins aus – auf dem Geldmarkt oder als Kontokorrentguthaben bringen solche Geldanlagen auf Jahresbasis je nach Marktlage 0.5 bis vielleicht 2.5 %. Die Fähigkeit eines Unternehmens, solche vorzeitigen Zahlungen überhaupt vornehmen zu können, ist somit in erster Linie von der eigenen Finanzlage abhängig. Folgerichtig müsste man als Kunde Skonti nicht als Reduktion des Aufwandes beim Wareneinkauf sondern als Finanzertrag ausweisen. Umgekehrt muss der Lieferant den Skontoabzug nicht als Reduktion der Umsatzerlöse zeigen, sondern als Finanzaufwand. Diese Betrachtungsweise hat sich nur teilweise durchgesetzt. Meistens wird argumentiert, die Gewährung von Skonti sei als Gesamtpaket der Preisverhandlungen zu sehen und der Umsatz daher um solche Konzessionen an die Kunden zu reduzieren bzw. der Aufwand wegen des «Entgegenkommens» der Lieferanten tiefer anzusetzen.

Weitere **Erlösminderungen** neben den Skonti sind Rabatte oder Preisreduktionen basierend auf Jahresumsatzzielen für Grosskunden. Die Preisstaffelung in Abhängigkeit von Bezugsmengen rechtfertigt sich in betriebswirtschaftlicher Sicht sowohl aufgrund der hohen anteiligen Kosten für die Abwicklung von Kleinaufträgen als auch aufgrund von Planungs- bzw. Produktionskostenvorteilen durch die Zusammenarbeit mit Grosskunden. Vielfach gilt die 80:20-Regel, d. h. viele Firmen wickeln mit nur 20 % der Kunden rund 80 % ihres Umsatzes ab.

Es wird es nicht immer möglich sein, allfällige Rabatte noch im Berichtsjahr bzw. unmittelbar nach dem Bilanzstichtag abzurechnen. Daher sind Rabatte und ähnliche Vergünstigungen für Kunden oft in der Bilanz unter den transitorischen Passiven abgegrenzt. Allerdings ergibt sich aus einem Rabatt kein Geldabfluss. Vielmehr wird – über eine Gutschrift – der Forderungsbetrag gegenüber diesen

Kunden reduziert. Daher sollten Rabatte – weil sie eine Reduktion des künftigen Mittelzuflusses darstellen – direkt von den Kundenguthaben abgesetzt werden. In der Erfolgsrechnung erscheinen sie als eine Art Korrektur des Umsatzes, falls dieser brutto ausgewiesen wird. Typische Erlösminderungen sind zudem Zölle, Verbrauchs- und Verkaufssteuern. Viele Länder kennen das Prinzip der Mehrwertsteuer, d. h. einer Besteuerung der Wertschöpfung auf den verschiedenen Stufen der Transformation von Produkten und Leistungen. Als Umsatz sollte nur der Verkaufserlös vor Mehrwertsteuern ausgewiesen werden.

Für die **Ertragserfassung** als Umsatz ist in der Regel der Übergang von Risiko und Gefahr massgebend. Allerdings ist dieses Kriterium sowie das Kriterium der Eigentumsübertragung nicht allein und in gewissen Fällen sogar überhaupt nicht massgebend. Bestehen noch wesentliche Unklarheiten zum Beispiel hinsichtlich der Rückgabe bzw. der Rücknahme des Gegenstandes oder seines Preises, kann die Lieferung oder Leistung nicht oder nicht vollumfänglich als Umsatz erfasst werden. Warensendungen eines Versandhauses mit Rückgaberecht können erst nach Ablauf der Rücknahmefrist erfasst werden. Vermittlungsleistungen, die bereits erbracht worden sind, können dann nicht als Umsatz erfasst werden, wenn hinsichtlich der Entschädigung noch Unklarheiten bestehen.

Als Erlös aus Lieferungen und Leistungen stehen folgende, mit der branchenüblichen Bezeichnung aufgeführte Umsätze im Vordergrund:

- Verkaufserlöse, Umsatz im Detailhandel, im (Gross-)Handel oder bei Unternehmen mit eigener Fertigung.
- Gebuchte Bruttoprämien und Policegebühren im Versicherungsgeschäft. Diese werden um die abgegebenen Rückversicherungsprämien gekürzt. Der verbleibende Betrag wird meist als «Gebuchte Prämien und Policegebühren für eigene Rechnung» bezeichnet.
- Erlös aus Anzeigenverkauf, Abonnements- und Einzelverkauf im Zeitschriftengeschäft.
- Flugbetriebserträge umfassend Passagen (Flugtickets), Charter und Frachterlöse im Fluggeschäft.
- Geschäftsertrag als Nettoertrag aus dem Zinsgeschäft, dem Dienstleistungs- und Kommissionsgeschäft (Transaktionen am Kapitalmarkt, Vermögensverwaltung etc.) sowie dem Handelsgeschäft (Wertschriften, Devisen, Edelmetall etc.) bei Banken.
- Beratungs- oder Engineering-Honorare sowie Honorare aus Leistungen als Generalunternehmung im Anlagebau bzw. im Bau.

In vielen Branchen, beispielsweise in der Werbebranche (vgl. ▶ Abb. 196) oder bei Transportfirmen (vgl. ▶ Abb. 197), sind auf Rechnung der Kunden ausgelöste bzw. beglichene Barauslagen vielfach wesentlich höher als die Entschädigung für die effektiv erbrachten Dienstleistungen. Hier ist eine direkte Gegenüberstellung

	2001	2000
Reconstituted billings	16 667	11 806
Revenues	**2 434**	**1 770**

▲ Abb. 196 Umsatzstruktur einer Werbeagentur (Publicis, Geschäftsbericht 2001, S. 74)

CHF '000	2001	2000
Turnover	**8 434 986**	**8 247 432**
Customs duties and taxes	(1 773 493)	(1 917 193)
Net turnover	**6 661 493**	**6 330 239**
Net expense for services from third parties	(4 934 451)	(4 877 502)
Gross profit	**1 727 042**	**1 452 737**

▲ Abb. 197 Umsatzstruktur eines Transportdienstleisters (Kühne & Nagel, Geschäftsbericht 2001, S. 61)

der Bruttoleistung sowie der Vorabzüge für Leistungen Dritter wichtig. Sie entspricht der Koppelung im Versicherungsgeschäft von gebuchten und an Dritte (z.B. in Form von Rückversicherungsprämien) abgegebenen Erträgen.

Viele Branchen haben Geschäftsmodelle entwickelt, bei denen nicht nur die Lieferung von Produkten, sondern auch von Verbrauchsmaterial ebenso wie die Erbringung von Service- oder anderen Dienstleistungen einschliesslich Finanzierungshilfen vereinbart werden. Finanzanalysten und Medien legen grossen Wert auf die Komponente Wachstum und damit die Umsatzentwicklung, vor allem in Märkten mit starkem Wachstum oder dort, wo völlig neue Vertriebskonzepte aufkommen. Dies erklärt, weshalb in den letzten Jahren vermehrt Missbräuche beim Ausweis der auf den ersten Blick eher unproblematischen Grösse Umsatz aufgetreten sind. Die folgende Auswahl zeigt, wo Abgrenzungsprobleme auftreten können:

- **Aufteilung der Vertragssumme bei einer Kombination von Operating Leasing, Service und anderen Leistungen.** Grundsätzlich darf nur der Gegenwert der Produktlieferung beispielsweise eines kombinierten Kopier-, Einlese-, Druck- und Faxgerätes im Vertragsjahr (anteilmässig bezogen auf die Gesamtlaufzeit) als Umsatz erfasst werden. Zu prüfen ist, ob auch Unterhaltspauschalen als Ertrag zeitlich vorgezogen werden dürfen (ein entsprechender Fall wurde im Jahre 2002 bei der an der NYSE kotierten Xerox aufgedeckt; vgl. ▶ Abb. 198). Im Einzelfall ist zu regeln (und – falls wesentlich – im Anhang offen zu legen), wie Vertragsverlängerungen bei bereits vollständig abgeschriebenen Geräten erfasst werden. Denkbar ist eine laufende Erfassung der «Mietanteile» auf den Zahlungen als Ertrag. Vielfach wird ein grosser Teil der neu vereinbarten künftigen Zahlungen aktiviert und damit sofort ein Umsatz ausgewiesen.

> **Accounting for the sale of equipment subject to operating leases:** We have historically sold pools of equipment subject to operating leases to third party finance companies (the counterparties) or through structured financings with third parties and recorded the transaction as a sale at the time the equipment is accepted by the counterparties. These transactions increased equipment sale revenue, primarily in Latin America, in 2000 and 1999 by $148 million and $400 million, respectively. Upon additional review of the terms and conditions of these contracts, it was determined that the form of the transactions at inception included retained ownership risk provisions or other contingencies that precluded these transactions from meeting the criteria for sale treatment under the provisions of SFAS No. 13. The form of the transaction notwithstanding, these risk of loss or contingency provisions have resulted in only minor impacts on our operating results during the five years ended December 31, 2001. These transactions have however been restated and recorded as operating leases in our consolidated financial statements. As a consequence $569 million of equipment revenue recorded during the five years ended December 31, 2001 has been reversed and we have recognized additional rental revenue of $670 million, which represents the impact of changing the previously recorded transactions to operating leases. The net cumulative increase in revenue as a result of this change was $101 million for the five-year period ended December 31, 2001. In total approximately $110 million of revenue previously recognized has been reversed and will be recognized in future years, estimated as follows: $80 million–2002 and $30 million–2003. Additionally, for transactions in which cash proceeds were received up-front we have recorded these proceeds as secured borrowings. The remaining balance of these borrowings aggregated $55 million at December 31, 2001.

▲ Abb. 198 Operating Lease und der Verkauf von Vermögensgegenständen (Xerox, Geschäftsbericht 2001, S. 8)

- **Verkaufsfördernde Lieferungen von Geräten** durch Unternehmen, die in erster Linie Verbrauchsgüter vertreiben, werden vielfach als Umsatz gezeigt, teilweise mit sehr hohen Margen. Anschliessend werden entweder entsprechende Aufwendungen zur Verkaufsförderung als Teil des Vertriebsaufwandes ausgewiesen (womit wenigstens der Periodenerfolg einigermassen richtig dargestellt wird), oder das entsprechende Guthaben – dessen Bezahlung durch den Kunden gar nie ernsthaft anvisiert wurde – wird über einen längeren Zeitraum zulasten des Vertriebsaufwandes «abgeschrieben». Solche Überlegungen lagen möglicherweise dem falschen Umsatz der Ausweiszahlungen im Zusammenhang mit angeblichen Leasingarrangements für Geräte- und Messkonsolen durch die Medizinaltechnikfirma Jomed in den Jahren 2001 und 2002 zugrunde.
- In vielen Branchen werden **besondere Aktionen für den Absatz** der eigenen Produkte systematisch eingeplant (vor allem aber bei Verfehlen der Umsatzziele). Natürlich steigt die Wahrscheinlichkeit solcher Aktivitäten gegen Ende des Geschäftsjahres. Wenn es um mehr oder weniger wiederkehrende und in ihrer Dimension nicht sehr bedeutende Massnahmen dieser Art geht, wird man dies für die Berichterstattung nicht speziell berücksichtigen. Allerdings sind auch Fälle bekannt, in denen beispielsweise mit der frühzeitigen Bekanntgabe von geplanten Preiserhöhungen im neuen Jahr oder Rabatten auf Vorausbestellungen bzw. Zuschlägen für Lieferungen erst im nächsten Jahr die Kunden mehr oder weniger gezielt angehalten werden, einen Teil ihres Bedarfs für das Fol-

gejahr bereits im laufenden Jahr zu beziehen. Der Extremfall dieses «Vorfressens» von künftigen Umsätzen wird als *«channel stuffing»* bezeichnet. Selbstverständlich werden – im Gegensatz zum Beispiel Jomed – die Umsätze nicht künstlich aufgebläht, sondern nur auf der Zeitachse vorgezogen. Je nach Branche können aber solchermassen «geschönte» Wachstumszahlen die Analysten dazu verleiten, für die Preisziele der betreffenden Aktien höhere Multiplikatoren – wegen des vermeintlich rascheren Wachstums – zu verwenden.

- Unternehmen nutzen als Vertriebsweg nicht nur den eigenen Aussendienst oder Kanäle wie Telefonmarketing bzw. Internet, sondern auch Partner wie Händler oder Unternehmen mit Komplementärprodukten. Meist erhalten solche **Vertriebspartner** die Produkte in **Konsignation.** Sie müssen nur definitive Verkäufe abrechnen, wobei die Zahlungseinforderung (und damit auch das Debitorenrisiko) nicht ihre Sache ist. Für ihre Bemühungen bzw. die Nutzung ihres Vertriebskanals erhalten sie eine Provision. Im Softwarebereich hat beispielsweise Miracle (eine am damaligen Schweizer Neuen Markt [SWX New Market] kotierte Firma) solche Lieferungen an eigene Händler als Umsatz ausgewiesen, obwohl damit nur der «Lagerort» verändert wurde.
- Ähnlich ist das Vorgehen von Think Tools zu werten. Im Zusammenhang mit einem Grossprojekt – dem Aufbau einer Internet-Bank – wurden die **Leistungen** von Think Tools möglicherweise **zu einem grossen Teil durch eine Beteiligung am Aktienkapital** der Internet-Bank **abgegolten.** Zwar kann man den Gegenwert der Dienstleistungen im Sinne der Bewertung zu historischen Kosten als eine Art Sacheinlage werten. Dann müsste man aber zumindest offen legen, in welchem Umfang der ausgewiesene Umsatz nicht zu einem künftigen Geldfluss aus Kundenzahlungen führt, sondern zu einem – im Einzelfall zu bewertenden – Geldzufluss oder Mehrwert aus Finanzanlagen.
- In der Energiebranche treten beispielsweise vermehrt Händler von Strompaketen auf. Grundsätzlich bezwecken solche Unternehmen durch die Sicherung von Bezugsrechten und geschickte Vermarktung die Erzielung eines Gewinnes. Im US-amerikanischen Stromgeschäft wurden – wie sich im Rahmen des Enron-Skandals im Jahre 2002 zeigte – so genannte **Round-Trip-Geschäfte** vereinbart. Firma A lieferte Energiepakete an B, diese wiederum an C und irgendwann wurde der Kreis durch die Vereinbarung über eine Lieferung an A geschlossen. Im Endeffekt und – zumindest in einer konsolidierten Betrachtungsweise – für die einzelnen beteiligten Unternehmensgruppen fielen aufgrund der Preisgestaltung weder Gewinne noch Verluste an. Es wurde einzig der Umsatz mit Dritten erhöht. Erklärbar sind solche Manipulationen nur durch die starke Gewichtung des Umsatzes bei der Erstellung von Ranglisten für Firmen in den Medien. Auch die Bevorzugung der «grössten» Firmen einer Branche, ungeachtet ihrer Profitabilität im Vergleich zu Unternehmen mit einer «schwächeren» Stellung im Markt, begünstigt die starke Ausrichtung der Analyse auf die Grösse Umsatz.

- **Moderne Vertriebskonzepte** schliessen Shop-in-Shop-Modelle ein. Unternehmen mit starken Marken treten bei flächendeckend operierenden Detailhändlern mit einer eigenen «Verkaufsecke» auf. Im Extremfall erfolgen Beratung und Verkauf durch Mitarbeiter des Detailhändlers, die aber im «Outfit» des Produzenten auftreten. Die ganze Abwicklung erfolgt durch den Detailhändler und die Ware wird diesem als Konsignationslager zur Verfügung gestellt. Für die Rechnungslegung interessiert – neben allfälligen Absprachen bezüglich Debitorenrisiko (meist werden die Kunden in bar oder mit Kreditkarten bezahlen) – die Frage, ob der Detailhändler solche Verkäufe als eigenen Umsatz erfasst oder ob er nur die Vertriebsprovision (Verkaufskommission) als Teil des betrieblichen Ertrages zeigt. In beiden Fällen weist er den gleichen operativen Erfolg aus. Für die Einschätzung seiner «Grösse» durch Konkurrenten und Kapitalmarkt ist er an der Erfassung des Bruttoumsatzes und eines entsprechenden Warenaufwandes interessiert. Konzentriert sich die Analyse dagegen auf die Margen- und Risikostruktur, ist die Erfassung nur der Kommission meist «vorteilhafter». Wesentlich einfacher ist die Einschätzung der Praxis des US-Pharmakonzerns Merck. Das Unternehmen erfasste Zuzahlungen für Medikamente als eigenen Umsatz, die nicht Merck, sondern im Ergebnis den Krankenkassen zustanden. Die ungeschmälert weitergeleiteten Zahlungen wurden von Merck als Aufwand verbucht. So wurde der Umsatz (nicht aber der Gewinn) hochgeschraubt. Für Investoren ist das Konzept der zeitlichen Abgrenzung der Umsatzzahlen (aber auch der Aufwendungen) sehr wichtig. Daher erhöht eine kurze Umschreibung der verwendeten Kriterien die Transparenz der Berichterstattung enorm (vgl. das Beispiel von Novartis in ▶ Abb. 199).

Im Übrigen sind für die Abgrenzung des Umsatzes die Regeln über die Erfassung von Erträgen aus langfristigen Lieferungs- und Leistungserstellungsverträgen zu berücksichtigen. Sowohl die Swiss GAAP FER als auch die IAS/IFRS kennen entsprechende Standards.[1]

> **Erfassung von Umsätzen und Aufwendungen:** Umsätze werden nach Abzug von Verkaufssteuern und Rabatten zu dem Zeitpunkt erfasst, in welchem im wesentlichen Nutzen und Gefahr aus dem verkauften Gegenstand auf den Kunden übergegangen sind. Rückstellungen für Kundenrabatte werden in derselben Periode verbucht wie die zugehörigen Umsätze, basierend auf den Vertragsbedingungen. Kosten für Fertigungsaufträge und Forschungsaufträge an Dritte werden gemäss Realisierungsgrad berücksichtigt.
>
> Die Umsätze aller dargestellten Berichtsperioden wurden angepasst, indem bestimmte indirekte Verkaufsanreize und Rabatte für Einzelhändler als Erlösminderung vom Umsatz abgezogen und nicht als Marketing- und Vertriebsaufwendungen behandelt wurden.

▲ Abb. 199 Grundsätze zur Erfassung von Umsätzen und Aufwendungen (Novartis, Geschäftsbericht 2002, S. 113)

---

1 IAS 11 *(Construction Contracts)* und FER 22 (Langfristige Aufträge).

Bei grossen Unternehmen ist eine **Aufgliederung des Umsatzes** nach den diversen Produktegruppen (Sparten, Branchen, Divisionen) sinnvoll. Zusätzlich wird eine Aufschlüsselung der Daten nach geographischen Kriterien, entweder nach Absatzmärkten (für den Umsatz) oder nach Herkunftsgebieten (z. B. für die Wertschöpfung) gefordert. Die gesamte Aufgliederung nach den beiden Kriterien Tätigkeitsgebiet und geographische Märkte wird als **Segmentinformation** *(segment reporting)* bezeichnet (vgl. ▶ Abb. 200 und 201).

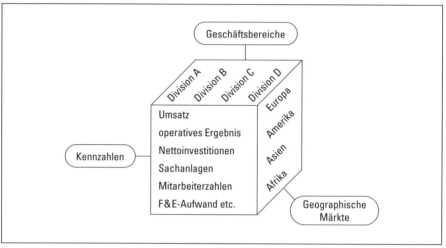

▲ Abb. 200 Segmentberichterstattung

	Europa	Amerika	Asien/Afrika Australien	Total
2002				
Umsatz	10 602	16 407	5 403	32 412
Operatives Ergebnis	5 927	1 483	477	7 887
Abschreibungen auf Sachanlagen, enthalten im operativen Ergebnis	553	308	60	921
Nettobetriebsvermögen	19 776	8 858	1 354	29 988
Investitionen der Periode in Sachanlagen, enthalten im Nettobetriebsvermögen	774	836	51	1 661
Investitionen der Periode in immaterielle Anlagen	862	212	20	1 094
Personalkosten	3 544	3 744	683	7 971
Anzahl Mitarbeiter am Jahresende	32 595	28 328	11 954	72 877

▲ Abb. 201 Segmentierung nach geographischen Merkmalen (Novartis, Geschäftsbericht 2002, S. 122)

Für eine Analyse der einzelnen Unternehmensbereiche hinsichtlich Wachstumschancen, Risiken und Profitabilität sind weitere Informationen erforderlich. Die moderne Segmentberichterstattung umfasst daher Angaben über das operative Ergebnis bzw. den Geldfluss aus der Geschäftstätigkeit der einzelnen Divisionen sowie die entsprechenden Investitionen. Darüber hinaus finden sich Daten wie Mitarbeiterzahlen oder Abschreibungen. Meistens konzentrieren sich die Unternehmen in ihrer Berichterstattung auf die Geschäftsbereiche als primäre Segmente. Für die geographischen Märkte weisen sie dann wesentlich weniger umfangreiche Kennzahlen aus.

30.2 Weitere Positionen des betrieblichen Ertrags

Die Veränderung des Warenlagers kann entweder als betriebliche Leistung und damit als Ertrag gezeigt oder als Reduktion der entsprechenden Aufwandspositionen erfasst werden. Eindeutig erkennbar wird diese Grösse in der Erfolgsrechnung nur, wenn als Darstellung die Form der **Produktionserfolgsrechnung (Gesamtkostenverfahren)** gewählt wird. Bei der **Absatzerfolgsrechnung (Umsatzkostenverfahren)** werden im Falle einer Lagerzunahme die entsprechenden Aufwandpositionen direkt vermindert. Nimmt das Lager ab, erhöht sich die Position Aufwand der abgesetzten Ware *(cost of goods sold)*.

Als **aktivierte Eigenleistungen** werden eigene **Aufwendungen für die Herstellung von aktivierungsfähigen Gütern** ausgewiesen. Erstellt beispielsweise ein Bauunternehmen während der Wintermonate eine Einstellhalle für seine Fahrzeuge, so sollte der entsprechende eigene Personalaufwand (Kosten der Arbeitskraft) aktiviert werden. Dagegen sind (vgl. dazu die Ausführungen in Kapitel 22 «Sachanlagen») die eigenen Verwaltungskosten oder ein Gewinnanteil für diese Eigenleistung nicht aktivierbar. Mit der Aktivierung solcher Aufwendungen wird ein periodengerechter Gewinnausweis sichergestellt. In den Folgejahren wird die Erfolgsrechnung über die Abschreibungen (Wertverzehr) wieder belastet. Zudem besteht die Alternative zur Erstellung dieser Einstellhalle darin, einen Dritten mit dem Bau zu beauftragen. Deshalb ist es folgerichtig, den künftigen Nutzen aus dem Einsatz solcher durch das Unternehmen selbst hergestellter Anlagen (Gebäude, Einrichtungen oder Maschinen) zu aktivieren. Weil aber – im Gegensatz zum Verkauf der gleichen Halle an Dritte – weder Vertriebskosten noch ein Gewinn (als Teil der Gesamtforderung gegenüber den Kunden) angefallen ist, dürfen nur die eigentlichen Herstellkosten für die Bewertung aktivierter Eigenleistungen berücksichtigt werden. Vielfach werden solche Erträge unter der Position **übrige betriebliche Erträge** ausgewiesen (vgl. ▶ Abb. 202). Nicht zu den aktivierten

> **Übriger betrieblicher Ertrag**
> Der übrige betriebliche Ertrag umfasst hauptsächlich Provisionserlöse, aktivierte Eigenleistungen sowie Patent- und Lizenzerträge. Im Vorjahr war auch der Verkaufsgewinn der Buss Immobilien und Service AG, Pratteln, von CHF 14 Mio. darin enthalten.

▲ Abb. 202 Komponenten der Position «Übriger betrieblicher Ertrag» (Georg Fischer, Geschäftsbericht 2002, S. 65)

Eigenleistungen gehört die Zunahme des Warenlagers. Es handelt sich hier um die Aktivierung eines Gutes im Umlaufvermögen.

Unter **übrigen betrieblichen Erträgen** werden – neben aktivierten Eigenleistungen – ausgewiesen:

- Provisions- oder Kommissionserlöse;
- Patent- und Lizenzerlöse;
- Mieterträge (für nichtbetrieblich genutzte Liegenschaften, für Flugzeuge, die an andere Fluggesellschaften vermietet werden etc.);
- Erträge aus Nebenaktivitäten, insbesondere aus der Erbringung von Dienstleistungen (nicht nur interner Art, sondern auch für Dritte). Fremdwartung, Ersatzteilverkäufe und -vermietungen ebenso wie Schulung bei Fluggesellschaften oder Erlöse aus Logistik und Informatik sind solche Beispiele.
- Gewinn aus der Veräusserung von Anlagevermögen. Gemäss Aktienrecht sind in der Schweiz (Art. 663 OR) Gewinne aus dem Verkauf von Anlagevermögen separat auszuweisen.

An sich müssten die folgenden Fälle als Minderung jener **Positionen des Aufwandes** erfasst werden, die bei Bildung der entsprechenden Rückstellungen oder Wertberichtigungen betroffen sind. Vielfach werden sie als Teil der sonstigen betrieblichen Erträgen ausgewiesen:

- **Zuschreibungen oder Wertaufholung** (Rückgängigmachung von Abschreibungen) im Anlagevermögen, ebenso wie allfällige Aufwertungen im Anlagevermögen;
- Erträge aus der **Auflösung von nicht mehr benötigten Rückstellungen;**
- Erträge aus der **Auflösung von Wertberichtigungen** bzw. der Zuschreibung oder Wertaufholung auf Gegenständen des Umlaufvermögens.

30.3 Offenlegung

Im Anhang sind als Teil der allgemeinen Grundsätze der Rechnungslegung die verwendeten Regeln für folgende Fragen offen zu legen:

- zeitliche Abgrenzung, d.h. wann und in welchem Umfang Umsätze als realisiert gelten;
- Aufschlüsselung der verschiedenen Komponenten bei kombinierten Liefer- und Leistungsvereinbarungen (Leasing, Service etc.);
- Zuordnung von Erlösminderungen;
- Behandlung von Fertigungsaufträgen, die einen Zeitraum von mehr als 12 Monaten beanspruchen (langfristige Fertigung).
- Sonstige betriebliche Erträge. Hier können Erträge aus aktivierten Eigenleistungen mit eingeschlossen werden. Je nach Bedeutung solcher Erträge ist es angezeigt – aber in der Regel nicht vorgeschrieben –, die wichtigsten Komponenten zu quantifizieren.

30.4 Analyse

Die Umsatzerlöse sind in der Regel Bezugsgrösse für verschiedene aussagekräftige Kennzahlen: der operative Erfolg gemessen am Umsatz, also EBIT in Prozenten des Umsatzes ausgedrückt (Return on Sales), oder der Anteil des operativen Ergebnisses der einzelnen Branchen gemessen am Umsatzanteil.

Das zunehmende Outsourcing von Fertigung und Dienstleistungen, die Reduktion der Fertigungstiefe, aber auch Eigenheiten von Branchen wie Medien- bzw. Werbeagenturen und Logistik (Fracht- bzw. Speditionsgeschäft) oder Anlagebau verzerren die Umsatzrelationen gemessen an der Unternehmensgrösse mit Bezug insbesondere auf Mitarbeiterzahlen. Dieser Aspekt wird mit der Wertschöpfungsrechnung berücksichtigt. Daher sind vielfach anstelle oder in Ergänzung von Kennzahlen wie Umsatz je Mitarbeiter auch Relationen zwischen Wertschöpfung und Mitarbeiter für den Unternehmensvergleich heranzuziehen. Dies erleichtert die Analyse insbesondere hinsichtlich Profitabilität bzw. Risikostruktur.

30.5 Relevante Standards

Im Vordergrund stehen allgemeine Grundsätze der Rechnungslegung, insbesondere bezüglich periodengerechter Abgrenzung bzw. Realisation. Weitere Angaben finden sich – je nach Art der Umsatzleistung oder deren Kombination mit Finanzierungsvarianten – unter anderem in den Standards zum Leasinggeschäft und zu langfristigen Fertigungsaufträgen.

30.6 Übungen

Übungsfragen

1. Welche verschiedenen Positionen des betrieblichen Ertrages können unterschieden werden? Wie sind sie zu charakterisieren?
2. Geben Sie Beispiele zu Erträgen, die in die Position übrige betriebliche Erträge einfliessen.
3. Welche Auswirkung hat eine Zunahme des Fertigwarenlagers auf den Umsatz und entsprechend den Gewinn?
4. Mit welchen Kriterien kann abgeklärt werden, ob und wann eine bestimmte Position als Ertrag in die Erfolgsrechnung einfliessen soll?
5. Aus welchen Hauptbestandteilen setzen sich die betrieblichen Erträge zusammen?
6. Welche Erlösminderungen kennen Sie, und wie werden diese in der Erfolgsrechnung berücksichtigt?
7. Welche Gliederungsmöglichkeiten des Umsatzes gibt es? Aus welchem Grund wird der Umsatz aufgegliedert?
8. Geben Sie Beispiele für aktivierte Eigenleistungen. Warum werden solche Leistungen aktiviert, und wie werden solche Leistungen in der Erfolgsrechnung behandelt?
9. Welche Details zum Ertrag aus der Geschäftstätigkeit sind zusätzlich offen zu legen?
10. Nennen Sie Beispiele für Branchen, deren spezifische Eigenheiten sich in der Darstellung der Erfolgsrechnung bzw. in zusätzlicher Offenlegung niederschlagen.
11. Was versteht man unter Segmentberichterstattung, und weshalb ist sie so wichtig? Welche Kennzahlen stehen dafür im Vordergrund?

Übungsaufgaben

12. Die X-AG (ein Maschinenbauunternehmen mit Beratungstätigkeit) erstellt ihre Erfolgsrechnung nach dem Gesamtkostenverfahren. Es liegen folgende Sachverhalte vor, die unter die richtigen Ertragsposten der Erfolgsrechnung einzuordnen sind:

▪ Bruttoerlöse aus dem Verkauf von Maschinen	40 Mio.
▪ Erlösminderung durch Rabatte und Skonti	1.2 Mio.
▪ Erhöhung des Lagers fertiger Erzeugnisse	2 Mio.
▪ Beratungshonorare	3 Mio.
▪ Eigenerstellung einer Fertigungshalle	9 Mio.
▪ Lizenzerlöse	1.2 Mio.
▪ Mieterträge für nichtbetrieblich genutzte Liegenschaften	2 Mio.
▪ Gewinn aus der Veräusserung von Anlagevermögen	1.2 Mio.
▪ Erträge aus der Auflösung von Garantierückstellungen	0.3 Mio.
▪ Aufwertung von betrieblichem Anlagevermögen	0.5 Mio.

13. Bei Erstellung ihres Jahresabschlusses für das Jahr 1 stellt die X-AG Folgendes fest:
Im Inventurwert der Fertigfabrikate der X-AG sind Turbinenverrohrungen enthalten, die gemäss Auftrag des Abnehmers Y-AG gefertigt wurden. Die entsprechende Ausgangsrechnung vom 21.12. lautet auf 70 000 CHF. Die Rohre wären laut Absprache mit dem Kunden zum 21.12. Jahr 1 auf seiner Baustelle bereitzustellen gewesen. Starker Schneefall verhinderte die termingerechte Zustellung; aufgrund der Betriebsferien der Y-AG um den Jahreswechsel verzögert sich der Transport weiter bis zum 10.1. Jahr 2.
Wie ist dieser Sachverhalt bei der X-AG im Jahresabschluss von Jahr 1 zu berücksichtigen?

14. Welche Art der Information wird in ▶ Abb. 203 und 204 vermittelt, und inwiefern unterscheiden sich die beiden Ausschnitte?

Resultate Textil Segment				
(in 1000 CHF)	2001	%	2000	%
Umsatz	1 796 460	100.0	1 659 721	100.0
Herstellkosten, Verkaufs- und Verwaltungsaufwand vor Amortisation Goodwill und Sonderabschreibung	1 682 730	93.7	1 479 347	89.1
Forschung und Entwicklung	108 632	6.0	96 800	5.8
Betriebserfolg vor Amortisation Goodwill und Sonderabschreibung	5 098	0.3	83 574	5.0
Amortisation Goodwill	15 251	0.8	8 722	0.5
Sonderabschreibung Goodwill	76 786			
Betriebserfolg	(86 939)	(4.8)	74 852	4.5
Abschreibungen, Amortisationen und Sonderabschreibung	148 808	8.3	65 614	4.0
EBITDA	61 869	3.4	140 466	8.5
Bestellungseingang	1 574 329		1 810 675	
Bestellungsbestand	545 763		767 897	
Investitionen in Sachanlagen	43 566		52 615	
Nettoaktiven	504 925		740 532	
Mitarbeiter (Jahresende)	7 632		8 346	

▲ Abb. 203 Saurer (Geschäftsbericht 2001, S. 49)

	Fahrzeugtechnik		Rohrleitungs-systeme		Fertigungs-technik		Anlagenbau		Konzernführung/ Dienstleistungen	
Mio. CHF	2002	2001	2002	2001	2002	2001	2002	2001	2002	2001
Auftragseingang	1 479	1 340	810	881	982	1 201	174	275	35	35
Auftragsbestand Ende Jahr	558	521	35	35	92	117	124			
Bruttoumsatz nach Absatzmärkten										
Europäische Union	1 331	1 335	482	514	505	649	71	123	6	6
davon Deutschland	988	986	180	206	193	244	26	46	5	5
Übriges Europa	42	56	88	87	106	124	8	13	29	29
davon Schweiz	7	8	53	56	67	74	3	7	29	29
Amerika	22	19	102	136	223	270	42	73		
Asien	28	23	110	114	174	197	48	83		
Übrige Länder	3	3	28	30	3	5	6	9		
Bruttoumsatz	1 426	1 436	810	881	1 011	1 245	175	301	35	35
Erlösminderungen	–4	–11	–35	–36	–1	–2		–1		
Umsatz	1 422	1 425	775	845	1 010	1 243	175	300	35	35
EBITDA	146	139	74	81	50	92	–4	25	9	19
EBITA	58	55	38	39	30	71	–7	20	2	12
EBIT	42	41	28	32	22	59	–14	12	2	12

▲ Abb. 204 Georg Fischer (Geschäftsbericht 2002, S. 51)

Kapitel 31
Aufwand der Leistungserstellung

Lernziele

- Kenntnis der typischen Aufwandpositionen
- Erläuterung der möglichen Gliederungsarten auf der Aufwandsseite
- Informationsansprüche für die Analyse

31.1 Charakterisierung der Aufwandpositionen

Als Konsequenz der modernen Definition von Aktiven und Verbindlichkeiten sowie des Eigenkapitals können Aufwendungen definiert werden als Abnahme des wirtschaftlichen Nutzens in der Berichtsperiode in Form von Geldabflüssen oder Verminderungen von Vermögenswerten bzw. als Erhöhung von Schulden. Alle diese Vorgänge führen zu einer Abnahme des Eigenkapitals. Die Abnahme des Eigenkapitals aufgrund von Transaktionen mit den Anteilseignern (Kapitalherabsetzung oder Dividenden) ist selbstverständlich anders zu behandeln.

Die Wahl der Darstellungsform für die Erfolgsrechnung bestimmt die Art und Weise der Offenlegung der im Zusammenhang mit der Leistungserbringung anfallenden Aufwendungen. Mit der **Absatzerfolgsrechnung** tritt eine funktionale, auf die wichtigsten Prozesse ausgerichtete Betrachtungsweise in den Vordergrund (vgl. ▶ Abb. 205 und 206). Dem Umsatz werden die Herstellkosten der verkauften Ware gegenübergestellt. Das so ermittelte Bruttoergebnis wird um die Aufwendungen für Marketing und Vertrieb einerseits sowie Verwaltungskosten andererseits gekürzt. Vereinzelt – meistens in Abhängigkeit von der Kostenstruktur der fraglichen Branche – werden weitere Kostenblöcke wie die Kosten für Forschung und Entwicklung gesondert ausgewiesen. Kostenarten, insbesondere Material- oder Personalkosten, sind nicht ersichtlich. Meistens finden sich die wichtigsten Kostenarten, vor allem der Personalaufwand, in der Mehrjahresübersicht oder im Anhang.

Demgegenüber stellt die **Produktionserfolgsrechnung** den Ausweis der wichtigsten Kostenarten in den Vordergrund (vgl. ▶ Abb. 207).

	2002 Mio. CHF	2001 Mio. CHF	Veränderung %
Umsatz	32 412	31 643	2
Herstellkosten der verkauften Waren	−7 618	−7 886	−3
Marketing und Vertrieb	−10 987	−10 703	3
Forschung und Entwicklung	−4 339	−4 189	4
Administration und allgemeine Kosten	−1 581	−1 588	0
Operatives Ergebnis	**7 887**	**7 277**	**8**

▲ Abb. 205 Funktionale Gliederung der Aufwendungen (Novartis, Geschäftsbericht 2002, S. 91)

Alle Beträge in Millionen Franken (CHF)	2002 Total	2001 Sulzer ohne Centerpulse	2001 Total
Umsatzerlös	**1 946**	**2 988**	**3 701**
Gestehungskosten der verkauften Produkte	−1 401	−2 207	−2 431
Bruttogewinn	**545**	**781**	**1 270**
Verkaufs- und Vertriebskosten	−249	−346	−579
Verwaltungskosten	−194	−306	−378
Forschungs- und Entwicklungskosten	−42	−74	−136
Übrige betriebliche Erlöse und Kosten	89	84	79
Betriebliche Sondereinflüsse	−	−198	−1 112
Betriebsergebnis vor Goodwillabschreibungen und Erfolg aus Veräusserung nicht weitergeführter Aktivitäten EBITA	**149**	**−59**	**−856**
Goodwillabschreibungen	−30	−29	−57
Erfolg aus Veräusserung nicht weitergeführter Aktivitäten	17	158	158
Betriebsergebnis EBIT	**136**	**70**	**−755**

▲ Abb. 206 Absatzerfolgsrechnung (Sulzer, Geschäftsbericht 2002, S. 39)

Kapitel 31 Aufwand der Leistungserstellung

Anmerkung 9 Geschäftsaufwand				
Mio. CHF				Veränderung in %
Für das Jahr endend am	**31.12.00**	31.12.99	31.12.98	31.12.99
Personalaufwand				
Gehälter und Boni	13 523	9 872	7 082	37
Mietpersonal	725	886	535	(18)
Sozialleistungen	959	717	542	34
Beiträge an Vorsorgeeinrichtungen	475	8	614	
Mitarbeiterbeteiligungspläne	97	151	201	(36)
Übriger Personalaufwand	1 384	943	842	47
Total	**17 163**	12 577	9 816	36
Sachaufwand				
Raumaufwand	979	847	822	16
Unterhalt	520	410	390	27
Telekommunikation und Versand	914	756	820	21
Administration	750	784	759	(4)
Marketing und Public Relations	480	335	262	43
Reisen und Repräsentation	656	552	537	19
Beratungshonorare	660	526	532	25
EDV-Outsourcing und übriges Outsourcing	1 246	1 289	1 260	(3)
Übriger Sachaufwand	560	599	1 353	(7)
Total	**6 765**	6 098	6 735	11
Abschreibungen				
Liegenschaften und übrige Sachanlagen	1 608	1 517	1 483	6
Immaterielle Anlagen (inkl. Goodwill)	667	340	342	96
Total	**2 275**	1 857	1 825	23
Total Geschäftsaufwand	**26 203**	20 532	18 376	28

▲ Abb. 207 Geschäftsaufwand gegliedert nach Kostenarten in der Produktionserfolgsrechnung (UBS, Geschäftsbericht 2000, S. 82)

31.2 Materialaufwand

Die wichtigsten Komponenten des Materialaufwandes entsprechen den in Kapitel 20 «Waren und Dienstleistungen» über die Vorräte aufgeführten Elementen für die Ermittlung der Anschaffungs- oder Herstellkosten der Waren. In der Erfolgsrechnung werden sie allerdings nur selten aufgeschlüsselt, sondern insgesamt als Warenaufwand ausgewiesen. Werden wesentliche Teile der Leistungen durch Dritte erbracht, finden sich Angaben zu diesen Fremdleistungen wie beispielsweise Engineering durch Dritte im Anhang. In Branchen mit hohem Energieverbrauch wie beispielsweise bei Giessereien und Betrieben der nachgelagerten Verarbeitung finden sich – als Teil der pauschal unter der Bezeichnung Materialaufwand unmittelbar in der Erfolgsrechnung ausgewiesenen Beträge – im Anhang auch Angaben zum Energieaufwand.

Die Zuordnung innerhalb der Periode hängt von der gewählten Darstellung ab. Die Absatzerfolgsrechnung zeigt den Materialaufwand oder Materialverbrauch nicht gesondert. Die Kosten der abgesetzten Produkte umfassen den Materialaufwand zusammen mit dem Personalaufwand aus dem Bereich Beschaffung (einschliesslich Fertigung) sowie die weiteren betrieblichen Aufwendungen, und zwar im Verhältnis gefertigter zu abgesetzter Ware. Produziert ein Unternehmen mehr, als es in der fraglichen Periode absetzt, wird der entsprechende Anteil aus dem Periodenaufwand als Bestandeszunahme aktiviert.

Die Produktionserfolgsrechnung dagegen weist den Materialaufwand separat aus. Selbstverständlich werden bei gleicher Ausgangslage (d.h. Lageraufbau während der Periode) die anteiligen Materialkosten auch über die Bestandeszunahme der Vorräte erfasst und damit der gleiche Erfolg ausgewiesen wie in der Absatzerfolgsrechnung. Aber die anteiligen, aktivierten Kosten beispielsweise für den Bereich Material sind nicht direkt von der entsprechenden Aufwandsposition abgezogen. Sie werden – zusammen mit den anderen anteiligen Kosten der Leistungserstellung – insgesamt als Ertrag (bei einer Bestandeszunahme) oder als Aufwand (bei Lagerabbau) unmittelbar nach dem Umsatz ausgewiesen. Damit wird die effektive Gesamtleistung der Periode wiedergegeben.

31.3 Personalaufwand

Der Personalaufwand ist in den meisten Firmen neben dem Warenaufwand die wichtigste Grösse. Die folgenden wichtigsten Bestandteile sind im Anhang separat auszuweisen:

- **Löhne und Gehälter:** Sie umfassen die Lohnzahlungen vor Sozialabzügen an die Mitarbeiter. Die Unterscheidung in Löhne und Gehälter spielt heute kaum mehr eine Rolle, weil die meisten Mitarbeiter auf Monatslohnbasis angestellt sind. Zum Teil wird mit dieser Unterscheidung auch eine Abgrenzung zwischen Produktions- und Verwaltungspersonal angedeutet.
- **Aufwendungen für die betriebliche Altersvorsorge:** Die Altersvorsorge der Unternehmen (entweder ausgegliedert in Pensionskassen oder als direkte Verpflichtung des Unternehmens zur späteren Zahlung von Renten, wobei auch hier verschiedenste Formen der Finanzierung und Mittelbereitstellung bestehen) ergänzt in den meisten Ländern in mehr oder weniger grossem Umfang die Leistungen der staatlichen Altersvorsorge. Diese Position umfasst den Aufwand für die gesetzlich vorgeschriebene betriebliche Altersvorsorge sowie die

zusätzliche freiwillige Altersvorsorge (Kaderstiftungen, «Beletage-Versicherung» etc.).
- **Übrige Sozialleistungen oder übriger Sozialaufwand:** Firmenbeiträge an die staatliche Altersvorsorge, an staatliche Kassen für Leistungen im Falle der Invalidität, Arbeitslosigkeit etc. sind in dieser Position zusammenzufassen. In der Schweiz geht es unter anderem um die AHV (Alters- und Hinterlassenenversicherung), die IV (Invalidenversicherung), die EO (Erwerbsersatzordnung) und die ALV (Arbeitslosenversicherung). Wichtig sind auch Leistungen für die Lohnfortzahlung im Krankheitsfall sowie Versicherungsleistungen bei betrieblichen oder nichtbetrieblichen Unfällen (NBU, z.B. eine Sportverletzung im Rahmen von Freizeitaktivitäten). In Deutschland und Österreich stehen vor allem Arbeitslosenversicherung, Rentenversicherung, Krankenversicherung, Pflegeversicherung sowie Unfallversicherung im Vordergrund. Die entsprechenden Abgaben machen einschliesslich Verwaltungskosten, ohne Berücksichtigung der Abgaben der Mitarbeiter, je nach Land rund 15% bis zu 50% oder mehr des Bruttolohnes aus. Teilweise werden Aufwendungen für die Personalsuche, vor allem aber für die Aus- und Weiterbildung im Anhang separat ausgewiesen. In internationalen Vergleichen schneiden Unternehmen aus Ländern mit einer ausgeprägten Berufsbildung – in erster Linie im Rahmen der Berufslehre – schlechter ab. Sie weisen Kosten der Ausbildung insgesamt separat aus. In Ländern, in denen Mitarbeiter entweder erst nach einer recht langen Schulausbildung oder aber nach einer nur kurzen Anlehre *on the job* in den Arbeitsprozess einsteigen, finden sich überhaupt keine Aufwendungen für die Schulung und Qualitätsverbesserung.

31.4 Diverser Betriebsaufwand

Unter die Position «Diverser Betriebsaufwand» fallen etwa die folgenden Aufwendungen, die je nach Branche und Bedeutung (gemessen am Umsatz) separat ausgewiesen werden:

- Aufwendungen für **Werbung, Kommunikation, Repräsentation, Reise- und Verkaufssonderkosten** (z.B. verkaufsfördernde Massnahmen bei Markenartikeln wie spezielle Produktauslagen oder Wettbewerbe).
- **Mieten und Aufwand für Operating Leasing,** insbesondere Raumkosten (Miete mit Nebenkosten und allen anderen aus der Raumnutzung anfallenden Aufwendungen). Bei privaten Unternehmen wird vielfach im Falle des Eigenbesitzes der Räumlichkeiten die so genannte Eigenmiete als Aufwand den betrieblichen Positionen belastet und dann im übrigen Ergebnis der entsprechende Ertrag ausgewiesen. Damit kann die Analyse der Kostenstrukturen intern erleichtert

werden. Dieser Mietertrag wiederum wird den Finanzierungsaufwendungen und der Abschreibung auf den fraglichen Liegenschaften gegenübergestellt.
- **Reparatur- und Wartungsaufwand.** Aufwendungen für Grossreparaturen werden allerdings teilweise aktiviert und über die Restlaufzeit bzw. die verlängerte Nutzungsdauer abgeschrieben. Damit wird eine periodengerechte Zuordnung des Aufwandes erreicht *(matching of cost and revenue)*.
- **Verwaltungsaufwand,** insbesondere für Büromaterial und Telekommunikationskosten.

31.5 Offenlegung

Art und Umfang der Offenlegung hängen ebenfalls von der gewählten Darstellungsart ab. Die wichtigsten Elemente des Aufwands sollten sowohl bei der Absatz- als auch der Produktionserfolgsrechnung unmittelbar in der Erfolgsrechnung ausgewiesen werden. Dem Anhang bleibt die weitere Aufschlüsselung vorbehalten.

Wählt man die **Absatzerfolgsrechnung** (vgl. ▶ Abb. 208), so sollten Kostenarten wie

- Personalaufwand und
- Abschreibungen

im Anhang betragsmässig ausgewiesen werden (vgl. ▶ Abb. 209).

Konzernerfolgsrechnung in Millionen CHF	2002	2001
Verkäufe	29 725	29 163
Herstellkosten der verkauften Produkte	(8 432)	(8 339)
Bruttogewinn	21 293	20 824
Marketing und Vertrieb	(8 538)	(8 452)
Forschung und Entwicklung	(4 257)	(3 893)
Administration	(1 295)	(1 219)
Abschreibungen auf immateriellem Anlagevermögen	(1 520)	(1 553)
Wertminderung des Anlagevermögens	(13)	(18)
Transaktion Chugai	6 586	–
Restrukturierung der Division Pharma	(154)	(777)
Division Vitamine und Feinchemikalien		
Wertminderung des Nettovermögens	(1 650)	–
Vitaminfall	(1 770)	(760)
Grössere Rechtsfälle	(778)	–
Sonstiger betrieblicher Ertrag (Aufwand), netto	(569)	(905)
Betriebsgewinn	1 335	3 247

▲ Abb. 208 Absatzerfolgsrechnung (Roche, Geschäftsbericht 2002, S. 74)

Die Standardsetzer verzichten zu Recht auf eine eingehende Regelung bezüglich Aufschlüsselung der Kostenarten bei der **Produktionserfolgsrechnung** (vgl. ▶ Abb. 210). Daher finden sich in der Praxis – teilweise auch aufgrund von Eigenheiten der Kostenstruktur bestimmter Branchen – verschiedene Lösungen. Als Grundsatz gilt, dass wichtige Einzelpositionen im Anhang separat ausgewiesen werden sollten. Die drei Kostenblöcke Material, Personal sowie übriger Betriebsaufwand sind im Anhang weiter aufzuschlüsseln und die Abschreibungen gesondert offen zu legen (vgl. ▶ Abb. 211).

10. Personalaufwand in Millionen CHF	2002	2001
Löhne und Gehälter	6 055	6 026
Sozialversicherungen	717	719
Personalvorsorgeeinrichtungen mit Leistungsprimat	279	264
Personalvorsorgeeinrichtungen mit Beitragsprimat	146	99
Sonstiger Personalaufwand	331	308
Total Personalaufwand	**7 528**	**7 416**

In der Konzernerfolgsrechnung ist der Personalaufwand in den Herstellkosten der verkauften Produkte und den Kosten der verantwortlichen Funktionen enthalten. Der Personalbestand am Jahresende 2002 betrug 69 659 Mitarbeitende (2001: 63 717 Mitarbeitende). Im sonstigen Personalaufwand sind vor allem Ausgaben für Lebensversicherungen und andere Versicherungen zur Deckung von ärztlichen und zahnärztlichen Leistungen enthalten.

▲ Abb. 209 Angaben zum Personalaufwand im Anhang (Roche, Geschäftsbericht 2002, S. 103)

Erfolgsrechnung 2002				
Mio. CHF	**2002**	**%**	**2001**	**%**
Bruttoumsatz	**3 457**		**3 898**	
Erlösminderungen	−40		−50	
Umsatz	**3 417**	**100**	**3 848**	**100**
Bestandesänderungen Vorräte	−13		−1	
Übriger betrieblicher Ertrag	69		71	
Ertrag	**3 473**	**102**	**3 918**	**102**
Material- und Warenaufwand	−1 518		−1 698	
Betriebsaufwand	−618		−709	
Bruttowertschöpfung	**1 337**	**40**	**1 511**	**39**
Personalaufwand	−1 062		−1 155	
Abschreibungen	−154		−159	
Amortisation	−41		−41	
Betriebsergebnis vor Zinsen und Steuern (EBIT)	**80**	**2**	**156**	**4**

▲ Abb. 210 Produktionserfolgsrechnung (Georg Fischer, Geschäftsbericht 2002, S. 47)

Betriebsaufwand		
Mio. CHF	2002	2001
Mieten, Leasing, extern bezogene Dienstleistungen	186	214
Werbung, Kommunikation, Repräsentation, Reise-, Verkaufssonderkosten	204	235
Reparatur und Wartung, Versicherungsprämien	98	101
Übriger Aufwand	130	159
Total	**618**	**709**

Personalaufwand		
Mio. CHF	2002	2001
Löhne und Gehälter	860	939
Personalvorsorgeaufwand	41	76
Sozialversicherungsbeiträge	161	140
Total	**1 062**	**1 155**

▲ Abb. 211 Angaben zum Betriebs- und Personalaufwand im Anhang (Georg Fischer, Geschäftsbericht 2002, S. 65f.)

Versand- und Bearbeitungskosten
Die der Gesellschaft entstandenen und nicht an die Kunden weiterbelasteten Versand- und Bearbeitungskosten sind in den Vertriebs- und Marketingausgaben enthalten. Die in den Vertriebs- und Marketingausgaben enthaltenen Versand- und Bearbeitungskosten betrugen 1999 ungefähr 1.2 Mio. Euro und 2000 ungefähr 7.6 Mio. Euro.

Technologie- und Entwicklungskosten
Die Technologie- und Entwicklungskosten enthalten Ausgaben der Gesellschaft für Entwicklung, Weiterentwicklung, Verwaltung, Kontrolle und Betrieb der Website der Gesellschaft und zugehöriger Systeme. Technologie- und Entwicklungskosten werden zum Zeitpunkt des Anfalls erfasst.

Werbeausgaben
In den Vertriebs- und Marketingausgaben enthaltene Werbeausgaben werden zum Zeitpunkt des Anfalls als Aufwand erfasst. Die Werbeausgaben, hauptsächlich Medien, Produktion und Promotion-Events, betrugen 1999 ungefähr 6.3 Mio. Euro und 2000 ungefähr 51.2 Mio. Euro.

▲ Abb. 212 Betriebliche Aufwendungen (Letsbuyit.com, Geschäftsbericht 2000)

31.6 Analyse

In der Erfolgsrechnung – insbesondere für die betrieblichen Erträge bzw. Aufwendungen – ist vorweg auf die **unternehmensinterne Analyse** einzugehen. Zwar gehören solche Abklärungen sachlich zum Themenbereich Controlling. Die moderne finanzielle Rechnungslegung ist aber heute ausgerichtet auf Fair Values, d.h. jene Werte, die ein unabhängiger Dritter veranschlagen oder zahlen würde. Es geht mithin in erster Linie um **betriebswirtschaftliche Werte,** jedenfalls dort, wo der Nutzen aus der Sicht des Geschäftes im Vordergrund steht. Marktwerte übernehmen diese Funktion in jenen – eher seltenen – Fällen, für die eine Veräusserung kurzfristig und ohne Wertverzerrung möglich ist. Voraussetzung dafür sind liquide Märkte – bei Aktien eines Unternehmens mit einer relativ tiefen Börsenkapitalisierung sowie geringen Tagesumsätzen beispielsweise wären diese Voraussetzungen kaum erfüllt. Angebots- und Nachfragekurs klaffen in solchen Fällen weit auseinander und grössere Transaktionen führen zu einer übermässigen Wertveränderung. Genau diese Werte, die früher nur im betrieblichen Rechnungswesen oder nach einer Bereinigung der Werte durch das Controlling für die Unternehmensführung greifbar waren, liefert heute das finanzielle Rechnungswesen ohne weiteres. Unterschiede zwischen der steuerrechtlichen Bewertung und den Werten der Konzernbilanz lassen sich mit Hilfe der Informatik heute leicht und übersichtlich abbilden. Auch die gewünschte Gliederung der Daten beispielsweise nach Unternehmensbereichen liefert ein modernes Rechnungswesen standardmässig. Daher werden die Daten der Konzernrechnungslegung vermehrt – einfach ergänzt um viele Einzelheiten, die in der Berichterstattung gegenüber dem Kapitalmarkt nicht ausgewiesen werden – für das Controlling und betriebsinterne Analysen aller Art benutzt.

Für das Controlling sind Strukturdaten wie Personalkostenanteil an der Fertigung oder Anteil der Energiekosten an den Herstellkosten ebenso wie Rentabilitätszahlen aller Art zu berechnen, beispielsweise die Umsatzrentabilität je Sparte.

Die **Analyse durch Externe** zielt auf ähnliche Kennzahlen ab. Allerdings fehlen dafür vielfach Einzelheiten, und man muss sich mit Schätzungen für gewisse Relationen begnügen. Die Ausrichtung auf die eine oder andere Form der Darstellung der Erfolgsrechnung – mehr funktional bei der Absatzerfolgsrechnung und primär an Kostenarten orientiert bei der Produktionserfolgsrechnung – kann die Analyse zusätzlich erschweren.

31.7 Relevante Standards
31.7.1 IAS

IAS 1 Par. 75–85 (Auszüge)

«75. In der Gewinn- und Verlustrechnung sind zumindest nachfolgende Posten darzustellen:
  a. Erlöse,
  b. Ergebnisse der betrieblichen Tätigkeit,
  c. Finanzergebnis ohne Erträge aus nach der Equity-Methode bewerteten Unternehmen,
  d. Gewinn- und Verlustanteile an assoziierten Unternehmen und Joint Ventures, die nach der Equity-Methode bilanziert werden,
  e. Steueraufwendungen,
  f. Ergebnis aus der gewöhnlichen Tätigkeit,
  g. ausserordentliche Posten,
  h. Minderheitsanteile und
  i. Periodenergebnis.
Zusätzliche Posten, Überschriften und Zwischensummen sind in der Gewinn- und Verlustrechnung darzustellen, wenn es von einem International Accounting Standard gefordert wird oder wenn eine solche Darstellung notwendig ist, um die Ertragslage des Unternehmens den tatsächlichen Verhältnissen entsprechend darzustellen.

77. Ein Unternehmen hat entweder in der Gewinn- und Verlustrechnung oder in den Anhangangaben zur Gewinn- und Verlustrechnung eine Analyse der Aufwendungen zu geben, die entweder auf der Art der Aufwendungen oder auf deren Funktion innerhalb des Unternehmens beruht.

79. Aufwandsposten werden weiter unterteilt, um eine Bandbreite der Erfolgsbestandteile, die sich bezüglich Nachhaltigkeit, Gewinn- oder Verlustpotenzial und Vorhersagbarkeit unterscheiden können, hervorzuheben. Diese Informationen können auf zwei verschiedene Arten dargestellt werden.

80. Die erste Analyse wird als Gesamtkostenverfahren (Aufwandsartenmethode) bezeichnet. Aufwendungen werden in der Gewinn- und Verlustrechnung nach ihrer Art zusammengefasst (beispielsweise Abschreibungen, Materialeinkauf, Transportaufwand, Löhne und Gehälter, Werbeaufwendungen) und sind nicht nach ihrer Zugehörigkeit zu einzelnen Funktionsbereichen des Unternehmens gruppiert. Diese Methode ist von vielen kleineren Unternehmen einfach anzuwenden, da keine Zuordnung von betrieblichen Aufwendungen zu einzelnen Funktionsbereichen notwendig ist. […]

> 82. Die zweite Analyse wird als Umsatzkostenverfahren bezeichnet und unterteilt Aufwendungen nach ihrer funktionellen Zugehörigkeit als Teile der Umsatzkosten, der Vertriebs- oder Verwaltungsaktivitäten. Diese Darstellungsform liefert den Adressaten oft wichtigere Informationen als die Aufteilung nach den Aufwandsarten, aber die Zuordnung von Aufwendungen zu Funktionen kann willkürlich sein und enthält erhebliche Ermessensentscheidungen. [...]
>
> 84. Die Wahl der Analyse zwischen dem Umsatzkosten- und dem Gesamtkostenverfahren hängt sowohl von historischen und branchenbezogenen Faktoren als auch von der jeweiligen Organisation ab [...]. Da jede der beiden Darstellungsformen für unterschiedliche Unternehmenstypen vorteilhaft ist, schreibt dieser Standard die Wahl derjenigen Darstellungsform vor, welche die Bestandteile der Ertragskraft des Unternehmen am besten darstellt.»

31.7.2 Swiss GAAP FER

FER 7/5ff.

> «5. Die Konzernerfolgsrechnung kann entweder nach dem Gesamtkostenverfahren (Produktionserfolgsrechnung) oder nach dem Umsatzkostenverfahren (Absatzerfolgsrechnung) aufgestellt werden.
>
> 6. Die Erfolgsrechnung nach dem Gesamtkostenverfahren wird wie folgt gegliedert:
>   – Nettoerlöse aus Lieferungen und Leistungen
>   – Bestandesänderungen an unfertigen und fertigen Erzeugnissen sowie an unverrechneten Lieferungen und Leistungen
>   – Aktivierte Eigenleistungen
>   – Andere betriebliche Erträge
>   = Zwischenergebnis
>   – Materialaufwand
>   – Personalaufwand
>   – Abschreibungen auf Sachanlagen und immateriellen Anlagen
>   – Andere betriebliche Aufwendungen
>   = Zwischenergebnis
>   – Finanzergebnis
>   – Übriges Ergebnis
>   = Gewinn/Verlust vor Steuern
>   – Steuern
>   = Gewinn/Verlust

7. Die Erfolgsrechnung nach dem Umsatzkostenverfahren wird wie folgt gegliedert:
   – Nettoerlöse aus Lieferungen und Leistungen
   – Anschaffungs- oder Herstellungskosten der verkauften Produkte und Leistungen
   – Verwaltungsaufwand
   – Vertriebsaufwand
   – Andere betriebliche Erträge
   – Andere betriebliche Aufwendungen
   = Zwischenergebnis
   – Finanzergebnis
   – Übriges Ergebnis
   = Gewinn/Verlust vor Steuern
   – Steuern
   = Gewinn/Verlust

8. Der Minderheitsanteil am Gewinn/Verlust ist beim Gesamtkostenverfahren und Umsatzkostenverfahren gesondert auszuweisen.

9. Die nachstehenden Positionen sind in der Erfolgsrechnung oder im Anhang je gesondert auszuweisen:
   – Finanzaufwand und Finanzertrag
   – ausserordentliche Aufwendungen und Erträge
   – Ergebnis aus nicht konsolidierten Beteiligungen
   – Zinsertrag und -aufwand aus Forderungen sowie Verbindlichkeiten gegenüber nicht konsolidierten Beteiligungen und anderen nahe stehenden Unternehmungen oder Personen.

10. Die nachstehenden Positionen sind bei der Wahl des Umsatzkostenverfahrens im Anhang je gesondert auszuweisen:
    – Personalaufwand
    – Abschreibungen auf Sachanlagen und immateriellen Anlagen.

11. Der Besonderheit von Banken und Versicherungen ist durch eine gleichwertige Gliederung Rechnung zu tragen.»

Vergleiche ferner die IAS- sowie Swiss-GAAP-FER-Standards zur Bewertung und Offenlegung der einzelnen Bilanz- und Erfolgsrechnungspositionen.

31.8 Übungen

Übungsfragen

1. Wie werden Aufwendungen im Sinne der Rechnungslegung definiert?
2. Welche zwei grundsätzlichen Möglichkeiten gibt es, in der Erfolgsrechnung Aufwendungen zu gliedern? Aufgrund welcher Überlegungen existieren verschiedene Möglichkeiten?
3. Welche Aufwandsarten sind im Posten Personalaufwand enthalten?
4. Nach welchen unterschiedlichen Methoden kann der Materialaufwand in der Erfolgsrechnung ausgewiesen werden?
5. Nennen Sie Beispiele für branchenspezifische Angaben zum Materialaufwand.
6. Nennen Sie Beispiele, die unter diversen Betriebsaufwand fallen.
7. Welche Aufschlüsselung der einzelnen Aufwandsarten ist, je nach gewählter Darstellungsform der Erfolgsrechnung, zusätzlich zu zeigen?
8. Was ist unter dem Posten Sozialleistungen oder übriger Sozialaufwand zu verstehen?
9. Inwieweit spielen Fair Values bei der Analyse der Erfolgsrechnung eine Rolle?
10. Welche kritischen Betrachtungen sind bei einer Analyse der Aufwendungen eines Unternehmens von einem externen bzw. internen Beobachter anzustellen?

Übungsaufgaben

11. Die Spenglerei Y-AG stellt ihre Erfolgsrechnung nach dem Gesamtkostenverfahren auf. Folgende Geschäftsvorfälle sind bekannt, die den entsprechenden Aufwandskonten der Leistungserstellung zuzuordnen sind. Dabei ist vom Gliederungsschema eines Standards, beispielsweise Swiss GAAP FER oder IAS, auszugehen.

▪ Lieferantenrechnung für Bleche und Rohre	57 200
▪ Lohnzahlungen durch Banküberweisungen	10 600
▪ Verbrauch von Fetten und Putzfäden	800
▪ Postüberweisung für Miete der Werkstatt	10 800
▪ Verbrauch von Schrauben und Muttern auf Kredit	1 100
▪ Rechnung der Drahtwerke	25 300
▪ Abschreibung auf Einrichtungen	3 000
▪ Lastschrift der Bank für Zinsen	1 800
▪ Kosten für Schaltung von Werbeinseraten	3 000
▪ Leasingrechnung für diverse Maschinen	2 600

12. Betrachten Sie den folgenden Ausschnitt aus dem Geschäftsbericht 2001 des Unternehmens Vögele (bilanziert nach IAS). Um welche Art der Erfolgsrechnung handelt es sich hier? Anhand der Ziffern unter der Spalte «Erläuterung» ist zu sehen, zu welchen Posten zusätzliche Informationen im Anhang offen gelegt wurden. Welche Angaben erwarten Sie?

	2001 EUR	2001 CHF	2000 CHF
Bruttoumsatz	1 231 165	1 859 551	1 602 818
Erlösminderungen	(151 539)	(228 885)	(188 163)
Nettoumsatz	1 079 626	1 630 666	1 414 655
Direkter Aufwand des Umsatzes	(563 048)	(850 428)	(677 632)
Bruttogewinn	516 578	780 238	737 023
In % vom Nettoumsatz		47.8	52.1
Personalaufwand	(204 469)	(308 830)	(256 022)
Raumaufwand	(113 737)	(171 789)	(139 012)
Aufwand für Werbung und externe Kommunikation	(79 864)	(120 626)	(108 268)
Betriebs- und Verwaltungsaufwand	(65 612)	(99 100)	(62 172)
Betrieblicher Liegenschaftserfolg	1 084	1 638	1 542
Betrieblicher Finanzerfolg	24 523	37 039	33 193
Übriger betrieblicher Erfolg	5 659	8 547	0
EBITDA	84 162	127 117	206 284
In % vom Nettoumsatz		7.8	14.6
Abschreibungen	(38 122)	(57 579)	(41 358)
Amortisation von Goodwill	(13 296)	(20 083)	(12 650)
EBIT	32 744	49 455	152 276
In % vom Nettoumsatz		3.0	10.8
Übriger Finanzerfolg: Ertrag	477	720	1 083
Aufwand	(25 293)	(38 203)	(27 214)
Betriebsfremder Liegenschaftserfolg	(82)	(124)	(272)
EBT	7 846	11 848	125 873
In % vom Nettoumsatz		0.7	8.9
Steuern	(7 309)	(11 040)	(44 701)
Konzernergebnis	537	808	81 172
In % vom Nettoumsatz		0.0	5.7
Gewinn pro Aktie (unverwässert)	0.06	0.09	9.25
(verwässert)	0.06	0.09	8.98

▲ Abb. 213 Erfolgsrechnung (Vögele, Geschäftsbericht 2001, S. 35)

Kapitel 32
Finanzergebnis

Lernziele

- Abgrenzung zwischen Beteiligungs-, Zins- und übrigem Finanzergebnis
- Beurteilung des anteiligen Ergebnisses bei nicht kontrollierten Beteiligungen
- Relevanz für Analyse und Unternehmensbewertung

32.1 Wichtigste Komponenten

Aus dem Aufbau einer modernen Erfolgsrechnung, welche unter anderem die Analyse des Betriebserfolges unabhängig von spezifischen Steuerkonzepten und vor allem vor Berücksichtigung der Finanzierung des Unternehmens darstellt, ergeben sich zwei Konsequenzen: Für die Entscheidungsfindung der Investoren sind einerseits die Auswirkungen der konkret gewählten Finanzierung und andererseits jene allfälliger Finanzanlagen detailliert offen zu legen. Sieht man von spezifischen Branchen wie Bank- oder Versicherungsgeschäft ab, geht es bei den meisten Unternehmen um folgende Punkte:

- Die Finanzierung ist so zu strukturieren, dass die **wichtigsten finanziellen Risiken,** in erster Linie **Währungs- und Zinsrisiken,** angemessen berücksichtigt bzw. bewirtschaftet werden. Das Verhältnis zwischen Eigen- und Fremdfinanzierung mit seinen Auswirkungen auf die Zieltriade bezüglich Rentabilität, Liquidität und Sicherheit/Unabhängigkeit soll hier nicht angesprochen werden. In erster Linie ist zu denken an ein angemessenes Verhältnis zwischen kurzfristigen verzinslichen Verbindlichkeiten wie Rollover-Krediten, mit denen allenfalls günstige Zinskonditionen am Markt genutzt werden können, kombiniert mit einer grossen Flexibilität bezüglich Rückzahlung und langfristigen Krediten mit unterschiedlicher Laufzeit. Die Staffelung im langfristigen Bereich erlaubt es, einerseits die aktuellen Möglichkeiten bezüglich Kosten der Finanzierung, die ja auch von der Laufzeit abhängen, zu nutzen und andererseits nicht den ganzen Refinanzierungsbedarf in einem ungünstigen Zeitpunkt – wenn die Zinsen hoch sind – decken zu müssen. Eine gute Faustregel – zumindest für mittelgrosse Unternehmen – besteht in einer Drittelung des gesamten Refinanzierungsvolumens in Kredite mit kurz-, mittel- und langfristigen Laufzeiten.
- Die **jederzeitige Zahlungsbereitschaft** ist sicherzustellen. Zur Deckung von Währungsrisiken sowie – vor allem an Stichtagen, die für die Berichterstattung gegenüber dem Kapitalmarkt relevant sind, wie Jahres- oder Quartalsende – aus bilanzoptischen Gründen halten die Unternehmen mehr oder weniger grosse Bestände an flüssigen Mitteln. Dies ist in gewissen Verhältnissen auch aus Gründen der Zinsoptimierung nützlich, denn Kontokorrentkredite beispielsweise sind sehr teuer. Daher ist es vernünftiger, einen Rollover-Kredit über beispielsweise jeweils 3 bis 6 Monate aufzunehmen, auch wenn die überschüssige Liquidität als Kontokorrentguthaben der Firma nur einen sehr tiefen Zinsertrag erbringt.

	1996	1997	1998	1999	2000
Erfolgsrechnung in Millionen CHF					
Verkäufe	15 966	18 767	24 662	27 567	28 672
EBITDA	4 629	5 076	6 423	8 874	11 126
Betriebsgewinn	3 420	3 590	4 350	6 421	7 131
Konzerngewinn	3 899	(2 031)	4 392	5 764	8 647
Forschung und Entwicklung	2 446	2 903	3 408	3 782	3 950
Bilanz in Millionen CHF					
Anlagevermögen	15 487	32 453	27 952	35 800	34 798
Umlaufvermögen	24 289	22 323	27 927	34 631	34 737
Total Vermögen	39 776	54 776	55 879	70 431	69 535
Eigene Mittel	20 780	18 250	21 666	26 954	27 608
Minderheitsanteile	835	1 187	1 149	3 047	4 428
Langfristige Verbindlichkeiten	12 727	21 181	21 416	25 574	23 642
Kurzfristige Verbindlichkeiten	5 434	14 158	11 648	14 856	13 857
Investitionen in Sachanlagen	1 624	1 802	1 883	2 150	2 183

▲ Abb. 214 Fünfjahresübersicht (Roche, Geschäftsbericht 2000, S. 98f.)

- Es gilt, allfällige **Anlagemöglichkeiten kurzfristiger Art** oder – ohne wesentliche zusätzliche Risiken einzugehen – positive Zinsdifferenzen zwischen den eigenen Refinanzierungskosten und Anlagen am Geldmarkt zu nutzen. Die Umsetzung einer solchen Finanzpolitik bzw. eines solchen Bewirtschaftungssystems für Geldmittel (Treasury) setzt allerdings ein gewisses Volumen und ein professionelles Team voraus.
- Mit Blick auf günstige Ertragsaussichten kann allenfalls ein Teil der günstig am Kapitalmarkt beschafften Mittel wiederum – aber in anderer Form – am **Kapitalmarkt** angelegt werden. Dieser Transformationsprozess verlangt eine sorgfältige Analyse sowie eine professionelle Bewirtschaftung der Risiken. Während längerer Zeit, vor allem bei Börsenhaussen, kann eine solche Politik sehr erfolgreich sein (vgl. dazu die Fünfjahresübersicht für Roche von 1996 bis 2000 in ◄ Abb. 214). Allerdings kann sich der Wind auch rasch und mit dramatischen Auswirkungen drehen (vgl. dazu das Going private von Hilti in ► Abb. 215 bzw. die Angaben zu Wertschriftenverlust bei Roche 2002 in ► Abb. 216).

Selbstverständlich ist die kurzfristige Anlage von Geldmitteln bei sehr guten Unternehmen auch das Ergebnis eines hohen Geldflusses aus Geschäfts- und Finanzierungstätigkeit. Allenfalls bestehen auch spezielle Konstellationen – beispielsweise im Anlagenbau – mit weitgehender Finanzierung des Nettoumlaufvermögens durch Anzahlungen von Kunden, woraus sich für das Unternehmen permanent ein Überschuss an flüssigen Mitteln ergibt (flüssige Mittel netto). Je nach Dimension der so im Betrieb generierten flüssigen Mittel entsteht die Notwendigkeit, die nicht benötigte Liquidität auch langfristig anzulegen. Hohe Bestände an flüssigen Mitteln und leicht liquidierbaren Finanzanlagen werden – mit Blick auf mögliche Akquisitionen – auch als Kriegskasse bezeichnet.

In der einfachsten Betrachtungsweise kann man für die Erfolgsrechnung sämtliche Erträge aus kurz- und langfristigen Geldanlagen (Finanzanlagen) vom Zinsaufwand für die Refinanzierung abziehen. Man erhält so die Nettofinanzierungskosten. Der EBIT als Betriebserfolg darf nicht als absolute Grösse beurteilt werden. Er ist vielmehr in Relation zu setzen zum effektiven Finanzierungsaufwand. Mit einer Art Sensitivitätsanalyse kann man testen, was bei einer Erhöhung des

> Das im Februar angekündigte Going private von **Hilti** (vgl. FuW Nr. 12 vom 12. Februar) ist gelungen. Bis zum Ablauf der Angebotsfrist am 13. März wurden dem **Hilti**-Familien-Trust, der alle Namenaktien der Gesellschaft hält, 95.8 % der ausstehenden PS (Partizipationsscheine) angedient. Zusammen mit den Titeln, die der Trust schon vor dem Kaufangebot hielt, liegen nun 97.6 % der PS in seinen Händen. Damit ist das Kaufangebot zu Stande gekommen. Vom 20. März bis 2. April läuft eine Nachfrist. Die angekündigte Sonderdividende von 250 CHF je PS wird am 18. März ausbezahlt. Inklusive Sonderdividende beträgt der Preis je PS 1150 CHF. Die PS werden nach Abschluss des Kaufangebots so rasch wie möglich dekotiert.

▲ Abb. 215 Pressemeldung zum Going private von Hilti (Finanz und Wirtschaft, Nr. 22, 19.3.2003, S. 16)

	31. Dezember 2002	31. Dezember 2001
Liquide Mittel und Wertschriften	15 825	24 548
Langfristige finanzielle Vermögenswerte	3 672	2 924
Derivative Finanzinstrumente, netto	223	8
Eigene Eigenkapitalinstrumente	3 230	2 128
Finanzielle Vermögenswerte	22 950	29 608
Langfristige Darlehen	(14 167)	(17 109)
Kurzfristige Darlehen	(8 183)	(6 621)
Total Darlehen	(22 350)	(23 730)
Nettoliquidität	600	5 878

Die Nettoliquidität des Konzerns hat um 5.3 Milliarden Franken auf 600 Millionen Franken abgenommen.
Bedeutende Mittelabflüsse waren:
- Zahlungen für den Vitaminfall −3.3 Milliarden Franken
- Dividendenausschüttung −1.1 Milliarden Franken
- Abnahme des Verkehrswertes der Wertschriften −3.2 Milliarden Franken

Wertminderung der finanziellen Vermögenswerte
Die der Konzernerfolgsrechnung belastete Wertminderung von 5 192 Millionen Franken hat einen sehr grossen Einfluss auf das Konzernergebnis. Diese Belastung ergibt sich aus den kumulierten Auswirkungen der in den vergangen zwei Jahren, insbesondere aber in den vergangenen sechs Monaten gefallenen Aktienmärkte auf das Aktienportfolio des Konzerns. Gemäss dem vom Konzern revidierten Rechnungslegungsgrundsatz werden weitere bedeutende Abnahmen der Marktwerte als Aufwand erfasst und nicht mehr in den Verkehrswertreserven der eigenen Mittel kumuliert.

▲ Abb. 216 Wertminderung von Wertschriften (Roche, Geschäftsbericht 2002, S. 67 und 64)

allgemeinen Zinsniveaus passiert oder bei einer weiteren Erhöhung der Verschuldung (z.B. weil die Mittelbindung im Nettoumlaufvermögen steigt oder grosse Investitionsvorhaben anstehen).

Bei vielen Konzernen genügt eine solche vereinfachte Betrachtungsweise höchstens als Einstieg in die Analyse. Meist finden sich dort weitere Finanzanlagen, die nicht als Instrument einer Optimierung von Kosten und Risiken der Refinanzierung dienen. So können aus operativen Gründen Minderheitsbeteiligungen an anderen Unternehmen eingegangen werden. Über die Equity-Methode wird deren Ergebnis anteilmässig in die eigene Rechnungslegung aufgenommen. Allfällige Dividendenzuflüsse aus solchen Minderheitsbeteiligungen können durchaus als Finanzergebnis erfasst werden. Der nicht ausgeschüttete Gewinnanteil dagegen ist einerseits kaum «greifbar» und andererseits höchstens im Falle einer Weiterveräusserung, dann aber kaum im Verhältnis eins zu eins, realisierbar. Somit ist es für die Analyse ganz wichtig, dass solche Erträge im Finanzergebnis gesondert ausgewiesen werden. Etwas anders sind Ergebnisse von Unternehmen zu beurteilen, die aus Gründen der Wesentlichkeit nicht voll konsolidiert, sondern

Finanzinstrumente

Gewinne und Verluste aus Devisentermingeschäften, Optionen sowie Währungs-Swaps als Absicherungsinstrumente für Währungsrisiken werden abgegrenzt und mit den Verlusten und Gewinnen auf den abgesicherten Transaktionen verrechnet. Die für die Erstellung der Verträge vereinbarten Gebühren werden über die Dauer der Verträge abgeschrieben. Zinsdifferenzen im Zusammenhang mit Swap Arrangements, Forward Rate Agreements und Interest Rate Caps zur Absicherung von Zinssatzrisiken werden mit dem Zinsaufwand verrechnet. Werden derartige derivative Finanzinstrumente gehandelt, sind entsprechende Gewinne und Verluste auf dem Marktwert im Finanzertrag bzw. -aufwand enthalten. Bestimmte Stillhalter-Optionen, die der Konzern ausgegeben hat, verlangen, dass die zugrundeliegenden Titel bei den involvierten Finanzinstituten hinterlegt sind.

Wenn in den Anmerkungen zur konsolidierten Jahresrechnung nicht separat ausgewiesen, entsprechen die Verkehrswerte im Zeitpunkt der Bilanzierung annähernd den in der Konzernbilanz dargestellten Buchwerten.

10. Finanzertrag (-aufwand), netto in Millionen CHF

	2000	1999
Gewinne aus Wertschriftenverkäufen und Sonstiges	3 522	2 529
Verluste aus Wertschriftenverkäufen und Sonstiges	(761)	(621)
Nettogewinn auf Wertschriftenverkäufen und Sonstiges	2 761	1 908
Zins- und Dividendenertrag	738	532
Zinsaufwand	(1 487)	(1 237)
Wechselkursgewinne (-verluste), netto	325	(69)
Total Finanzertrag (-aufwand), netto	2 337	1 134

▲ Abb. 217 Finanzinstrumente und Finanzergebnis (Roche, Geschäftsbericht 2000, S. 66 und 80)

– im Sinne einer Vereinfachung des Prozesses – mit Hilfe der Kapitalanteilsmethode (Equity-Methode) bewertet bzw. in der Erfolgsrechnung erfasst werden. Im Grunde handelt es sich dabei um eine Komponente des Betriebsergebnisses; man zeigt aber – entgegen dem Bruttoprinzip – nicht alle Ertrags- und Aufwandsgrössen, sondern lediglich deren Saldo. Weil diese Grössen insgesamt unwesentlich sind für die Analyse, überwiegt in der Abwägung zwischen Verrechnungsverbot und dem Grundsatz der Wesentlichkeit das zweite Prinzip.

Somit ergeben sich folgende Kategorien bzw. Einzelpositionen im Finanzergebnis (vgl. ◄ Abb. 217):

- Beteiligungsergebnis:
  - Ergebnis (Gewinn- oder Verlustanteil) aus assoziierten Unternehmen (d.h. aus massgeblich beeinflussten, aber nicht kontrollierten Unternehmen, was in der Regel bei Beteiligungsquoten von 20 bis 50% angenommen wird),
  - Ergebnis aus dem Abgang, d.h. der Veräusserung oder «Stilllegung» (Liquidation) von Beteiligungen,
  - Wertberichtigungen bzw. Zuschreibungen auf Beteiligungen;

- Zinsergebnis:
  - Zinsen und Dividenden aus Wertpapieren bzw. Ausleihungen (Finanzanlagen),
  - Zinsen und sonstige Erträge aus kurzfristigen Anlagen, Derivaten etc.,
  - Zinsaufwand einschliesslich jenem für Leasingfinanzierung und sonstige Aufwendungen, beispielsweise für Derivate,
  - Zinssaldo im Zusammenhang mit Altersvorsorge, d.h. der Verzinsung der Altersguthaben (als Zinsaufwand) und der Rendite allfälliger Kapitalanlagen in Zusammenhang mit der Altersvorsorge;
- übriges Finanzergebnis:
  - Wertberichtigungen auf Finanzanlagen, insbesondere Wertschriften und Ausleihungen,
  - Veräusserungsgewinne und -verluste auf Finanzanlagen, insbesondere Wertschriften einschliesslich allfälliger Sicherungskosten mit Derivaten,
  - Gewinne und Verluste aus kurzfristigen Anlagen.

32.2 Bewertung

Selbstverständlich können viele Komponenten im Finanzergebnis nur beurteilt werden, wenn man die Bewertungskriterien für Finanzanlagen kennt. Dies gilt beispielsweise für die Bewertung von Derivaten. Andererseits muss man auch wissen, welche Regeln für die Erfassung von nicht realisierten Gewinnen oder Verlusten bei Finanzinstrumenten bestehen. Dies hat vor allem Auswirkungen darauf, ob gewisse Wertveränderungen erfolgswirksam, also in der Erfolgsrechnung und damit im Finanzergebnis ausgewiesen, oder erfolgsneutral – wie bei der Kategorie von Available-for-sale-Wertschriften – direkt im Eigenkapital erfasst werden (und dort in der Analyse der Veränderung des Eigenkapitals offen zu legen sind). Allenfalls werden solche Wertveränderungen weder erfolgswirksam noch erfolgsneutral erfasst, sondern nur im Anhang ausgewiesen (vgl. dazu Hilti 2002 in ▶ Abb. 218).

Die Bewertung von Wertschriften ist je nach Zweck der Kapitalanlage anders geregelt:

- Werden Wertschriften bis zu deren Verfall gehalten *(held to maturity)*, so ist ein allfälliger Aufpreis bei Anschaffung (Agio) verglichen mit dem Rückzahlungsbetrag (Nennwert) über die Laufzeit als Aufwand zu erfassen (als eine Art Abschreibung oder Amortisation). Man spricht hier von der so genannten Amortized Cost Method. Sinngemäss ist zu verfahren, wenn solche Anlagen zu einem tieferen als dem späteren Rückzahlungsbetrag erworben werden (Disagio). Der effektive «Zinssatz» ist dann höher als der jährlich bezahlte Zins.

(32) Finanzinstrumente (in Mio. CHF)			
Zum Bilanzstichtag sind folgende Kontrakte offen:			
	Kontraktwert	Gewinn	Verlust
Währungen	464.4	38.9	(0.3)
Übrige derivative Instrumente	15.3	0.1	(0.4)
Total Gewinn (Verlust)		**39.0**	**(0.7)**

In den oben angeführten Währungskontrakten sind nachstehende Kontrakte zur Absicherung des Währungsrisikos aus dem operativen Geschäft der künftigen Rechnungsperioden enthalten (anticipatory hedges):

Währung	Restlaufzeit unter 1 Jahr	Restlaufzeit über 1 Jahr	Total
USD	117.4	–	117.4
EUR	36.7	–	36.7
JPY	35.5	27.8	63.3
Total Kontraktwert Währungen	**189.6**	**27.8**	**217.4**

Diese Währungskontrakte werden erst in der Periode erfolgswirksam erfasst, in der die Grundgeschäfte getätigt werden. Das nicht bilanzierte Ergebnis (positiver bzw. negativer Wiederbeschaffungswert) aus den antizipativen Absicherungsgeschäften beträgt insgesamt CHF 33.5 Mio. (i.V. CHF 37.9 Mio.).

▲ Abb. 218 Finanzinstrumente (Hilti, Geschäftsbericht 2002, S. 20)

Beispiel: Bei einem Kauf von Anleihen im Nennwert von 1000 (mit einem Coupons/Zins von 5% p.a.) zum Kurs von 90% und einer Restlaufzeit von 4 Jahren ergibt sich je Jahr ein zusätzlicher Ertrag von 2.5 Prozentpunkten, d.h. der zusätzlich nach Rückzahlung eingehende Betrag von 10% wird über die Restlaufzeit von 4 Jahren gleichmässig als (Zusatz-)Ertrag erfasst.

- Werden Wertschriften in der Absicht erworben, durch Handel (Spekulation) einen Gewinn zu erwirtschaften, so ist für deren (Folge-)Bewertung immer der Marktwert massgebend. Eine Differenz zwischen dem Buchwert und dem Marktwert wird als Kursgewinn bzw. -verlust im Finanzergebnis erfasst.
- Für Wertschriften, die zwar zur Veräusserung *(available for sale)* zur Verfügung stehen, aber nicht unbedingt mit dem Zweck eines kurzfristigen Spekulationsgewinnes erworben wurden, ist in der Erfolgsrechnung erst im Zeitpunkt der Veräusserung ein Kursgewinn bzw. -verlust zu erfassen. Die zwischenzeitliche Wertanpassung dagegen ist erfolgsneutral durch Erhöhung bzw. Reduktion des Eigenkapitals (meist über die sog. Neubewertungsreserve) zu berücksichtigen.

32.3 Offenlegung

Ein ganz einfaches Beispiel der Offenlegung für ein Industrieunternehmen findet sich bei Georg Fischer (vgl. ▶ Abb. 219).

Aufgrund der umfangreicheren Aktivitäten im Treasury sowie der Dimension des Konzerns sind die Angaben bei Novartis für das Geschäftsjahr 2000 umfangreicher (vgl. ▶ Abb. 220).

Übriges Finanzergebnis

Mio. CHF	2002	2001
Zinsertrag	7	6
Zinsaufwand	−65	−69
Übriger Finanzerfolg	−8	7
Total	**−66**	**−56**

Im Zinsaufwand ist eine zusätzliche Zinsbelastung von CHF 4.0 Mio. (Vorjahr CHF 3.8 Mio.) enthalten, mit der die Diskontierungskomponente der Wandelanleihen amortisiert wird. Im übrigen Finanzerfolg sind der Veräusserungserfolg der restlichen SIG-Aktien, Kursdifferenzen aus Devisengeschäften, welche nicht mit Warentransaktionen in Zusammenhang stehen, Wertschriftenerträge und Stempelsteuern enthalten.

▲ Abb. 219 Ausweis Finanzergebnis (Georg Fischer, Geschäftsbericht 2002, S. 66)

5. Finanzergebnis	2000	1999
	Mio. CHF	Mio. CHF
Zinsertrag	1 052	1 132
Dividendenertrag	91	23
Kapitalertrag	784	628
Ertrag aus Optionen und Terminkontrakten	804	121
Übriger Finanzertrag	5	6
Finanzertrag	**2 736**	**1 910**
Zinsaufwand	−510	−542
Aufwand Optionen und Terminkontrakte	−1 334	−303
Übriger Finanzaufwand	−130	−115
Finanzaufwand	**−1 974**	**−960**
Währungsergebnis, netto	**329**	**−157**
Nettofinanzergebnis	**1 091**	**793**

Im Zinsertrag 2000 sind CHF 14 Millionen (1999: CHF 1 Million Zinsaufwand) Zinszahlungen von Stiftungen enthalten (siehe Erläuterung 27). Für die kurzfristigen Schulden wurden marktkonforme Zinssätze bezahlt.

▲ Abb. 220 Ausweis Finanzergebnis (Novartis, Finanzbericht 2000, S. 45)

Für ein Industrieunternehmen bereits recht detailliert und für die Analyse wertvoll ist die Aufschlüsselung bei Schering für das Jahr 2000 (vgl. ▶ Abb. 221).

Wesentlich umfangreicher sind wegen der überragenden Bedeutung der Finanzanlagen im Lebensversicherungsgeschäft die Angaben bei Bâloise im Jahr 2000 (vgl. ▶ Abb. 222).

(10) Finanzergebnis	2000	1999
Beteiligungsergebnis		
Ergebnis aus Assoziierten Unternehmen	−57	−59
Erträge aus Beteiligungen	0	0
Ergebnis aus dem Abgang von Beteiligungen	56	–
	−1	−59
Zinsergebnis		
Erträge aus anderen Wertpapieren und Ausleihungen des Finanzanlagevermögens	2	2
Sonstige Zinsen und ähnliche Erträge	40	69
Sonstige Zinsen und ähnliche Aufwendungen	−15	−20
Zinssaldo	27	51
Zinsanteil der Zuführung zu den Pensionsrückstellungen	−73	−69
	−46	−18
Übriges Finanzergebnis		
Abschreibungen auf Ausleihungen und Wertpapiere	−4	−21
Sonstige finanzielle Erträge	60	28
Sonstige finanzielle Aufwendungen	−14	−7
	42	0
Finanzergebnis	**−5**	**−77**

▲ Abb. 221 Detaillierter Ausweis Finanzergebnis (Schering, Geschäftsbericht 2000)

7. Erfolg aus Kapitalanlagen

7.1 Kapitalerträge

in Mio. CHF	1999	2000
Festverzinsliche Wertpapiere	807.5	844.3
Aktien	540.7	616.4
Derivate	–	–
Liegenschaften für Anlagezwecke	215.9	211.6
Hypothekarische Anlagen	291.3	395.7
Policen- und übrige Darlehen	114.3	96.4
Beteiligungen an assoziierten Unternehmen	12.3	14.6
Übrige kurzfristige Kapitalanlagen	16.5	21.8
Total (brutto)	**1 998.5**	**2 200.8**
Kosten für die Verwaltung von Kapitalanlagen	–56.7	–46.4
Total (netto)	**1 941.8**	**2 154.4**
davon von assoziierten Unternehmen	12.3	14.6

Auf wertberichtigten hypothekarischen Anlagen sowie Policen- und übrigen Darlehen sind per 31. Dezember 2000 Kapitalerträge von 42.6 Mio. CHF aufgelaufen, welche nicht in der Erfolgsrechnung berücksichtigt sind.

7.2 Realisierte Gewinne und Verluste 1999

in Mio. CHF	Festverzinsliche Wertpapiere	Aktien	Liegenschaften	Übrige	Total
Realisierte Veräusserungs- und Buchgewinne					
Handelsbestand	26.4	3.0	4.5	23.1	57.0
Jederzeit verkäuflich	96.9	836.1	18.1	1.7	952.8
Gehalten bis zum Verfall	–	–	–	–	–
Selbst ausgegeben	–	–	–	0.9	0.9
Subtotal	**123.3**	**839.1**	**22.6**	**25.7**	**1 010.7**
Realisierte Veräusserungs- und Buchverluste					
Handelsbestand	–42.6	–	–2.5	–21.2	–66.3
Jederzeit verkäuflich	–52.5	–72.0	–6.5	–10.2	–141.2
Gehalten bis zum Verfall	–	–	–	–	–
Selbst ausgegeben	–	–	–	–64.1	–64.1
Subtotal	**–95.1**	**–72.0**	**–9.0**	**–95.5**	**–271.6**
Erfolgswirksame Wertminderung	–1.3	–0.4	–30.1	–146.5	–178.3
Erfolgswirksame Wertaufholung	0.2	0.6	14.2	52.7	67.7
Total	**27.1**	**767.3**	**–2.3**	**–163.6**	**628.5**

7.3 Realisierte Gewinne und Verluste 2000

in Mio. CHF	Festverzinsliche Wertpapiere	Aktien	Liegenschaften	Übrige	Total
Realisierte Veräusserungs- und Buchgewinne					
Handelsbestand	26.2	36.7	4.7	10.6	78.2
Jederzeit verkäuflich	41.1	975.8	23.8	3.8	1 044.5
Gehalten bis zum Verfall	–	–	–	–	–
Selbst ausgegeben	–	–	–	1.2	1.2
Subtotal	**67.3**	**1 012.5**	**28.5**	**15.6**	**1 123.9**

▲ Abb. 222 Ausweis des Erfolgs aus Kapitalanlagen (Bâloise, Geschäftsbericht 2000, S. 75–77)

Kapitel 32   Finanzergebnis

in Mio. CHF	Festverzinsliche Wertpapiere	Aktien	Liegenschaften	Übrige	Total
Realisierte Veräusserungs- und Buchverluste					
Handelsbestand	−18.6	0.0	−12.2	−57.3	−88.1
Jederzeit verkäuflich	−50.0	−44.6	−3.7	−8.2	−106.5
Gehalten bis zum Verfall	−	−	−	−	−
Selbst ausgegeben	−	−	−	−83.4	−83.4
Subtotal	−68.6	−44.6	−15.9	−148.9	−278.0
Erfolgswirksame Wertminderung	−0.7	−48.6	−4.7	−82.1	−136.1
Erfolgswirksame Wertaufholung	0.4	1.7	31.4	83.4	116.9
Total	−1.6	921.0	−39.3	−132.0	826.7

7.4 Bestand der nicht realisierten Gewinne und Verluste (im Eigenkapital enthalten)

in Mio. CHF	1999	2000	Veränderung
Festverzinsliche Wertpapiere	129.0	93.0	−36.0
Aktien	6 261.1	5 348.4	−912.7
Derivate für Cash Flow Hedges gehalten	−24.3	−9.1	15.2
Liegenschaften für Anlagezwecke	635.5	673.5	38.0
Hypothekarische Anlagen	−	−	−
Policen- und übrige Darlehen	−	−	−
Beteiligungen an assoziierten Unternehmen	88.8	125.7	36.9
Übrige kurzfristige Kapitalanlagen	0.1	0.1	0.0
Subtotal (brutto)	7 090.2	6 231.6	−858.6
Abzüglich Anteilen von			
Aktivierten Abschlusskosten Leben	−900.9	−750.6	150.3
Überschussanteilen Versicherungsnehmer Leben	−683.9	−500.3	183.6
Minderheitsanteilen	−71.2	−30.8	40.4
Latenten Steuern	−1 061.8	−953.7	108.1
Währungsumrechnungsdifferenzen	−114.6	−138.2	−23.6
Total (netto)	4 257.8	3 858.0	−399.8

In den festverzinslichen Wertpapieren jederzeit verkäuflich sind per 31. Dezember 2000 nicht zum Marktwert bewertete Wertpapiere in der Höhe von 114.3 Mio. CHF enthalten, da für diese kein zuverlässig schätzbarer Marktwert existiert. Im Jahr 2000 wurden keine festverzinslichen Wertpapiere ohne Marktwert verkauft.

7.5 Veränderung der nicht realisierten Gewinne und Verluste (im Eigenkapital enthalten)

in Mio. CHF	1999	2000
Bestand per 1. Januar (brutto)	6 257.3	7 090.2
Veränderung der nicht realisierten Gewinne und Verluste auf jederzeit verkäufliche Finanzanlagen	826.2	−948.7
Veränderung der nicht realisierten Gewinne und Verluste auf Liegenschaften	33.0	38.0
Veränderung der nicht realisierten Gewinne und Verluste von assoziierten Unternehmungen	−3.7	36.9
Veränderung der Absicherungsreserve auf Derivaten für Cash Flow Hedges gehalten	−22.6	15.2
Bestand per 31.Dezember (brutto)	7 090.2	6 231.6

▲ Abb. 222 Ausweis des Erfolgs aus Kapitalanlagen (Bâloise, Geschäftsbericht 2000, S. 75–77) (Forts.)

32.4 Analyse

Für die Analyse des Finanzergebnisses steht die richtige Zuordnung der einzelnen Komponenten bzw. die Bewertung der Qualität vor allem von Beteiligungserträgen im Vordergrund. Für eine vereinfachte Analyse interessieren die Nettofinanzierungskosten. Fällt ein Überschuss im Finanzergebnis an, sind meistens wesentliche Teile der Vermögenswerte als nichtbetriebsnotwendig zu qualifizieren. Sie sollten für die Analyse ausgeklammert werden, ebenfalls die entsprechenden Finanzerträge (allenfalls Nettofinanzerträge, wenn einzelne Finanzanlagen wie Renditeliegenschaften teilweise fremdfinanziert sind). Nichtbetriebsnotwendige Vermögenswerte sind an anderen, meist markant tieferen Renditevorstellungen zu messen als die operativen Aktivitäten. Zudem können solche Vermögenswerte bzw. die entsprechenden Nettoaktiven (bei Renditeliegenschaften also nach Abzug von objektspezifischen Refinanzierungen) im Falle von Unternehmenszusammenschlüssen oder Unternehmenskäufen am Markt verkauft werden, womit der Finanzierungsbedarf für solche Akquisitionen wesentlich geringer ausfällt. Weitere Überlegungen zur Analyse finden sich in Abschnitt 32.1.

32.5 Übungen

Übungsfragen

1. Wie lautet eine gängige Faustregel, die bei der Festlegung der Fälligkeitsstruktur im Rahmen der Fremdkapitalfinanzierung beachtet werden sollte?
2. Warum kann ein angemessener Bestand an flüssigen Mitteln bei der Optimierung der Zinsbelastung von Vorteil sein?
3. Definieren Sie den Begriff Nettofinanzierungskosten.
4. Welche Risikofaktoren üben einen Einfluss auf die Höhe der Nettofinanzierungskosten aus? Mit welchem Analyseinstrument lässt sich der Effekt bestimmter Datenänderungen auf die Finanzierungskosten greifbar machen?
5. Nach welcher Methode wird das Ergebnis von massgeblichen Beteiligungen berücksichtigt, die man aber nicht kontrolliert?
6. Können nicht realisierte Wertveränderungen (Kursgewinne/-verluste) von Wertpapieren in der Erfolgsrechnung erfasst sein?
7. Erläutern Sie, welche Konsequenzen ein hoher Überschuss im Finanzergebnis für die Unternehmensanalyse bzw. die Unternehmensbewertung hat. Was bedeutet dies für die Renditeerwartungen an das Unternehmen?

Übungsaufgabe

8. (Equity-Methode)
   Die Halma AG erwirbt am 1.1.2004 für 750 eine Beteiligung von 25% an der Litty AG. Das Eigenkapital der Litty AG beträgt 2000. Die Grundstücke der Litty AG sind um 600 unterbewertet. Die Litty AG schüttet im Jahr 2004 eine Dividende von 20% auf das Aktienkapital von 800 aus. Die Halma AG hat die Dividende im Einzelabschluss erfolgswirksam erfasst. Im Jahr 2004 erzielt die Litty AG einen Reingewinn von 200. Ein nach der Auflösung der stiller Reserven verbleibender Goodwill ist erstmals auf den 31.12.2004 abzuschreiben (linear 5 Jahre).
   a. Erstellen Sie einen Vorschlag zur Abbildung dieser Vorgänge im Anhang zur konsolidierten Erfolgsrechnung für das Jahr 2004.
   b. Warum ist der Ausweis anteiliger Ergebnisse von nicht kontrollierten Unternehmen nach der Equity-Methode problematisch?

Kapitel 33
Besondere Positionen

	Lernziele

- Inhalt und Bedeutung der Forderung nach Vergleichbarkeit
- Voraussetzungen für die Vergleichbarkeit
- Ermessensspielräume und Missbrauchsmöglichkeiten bezüglich Darstellung und Vergleichbarkeit
- Bestandteile des betrieblichen oder operativen Ergebnisses
- Bestandteile des ausserordentlichen Ergebnisses
- Kenntnis der Positionen nichtbetrieblicher Natur

33.1 Ausserordentliche Positionen

Aus der Finanzanalyse ist der Ansatz bekannt, nicht regelmässig wiederkehrende Positionen *(non-recurring items)* aus dem so genannten operativen Ergebnis (Betriebsergebnis) auszuklammern. Gewinne aus dem Verkauf von nichtbetrieblich genutzten Liegenschaften sind ebenso wie Zahlungen aufgrund von Produkthaftpflichtklagen nicht jedes Jahr in vergleichbarer Höhe anfallende oder eben regelmässig wiederkehrende Erträge bzw. Aufwendungen. Steuernachforderungen als Folge einer Betriebsprüfung betreffen nicht das Berichtsjahr, sondern – ähnlich wie unerwartet hohe Konkursdividenden für bereits vollständig im Wert berichtigte Forderungen – irgendeine Vorperiode, für die – im Nachhinein betrachtet – damals ein zu hoher oder zu tiefer Gesamterfolg ausgewiesen wurde. Und selbstverständlich sind die Folgen eines Lawinenniedergangs für eine Bahn-Aktiengesellschaft in gewissem Sinne einmalige Kosten. Als Fazit ergibt sich, dass Analysten, Investoren aber auch Unternehmen ein gewisses Interesse daran haben, folgende Elemente aus dem ordentlichen Ergebnis oder Betriebsergebnis einer Periode – neben der Komponente Ertragssteuern und Finanzergebnis – auszuklammern (vgl. ▶ Abb. 223):

- Einmalige oder jedenfalls nicht regelmässig wiederkehrende Erträge und Aufwendungen wie Gewinne aus dem Verkauf von Sachanlagen oder – was allerdings noch zu hinterfragen sein wird – Restrukturierungskosten. Teilweise will man auch Erträge bzw. Aufwendungen separat ausweisen, die mit dem Betrieb an sich nichts zu tun haben **(sachliche Abgrenzung).** Man spricht hier auch von so genannten **neutralen Erfolgspositionen.** Zu denken ist an Subventionen, an Erträge auf nichtbetriebsnotwendigen Vermögensbestandteilen oder an Aufwendungen im Zusammenhang mit der Finanzierung einer nichtbetriebsnotwendigen Investition wie zum Beispiel einem Wohnhaus, das an Dritte vermietet wird.
- Aufwendungen und Erträge, welche im Sinne des *matching principle,* einer periodengerechten Zuordnung also, einer Vorperiode zuzurechnen sind *(prior period items).* Beispiel dafür sind ausserordentliche Abschreibungen auf dem Anlagevermögen infolge Schliessung eines Betriebes (dies wird in den Standards zusätzlich unter dem Begriff «Discontinuing Operations» erfasst), eine Steuerrückvergütung oder Nachsteuern aufgrund einer Steuerrevision sowie Buchgewinne bzw. -verluste aus Verkäufen des Anlagevermögens. Es geht also um **periodenfremde Grössen (zeitliche Abgrenzung).**
- Ausserordentliche, in ihrer Art meist einmalige Ereignisse, deren Ursache in keinerlei Zusammenhang mit der eigenen betrieblichen Aktivität steht. In der Regel geht es um Naturereignisse oder vergleichbare Katastrophen. Allerdings hängt es sogar in solchen Fällen von der jeweiligen Unternehmenstätigkeit ab, ob es sich nicht doch um betriebliche Ereignisse handelt. Ein Bergsturz, der die Lagerhalle zerstört, ist für einen Produktionsbetrieb zweifelsohne als vom Betrieb losgelöst und damit als ausserordentlich zu qualifizieren. Anders sieht es für die Gebäudeversicherung aus, deren Unternehmenszweck gerade die Absicherung gegenüber solchen Grossschäden ist.

Unternehmen haben in der Regel ein Interesse, Erträge als Resultat der eigenen betrieblichen Aktivitäten darzustellen, Aufwendungen dagegen – wenn möglich – aus der Darstellung der operativen Tätigkeiten auszuklammern. Die Erfahrung – und dies sollte auch für die Finanzanalyse beachtet werden – lehrt aber, dass «ausserordentliche» Verluste wie Debitorenausfälle oder Restrukturierungskosten ebenso wie Aufwendungen im Zusammenhang mit dem Aufbau von neuen Märkten weit regelmässiger anfallen, als viele Unternehmen wahrhaben wollen. Ge-

	2003 in CHF 1000	2002 in CHF 1000
Ausserordentlicher Ertrag		
Auflösung nicht beanspruchter Rückstellungen	57 140	1 200
Periodenfremde Erträge		9 822
Verkaufsgewinn andere Liegenschaften/Bankgebäude	1 529	5 167
Erfolg aus Veräusserung von Beteiligungen	2 290	720
Übriges	908	1 558
Total	**61 868**	**18 467**
Ausserordentlicher Aufwand		
Periodenfremde Aufwände		8 160
Übriges		2
Total		**8 162**

▲ Abb. 223 Zeitliche und sachliche Abgrenzung (Zürcher Kantonalbank, Geschäftsbericht 2003, S. 126)

wisse «Spitzen» mögen unüblich sein. Ein gewisser «Sockelsatz» – der also in dieser Höhe regelmässig anfällt – an Kosten zur Bereinigung von Bewertungsproblemen mit Vermögenswerten, betrieblicher Reorganisation oder Neuausrichtung etc. dagegen kann für die Unternehmensrealität kaum wegdiskutiert werden.

Die moderne Rechnungslegung wählt zur Vermeidung endloser Diskussionen und zur Einschränkung des Ermessens der Unternehmensführung einen einfachen Ansatz: Grundsätzlich sind alle Aufwendungen und Erträge als Teil des Betriebsergebnisses zu erfassen. Nur einmalige Ereignisse und der daraus resultierende Aufwand, die in keinerlei Beziehung zur Geschäftstätigkeit stehen, können als ausserordentlich *(extraordinary items)* eingestuft und aus dem operativen Ergebnis ausgeklammert werden. Neben den Naturkatastrophen sind auch politische Ereignisse wie Kriegsschäden, Terrorakte oder Enteignungen als Auslöser zu erwähnen.

Die Unternehmen möchten gleichwohl den Analysten und Investoren signalisieren, welche Positionen in welchem Ausmass nicht dem operativen Ergebnis zugeordnet werden sollten. Daher legen sie die entsprechenden Informationen im Anhang separat offen (vgl. das Beispiel Rieter in ▶ Abb. 224).

In der Schweiz werden – gemäss der minimalen gesetzlichen Regelung im Aktienrecht – unter der Position ausserordentliche Erträge und Aufwendungen auch Dinge ausgewiesen, die nach modernen Standards der Rechnungslegung als sonstige betriebliche Erträge oder (z. B. bei Wertschriftenerträgen aus nicht konsolidierten Beteiligungen) als Finanzerträge gelten (bzw. als entsprechender Aufwand). Auf jeden Fall sind – immer nach Aktienrecht – die Gewinne aus dem Verkauf von Anlagevermögen gesondert auszuweisen (Art. 663 OR).

Die Reduktion jener Positionen, die erst nach dem Betriebsergebnis aufzuführen sind – und damit von vielen Adressaten der Rechnungslegung auch gleich «vergessen» werden –, auf die Auswirkungen von Ereignissen, welche in keiner-

9. Sonstiger Aufwand/Ertrag	1999	1998
Immobilienerfolg	0.0	0.8
Nettoerlös aus Immobilienverkäufen	0.0	11.3
Restrukturierungskosten	0.0	−19.4
Informationstechnologiekosten	0.0	−12.9
Ausserordentliche Abschreibungen	0.0	−15.5
Währungsgewinn	−3.2	−10.6
Neutrale und ausserordentliche Erträge und Aufwendungen	−5.1	−0.6
Total	**−8.3**	**−46.9**

Der ausgewiesene Aufwand lag im Berichtsjahr wesentlich unter dem Vorjahreswert, da weniger ausserordentliche Aufwendungen anfielen und diese dem betrieblichen Aufwand zugeordnet wurden.

▲ Abb. 224 Sonstiger Aufwand und Ertrag (Rieter, Geschäftsbericht 1999, S. 38)

lei Zusammenhang mit der jeweiligen betrieblichen Tätigkeit stehen, führt zu einer kurzen Aufzählung (in Anlehnung an IAS 8 Par. 14) jener Vorfälle, die einen Ausweis des resultierenden Aufwandes als ausserordentlich zulassen:

- Auswirkungen von Enteignungen,
- Folgen von Naturkatastrophen,
- Folgen von Kriegsereignissen.

In der Regel werden solche Beträge unmittelbar in der Erfolgsrechnung ausgewiesen. Allenfalls ist eine Aufschlüsselung im Anhang angebracht. Dabei sind die Ursache und auch mögliche weitere Konsequenzen solcher Ereignisse angemessen zu erläutern. Denn für die Investoren ist es wichtig zu verstehen, ob der ausgewiesene Aufwand genügt, um die negativen Folgen umfassend aufzufangen, oder ob noch weitere, vorerst nicht quantifizierbare Kosten zu erwarten sind (vgl. die Beispiele in ▶ Abb. 225 bis 227).

11. September 2001

Die Gruppe trug einen erheblichen Anteil der Exzedentendeckung für die Eigenschadenversicherung der Mieter der Gebäude 1, 2, 4 und 5 des World Trade Center in Höhe von USD 3.5 Mrd.

Nach dem Terroranschlag vom 11. September klagte die Gruppe vor dem United States District Court for the Southern District of New York gegen die Pächter, ihre Kreditgeber und die Port Authority of New York und New Jersey, um eine gerichtliche Erklärung ihrer Rechte und Pflichten gegenüber allen Beteiligten zu erhalten. Diese Klage läuft unter der Bezeichnung SR International Business Insurance Ltd. v. World Trade Center Properties, LLC, Case No. 01 CV 9291 (JSM). Die Beklagten haben Gegenklage erhoben und diese auf andere Versicherer ausgeweitet, unter anderem auf die Swiss Reinsurance Co. (UK) Ltd.

Der Versicherte macht geltend, die Zerstörung des World Trade Center stelle im Rahmen der Deckung, die die Gruppe den Pächtern zugesagt hat, mehr als ein Ereignis dar. Eine Verhandlung ist derzeit auf September 2002 terminiert. Wenn das Urteil zugunsten des Versicherten ausfällt, könnte dies einen wesentlichen Einfluss auf das Betriebsergebnis oder die finanzielle Lage der Gruppe haben.

▲ Abb. 225 Erläuterung ausserordentlicher Positionen im Anhang (Swiss Re, Geschäftsbericht 2001, S. 39)

Erfolgsrechnung UBS-Konzern	1998	1997	Veränderung	%
Mio. CHF				
Geschäftsertrag				
Zinsertrag	22 835	23 669	(834)	(4)
Zinsaufwand	16 173	16 733	(560)	(3)
Erfolg Zinsengeschäft	6 662	6 936	(274)	(4)
Wertberichtigungen für Kreditrisiken	951	1 278	(327)	(26)
Total	5 711	5 658	53	1
Erfolg Dienstleistungs- und Kommissionsgeschäft	12 626	12 234	392	3
Erfolg Handelsgeschäft	1 750	5 491	(3 741)	(68)
Übriger Erfolg, inkl. Erfolg aus assoziierten Gesellschaften	2 241	1 497	744	50
Total	22 328	24 880	(2 552)	(10)
Geschäftsaufwand				
Personalaufwand	9 816	11 559	(1 743)	(15)
Sachaufwand	6 617	5 315	1 302	24
Abschreibungen	1 825	1 762	63	4
Total	18 258	18 636	(378)	(2)
Ergebnis vor Aufwand für Restrukturierungsmassnahmen und Steuern	4 070	6 244	(2 174)	(35)
Aufwand für Restrukturierungsmassnahmen		7 000	(7 000)	(100)
Ergebnis vor Steuern	4 070	(756)	4 826	–
Steuern	1 045	(105)	1 150	–
Konzernergebnis	3 025	(651)	3 676	–
abzüglich Minderheitsanteile	(5)	16	(21)	–
Konzernergebnis nach Minderheitsanteilen	3 030	(667)	3 697	–
Ergebnis pro Aktie (CHF), unverwässert	14.31	(3.18)	17.49	–
Ergebnis pro Aktie (CHF), verwässert	14.23	(3.18)	17.41	–

Anmerkung 24
Rückstellungen inklusive Rückstellung für Restrukturierungsmassnahmen

Rückstellung für Restrukturierungsmassnahmen in Mio. CHF	1998	1997
Stand am Anfang des Geschäftsjahres	7 000	–
Neubildung zu Lasten Erfolgsrechnung		7 000
Verwendung für *		
Personal	2 024	
EDV	797	
Liegenschaften	267	
Übriges	939	
Total Verwendung im Geschäftsjahr	4 027	0
Stand am Ende des Geschäftsjahres	2 973	7 000

* Die Aufwandkategorien beziehen sich auf die Art des Aufwandes und nicht auf die Position in der Erfolgsrechnung

Rückstellung für Restrukturierungsmassnahmen
Mit der Fusion wurde angekündigt, dass die Aktivitäten der beiden Banken an verschiedenen Standorten zusammengelegt werden, was zu frei werdenden Liegenschaften, dem Abbau von Personal, der Eliminierung von Doppelspurigkeiten bei der EDV-Infrastruktur, Abgangsentschädigungen und anderen Aufwendungen führen würde. Die beiden Banken schätzten den Aufwand für die Restrukturierungsmassnahmen auf 7 Milliarden Franken, verteilt über einen Zeitraum von vier Jahren.
Im Jahre 1998 wurden 4 Milliarden Franken dieser Rückstellung verwendet. Die Bank erachtet die am Jahresende verbleibende Rückstellung von 3 Milliarden Franken als genügend, um die durch die Fusion noch anfallenden Kosten zu decken.

▲ Abb. 226 Angaben zu Restrukturierungsmassnahmen (UBS, Geschäftsbericht 1998)

Betriebliche Sondereinflüsse		
Mit Ausnahme der Zeile «Erfolg aus Verkauf von Konzerngesellschaften und Aktivitäten» sind betriebliche Sondereinflüsse wesentliche, für den jeweiligen Bereich einmalig auftretende Ereignisse.		
Alle Beträge in Millionen Franken (CHF)	2000	1999
Erfolg aus Verkauf von Konzerngesellschaften und Aktivitäten	−1	93
Restrukturierungen/Neuausrichtung	−37	−260
Wertberichtigung Goodwill Sulzer Spine-Tech	0	−240
Total betriebliche Sondereinflüsse	−38	−407

Im Berichtsjahr bildeten sich die Sondereinflüsse erheblich zurück. Im Vorjahr verbuchte der Konzern den Gewinn aus dem Verkauf der Sulzer Hydro.

Das Programm zur Wertsteigerung bei Sulzer Medica (CHF 14 Mio.) und «Performance», welches die strategische Neuausrichtung und operative Verbesserungen von Sulzer Industries umfasst (CHF 246 Mio.), führten 1999 zu einem Sonderaufwand von CHF 260 Mio. Im Berichtsjahr betrifft die Belastung von CHF 37 Mio. Kosten für die Neuausrichtung des Konzerns. Ins Gewicht fallen der Aufwand für externe Beratungshonorare und Rückstellungen für erste Anpassungen der Konzernstruktur an das stark fokussierte Industrieportfolio.

Aufgrund einer Neueinschätzung des Marktes für Rückenimplantate erfolgte 1999 eine einmalige Wertberichtigung des Goodwills um CHF 240 Mio.

▲ Abb. 227 Betriebliche Sondereinflüsse (Sulzer, Geschäftsbericht 2000, S. 22)

33.2 Änderungen von Rechnungslegungsgrundsätzen und Schätzgrössen

Der Grundsatz der Stetigkeit sichert die Vergleichbarkeit der Berichterstattung ein und desselben Unternehmens über verschiedene Perioden hinweg. Im Vordergrund steht die so genannte materielle Stetigkeit, die wiederum als Anwendung der stets gleichen Grundsätze der Rechnungslegung über mehrere Perioden hinweg (insbesondere der gleichen Bewertungsmethoden wie in der Vorperiode) zu verstehen ist. Die Bewertung ist nicht nur abhängig vom gewählten oder vorgegebenen Grundsatz (z.B. der linearen Abschreibungsmethode für Produktionsanlagen), sondern auch von den im Einzelfall gewählten Parametern (bei linearer Abschreibung ist dies die Nutzungsdauer, allenfalls auch der Restwert oder Schrottwert), die nicht klar bestimmbar oder feststellbar sind. Die Nutzungsdauer kann kaum ganz genau festgelegt werden. Wählt man 8 Jahre als Lebensdauer der Anlagen, so liegt der Abschreibungsaufwand (12.5% p.a.) um 25% höher als bei einem Abschreibungszeitraum von 10 Jahren (10% p.a.), der wohl für viele Maschinen mit gleich guten Argumenten verteidigt werden kann wie die kürzere Nutzungsdauer. Die lineare Abschreibung ist in der technischen Sprache als Methode oder Grundsatz der Rechnungslegung klassiert *(accounting principle);* die Nutzungsdauer, für deren Bestimmung ein gewisser Ermessensspielraum besteht, wird dagegen als Schätzgrösse oder *accounting estimate* bezeichnet. Je nachdem, ob ein Unternehmen die Methode der Rechnungslegung oder lediglich innerhalb ein und derselben Methode die Schätzgrössen verändert, ergeben sich unterschiedliche Konsequenzen sowohl bezüglich Zulässigkeit und Begründung als auch hinsichtlich weiterer Angaben bzw. Massnahmen. Die erste Fragestellung betrifft somit die Zulässigkeit und die Auswirkungen einerseits von **Änderungen einzelner Grundsätze oder Methoden der Rechnungslegung** *(change in accounting principles)* und andererseits von **Schätzgrössen** *(change in accounting estimates)*.

33.2.1 Änderung von Schätzgrössen

Die Standards der Rechnungslegung versuchen, das Ermessen der Unternehmensleitung für die Berichterstattung so weit als möglich einzuschränken. Gleichwohl gibt es bei den meisten Methoden und Grundsätzen für die Bewertung von Aktiven oder die Bemessung von Rückstellungen Parameter, die nicht objektiv sowie einwandfrei bestimmt oder quantifiziert werden können. Die Nutzungsdauer für die Ermittlung von Abschreibungen, die Beurteilung der Ausfallquote bei notleidenden Kunden (Konkursdividende, Nachlassquote etc.) oder das Ertragspotenzial von Renditeliegenschaften sind letztlich Schätzgrössen und nicht präzis berechenbare Werte. Ebenso lassen sich der Diskontierungs- oder Kapitalisierungssatz für die Ermittlung des Barwertes von künftigen Rentenzahlungen sowie die Höhe künftiger Gewinne bestimmter Aktivitäten kaum je genau ermitteln. In der Regel kann innerhalb einer bestimmten Bandbreite mit guten Argumenten jeder im konkreten Fall gewählte Wert als «richtig» oder – vielleicht besser – als «angemessen» begründet werden. Zudem verändert sich die Ausgangslage bezüglich einiger dieser Parameter von Jahr zu Jahr oder sogar laufend. Sicher gilt dies für die Einschätzung bezüglich Einbringbarkeit gefährdeter Forderungen. Das allgemeine Zinsniveau bleibt in der Regel auch nicht über Jahre stabil, und so zwingen Veränderungen des Referenzsatzes am Markt – beispielsweise der Rendite für langfristige Staatsanleihen – auch zu einer Anpassung der gewählten Diskontierungs- oder Kapitalisierungssätze. Sogar bezüglich der Nutzungsdauer kann sich – wenn auch weniger häufig – eine neue Einschätzung ergeben. So führt der Konkurrenzkampf im Hotelgewerbe oder auch bei Flughäfen unter Umständen dazu, dass gewisse Einrichtungen sehr viel rascher als ursprünglich geplant den höheren Ansprüchen der Kunden angepasst werden müssen. Dadurch verkürzt sich die Nutzungsdauer teilweise drastisch im Vergleich zu den einige Jahre vorher festgelegten Parametern.

Solche Neueinschätzungen gehören zur Unternehmenstätigkeit. Eine im Vergleich zu den Vorperioden geänderte Beurteilung und Festlegung von Schätzgrössen ist dem Konzept der modernen Berichterstattung inhärent. Die heutige Rechnungslegung ist auf eine getreue Darstellung der wirtschaftlichen Lage und damit auch die laufende Berücksichtigung von Veränderungen in den Märkten ausgerichtet. Vielfach wirken sich solche Neueinschätzungen nur auf die Berichtsperiode aus. Dies gilt beispielsweise für Wertberichtigungen oder Zuschreibungen bezüglich Debitorenverlusten, wenn man entweder mit höheren Ausfällen (Wertberichtigungsbedarf) rechnet oder (Zuschreibung oder Wertaufholung) mit wesentlich tieferen Verlusten. Wird dagegen die Nutzungsdauer von Sachanlagen neu festgelegt und verkürzt, so erhöhen sich die Abschreibungen nicht nur im Berichtsjahr, sondern auch im Folgejahr. Für die Analyse sind die entsprechenden Aufwendungen bzw. Erträge im Mehrjahresvergleich anzupassen. Sie müssen zudem in der gleichen Rubrik ausgewiesen werden wie in der Vergangenheit. Vor allem dürfen bisher als operativ klassierte Aufwendungen nicht plötzlich als ausserordentlich eingestuft werden. Gerade bei «ausserordentlichen» Abschreibungen (zuweilen auch als Sonderabschreibungen bezeichnet) ist die Versuchung gross, das operative Ergebnis zu «schönen», indem man solche zusätzliche Belastungen ausklammert und – wie im Beispiel von ▶ Abb. 228 – separat zeigt. Die Unternehmen selber müssen die Daten aus den Vorjahren nicht anpassen, sofern nur Schätzgrössen verändert wurden. Die Offenlegung dieser Tatsache mit den wichtigsten Parametern (für die selbstständige «Anpassung» der Informationen durch die Investoren) genügt.

Änderungen von Schätzgrössen können sich im laufenden und meist auch in den Folgejahren wesentlich auf das Ergebnis auswirken. In diesen Fällen sind Ursache bzw. Überlegungen, die zu dieser Veränderung führten, ebenso wie deren Betrag und damit die Auswirkung auf den Periodenerfolg auszuweisen. Ist es nicht möglich, den entsprechenden Betrag zuverlässig zu bestimmen, so ist – wie bei den Rückstellungen – im Anhang der Sachverhalt mit Hinweis auf die Unmöglichkeit einer Quantifizierung offen zu legen (vgl. Kapitel 28 «Rückstellungen»).

Ausserordentlicher Ertrag	256	188
Ausserordentliche Abschreibungen	−93	−50
CoopForte		−364
Bank Coop		−200
Übriger ausserordentlicher Aufwand	−156	−103
9 Ausserordentliches Ergebnis	**7**	**−529**

▲ Abb. 228 Ausweis ausserordentlicher Abschreibungen (Coop, Geschäftsbericht 2001, S. 75)

| 33.2.2 | **Änderung von Grundsätzen der Rechnungslegung** |

Die moderne Rechnungslegung kennt für die wichtigsten Sachverhalte Grundsätze, die kaum mehr Wahlfreiheiten bieten und deren Anwendbarkeit relativ klar bestimmt werden kann. Daher ist es schwierig, für Einzelfragen von einer Periode zur anderen die Grundsätze der Rechnungslegung zu ändern. Meistens werden solche Anpassungen durch eine Revision von Standards der Rechnungslegung oder über eine revidierte Gesetzgebung ausgelöst (vgl. ▶ Abb. 229). Dies gilt ausgeprägt für die IAS (IFRS) und zudem bezüglich Gesetzgebung für die stark regulierten Branchen wie Banken oder Versicherungen.

Vielfach tauchen bei Unternehmen aufgrund veränderter Aktivitäten oder einzelner Ereignisse gelegentlich Umstände auf, welche eine Anpassung der eigenen Grundsätze der Rechnungslegung erfordern. Beispielsweise wird erstmals eine bedeutende Minderheitsbeteiligung erworben, oder man baut mit einem Partner ein Joint Venture auf. Denkbar ist auch eine Änderung der eigenen Geschäftsaktivitäten durch Einstieg in das Projektgeschäft und damit in langfristige Aufträge (Engineering statt nur Lieferung von Maschinen). Damit müssen Grundsätze eingeführt werden, die bisher gar nicht zur Diskussion standen. In all diesen Fällen wäre es falsch, von einer Änderung der Grundsätze der Rechnungslegung zu sprechen. Bisher gab es ja keine entsprechenden Sachverhalte. Die in Frage stehenden Probleme werden also nicht anders, sondern erstmals behandelt.

Somit erübrigen sich Vorkehrungen für den Fall, dass ein Unternehmen die einmal gewählten Grundsätze der Rechnungslegung ändert. Die wichtigsten Standards sprechen zwar von einer Änderung der Grundsätze der Konzernrechnungslegung und verlangen entweder die Anpassung *(restatement)* der Vorjahreszahlen an die neuen Grundsätze oder den gesonderten Ausweis allfälliger Abweichun-

> Zum 1. Januar 2001 wurde erstmalig IAS 39 angewendet. Finanzanlagen werden nunmehr unterschieden in solche, die bis zur Endfälligkeit gehalten werden und solche, die zur Veräusserung verfügbar sind. Zum Bilanzstichtag werden die zur Veräusserung verfügbaren Finanzanlagen zum beizulegenden Zeitwert angesetzt, sofern dieser verlässlich bestimmbar ist. Wertschwankungen zwischen den Bilanzstichtagen werden erfolgsneutral in die Rücklagen eingestellt. Die erfolgswirksame Auflösung der Rücklagen erfolgt entweder mit der Veräusserung oder bei nachhaltigem Absinken des Marktwertes unter die Anschaffungskosten.
>
> Finanzanlagen, die bis zur Endfälligkeit gehalten werden, werden zum Bilanzstichtag zu fortgeführten Anschaffungskosten bewertet. Sinkt der erzielbare Betrag zum Bilanzstichtag unter den Buchwert, werden erfolgswirksame Wertberichtigungen vorgenommen.
>
> Vor der Anwendung von IAS 39 wurden Finanzanlagen generell zu fortgeführten Anschaffungskosten bewertet. Die Differenzen zwischen fortgeführten Anschaffungskosten zum 31. Dezember 2000 und den beizulegenden Zeitwerten zum 1. Januar 2001 wurden – soweit erforderlich unter Berücksichtigung latenter Steuern – den Rücklagen zugeführt.

▲ Abb. 229 Erstmalige Anwendung von IAS 39 (Lufthansa, Geschäftsbericht 2001, S. 85)

gen. Wird vom Grundsatz der Stetigkeit bezüglich Darstellung oder Bewertung abgewichen, sind die Abweichungen offen zu legen und zu quantifizieren. Diese Regeln stammen aber aus einer Zeit, als viele Fragen noch nicht durch die IAS oder Swiss GAAP FER geregelt waren. Die Unternehmen konnten damals noch nicht auf Standards für alle wichtigen Bilanzpositionen zurückgreifen.[1] Sie formulierten daher einen Teil der Grundsätze selber, und so war es auch denkbar, dass sie – durchaus begründet – gewisse Methoden änderten.

Neue oder geänderte Standards umfassen heute regelmässig Übergangsbestimmungen, oder es gelten Regeln für die erstmalige Anwendung der Normen.

33.3 Offenlegung

Die vorliegenden Beispiele zeigen, dass in jedem Unternehmen – und meist auch jährlich – Aufwendungen oder Erträge anfallen, die zwar eng mit der betrieblichen Tätigkeit zusammenhängen, aufgrund ihres Ausmasses oder ihrer Ursache aber für die Beurteilung des Periodenergebnisses speziell behandelt und daher auch separat ausgewiesen werden sollten. Daher müssen im Anhang – meist als Erläuterung zur Sammelposition «Sonstiger Aufwand und Ertrag» oder ähnlicher Positionen – die entsprechenden Informationen offen gelegt werden.

Teilweise geschieht dies als Aufschlüsselung einer Sammelposition. Einige Firmen fassen darin auch die Auswirkungen von Goodwillabschreibungen oder Restrukturierungen ebenso wie das Ergebnis betriebsfremder Aktivitäten, insbesondere im Liegenschaftenbereich oder im Rahmen von Minderheitsbeteiligungen zusammen. Vielfach werden wichtige Elemente nach dem Betriebsergebnis direkt in der Erfolgsrechung separat ausgewiesen (vgl. ▶ Abb. 230 und 231).

In Anlehnung an IAS 8 kann man die wichtigsten Anwendungsfälle für den separaten Ausweis von Aufwand- und Ertragspositionen wie folgt zusammenfassen:

- Wertberichtigungen und ausserordentliche Abschreibungen, vor allem im Zusammenhang mit einer festgestellten Wertbeeinträchtigung (Impairment) bzw. Zuschreibungen (Wertaufholungen), wenn die Gründe für die Wertbeeinträchtigung weggefallen sind (nach US GAAP sind solche Zuschreibungen nach Vornahme eines Korrektur wegen festgestellter Wertbeeinträchtigung [Impairment] vom System her nicht zugelassen),
- Restrukturierungsaufwand,
- Gewinne und Verluste im Zusammenhang mit dem Verkauf von Sach- und Finanzanlagen oder immateriellen Werten,

---

1 Vgl. dazu FER 3/6. Die IAS kannten vor IAS 40 keine Grundsätze für die Bewertung von Renditeliegenschaften, die FER vor Inkraftsetzung von FER 18 ebenfalls nicht.

	1998 £ m	1997 £ m
Gross sales revenue	9 800.1	10 112.2
Duty, excise and sales taxes	(5 137.8)	(5 356.4)
Net sales revenue	4 662.3	4 755.8
Cost of sales	(2 627.9)	(2 735.5)
Gross profit	2 034.4	2 020.3
Net operating expenses	(988.2)	(983.1)
Operating profit of the Company and its subsidiary undertakings	1 046.2	1 037.2
Share of operating losses of associated undertakings	(1.8)	(83.0)
Operating profit	1 044.4	954.2
Goodwill amortisation	(120.3)	(111.0)
Share of Canal+ exceptional items	34.9	–
Gain on merger of media interests	–	291.5
Profit before net investment expense and taxation	959.0	1 134.7
Net investment expense	(43.6)	(39.4)
Profit before taxation	915.4	1 095.3
Taxation	(299.1)	(308.5)
Profit after taxation	616.3	786.8
Minority interests	(286.9)	(273.4)
Profit attributable to unitholders	329.4	513.4

▲ Abb. 230 Angaben zu nichtbetrieblichen Ergebnisbestandteilen der Erfolgsrechnung (Richemont, Geschäftsbericht 1998, S. 42)

- Auswirkungen aus der Stilllegung oder Veräusserung von Betriebsteilen und Tochtergesellschaften,
- Auswirkungen von gerichtlich oder aussergerichtlich abgeschlossenen Streitfällen.

Erfolg aus Devestition ganzer Segmente in Mio. CHF	2000	1999
Total	8	−14

Nach dem Verkauf der drei Segmente Bally, Oerlikon Contraves Defence und Oerlikon-Bührle Immobilien im Vorjahr, wurde im Berichtsjahr der 90-prozentige Anteil am Hotel Zürich zum Preis von CHF 14 Mio. verkauft. Nach Abzug des anteiligen konsolidierten Eigenkapitals von CHF 6 Mio. verbleibt ein Erfolg von CHF 8 Mio.

Übriges Ergebnis	2000	1999
Erfolgsanteil aus assoziierten Gesellschaften	34	2
Abschreibung Goodwill	−7	−2
Erfolg aus Verkauf assoziierter Gesellschaften	0	0
Ergebnis assoziierter Gesellschaften	**27**	**0**
Mietertrag betriebsfremder Liegenschaften	7	9
Aufwand betriebsfremder Liegenschaften	−6	−3
Abschreibung betriebsfremder Liegenschaften	0	−3
Erfolg aus Verkauf betriebsfremder Liegenschaften	16	3
Ergebnis betriebsfremder Liegenschaften	**17**	**6**
Erfolg aus Verkauf betrieblicher Liegenschaften	−1	−29
Erfolg aus Verkauf von Aktivitäten und Beteiligungen	275	−2
Übriger betriebsfremder Aufwand und Ertrag	4	1
Übriges betriebsfremdes Ergebnis	**278**	**−30**
Total	**322**	**−24**

Das Ergebnis aus assoziierten Gesellschaften enthält insbesondere den anteiligen Equity-Zuwachs der ESEC-Beteiligung für acht Monate, d.h. bis zur Mehrheitsübernahme per 1. September 2000 abzüglich die entsprechenden Goodwillabschreibungen (Vorjahr 2 Monate).

Im Erfolg aus Verkauf betrieblicher Liegenschaften des Vorjahrs war eine Wertanpassung von CHF 31 Mio. auf Liegenschaften in Deutschland enthalten.

Erfolg aus Verkauf von Aktivitäten und Beteiligungen	Verkaufserlös brutto
Inficon Gruppe	299
Large Area Coating	160
Didactic	−2
Total Verkaufserlös brutto	**457**
abzüglich Buchwert verkaufter Nettoaktiven	−76
abzüglich Verkaufsspesen und Rückstellungsbildung für noch anfallende Kosten	−106
Total Verkaufserfolg	**275**

Aus der Devestition von Large Area Coating und Inficon sind infolge Anrechnung nicht bilanzierter steuerlicher Verlustvorträge nur minimale Ertragssteuern angefallen.

▲ Abb. 231 Angaben zu nichtbetrieblichen Ergebnisbestandteilen im Anhang (Unaxis, Finanzbericht 2000, S. 15)

33.4 Analyse

Die moderne, auf die Bedürfnisse der Investoren ausgerichtete Rechnungslegung will generell die Vergleichbarkeit der Berichterstattung der verschiedenen Unternehmen – und zwar durchaus über Branchengrenzen hinweg – erreichen. Die so genannte *comparability* ist eine zentrale Leitlinie für Standards wie US GAAP oder IFRS (IAS). An dieser Stelle soll nicht die Frage im Vordergrund stehen, ob eine solche Vergleichbarkeit angesichts der vielen Eigenheiten gewisser Branchen sowie der sehr unterschiedlichen Strukturen und Rahmenbedingungen der Konzerne überhaupt realisierbar ist. Wünschenswert wäre ein solches Konzept natürlich. Die Investoren könnten so ohne grosse Probleme entscheiden, in welche Branchen und Unternehmen sie investieren sollen. Allerdings wäre ihnen zu empfehlen, die Lage und Entwicklung der relevanten (Branchen-)Märkte sowie die Qualität des Managements in eine eingehende Analyse einzubeziehen. Vorerst interessiert nur, wie die Standards der Rechnungslegung die Zielsetzung der **Vergleichbarkeit verschiedenster Unternehmen** unterstützen.

Finanzanalysten und institutionelle Investoren werden im Rahmen ihrer Untersuchungen – vor allem bezüglich der zu erwartenden künftigen Entwicklung von Unternehmen – die Zahlen der Vergangenheit dahingehend prüfen, ob gewisse Erträge oder Aufwendungen in Zukunft wegfallen. Die Unternehmen selber tun dies für interne Betrachtungen ohnehin. Vielfach fliessen solche Überlegungen auch in die Berichterstattung ein. Aus den Ausführungen zur Erfolgsrechnung ist bekannt, dass Unternehmen nicht nur sinnvolle Grössen wie den operativen Erfolg vor Ertragssteuern und Finanzergebnis präsentieren (EBIT: Earnings Before Interest and Taxes, also unabhängig von der gewählten Finanzierung und steuerlichen Gestaltungsmöglichkeiten bzw. standortspezifischen Vor- oder Nachteilen im Steuerrecht). Einige Publikumsgesellschaften veröffentlichen so genannte Pro-forma-Erfolgszahlen wie den Erfolg (Gewinn oder teilweise sogar Verlust) vor allen denkbaren und unvermeidbaren Aufwandgrössen – beispielsweise den EBIT-DASO (Earnings Before Interest, Taxes, Depreciation, Amortisation, and Stock Options) und in gewissen Branchen gehören solche Zahlen sogar für Analysten zu den entscheidenden Kennzahlen. Auch der Normalgewinn oder normalisierte Gewinn (vgl. ▶ Abb. 232) ist vor dem Hintergrund der Vergleichbarkeit von Unternehmen kritisch zu beurteilen.

Gleichwohl sind Angaben im Anhang zu allfälligen nichtbetrieblichen, periodenfremden oder einmaligen Positionen der Erfolgsrechnung für die Analyse und Unternehmensbewertung sehr wichtig. Im Wesentlichen geht es darum, folgende Elemente zu isolieren und – je nach Ansatz der Analyse oder Bewertung – separat bzw. mit anderen Parametern oder unterschiedlicher Gewichtung in die eigenen Betrachtungen einzubeziehen:

Normalisierter (Verlust)/Gewinn nach Geschäftsbereich	per 31. Dezember		
in Millionen USD	2001	2000	Veränderung
Nichtleben	105	1 258	−92 %
Leben	723	991	−27 %
Vermögensverwaltung	−24	60	−140 %
Farmers Management Services	537	531	1 %
Capital Markets & Banking	89	80	11 %
Centre	63	133	−53 %
Rückversicherung – nicht weitergeführt	−378	135	−380 %
Corporate	−767	−1 121	32 %
Total	**348**	**2 067**	**−83 %**

Für die Berechnung des normalisierten Gewinns werden die realisierten Kapitalgewinne nach Steuern durch die normalisierten Kapitalgewinne nach Steuern ersetzt. Letztere betragen 7.5 % des durchschnittlichen Aktienbestands plus 0.5 % des durchschnittlichen Bestands von festverzinslichen Titeln. Dabei wird berücksichtigt, dass ein Teil der so berechneten Kapitalgewinne vorab den Lebensversicherungspolicen zugewiesen wird. Im Lebensgeschäft variieren die Positionen Steuern und Zuweisung an die Versicherungsnehmer von Land zu Land markant. Um dies zu berücksichtigen, nehmen wir an der normalisierten Basisberechnung eine Anpassung vor.

▲ Abb. 232 Normalisierter Gewinn (Zurich Financial Services, Geschäftsbericht 2001, S. 22 und 132)

- Nichtbetriebliche Positionen, insbesondere Aufwendungen und Erträge im Zusammenhang mit nichtbetrieblich genutzten – d. h. in der Regel an Dritte vermietete – Liegenschaften gehören eigentlich, weil auf Finanzanlagen erwirtschaftet, zum Finanzergebnis. Folgerichtig sind Finanzanlagen sowie die anteiligen Finanzschulden separat zu erfassen, und die entsprechende Rendite darf nicht gemessen werden an den üblicherweise in der oder den fraglichen Branchen zu erwartenden Ergebnissen, sondern an den Verhältnissen beispielsweise am Liegenschaftenmarkt. In der Regel liegen die entsprechenden Renditen markant tiefer als im operativen Bereich. Allerdings dürften auch die Risiken weniger ins Gewicht fallen.
- Gewinne oder Verluste aus der Veräusserung von Anlagevermögen sind gänzlich aus der Erfolgsanalyse auszuklammern. Sie geben allenfalls Hinweise auf die Angemessenheit der Bewertung der entsprechenden Aktiven. So sind regelmässig wiederkehrende Gewinne aus der Veräusserung von Flugzeugen bei einem Luftfahrtunternehmen dahingehend zu interpretieren, dass die Nutzungsdauer zu kurz angesetzt und damit der Abschreibungsaufwand im operativen Bereich zu hoch veranschlagt wurde. Verluste aus der Veräusserung von stillgelegten Fabriken wiederum müssen zu keinen weiteren Korrekturen führen, weil ja die Abschreibung unter der Prämisse der Unternehmensfortführung bei den weiterhin genutzten Liegenschaften primär der sachlichen Abgrenzung und periodengerechten Zuordnung von Aufwand dient (damit die Erträge nicht

überhöht ausgewiesen werden). Abschreibungen haben ja nicht das Ziel, auf jeden Bilanzstichtag hin den «richtigen» Wert der entsprechenden Sachanlagen zu widerspiegeln.
- Periodenfremde ebenso wie einmalige oder «ausserordentliche» Aufwendungen (aber auch Erträge z. B. aus der Veräusserung von Unternehmensbereichen, vgl. dazu die vorstehenden Beispiele von Zürcher Kantonalbank in ◄ Abb. 223 auf Seite 485 und Unaxis in ◄ Abb. 231 auf Seite 494) sind sorgfältig zu beurteilen. Gerade Restrukturierungsaufwendungen werden in der Analyse allzu rasch ausgeklammert. Bei näherer Betrachtung stellt man oft fest, dass der rasche Wandel – je nach Branche in unterschiedlicher Intensität – Jahr für Jahr ein gewisses Mass an Restrukturierung bedingt. Für Analyse und Bewertung geht es darum, den «Sockelsatz» oder durchschnittlichen Betrag einigermassen verlässlich zu bestimmen, mit dem in einer langjährigen Betrachtung gerechnet werden muss.

Als Faustregel darf man durchaus davon ausgehen, dass ausserordentliche Erträge aus Sicht des Unternehmens für die Berichterstattung gegenüber dem Kapitalmarkt als Teil des «normalen» Betriebes qualifiziert und möglicherweise in geeigneter Weise in «unverdächtige» Positionen «verpackt» werden. Bei den Aufwendungen ist es gerade umgekehrt. Hier geht es darum, möglichst viele Einzelpositionen als «einmalig», d. h. in der Zukunft nicht wiederkehrend darzustellen und damit die operativen Ergebnisse für Bewertungen möglichst nach oben zu «schrauben».

33.5 Relevante Standards

IAS 8 Par. 12

«Im Allgemeinen stammen nahezu alle Erträge und Aufwendungen bei der Ermittlung des Periodenergebnisses aus der gewöhnlichen Geschäftstätigkeit. Daher führt ein Ereignis oder ein Geschäftsvorfall nur selten zu einem ausserordentlichen Posten.»

IAS 8 Par. 13

«Ob ein Ereignis oder ein Geschäftsvorfall klar von der gewöhnlichen Tätigkeit eines Unternehmens zu unterscheiden ist, wird durch die Art des Ereignisses oder Geschäftsvorfalls im Hinblick auf die gewöhnlich vom Unternehmen betriebenen Geschäfte und weniger durch die Häufigkeit, mit der solche Ereignisse erwartet werden oder auftreten können, bestimmt. […]».

> **IAS 8 Par. 30**
>
> «Im Regelfall werden alle Ertrags- und Aufwendungsposten, die in einer Periode erfasst werden, bei der Ermittlung des Periodenergebnisses berücksichtigt. Dazu gehören auch ausserordentliche Posten und die Effekte der Änderungen von Schätzungen. Es können jedoch Umstände bestehen, aufgrund derer bestimmte Posten nicht in das Ergebnis der Periode eingehen. Dieser Standard behandelt zwei dieser Fälle: die Berichtigung grundlegender Fehler und die Auswirkungen von Änderungen der Bilanzierungs- und Bewertungsmethoden.»

33.6 Übungen

Übungsfragen

1. Warum besteht auf der Seite der Investoren ein starkes Interesse an einer ausführlichen Erläuterung ausserordentlicher Positionen?
2. Nennen Sie drei Kategorien von Positionen in der Erfolgsrechnung, für die aus Sicht von Investoren, Analysten, aber auch des Unternehmens ein separater Ausweis anzustreben ist. Vernachlässigen Sie dabei die Positionen Finanzergebnis und Ertragssteuern.
3. Erläutern Sie den Unterschied zwischen sachlicher und zeitlicher Abgrenzung.
4. Erläutern Sie den Unterschied zwischen *change of accounting policy* und *change of accounting estimate* anhand eines konkreten Beispiels.
5. Welche Angaben sind im Anhang bei der Änderung von Schätzgrössen bzw. bei der Änderung von Rechnungslegungsgrundsätzen erforderlich, wenn diese Anpassungen wesentliche Auswirkungen haben?
6. Welche Grundtendenz verfolgen Unternehmen meist bei der Entscheidung, ob Aufwandspositionen einerseits und Ertragspositionen andererseits als Teil des operativen Geschäfts oder als ausserordentliche Posten gezeigt werden sollen?
7. Nach welchem Grundprinzip regeln moderne Rechnungslegungsgrundsätze die Zuordnung von Erträgen und Aufwendungen zum operativen Ergebnis bzw. zu ausserordentlichen Positionen?
8. Welche Unterschiede bestehen zwischen dem (traditionellen) Gesellschaftsrecht (z. B. dem Schweizer Aktienrecht) und modernen Rechnungslegungsprinzipien im Hinblick auf die Position ausserordentliche Erträge bzw. Aufwendungen?
9. Sind Gewinne oder Verluste aus Anlagenabgängen bei der Unternehmensanalyse bzw. -bewertung zu berücksichtigen? Wenn ja, auf welche Weise?
10. Sind Restrukturierungskosten im Regelfall als ausserordentlich einzustufen? Begründen Sie Ihre Antwort.

Übungsaufgaben

11. Halten Sie eine regelmässige Anpassung von Schätzgrössen (wie z.B. der Nutzungsdauer und dem Prozentsatz der nicht einbringbaren Forderungen) im Rahmen moderner Rechnungslegungsprinzipien für sinnvoll? Diskutieren Sie Vor- und Nachteile.

12. Beurteilen Sie die Offenlegung im Hinblick auf die sonstigen Aufwendungen und Erträge im nachfolgenden Auszug aus dem Geschäftsbericht von Unique aus dem Jahr 2000, der nach IAS aufgestellt wurde.

4) Andere Aufwendungen/Erträge		
CHF in Tausend	**2000**	**1999**
Andere Erträge	6 440	4 887
Andere Aufwendungen	(6 870)	(5 635)
Andere Aufwendungen/Erträge	**(430)**	**(748)**

In den andern Erträgen sind u.a. 2.2 Mio. CHF für ein aperiodisches MWST-Guthaben enthalten. Die anderen Ausgaben beinhalten u.a. 2.2 Mio. CHF Kosten im Zusammenhang mit dem Listing der Unternehmung am Hauptsegment der Schweizer Börse und dem Secondary Offering vom November 2000. Des weiteren enthält diese Position einen Nettoaufwand von 1.3 Mio. CHF aus der Neudarstellung des Vorsorgeplanes und aus der Berücksichtigung der Kostenfolgen für vorzeitige Pensionierungen (siehe dazu auch Erläuterungen 15) Verpflichtungen für Vorsorgeeinrichtungen).

▲ Abb. 233 Erläuterung zur Erfolgsrechnung (Unique, Geschäftsbericht 2000, S. 73)

Erfolgsrechnung für die Jahre 2000 und 1999 (Einzelabschluss gemäss IAS)	
(CHF in Tausend)	**2000**
Erlös aus Lieferungen und Leistungen	
Aviation-Erträge	251 207
Non-Aviation-Erträge	271 636
Debitorenverluste	(292)
Total Erträge	**522 551**
Personalaufwand	(112 121)
Abschreibungen und Amortisation	(109 611)
Polizei und Sicherheit	(69 735)
Unterhalt und Material	(31 961)
Verkauf, Marketing, Verwaltung	(21 505)
Energie und Abfall	(16 931)
Andere Betriebskosten	(16 796)
Andere Aufwendungen/Erträge	(430)
Gewinn vor Zinsen und Steuern	**143 461**
Finanzaufwand/-ertrag	(30 235)
Gewinn vor Steuern	**113 226**
Steuern auf Erträgen	(23 444)
Gewinn	**89 782**
Gewinn je Aktie	CHF 18.29

▲ Abb. 234 Erfolgsrechnung (Unique, Geschäftsbericht 2000, S. 67)

13. Beantworten Sie aufgrund der nachstehenden Auszüge folgende Fragen:
    a. Welche Änderungen hinsichtlich der angewandten Rechnungslegungsgrundsätze oder der verwendeten Schätzgrössen sind zu erkennen?
    b. Welche zusätzlichen Anhangangaben sind für die von Ihnen identifizierten Änderungen erforderlich, wenn die Auswirkungen wesentlich sind?

Die Nutzungsdauer der einzelnen Kategorien betragen Hochbauten bis max. 30 Jahre Tiefbauten bis max. 20 Jahre Mobilien und Fahrzeuge 3 bis 20 Jahre	Für Pisten und Rollwege wurde eine Überprüfung der Nutzungsdauer vorgenommen. In diesem Zusammenhang wurde die maximale Abschreibungsdauer für einen Teil der Tiefbauten von 20 Jahre auf 30 Jahre angehoben (erfolgswirksam ab Geschäftsjahr 2000).

▲ Abb. 235 Grundsätze der Rechnungslegung, Auszug (Unique, Geschäftsbericht 2000, S. 65)

Die Abschreibungen erfolgen linear über den Zeitraum der geschätzten Nutzungs- oder kürzeren Leasingdauer. Die Nutzungsdauer der einzelnen Kategorien betragen:	Hochbauten bis max. 30 Jahre Tiefbauten bis max. 30 Jahre Mobilien und Fahrzeuge 3 bis 20 Jahre

▲ Abb. 236 Grundsätze der Rechnungslegung, Auszug (Unique, Geschäftsbericht 2001, S. 64)

Kapitel 34
Ertragssteuern

Lernziele

- Behandlung der verschiedenen Steuern und Abgaben in der Erfolgsrechnung
- Auswirkungen von Steuerüberlegungen auf die Bilanz
- Behandlung von Unterschieden zwischen Bewertung unter steuerlichen Aspekten und Bilanzierung im Sinne der modernen Rechnungslegung
- Unterscheidung zwischen Ertragssteuern auf Periodenergebnis und latenten Ertragssteuern

---

34.1 Grundsätzliches zu Steuern und Abgaben

Unternehmen zahlen in den meisten Ländern, unabhängig davon, ob sie Gewinne erzielen oder nicht, gewisse Steuern. In Kontinentaleuropa knüpft die Besteuerung oft an das Grundkapital (Nennwert der ausgegebenen Eigenkapitaltitel) oder das Eigenkapital an. In anderen Ländern – beispielsweise den USA – werden so genannte *franchise taxes* erhoben. Es handelt sich um eine Art Steuer, welche – ähnlich wie eine Konzessionsgebühr – geschuldet wird, weil man im Gegenzug das Recht beanspruchen kann, geschäftlich oder unternehmerisch *(right of doing business)* tätig zu sein. Vielfach löst auch das Eigentum an Liegenschaften Abgaben aus. Diese werden meist als Liegenschaftssteuern bezeichnet. Allen diesen

Formen der Besteuerung ist gemeinsam, dass deren Bemessung nicht von der Höhe des erzielten Gewinnes abhängig ist. Daher werden sie in der Rechnungslegung gleich wie andere Gebühren oder Abgaben an das Gemeinwesen, beispielsweise Zahlungen für Abfallentsorgung, den Anschluss an die Wasserversorgung oder an eine Kläranlage behandelt. Meistens werden sie in der Erfolgsrechnung als Teil der sonstigen betrieblichen Aufwendungen oder des übrigen Aufwandes ausgewiesen. Die Unternehmen haben wenig Möglichkeiten, die Höhe der Kapitalsteuern zu beeinflussen (ausser durch entsprechende Ausschüttungen oder Kapitalherabsetzung, was aber nicht unbedingt erwünscht ist). Diese sind allerdings gemessen an einer normalen Gewinnmarge meist unbedeutend. Ein separater Ausweis von Kapitalsteuern und anderen Angaben vermittelt also keine wesentlichen Informationen für die Beurteilung eines Unternehmens.

Dagegen sind die Ertragssteuern – gemessen am Gewinn vor Steuern – in jedem Falle wesentlich (auch bei sehr niedriger Steuerbelastung). In einzelnen Ländern oder Teilstaaten ist zudem der Satz abhängig von gewissen Relationen, beispielsweise dem Verhältnis zwischen Reingewinn und Eigenkapital und steigt teilweise überproportional an. Daher ist ein separater Ausweis der Ertragssteuern auf dem Ergebnis der Periode sinnvoll. Im Quervergleich ist es für Investoren wichtig zu erkennen, ob ein Konzern eine höhere oder tiefere Ertragssteuerquote aufweist als andere Unternehmen. Das Management kann diesen Satz durch die Standortwahl, durch die Nutzung von Steuerprivilegien, beispielsweise die Steuerbefreiung in wirtschaftlich benachteiligten Regionen der EU oder im Zusammenhang mit Investitionsvorhaben, günstig beeinflussen. Gestaltungsmöglichkeiten ergeben sich auch durch die Wahl bestimmter Finanzierungsformen oder die Struktur eines Konzerns mit der Gründung von Finanzierungsgesellschaften und der Reduktion der Geschäftstätigkeit der obersten Gesellschaft auf das Halten der Beteiligungen (Holdingfunktion). Interessant sind zudem Zwischenholdinggesellschaften in Ländern mit einem besonders attraktiven Netz von Doppelbesteuerungsabkommen mit anderen Staaten (damit kann man die Belastung durch nicht oder nicht vollumfänglich rückforderbare Quellensteuern etc. reduzieren). In jedem Land ergeben sich durch solche Strukturen und Massnahmen mehr oder weniger grosse Vor- bzw. Nachteile.

Daher verlangen alle modernen Konzepte der Rechnungslegung (vgl. ▶ Abb. 237) für die Ertragssteuern auf das laufende Ergebnis

- den separaten Ausweis des anfallenden Betrages in der Erfolgsrechnung,
- den separaten Ausweis der abgegrenzten, aber noch nicht fälligen bzw. noch nicht bezahlten laufenden Ertragssteuern,
- den separaten Ausweis der Zahlungen für Ertragssteuern in der Geldflussrechnung sowie
- die Offenlegung des durchschnittlichen Ertragssteuersatzes.

19 Steuern		
in 1 000 CHF	**2000**	1999
Ertragssteueraufwand	**9 566**	7 968
Abgrenzung latente Steuern	**431**	−557
Total	**9 997**	7 411
Der Ertragssteueraufwand beinhaltet die Steuern auf den Periodenergebnissen der konsolidierten Gesellschaften. Die Kapitalsteuern sind in den Betriebs- und Verwaltungskosten enthalten.	Die latenten Steuern aus Wertberichtigungen nach Konzernrichtlinien sind auf einem durchschnittlichen Steuersatz von 25 % berechnet.	

▲ Abb. 237 Ertragssteuern (Affichage Holding, Geschäftsbericht 2001, S. 61)

34.2 Verhältnis von Rechnungslegungsnormen und Steuerrecht

In den meisten Ländern ist die nach Gesellschafts- oder Handelsrecht vom zuständigen Organ – in Aktiengesellschaften meist der Generalversammlung – verabschiedete Jahresrechnung eines Unternehmens zugleich Grundlage für die Steuerbemessung. Somit entfalten die gesellschaftsrechtlichen Grundsätze der Rechnungslegung – in der Schweiz die Bestimmungen in Art. 957 ff. OR und im Aktienrecht, in Deutschland jene in §§ 238 ff. HGB – Wirkungen für die Besteuerung. Weil somit Regeln der Rechnungslegung für steuerrechtliche Folgen massgeblich sind, spricht man vom **Massgeblichkeitsprinzip.**

Im Ergebnis wird somit aus den effektiv verbuchten Werten und Transaktionen der steuerbare Gewinn ermittelt. Die Steuerbehörden akzeptieren aber Abschreibungen, Wertberichtigungen und Rückstellungen nur, falls diese auch effektiv vorgenommen wurden. Es genügt nicht, in der Steuererklärung über die in der eigenen Jahresrechnung erfassten Wertkorrekturen hinaus zusätzliche – an sich zulässige – Abschreibungen geltend zu machen. Folglich ist die Verbuchungen der entsprechenden Grössen – und damit generell die Buchungen seitens des steuerpflichtigen Unternehmens – Grundlage für die Steuerbemessung. Daher spricht man in der Schweiz teilweise vom **Verbuchungsprinzip** statt vom Massgeblichkeitsprinzip.[1]

In der Regel knüpfen die Steuerbehörden an den Gewinn im Einzelabschluss eines Unternehmens an. Die konsolidierte Jahresrechnung (Konzernrechnung) kann selbstverständlich immer von den Steuerbehörden als Informationsquelle genutzt werden. Aber für die Berechnung des steuerbaren Gewinnes wird in den meisten kontinentaleuropäischen Ländern auf den Einzelabschluss abgestellt.

---

1 Vgl. zum Schweizer Steuerrecht Höhn/Waldburger 2001.

Aus der Sicht des steuerpflichtigen Unternehmens ist es daher wichtig, den Bewertungsspielraum gemäss den Rechnungslegungsgrundsätzen im Gesellschafts- oder Handelsrecht voll zu nutzen. Als Gestaltungsmöglichkeiten für die Optimierung der Ertragsbesteuerung stehen im Vordergrund:

- Abschreibungen auf dem Anlagevermögen als systematische Abbildung des Wertverzehrs,
- Wertberichtigungen auf Aktiven, mit denen eine Reduktion des bisherigen Buchwertes am Bilanzstichtag reflektiert wird,
- Rückstellungen.

Bei den Wertberichtigungen und Rückstellungen lassen die Rechnungslegungsbestimmungen der Unternehmen einen gewissen Ermessensspielraum. Dabei geht es einerseits um Einzelwertberichtigungen, beispielsweise für einen Forderungsausfall nach dem Konkurs eines Kunden. Darüber hinaus sollen Wertberichtigungen und Rückstellungen die Risiken eines Wertverlustes bzw. des Anfalls von Verbindlichkeiten systematisch abbilden. Die so genannten pauschalen Wertberichtigungen auf Forderungen oder Vorräten ebenso wie Garantierückstellungen werden aufgrund von Erfahrungswerten systematisch ermittelt, über Jahre hinweg stets nach dem gleichen Konzept (vgl. die Ausführungen zu den entsprechenden Bilanzpositionen). Hier versuchen die Unternehmen, möglichst hohe Beträge zu begründen. Diese haben teilweise Reservecharakter, zumindest solange ein Unternehmen fortgeführt wird und nicht unter Druck Aktiven veräussern muss. In der Praxis stehen pauschale Wertberichtigungen (nach Vornahme der ordnungsgemäss dokumentierten Einzelwertberichtigungen) auf Forderungen sowie Warenlager – das Warendrittel gemäss Schweizer Praxis – und die Garantierückstellungen im Vordergrund.

Bei den systematischen, jährlich dem Ergebnis belasteten Abschreibungen kann das Unternehmen den bis zur Stilllegung oder Veräusserung anfallenden Abschreibungsbedarf nicht verändern. Die Eckwerte Anschaffungspreis und Schrott- oder Veräusserungswert definieren die während der Nutzungsdauer insgesamt notwendigen Abschreibungen. Sieht man von allfälligen gezielten Vergünstigungen seitens der Fiskalbehörden, wie Investitionsgutschriften oder Verdoppelung des gesamten Abschreibungsbetrages zur Ankurbelung von Investitionsvorhaben, ab, müssen die Unternehmen versuchen, die Abschreibungen in den ersten Jahren der Nutzung möglichst hoch anzusetzen. Damit wird der steuerbare Gewinn in den ersten Jahren geschmälert und der Geldabfluss für Ertragssteuern zeitlich aufgeschoben. Mit dieser Vorverlagerung von Abschreibungen auf der Zeitachse und dem Aufschub der Zahlungen für Steuern wird die Innenfinanzierung der Unternehmen begünstigt. Zudem fällt für die Unternehmen ein Zinsertrag an, weil die vorerst für Ertragssteuerzahlungen nicht benötigten Geldmittel ohne entsprechende Kosten zur Verfügung stehen. Dieser Effekt des Steueraufschubes ergibt sich, wenn Unternehmen nicht betragsmässig jährlich unveränderte Abschreibungen aufgrund einer linearen Verteilung des Wertverzehrs über die gesamte Nutzungsdauer belasten, sondern stets den gleichen Prozentsatz auf dem jeweiligen Restwert berechnen (sog. degressive Abschreibung). ▶ Abb. 238 zeigt die Auswirkungen einer degressiven Abschreibung im Vergleich zur linearen Abschreibung.

Wesentlich grösser ist die Auswirkung, wenn eine so genannte Einmalabschreibung zugelassen wird, wie dies in vielen Schweizer Kantonen, teilweise aber auch in anderen Ländern im Zusammenhang mit Investitionsanreizen möglich ist. ▶ Abb. 239 zeigt dies bei einem angenommenen Abschreibungssatz von 80 % im ersten Jahr. Allerdings verbleibt unter Umständen bei dieser Methode in der Schlussphase der Nutzung ein relativ hoher Betrag ohne Abschreibungsmöglichkeiten, was die vorerst günstigen Auswirkungen teilweise relativiert. Im vorliegenden Beispiel (vgl. auch die Ausführungen in ▶ Abb. 238) wird unterstellt, dass die Maschine nach fünf Jahren stillgelegt und daher mit einer Zusatzabschreibung der (während vier Jahren unverändert gebliebene) Restwert auf null gesetzt wird.

Ein Unternehmen der verarbeitenden Industrie erwirbt eine neue Maschine zur Ausweitung der eigenen Kapazitäten. Der Kaufpreis beträgt 2 Mio. CHF. Die Geschäftsleitung geht von einer Nutzungsdauer von 5 Jahren aus. Steuerlich zugelassen – neben der linearen Abschreibung – ist eine degressive Abschreibung mit Abschreibungssatz von 30 %. Der Steuersatz beträgt 40 %.

Lineare Abschreibung	1	2	3	4	5	Gesamt
Gewinn vor Abschreibungen und Steuern	2 000 000	2 000 000	2 000 000	2 000 000	2 000 000	10 000 000
Abschreibungen (linear)	−400 000	−400 000	−400 000	−400 000	−400 000	−2 000 000
Gewinn vor Steuern (Bemessungsgrundlage für Steuern)	1 600 000	1 600 000	1 600 000	1 600 000	1 600 000	8 000 000
Steuern	640 000	640 000	640 000	640 000	640 000	3 200 000

Degressive Abschreibung	1	2	3	4	5	Gesamt
Gewinn vor Abschreibungen und Steuern	2 000 000	2 000 000	2 000 000	2 000 000	2 000 000	2 000 000
Abschreibungen (degressiv)	−600 000	−420 000	−294 000	−205 800	−144 060	−1 663 860
Gewinn vor Steuern (Bemessungsgrundlage für Steuern)	1 400 000	1 580 000	1 706 000	1 794 200	1 855 940	8 336 140
Steuern	560 000	632 000	682 400	717 680	742 376	3 334 456

Der Vorteil der linearen Abschreibung liegt im Steueraufschub während der ersten beiden Jahre. Nach 5 Jahren ist bei der degressiven Abschreibung zu prüfen, ob der Restwert der Maschine noch angemessen ist. Falls ja, geht die Abschreibung mit 30 % vom Restwert weiter. Falls nein, ist eine zusätzliche Abschreibung notwendig (falls die Maschine nicht mehr genutzt wird, ist der ganze Restwert abzuschreiben).

▲ Abb. 238 Steuereffekt einer linearen Abschreibung im Vergleich zu einer degressiven Abschreibung

Der Kaufpreis von 2 Mio. CHF wird, in Einklang mit den kantonalen Steuergesetzen, sofort mit 80% abgeschrieben. Der Steuersatz beträgt 40%.

	1	2	3	4	5	Gesamt
Gewinn vor Abschreibungen und Steuern	2 000 000	2 000 000	2 000 000	2 000 000	2 000 000	10 000 000
Abschreibungen (sofort 80%)	−1 600 000	0	0	0	−400 000	−2 000 000
Gewinn vor Steuern (Bemessungsgrundlage für Steuern)	400 000	2 000 000	2 000 000	2 000 000	1 600 000	8 000 000
Steuern	160 000	800 000	800 000	800 000	640 000	3 200 000

▲ Abb. 239 Steuereffekt einer Sofortabschreibung

In jedem Fall muss diese hohe Abschreibung auch effektiv verbucht werden, damit sie gegenüber den Steuerbehörden geltend gemacht werden kann. Da hier Regeln des Steuerrechtes oder der Steuerpraxis – weil Abschreibungen normalerweise degressiv oder linear über die Laufzeit der Investition zugeordnet werden – sich auf den Einzelabschluss bzw. auf die Buchungen auswirken, spricht man auch von der **umgekehrten Massgeblichkeit.**

Die Rechnungslegung bietet also relativ viele Möglichkeiten an, um unter dem Aspekt der Vorsicht Risiken bezüglich Werthaltigkeit (v. a. bei Forderungen und Vorräten) sowie möglicher Verbindlichkeiten (mit Hilfe von Rückstellungen) zu berücksichtigen und gewisse Bewertungsreserven zu schaffen. Gleiches ist – zumindest während einer bestimmten Zeit – möglich, falls Abschreibungen während der Nutzungsdauer zeitlich möglichst nach vorne gezogen werden. Bewertungsreserven liegen insofern vor, als bei einem allfälligen Verkauf der betreffenden Vermögenswerte an Dritte ein höherer Betrag erzielt werden könnte (bzw. die Verpflichtungen zu einem tieferen als dem zurückgestellten Betrag an einen Dritten übergeben werden könnten). Volkswirtschaftlich gesehen ist eine solche Steuerpolitik positiv zu werten, denn sie entzieht den Unternehmen nicht frühzeitig und unnötigerweise flüssige Mittel, und damit wird die Finanzierungskraft der privaten Wirtschaft gestärkt. Dem Fiskus entgeht das Steuersubstrat zudem gar nicht. In den meisten Fällen wird die Besteuerung lediglich zeitlich aufgeschoben, so dass das Gemeinwesen einzig auf die Zinskomponente zugunsten der Unternehmen verzichtet.

Allerdings ermöglicht das Steuerrecht nicht nur die Schaffung von Bewertungsreserven. Vielmehr lassen die Steuerbehörden verschiedentlich Aufwendungen nicht zum Abzug zu, beispielsweise Bussen oder gewisse Abgaben. Wesentlich wichtiger sind aber die Einschränkungen bezüglich Steuerwirksamkeit von Abschreibungen auf Goodwill oder Wertberichtigungen auf Beteiligungen. In gewissen Staaten ist zudem der steuerlich vorgegebene Abschreibungszeitraum für Sachanlagen unrealistisch lang. In all diesen Fällen ist der steuerbare Gewinn im Einzelabschluss höher als bei einer Rechnungslegung nach den Grundsätzen zur getreuen Darstellung der wirtschaftlichen Lage.

34.3 Berechnung der Ertragssteuern für den Jahresabschluss
34.3.1 Laufende Ertragssteuern

Die Berechnung der Ertragssteuern im Rahmen der Steuerveranlagung ist mit Hilfe des anwendbaren Steuersatzes relativ einfach. Allerdings ist für eine Rechnungslegung, welche die wirtschaftliche Lage getreu darstellt, nicht der effektiv steuerbare Reingewinn ausschlaggebend. Vielmehr sind sämtliche Abschreibungen, Wertberichtigungen und Rückstellungen dahingehend zu prüfen, ob sie allenfalls über das den gewählten Standards entsprechende Mass hinausgehen. Werden Maschinen beispielsweise im Erwerbsjahr zu 80% abgeschrieben, so ist dies weder betriebswirtschaftlich noch aus der Sicht des Anlegers angemessen. Gehört ein Unternehmen zu einem Konzern, muss daher der Einzelabschluss bereinigt werden, damit dieser den Grundsätzen für die Konzernrechnung entspricht und in die Konsolidierung einfliessen kann. Unter Umständen benötigt ein Unternehmen, das selber keine Tochtergesellschaften hat, für die Berichterstattung gegenüber den Kapitalgebern einen Abschluss nach anerkannten Rechnungslegungsstandards, die dem Prinzip der *true and fair view* folgen. Dies kann nicht nur im Falle der Kotierung der eigenen Beteiligungspapiere oder einer Anleihe der Fall sein. So verlangen Banken für grössere Kredite von solchen Unternehmen einen Abschluss nach Swiss GAAP FER 19 oder allenfalls IAS.

In all diesen Fällen entspricht der ausgewiesene nicht dem effektiv in der betreffenden Periode steuerbaren Gewinn. Daher muss die Ertragssteuer mit Hilfe des anwendbaren Steuersatzes auf den ausgewiesenen Gewinn berechnet werden.

Ertragssteuern
Der Steueraufwand lässt sich wie folgt analysieren:

Mio. CHF	2002	2001
Konzernergebnis vor Steuern	–9	106
Steueraufwand/-ertrag zum erwarteten Steuersatz	–3	36
Steuerlich nicht abzugsfähige Aufwendungen/steuerbefreite Erträge	–3	–4
Verwendung von nicht aktivierten steuerlichen Verlustvorträgen	–7	–14
Effekt aus nicht aktivierten steuerlichen Verlustvorträgen auf laufenden Ergebnissen	10	6
Belastungen/Gutschriften früherer Perioden netto	2	4
Übrige Effekte	4	2
Ausgewiesener Steueraufwand	**3**	**30**
Zuzuordnen auf folgende Positionen:		
Laufende Steuern	9	27
Latente Steuern	–6	3
Ausgewiesener Steueraufwand	**3**	**30**

▲ Abb. 240 Laufende Ertragssteuern (Georg Fischer, Geschäftsbericht 2002, S. 67)

Der resultierende Mehraufwand wird der Steuerrückstellung zugeführt. Dabei ist zu prüfen, ob der Steueraufschub kurz- oder langfristiger Natur ist. Die aufgeschobene Ertragssteuer muss (wie in ◄ Abb. 240) in eine kurzfristig, nämlich sofort (für die noch nicht durch die Akontozahlungen beglichenen laufenden Ertragssteuern) oder im Folgejahr (z. B. aufgrund der im Folgejahr geringeren Abschreibungsmöglichkeit) anfallende Zahlung sowie ein erst langfristig, d. h. in 12 Monaten oder später fälliges (latentes) Steuerbetreffnis aufgeteilt werden.

34.3.2 Latente Ertragssteuern aufgrund unterschiedlicher Bewertungsansätze

Die unterschiedlichen Ansätze für Abschreibungen, Wertberichtigungen und Rückstellungen in einer stark vom Vorsichtsprinzip geprägten und steuerlich orientierten Betrachtung verglichen mit jenen für die Rechnungslegung zuhanden der Kapitalgeber (im Sinne der getreuen Darstellung) zeigen sich nicht nur bezogen auf eine einzige Periode. Bei den Abschreibungen reduziert sich zwar die Differenz im Laufe der Jahre. Aber sie wirkt sich über mehrere Perioden hinweg aus. Der Unterschied in der Steuerbelastung ist im Rahmen der Steuerrückstellung auch laufend darzustellen. In anderen Fällen entsteht der Bewertungsunterschied, weil die moderne Rechnungslegung nicht streng von historischen Kosten ausgeht, sondern teilweise auch Marktwerte oder ähnliche Referenzgrössen berücksichtigt.

Die latenten Steueraktiven und -passiven sind folgenden Bilanzpositionen zugeordnet:				
Mio. CHF	Steueraktiven	Steuerpassiven	**2002 netto**	2001 netto
Sachanlagen	10	45	35	39
davon nicht betriebliche Liegenschaften		5	5	6
Steuerliche Verlustvorträge	7		−7	
Vorräte	11	11		−1
Rückstellungen	4	8	4	4
Übriges verzinsliches Fremdkapital	8	1	−7	
Übriges unverzinsliches Fremdkapital	17	11	−6	
Übrige Bilanzpositionen	16	26	10	−4
Total	**73**	**102**	**29**	**38**
Saldierung	−18	−18		
Latente Steueraktiven/-passiven	**55**	**84**	**29**	**38**
Der Konzern verzichtet in Einklang mit der Ausnahmebestimmung von IAS 12 revised darauf, latente Steuern auf Beteiligungen an Konzerngesellschaften zurückzustellen. Die auf den temporären Bewertungsdifferenzen basierenden latenten Steueraktiven und -passiven werden		brutto berechnet und auf Stufe Konzerngesellschaft netto bilanziert. Dieser Effekt aus der Saldierung auf Stufe Konzerngesellschaften beträgt CHF 18 Mio. (Vorjahr CHF 27 Mio.).		

▲ Abb. 241 Latente Steuern (Georg Fischer, Geschäftsbericht 2002, S. 60)

Werden beispielsweise in der Konzernrechnung so genannte Blue Chips, also Wertschriften, die einen liquiden Markt haben, zu einem weit über dem früheren Kaufpreis liegenden Börsenkurs bilanziert (aber weiterhin gehalten), ist der Kursgewinn (falls nicht im Einzelabschluss verbucht) aus steuerrechtlicher Sicht nicht realisiert worden und daher auch nicht steuerbar. Für die Konzernrechnungslegung genügt dagegen die leichte Realisierbarkeit, um den Börsenkurs als Bewertungsbasis zu wählen. Allerdings wäre es falsch, den gesamten auf der Aktivseite erfassten Mehrwert dem Eigenkapital gutzuschreiben (entweder direkt oder via Erfolgsrechnung). Denn im Falle einer Realisierung des Kursgewinnes wird die Differenz zum bisherigen Buchwert besteuert. Somit ist auch in diesem Falle die Besteuerung nur aufgeschoben. Man spricht daher von einer latenten (Ertrags-)Steuer auf den ausgewiesenen (aber noch nicht realisierten) Mehrwerten.

Für die Berechnung der latenten Steuern ist gleich vorzugehen wie bei der Ermittlung der Ertragssteuern auf dem laufenden Ergebnis. Allerdings ist nicht der aktuelle Steuersatz, sondern der erwartete Satz massgebend. Erwartete oder bereits feststehende Steuererhöhungen oder Steuersenkungen müssen für die Ermittlung der latenten Steuern berücksichtigt werden. ▶ Abb. 242 zeigt ein Berechnungsbeispiel für eine Maschine, die im Einzelabschluss im Einklang mit den steuerlichen Bestimmungen im ersten Jahr zu 80% abgeschrieben wird.

Kauf Maschine					
Preis: 100, Nutzung: 5 Jahre, Steuersatz: 30%, Gewinn vor Steuern und Abschreibung: 100					
Jahr	**1**	**2**	**3**	**4**	**5**
Betrieblicher Restwert	80	60	40	20	0
Steuerlicher Restwert	20	20	20	20	0
Differenz	**60**	**40**	**20**	**0**	**0**
Reingewinn vor Steuern und Abschreibungen	100	100	100	100	100
Abschreibungen Konzernabschluss	20	20	20	20	20
Abschreibungen Einzelabschluss	80	0	0	0	20
Steuerrückstellungen					
Stand/Steuerrückstellung	18	12	6	0	0
Zuweisung/Auflösung Steuerrückstellung		−6	−6	−6	0
Ertragssteueranfall					
Einzelabschluss	6	30	30	30	24
Konzernabschluss	24	24	24	24	24
Reingewinn					
Einzelabschluss	14	70	70	70	56
Konzernabschluss	56	56	56	56	56
Zinsgewinn bei 10%					
p.a.		1.8	1.2	0.6	
kumuliert			3.0	3.6	

▲ Abb. 242 Beispiel für latente Steuern

Der Geldabfluss wird bei den latenten Steuern erst später, oft sogar sehr viel später, nämlich im Zeitpunkt der Realisierung anfallen. Gleichwohl wäre es falsch, die entsprechende Verbindlichkeit auf den Bilanzierungsstichtag zu diskontieren. Denn der Geldzufluss erfolgt ja ebenfalls viel später, ohne dass der ermittelte Marktwert oder betriebswirtschaftlich angemessene Wert seinerseits abgezinst würde.

34.3.3 Latente Ertragssteuern aufgrund besonderer Steuersätze für Kapitalgewinne

In einzelnen Ländern werden Gewinne aus der Veräusserung von Anlagevermögen, insbesondere Liegenschaften und Beteiligungen zu tieferen Sätzen besteuert als das laufende Geschäftsergebnis. Dies ist beispielsweise in Italien der Fall. In der Schweiz kennen einzelne Kantone, so der Kanton Zürich, eine spezielle Besteuerung für Grundstückgewinne (Grundstückgewinnsteuer). Der entsprechende Satz ist abhängig von der Haltedauer und kann höher liegen als der ordentliche Steuersatz, bei langfristigem Besitz aber auch tiefer (vgl. dazu ▶ Abb. 243).[1] Für die Berechnung der latenten Steuern ist daher zu prüfen, wie der Mehrwert allenfalls realisiert werden soll – durch einen späteren Verkauf und damit unter Nutzung des speziellen, günstigeren Ansatzes oder auf eine andere Art.

Ein Unternehmen A aus dem Schweizer Kanton XY veräussert ein Grundstück an ein Unternehmen B. Der Verkaufserlös beträgt 2 Mio. CHF. Der Buchwert des Grundstücks in der Bilanz des Unternehmens A beträgt 1.5 Mio. CHF.

Wie hoch ist die Grundstückgewinnsteuer, falls die Besitzdauer des Grundstücks beim Unternehmen A
a. ein halbes Jahr betragen hat,
b. 5 Jahre betragen hat,
c. 50 Jahre betragen hat?

Bei einem Gewinn von 500 000 CHF beträgt die Grundstückgewinnsteuer im Schweizer Kanton XY abhängig von der Besitzdauer:
a. 284 100 CHF (entspricht einem Steuersatz in Höhe von 56.82 %)
b. 179 930 CHF (entspricht einem Steuersatz in Höhe von 35.99 %)
c. 94 700 CHF (entspricht einem Steuersatz in Höhe von 18.94 %)

▲ Abb. 243 Die Besteuerung der Grundstückgewinne in Abhängigkeit von der Besitzesdauer

---

1 Vgl. Interkantonale Kommission für Steueraufklärung: «Die Besteuerung der Grundstückgewinne» (Stand: Februar 2003) unter http://www.estv.admin.ch/data/sd/d/mappen/fremd/gruge.pdf (3.6.2005).

34.3.4 Verlustvorträge

Die meisten Länder lassen es zu, angefallene Verluste in späteren Jahren mit erzielten Gewinnen zu verrechnen. Damit lösen Verluste eine Art Steuergutschrift aus; in der Zukunft wird der Geldabfluss für Ertragssteuern reduziert. Durch diese Reduktion des Geldabflusses in der Zukunft (was wirtschaftlich dem Barwert eines künftigen Geldzuflusses entspricht) ist eine wesentliche Voraussetzung für die Aktivierung dieser Steuergutschrift gegeben. Die weiteren Kriterien (Kontrolle und Ereignis in der Vergangenheit) sowie die zuverlässige Bewertbarkeit können ohne weiteres bejaht werden. Dagegen ist zu prüfen, ob künftig auch mit hoher Wahrscheinlichkeit Gewinne erarbeitet werden oder nicht. Bei Konzernen ist dies – auch wenn der Gesamtkonzern profitabel arbeitet – aus der Sicht von einzelnen Tochtergesellschaften nicht unbedingt sicher. So kann ein Unternehmen mangels kritischer Grösse oder wegen schrumpfender lokaler Märkte während vielen Jahren rote Zahlen schreiben. Gleichwohl wird es weitergeführt, weil der Konzern durch die Zulieferungen einen angemessenen Gewinn erzielt oder ungeachtet allfälliger Verluste gewisse Marktpositionen besetzen will. Auch für die Bewertung der steuerlichen Verlustvorträge ist der künftig erwartete Steuersatz massgebend. Gesetzesänderungen können kurzfristig die Ausgangslage völlig umkrempeln. So hat Deutschland bis Ende 2002 den Vortrag von Verlusten uneingeschränkt zugelassen. Ab Fiskaljahr 2003 wurde dann die Verrechnungsmöglichkeit eingeschränkt. In der Schweiz wiederum verfallen die Verlustvorträge je nach Rechtsprechung nach 5 oder auch 7 Jahren. Und in allen Ländern ändern sich die Ertragssteuersätze von Zeit zu Zeit. All diese Aspekte sind zu beachten,

Der Konzern verfügt über folgende steuerlich verwendbare Verlustvorträge, deren positiver Steuereffekt im Berichtsjahr lediglich im Umfang von CHF 7 Mio. aktiviert und mit passiven latenten Steuerverbindlichkeiten saldiert wurde (siehe Erläuterung 12):

Mio. CHF	2002	2001
Verfall		
unbeschränkt	208	195
nach 2005	84	
2005	5	60
2004	11	3
2003	15	15
2002		23
Total Verlustvorträge	**323**	**296**
Positiver Steuereffekt	110	102
davon aktiviert und mit latenten Steuerpassiven saldiert	7	
davon nicht aktiviert	103	102

▲ Abb. 244 Verlustvorträge (Georg Fischer, Geschäftsbericht 2002, S. 67)

wenn in einem Verlustjahr die Auswirkungen im Bereich der Ertragssteuern ermittelt werden (vgl. ◄ Abb. 244).

Der Verlust einer Periode wird in der Erfolgsrechnung durch die Verrechnungsmöglichkeit mit künftigen Gewinnen (eine Art Steuergutschrift) reduziert. Gleichzeitig wird damit in der Bilanz ein Aktivum begründet. Für die Berechnung sind laufender und künftiger Steuersatz sowie die Wahrscheinlichkeit des Anfalls künftiger Gewinne zu berücksichtigen.

34.4 Offenlegung

In der Bilanz sind einerseits die Verbindlichkeiten und allfällige Guthaben im Zusammenhang mit der laufenden Ertragsbesteuerung und andererseits aufgeschobene Steueraktiven (wie Verlustvorträge) oder aufgeschobene Abzugsmöglichkeiten (latente Ertragssteuerverbindlichkeiten, wenn der Fiskus beispielsweise eine längere Nutzungsdauer für die Buchung der Abschreibungen vorgibt) separat auszuweisen. In der Erfolgsrechnung ist der Aufwand für Ertragssteuern aufgrund des laufenden Geschäftsergebnisses ebenfalls separat zu zeigen. In der Geldflussrechnung sind zudem die Zahlungen für Ertragssteuern gesondert aufzuführen.

Im Anhang sind eine Vielzahl von Angaben nötig (vgl. ► Abb. 245). Die wichtigsten sind:

- allfällige Mehrbelastungen für latente Steuern aufgrund von Änderungen der Steuersätze,
- Angaben zum durchschnittlichen effektiven Steuersatz und dem für die Berechnung der latenten Steuern anwendbaren Steuersatz,
- Erklärungen zu allfälligen wesentlichen Änderungen des Steuersatzes im Vergleich zur Vorperiode,
- der Steueraufwand im Zusammenhang mit ausserordentlichen Erträgen bzw. die aus ausserordentlichen Aufwendungen resultierenden Steuergutschriften,
- Angaben zur Belastung im Falle von Beschränkungen bezüglich Nutzung von Verlustvorträgen,
- Angaben zu allfälligen nicht aktivierten Verlustvorträgen.

21. Ertragssteuern		
21.1 Laufende und latente Ertragssteuern (in Mio. CHF)	1999	2000
Schweiz		
Laufende Steuern	48.4	67.7
Latente Steuern	35.8	37.0
Subtotal	84.2	104.7
Deutschland		
Laufende Steuern	31.3	20.7
Latente Steuern	−7.0	−29.9
Subtotal	24.3	−9.2
Benelux		
Laufende Steuern	13.3	1.1
Latente Steuern	−6.4	−20.0
Subtotal	6.9	−18.9
Übrige		
Laufende Steuern	−0.1	4.1
Latente Steuern	10.1	13.9
Subtotal	10.0	18.0
Total alle Länder		
Laufende Steuern	92.9	93.6
Latente Steuern	32.5	1.0
Total	125.4	94.6
21.2 Erwartete und tatsächliche Ertragssteuern (in Mio. CHF)	1999	2000
Erwartete Ertragssteuern	154.2	172.4
Erhöhung/Reduktion aufgrund von		
steuerbefreiten Zinsen und Dividendenabzügen	−6.9	−5.6
steuerbefreiten Gewinnen auf Aktien und Beteiligungen	−24.2	−62.9
nicht abziehbaren Ausgaben	1.7	13.7
Staats- und Gemeindesteuern	0.0	–
Quellensteuern auf Dividenden	0.2	5.3
Änderung der Steuersätze	−2.4	−0.7
Periodenfremde Steuerelemente	13.8	−20.4
Veräusserung von Unternehmen	–	–
Übrige	−11.0	−7.2
Tatsächliche Ertragssteuern	125.4	94.6

Der erwartete durchschnittliche Steuersatz der Bâloise-Gruppe belief sich 1999 auf 23.9 % und im Jahr 2000 auf 23.6 %. Diese Sätze entsprechen dem gewichteten Durchschnitt der Steuersätze in den Ländern, in denen die Bâloise-Gruppe tätig ist.

Der aufgrund dieser Sätze erwartete Steueraufwand weicht aus den in der oben stehenden Tabelle dargestellten Gründen vom tatsächlichen Steueraufwand ab.

▲ Abb. 245 Angaben zu Ertragssteuern (Bâloise Holding, Geschäftsbericht 2000, S. 89f.)

21.3 Latente Steuerguthaben und -verbindlichkeiten (in Mio. CHF)	1999	2000
Ursachen für latente Steuerguthaben		
Prämienübertrag	18.6	15.6
Schadenrückstellungen	63.5	54.6
Deckungskapital Leben	458.9	77.8
Nicht realisierte Verluste auf Kapitalanlagen	2.3	5.2
Verlustvorträge	18.1	21.7
Übrige	3.8	272.3
Total	**565.2**	**447.2**
Ursachen für latente Steuerverbindlichkeiten		
Aktivierte Abschlusskosten	127.4	134.0
Prämienüberträge	24.0	17.8
Schadenrückstellungen	190.6	190.8
Deckungskapital Leben	88.3	102.7
Nicht realisierte Gewinne auf Finanzanlagen	1 021.4	896.5
Nicht realisierte Gewinne und Verluste auf Liegenschaften für Anlagezwecke	42.0	47.6
Abschreibbare Vermögenswerte	120.3	43.5
Übrige immaterielle Aktiven	8.8	8.4
Übrige	565.7	505.5
Total	**2 188.5**	**1 946.8**
Total (netto)	**1 623.3**	**1 499.6**

Die Ende 1999 und 2000 geschuldeten Ertragssteuern, welche in den übrigen Verbindlichkeiten enthalten sind, betrugen 176.6 Mio. CHF bzw. 158.9 Mio. CHF. Per 31. Dezember 2000 hat die Bâloise-Gruppe steuerlich aufrechenbare Verlustvorträge von 69.0 Mio. CHF (welche von gesetzlichen Verordnungen abhängig sind). Die meisten verfallen nach fünf und mehr Jahren.

▲ Abb. 245 Angaben zu Ertragssteuern (Bâloise Holding, Geschäftsbericht 2000, S. 89f.) (Forts.)

34.5 Analyse

Die Angaben zu den Ertragssteuern spielen eine wichtige Rolle in der Analyse. Zwar werden Unternehmensvergleiche oder sogar Transaktionen oft auf der Grundlage von Ergebniszahlen wie EBIT oder EBITDA, also ausgehend von Gewinnzahlen vor Belastung entsprechender Ertragssteuern durchgeführt. Aber es wäre eine Illusion, anzunehmen, die effektive Ertragssteuerbelastung könne durch die Nutzung von Gestaltungsmöglichkeiten beliebig beeinflusst werden. Vorsicht ist auch bezüglich des Geldflusses aufgrund der Ertragsbesteuerung geboten. Ein Teil der Steuerrückstellungen wird jedenfalls kurzfristig zu entsprechenden Zahlungen führen.

Interessant sind allfällige nicht bilanzierte Verlustvorträge, die über eine Unternehmenskombination durch das übernehmende Unternehmen genutzt werden können. Aber auch hier bestehen möglicherweise erhebliche Einschränkungen. Eine Bewertung solcher theoretischer Steuergutschriften ist daher meist schwierig.

Weniger problematisch sind die latenten Steuern im Zusammenhang mit Bewertungsdifferenzen, insbesondere falls Marktwerte angesetzt wurden. Denn die Besteuerung greift hier erst im Falle der Veräusserung der entsprechenden Aktiven. Somit fällt gleichzeitig mit dem Geldabfluss aufgrund der Besteuerung der Mehrwerte ein wesentlich grösser Zufluss aufgrund der Desinvestition an.

34.6 Relevante Standards
34.6.1 IAS 12 (Auszüge)

IAS 12 Par. 5

«Das *zu versteuernde Ergebnis (der steuerliche Verlust)* ist das (der) nach den steuerlichen Vorschriften ermittelte Ergebnis (Verlust) der Periode, aufgrund dessen die Ertragssteuern zahlbar (erstattungsfähig) sind.

Die *latenten Steuerschulden* sind die Beträge an Ertragssteuern, die in zukünftigen Perioden resultierend aus zu versteuernden temporären Differenzen zahlbar sind.

Die *latenten Steueransprüche* sind die Beträge an Ertragssteuern, die in zukünftigen Perioden erstattungsfähig sind, und aus
a. abzugsfähigen temporären Differenzen,
b. dem Vortrag noch nicht genutzter steuerlicher Verluste und
c. dem Vortrag noch nicht genutzter steuerlicher Gewinne resultieren.

Temporäre Differenzen sind Unterschiedsbeträge zwischen dem Buchwert eines Vermögenswertes oder einer Schuld in der Bilanz und seinem Steuerwert.»

IAS 12 Par. 6

«Der Steueraufwand (Steuerertrag) umfasst den tatsächlichen Ertragssteueraufwand (tatsächlichen Steuerertrag) und den latenten Steueraufwand (latenten Steuerertrag).»

IAS 12 Par. 12

«Die tatsächlichen Ertragssteuern für die laufende und frühere Perioden sind in dem Umfang, in dem sie noch nicht bezahlt sind, als Schuld anzusetzen. Falls der auf die laufende und frühere Perioden entfallende und bereits bezahlte Betrag den für diese Perioden geschuldeten Betrag übersteigt, so ist der Unterschiedsbetrag als Vermögenswert anzusetzen.»

34.6.2 Swiss GAAP FER 11

FER 11

«1. Aktuelle und zukünftige steuerliche Auswirkungen sind im Konzernabschluss angemessen zu berücksichtigen. Dabei ist zwischen der Ermittlung der laufenden Ertragssteuern sowie der Abgrenzung von latenten Ertragssteuern zu unterscheiden.
2. Die laufenden Ertragssteuern auf dem entsprechenden Periodenergebnis sind in Übereinstimmung mit den jeweiligen steuerlichen Gewinnermittlungsvorschriften zu ermitteln. Die entsprechenden Rückstellungen für Steuern sind in der Bilanz oder im Anhang gesondert auszuweisen.
3. Wenn auf Konzernebene andere als steuerrechtlich massgebende Bewertungsgrundsätze angewendet werden, entstehen Bewertungsdifferenzen, auf denen latente Ertragssteuern berücksichtigt werden müssen.
4. Die jährliche Abgrenzung der latenten Ertragssteuern basiert auf einer bilanzorientierten Sichtweise («Balance sheet method») und berücksichtigt grundsätzlich alle zukünftigen ertragssteuerlichen Auswirkungen («Comprehensive method»).
5. Die jährlich abzugrenzenden latenten Ertragssteuern sind in jeder Geschäftsperiode und für jedes Steuersubjekt getrennt zu ermitteln. Aktive und passive latente Ertragssteuern dürfen nur saldiert werden, soweit sie das gleiche Steuersubjekt betreffen.
6. Die Berechnung der jährlich abzugrenzenden latenten Ertragssteuern erfolgt aufgrund der massgebenden Steuersätze («Liability method»). Massgebend sind die tatsächlich zu erwartenden oder – sofern diese nicht bekannt sind – die im Zeitpunkt der Bilanzierung gültigen Steuersätze.
7. Der Ausweis passiver latenter Ertragssteuern hat unter den Rückstellungen, der Ausweis allfälliger aktiver latenter Ertragssteuern unter den übrigen Aktiven je gesondert zu erfolgen.
8. Der latente Ertragssteueraufwand (-ertrag) resultiert aus der periodischen Veränderung der abgegrenzten latenten Ertragssteuern und ist in der Jahresrechnung auszuweisen.
9. Im Anhang zur Konzernrechnung sind zu den latenten Ertragssteuern folgende ergänzende Informationen offen zu legen:
   - Nicht berücksichtigte Steuerreduktionen auf Verlustvorträgen und aus Vorsichtsgründen nicht aktivierte Steuergutschriften
   - Hypothetische, zu theoretischen Steuersätzen errechnete latente Ertragssteuern auf steuerlich nicht wirksamen Aufwertungen von Anlagen.»

34.7 Übungen

Übungsfragen

1. Müssen gewinnunabhängige Steuern in der Erfolgsrechnung separat ausgewiesen werden?
2. Nennen Sie Beispiele für vom Gewinn unabhängige Steuern.
3. Warum ist aus Sicht der Investoren ein getrennter Ausweis der vom Gewinn abhängigen Steuern erforderlich?
4. Was besagt das Massgeblichkeitsprinzip (z.T. als Verbuchungsprinzip bezeichnet)?
5. Was versteht man unter umgekehrter Massgeblichkeit?
6. Welcher Abschluss (Einzelabschluss oder Konzernabschluss) wird in den meisten kontinentaleuropäischen Ländern für die Steuerbemessung herangezogen?
7. Erläutern Sie die Vorteile der degressiven Abschreibung aus steuerrechtlicher Sicht.
8. Welcher Steuersatz ist bei der Bemessung der latenten Steuern – im Unterschied zur Berechnung der laufenden Belastung – heranzuziehen?
9. Welche Voraussetzungen sind zu prüfen, bevor Verlustvorträge in der Bilanz aktiviert werden können?
10. Warum können nicht bilanzierte (d.h. nicht als Aktivum erfasste, sondern beispielsweise wie gemäss ◄ Abb. 244 auf Seite 511 nur im Anhang aufgelistete) Verlustvorträge im Rahmen von Firmenkäufen von Bedeutung sein?

Übungsaufgaben

11. Ein Unternehmen erwirtschaftet im Jahr 2004 einen steuerlichen Verlust in Höhe von 10 Mio. CHF. Verlustvorträge verfallen gemäss Steuergesetzgebung innerhalb von 5 Jahren. Für diesen Zeitraum geht man davon aus, dass steuerliche Gewinne in Höhe von 8 Mio. CHF realisiert werden können. Der erwartete Steuersatz beträgt 20%.
    a. Hat das Unternehmen in seiner Konzernbilanz für das Jahr 2004 latente Steuern zu berücksichtigen? Wenn ja, unter welcher Position und in welcher Höhe?
    b. Welche zusätzlichen Angaben muss das Unternehmen im Anhang offen legen?
12. Eine im Jahr 2000 neu angeschaffte Maschine im Wert von 3600 CHF wird steuerrechtlich über 3 Jahre linear abgeschrieben. Im Rahmen der konzerneinheitlichen Bewertung beträgt die Nutzungsdauer jedoch 5 Jahre. Der Steuersatz beträgt 30%.
    a. Wie hoch sind die in den Jahren 2000 bis 2004 abzugrenzenden latenten Steuern in der Konzernbilanz bzw. in der Konzernerfolgsrechnung?
    b. Nennen Sie die für die Bereinigung von Bilanz sowie Erfolgsrechnung massgeblichen Daten (am besten als Buchungssätze) für die Jahre 2000 und 2001.

13. Im Finanzbericht von Georg Fischer finden Sie einen Abschnitt über latente Steuern.
   a. Auf welche Unterschiede zwischen Handels- und Steuerbilanz können gemäss Geschäftsbericht der Georg Fischer 2002 in der Zeile Sachanlagen die Steueraktiven einerseits und die Steuerpassiven andererseits zurückzuführen sein?

Die latenten Steueraktiven und -passiven sind folgenden Bilanzpositionen zugeordnet:				
Mio. CHF	Steueraktiven	Steuerpassiven	**2002 netto**	2001 netto
Sachanlagen	10	45	35	39
davon nicht betriebliche Liegenschaften		5	5	6
Steuerliche Verlustvorträge	7		−7	
Vorräte	11	11		−1
Rückstellungen	4	8	4	4
Übriges verzinsliches Fremdkapital	8	1	−7	
Übriges unverzinsliches Fremdkapital	17	11	−6	
Übrige Bilanzpositionen	16	26	10	−4
Total	**73**	**102**	**29**	**38**
Saldierung	−18	−18		
Latente Steueraktiven/-passiven	**55**	**84**	**29**	**38**

Der Konzern verzichtet in Einklang mit der Ausnahmebestimmung von IAS 12 revised darauf, latente Steuern auf Beteiligungen an Konzerngesellschaften zurückzustellen.
Die auf den temporären Bewertungsdifferenzen basierenden latenten Steueraktiven und -passiven werden brutto berechnet und auf Stufe Konzerngesellschaft netto bilanziert. Dieser Effekt aus der Saldierung auf Stufe Konzerngesellschaften beträgt CHF 18 Mio. (Vorjahr CHF 27 Mio.).

▲ Abb. 246 Angaben zu latenten Steuern (Georg Fischer, Geschäftsbericht 2002, S. 60)

   b. Warum werden im Zusammenhang mit nichtbetrieblichen Liegenschaften Steuerpassiven gezeigt? Erläutern Sie, warum sich diese Position nicht auf nichtbetrieblich genutzte Grundstücke beziehen kann.

Kapitel 35
Altersvorsorge

Lernziele

- Kenntnis der wichtigsten Komponenten der Altersvorsorge
- Bestimmung von Höhe und Finanzierung der künftigen Renten
- Wichtigste Vorsorgesysteme im internationalen Vergleich
- Diskussion von wichtigen Risikofaktoren
- Auswirkungen der Altersvorsorge auf die Rechnungslegung der Arbeitgeberfirma

35.1 Systeme der Altersvorsorge

Viele Industrieländer kennen heute eine Kombination von staatlicher und betrieblicher Altersvorsorge. Dazu gehören England, die Niederlande und die Schweiz. In anderen liegt das Schwergewicht auf der betrieblichen Altersvorsorge, beispielsweise in den USA. Eine zunehmende Zahl von Ländern, darunter Deutschland, kennen zwar auch die Kombination zwischen staatlicher und betrieblicher Altersvorsorge, aber erst in jüngster Zeit wird die betriebliche Altersvorsorge verstärkt betont oder anders strukturiert.

Die staatlichen Vorsorgesysteme profitieren vom Gesetz der grossen Zahl. Einer Vielzahl von Rentnern steht eine – zumindest in den Kernländern Europas (relativ betrachtet) – sinkende Zahl von Aktiven, d.h. im Arbeitsprozess tätigen

Personen gegenüber. Mit dem so genannten **Umlageverfahren** werden die Beiträge von Arbeitgebern und Arbeitnehmern direkt für die Auszahlung der Renten an die Personen im Ruhestand verwendet. Je nach System besteht ein mehr oder weniger grosser Reservefonds, aus dem die Renten während einer gewissen Zeit auch im Falle von Prämienausfällen oder bei einer Verschlechterung der Relation Aktive zu Rentnern bezahlt werden können. In vielen Ländern gehen die Beiträge für Sozialversicherungen ausschliesslich zulasten der Arbeitgeber. Die Arbeitnehmer erhalten nicht, wie beispielsweise in der Schweiz, einen Bruttolohn, von dem sie sich – meist mit gleich hohen Beitragssätzen wie die Arbeitgeber – ihren Prämienanteil für die verschiedenen Sozialversicherungssysteme abziehen lassen müssen. In den meisten Ländern werden diese Umlagesysteme wegen der unvorteilhaften demographischen Entwicklung defizitär. Die Finanzierungslücken werden aus dem normalen Staatshaushalt geschlossen.

Für die betriebliche Altersvorsorge ist das Umlageverfahren nicht geeignet. Im Vordergrund steht die Einzahlung von laufenden Beiträgen seitens Arbeitnehmer und Arbeitgeber entweder in eine vom Arbeitgeber unabhängige Organisation (Stiftung, Fonds etc.) oder die «Reservierung» dieser Beiträge innerhalb des Unternehmens. In der zweiten Variante fliessen keine Geldmittel aus dem Unternehmen ab. Die so einbehaltenen Mittel können entweder für die Finanzierung der eigenen Unternehmenstätigkeit verwendet und verzinst (so vielfach in deutschen Unternehmen) oder in Kapitalanlagen wie Aktien, Anleihen oder Renditeliegenschaften investiert werden. Deren Erträge sollen die Verzinsung der «Guthaben» der Berechtigten sicherstellen (so teilweise in Deutschland, v.a. aber in den USA). In all diesen Fällen spricht man von Kapitaldeckungsverfahren, weil die Gelder nicht direkt an Rentner weiter geleitet, sondern Guthaben der Mitarbeiter indivi-

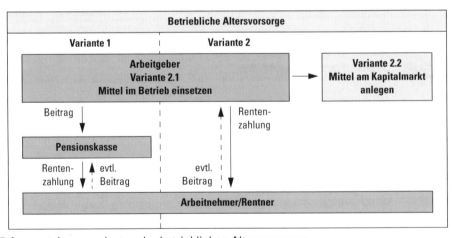

▲ Abb. 247 Ausgestaltungsvarianten der betrieblichen Altersvorsorge

duell aufgebaut werden, denen entsprechende Vermögenswerte – entweder klar bezeichnet oder indirekt über das Haftungssubstrat der Arbeitgeberfirma – gegenüberstehen.

- Die betriebliche Altersvorsorge (vgl. ◄ Abb. 247) wird also in der Regel durch jährliche Beiträge vorfinanziert, die entweder
    - nur von der Arbeitgeberfirma oder
    - paritätisch bzw. in einem bestimmten anderen Verhältnis von Arbeitgeber und Arbeitnehmer geleistet werden.

- Diese Gelder fliessen entweder
    - sofort in eine vom Arbeitgeber rechtlich unabhängige Organisation *(external funding)*, die Pensionskassen, und werden dort angelegt **(Variante 1)** oder
    - sie verbleiben in der Arbeitgeberfirma. Dort werden sie – wie bei Variante 1 – als Aufwand erfasst und gleichzeitig einer Rückstellung für Altersvorsorge zugeführt. Das Unternehmen kann (je nach lokaler Regelung oder dem vom Unternehmen zusammen mit den Arbeitnehmern gewählten System)
        – entweder diese Gelder für die Finanzierung der eigenen betrieblichen Aktivitäten verwenden **(Variante 2.1)**; die Verzinsung dieser «Guthaben der Bezüger künftiger Renten» muss im Rahmen des operativen Ergebnisses erwirtschaftet werden, so wie dies für Finanzschulden beispielsweise gegenüber Banken gilt;
        – oder diese Gelder am Kapitalmarkt (Finanzanlagen) platzieren, um darauf eine möglichst hohe Rendite aus Zinserträgen, Dividenden und Wertzuwachs der Titel zu erwirtschaften **(Variante 2.2)**.

In allen Fällen geht es darum, die Mittel für die Auszahlung der künftigen Renten

- einerseits durch die jährlichen Beiträge und
- andererseits durch Erträge auf dem «angesparten» Vermögen

zu erwirtschaften.

Die bisherigen Ausführungen berücksichtigen die Fragen der

- Trennung der Risiken Anstellung und Altersvorsorge (interne oder externe Finanzierung) sowie der
- Erwirtschaftung von zusätzlichen Erträgen (Finanzanlagen Variante 1 und Variante 2.2 oder als Verzinsung aus den operativen Erträgen der Arbeitgeberfirma gemäss Variante 2.1).

Offen bleiben die Fragen bezüglich

- Berechnung der künftigen Renten für die Arbeitnehmer sowie der
- Ermittlung der entsprechenden Barwerte, um die Rückstellung für Altersvorsorge (Varianten 2.1. und 2.2) zu berechnen. Die gleiche Berechnung braucht

es selbstverständlich für die unabhängige Organisation in Variante 1, die Pensionskasse. Auch sie muss die «Guthaben» der Bezüger künftiger Renten, also der Arbeitnehmer sowie der Rentner selber – als so genanntes Deckungskapital – zurückstellen.

Die Berechnung der Leistungen hängt von der vertraglichen bzw. gesetzlichen Regelung ab. Als Lösung sind grundsätzlich zwei Systeme denkbar, die ihrerseits in verschiedenen Ausprägungen konkretisiert werden können:

- Die geplante Rente wird vorweg betragsmässig definiert:
  - mit einem festen Betrag oder
  - mit einem Prozentsatz bezogen auf ein aktuelles oder künftiges Gehalt. Vor allem im Staatsdienst gilt das Vorruhestandsgehalt (Höhe der Bezüge in den letzten Jahren vor der Pensionierung) als Massstab. Und nicht selten beobachtet man bei solchen Systemen auch Beförderungen in höhere Gehaltsklassen ein oder zwei Jahre vor Übertritt in den Ruhestand.

Diese Konzepte werden als **leistungsorientierte Vorsorgepläne** *(defined benefit plans)* bezeichnet.

- Die Arbeitgeberfirmen (und allenfalls die Arbeitnehmer) zahlen festgelegte Beiträge an die Vorsorgeeinrichtung. Sie sind weder gesetzlich, reglementarisch, vertraglich oder aufgrund von Beschlüssen zu weiteren Zahlungen verpflichtet, falls die Vorsorgeeinrichtung nicht über genügende Vermögenswerte verfügt. Hier geht es um so genannte **beitragsorientierte Vorsorgesysteme** *(defined contribution plans)*. Die Arbeitgeberfirma darf sich allerdings nicht durch konkludentes Verhalten zu Nachschussleistungen (oder zur Garantie eines bestimmten Rentenniveaus) verpflichtet haben. Ansonsten kann das System – obwohl grundsätzlich beitragsorientiert – sich im konkreten Fall als leistungsorientiert erweisen mit entsprechenden Auswirkungen auf die künftige Belastung der Arbeitgeberfirma.

Die Vielzahl von Systemen führt zu einer entsprechend komplexen Aufgabe für die Rechnungslegung. Folgende Fragen und Abgrenzungen stehen im Vordergrund:

- Bei externer Finanzierung (Variante 1) ist in Fragen der Rechnungslegung zu unterscheiden zwischen allfälligen Auswirkungen auf die Jahresrechnung der Arbeitgeberfirma und die Berichterstattung durch die Vorsorgeeinrichtungen (Pensionskassen). Für die Rechnungslegung von Pensionskassen gibt es verschiedene staatliche Normen sowie besondere Standards, beispielsweise IAS 26 *Accounting and Reporting by Retirement Benefit Plans*.

- Bei externer Finanzierung sowie bei interner Finanzierung mit Vermögensausscheidung (Variante 2.2) sind in den meisten Ländern Anlagevorschriften zu beachten, mit denen eine angemessene Risikostreuung sichergestellt werden soll. Hier interessiert vor allem der Anteil der Anlagen in Form von Aktien. Diese Quote ist bei englischen und amerikanischen Vorsorgeeinrichtungen teilweise sehr hoch (vgl. ▶ Abb. 248).

- Bei allen Vorsorgesystemen muss entweder in der Bilanz der Arbeitgeberfirma oder in derjenigen der unabhängigen Vorsorgeeinrichtung als Trägerin des Deckungskapitals der Barwert der künftigen Rentenauszahlungen abgebildet werden. Selbstverständlich wird dabei – allerdings je nach System unterschiedlich – auf die Zahl der geleisteten Dienstjahre, auf künftige Lohnentwicklungen sowie auf allfällige Rentenanpassungen (Indexierung als Ausgleich zur Inflation) in den Jahren nach der erstmaligen Auszahlung geachtet. Diese versicherungsmathematischen Berechnungen werden durch Spezialisten ausgeführt. Für die Rechnungslegung ist entscheidend, dass sich bei leistungsorientierten Systemen die künftigen Rentenauszahlungen laufend aufgrund von letztlich «inflationären» Entwicklungen erhöhen, insbesondere aufgrund des meist markant höheren Gehaltsniveaus gegen Ende des Berufslebens und der allgemeinen Inflation nach Übertritt in den Ruhestand.

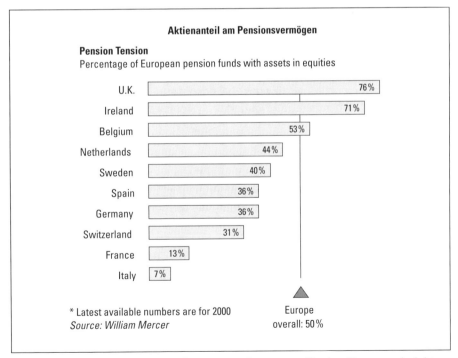

▲ Abb. 248 Anteil des Aktienvermögens am Gesamtvermögen europäischer Vorsorgeeinrichtungen (Quelle: Wall Street Journal vom 30.09.2002)

- Deckungslücken zwischen den vorhandenen Kapitalanlagen sowie dem ursprünglich ermittelten Deckungskapital können grundsätzlich durch zwei Entwicklungen verursacht werden:
  - Veränderungen aufgrund der Lohnentwicklung oder der Einschätzung bezüglich künftiger Inflationsraten, wie sie für die Berechnung des Deckungskapitals berücksichtigt werden.
  - Ungenügende Vermögenserträge gemessen an gesetzlich vorgeschriebenen «Zinsgutschriften» auf dem Alterskapital oder an eigenen Schätzungen im Rahmen der Vorsorgeplanung. Dies kann sich – sofern solche Richtgrössen nicht auf einen langfristigen Zinssatz am Kapitalmarkt für erstrangige Staatsanleihen ausgerichtet werden – aufgrund eines stark sinkenden allgemeinen Zinsniveaus ergeben oder bei Kurseinbrüchen am Aktienmarkt.

- Bei leistungsorientierten Systemen muss der Risikoträger, also die Arbeitgeberfirma, diese Lücken schliessen. Bei beitragsorientierten Systemen spielen nur Lücken aufgrund ungenügender Vermögenserträge eine Rolle (die anderen Parameter fliessen gar nicht in die Berechnung der künftigen Renten ein). Grundsätzlich liegt das Risiko bei den Begünstigten der Vorsorgeeinrichtung, also den Rentnern und Arbeitnehmern.

- Für alle Systeme sind die demographischen Entwicklungen zu berücksichtigen, denn das Deckungskapital muss den Barwert künftiger Rentenauszahlungen abbilden.
  - Bei den leistungsorientierten Systemen sind auch Deckungslücken aufgrund einer stark gestiegenen Lebenserwartung vom Arbeitgeber zu finanzieren.
  - Bei den beitragsorientierten Systemen wird im Zeitpunkt der Pensionierung die Tragung des Risikos bezüglich Dauer der Rentenzahlungen und damit der Lebenserwartung entschieden. In den meisten Ländern rechnet man das Deckungskapital mit dem so genannten Umwandlungssatz um, der in der Schweiz beispielsweise vom Bund festgelegt wird. Aufgrund der stark gestiegenen Lebenserwartung ist dieser Umwandlungssatz in der Schweiz (auf unter 7 %) gesenkt worden. Natürlich gilt innerhalb einer Kasse mit bloss einigen hundert oder einigen tausend Aktiven und Rentnern das Gesetz der grossen Zahl nicht. Aber über die Jahre hinweg gleichen sich überdurchschnittlich kurze Rentenbezüge und Fälle mit überdurchschnittlich langer Bezugsdauer einigermassen aus.

Die Vielfalt der Systeme und die Komplexität der Fragestellung verlangt einerseits eine klare und umfassende Offenlegung der Systeme sowie der gewählten Parameter. Andererseits sind eine Vielzahl von Fragen bezüglich Bilanzierung und Bewertung zu lösen.

35.2 Bilanzierung und Bewertung bei der Arbeitgeberfirma

Beitragsorientierte Systeme, die über eine unabhängige Pensionskasse organisiert werden, reduzieren die Rechnungslegung beim Arbeitgeber auf die Erfassung der jährlichen Beiträge in der Erfolgsrechnung. Zusätzlich gilt es, allfällige Ausstände bis zur definitiven Abrechnung – die meist zeitlich um einige Wochen verzögert wird, bis alle Daten vorliegen – abzugrenzen und Verbindlichkeiten oder Forderungen der Arbeitgeberunternehmung gegenüber der Pensionskasse separat auszuweisen. Je nach Land gelten unterschiedliche Beschränkungen bezüglich Zulässigkeit bzw. Höhe von Darlehen der Vorsorgeeinrichtung an die Arbeitgeberfirma.

Leistungsorientierte Systeme mit Finanzierung innerhalb der Arbeitgeberfirma führen zum Ausweis von Rückstellungen für Altersvorsorge und – bei Ausscheiden entsprechender Vermögenswerte – auch zu einer Offenlegung der firmeneigenen Vermögensanlagen. Weil alles Teil des gleichen Unternehmens ist, ergibt sich dies ohne weitere Begründung unter anderem aus der Definition von Aktiven und Verbindlichkeiten.

Daneben gibt es auch **leistungsorientierte Systeme mit externer Finanzierung.** Weil – wie in allen leistungsorientierten Systemen der Altersvorsorge – das Ausfallrisiko für künftige Rentenzahlungen bei der Arbeitgeberfirma liegt, muss in der Darstellung der wirtschaftlichen Lage darauf Rücksicht genommen werden. Dies bedeutet in erster Linie, dass

- das Deckungskapital im Zeitpunkt der Rechnungslegung als Rückstellung für Altersvorsorge ausgewiesen und der Betrag auch aufgrund der aktuellen und erwarteten Entwicklung angepasst werden muss,
- die Entwicklung von Erträgen und Werten der Finanzanlagen für die Altersvorsorge berücksichtigt werden muss. Weil die Vermögenserträge auf den «angesparten» Geldern zur Finanzierung der Renten dienen, reduzieren laufende Erträge sowie Kurssteigerungen auf den Kapitalanlagen, die über den geplanten oder angenommenen Ansätzen liegen, letztlich den Aufwand der Arbeitgeberfirma für die Altersvorsorge, denn in den leistungsorientierten Systemen sind allfällige Beiträge der Arbeitnehmer festgeschrieben, jene der Arbeitgeber dagegen sind naturgemäss variabel. In guten Zeiten können sich die rechnerisch ermittelten Aufwendungen für den Arbeitgeber massiv reduzieren. Sinken aber Renditen und Kurse, fällt der ganze Verlust auf den Arbeitgeber zurück.

Daher müssen auch Arbeitgeber mit einem leistungsorientierten, extern finanzierten Altersvorsorgesystem die Auswirkungen der Vermögensanlage in der unabhängigen Pensionskasse beachten. Allfällige Unterdeckungen aus ungenügender Rendite führen in jedem Falle, unabhängig vom konkreten System, zu einer Erhöhung des Aufwandes für den Arbeitgeber und erhöhen die Rückstellung für Altersvorsorge zu dessen Lasten. Fallen während Jahren hohe Überschüsse beispielsweise wegen einer Aktienhausse an, verbessert dies die Ausgangslage für die Arbeitgeber. Allerdings ist die Nutzung solcher Überschüsse in unabhängigen Vorsorgeeinrichtungen national sehr unterschiedlich geregelt. In der Schweiz beispielsweise steht aufgrund von Gesetz und Praxis der Aufsichtsbehörden wohl nur die Möglichkeit offen, unter vielerlei Auflagen die Beiträge zugunsten der Arbeitgeberfirma sowie der Arbeitnehmer für ein bis maximal drei Jahre zu reduzieren oder gar ganz ausfallen zu lassen. Der Barwert der entsprechenden Einsparungen kann als Vermögenswert im Sinne der Definition von Aktiven qualifiziert und bilanziert werden. Vernünftiger wäre aber der Verzicht auf eine solche Aktivierung und die Beschränkung auf Offenlegung der Verhältnisse im Anhang. Weil der Nutzen, d.h. die Reduktion der Arbeitgeberbeiträge, nur anfällt, wenn tatsächlich Arbeitnehmer beschäftigt werden, verpufft ein solcher Vermögenswert über Nacht im Falle eines Unternehmenszusammenbruches. Die Frage der Unternehmensfortführung wird aber in der Rechnungslegung in der Regel nur auf einen Zeitraum von 12 Monaten, d.h. bis zur nächsten Jahresberichterstattung geprüft. Genau an diesen Zusammenhängen scheiterte unter anderem die Rechnungslegung der Swissair (SAirGroup): Ein gutes Jahr vor ihrem Zusammenbruch hatte sie rund eine Milliarde Schweizer Franken an Überschüssen aus ihren Vorsorgeeinrichtungen mit Blick auf mögliche künftige Beitragsreduktionen aktiviert und damit die Eigenkapitalquote von einer schwarzen Null auf rund zehn Prozent erhöht. Mit Eröffnung des Nachlasses (und der damit verbundenen Entlassung des Personals) verlor das Aktivum «Pensionskassenüberschüsse» seinen Wert.

35.3 Offenlegung

Sowohl für die Erstellung als auch die Analyse des Jahresabschlusses ist es wichtig, das Vorsorgesystem genau zu umschreiben (vgl. ▶ Abb. 249). Dies ermöglicht die Qualifikation entweder als beitragsorientiertes (und somit eher unproblematisches) oder als leistungsorientiertes System (mit vielen Implikationen auch für die Rechnungslegung).

In Konzernverhältnissen gilt es, die unterschiedlichen nationalen Systeme sowie Varianten in einzelnen Teilbereichen den verschiedenen Vorsorgekonzepten zuzuordnen sowie die entsprechenden Daten zusammenzufassen.

Für beitragsorientierte Systeme reduziert sich die Pflicht zur Offenlegung seitens der Arbeitgeberfirma auf die Höhe der geleisteten Beiträge. Alle anderen Fragen sind in der Rechnungslegung der Vorsorgeeinrichtung (Pensionskasse) anzugehen (vgl. ▶ Abb. 250).

Kapitel 35 Altersvorsorge

Personalvorsorge

Im Konzern bestehen im Einklang mit den entsprechenden landesrechtlichen Vorschriften Pensionspläne für Mitarbeiter. Diese sind mehrheitlich vom Konzern finanziell unabhängige Einrichtungen und Stiftungen, die teils nach dem Beitragsprimat, teils nach dem Leistungsprimat ausgestaltet sind. Die Finanzierung erfolgt in der Regel durch Arbeitnehmer- und Arbeitgeberbeiträge. Bei Vorsorgeeinrichtungen mit Beitragsprimat werden die geleisteten bzw. geschuldeten Arbeitgeberbeiträge erfolgswirksam erfasst. Bei Vorsorgeeinrichtungen mit Leistungsprimat wird der Barwert der erwarteten Ansprüche (Defined Benefit Obligation) nach der Projected-Unit-Credit-Methode ermittelt. Alle wesentlichen Verpflichtungen und die zu deren Deckung dienenden Aktiven werden jährlich ermittelt. Die Vorsorgekosten, die mit der Arbeitsleistung der Berichtsperiode zusammenhängen (Current Service Cost), werden erfolgswirksam erfasst. Die die vergangene Arbeitsleistung betreffenden Vorsorgekosten, die auf neue oder verbesserte Vorsorgeleistungen zurückzuführen sind (Past Service Cost), werden linear bis zum Zeitpunkt der Anspruchsberechtigung über den Personalvorsorgeaufwand erfasst. Versicherungstechnische und Anlage-Gewinne und -Verluste aus den periodischen Neuberechnungen werden linear über die durchschnittliche Restdienstzeit erfolgswirksam erfasst, soweit sie 10% des höheren Betrags von Vermögen und Vorsorgeverpflichtung überschreiten. Die sich aus diesen Berechnungen per Bilanzstichtag ergebenden Defizite werden über diesen Mechanismus zurückgestellt. Vorausbezahlte Beiträge (Arbeitgeberbeitragsreserven) werden unter den übrigen Finanzanlagen bilanziert. Andere Personalvorsorgeüberdeckungen werden nur aktiviert, wenn sie dem Konzern in Form von zukünftigen Beitragsrückzahlungen oder -reduktionen tatsächlich zur Verfügung stehen.

▲ Abb. 249 Grundsätze der Erfassung von Personalvorsorgeleistungen (Georg Fischer, Geschäftsbericht 2002, S. 54)

2) Personalaufwand		
CHF in Tausend	2002	2001
Löhne und Gehälter	108 383	100 334
Personalvorsorgekosten		
für leistungsorientierte Pläne	(42)	(371)
für beitragsorientierte Pläne	9 031	7 046
Sozialversicherungsbeiträge	11 785	11 084
Übriger Personalaufwand	8 048	9 763
Total Personalaufwand	**137 205**	**127 856**
Durchschnittliche Zahl der beschäftigten Mitarbeiter (Stellen):	**1 273**	**1 173**
Personalbestand per 31.12. (Stellen)	**1 286**	**1 215**
Durchschnittliche Personalkosten pro Stelle	**107**	**109**

▲ Abb. 250 Offenlegung des Personalaufwands für beitragsorientierte Pläne (Unique, Geschäftsbericht 2002, S. 58)

Bei den leistungsorientierten Systemen sind dagegen folgende Informationen gefordert (vgl. ▶ Abb. 251 bis 253):

- Vermögenswerte (Anlagen im Rahmen der Altersvorsorge) und deren Entwicklung,
- Deckungskapital und dessen Entwicklung sowie für die Berechnung des Deckungskapitals getroffene Annahmen,
- Zusammensetzung des Aufwandes, der sich unter Berücksichtigung der einzelnen Komponenten für die Arbeitgeberfirma in der Geschäftsperiode ergab.

Ansprüche und Vermögen zum Bilanzstichtag				
Mio. CHF	2002		2001	
	Total	davon Schweiz	Total	davon Schweiz
Barwert der Vorsorgeansprüche	–1 456	–1 239	–1 660	–1 377
Ausgeschiedenes Vermögen zu Verkehrswerten	1 157	1 087	1 462	1 365
Unterdeckung	**–299**	**–152**	**–198**	**–12**
Überleitung zur Konzernbilanz:				
Kumulierte Anlage- und versicherungstechnische Verluste, netto (nicht bilanzierte Unterdeckung)	**–181**	**–163**	**–5**	**–23**
Bilanzierte Über-/(Unter)deckung	**–118**	**11**	**–193**	**11**

▲ Abb. 251 Höhe der Vermögenswerte (Georg Fischer, Geschäftsbericht 2002, S. 61)

Nachweis der bilanzierten Über-/(Unter)deckung für Leistungsprimatspläne (exkl. Darlehensschulden):				
Mio. CHF	2002		2001	
	Total	davon Schweiz	Total	davon Schweiz
Bilanzierte Über-/(Unter)deckung am 1. Januar	–115	11	–73	13
Personalvorsorgekosten netto	–17	–9	–28	
Arbeitgeberbeiträge	24	15	61	16
Nicht aktivierbare Mehreinzahlungen durch Arbeitgeber	–7	–6	–33	–16
Verwendung von Arbeitgeberbeitragsreserven				–2
Ausbezahlte Leistungen	9		2	
Veränderung Konsolidierungskreis	35		–46	
Umrechnungsdifferenzen	3		2	
Bilanzierte Über-/(Unter)deckung am 31. Dezember	**–68**	**11**	**–115**	**11**
Versicherungstechnische Annahmen				
in %			2002	2001
Diskontierungssatz			4–6.5	4–7
Erwartete Rendite auf dem ausgeschiedenen Vermögen			4–6	4–7
Erwartete Salärsteigerungsraten			2–3	2–3
Erwartete Rentensteigerungsrate			1–2	1–3

▲ Abb. 252 Entwicklung des Deckungskapitals (Georg Fischer, Geschäftsbericht 2002, S. 62)

Kapitel 35 Altersvorsorge

Der Personalvorsorgeaufwand setzt sich wie folgt zusammen:

Mio. CHF	Total	2002 davon Schweiz	Total	2001 davon Schweiz
Personalvorsorgekosten der Leistungsprimatspläne				
Zuwachs der Ansprüche laufendes Jahr	39	34	45	35
Nachverrechnete Ansprüche der Vorjahre			16	
Zinsaufwand	59	48	69	56
Erwartete Rendite auf ausgeschiedenem Vermögen	−68	−61	−90	−80
Auswirkungen v. Frühpensionierungen, Kürzungen, Teilliquidationen				
Personalvorsorgekosten brutto	30	21	40	11
Abzüglich Arbeitnehmerbeiträge	−13	−12	−12	−11
Personalvorsorgekosten netto	17	9	28	
Nicht aktivierbare Mehreinzahlungen durch Arbeitgeber	7	6	33	16
Im Aufwand erfasste Personalvorsorgekosten	24	15	61	16
Personalvorsorgekosten der Beitragsprimatspläne[1)]	17		15	
Personalvorsorgeaufwand Konzern	41	15	76	16

1) In 2002 inkl. anteiliger Personalvorsorgeaufwand von Coperion in Höhe von CHF 5.7 Mio.

▲ Abb. 253 Zusammensetzung des Personalvorsorgeaufwands (Georg Fischer, Geschäftsbericht 2002, S. 62)

35.4 Analyse

Die Bezeichnungen leistungs- oder beitragsorientierte Systeme verdeutlichen nicht unmittelbar, dass es letztlich bei der Analyse um die Frage geht, **wer das Risiko für die Auszahlung der künftigen Renten trägt.** Bei den beitragsorientierten Vorsorgesystemen liegt das Ausfallrisiko für Rentenzahlungen bei den Versicherten, den heutigen sowie den künftigen Rentnern. Die Auszahlungen für den Ruhestand werden finanziert durch die vereinbarten Beiträge und die – durch die zwischenzeitliche Anlage der Gelder – darauf erwirtschafteten Erträge. In den leistungsorientierten Konzepten dagegen muss die Arbeitgeberfirma allfällige Deckungslücken finanzieren.

Weil die Rückstellungen für Altersvorsorge (Gegenwert der «Guthaben» der Begünstigten) verzinst werden müssen, sind sie eigentlich den Finanzverbindlichkeiten zuzuordnen. Allerdings handelt es sich in gewissem Sinne um eine «Anleihe ohne Fälligkeit», da sich der Betrag aufgrund der Beschäftigung immer neuer Mitarbeiter laufend erneuert.

35.5 Relevante Standards
35.5.1 IAS

IAS 19 Par. 46 (Beitragsorientierte Pläne – *Defined Contribution Plans*)

«Der als Aufwand für einen beitragsorientierten Versorgungsplan erfasste Betrag ist im Abschluss des Unternehmens anzugeben.»

IAS 19 Par. 120 (Leistungsorientierte Pläne – *Defined Benefit Plans*)

«Ein Unternehmen hat die folgenden Angaben für leistungsorientierte Pläne zu machen:

a. die vom Unternehmen angewandte Methode zur Erfassung versicherungsmathematischer Gewinne und Verluste,
b. eine allgemeine Beschreibung der Art des Plans,
c. eine Überleitung zu den in der Bilanz erfassten Aktiv- und Schuldenposten, wobei mindestens zu zeigen sind:
   i. der zum Bilanzstichtag ermittelte Barwert der nicht über einen Fonds finanzierten leistungsorientierten Verpflichtungen,
   ii. der zum Bilanzstichtag ermittelte Barwert (vor Abzug des beizulegenden Zeitwerts des Planvermögens) der ganz oder teilweise über einen Fonds finanzierten leistungsorientierten Verpflichtungen,
   iii. der beizulegende Zeitwert eines etwaigen Planvermögens zum Bilanzstichtag,
   iv. der Saldo der noch nicht in der Bilanz erfassten versicherungsmathematischen Gewinne oder Verluste (siehe Par. 92),
   v. der noch nicht in der Bilanz erfasste nachzuverrechnende Dienstzeitaufwand (siehe Par. 96),
   vi. jeden aufgrund der Begrenzung des Par. 58(b) nicht als Vermögenswert erfassten Betrag,
   vii. die in der Bilanz erfassten Beträge,
d. die im beizulegenden Zeitwert des Planvermögens enthaltenen Beträge für:
   i. jede Kategorie von eigenen Finanzinstrumenten des berichtenden Unternehmens und
   ii. alle selbstgenutzten Immobilien oder andere vom berichtenden Unternehmen genutzten Vermögenswerte,
e. eine Überleitung, die die Entwicklung der bilanzierten Nettoschuld (oder des bilanzierten Nettovermögens) in der Periode zeigt,

f. die gesamten in der Gewinn- und Verlustrechnung erfassten Beträge für jede der folgenden Komponenten sowie der jeweilige Posten, unter dem sie in der Gewinn- und Verlustrechnung ausgewiesen sind:
   i. laufender Dienstzeitaufwand,
   ii. Zinsaufwand,
   iii. erwartete Erträge aus Planvermögen,
   iv. versicherungsmathematische Gewinne und Verluste,
   v. nachzuverrechnender Dienstzeitaufwand, und
   vi. Auswirkungen von Plankürzungen oder -abgeltungen,
g. die tatsächlichen Erträge aus Planvermögen und
h. die wichtigsten zum Bilanzstichtag verwendeten versicherungsmathematischen Annahmen, einschliesslich, sofern zutreffend:
   i. der Abzinsungssätze,
   ii. der erwarteten Renditen auf das Planvermögen für die im Abschluss dargestellten Berichtsperioden,
   iii. der erwarteten Lohn- oder Gehaltssteigerungen (und Änderungen von Indizes oder anderer Variablen, die nach den formalen oder faktischen Regelungen eines Planes als Grundlager für Erhöhungen künftiger Leistungen massgeblich sind),
   iv. der Kostentrends im Bereich der medizinischen Versorgung und
   v. aller anderen verwendeten wesentlichen versicherungsmathematischen Annahmen.

Jede versicherungsmathematische Annahme ist in absoluten Werten anzugeben (z.B. als absoluter Prozentsatz) und nicht nur als Spanne zwischen verschiedenen Prozentsätzen oder anderen Variablen.»

35.5.2 Swiss GAAP FER

FER 16/3

«Bezahlt ein Unternehmen festgelegte Beiträge an eine Vorsorgeeinrichtung oder für einen Vorsorgeplan und ist es weder gesetzlich, reglementarisch, vertraglich oder aufgrund von Beschlüssen noch durch eigenes konkludentes Verhalten verpflichtet, weitergehende Beiträge zu leisten, falls die Vorsorgeeinrichtung oder der Vorsorgeplan nicht über genügende Vermögenswerte verfügt, so liegt ein beitragsorientierter Vorsorgeplan (defined contribution plan) vor. Alle anderen Vorsorgepläne werden als leistungsorientierte Vorsorgepläne (defined benefit plan) bezeichnet.»

FER 16/10

«Bei leistungsorientierten Vorsorgeplänen (defined benefit plans) können die reglementarischen Arbeitgeberbeiträge und der Aufwand des Unternehmens aus Vorsorgeverpflichtungen voneinander abweichen. Diese aktiven oder passiven Differenzbeträge sind in der Bilanz zu erfassen. Diese dürfen nur innerhalb eines Vorsorgeplanes bzw. einer Vorsorgeeinrichtung (allenfalls unter Einbezug einer patronalen Stiftung) verrechnet werden. Ein aktiver Betrag muss für leistungsorientierte Vorsorgepläne in der Bilanz erfasst oder im Anhang offen gelegt werden, wenn es zulässig ist, diesen

- zur Senkung der Arbeitgeberbeiträge einzusetzen,
- für einen anderen wirtschaftlichen Nutzen des Arbeitgebers zu verwenden oder
- aufgrund der lokalen Gesetzgebung dem Arbeitgeber zurückzuerstatten.

In der Bilanz zu aktivieren oder im Anhang auszuweisen ist der Barwert der Summe, welche sich aus der Senkung der Beiträge bzw. Erhöhung der Leistungen unter Berücksichtigung allfälliger gesetzlicher Regelungen ergibt. Ein passiver Betrag muss für leistungsorientierte Vorsorgepläne in jedem Fall bilanziert werden.»

FER 16/13

«Der Anhang legt die wesentlichen Merkmale der Vorsorgepläne und -einrichtungen sowie die der Berechnung zugrunde gelegten Annahmen zusammengefasst offen, insbesondere

- den Teilnehmerkreis und die Anspruchsberechtigungen,
- die Methoden und die Periodizität der Berechnung der Vorsorgeverpflichtung samt den zugrunde gelegten Annahmen und die quantitativen Auswirkungen von wesentlichen Änderungen einschliesslich erwarteter Rendite,
- den jährlichen Aufwand des Unternehmens aus Vorsorgeverpflichtungen,
- den nicht aktivierten Betrag gemäss Ziffer 10,
- den Arbeitnehmerbeitrag oder den reglementarischen Minimalbeitrag des Arbeitgebers, sofern einer dieser Beträge grösser ist als der Aufwand des Unternehmens aus Vorsorgeverpflichtungen,
- die Über- und Unterdeckungen der Vorsorgeverpflichtungen im Vergleich mit den Aktiven abzüglich übrige Passiven (ohne Vorsorgeverpflichtungen) der Vorsorgepläne und -einrichtungen je insgesamt,
- allfällige Arbeitgeberbeitragsreserven.

Arbeitgeberbeitragsreserven dürfen nur bei leistungsorientierten Vorsorgeplänen in der Bilanz aktiviert werden.»

> **FER 16/14**
> «Bei beitragsorientierten Vorsorgeplänen ist der Arbeitgeberbeitrag unverändert als Aufwand des Unternehmens aus Vorsorgeverpflichtungen zu übernehmen.»

35.6 Übungen

Übungsfragen

1. Welche Offenlegungspflichten sind im Konzernabschluss für leistungs- bzw. beitragsorientierte Vorsorgesysteme zu beachten?
2. Geben Sie einen Überblick über die Ausgestaltungsvarianten der betrieblichen Altersvorsorge auf der Basis interner oder externer Geldanlageformen.
3. Worin besteht der Hauptunterschied zwischen beitrags- und leistungsorientierten Vorsorgesystemen?
4. Welche Voraussetzungen müssen gegeben sein, damit eine extern geführte Finanzierung des Altersvorsorgesystems als beitragsorientiert qualifiziert wird?
5. Welche Handlungen seitens der Arbeitgeberfirma können die rechtliche und vertragliche bzw. reglementarische Ausgangslage unterlaufen und zu einer Umqualifizierung als leistungsorientiertes System führen?
6. Welche Parameter beeinflussen bei leistungsorientierten Systemen die Berechnung des Barwertes der künftigen Rentenzahlungen?
7. Welche Faktoren können für die Entstehung von Deckungslücken verantwortlich sein? Unterscheiden Sie bei Ihrer Antwort leistungs- von beitragsorientierten Systemen.
8. Erklären Sie, warum es zu einer Aktivierung von Überschüssen externer Pensionskassen in der Bilanz des Arbeitgebers kommen kann.
9. Wie ist die Aktivierung von Überschüssen in einer unabhängigen Vorsorgeeinrichtung (Pensionskasse) in der Bilanz des Arbeitgebers zu beurteilen? Gibt es Unterschiede – beispielsweise für Unternehmen mit Sitz in der Schweiz – zwischen der Rechnungslegung im Einzelabschluss und jener im Konzernabschluss? Welche Risiken bestehen im Falle der Aktivierung?
10. Welches sind die wichtigsten Kriterien für die Unterscheidung der verschiedenen Vorsorgesysteme?

Übungsaufgaben

11. Betrachten Sie folgenden Auszug aus dem Konzernabschluss der Lufthansa für das Jahr 2002:

> **Pensionsrückstellungen**
> Für Mitarbeiter im Inland sowie für die ins Ausland entsandten Mitarbeiter bestehen betriebliche Altersversorgungszusagen. Für Mitarbeiter, die vor 1995 in den Konzern eingetreten sind, wird die Gesamtversorgungszusage der Versorgungsanstalt des Bundes und der Länder als Betriebsrentenzusage fortgeführt. Mitarbeitern des Bordpersonals ist zusätzlich eine Übergangsversorgung für den Zeitraum ab Beendigung des fliegerischen Beschäftigungsverhältnisses bis zum Einsetzen der gesetzlichen/betrieblichen Altersversorgung zugesagt. In beiden Fällen hängen die zugesagten Leistungen vom Endgehalt vor dem Ausscheiden ab (Endgehaltspläne).

▲ Abb. 254 Angaben zur Altersvorsorge (Lufthansa, Geschäftsbericht 2002, S. 147)

    a. Handelt es sich aufgrund der gezeigten Beschreibung um einen leistungs- oder einen beitragsorientierten Vorsorgeplan?
    b. Welche versicherungsmathematischen Annahmen sind zur Berechnung der Rückstellungshöhe von besonderer Relevanz und müssen daher beispielsweise nach IAS 19 Par. 120 h) im Anhang offen gelegt werden?

12. Betrachten Sie folgenden Auszug aus dem Finanzbericht von Hilti:

> Die betriebliche **Personalvorsorge** im Konzern besteht aus verschiedenen Vorsorgeplänen, deren Teilnehmerkreis und Anspruchsberechtigung sich nach den örtlichen Verhältnissen und der Praxis in den entsprechenden Ländern richten. Bei beitragsorientierten Vorsorgeplänen entspricht der Periodenaufwand den Arbeitgeberbeiträgen. Im Fall von leistungsorientierten Vorsorgeplänen werden die Vorsorgeverpflichtungen durch versicherungstechnische Gutachten nach dem Anwartschaftsbarwertverfahren (accrued benefit valuation method) ermittelt. Das Vorsorgevermögen wird zum Markt- bzw. Verkehrswert bewertet. Eine gänzliche Neuberechnung erfolgt mindestens alle 3 Jahre durch unabhängige Versicherungsexperten. Sich ergebende Unterdeckungen werden als Rückstellung in der Konzernrechnung ausgewiesen. Überdeckungen werden aktiviert, wenn sie zur Senkung zukünftiger Beiträge eingesetzt, an den Arbeitgeber zurückbezahlt oder für einen anderen wirtschaftlichen Nutzen verwendet werden können.

Überleitung der in der Bilanz ausgewiesenen Vermögenswerte und Verbindlichkeiten:	
(in Mio. CHF)	2002
Barwert der Vorsorgeverpflichtungen	(526.1)
Vermögenswerte zu Marktwerten	560.0
Überschüsse der Vorsorgeverpflichtungen	33.9

▲ Abb. 255 Angaben zur Altersvorsorge (Hilti, Finanzbericht 2002, S. 8 und 21)

    a. Welcher Betrag kann aufgrund der gezeigten Überdeckung des Vorsorgeplans im Rahmen der Rechnungslegungsgrundsätze von Hilti aktiviert werden?
    b. Halten Sie die Aktivierung von Arbeitgeberüberschüssen für sinnvoll? Diskutieren Sie ihre Überlegungen.

Kapitel 36

Transaktionen mit nahe stehenden Personen

Lernziele

- Definition für nahe stehenden Personen
- Problematik von Transaktionen mit nahe stehenden Personen
- Typische Transaktionen mit den wichtigsten Gruppen von nahe stehenden Personen
- Offenlegungsbedarf
- Zusammenhang mit Forderungen bezüglich Corporate Governance

36.1 Definitionen und Bestimmungen

Normalerweise darf davon ausgegangen werden, dass Entscheidungsträger in einem Unternehmen auch in Angelegenheiten, die sie persönlich betreffen, das Interesse des Gesamtunternehmens in den Vordergrund stellen. Zudem gehört zu einer ordnungsgemässen Organisation von Unternehmen auch ein System der internen Kontrolle (IKS, internes Kontrollsystem), das über Regelungen wie Kollektivunterschrift bzw. Vieraugenprinzip, Visierungspflicht für Zahlungen von Spesen oder Lieferantenrechnungen und mit Hilfe von Geschäftsreglementen die Kompetenzen ordnet. Allerdings kommt es immer wieder vor, dass im Rahmen solcher Regelungen Mitgliedern der Geschäftsleitung besondere Vergünstigungen gewährt werden. So durfte der langjährige CEO von General Electric, Jack Welch, über seine Pensionierung hinaus auf Geschäftskosten mehrere Wohnungen privat nutzen; Gleiches galt für Firmenflugzeuge, für Haushaltpersonal und Fahrzeuge. Nur über Indiskretionen im Rahmen seiner Scheidung kamen diese unglaublichen Missbräuche und Begünstigungen zulasten der Investoren in die Medien. Der Gründer des einstigen Vorzeigeunternehmens WorldCom, Bernie Ebbers, wiederum liess sich eine private Ranch sowie Aktienkäufe in Höhe mehrerer hundert Millionen US-Dollar über Firmendarlehen finanzieren. Und der einstige Starmanager von ABB, Percy Barnevik, liess sich als Altersvorsorge einen Betrag von rund 148 Mio. CHF bar auszahlen (er zahlte später etwa 90 Mio. CHF zurück).

Mitglieder der Geschäftsführung bzw. des Aufsichts- oder Verwaltungsrates ebenso wie wichtige Aktionäre können – wie die Beispiele zeigen – im Einzelfall aufgrund ihrer Stellung im Unternehmen Entscheidungen zu Transaktionen beeinflussen, die sie persönlich betreffen. Die Auswirkungen können sich direkt auf diese Entscheidungsträger auswirken, wenn beispielsweise für ein gewährtes Darlehen ein überhöhter Zins gutgeschrieben oder ein unüblich hohes Gehalt ausbezahlt wird. Auch indirekte Auswirkungen stehen zur Diskussion. So kann in einer Familienaktiengesellschaft der Hauptaktionär bestimmte Dienstleistungen zu überhöhten Preisen von einem Unternehmen beziehen, das einer Person aus seinem engeren Familienkreis gehört (z. B. seiner Gattin).

Zumindest in Publikumsgesellschaften muss durch Transparenz in der Berichterstattung über Transaktionen mit nahe stehenden Personen jeglicher Anschein der unzulässigen Begünstigung dieser Leute vermieden werden. Daher sehen die meisten Standards die Offenlegung solcher kritischer Beziehungen oder zumindest Angaben über effektiv abgewickelte Transaktionen mit nahe stehenden Personen vor.

Folgende Grundsätze sind wichtig und die darin enthaltenen Begriffe somit näher zu definieren:

- Transaktionen mit nahe stehenden Personen sind nach gleichen Bedingungen abzuwickeln wie vergleichbare Vorgänge zwischen dem Unternehmen und echten Dritten.
- Kontrollieren (beherrschen) nahe stehende Personen ein Unternehmen, d. h. können sie ihre Entscheidungen auch effektiv durchsetzen, so ist diese Beziehung – unabhängig davon, ob Transaktionen zwischen dem Unternehmen und diesen Personen stattgefunden haben – für die Beurteilung des Unternehmens durch Aussenstehende wichtig und somit offen zu legen.

Als **nahe stehende Person** gilt in der Regel «wer direkt oder indirekt einen bedeutenden Einfluss auf finanzielle oder operative Entscheidungen des Unternehmens» ausüben kann. Dies ist aufgrund der Stellung innerhalb eines Unternehmens, insbesondere für Mitglieder von Aufsichts- bzw. Verwaltungsrat und Geschäftsleitung der Fall (Swiss GAAP FER 15/1).

Ein **bedeutender Einfluss** *(significant influence)* bedingt keine Kontrolle oder Beherrschung des fraglichen Unternehmens, also insbesondere keine Stimmenmehrheit. Mitglieder der obersten Geschäftsleitung oder des Aufsichts- bzw. Verwaltungsrates haben in der Regel die Möglichkeit, auf die Entscheidungsfindung im Sinne dieser Überlegungen einzuwirken. Gleiches gilt für bedeutende Aktionäre. Halten diese 20% oder mehr der Stimmrechte an einer Gesellschaft, gilt die – widerlegbare – Vermutung der Möglichkeit einer bedeutenden Einflussnahme durch sie auf die Entscheidungsfindung des fraglichen Unternehmens. Widerlegbar ist die Vermutung der bedeutenden Einflussnahme teilweise auch für Aufsichts- oder Verwaltungsräte bzw. Mitglieder des Managements (so z.B. gemäss Swiss GAAP FER 15/9).

Transaktionen sind – wie dies auch für andere Fragen der Rechnungslegung gilt – als Übertragung von Vermögenswerten *(resources)* oder Verpflichtungen *(obligations)* zu verstehen, und zwar unabhängig davon, ob dafür ein Preis oder der Tausch mit anderen Vermögenswerten bzw. Verpflichtungen vereinbart worden ist oder nicht (vgl. ▶ Abb. 256). Vielfach erfolgen solche Leistungen bewusst ohne Entgelt. So kann ein Unternehmen dem von seinem Verwaltungsratspräsidenten kontrollierten Produktionsbetrieb die Nutzung von Erkenntnissen der eigenen, kostenintensiven Forschung einräumen. Es gelten hier die gleichen Anhaltspunkte, die sich bei Anwendung der modernen Definition für Aktiven und Verbindlichkeiten in der Rechnungslegung ergeben. Das Vorliegen eines Vermögenswertes, eines künftigen Nutzens oder eben des Barwertes eines künftigen Geldzuflusses ist ein Element der Definition von Aktiven. Und das Vorliegen einer

---

IAS 24 Par. 19
«Im Folgenden werden Beispiele für Situationen genannt, in denen Geschäftsvorfälle mit nahe stehenden Unternehmen und Personen zu Angaben durch das berichtende Unternehmen in der Periode führen können, die sie betreffen:
- Käufe oder Verkäufe von (fertigen oder unfertigen) Gütern,
- Käufe oder Verkäufe von Grundstücken, Bauten und anderen Vermögenswerten,
- geleistete oder bezogene Dienstleistungen,
- Handelsvertreterverträge,
- Leasingvereinbarungen,
- Transfer von Dienstleistungen im Bereich Forschung und Entwicklung,
- Lizenzvereinbarungen,
- Finanzierungen (einschliesslich Darlehen und Kapitaleinlagen in Form von Bar- und Sacheinlagen),
- Bürgschaften und Sicherheiten und
- Verträge des Management.»

Swiss GAAP FER 15/11 ergänzt unter anderem:
- «Garantien und Sicherheiten
- Liegenschaftstransaktionen mit eigenen Vorsorgeeinrichtungen»

▲ Abb. 256 Beispiele für relevante Transaktionen gemäss IAS und Swiss GAAP FER

Verpflichtung wiederum ist Wesensmerkmal der Verbindlichkeiten. Die Verpflichtung ist die Grundlage für den künftigen Geldabfluss. In der Praxis stehen Zahlungen aller Art unter dem Stichwort «Entlöhnung» sowie Darlehensfinanzierungen (direkt oder indirekt) zugunsten von Führungspersonen im Vordergrund.

Wer einen bedeutenden Einfluss auf ein Unternehmen ausübt, kann selber den Preis für Transaktionen beeinflussen. Aufgrund der ihm gegenüber bestehenden Abhängigkeit anderer Entscheidungsträger ist auch für den Fall, dass er bei der Entscheidungsfindung in den Ausstand tritt, eine objektive Preisfindung möglicherweise schwierig. Und auch wenn diese Fragen nach bestem Wissen und Gewissen beantwortet werden, ist für Aussenstehende zumindest der Anschein einer nicht unabhängigen, unbefangenen Entscheidungsfindung nicht von der Hand zu weisen. Diese besondere Konstellation (vgl. ▶ Abb. 257) führt zur Forderung nach Offenlegung.

Liegt ein **Beherrschungsverhältnis** vor, sehen die meisten Standards zusätzliche Auflagen für die Berichterstattung vor. Beherrschung wird nach den gleichen Kriterien definiert, die auch für den Einbezug von Unternehmen in die Konsolidierung ausschlaggebend sind. Im Vordergrund steht die Stimmenmehrheit. Allenfalls genügt schon eine bedeutende Stimmkraft kombiniert mit anderen, statutarisch oder vertraglich verankerten Möglichkeiten der Einflussnahme – zum Beispiel über die Zusicherung einer Vertretung im Verwaltungsrat – auf die Entscheidungsfindung eines Unternehmens.

Besonderheiten der Transaktionen mit nahe stehenden Personen
- Andere Konditionen als für «unabhängige Dritte»
- Keine Verrechnung von Marktpreisen
- Direkte Einflussnahme der nahe stehenden Personen auf sie selber betreffende Entscheidungen

Notwendigkeit für eigenen Standard und Offenlegung von solchen Transaktionen
- Abweichung von marktüblichen Bedingungen
- Ausschluss von Lücken und Missbrauchsmöglichkeiten in der Rechnungslegung
- Verhinderung von Wirtschaftskriminalität

▲ Abb. 257 Kernprobleme bei der Durchführung von Transaktionen mit nahe stehenden Personen

36.2 Geschäftsbeziehungen ohne Auswirkungen bezüglich Offenlegung

Zuweilen können aufgrund rechtlicher oder wirtschaftlicher Rahmenbedingungen besonders enge Beziehungen zwischen Unternehmen und Geschäftspartnern oder Verbänden auftreten, die grundsätzlich (nach den vorstehend umschriebenen Kriterien) als Transaktionen mit nahe stehenden Personen qualifiziert werden könnten. So sind in Deutschland in grossen Unternehmen auch Gewerkschaften, nicht

Kapitel 36 Transaktionen mit nahe stehenden Personen

nur die unmittelbare Vertretung der Mitarbeiter, mit eigenen Leuten im (mitbestimmten) Aufsichtsrat aktiv. Entsprechend wären allfällige Beitragszahlungen offen zu legen. Auch Banken stellen – mit abnehmender Tendenz – zuweilen eigene Vertreter für den Aufsichts- bzw. Verwaltungsrat von Publikumsgesellschaften; kombiniert mit beispielsweise engen Kreditbeziehungen liesse sich durchaus über die Möglichkeit einer bedeutenden Einflussnahme solcher Banken beim berichterstattenden Unternehmen streiten.

Die meisten Standards schliessen aber in solchen Fällen das Bestehen einer qualifizierten Beziehung ausdrücklich aus.

In der Schweiz gibt auch die enge Beziehung zwischen den an sich selbstständigen Vorsorgeeinrichtungen (Pensionskassen) und der Arbeitgeberfirma Anlass zur Prüfung, ob diese in der Rechnungslegung als Transaktionen mit nahe stehenden Personen zu behandeln sind (vgl. ▶ Abb. 258). Die Beitragszahlungen und vor allem allfällige Verbindlichkeiten (oder Guthaben) gegenüber Vorsorgeeinrichtungen müssten im Anhang separat ausgewiesen werden. Allerdings regelt – zumindest bezüglich der Verbindlichkeiten – bereits der Gesetzgeber die Offenlegungsfrage verbindlich. Dort, wo die Bewertung oder Preisfestsetzung vom Verhandlungsergebnis der Beteiligten abhängt, beispielsweise wenn eine Pensionskasse eine betrieblich nicht mehr benötigte Liegenschaft der Arbeitgeberfirma erwirbt, liegt zweifelsohne eine Transaktion mit nahe stehenden Personen vor.

Der Konzern hat in der Vergangenheit Stiftungen zur Förderung der Arbeitnehmerwohlfahrt, der Mitarbeiterbeteiligung und für gemeinnützige Zwecke errichtet. Die Stiftungen für gemeinnützige Zwecke dienen der Förderung des Gesundheitswesens und der sozialen Entwicklung in Ländern, die stark vom agrarwirtschaftlichen Sektor abhängen. Diese Stiftungen sind autonom mit unabhängigen, für die Verwaltung der Stiftungen in Übereinstimmung mit Gesetz und Statuten verantwortlichen Stiftungsräten. Die Mitarbeiterbeteiligungsstiftung wurde nicht konsolidiert, da SIC 12 Vorsorgeeinrichtungen für pensionierte Mitarbeiter und Pläne für Kapitalbeteiligungsleistungen von der Konsolidierungspflicht ausnimmt. Am 31. Dezember 2002 enthielten die Vermögenswerte der Mitarbeiterbeteiligungsstiftung 95.1 Millionen Aktien der Novartis AG mit einem Marktwert von CHF 4.8 Milliarden. Am 31. Dezember 2001 waren 101.1 Millionen Aktien der Novartis AG mit einem Marktwert von CHF 6.1 Milliarden im Besitz dieser Stiftung. Diese Stiftung wird gemäss US GAAP konsolidiert und wird im US GAAP-Vergleich aufgeführt.

Im Jahr 2002 hat der Konzern diesen Stiftungen kurzfristige Darlehen im Betrag von CHF 875 Millionen gewährt und kurzfristige Darlehen im Betrag von CHF 3 Millionen von ihnen erhalten. Im Jahr 2001 gewährte der Konzern kurzfristige Darlehen im Betrag von CHF 1 189 Millionen und erhielt kurzfristige Darlehen im Betrag von CHF 10 Millionen.

Überdies gibt es etwa zwanzig andere für gemeinnützige Zwecke errichtete Stiftungen, aus denen Novartis keinen wirtschaftlichen Nutzen zieht, weshalb sie nicht konsolidiert werden. Am 31. Dezember 2002 hielten diese Stiftungen ca. 6.1 Millionen Aktien der Novartis AG zum Anschaffungswert von ca. CHF 39 Millionen.

Die Erläuterungen 5, 25 und 26 enthalten weitere Kommentare über Beziehungen mit nahestehenden Unternehmen und Personen.

SIC: Standing Interpretation Committee des früheren IASC heute IASB bzw. dessen (fortlaufend nummerierte) Verlautbarungen zu konkreten Auslegungsfragen bezüglich der IAS.

▲ Abb. 258 Verhältnis zu unternehmenseigenen Stiftungen (Novartis, Geschäftsbericht 2002, S. 144)

Denn die Arbeitgeberfirma stellt die Hälfte der Mitglieder im Stiftungsrat der Pensionskasse und bestimmt aus diesem Kreis zusätzlich den Vorsitzenden. Selbstverständlich sind diese Personen gehalten, im Interesse der Pensionskasse und deren Begünstigten zu entscheiden. Gleichwohl bleibt die Tatsache, dass die Arbeitgeberfirma über ihre Vertretung im Leitungsorgan der Pensionskasse auf deren Entscheidungsfindung einen erheblichen Einfluss ausüben kann.

36.3 Bewertungsfragen

Die Problematik von Transaktionen mit nahe stehenden Personen ist in erster Linie eine Frage der Bewertung. Lange Zeit gaben sich Unternehmen daher damit zufrieden, im Anhang darauf hinzuweisen, für Geschäftsbeziehungen mit nahe stehenden Personen seien ausnahmslos Marktkonditionen ausschlaggebend. Betrachtet man als Beispiel eine Darlehensfinanzierung zugunsten eines Verwaltungsrates, erkennt man, wie nicht nur die Zinskonditionen – die problemlos an die für Dritte gültigen Sätze angepasst werden können – von Bedeutung sind. Vielmehr ist auch die Rückzahlung und damit die laufende Bewertung wichtig. Hier wäre ein Entgegenkommen durch Erneuerung des Kredites denkbar, wie sich dies im Beispiel WorldCom (siehe 36.1) gezeigt hat. Den Investoren ist mit Angaben zur Bewertung daher kaum gedient. Am einfachsten wäre es, solche Transaktionen generell zu vermeiden. Zumindest – und dies ist der heute anerkannte Ansatz der Rechnungslegung – sollten aber alle Transaktionen bzw. die resultierenden Vermögenswerte (wenn auch nicht einzeln, so doch insgesamt) offen gelegt werden.

36.4 Beherrschende Stellung

Die Rechnungslegung wählt bei Beherrschung eines Unternehmens durch eine andere Organisation mit der konsolidierten Rechnungslegung bereits einen speziellen Ansatz für die Berichterstattung. Konsequenterweise sollte auch zwischen bedeutender Einflussnahme ohne entsprechende Abstützung auf eine Stimmenmehrheit sowie der Beherrschung eines Unternehmens unterschieden werden. Die meisten Standards verlangen heute, dass solche Beziehungen in jedem Falle – also auch ohne Vorliegen von Transaktionen – offen gelegt werden. Das Risiko, das Ausmass und die Art allfälliger Transaktionen zwischen dem berichterstattenden Unternehmen und der nahe stehenden Person (von der es beherrscht wird) können jedenfalls von Aussenstehenden nur in voller Kenntnis dieser Beziehungen einigermassen zuverlässig abgeschätzt werden.

36.5 Bezüge, Finanzierung und Anteilsbesitz von Aufsichts- bzw. Verwaltungsräten oder Mitgliedern der Geschäftsleitung

Die Kritik an übermässigen Bezügen von Mitgliedern der Geschäftsleitung und des Verwaltungsrates, vor allem in amerikanischen Firmen, aber auch bei Vivendi in Frankreich oder der Credit Suisse, sowie an Abgangsentschädigungen, beispielsweise für Klaus Esser bei der deutschen Mannesmann-Gruppe, haben die bereits Mitte der 1990er Jahre geführten Diskussionen zur so genannten Corporate Governance neu entfacht. Dabei geht es um die Frage, durch welche Organisations- und Anreizstrukturen auf der obersten Leitungsebene ein ausgewogenes Verhältnis von Führung und Kontrolle erreicht werden kann. Ziel ist es, durch die Einrichtung effizienter Kontrollmechanismen die Interessen der Anteilseigner, aber auch jene anderer interessierter Kreise (Arbeitnehmer, Kunden, Gläubiger) zu schützen. Wesentliches Element der Corporate Governance (vgl. ▶ Abb. 259) ist die Gewährleistung einer entsprechenden Transparenz über die unternehmensinternen Führungs- und Kontrollstrukturen, die beispielsweise für Schweizer Publikumsgesellschaften durch die (im Jahre 2002 in Kraft getretene) Transparenzrichtlinie der SWX in früher nicht gekanntem Ausmass erweitert wurde.

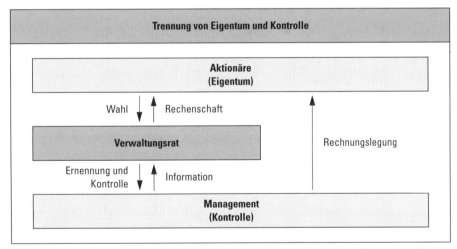

▲ Abb. 259 Trennung von Eigentum und Kontrolle als Ausgangsproblem der Corporate Governance

Name und Hauptfunktion	Jährliche Vergütung		Langfristige Vergütung				Total der Vergütung (CHF)[5]
	Gehalt (CHF)	Bonus in bar (CHF)	Gesperrte Aktien (Anzahl)[1]	Ungesperrte Aktien (Anzahl)[2]	Aktien-optionen (Anzahl)[3]	Andere Vergütungen (CHF)[4]	
Dr. Daniel Vasella Präsident & CEO	2 916 667		121 164	71 753	921 376	156 000	20 158 777
Dr. Urs Bärlocher Leiter Legal und General Affairs	660 000		13 328	6 625	101 352	156 000	2 437 088
Dr. Raymund Breu Chief Financial Officer	900 000		18 175	8 973	276 413	156 000	4 534 588
Dr. Paul Choffat Leiter Consumer Health	750 000					156 000	906 000
Thomas Ebeling Leiter Pharma	1 000 000	1 100 000	6 452	10 313	270 271	556 000	6 077 087
Norman C. Walker Leiter Human Resources	600 000		8 240	5 858	43 858	153 759	1 804 234

1 Gesperrte Aktien schliessen die gemäss Aktiensparplan zugeteilten Aktien ein.
2 Ungesperrte Aktien schliessen die gemäss Langzeit-Performance-Plan zugeteilten Aktien ein.
3 Die gewährten Aktienoptionen berechtigen zum Bezug einer Aktie pro Option. Der Schlusskurs der Aktie am Tag der Optionsvergabe betrug CHF 61.90, der Ausübungspreis CHF 62.00 pro Aktie. Die Optionen haben eine begrenzte Sperrfrist von zwei Jahren ab dem Tag der Zuteilung und laufen am 7. März 2011 aus. Berechnet nach der Black-Scholes Methode haben diese handelbaren Optionen einen Steuerwert von CHF 9.19.
4 Beträge beinhalten unter anderem Zahlungen an die Schweizer Kaderkasse, die auf dem Beitragsprimat beruht.
5 Die Gesamtvergütung wurde auf Basis der Steuerwerte der zugeteilten Aktien und Aktienoptionen berechnet.

▲ Abb. 260 Offenlegung von Managementvergütungen gemäss SWX-Transparenzrichtlinie (Novartis, Geschäftsbericht 2002, S. 77)

Die Offenlegung von (vgl. ◄ Abb. 260)

- Bezügen einschliesslich Gewinnbeteiligung,
- Optionsprogrammen und der daraus gehaltenen Anrechte,
- Aktienbezugsprogrammen und der daraus gehaltenen Aktien sowie von
- Darlehen und ähnlichen Finanzierungen

für sämtliche Mitglieder der Geschäftsleitung sowie des Aufsichts- bzw. Verwaltungsrates ist bei Publikumsgesellschaften wichtig im Hinblick auf die Möglichkeit der Mittelbeschaffung am Kapitalmarkt. Vielfach sind solche Finanzierungen – sei dies in Form von Eigen- oder Fremdkapital, beispielsweise Anleihen – günstiger als für private Gesellschaften über den normalen Kreditmarkt. Daher gibt es keine sachlichen Argumente gegen eine solche Pflicht zur Offenlegung für Publikumsgesellschaften. Weil aber einzelne Standards die Offenlegungspflicht für Bezüge aus normaler Tätigkeit von nahe stehenden Personen als Organe, somit insbesondere als Aufsichts- oder Verwaltungsräte, entweder ausgeschlossen oder zumindest nicht ausdrücklich erwähnt haben, wurde in den meisten Ländern diese Pflicht über Gesetze oder – wie im Fall der Schweiz – über Vorschriften der Börsen statuiert.

36.6 Offenlegung

Alle Angaben im Zusammenhang mit dem Problemkreis Transaktionen mit nahe stehenden Personen finden sich in der Regel im Anhang. Bilanz und teilweise Erfolgs- sowie Geldflussrechnung enthalten ebenfalls Informationen vor allem bezüglich Schuld- oder Forderungsverhältnisse beispielsweise mit verbundenen Unternehmen, nicht konsolidierten Tochtergesellschaften oder Minderheitsbeteiligungen. Das Finanzergebnis (Erfolgsrechnung) zeigt in der Regel separat den Gewinnanteil aus (nicht konsolidierten) Minderheitsbeteiligungen an anderen Tochtergesellschaften. In der Geldflussrechnung wird das Ergebnis aus nicht konsolidierten Beteiligungen unter Umständen ebenfalls separat ausgewiesen (vgl. ▶ Abb. 261).

	Siemens Welt	
	2002	2001
Mittelzuflüsse/-abflüsse aus laufender Geschäftstätigkeit		
Gewinn/Verlust (nach Steuern)	2 597	2 088
Überleitung zwischen Gewinn und Mittelzufluss/-abfluss aus laufender Geschäftstätigkeit		
Auf konzernfremde Gesellschafter entfallende Ergebnisanteile	29	−191
Abschreibungen	4 126	6 264
Latente Steuern	−191	36
Ergebnis aus dem Verkauf von Geschäftseinheiten und Sachanlagen und Gewinne aus der Ausgabe von Aktien assoziierter bzw. konsolidierter Konzernunternehmen	−1 610	−4 429
Ergebnis aus dem Verkauf von Finanzanlagen	−177	141
Gewinne aus dem Verkauf und der Übertragung wesentlicher Geschäftseinheiten		
Ergebnis aus dem Verkauf von Wertpapieren und ausserplanmässige Abschreibungen	4	−209
Equity-Ergebnisse abzüglich Dividenden	298	27
Abschreibungen auf erworbenes Know-how aus Entwicklungsprojekten		195
Veränderung bei kurzfristigen Vermögensgegenständen und Verbindlichkeiten		
Veränderung der Vorräte	1 349	−716
Veränderung der Forderungen aus Lieferungen und Leistungen	1 763	1 797
Veränderung des extern platzierten Forderungsvolumens	−503	866
Veränderung der Sonstigen kurzfristigen Vermögensgegenstände	1 213	−1 397
Veränderung der Verbindlichkeiten aus Lieferungen und Leistungen	−899	467
Veränderung der Rückstellungen	−575	629
Veränderung der Sonstigen kurzfristigen Verbindlichkeiten	−1 025	2 682
Sonderdotierung von Pensionsplänen	−1 782	
Veränderung der Sonstigen Vermögensgegenstände und Verbindlichkeiten	947	−1 234
Mittelzufluss/-abfluss aus laufender Geschäftstätigkeit	5 564	7 016

▲ Abb. 261 Auszug aus Geldflussrechnung mit Korrektur des Equity-Ergebnisses (Siemens, Geschäftsbericht 2002, S. 90)

Weitergehende Informationen finden sich in erster Linie im Anhang:

- Angaben zur Art der Transaktion, der Preisfindung sowie deren Volumen (allenfalls auch ausgedrückt als prozentualer Anteil an einer ausgewiesenen Grösse). Vgl. ▶ Abb. 262 betreffend Beratungsleistungen des Hauptaktionärs bei der Swatch Group.
- Ähnliche Transaktionen oder Positionen können zusammengefasst und als Ganzes ausgewiesen werden. Vgl. ▶ Abb. 263 bis 265 für Entschädigungen und Kredit an Organe.
- Beherrschungsverhältnisse sind offen zu legen, selbst wenn in der Berichtsperiode keine Transaktionen zwischen dem Unternehmen und diesen nahe stehenden Personen stattgefunden haben.
- Selbstverständlich kann man solche Informationen weglassen, wenn sie über die konsolidierte Rechnungslegung in der einen oder anderen Form vermittelt werden. Dies kann durch den Einbezug beherrschter Gesellschaften in die eigene Konzernrechnung erfolgen oder durch Vorlage der konsolidierten Rechnungslegung der eigenen Muttergesellschaft. Damit entfällt die Pflicht, im Einzelabschluss der obersten Konzerngesellschaft (Holding) bzw. im Einzelabschluss einer Subholding oder einer Tochtergesellschaft solche Angaben offen zu legen.

Purchases of products and services
Over the past five years, Hayek Engineering has issued invoices for services provided, averaging CHF 5.8 million annually. The support provided to Group Management consisted in appraising the capital expenditure requests and the implementation of cost-reducing programs, in developing inventory control systems for gold stocks, and studies on structural and flow optimization. In addition, services were provided with respect to project management, operational audits, IT organization and support and of specialists for the management of the operational units.

▲ Abb. 262 Beispiele für Offenlegung im Anhang (Swatch 2001, Geschäftsbericht 2001, S. 121)

Nahe stehende Personen und Gesellschaften
Den Verwaltungsräten wurden im Berichtsjahr 3022 Georg Fischer Namenaktien im Anschaffungswert von CHF 0.4 Mio. abgegeben (Vorjahr 2343 Georg Fischer Namenaktien, Anschaffungswert CHF 0.7 Mio.), die im externen Aufwand enthalten sind. Im Übrigen bestanden gegenüber nahe stehenden Personen und Gesellschaften wie im Vorjahr keine Forderungen und Verbindlichkeiten. Auch wurden im Berichts- und Vorjahr keine Transaktionen mit nahe stehenden Personen und Gesellschaften getätigt.

▲ Abb. 263 Offenlegungsbeispiel (Georg Fischer, Geschäftsbericht 2002, S. 68)

Anmerkung 36 Organe und diesen nahe stehende Personen und Gesellschaften

Zu den Organen und diesen nahe stehenden Personen zählen die Mitglieder des Verwaltungsrates, der Konzernleitung und des Group Managing Board sowie deren nächste Angehörige und die von den genannten Personen beherrschten Gesellschaften sowie gewisse Personen, die ähnliche Funktionen ausführen.

Die in der Erfolgsrechnung enthaltenen Vergütungen an Organe und diesen nahestehende Personen und Gesellschaften betrugen 2000 272.3 Millionen Franken und 1999 193.1 Millionen Franken, davon waren etwa 30.0 Millionen Franken für das Jahr 2000 und 21.2 Millionen Franken für das Jahr 1999 abgegrenzte Beiträge an Vorsorgeeinrichtungen. Am 31. Dezember 2000 waren 1 564 486 und am 31. Dezember 1999 274 616 langfristige Optionen auf Aktien aus Aktienbeteiligungsplänen ausstehend. Für weitere Angaben siehe Anmerkung 35.

Die externen Mitglieder des Verwaltungsrates haben keine Anstellungs- oder Beratungsverträge mit der UBS und haben somit keinen Anspruch auf Entschädigungen bei Ablauf ihres Verwaltungsratsmandates.

Der hauptberuflich tätige Präsident und Vizepräsident des Verwaltungsrates haben Top-Management-Verträge und erhalten Vorsorgeleistungen bei Pensionierung.

Der Verwaltungsrat, die Konzernleitung und das Group Managing Board hielten am 31. Dezember 2000 2 527 728 und 69 504 577 und am 31. Dezember 1999 2 456 092 und 11 424 514 Aktien und Optionen der UBS AG.

Die Ausleihungen (Hypotheken) an Organe und diesen nahe stehenden Personen entwickelten sich wie folgt:

Mio. CHF	2000	1999
Hypotheken am Anfang des Geschäftsjahres	28	27
Zugänge	9	6
Abgänge	(1)	(5)
Hypotheken am Ende des Geschäftsjahres	**36**	**28**

Für die Mitglieder des Verwaltungsrates, der Konzernleitung und des Group Managing Boards gelten dieselben Konditionen wie für alle übrigen Mitarbeiter. Sie entsprechen den Marktkonditionen unter Ausschluss einer Kreditmarge.

Die Ausleihungen an bedeutende assoziierte Gesellschaften entwickelten sich wie folgt:

Mio. CHF	2000	1999
Ausleihungen am Anfang des Geschäftsjahres	62	165
Zugänge	0	42
Abgänge	(62)	(145)
Ausleihungen am Ende des Geschäftsjahres	**0**	**62**

▲ Abb. 264 Offenlegungsbeispiel (UBS, Geschäftsbericht 2000, S. 128)

5. Geschäftsbeziehungen mit nahe stehenden Gesellschaften und Personen

Die SAP Aktiengesellschaft («SAP») hielt zum 30. Juni 2001 ungefähr 5% des Aktienkapitals der Gesellschaft. SAP war bis zum 31. Dezember 1999 durch ihre US-Gesellschaften und kanadischen Tochtergesellschaften ein nicht exklusiver Wiederverkäufer der iXOS-ARCHIVE Lizenzen in Nordamerika. SAP zahlte Lizenzgebühren an die Gesellschaft und kaufte Dienstleistungen von der Gesellschaft.

Die Gesellschaft hat Forderungen gegenüber SAP und erzielt Umsätze mit SAP wie folgt:

	30. Juni 1999 €	30. Juni 2000 €	30. Juni 2001 €
Umsatzerlöse aus «Wiederverkäufer»-Tätigkeit	16 603	10 161	962
Andere Umsatzerlöse	6 254	464	1 478
Forderungen aus Lieferungen und Leistungen	7 883	1 140	322

Einige Investmentgesellschaften, die nahe stehende Unternehmen von Goldman, Sachs & Co. («Goldman Sachs») sind, hielten zum 30. Juni 2001 ungefähr 6.294 % des Aktienkapitals der Gesellschaft.

Prof. Dr. Wilhelm Haarmann, ein Mitglied des Aufsichtsrates der iXOS Software AG, ist gleichzeitig Partner von Haarmann, Hemmelrath & Partner, die als Rechts- und steuerliche Berater von der Gesellschaft beauftragt werden. Aufwendungen an Haarmann, Hemmelrath & Partner für deren rechtliche und steuerliche Beratung beliefen sich im Geschäftsjahr 2001 auf € 46. Des Weiteren vergibt die Gesellschaft an ein anderes Mitglied des Aufsichtsrates, Hansjörg Staehle, rechtliche Beratungsaufgaben. Die Zahlungen an Herrn Staehle während des letzten Geschäftsjahres 2001 umfassen € 31.

Die Gesellschaft ist der Ansicht, dass die Bedingungen für alle Transaktionen mit nahe stehenden Unternehmen marktüblich und durchaus vergleichbar mit denen sind, die die Gesellschaft mit unabhängigen Dritten vereinbart hätte.

▲ Abb. 265 Offenlegungsbeispiel (iXOS Software AG, Geschäftsbericht 2000/2001, S. 33)

36.7 Analyse

Enthält ein Abschluss Angaben zu Transaktionen mit nahe stehenden Personen, wird damit einerseits Transparenz geschaffen. Darüber hinaus stellen sich weitere Fragen, die sorgfältig zu klären sind. Eine Darlehensfinanzierung zugunsten von Führungspersonen oder Mitgliedern des Aufsichts- bzw. Verwaltungsrates ist – zumindest wenn gleichzeitig bedeutende Options- oder Aktienbezugsprogramme bestehen – ein Signal dafür, dass diese Personen nicht frei von Eigeninteressen sind, die unter Umständen jenen des Gesamtunternehmens oder der Anteilseigner zuwiderlaufen. Die Refinanzierung von Aktienkäufen mit Krediten fördert Massnahmen und Aussagen, welche den Kurs hoch halten. Bezüglich der frühzeitigen Erfassung von Umsätzen, um dadurch selber proklamierte Wachstumsziele zu erreichen und die Kursphantasien anzuregen, gibt es viele Beispiele. Besonders eindrucksvoll ist in diesem Zusammenhang der Fall Tyco, wo der ehemalige CEO Dennis Kozlowski vor allem durch Akquisitionen über Jahre hinweg ein rasantes, aber im Rückblick wenig nachhaltiges Umsatz- und Ergebniswachstum generierte und dafür grosszügige Vergütungen erhielt (u. a. in der Form von Aktienoptionen). Gleichzeitig wurden ihm zu Vorzugskonditionen Kredite in dreistelliger Millionenhöhe gewährt, ohne dies offen zu legen. Wegen dieser und weiterer Verstösse gegen Offenlegungsgrundsätze erhob die SEC Anklage gegen Kozlowski und den damaligen CFO.

Transaktionen mit nahe stehenden Personen sind auch für andere Bereiche des Wirtschaftsrechtes von Bedeutung. Das Steuerrecht kennt den Tatbestand der verdeckten Gewinnausschüttung. Zur Vermeidung der wirtschaftlichen Doppelbesteuerung von Unternehmensgewinnen, die in vielen Ländern, unter anderem in der Schweiz sowie in den USA, nach Ausschüttung nochmals beim Dividendenempfänger belastet werden, versucht man über überhöhte oder stark gewinnabhängige Gehaltsleistungen an Organe, günstige Kredite bzw. überhöhte Zinsgutschriften beim Unternehmen einen – im Vergleich zu ähnlichen Transaktionen mit Dritten – erhöhten Aufwand zu begründen. Damit entfällt die Besteuerung im Unternehmen und konzentriert sich auf den Empfänger der Leistung (allenfalls erhöht um Sozialabgaben im Falle von überhöhten Lohnzahlungen).

Eine bedeutende Rolle spielen Transaktionen mit nahe stehenden Personen auch in Fällen von Wirtschaftskriminalität. Die vielen Bilderkäufe des CEO von Tyco, Dennis Kozlowski, oder Firmenverkäufe aus dem Privatbesitz an ein von ihm beherrschtes, in der Schweiz kotiertes Unternehmen durch Werner K. Rey in den 1980er Jahren sowie die persönliche Bereicherung verschiedener Gründer oder Hauptaktionäre von Firmen der New Economy in Deutschland sind Beispiele hierfür.

36.8 Relevante Standards
36.8.1 IAS

> **IAS 24 Par. 5**
>
> «Folgende Begriffe werden in diesem Standard mit der angegebenen Bedeutung verwendet:
>
> *Nahe stehende Personen und Unternehmen* – Unternehmen und Personen werden als nahe stehend betrachtet, wenn eine der Parteien über die Möglichkeit verfügt, die andere Partei zu beherrschen oder einen massgeblichen Einfluss auf deren Finanz- und Geschäftspolitik auszuüben.
>
> *Geschäftsvorfälle mit nahe stehenden Unternehmen und Personen* – die Übertragung von Ressourcen oder Verpflichtungen zwischen wirtschaftlich nahe stehenden Unternehmen und Personen, unabhängig davon, ob ein Preis berechnet wird.

Beherrschung liegt vor, wenn ein Unternehmen oder eine natürliche Person unmittelbar oder durch Tochtergesellschaften mittelbar mehr als die Hälfte der Stimmrechte an einem anderen Unternehmen hält, oder einen wesentlichen Stimmrechtsanteil hält und aufgrund von Satzungsbestimmungen oder vertraglichen Vereinbarungen die Möglichkeit besitzt, die Finanz- und Geschäftspolitik des Managements zu steuern.

Massgeblicher Einfluss (im Sinne dieses Standards) ist die Mitwirkung an der Finanz- und Geschäftspolitik eines Unternehmens, aber nicht die Beherrschung dieser Politik. Ein massgeblicher Einfluss kann auf verschiedene Weise ausgeübt werden, normalerweise durch einen Sitz im Geschäftsführungs- und/oder Aufsichtsorgan, aber beispielsweise auch durch die Mitwirkung an der Unternehmenspolitik, konzerninterne Geschäfte mit erheblichem Umfang, Austausch von Führungspersonal oder die Abhängigkeit von technischen Informationen. Ein massgeblicher Einfluss kann durch Anteilsbesitz, eine Satzung oder vertragliche Vereinbarung begründet werden. Bei einem Anteilsbesitz wird ein massgeblicher Einfluss gemäss den im IAS 28, Bilanzierung von Anteilen an assoziierten Unternehmen, enthaltenen Vorschriften angenommen.»

IAS 24 Par. 20

«Alle Beziehungen zu nahe stehenden Unternehmen und Personen, bei denen ein Beherrschungsverhältnis vorliegt, unabhängig davon, ob Geschäfte zwischen den nahe stehenden Unternehmen und Personen stattgefunden haben, sind anzugeben.»

IAS 24 Par. 22

«Falls Geschäfte zwischen den nahe stehenden Unternehmen und Personen stattgefunden haben, hat das berichtende Unternehmen die Art der Beziehung zu den jeweiligen nahe stehenden Unternehmen und Personen, die Art der Geschäfte und die zum Verständnis des Abschlusses notwendigen Bestandteile des Geschäftes anzugeben.»

36.8.2 Swiss GAAP FER

FER 15/1–4

«1. Als nahe stehende Person (natürliche oder juristische) wird betrachtet, wer direkt oder indirekt einen bedeutenden Einfluss auf finanzielle oder operative Entscheidungen des Unternehmens oder Konzerns ausüben kann. Gesellschaften, welche direkt oder indirekt ihrerseits von nahe stehenden Personen beherrscht werden, gelten ebenfalls als nahe stehend.

> 2. Unter Transaktionen werden der Transfer von Aktiven oder Passiven sowie das Erbringen von Leistungen und das Eingehen von Verpflichtungen und Eventualverpflichtungen verstanden.
> 3. Alle wesentlichen Transaktionen sowie daraus resultierende Guthaben oder Schulden gegenüber nahe stehenden Personen sind in der Jahresrechnung offen zu legen.
> 4. Falls ein Konzernabschluss nach den FER-Richtlinien erstellt und zusammen mit dem Einzelabschluss veröffentlicht wird, gilt diese Empfehlung nicht für den Einzelabschluss.»

36.9 Übungen

Übungsfragen

1. Wie ist eine nahe stehende Person nach Swiss GAAP FER 15 definiert? Nennen Sie Beispiele für Personen bzw. Unternehmen, die unter diese Definition fallen.
2. Grenzen Sie den Begriff des bedeutenden Einflusses vom Begriff der Beherrschung ab.
3. Welche Besonderheiten können Transaktionen mit nahe stehenden Personen aufweisen?
4. Warum ist ein hohes Mass an Transparenz bezüglich Transaktionen mit nahe stehenden Personen erforderlich?
5. Welche Arten von Geschäftsvorfällen können – soweit nahe stehende Personen daran beteiligt sind – zu Angabepflichten des berichtenden Unternehmens führen? Nennen Sie einige Beispiele.
6. In welchen Fällen wird eine Offenlegung über die Existenz nahe stehender Personen gefordert, auch wenn es im Berichtszeitraum zu keinen Transaktionen mit den betreffenden Parteien gekommen ist? Welches Instrument der Rechnungslegung erfüllt in diesen Fällen unter Umständen eine ähnliche Funktion?
7. Welche Institutionen fallen – zum Beispiel in Deutschland – unter die Definition von nahe stehenden Personen, werden aber in der Regel von entsprechenden Offenlegungspflichten ausgenommen?
8. Sind in der Schweiz Transaktionen zwischen Pensionskassen und Arbeitgeberfirma als Transaktionen mit nahe stehenden Personen zu beurteilen? Begründen Sie Ihre Antwort. Wie ist hier die Offenlegung geregelt?
9. Zeigen Sie am Beispiel eines Darlehensvertrags mit einer nahe stehenden Person auf, welche Anhanginformationen im Rahmen einer transparenten Berichterstattung erforderlich sind.
10. In welcher Hinsicht – unter Vernachlässigung der erhöhten Transparenz – kann die Offenlegung von Transaktionen mit nahe stehenden Personen für die externe Unternehmensanalyse bedeutsam sein?

11. Die Offenlegung der Vergütung von Geschäftsleitung und Verwaltungsrat wird in der Schweiz von vielen Unternehmen sehr restriktiv gehandhabt. Auch nach Inkrafttreten der SWX-Transparenzrichtlinie werden die Vergütungen in vielen Fällen nur gesamthaft ausgewiesen. Welche Gründe sprechen für einen individualisierten Vergütungsausweis?

Übungsaufgaben

12. Der Verwaltungsrat und die Geschäftsleitung des Schweizer Versicherers Swiss Life ist angesichts persönlicher Beteiligungen am Investmentvehikel LTS, einer Tochter der Swiss Life, in die Kritik geraten. Die LTS – und damit ihre Anteilseigner – profitierte als Vermögensverwalter unter anderem von Anlagegarantien der Muttergesellschaft.
    a. Erläutern Sie ausgehend von der Definition nahe stehender Personen, welche Parteien hier als nahe stehende Personen zu klassifizieren sind.
    b. Halten Sie eine Offenlegung der gewährten Anlagegarantien für erforderlich?

13. Lesen Sie den Auszug aus der Anklageschrift der SEC gegen den ehemaligen CEO von Tyco, Dennis Kozlowski (▶ Abb. 266).
    a. Geben Sie an, welche Informationen im Rahmen einer korrekten Offenlegung solcher Transaktionen im Anhang anzuführen sind.
    b. Welche Auswirkungen hätte Ihrer Meinung nach eine solche Offenlegung im vorliegenden Fall?

> From 1997 to 2002, Kozlowski took an aggregate of approximately $270 million dollars from Tyco's Key Employee Corporate Loan Program (the «KELP»), a program established to encourage employees to own Tyco shares. KELP loans were intended to be used to pay taxes due as a result of the vesting of ownership of shares granted under Tyco's restricted share ownership plan. Kozlowski disregarded the purpose of the program by borrowing at least $270 million but using only about $29 million to cover taxes due as a result of the vesting of his restricted shares of the company. He used the remaining $242 million of supposed KELP loans for personal expenses, including yachts, fine art, estate jewelry, luxury apartments and vacation estates, personal business ventures and investments, all unrelated to Tyco. These loans were not disclosed to shareholders, contrary to the requirements of the federal securities laws. [...] Kozlowski and Swartz also engaged in undisclosed real estate transactions with Tyco and its subsidiaries. These include Kozlowski's purchase from Tyco (with funds borrowed under the KELP) of the $7 million Park Avenue apartment for his wife and a subsidiary of Tyco's purchase of Swartz's New Hampshire property for far more than its fair market value. These transactions were not disclosed to shareholders, contrary to the requirements of the federal securities laws.

▲ Abb. 266 Auszug SEC Litigation Release No. 17722 vom 12.09.2002

Kapitel 37
Ausserbilanzgeschäfte

> **Lernziele**
>
> - Kenntnis der wichtigsten Verpflichtungen, die in der Zukunft zu Verbindlichkeiten werden (können)
> - Gewichtung der verschiedenen nicht bilanzierten Verpflichtungen und Art des Einbezugs in die Analyse
> - Abgrenzung von Besicherung und Eventualverbindlichkeiten im engeren Sinne

37.1 Ausgangslage

Gemäss Definition im Framework des IASB sowie weiterer Standardsetzer oder Gesetzgeber sind Verpflichtungen eines Unternehmens aufgrund vergangener Ereignisse (*«present obligation arising from past events»*), sofern der daraus resultierende Geldabfluss wahrscheinlich ist und der entsprechende Betrag mit hinreichender Verlässlichkeit geschätzt werden kann (*«settlement of which is expected to result in an outflow of resources embodying economic benefits»*), als Verbindlichkeiten auf der Passivseite der Bilanz zu erfassen.[1] Die verschiedensten Formen des Geldabflusses sind hier denkbar. Zusätzlich zu den bekannten Ver-

---

[1] Zitate aus Framework IASC Par. 49 (b).

bindlichkeiten beispielsweise gegenüber Lieferanten oder Banken ist zu denken an die Begleichung von Verpflichtungen durch künftige Dienstleistungen (z. B. wenn Versicherungskunden die Prämien für Sachversicherungen wie Wasserbruch vorausbezahlt haben), die Umwandlung in eine andere Verbindlichkeit beispielsweise bei Rollover-Krediten, die von einer Bank kontinuierlich zu den gerade gültigen (Zins-)Konditionen erneuert (verlängert) werden, oder die Umwandlung von Fremd- in Eigenkapital bei Wandelanleihen. Dabei wird immer unterstellt, dass dieser Verbindlichkeit keine Gegenleistung (mehr) gegenübersteht. Sehr viele vertragliche Verpflichtungen sind aber auf die Vereinbarung von Leistungen und Gegenleistungen in der Zukunft ausgerichtet. Dies gilt für Mietverträge (Zahlung der Mieter gegen Gebrauchsüberlassung), die Kombination von Dienstleistungen und Operating Lease (z. B. für die Bürokommunikation) ebenso wie für Anstellungsverträge mit Spezialisten oder dem obersten Kader (Einsatz der vollen Arbeitskraft gegen Entlohnung einschliesslich allfälliger Bonuszahlungen, Gewinnbeteiligungen oder Abgangsentschädigungen). Die entsprechenden Geldabflüsse in der Zukunft sind unter Umständen bedeutend. Gleiches gilt für Investitionsvorhaben, bei denen beachtliche Summen für den Bau von Anlagen oder den Erwerb von Produktionseinrichtungen vorgesehen sind.

37.2 Einzelne Kategorien von Verpflichtungen

Keine Gegenleistung steht allfälligen Verpflichtungen aus Gewährleistung, meist als Garantie bezeichnet, gegenüber. Im Vordergrund steht die vertragskonforme Leistungserbringung. Werden Arbeiten für die Behebung von Mängeln oder die Erreichung bestimmter Leistungsmerkmale notwendig, sind ebenfalls meist wesentliche Geldabflüsse zu erwarten (in indirekter Form, d. h. man bezahlt Löhne und Materialaufwand oder Dienstleistungen Dritter, ohne diese Beträge weiterfakturieren zu können). Vielfach bestehen dafür Garantierückstellungen. Der künftige Geldabfluss ist somit aufgrund von Erfahrungswerten der Vergangenheit quantifiziert und passiviert. Langfristige Fertigungsaufträge (Projektgeschäft) werden zudem einzeln bewertet, was allfällige Mehraufwendungen – und damit noch nicht im Einzelnen bilanzierte Verpflichtungen – aufzeigen soll.

Wieder anders ist die Ausgangslage bei Verpflichtungen, welche zu einer Verbindlichkeit werden, falls ein Dritter seiner Leistungs- oder Zahlungsverpflichtung nicht nachkommt. Im deutschsprachigen Raum spricht man von Eventualverbindlichkeiten. Im Vordergrund stehen Ausfallbürgschaften, Pfandbestellungen auf eigenen Liegenschaften zur Sicherstellung von Bankkrediten Dritter und die im Wechselrecht entstehende Verpflichtung zur sofortigen Zahlung, wenn der Schuldner aus dem Wechselgeschäft nicht zahlungsfähig oder zahlungswillig ist.

Bei den Bürgschaften und Pfandbestellungen im Interesse Dritter ebenso wie beim Wechselobligo aufgrund des Indossamentes bei der Weiterreichung von Wechseln zum Diskont tritt der Garant mit dem Ziel auf, die Zahlung eines Drittschuldners sicherzustellen. Allenfalls muss er damit rechnen, dass er diese Zahlungspflicht selber erfüllen und dann Regress auf den Hauptschuldner nehmen muss, um allenfalls einen Teil oder den ganzen Betrag zurückzufordern bzw. zu erhalten. Ähnlich verhält es sich mit Regressverpflichtungen im Zusammenhang mit Solidarschuldnerschaft. Bei Arbeitsgemeinschaften (Arge) oder *joint operations* kennen die Partner in der Regel das Ergebnis erst nach Abschluss der Partnerschaft bzw. indirekt durch Erfassung ihrer Leistungen für diese Spezialform einer einfachen Gesellschaft (Schweizer OR) oder Gesellschaft bürgerlichen Rechts (GbR in Deutschland). Die anteilige maximale Schuldenquote – oft haftet man zu 100% und müsste auch den Ausfall eines Partners oder mehrerer Partner wettmachen – ist eine wichtige Information bezüglich Risikostruktur für Unternehmensführung und Finanzgläubiger.

Latente Verpflichtungen ergeben sich auch im Zusammenhang mit Akquisitionen. Gelegentlich verpflichten sich neu eintretende Hauptaktionäre, vor allem, wenn sie nicht unmittelbar oder nicht für alle erkennbar die Kontrolle übernehmen (können), zur Übernahme der Verluste aus dem Betrieb (Beispiel Swissair bei der Fluggesellschaft LTG). Wesentlich häufiger sind so genannte Pensionsgeschäfte. Mit dem Ziel, gewisse Quoten im Zeitpunkt der Berichterstattung nicht zu übertreffen oder die Liquidität zu verbessern, werden eigene Aktien oder Aktienpakete von Drittfirmen (oder auch Forderungen an Kunden) einer Bank oder institutionellen Anlegern verkauft mit der Verpflichtung, diese Finanzanlagen innert einer bestimmten Frist zu einem leicht höheren Preis wieder zu übernehmen (Beispiel Pensionskasse Roche und Swiss Life). Der Preiszuschlag soll die Zinskosten und die «Dienstleistung» abgelten. Im Grunde handelt es sich um eine Put-Option zulasten des bilanzierenden Unternehmens bzw. zugunsten des Finanzpartners. Ebenfalls um ein Optionskonstrukt mit (Rück-)Kaufverpflichtung und damit eine Put-Option geht es, wenn ein neu einsteigender Hauptaktionär seinem Partner ein Andienungsrecht zu einem Mindestwert (berechnet auf den Einstiegskosten zuzüglich Zinsen und Kommissionen) gewährt. Der Partner wird seine Beteiligungsrechte nur passiv ausüben, also nicht in die Geschäftsführung eingreifen. Formell gestattet er dem operativ engagierten Aktionär, beispielsweise staatliche Vorschriften bezüglich Beteiligung in Branchen wie Luftverkehr, Eisenbahntransport, Energieversorgung oder Telekommunikation zu erfüllen und gleichzeitig die Stimmenmehrheit – indirekt – zu «kontrollieren». Der operativ engagierte Aktionär darf aber keinen (zumindest keinen offiziellen) Call erhalten, weil sonst die Kontrollmöglichkeit offensichtlich würde.

Wiederum anders gelagert sind Transaktionen zur Absicherung von Risiken. Die wichtigsten Risiken für Unternehmen sind in der Entwicklung von Zinsen, Währungen oder (branchenspezifischen) «Rohstoffen» zu sehen.

- Das Zinsrisiko ist bezüglich Kosten der Finanzierung eigener Aktivitäten wichtig. Die Unternehmen wollen sich gegen starke Schwankungen absichern. In erster Linie geschieht dies – zumindest in einfachen Verhältnissen – durch die Wahl unterschiedlicher Laufzeiten, beispielsweise durch Refinanzierung zu je einem Drittel mit langfristigen, mittelfristigen und kurzfristigen (Rollover innerhalb weniger Monate) Krediten.
- Das Währungsrisiko beeinflusst die eigenen Möglichkeiten bei Nettoexporteuren bzw. Nettoimporteuren. International abgestützte Konzerne wollen den Wert der künftig erzielbaren Netto-Cash-Flows in den wichtigsten Währungen gemessen an der für die Berichterstattung gewählten Währung absichern. Zudem beeinflussen Währungsschwankungen auch die Wertentwicklung von Investments (eigenen Anlagen) bzw. Verbindlichkeiten in fremder Währung, seien dies Forderungen oder Finanzschulden oder das Nettoinvestment für alle Aktivitäten in einem bestimmten Währungskreis.
- Das Preisrisiko für «Rohstoffe» ist nicht in allen Branchen wichtig. Auch die Art des «Rohstoffes» ist branchenabhängig. Für Verarbeitungsbetriebe der Textilindustrie steht die Entwicklung der Baumwollpreise, für viele nachgelagerte Produktionsstufen jener des Rohöls im Vordergrund. In einzelnen Branchen (z.B. in der elektromechanischen Industrie) kann der Silberpreis für die Hersteller von Kontakten wichtig sein. Banken oder Versicherungen handeln mit dem «Rohstoff» Wertpapiere. Je nach Grad der Unsicherheit können sich Unternehmen entscheiden, mehr oder weniger grosse Beträge abzusichern (Hedging).

Es gibt eine Vielzahl von Instrumenten, um solche Risiken abzusichern. Während längerer Zeit wurde relativ stark das Motiv solcher Transaktionen betont. *Trading activities,* also Handelsabsicht («Spekulation», Ziel einer Gewinnerzielung unabhängig von bereits bestehenden eigenen Positionen oder operativen Bedürfnissen des fraglichen Grundgeschäftes) wurden anders beurteilt als *hedging activities* im Sinne von Transaktionen mit Sicherungsabsicht. Heute spielt dies eine weniger starke Rolle. Viele Standardsetzer stellen nicht (mehr) die Derivate in den Vordergrund, sondern regeln generell den Einsatz von Finanzinstrumenten. Diese *financial instruments* werden sehr breit definiert. Vereinfacht ausgedrückt geht es um einen Anspruch auf flüssige Mittel (direkt oder indirekt) verbunden mit einer Finanzschuld oder einem Anspruch auf Eigenkapitalrechte bei einem anderen Unternehmen. Letztlich steht der Ausgleich in bar im Vordergrund. Ein umfassender Überblick über den komplexen Bereich Finanzinstrumente kann nicht Gegenstand dieses Lehrbuches sein. Es geht hier nur darum, die wichtigsten Risiken und Informationsbedürfnisse zu eruieren:

- Die Entwicklung beispielsweise des Marktes bei Optionen auf bestimmten Aktien führt dazu, dass bei einem vorzeitigen Verkauf des entsprechenden Rechtes ein verglichen mit dem ursprünglichen Erwerbspreis höherer oder tieferer Erlös anfällt. Die Rechnungslegung stellt die Wiederbeschaffung einer solchen Option in den Vordergrund: Ein positiver Wiederbeschaffungswert entspricht dem Betrag, welcher der bilanzierenden Partei bei Ausfall der Gegenpartei verloren ginge. Damit umfasst er auch im fraglichen Geschäft enthaltene unrealisierte Gewinne. Ein negativer Wiederbeschaffungswert dagegen entspricht dem Ausfall bei der Gegenpartei, wenn das bilanzierende Unternehmen das Geschäft nicht erfüllen würde. Es geht mithin auch um die nicht realisierten Verluste.
- Der Kontraktwert entspricht dem Gesamtbetrag, der dem Geschäft zugrunde liegt. Wird beispielsweise ein Betrag von 1 Mio. USD zum Kurs von 1.39 gegen den Schweizer Franken abgesichert, so beläuft sich der Kontraktwert im Zeitpunkt des Abschlusses auf 1 390 000 CHF.

Diese Beispiele zeigen, wie bestehende Verpflichtungen, die erst zu einem späteren Zeitpunkt zu Verbindlichkeiten werden oder sich betragsmässig konkretisieren, für die Beurteilung des künftigen Geldflusses eines Unternehmens wichtig sind. Daher müssen solche Verpflichtungen im Anhang offen gelegt werden.

37.3 Eventualverbindlichkeiten und Besicherung eigener Verbindlichkeiten

Die meisten Gesetze in Kontinentaleuropa verlangen die Bekanntgabe von Eventualverpflichtungen im Anhang (z. B. das schweizerische Aktienrecht in Art. 663 b Ziffer 1 OR, das deutsche Handelsgesetzbuch in § 199 HGB). Demgegenüber umfasst der Begriff «Eventualverpflichtung» oder *«contingent liability»* in der modernen Rechnungslegung einen sehr viel breiteren Fächer an Sachverhalten (vgl. ▶ Abb. 267).

Im geltenden Recht sind nur Bürgschaften zugunsten Dritter ebenso wie Pfandbestellungen zugunsten Dritter und Verpflichtungen aus dem Wechselobligo (Einreichung eines auf einen Kunden gezogenen Wechsels durch Indossament bei der eigenen Bank zum Diskont) als Eventualverbindlichkeiten definiert. Es geht um das in ▶ Abb. 268 dargestellte Dreiecksverhältnis.

Im Falle der Besicherung von eigenen Finanzverbindlichkeiten durch Grundpfandverschreibungen, durch Verpfändung von Schuldbriefen oder mit der speziellen eigentumsrechtlichen Regelung im Falle von Leasingvereinbarungen (wo der Leasinggeber bei Zahlungsunfähigkeit des Leasingnehmers jederzeit – als Eigentümer – die Maschinen oder Einrichtungen physisch für sich beanspruchen darf) geht es nicht um ein Dreiecksverhältnis. Gleichwohl ist es wichtig, die entsprechenden Vereinbarungen für die Adressaten der Rechnungslegung offen zu

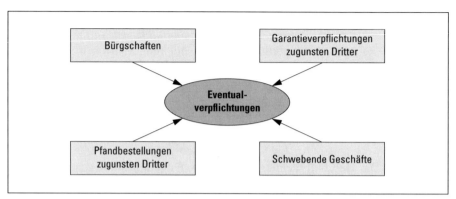

▲ Abb. 267 Klassifizierung der Eventualverbindlichkeiten in der modernen Rechnungslegung

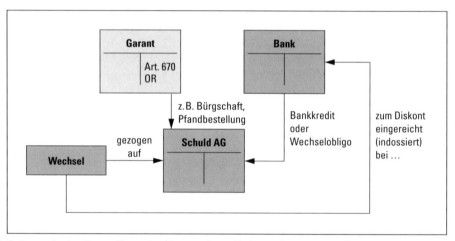

▲ Abb. 268 Schematische Darstellung der Eventualverpflichtung im engeren Sinne

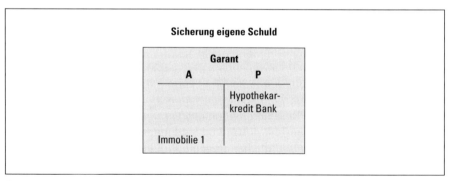

▲ Abb. 269 Besicherung eigener Schulden

legen. Lieferanten oder neu auftretende Finanzgläubiger müssen wissen, welche Aktiven im Falle der Zahlungsunfähigkeit ihres Schuldners überhaupt zur Befriedigung ihrer Forderungen zur Verfügung stehen. Deshalb verlangen alle Gesetzgeber in Kontinentaleuropa die Offenlegung solcher Vereinbarungen zugunsten bestimmter Gläubiger im Anhang. Bei den Eventualverbindlichkeiten im engeren Sinne zeigt die Bilanz des fraglichen Unternehmens – im Gegensatz zur Ausgangslage im Falle der Besicherung eigener Schulden – keine Verbindlichkeit. Wird beispielsweise eine Bürgschaft fällig, verändert sich in erster Linie die Passivseite der Bilanz. Bei der Besicherung dagegen wird sich – bei gleichzeitiger Reduktion der Passiven – zuerst die Aktivseite verändern (vgl. ◄ Abb. 269). Die Bilanz zeigt auf der Passivseite die Schuld bereits; zusätzlich ist über die Besicherung auch die Aktivseite betroffen. Diese Information ist für die anderen – nicht oder anders abgesicherten – Gläubiger wichtig und daher offen zu legen.

37.4 Offenlegung

Nicht bilanzierte Verpflichtungen sind im Anhang offen zu legen und zwar aufgeschlüsselt nach den wichtigsten Gruppen. Eine gute Rechnungslegung erfordert kurze Erläuterungen dort, wo es sich um nicht allgemein übliche Verpflichtungen handelt. In jedem Falle sind die Verpflichtungen zu quantifizieren. Kann kein genauer Betrag zuverlässig geschätzt werden, ist eine Bandbreite oder die Maximalsumme der Verpflichtungen offen zu legen. Bei Derivaten verlangt die moderne Rechnungslegung eine umfassende Bilanzierung der wichtigsten Elemente. Sowohl für die Offenlegung als auch die Bewertung beim Einsatz von Derivaten wie Optionen und generell für Finanzinstrumente gibt es umfangreiche Standards (z.B. IAS 32 und IAS 39). In einfachen Verhältnissen genügt es, im Anhang die Kontraktwerte sowie die positiven und negativen Wiederbeschaffungswerte unterteilt nach den drei Grundkategorien Zins-, Währungs- und übrige derivative Instrumente aufzuführen. Dies verlangt Swiss GAAP FER 10 «Ausserbilanzgeschäfte». Eine Verrechnung von positiven und negativen Wiederbeschaffungswerten (sog. Netting) ist nur bei Vorliegen einer Vielzahl von Voraussetzungen bezüglich Gegenpartei, Laufzeit etc. zulässig. Neben der Quantifizierung oder – falls keine genaue Schätzung möglich ist – der Angabe von Maximalwerten (allenfalls auch einer möglichen Bandbreite) ist eine kurze Charakterisierung der entsprechenden Verpflichtung erforderlich. Bei allgemein bekannten Arten von nicht bilanzierten Verpflichtungen wie Bürgschaften für Schulden Dritter genügt es, den Fachbegriff zu verwenden. Andernfalls braucht es zusätzliche Angaben. Im Vordergrund stehen:

- Langfristige Verträge, kurzfristig nicht kündbare Verträge. Dazu gehören Miet- und Operating-Leasing-Vereinbarungen, nicht innerhalb von 12 Monaten kündbare Arbeitsverträge, Kreditzusagen (vgl. ▶ Abb. 270 und 273), feste Bestellungen (nicht dagegen lose Rahmenverträge mit Abrufmöglichkeit) für klar fixierte Menge und Preise beispielsweise bei der Beschaffung von Flugzeugen oder Rollmaterial von Bahnen;
- Garantieverpflichtungen für eigene Lieferungen und Leistungen;
- Übernahme der Zahlungsverpflichtungen Dritter, falls diese zahlungsunfähig sind;
- Verpflichtungen aus Kooperationen, Akquisitionen etc. wie Verlustübernahme oder Solidarschuldnerschaft;
- Pensionsgeschäfte (vgl. ▶ Abb. 270) und andere Transaktionen mit eigenen Aktien oder Aktien von Beteiligungsfirmen;
- Derivate oder generell Finanzierungsinstrumente (vgl. ▶ Abb. 271 und 272);
- Factoring auf Kundenforderungen (z.B. über den Bilanzstichtag).

Verpflichtungszusagen im Zusammenhang mit Krediten und sonstige Sicherheiten

Die Gruppe gibt Dritten, assoziierten Unternehmen, Partnergesellschaften und Joint Ventures Garantien und Verpflichtungszusagen ab. Garantien sind unwiderrufliche Zusagen, dass die Gruppe für Zahlungen aufkommt, falls ein Schuldner seinen Verpflichtungen gegenüber Dritten nicht nachkommen kann. Die Gruppe trägt somit die gleichen Risiken wie bei einem Darlehen. Dennoch ist der Bedarf an liquiden Mitteln bei Garantien beträchtlich geringer als die ausgewiesene Verpflichtung, weil die Gruppe in der Regel nicht davon ausgeht, dass der Dritte seinen Zahlungsverpflichtungen nicht nachkommt.

Verpflichtungszusagen im Zusammenhang mit Krediten sind noch nicht benötigte, aber zugesagte Mittel in Form von Darlehen, Garantien oder auch Akkreditiven. Hinsichtlich des Kreditrisikos entspricht der ausgewiesene Totalbetrag dem theoretisch möglichen Totalrisiko. Tatsächlich werden die effektiven Verluste, die schwer zu schätzen sind, viel tiefer ausfallen. Dies vor allem deshalb, weil die Kreditwürdigkeit der Kunden nach strengen Massstäben überwacht wird und die Gesamtrisiken zudem strengen Kontrollen unterworfen sind.

Die nachfolgende Tabelle weist den Nominalwert der nicht bilanzwirksamen Verpflichtungszusagen im Zusammenhang mit Krediten und sonstigen Sicherheiten aus:

	2001	2000
Garantien und Standby-Akkreditive	531	462
Kommerzielle Akkreditive	42	54
Ausstehende Kreditzusagen	466	396
Total	1 039	912

Übrige nicht bilanzwirksame Verpflichtungen

Die Gruppe hat Kreditzusagen mit fixierten Zinssätzen ausstehend und ist somit einem Zinsrisiko ausgesetzt. Diese Zusagen sind zeitlich beschränkt und werden regelmässig überwacht.

Kauf- und Verkaufsverpflichtungen

Im Rahmen der laufenden Investitionstätigkeit geht die Gruppe Verpflichtungen ein, Wertschriften zu einem zukünftigen Zeitpunkt und zu einem im Voraus festgelegten Preis oder Zinssatz zu kaufen oder zu verkaufen. Kommt eine Gegenpartei ihren Verpflichtungen nicht nach, so liegen die entsprechenden Wiederbeschaffungskosten höher oder tiefer. Ferner können die den Vereinbarungen zugrunde liegenden Wertschriften Wertschwankungen unterliegen.

▲ Abb. 270 Offenlegungsbeispiel (Swiss Life, Geschäftsbericht 2001, S. 50)

Verpfändete Aktiven
Zur Sicherstellung gewisser derivativer Finanzinstrumente werden Aktiven im Rahmen von Rückkaufsvereinbarungen oder im Rahmen von Wertschriftendepots verpfändet. Die als Sicherheit verpfändeten Vermögenswerte beliefen sich am 31. Dezember 2001 auf 433 Millionen CHF.

Rechtliche Auseinandersetzungen
Die Gruppe wird immer wieder mit rechtlichen Auseinandersetzungen, Forderungen und Klagen konfrontiert, die in den meisten Fällen aus der Geschäftstätigkeit als Versicherer herrühren. Das künftige Ergebnis solcher Gerichtsverfahren und Auseinandersetzungen könnte einen wesentlichen Einfluss auf die operativen Resultate oder den Mittelfluss der Gruppe haben. Die Konzernleitung geht jedoch davon aus, dass die bekannten ausstehenden Fälle keinen wesentlichen Einfluss auf die konsolidierte Finanzposition der Gruppe haben werden.

▲ Abb. 270 Offenlegungsbeispiel (Swiss Life, Geschäftsbericht 2001, S. 50) (Forts.)

	2001	2000
Eventualverbindlichkeiten gegenüber Dritten		
Qualiflyer Vielfliegerprogramm	pro memoria	pro memoria
Solidarhaftung aus der Mehrwertsteuer Gruppenbesteuerung der SAirGroup	pro memoria	pro memoria

Crossair ist ein Partner im Qualiflyer Vielfliegerprogramm. Jeder Partner haftet solidarisch für die von den Mitgliedern gesammelten Meilen. Aufgrund der Nachlassverfahren der Swissair und der Sabena musste die Crossair eine substanzielle Rückstellung in der Höhe von CHF 83 Mio. für die Verpflichtungen aus den gesammelten Meilen bilden.

Die Crossair-Konzerngesellschaften gehörten vom 1.1.1999 bis zum 30.9.2001 der SAirGroup-Mehrwertsteuergruppe an und haften somit für Mehrwertsteuerschulden gegenüber der Eidgenössischen Steuerverwaltung solidarisch. Nach Rücksprache mit der Eidgenössischen Steuerverwaltung werden keine offenen MwSt-Forderungen erwartet.

▲ Abb. 271 Offenlegungsbeispiel (Crossair, Geschäftbericht 2001, S. 25)

Eventualverbindlichkeiten
Die Eventualverbindlichkeiten umfassen Rücknahmeverpflichtungen aus Leasinggeschäften Dritter von CHF 12 Mio. (Vorjahr CHF 24 Mio.) und an Dritte abgegebene Garantien und Bürgschaften von CHF 23 Mio. (Vorjahr CHF 9 Mio.).

Instrumente des Risikomanagements und Ausserbilanzrisiken. Die unterschiedlichen Risikopositionen, die aus bestehenden Vermögens- und Verbindlichkeitsposten sowie aus erst zukünftig entstehenden Engagements resultieren, werden zentral auf Stufe Konzern erfasst und verwaltet. Die flüssigen Mittel werden im Wesentlichen als Kontokorrentguthaben und kurzfristige Festgelder bei Banken gehalten. Es bestehen nur Verträge mit erstklassigen Finanzinstituten. Die verwendeten derivativen Finanzinstrumente dienen hauptsächlich der Absicherung von Zins- und Währungsrisiken im Konzern.

▲ Abb. 272 Offenlegungsbeispiel (Georg Fischer, Geschäftsbericht 2002, S. 63, und Geschäftsbericht 2003, S. 68)

Anmerkung 29 Unwiderrufliche Zusagen und Eventualverpflichtungen (Fortsetzung)

Die nachstehende Tabelle zeigt den Betrag, der zu leisten wäre, falls sämtliche Fazilitäten in Anspruch genommen würden und die Kunden anschliessend in Zahlungsverzug gerieten, ohne entsprechende Sicherheiten geleistet zu haben. Die Bonitätsprüfung von Kunden ist ein Bestandteil des Kreditrisiko-Managements. Die Konditionen für die Bereitstellung der Fazilitäten reflektieren die verschiedenen Kreditrisiken.

Mio. CHF	31.12.00	31.12.99
Eventualverpflichtungen		
Kreditsicherungsgarantien und Ähnliches[1]	18 651	18 822
Unterbeteiligungen	(5 669)	(3 665)
Total	12 982	15 157
Gewährleistungsgarantien und Ähnliches[2]	6 337	6 782
Unterbeteiligungen	(62)	(42)
Total	6 275	6 740
Unwiderrufliche Verpflichtungen aus Dokumentarakkreditiven	2 798	2 704
Total Eventualverpflichtungen	27 786	28 308
Unterbeteiligungen	(5 731)	(3 707)
Total	22 055	24 601
Unwiderrufliche Zusagen		
Nicht beanspruchte unwiderrufliche Zusagen	53 510	65 693
Unterbeteiligungen	(788)	(1 836)
Total	52 722	63 857
Einzahlungs- und Nachschussverpflichtungen	133	57
Total Unwiderrufliche Zusagen	53 643	65 750
Unterbeteiligungen	(788)	(1 836)
Total	52 855	63 914
Total Eventualverpflichtungen und unwiderrufliche Zusagen	81 429	94 058
Unterbeteiligungen	(6 519)	(5 543)
Total	74 910	88 515

1 Kreditsicherungsgarantien in Form von Aval-, Bürgschafts- und Garantieverpflichtungen einschliesslich Garantieverpflichtungen in Form unwiderruflicher Akkreditive, Indossamentsverpflichtungen aus Rediskontierung, Anzahlungsgarantien und Ähnliches.
2 Bietungsgarantien (bid bonds), Lieferungs- und Ausführungsgarantien (performance bonds), Bauhandwerkerbürgschaften, Letters of Indemnity, übrige Gewährleistungen in Form von unwiderruflichen Akkreditiven und Ähnlichem.

Mio. CHF	Hypothekarische Deckung	Andere Deckung	Ohne Deckung	Total
Zusammenstellung der Deckungen				
Eventualverpflichtungen	154	12 703	14 929	**27 786**
Unwiderrufliche Zusagen	1 124	7 455	44 931	**53 510**
Einzahlungs- und Nachschussverpflichtungen	0	0	133	**133**
Total per 31.12.2000	**1 278**	**20 158**	**59 993**	**81 429**
Total per 31.12.1999	577	20 130	73 351	**94 058**

▲ Abb. 273 Offenlegungsbeispiel (UBS, Geschäftsbericht 2000, S. 109)

37.5 Relevante Standards
37.5.1 IAS

IAS 30 Par. 26

«Von einer Bank sind folgende Eventualschulden und andere Verpflichtungen anzugeben:

a. Art und Höhe unwiderruflicher Kreditzusagen, weil sie von der Bank nicht einseitig widerrufen werden können, ohne das Risiko bedeutsamer Vertragsstrafen oder Aufwendungen auf sich nehmen zu müssen, und

b. Art und Höhe von Eventualschulden und anderen Verpflichtungen, die aus bilanzwirksamen Posten oder Sachverhalten entstehen, einschliesslich derjenigen, die sich beziehen auf:
   i. unmittelbare Kreditsubstitute einschliesslich allgemeiner Kreditgarantien, Akzeptanzgarantien einer Bank und Standby-Akkreditive, die als finanzielle Garantien für Kredit und Sicherheiten dienen,
   ii. bestimmte transaktionsbezogene Eventualschulden einschliesslich Vertragserfüllungsgarantien, Bietungsgarantien, Gewährleistungen und mit bestimmten Transaktionen zusammenhängende Standby-Akkreditive,
   iii. kurzfristige, selbstliquidierende, handelsbezogene Eventualschulden, die aus dem Güterverkehr entstehen, beispielsweise Dokumentenakkreditive, bei denen die zugrunde liegende Lieferung als Sicherheit verwendet wird,
   iv. solche Kauf- und Rückkaufvereinbarungen, die nicht bilanziert werden,
   v. Zinssatz- und wechselkursabhängige Positionen, einschliesslich Swaps, Optionen und Termingeschäfte und
   vi. andere Verpflichtungen, wie NIFs (Notes Issuance Facilities) und RUFs (Revolving Underwriting Facilities).»

IAS 30 Par. 28

«Viele Banken engagieren sich in Transaktionen, die gegenwärtig nicht als Vermögenswerte oder Schulden in der Bilanz erfasst werden, aus denen sich aber Erfolgsunsicherheiten und andere Verpflichtungen ergeben können. Solche bilanzunwirksamen Posten oder Sachverhalte stellen häufig einen bedeutenden Teil der Geschäftstätigkeit eine Bank dar und können einen erheblichen Einfluss auf das Risiko der Bank haben. Diese bilanzunwirksamen Sachverhalte können andere Risiken beispielsweise durch Sicherungsgeschäfte von Vermögenswerten oder Schulden in der Bilanz verstärken oder verringern. Bilanzunwirksame Sachverhalte können aus Transaktionen resultieren, die im Kundeninteresse oder im Eigeninteresse der Bank durchgeführt werden.»

IAS 39 Par. 42

«Die von diesem Standard geforderten Angaben sollen ein besseres Verständnis der Bedeutung von bilanzwirksamen und bilanzunwirksamen Finanzinstrumenten für die Vermögens-, Finanz- und Ertragslage und die Cash Flows eines Unternehmens sicherstellen; darüber hinaus sollen sie dazu beitragen, die Beträge, die Zeitpunkte und die Wahrscheinlichkeit des Eintretens der künftigen Cash Flows abschätzen zu können, die aus solchen Finanzinstrumenten resultieren. Die Unternehmen werden ermutigt, zusätzlich zu den spezifischen Angaben über Bestände an und Transaktionen mit Finanzinstrumenten weitere Erläuterungen über das Ausmass, in dem die Finanzinstrumente genutzt werden, über die mit der Nutzung verbundenen Risiken sowie über die Zwecke, die damit für das Geschäft erfüllt werden sollen, vorzulegen. Eine Erläuterung der Verfahren, die das Management nutzt, um die Risiken zu steuern, die mit dem Einsatz von Finanzinstrumenten verbunden sind, liefert eine wertvolle zusätzliche Perspektive. Hierzu gehören auch Informationen über die unternehmensinternen Richtlinien, die zur Sicherung von Risikopositionen, zur Vermeidung von übermässigen Risikokonzentrationen und bezüglich der Anforderungen an zusätzliche Sicherheitsleistungen zur Minderung von Ausfallrisiken erlassen worden sind. Unabhängig von den zu einem bestimmten Stichtag tatsächlich eingesetzten spezifischen Instrumenten können auf diese Weise weitergehende allgemeine Einsichten vermittelt werden. Verschiedene Unternehmen stellen solche Informationen in einem den Abschluss begleitenden Kommentar und nicht als Teil des Abschlusses zur Verfügung.»

37.5.2 Swiss GAAP FER

FER 10/1–10

«1. Zu den Ausserbilanzgeschäften zählen:
- Eventualverpflichtungen
- weitere, nicht zu bilanzierende Verpflichtungen
- derivative Finanzinstrumente.

2. Die Ausserbilanzgeschäfte unterliegen den Grundsätzen ordnungsmässiger Rechnungslegung.

3. Die Eventualverpflichtungen und weitere, nicht zu bilanzierende Verpflichtungen sowie deren Bewertungsgrundsätze sind im Anhang offen zu legen. Die ausgewiesenen Beträge sind wie folgt zu gliedern:
   - Bürgschaften, Garantieverpflichtungen und Pfandbestellungen zugunsten Dritter

- weitere quantifizierbare Verpflichtungen mit Eventualcharakter
- übrige, nicht zu bilanzierende Verpflichtungen.

Von der Offenlegung ausgenommen sind im Rahmen der ordentlichen Geschäftstätigkeit übernommene, nicht zu bilanzierende kurzfristige Verpflichtungen mit einer Gesamtlaufzeit bis zu einem Jahr oder Verpflichtungen, die innert 12 Monaten gekündigt werden können.

4. Eventualverpflichtungen und weitere, nicht zu bilanzierende Verpflichtungen sind zu bewerten. Allenfalls ist eine Rückstellung zu bilden.

5. Der am Bilanzstichtag offene Betrag der derivativen Finanzinstrumente sowie deren Bewertungsgrundsätze sind im Anhang offen zu legen. Der Ausweis ist wie folgt zu gliedern:
   - Zinsen
   - Währungen
   - Übrige derivative Instrumente

   Für die drei Kategorien Zinsen, Währungen und übrige derivative Instrumente ist als Betrag je separat das Total der Kontraktwerte sowie das Total der positiven sowie der negativen Wiederbeschaffungswerte zu nennen. Bereits in der Bilanz brutto erfasste Wiederbeschaffungswerte sind als solche zu kennzeichnen.

6. Die erfolgswirksame Berücksichtigung der derivativen Finanzinstrumente hat, unabhängig vom Motiv des Geschäftes, durch Bewertung zum Marktwert am Bilanzstichtag zu erfolgen.

7. Wird das Geschäft zu Absicherungszwecken getätigt, können anstelle der Bewertung zu Marktwerten die gleichen Bewertungsgrundsätze gewählt werden wie beim abgesicherten Grundgeschäft.

8. Eine Transaktion aus anderen Motiven als zu Absicherungszwecken oder als Handelsgeschäft ist zu Marktwerten am Bilanzstichtag oder gemäss Niederstwertprinzip (tieferer Betrag aus Markt- oder Anschaffungswert bei Käufen bzw. höherer Betrag aus Markt- oder Anschaffungswert bei Verkäufen) zu bewerten. Für alle solchen Transaktionen sind bei der Bewertung einheitliche Kriterien anzuwenden.

9. Wiederbeschaffungswerte sind unabhängig vom Erwerbsgrund zu dem am Bilanzstichtag gültigen Marktwert zu erfassen. Dabei sind die positiven bzw. negativen Wiederbeschaffungswerte aus derivativen Geschäften als Guthaben bzw. Verpflichtungen entweder in der Bilanz, und zwar positive auf der Aktiv-, negative auf der Passivseite, oder im Anhang separat auszuweisen.

10. Auf wesentliche, nicht quantifizierbare Ausserbilanzgeschäfte ist im Anhang hinzuweisen.»

37.6 Übungen

Übungsfragen

1. Weshalb sind nicht-bilanzierte Verpflichtungen für die Beurteilung eines Unternehmens aus Sicht der Bilanzadressaten unter Umständen sehr relevant?
2. Nennen Sie die wichtigsten Gruppen von nicht-bilanzierten Verpflichtungen, die im Anhang offen gelegt werden müssen.
3. Erläutern Sie ausgehend von der Definition von Verbindlichkeiten in der modernen Rechnungslegung, warum solche Verpflichtungen nicht als Verbindlichkeiten zu bilanzieren sind.
4. Welche Grundsätze gelten für die Bewertung dieser Verpflichtungen?
5. Welche Konstellation ist für Eventualverbindlichkeiten im engeren Sinne typisch? Führen Sie einige Beispiele an.
6. Warum ist die Besicherung eigener Verbindlichkeiten durch Verpfändungen offen zu legen? Worin unterscheidet sich eine solche Besicherung von Bürgschaften zugunsten Dritter bezüglich der möglichen Auswirkungen auf die Bilanzstruktur?
7. Welche latenten Verpflichtungen können im Rahmen von Unternehmensakquisitionen (auf Seiten der Käufer und der Verkäufer) entstehen?
8. Zur Absicherung welcher Hauptrisiken dienen derivative Finanzinstrumente im Allgemeinen? Nennen Sie einige Beispiele für Derivate.
9. Welches Informationsbedürfnis besteht aus der Sicht der Bilanzadressaten bezüglich des Einsatzes derivativer Finanzinstrumente? Welche Kernangaben sind daher in einfachen Verhältnissen (Mindestanforderung) im Anhang offen zu legen?
10. Unter welchen Bedingungen sind schwebende Geschäfte im Anhang offen zu legen? Führen Sie Beispiele an.
11. Nennen Sie (aus der Wirtschaftspresse) Beispiele der jüngeren Vergangenheit, welche die Bedeutung (Nutzen, Gefahren) von Ausserbilanzgeschäften verdeutlichen.

Übungsaufgaben

12. Betrachten Sie den folgenden Auszug aus dem Geschäftsbericht von Georg Fischer.

Leasing		
Mio. CHF	2002	2001
Leasingverpflichtung bis 1 Jahr	2	1
Leasingverpflichtung 2 bis 5 Jahre	5	1
Leasingverpflichtung über 5 Jahre	2	
Finanzleasing (Nominalwerte)	**9**	**2**
Leasingverpflichtung bis 1 Jahr	12	11
Leasingverpflichtung 2 bis 5 Jahre	18	21
Leasingverpflichtung über 5 Jahre	9	1
Operatives Leasing (Nominalwerte)	**39**	**33**

▲ Abb. 274 Georg Fischer, Geschäftsbericht 2002 (S. 65)

    a. Beurteilen Sie ausgehend von der Definition von Verbindlichkeiten, welcher Teil der gezeigten Verpflichtungen als Verbindlichkeiten in der Bilanz zu erfassen ist. Welcher Teil der Verpflichtungen ist nicht zu bilanzieren?

    b. Warum ist der Ausweis des nicht zu bilanzierenden Teils im Anhang wichtig?

    c. Wie beurteilen Sie eine generelle Bilanzierungspflicht für Leasinggeschäfte unabhängig von der heute geltenden Unterscheidung zwischen Finanzleasing und operativem Leasing?

13. Die Insolvenz der Kirch-Gruppe im Jahr 2002 wurde durch die Ausübung einer Put-Option ausgelöst, welche die KirchMedia dem Axel Springer Verlag im Jahr 2000 gewährt hatte. Sie finden dazu einen Auszug aus der Pressemitteilung der KirchMedia AG im Jahre 2000, die entsprechende Passage aus dem Geschäftsbericht für das Jahr 2000 sowie einen Ausschnitt aus einem Pressebericht im Jahr 2002.

> KirchMedia und der Axel Springer Verlag haben vereinbart, SAT.1 in die geplante Senderfamilie einzubringen. Der Axel Springer Verlag wird damit entsprechend seiner heutigen Beteiligung künftig 11.48 Prozent an der ProSiebenSAT.1 Media AG halten. Gleichzeitig haben der Axel Springer Verlag und die KirchMedia beschlossen, sich gegenseitig eine Option einzuräumen, die vom Axel Springer Verlag gehaltenen Anteile zu einem späteren Zeitpunkt an die KirchMedia zu übertragen, bzw. sie zu übernehmen.

▲ Abb. 275 Auszug aus der Presseerklärung der KirchMedia vom 27.07.2000

> **2. Sonstige finanzielle Verpflichtungen**
> Zur Absicherung eines kontinuierlichen Programmflusses bestehen Rahmeneinkaufsverträge. Abhängig von Laufzeiten, Konditionen etc. der einzelnen Verträge werden in Zukunft (bei Lieferung der Programme) finanzielle Verpflichtungen entstehen, deren genaue Höhe zum Teil noch von zukünftigen Entwicklungen abhängt. Aus diesen Programmlizenzverträgen bestehen Sonstige finanzielle Verpflichtungen in Höhe von 5.009 Mio. DM. Darüber hinaus wurde in Hochrechnungen für zusätzliche Abnahmeverpflichtungen aus den Output-Verträgen eine Bandbreite von 2.5 bis 3.5 Mrd. DM ermittelt.
>
> Zusätzlich wurden Sportrechte (Fussball, Handball, Eishockey, Boxen, Formel 1) erworben. Hieraus sind in den folgenden Jahren finanzielle Verpflichtungen in Höhe von 5.262 Mio. DM zu erwarten.
>
> Daneben bestehen Verpflichtungen aus Unternehmenskauf-, Miet-, Leasing-, Beratungs- und Dienstleistungsverträgen sowie aus sonstigen Verträgen in Höhe von insgesamt 3.437 Mio. DM. Sonstige finanzielle Verpflichtungen gegenüber verbundenen Unternehmen bestehen in Höhe von 24 Mio. DM.

▲ Abb. 276 KirchMedia, Geschäftsbericht 2000 (S. 82)

> **Kirch in crisis as Springer exercises E767m option.**
> Kirch Gruppe, the debt-ridden German media group, is facing a cash crisis after Axel Springer, the publisher, on Wednesday exercised a «put» option forcing KirchMedia, its film rights arm, to pay E767m ($662m), following the collapse of negotiations between the two groups.
> The decision by Axel Springer, owner of the mass-market Bild Zeitung, raises serious concerns over the financial future of Kirch, which has more than E5bn in debts. The group is considered unlikely to be able to raise sufficient funds to cover the option within the three-month deadline.
> The option forces KirchMedia, Kirch's free-TV and rights business, to buy the publisher's 11.5 per cent stake in ProSiebenSAT.1, Germany's largest broadcaster. Kirch, which owns 52.5 per cent of listed ProSiebenSAT.1, had planned to merge it with KirchMedia in June.

▲ Abb. 277 Financial Times vom 30. Januar 2002

    a. Unter welcher Bezeichnung legt KirchMedia die Put-Option in ihrem Geschäftsbericht offen?

    b. Wie beurteilen Sie den Ausweis dieser Verpflichtung im Geschäftsbericht 2002.

    c. Formulieren Sie in kurzer Form einen Rechnungslegungsstandard, mit dem solche Verhältnisse für die Kapitalgeber transparenter dargestellt werden können.

Kapitel 38
Wertschöpfungsrechnung

	Lernziele

- Erläuterung der Ziele einer Wertschöpfungsrechnung
- Kenntnis über die Aussagekraft
- Analyse einer Wertschöpfungsrechnung

38.1 Allgemeines zur Wertschöpfungsrechnung

Der **Umsatz** ist für die Beurteilung der Unternehmensgrösse, der Ertragskraft sowie für den Betriebsvergleich, vor allem aber für den Vergleich verschiedener Tätigkeitsgebiete eine **nicht durchwegs befriedigende und genügende Grösse**. Die starke Arbeitsteilung in der heutigen Industrie führt dazu, dass die Spezialisierung vorangetrieben wird (z.B. durch kleine und mittelständische Betriebe) und der Hersteller im Endprodukt einen ständig wachsenden Anteil an Komponenten einsetzt, die er nicht selber herstellt. Die Make-or-buy-Entscheidung fällt sehr oft zugunsten des Einkaufs von Komponenten (sinkende Fertigungstiefe und damit auch Wertschöpfung). Dadurch werden die Mittelbindung in grosse Anlagen, hohe Personalbestände sowie die Akkumulation von grossen Kapazitäten – mit den entsprechenden negativen Auswirkungen beim geringsten Rückgang des Absatzvolumens – vermieden.

Vergleicht man einen Handels- mit einem Industriebetrieb und diesen wiederum mit einer Dienstleistungsfirma, fallen sofort die unterschiedlich hohen Anteile der Personalkosten auf. Der Warenaufwand wiederum ist bei Handelsbetrieben sehr gross, bei Dienstleistungsbetrieben dagegen praktisch inexistent. Eliminiert man die Warenaufwendungen, mithin die Leistungen Dritter, aus dem Umsatz, ergibt sich ein weit besserer **Massstab für die Bedeutung und Ertragskraft eines Unternehmens.** Dieser Gedanke wird in der Wertschöpfungsrechnung berücksichtigt, bei der alle Vorleistungen Dritter vom Umsatz abgezogen werden. Die Idee der Wertschöpfungsrechnung wird auch auf anderen Gebieten berücksichtigt, zum Beispiel für die Ermittlung der Mehrwertsteuer *(taxe sur la valeur ajoutée* [TVA], *value added tax* [VAT] etc., eine Steuer, welche nur die im betreffenden Betrieb neu geschaffenen Werte besteuert).

38.2 Entstehung der Wertschöpfung

Die Wertschöpfung wird ermittelt, indem **vom Umsatz die Vorleistungen Dritter abgezogen** werden. Zu den Vorleistungen Dritter gehören beispielsweise Dienstleistungen Dritter, Wareneinkäufe von Dritten (Komponenten, Rohmaterial etc.), aber auch Energielieferungen.

Zusätzlich wird zwischen Brutto- und Nettowertschöpfung unterschieden (vgl. ▶ Abb. 278, Entstehungsrechnung). Die Nettowertschöpfung ergibt sich, indem

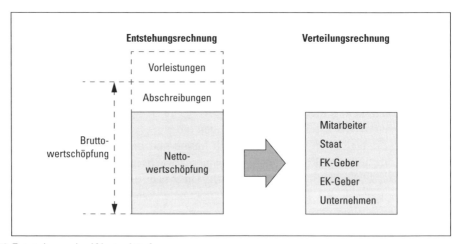

▲ Abb. 278 Entstehung der Wertschöpfung

man von der Bruttowertschöpfung die Abschreibungen sowie die Wertschöpfung der mit Hilfe der Equity-Methode erfassten Beteiligungen subtrahiert. Die Abschreibungen sind deshalb abzusetzen, weil sie den Gegenwert für den Wertverzehr auf Sachanlagen darstellen, die von Dritten eingekauften wurden. In diesem Sinne basiert dieser Wertverzehr eben auch auf einer Vorleistung Dritter (die Sachanlagen wurden von Dritten hergestellt). Diese Betrachtung wird durch eine Analyse unter der Optik der dynamischen Bilanztheorie gestützt, bei der Sachanlagen Ausgaben darstellen, welche noch nicht Aufwand geworden sind. Die so ermittelte Wertschöpfung kann zusätzlich entweder nach Produktegruppen oder nach Produktionsregionen analysiert werden.

38.3 Verteilung der Wertschöpfung

Die Wertschöpfung als eigentliche Leistungsgrösse für das Unternehmen entspricht jenem Ertrag, der vom Umsatz nicht an Dritte für die Entschädigung von Vorleistungen abgegeben werden muss. Entsprechend erheben verschiedene Personengruppen (vgl. ◄ Abb. 278) Ansprüche auf diese Wertschöpfung. Allen voran sind es die Mitarbeiter. Ferner gehören auch die Kapitalgeber und das öffentliche Gemeinwesen dazu. Die Verteilungsrechnung zeigt, welche Anteile an der Wertschöpfung die einzelnen Anspruchsgruppen erhalten.

Betrachtet man die Prozentanteile an der Wertschöpfung, spielt der **Personalaufwand meistens eine dominierende Rolle.** In Produktionsbetrieben macht dieser Anteil unter Berücksichtigung des Sozialaufwandes durchaus 70% oder mehr der gesamten Wertschöpfung aus. Betrachtet man dagegen den Reingewinn, können falsche Schlüsse auf die Möglichkeit betreffend Erhöhung der Personalaufwendungen gezogen werden. Der sehr hohe Anteil der Personalkosten bei der Verteilung der Wertschöpfung führt in vielen Firmen zu einer Art Hebeleffekt, durch den der Gewinn bei Steigerung der Personalkosten übermässig sinkt (und umgekehrt).

Für die übrigen Empfänger der Wertschöpfungsanteile ist beim öffentlichen **Gemeinwesen** an Steuern, Gebühren und Abgaben zu denken, bei den **Kapitalgebern** stehen die Zinsen für die Finanzverbindlichkeiten und allfällige Dividenden an die Anteilseigner im Vordergrund. Die verbleibenden, im Unternehmen zurückbehaltenen Wertschöpfungsanteile werden meist losgelöst von dem an die Aktionäre ausbezahlten Teil der Wertschöpfung ausgewiesen (aber der einbehaltene Teil «gehört» natürlich ebenfalls den Anteilseignern).

38.4 Offenlegung

Bereits seit dem Beginn der 1980er Jahre wurden Wertschöpfungsrechnungen vermehrt in den Geschäftsberichten von Schweizer Publikumsfirmen veröffentlicht (vgl. ▶ Abb. 279 für den Industriekonzern Georg Fischer und ▶ Abb. 280 für den Detailhändler Migros). Eine Empfehlung oder gar eine verbindliche Regelung zur Offenlegung solcher Informationen besteht allerdings nicht.

Wertschöpfungsrechnung				
	2002		2001	
Entstehung der Nettowertschöpfung	Mio. CHF	%	Mio. CHF	%
Umsatz	**3 417**	**100**	**3 848**	**100**
Bestandesänderungen Vorräte, aktivierte Eigenleistungen und übriger betrieblicher Ertrag	56	2	70	2
	3 473	102	3 918	102
Material- und Warenaufwand	−1 518	−44	−1 698	−44
Betriebsaufwand	−618	−18	−709	−19
Bruttowertschöpfung	**1 337**	**40**	**1 511**	**39**
Abschreibungen	−154	−5	−159	−4
Amortisation	−41	−1	−41	−1
Finanz- und übriger Ertrag netto	−24	−1	19	1
Nettowertschöpfung	**1 118**	**33**	**1 330**	**35**

	2002			2001		
Verteilung der Nettowertschöpfung (NWS)	Mio. CHF	% NWS	% Umsatz	Mio. CHF	% NWS	% Umsatz
Mitarbeitende						
Personalaufwand	1 062	95	31	1 155	87	30
Staat						
Ertragssteuern	3			30	2	1
Darlehensgeber						
Zinsaufwand	65	6	2	69	5	2
Aktionäre						
Dividenden	31	3	1	68	5	2
Im Konzern zurückbehaltene Ergebnisse						
Konzernergebnis (inkl. Minderheitsanteile)	−12			76		
Dividenden	−31			−68		
	−43	−4	−1	8	1	
Nettowertschöpfung	**1 118**	**100**	**33**	**1 330**	**100**	**35**

▲ Abb. 279 Wertschöpfungsrechnung (Georg Fischer, Geschäftsbericht 2002, S. 45)

Kapitel 38 Wertschöpfungsrechnung

Wertschöpfungsrechnung

Eine nachhaltige Wertschöpfung und auf die Zukunft gerichtetes Bewirtschaften der verfügbaren Mittel soll auch in schwierigen Zeiten die Sicherung des Unternehmens, der Arbeitsplätze wie auch der Leistungen an die öffentliche Hand ermöglichen. Dabei sollen die Leistungen an unsere Kunden laufend gesteigert werden.

	2004		2003	
	Mio. CHF	%	Mio. CHF	%
Entstehung				
Unternehmensleistung	20 303	100	20 013	100
Materialaufwand	12 082	59	11 815	59
Übriger Aufwand	1 335	7	1 501	8
Bruttowertschöpfung	6 886	34	6 697	33
Abschreibungen	854	4	806	4
Nettowertschöpfung	6 032	30	5 891	29
Verwendung				
an Mitarbeiter	4 488	74	4 499	76
an Kultur/Soziales (Kulturprozent)	114	2	114	2
an Kreditgeber	96	2	75	1
an öffentliche Hand	789	13	831	14
› Steuern	92		100	
› Mehrwertsteuern	142		138	
› Zölle/Gebühren/Abgaben	555		593	
an Unternehmung (Selbstfinanzierung)	545	9	372	7
Nettowertschöpfung	6 032	100	5 891	100
Kennzahlen zur Wertschöpfung				
Bruttowertschöpfung je Ø Vollzeitstelle CHF	114 401		108 919	
Nettowertschöpfung je Ø Vollzeitstelle CHF	100 213		95 810	
Personalaufwand je Ø Vollzeitstelle CHF	74 561		73 171	
Durchschnittliche Anzahl Vollzeitstellen	60 192		61 486	

Die **Zunahme der Unternehmungsleistung** ist auf die weiterhin erfolgreiche Umsatzentwicklung bei den Genossenschaften und den Handelsunternehmen zurückzuführen. Trotz Kostensteigerungen bei den Vorleistungen zum Vorjahr vermag die Nettowertschöpfung in absoluten Werten zuzulegen. Sie verbessert sich auch durch die anhaltende Verlagerung zu Leistungen mit einer höheren Wertschöpfung.

In der **Verwendung** der Nettowertschöpfung halten die Mitarbeitenden die prioritäre Stellung auf hohem Niveau. Der Anteil sinkt zum Vorjahr um 2 Prozentpunkte. Trotz abnehmenden absoluten Werten sind im Berichtsjahr allgemeine Salärerhöhungen sowie Verbesserungen der Sozial- und Nebenleistungen erfolgt. Optimierte Abläufe im Wertschöpfungsprozess mit daraus resultierendem niedrigerem Personalbestand ergeben die besseren Kennzahlen je durchschnittliche Vollzeitstelle bei Brutto- wie Nettowertschöpfung.

Die Leistungen für Kultur und Soziales bleiben auf 2% der Nettowertschöpfung, obwohl das erfreuliche Gruppenergebnis eine prozentuale Strukturänderung bewirkt.

Die **Unternehmensfortführung und Innovationssicherung** ist durch Einbehaltung eines adäquaten Gewinnes weiterhin anzustreben.

▲ Abb. 280 Wertschöpfungsrechnung (Migros, Geschäftsbericht 2004, S. 106)

38.5 Übungen

Übungsfragen

1. Definieren Sie die Wertschöpfungsrechnung.
2. Erklären Sie, warum der Umsatz als Kennzahl für die Beurteilung der Unternehmensgrösse zunehmend ungeeignet ist.
3. Nennen Sie Aufgaben der Wertschöpfungsrechnung. Gehen Sie dabei auf Unterschiede zwischen Handelsfirmen einerseits und Dienstleistungsunternehmen andererseits ein.
4. Zeigen Sie die beiden Wege, wie die Wertschöpfung analysiert wird. Unterstützen Sie Ihre Aussagen graphisch.
5. Nach welchem Hauptkriterium wird der Umsatz im Rahmen der Entstehungsrechnung in Konzernen segmentiert?
6. Nennen Sie einige Beispiele für Vorleistungen Dritter.
7. Worauf beruht die Differenz zwischen Brutto- und Nettowertschöpfung?
8. Welche Personengruppen haben typischerweise Ansprüche auf die Nettowertschöpfung? Welche Gruppe spielt dabei in der Regel die grösste Rolle?
9. Welche Zahlungen an Kapitalgeber werden im Rahmen der Verteilungsrechnung erfasst?
10. An welcher Stelle der Wertschöpfungsrechnung werden zurückbehaltene Gewinne (z.B. für Investitionen) ausgewiesen?

Übungsaufgaben

11. Zeigen Sie auf, wie die Nettowertschöpfung von der Entstehungsseite her berechnet wird. Gehen Sie schrittweise vor und geben Sie auch die relevanten Zwischensummen an.
12. Analysieren Sie die Verteilungsrechnung von Georg Fischer für das Geschäftsjahr 2002 (vgl. ◄ Abb. 279).
    a. Welche Position erscheint Ihnen auffällig?
    b. Erläutern Sie den Ausweis der Dividenden.

13. Betrachten Sie folgenden Auszug aus dem Forbo-Jahresabschluss für das Geschäftsjahr 2002.

Wertschöpfungsrechnung	2002 Mio. CHF	2001 Mio. CHF
Bruttowertschöpfung	**585.5**	**578.3**
Abschreibungen auf dem Anlagevermögen	−91.7	−90.4
Nettowertschöpfung	**493.8**	**487.9**
Wertschöpfungsverteilung		
Mitarbeiter	406.1	399.0
Öffentliche Hand	20.9	21.1
Kreditgeber	24.2	16.0
Kapitalgeber	29.0	32.4
Unternehmen	13.6	19.4
Total	**493.8**	**487.9**
Nettowertschöpfung je Mitarbeiter (CHF)	89 651	86 262

▲ Abb. 281 Wertschöpfungsrechnung (Forbo, Geschäftsbericht 2002, S. 28)

Finden sich die gezeigten Informationen auch an anderen Stellen im Jahresabschluss? Wenn ja, wo? Geben Sie für jede Position mögliche Quellen an, aus denen sich die Wertschöpfung errechnen liesse.

Kapitel 39
Jahresbericht

Lernziele

- Inhalte des Jahresberichtes
- Problematik der Risikoberichterstattung

39.1 Allgemeines

Informationen über den Geschäftsgang eines Unternehmens sind nur indirekt aus der Jahresrechnung ersichtlich. Die Veränderung der Umsätze im Vergleich zu den Vorjahren, vor allem wenn die Verkaufszahlen nach Geschäftsbereichen und geographischen Märkten (Segmentberichterstattung) gegliedert sind, geben Hinweise auf die geschäftliche Entwicklung. Die meisten Jahresberichte enthalten eine 5- oder 10-Jahres-Übersicht der wichtigsten Eckwerte und Kennzahlen. Dagegen fehlen Angaben zum Bestellungseingang, zum Auftragsbestand ebenso wie Einzelheiten zu wichtigen Transaktionen. Interessant wären beispielsweise Hinweise auf neue Grosskunden, Firmenübernahmen, Restrukturierungen, neue Produkte oder Märkte. Daher verlangt der Gesetzgeber in Ergänzung zur Rechnungslegung im engeren Sinne einen Bericht über das Geschäftsjahr, der im schweizerischen Aktienrecht als Jahresbericht, in der EU als Lagebericht und im internationalen Sprachgebrauch meist als Director's Report bezeichnet wird. Dieser gibt Auskunft über den Geschäftsverlauf und die wirtschaftliche Lage des Unternehmens.

In der Schweiz werden der Jahresbericht und die Jahresrechnung im so genannten Geschäftsbericht zusammengefasst. Interessanterweise verlangt das Aktienrecht für Publikumsgesellschaften nur die Veröffentlichung der Jahresrechnung (sowie einer allfälligen Konzernrechnung) zusammen mit dem Revisionsbericht. Der Jahresbericht dagegen wird nicht ausdrücklich erwähnt.

Im Jahresbericht sollten in erster Linie jene Aspekte angesprochen werden, die nicht unmittelbar aus der Jahresrechnung ersichtlich sind. Neben den Informationen zu Auftragseingang sowie Auftragsbestand stehen Fragen zur Forschungs- und Entwicklungstätigkeit des Unternehmens sowie zur Beurteilung der Entwicklung des Geschäftsganges durch das Management im Vordergrund. Aufgrund der Praxis sowie als gemeinsamer Nenner der verschiedenen gesetzlichen Bestimmungen sowie Standards zur Gestaltung des Jahresberichtes gibt der nächste Abschnitt einen Leitfaden bezüglich Inhalt.

39.2 Gliederung und Inhalt des Jahresberichts

Der Umfang der **Offenlegung** im Jahresbericht ist in kaum einem Land oder Rechnungslegungsstandard sehr genau definiert. Daher besteht ein relativ **grosser Ermessensspielraum** bezüglich Gestaltung und Inhalt des Lage- bzw. Jahresberichts (vgl. ▶ Abb. 282). In den Berichten, die nach Massgabe der EU-Richtlinien erstellt werden, finden sich – zumeist ausgehend von einem Bericht über das vergangene Geschäftsjahr – Angaben über die Aufwendungen für Investitionen, für Forschung und Entwicklung sowie abschliessend ein Ausblick auf das

---

Jahresbericht (Director's Report)

Angaben zu:
- Geschäftsgang (Auftragseingang, Auftragsbestand, Wertschöpfung, wichtige Akquisitionen/Desinvestitionen, grosse Investitionsvorhaben, Ereignisse nach dem Bilanzstichtag etc.) gegliedert nach Unternehmensbereichen
- Entwicklung der relevanten Märkte
- Auslastungsgrad
- Investitionstätigkeit und Produktionsverlagerungen
- Ausserordentliche Ereignisse
- Mitarbeit
- Strategie und Aussichten für das folgende Jahr

▲ Abb. 282 Gliederung des Jahresberichts

folgende Geschäftsjahr und die fernere Zukunft. Auch in der Schweiz informieren heute Publikumsgesellschaften im Jahresbericht relativ ausführlich und umfassender, als im Gesetz vorgegeben.

Wie für den Anhang gilt auch bezüglich Jahresbericht, dass darin keine Aussagen gemacht werden dürfen, die Angaben in Bilanz, Erfolgs- und Geldflussrechnung widersprechen oder diese in Frage stellen. Daher wird bei Publikumsgesellschaften der Jahresbericht vor seiner Veröffentlichung von den Wirtschaftsprüfern auf solche Widersprüche oder Unklarheiten hin durchgesehen, obwohl dieses Element der Berichterstattung nicht zum gesetzlich vorgegebenen Prüfungsbereich der Revisionsstelle gehört.

Der Jahresbericht wird meist vom Vorsitzenden der Geschäftsleitung (CEO, Verwaltungsratsdelegierter, Vorstandsvorsitzender etc.) sowie vom Präsidenten des Verwaltungsrates (oder des Aufsichtsrates) unterzeichnet.

Die **Analyse** von Unternehmen stützt sich auch auf die Angaben im Jahresbericht. Dort finden sich Hinweise auf wichtige Transaktionen oder Ereignisse, deren mögliche Konsequenzen noch nicht in der Jahresrechnung berücksichtigt sind. Allerdings wird bei einer laufenden Begleitung von Publikumsfirmen durch Analysten der Jahresbericht kaum mehr viele Neuigkeiten vermitteln. Aufgrund der Ad-hoc-Publizität (Verpflichtung von kotierten Unternehmen zur sofortigen Veröffentlichung von möglicherweise kursrelevanten Tatsachen), aber auch im Rahmen von Analystenkonferenzen und Medienmitteilungen werden wohl alle wichtigen Informationen für die Beurteilung von Geschäftsverlauf und Geschäftsentwicklung bereits vor Veröffentlichung des Jahresberichtes bekannt. Dieser Bericht der Geschäftsleitung bzw. des Aufsichts- oder Verwaltungsrates ist daher für Finanzanalysten in erster Linie eine Zusammenfassung von weitgehend bereits bekannten Angaben. ▶ Abb. 283 zeigt mit Hilfe des Lageberichtes der Georg Fischer auf, welche Aspekte typischerweise in einem solchen Bericht zusammengefasst werden.

Finanzieller Lagebericht Konzern

Zusammenfassung, Ausblick
In einem sehr schwierigen Marktumfeld und bei ungünstigen Währungsrelationen hat Georg Fischer das Jahr 2002 operativ besser als erwartet gemeistert. Die Kosteneinsparungen von rund CHF 200 Mio. und die weiteren Massnahmen haben in den drei Kernbereichen zu einem EBIT von CHF 94 Mio. und einem Unternehmensergebnis von CHF 24 Mio. geführt. Das negative Unternehmensergebnis von Coperion der ersten 9 Monate und die Wertberichtigung belasten die Konzernrechnung mit insgesamt CHF 44 Mio. und haben ein negatives Konzernergebnis von CHF – 20 Mio. zur Folge. Trotz substanzieller Anlageinvestitionen erarbeitete Georg Fischer einen Freien Cashflow von CHF 65 Mio. Die Nettoverschuldung wurde um CHF 57 Mio. reduziert.

Auch bei anhaltend schlechter Konjunkturlage werden sich die im Jahr 2002 getroffenen Massnahmen und die Dekonsolidierung von Coperion positiv auf die Ertragslage des Konzerns auswirken. Die neuen Aufträge der Fahrzeugtechnik und die getätigten Vorinvestitionen werden im Jahr 2003 zu höherem Umsatz und Ertrag führen. Die Erschliessung neuer Märkte zusammen mit den nachhaltigen Einsparungen des vergangenen Jahres lassen auch für Rohrleitungssysteme eine Umsatz- und Ertragsverbesserung erwarten. Eine Steigerung von Umsatz und Ertrag bei der Fertigungstechnik ist abhängig von der Erholung wichtiger Märkte, insbesondere USA und Deutschland.

Ziel für 2003 ist ein höherer Freier Cashflow durch eine verbesserte Ertragskraft und zurückhaltende Investitionen in Sachanlagen, sodass auch 2003 die Nettoverschuldung weiter gesenkt werden kann.

Strategische Veränderungen
Die wichtigste strategische Veränderung im Portfolio des Konzerns war der Ausstieg aus dem Anlagenbau. Durch die Reduktion der bisherigen Mehrheitsbeteiligung von 50.01 % auf rund 47 % (Stimmrechte 19.9 %) ist Coperion seit 1.10.2002 dekonsolidiert und wird in der Rechnung von Georg Fischer als Finanzanlage geführt. Dieser Schritt entsprach der bereits kommunizierten Strategie, sich auf die Kerngeschäfte Fahrzeugtechnik, Rohrleitungssysteme und Fertigungstechnik zu konzentrieren. Die Auswirkungen auf Erfolgsrechnung und Bilanz des Konzerns werden in den folgenden Abschnitten dargestellt. Die Coperion Gruppe entstand im Jahre 2000 aus dem Zusammenschluss von Buss, Waeschle und Werner & Pfleiderer als Joint Venture der Georg Fischer und WestLB/West Private Equity. Coperion ist heute weltweiter Technologie- und Marktführer für Anlagen, Compoundiersysteme und Komponenten für die Kunststoffindustrie. Dies sind unverändert gute Voraussetzungen für einen künftigen Wertzuwachs.

Die Akquisition der Step Tec AG durch die Unternehmensgruppe Fertigungstechnik per 1.1.2002, die Gründung des Joint Venture Georg Fischer SIMONA Fluorpolymer Products GmbH, Ettenheim (D), zwischen der Unternehmensgruppe Rohrleitungssysteme und der Firma SIMONA AG in Kirn (D) per 1.10.2002 und die weiteren Veränderungen im Portfolio hatten im Jahr 2002 nur geringfügige Auswirkung auf Erfolgsrechnung und Bilanz.

Auftragseingang, Auftragsbestand
Der Auftragseingang lag mit CHF 3.48 Mia. um 7 % unter Vorjahr. Ohne Coperion und währungsbereinigt liegt der Auftragseingang etwa auf Vorjahresniveau und der Auftragsbestand am Jahresende rund 5 % höher als vor einem Jahr.

Bruttoumsatz
Der Bruttoumsatz lag mit CHF 3.46 Mia. um 11 % unter Vorjahr, ohne Coperion und währungsbereinigt rund 5 % unter Vorjahr. Die geografische Umsatzverteilung hat sich nur leicht verändert: Amerika büsste 2 Prozentpunkte zu Gunsten von Europa ein.

Wirkungsvolle Sparmassnahmen
Die frühzeitig eingeleiteten Massnahmen auf der Kostenseite haben über das ganze Jahr Einsparungen in Höhe von rund CHF 200 Mio. gebracht.

Betriebsergebnis
Als Folge des schwierigen Marktumfeldes und des dadurch bedingten Umsatzrückgangs bei den Unternehmensgruppen Rohrleitungssysteme und Fertigungstechnik und durch den negativen EBIT von CHF 14 Mio. von Coperion während der ersten 9 Monate liegen der EBITDA mit CHF 275 Mio. um 22 % und der EBIT mit CHF 80 Mio. um 49 % unter Vorjahr. Der Währungseinfluss hat sich dabei mit etwa CHF 22 Mio. negativ ausgewirkt.

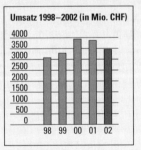

Finanzergebnis
Um die Finanzanlage Coperion von Anfang an zu einem vorsichtigen Verkehrswert zu bilanzieren, wurde eine Wertberichtigung in Höhe von CHF 25 Mio. vorgenommen, so dass der verbleibende Anteil an Coperion noch rund CHF 50 Mio. beträgt. Zu Lasten des übrigen Finanzergebnisses wurde zudem eine Wertberichtigung auf Wertschriften in Höhe von CHF 8 Mio. vorgenommen. Georg Fischer profitiert nach wie vor von einer relativ günstigen durchschnittlichen Verzinsung für Kredite von weniger als 5 %.

▲ Abb. 283 Jahresbericht (Georg Fischer, Geschäftsbericht 2002, S. 41 ff.)

Finanzieller Lagebericht Konzern (Forts.)

Ertragssteuern
Der Steueraufwand liegt dank einer im Rahmen der gesetzlichen Möglichkeiten systematisch betriebenen Steueroptimierung mit CHF 3 Mio. relativ tief. Bei den profitablen Joint Ventures sind der Steueroptimierung allerdings Grenzen gesetzt. Das hat zu einem zusätzlichen Steueraufwand von CHF 6 Mio. geführt. Demgegenüber konnten latente Steuererträge in Höhe von CHF 7 Mio. und ein Tax refund aus den USA im Betrag von CHF 3 Mio. ausgewiesen werden.

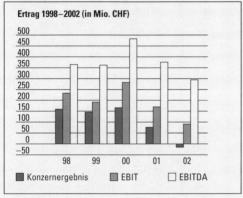

Konzernergebnis
Das ausgewiesene Konzernergebnis vor Minderheiten, nach Wertberichtigung von CHF 25 Mio. für Coperion, beträgt CHF –12 Mio. Der Abzug für Minderheiten in Höhe von CHF 8 Mio. betrifft die anteiligen Gewinne der Joint Ventures Georg Fischer Fittings GmbH, Traisen (A), und Georg Fischer Wavin AG, Schaffhausen. Die auf zurzeit 20.11 % reduzierten Minderheitsanteile an der Agie Charmilles Holding AG fallen dieses Jahr kaum ins Gewicht. Das Konzernergebnis nach Minderheiten beträgt schliesslich CHF –20 Mio.

Im ausgewiesenen Konzernergebnis ist für Coperion neben den CHF 25 Mio. Wertberichtigung noch ein negatives Unternehmensergebnis für die ersten neun Monate von CHF 19 Mio. enthalten. Das heisst, dass ohne Coperion der Konzern mit den drei Kerngeschäften Fahrzeugtechnik, Rohrleitungssysteme und Fertigungstechnik in einem sehr schwierigen Marktumfeld ein positives Konzernergebnis (nach Minderheiten) von CHF 24 Mio. erarbeitet hat.

Veränderungen des Anlagevermögens
Die Sachanlagen haben sich von CHF 1.16 Mia. auf CHF 1.09 Mia. reduziert. Davon sind CHF 44 Mio. auf die Dekonsolidierung von Coperion zurückzuführen. Die Investitionen haben im Jahre 2002 CHF 171 Mio. betragen bei Abschreibungen von CHF 154 Mio.

Die immateriellen Anlagen haben sich durch die Dekonsolidierung von Coperion um CHF 97 Mio., durch den zusätzlichen Goodwill aus dem Einbezug der 9.87 % Agie Charmilles Titel in Höhe von CHF 18 Mio., durch ein Impairment auf dem Goodwill der früheren mbGuss Gruppe (Standorte Friedrichshafen (D) und Garching (D)) in Höhe von CHF 4 Mio. und schliesslich auch durch die jährliche Amortisation von CHF 37 Mio. von CHF 487 Mio. auf CHF 367 Mio. reduziert.

Veränderungen im Umlaufvermögen
Durch zielorientierte Führung auf allen Stufen wurde das Umlaufvermögen von CHF 1.73 Mia. auf CHF 1.46 Mia. reduziert. Das zum Verkauf stehende Wertschriftenportfolio wurde durch die Konsolidierung der im Jahre 2001 erworbenen zusätzlichen 9.87 %-Beteiligung an der Agie Charmilles Holding AG und durch Verkäufe von CHF 82 Mio. auf CHF 11 Mio. reduziert.

Bilanzsumme
Durch die erwähnten Einflüsse, insbesondere durch die Dekonsolidierung von Coperion und durch die straffe Bewirtschaftung des Umlaufvermögens hat sich eine Verkürzung der Bilanzsumme um CHF 423 Mio. ergeben.

Eigenkapital
Das Eigenkapital reduzierte sich im Berichtsjahr um CHF 89 Mio. auf CHF 954 Mio. Davon sind CHF 44 Mio. auf die Dividendenzahlung und den Konzernverlust des Jahres 2002 sowie CHF 51 Mio. auf den tieferen Wert der Beteiligungen und der beteiligungsähnlichen Darlehen zufolge des stärkeren Schweizer Frankens zurückzuführen. Die Eigenkapitalquote stieg zufolge Verkürzung der Bilanz von 29 % auf 31 %.

Finanzierung
Im Jahre 2002 konnte die Nettoverschuldung um CHF 57 Mio. auf CHF 1 077 Mio. gesenkt werden.

Georg Fischer strebt eine ausgewogene Finanzierung an, welche auf der Nutzung des Kapitalmarktes und sorgfältig gepflegter Bankverbindungen beruht. Die im Jahre 2002 fällig gewordene Obligationenanleihe von CHF 100 Mio. wurde zurückbezahlt, ohne dass im gegenwärtigen Marktumfeld die Möglichkeit bestanden hätte, sie durch eine neue abzulösen. Die Finanzierung wurde durch neu abgeschlossene Kredite gefestigt, sodass der Konzern heute über eine genügend grosse Nutzungsreserve verfügt. Durch offene Darlegung der Ertrags- und Geschäftslage geniesst Georg Fischer das Vertrauen der finanzierenden Banken. Die Agie Charmilles Gruppe hat zudem syndizierte Kreditlinien im Betrage von CHF 250 Mio., wovon CHF 170 Mio. benutzt sind. Die Covenants, welche sich insbesondere auf das Verhältnis zwischen Nettoverschuldung und EBITDA beziehen, konnten infolge der gedämpften Ertragslage nicht eingehalten werden. Die Syndikatsbanken haben aber rechtzeitig einen Waiver gewährt, sodass auch diese Kredite nach wie vor vollumfänglich zur Verfügung stehen.

Geldflussrechnung und Freier Cashflow
Entsprechend dem gegenüber Vorjahr tieferen Ergebnis ist auch der erarbeitete Cashflow tiefer ausgefallen. Da aber gleichzeitig der Mittelabfluss durch Investitionen in Sachanlagen von CHF 233 Mio. auf CHF 171 Mio. zurückging, erhöhte sich der Saldo Innenfinanzierung im Vergleich zum Vorjahr von CHF 88 Mio. auf CHF 167 Mio., sodass sich daraus ein Freier Cashflow von CHF 65 Mio. ergab. Dazu haben die Unternehmensgruppen Rohrleitungssysteme und Fertigungstechnik mit je rund CHF 30 Mio., die Konzernführung mit CHF 14 Mio. und die noch bis zum 30.9.2002 konsolidierte Coperion Gruppe mit CHF 16 Mio. beigetragen. Die Unternehmensgruppe Fahrzeugtechnik weist dagegen eine um CHF 31 Mio. höhere Mittelbindung auf.

▲ Abb. 283 Jahresbericht (Georg Fischer, Geschäftsbericht 2002, S. 41 ff.) (Forts.)

Finanzieller Lagebericht Konzern (Forts.)

Freier Cashflow

Mio. CHF	2002	2001
EBITDA	275	356
Veränderung Nettoumlaufvermögen	10	52
Investitionen in Sachanlagen (Capex)	−171	−233
Devestitionserlöse aus Sachanlagen	16	37
Devestitionserlöse aus nicht konsolidierten Beteiligungen	2	21
Effektive Steuern	−9	−27
Effektive Zinsen	−58	−63
Freier Cashflow	**65**	**143**

Unternehmensgruppen

Die Georg Fischer Fahrzeugtechnik konnte im Vergleich zum Vorjahr den Bruttoumsatz mit CHF 1.4 Mia. halten, was währungsbereinigt einer Steigerung von rund 2% entspricht. Mit CHF 42 Mio. stieg der EBIT um 2%, währungsbereinigt um 5%. Im EBIT ist zudem das Impairment auf dem Goodwill der früheren mbGuss Gruppe in Höhe von CHF 4 Mio. enthalten. Im Jahr 2002 brachte die durch einzelne Kunden verzögerte Einführung neuer Fahrzeugmodelle eine Unterauslastung der bereits früher getätigten Vorinvestitionen. Diese Unterauslastung und einzelne operative Schwachstellen haben das Resultat 2002 belastet.

Erfolgreiche Produkt- und Verfahrensentwicklungen brachten auch im vergangenen Jahr attraktive neue Langfristaufträge, welche zu Sachanlageninvestitionen in Höhe von CHF 121 Mio. (Vorjahr CHF 148 Mio.) führten. Trotz eines EBITDA von CHF 146 Mio. haben die Sachanlageninvestitionen und die steigenden Auslieferungen zum Jahresende nochmals zu einer zusätzlichen Mittelbindung von CHF 31 Mio. geführt.

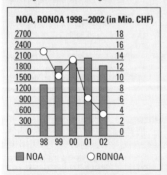

Die neuen Aufträge der vergangenen zwei Jahre und die damit verbundenen Vorinvestitionen werden in den kommenden Jahren zu einem Wachstumsschub bei Umsatz und Ertrag führen.

Der um mehr als 10% höhere Auftragseingang im Jahr 2002, die für die ersten Monate des Jahres 2003 gute Abrufsituation und die damit verbundene bessere Auslastung der Werke lassen für 2003 eine gute Umsatz- und Ertragsentwicklung und einen deutlich positiven Freien Cashflow erwarten.

Mit CHF 810 Mio. liegt der Bruttoumsatz der Georg Fischer Rohrleitungssysteme um 8% (währungsbereinigt um 4%) tiefer als im Vorjahr. Dank der weit reichenden Sparmassnahmen hat sich der Rückgang im EBIT um 11% auf CHF 28 Mio. in Grenzen gehalten, vor allem wenn man noch den negativen Währungseinfluss von rund CHF 8 Mio. berücksichtigt.

Die ausgezeichnete Umsatz- und Ertragsentwicklung bei den Rohrleitungssystemen für die Gas- und Wasserversorgung konnte den Umsatz- und Ertragsrückgang im traditionell ertragreichen Industriegeschäft nicht vollständig kompensieren. Die Zurückhaltung insbesondere bei industriellen Investitionsprojekten weltweit und speziell in der Halbleiterindustrie schmälerte den Ertrag der Unternehmensgruppe. Marktbedingt stagnierte die Haustechnik, während sich die positive Umsatz- und Ertragsentwicklung in China auch im Jahr 2002 fortsetzte.

Die bereits eingeleiteten zusätzlichen Massnahmen zur Erschliessung neuer Märkte zusammen mit den nachhaltigen Einsparungen des vergangenen Jahres lassen auch bei einem anhaltend schwierigen Marktumfeld für 2003 eine Umsatz- und Ertragsverbesserung erwarten. Von einer späteren wirtschaftlichen Erholung wird die Unternehmensgruppe ertragsmässig überdurchschnittlich profitieren, da die vorhandenen Kapazitäten ohne weitere Investitionen eine Volumenerhöhung von 20% ermöglichen.

Wegen eines massiven Markteinbruchs von über 30% gingen der Auftragseingang und der Umsatz der Georg Fischer Fertigungstechnik (Agie Charmilles) gegenüber dem Vorjahr um 19% (währungsbereinigt um 14%) auf rund CHF 1 Mia. zurück. Dank der rasch und konsequent durchgeführten Massnahmen erzielte die Gruppe noch einen EBIT von CHF 22 Mio. und ein knapp positives Unternehmensergebnis, und dies bei einem negativen Währungseinfluss auf Stufe EBIT von rund CHF 12 Mio. Der Freie Cashflow beträgt CHF 30 Mio.

Die in den letzten Jahren konsequent durchgeführte Weiterentwicklung der EDM-Produktlinien von Agie und Charmilles, aber auch die Leistungen der akquirierten Unternehmen Mikron und System 3R waren in der schwierigen Marktsituation des Jahres 2002 von grösster Bedeutung und haben geholfen, die führende Marktstellung von Agie Charmilles auszubauen.

Die nachhaltigen Einsparungen des Jahres 2002, die bereits eingeleiteten Massnahmen zur Verstärkung der Marktbearbeitung und die heutige Position von Agie Charmilles als Systemanbieter im Werkzeug- und Formenbau bieten Gewähr dafür, dass eine Marktherholung rasch zu einer substanziellen Umsatz- und Ertragssteigerung führen wird. Die vorhandenen Produktionskapazitäten und Vertriebskanäle lassen eine Volumensteigerung von 30% ohne weitere Investitionen zu.

▲ Abb. 283 Jahresbericht (Georg Fischer, Geschäftsbericht 2002, S. 41ff.) (Forts.)

39.3 Risikoanalyse

Die moderne Wirtschaftsprüfung ebenso wie die Finanzanalyse stützen sich zunehmend auf risikoorientierte Verfahren (risikoorientierte Revisionsplanung, risikoorientierte Unternehmensanalyse). Die Beurteilung eines Unternehmens muss entsprechend auch auf die grössten Risikobereiche ausgerichtet sein. Im Bereich der Finanzierung und Bilanzierung manifestieren sich diese unter anderem hinsichtlich der Veränderung von Finanzierungskonditionen, insbesondere des Zinsniveaus, oder von Verschiebungen im Bereich der Wechselkurse (Zins- und Wechselkursrisiko). In bestimmten Branchen ist eine sinnvolle Beurteilung wichtiger Positionen ohne einen solchen Ansatz kaum mehr möglich. Daher bauen Banken für die Beurteilung ihres Kreditportfolios vermehrt auf Konzepte, welche die Bestimmung des Ausfallrisikos ermöglichen (Value-at-Risk-Verfahren).

Im Bereich der Finanzinstrumente gehören die Umschreibung der Risiken, deren Quantifizierung und Bewirtschaftung nach Massgabe der meisten Rechnungslegungsstandards in den Anhang zur Jahresrechnung und sind damit Teil der von den Revisoren zu prüfenden Angaben. Alle anderen Ausführungen des Managements zum Anhang sind dagegen nicht in die Jahresrechnung zu integrie-

---

Finanzieller Lagebericht Konzern
Zusammenfassung. Die weltwirtschaftliche Lage hat sich in unseren Märkten im Jahre 2003 entgegen anders lautenden Voraussagen nicht verbessert. Die Einschätzung der künftigen Entwicklung in diesen Märkten war im Verlaufe des Jahres 2003 vorsichtig positiv und ist es auch heute. Aber die Unsicherheit über das Eintreten eines Aufschwungs hält an und hat unser Handeln im Jahre 2003 geprägt. Im Frühling 2003 haben wir im Rahmen eines Strukturprogramms Massnahmen zur Verbesserung der Ertragslage – die auch wirken, wenn sich die konjunkturelle Lage nicht verändert – und zur Reduktion der Nettoverschuldung eingeleitet. [...]

Als ergänzende Massnahme zum Strukturprogramm wurde die Finanzierung des Konzerns verstärkt. Im November wurde eine nachrangige Wandelanleihe von CHF 152 Mio. begeben. Durch ihre Nachrangigkeit kommt sie in der Betrachtung durch Kreditgeber in die Nähe von Eigenkapital. Zudem wurde ein neuer syndizierter Kredit von Agie Charmilles Holding AG im Betrage von CHF 160 Mio. abgeschlossen. Er ersetzt die Kredite von CHF 100 Mio. (wäre fällig geworden im Juni 2004) und von CHF 150 Mio. (wäre fällig geworden im November 2005). Ergänzend gewährte Georg Fischer der Agie Charmilles Gruppe ein nachrangiges Darlehen von CHF 90 Mio. [...]

Die Nettoverschuldung konnte aus freiem Cashflow im Jahre 2003 von CHF 1 077 Mio. auf CHF 926 Mio. reduziert werden. Eine weitere Reduktion wird durch die Devestitionen und freien Cashflow im Jahre 2004 erwartet.

Vor Sonderbelastungen durch das Strukturprogramm und Impairment hat der Konzern aus dem operativen Geschäft in 2003 einen EBIT von CHF 96 Mio. gegenüber dem um Coperion bereinigten Vorjahr von CHF 94 Mio. und ein um Sonderbelastungen bereinigtes positives Konzernergebnis vor Steuern von CHF 50 Mio. erzielt (Vorjahr CHF 33 Mio. ohne Coperion). Die Einmalaufwendungen in 2003, die aus den Sonderbelastungen resultieren, belasten die Konzernrechnung mit insgesamt CHF 192 Mio. und haben ein negatives Konzernergebnis von CHF 147 Mio. zur Folge.

▲ Abb. 284 Management Discussion and Analysis (drei Ausschnitte aus dem Lagebericht Georg Fischer, Geschäftsbericht 2003, S. 45)

> **Risk Management.** Enterprise Risk Management bei Georg Fischer beinhaltet neben der generellen Sicherstellung eines umfassenden und effizienten Versicherungsschutzes insbesondere die Bereiche Risikoanalyse, Risikoeinschätzung und Risikobewertung für die gesamte Geschäftstätigkeit des Konzerns und seiner drei Unternehmensgruppen.
>
> Verwaltungsrat und Konzernleitung von Georg Fischer werden mindestens einmal jährlich über aktuelle Entwicklungen bezüglich Risikoanalyse und -bewertung informiert. Die Berichterstattung beschränkt sich auf finanzielle Grossrisiken sowie Risiken mit allgemeiner strategischer Bedeutung für den Konzern.

▲ Abb. 285 Risk Management (Georg Fischer, Geschäftsbericht 2003, S. 48)

ren. Unter der Bezeichnung *Management Discussion and Analysis (MD&A)* hat sich in den letzten Jahren ein weiteres Element der Berichterstattung seitens der Unternehmensführung entwickelt. Dieser Bericht wird entweder als Teil des Jahres- oder Lageberichtes (vgl. ◄ Abb. 284) veröffentlicht oder – mit entsprechender Pflicht zur Prüfung durch die Revisionsstelle – als Teil des Anhangs (vgl. ◄ Abb. 285). Dabei geht es um eine Umschreibung der wichtigsten Faktoren, welche die Ertragslage sowie generell die wirtschaftliche Lage des Unternehmens beeinflussen. Ebenso sind hier allfällige Risiken bezüglich Entwicklung der relevanten Umweltfaktoren, insbesondere der Märkte und regulatorischen Rahmenbedingungen aufzuführen. Im Vordergrund steht immer die Frage, ob dadurch die Ertragskraft und letztlich das Potenzial für Ausschüttungen an die Aktionäre beeinträchtigt werden könnte. Finanzierungsgrundsätze (Ziele bezüglich Eigenkapitalanteil, Verschuldung etc.) sind hier ebenso aufzuführen wie Angaben zum Risikomanagement. Ebenso sind all jene Faktoren zu nennen und zu bewerten, die nicht in der Jahresrechnung ausgewiesen werden (können), aber gleichwohl für die künftige Entwicklung des Unternehmens entscheiden sind. Zu denken ist an ein spezifisches Vertriebssystem, an eigene Marken oder auch spezifisches Know-how in bestimmten Fachbereichen.

39.4 Relevante Standards

39.4.1 IAS

Im Framework IASC Par. 7 wird die Rechnungslegung als Teil der finanziellen Berichterstattung eingeordnet. Dabei wird insbesondere klargestellt, dass der Jahresbericht *(reports by directors, statements by the chairman, discussion and analysis by management)* nicht Teil der Jahresrechnung ist. In Framework IASC Par. 1 (8) werden die Unternehmen unter der Rubrik «Bestandteile der Jahresrechnung» ermutigt, im Sinne der Management Discussion and Analysis Angaben und Beurteilungen zu den Schlüsselfaktoren bezüglich Geschäftsentwicklung, finanzielle Lage etc. den Investoren zur Verfügung zu stellen.

39.4.2 OR

Gemäss Art. 662 OR erstellt der Verwaltungsrat einer Aktiengesellschaft einen jährlichen Geschäftsbericht. Bestandteil dieses Geschäftsberichtes ist auch ein Jahresbericht. Dieser entspricht in etwa dem Lagebericht, wie er von der 4. EU-Richtlinie gefordert wird. Der Jahresbericht muss nach Art. 663d OR folgende Angaben enthalten: «Der Jahresbericht stellt den **Geschäftsverlauf** sowie die wirtschaftliche und **finanzielle Lage** der Gesellschaft dar. Er nennt die im Geschäftsjahr eingetretenen **Kapitalerhöhungen** und gibt die **Prüfungsbestätigung** wieder.» Der Entwurf zum RRG formuliert in Art. 42 die Aufgabe des Jahresberichtes wie folgt: «Der Jahresbericht stellt den Geschäftsverlauf der Organisation und gegebenenfalls ihrer Gruppe im Geschäftsjahr sowie ihre Lage an deren Ende unter den Gesichtspunkten dar, welche **in der Jahresrechnung nicht zum Ausdruck** kommen.» Ausserdem soll er namentlich über Folgendes berichten:

- die Bestellungs- und Auftragslage,
- die Forschungs- und Entwicklungsarbeit,
- den Stand der Entwicklung wichtiger Sparten,
- ausserordentliche Ereignisse und
- die Zukunftsaussichten.

39.4.3 EU-Richtlinien

Die **4. EU-Richtlinie** fordert ganz spezielle Angaben, die sich auf die Entwicklung und auf die zukünftige Situation der Gesellschaft beziehen. So wird der Inhalt des **Lageberichts** in Art. 46 Abs. 2 EURL wie folgt umschrieben:

- Vorgänge von besonderer Bedeutung nach dem Bilanzstichtag,
- voraussichtliche Entwicklung der Gesellschaft,
- Angaben zum Bereich «Forschung und Entwicklung»,
- Angaben über den **Erwerb eigener Aktien** (diese Angabe kann auch im Anhang ausgewiesen werden).

39.5 Übungen

Übungsfragen

1. Worin besteht die Funktion des Jahresberichtes?
2. Nennen Sie Themenbereiche, über die Sie im Jahresbericht Informationen erwarten.
3. Die Berichterstattung über wichtige Risiken nimmt aus Sicht der Investoren einen hohen Stellenwert ein. Wie werden die berichtenden Unternehmen diesen Erwartungen gerecht?
4. Beurteilen Sie den Neuigkeitsgehalt der in Jahresrechnung und Jahresbericht gezeigten Informationen vor dem Hintergrund alternativer Instrumente der Finanzberichterstattung internationaler Publikumsfirmen.
5. Inwiefern kann man zwischen dem Jahresbericht Schweizer Prägung und dem Lagebericht nach der 4. EU-Richtlinie einen Unterschied hinsichtlich des zeitliches Bezugs der Informationen erkennen?
6. Welche Angaben sollten im Jahresbericht einer Maschinenfabrik mindestens enthalten sein?
7. Welche Konsequenzen ergeben sich daraus, dass der Jahresbericht nicht ein Bestandteil der Jahresrechnung ist?
8. Publikumsgesellschaften sind im Rahmen der neuen SWX-Transparenzrichtlinie verpflichtet, Angaben zur Corporate Governance in ihren Jahresbericht aufzunehmen. Suchen Sie einige Beispiele für die erweiterten Angaben und werten Sie diese Angaben.

Kapitel 39 Jahresbericht

Literaturverzeichnis

Behr, Giorgio/Fickert, Reiner/Gantenbein, Pascal/Spremann, Klaus: Accounting, Controlling und Finanzen. Oldenbourg, München 2002

Behr, Giorgio/Pratt, Jamie: Entwicklung von Grundsätzen der Rechnungslegung und Rechnungsprüfung. In: Schweizerische Aktiengesellschaft, 1983, S. 72 f.

Behr, Giorgio/Vater, Hendrik/Bender, Christian: Vom «Earnings Management» zum «Revenue Management»? In: Siegwart, Hans (Hrsg.): Jahrbuch Finanz- und Rechnungswesen 2003. WEKA Verlag, Zürich et al. 2003

Böckli, Peter: Schweizer Aktienrecht. 3., erweiterte und vollständig überarbeitete Auflage, Zürich/Basel/Genf 2004

Boemle, Max: Der Jahresabschluss. Bilanz, Erfolgsrechnung, Anhang. 4., neubearbeitete Auflage, Verlag SKV, Zürich 2001

Eichhorn, Peter: Rechnungsziele und Rechnungssysteme in Unternehmen und Verwaltungen (gekürzte Fassung). In: Der Schweizer Treuhänder, 67. Jg., Heft 7-8, 1993, S. 493–498

Heinhold, Michael: Der Jahresabschluss. 3., vollständig überarbeitete und erweiterte Auflage, München/Wien 1995

Höhn, Ernst/Waldburger, Robert: Steuerrecht. 2 Bände. 9., vollständig neu bearbeitete und erweiterte Auflage, Haupt Verlag, Bern 2001

HWP, Schweizer Handbuch der Wirtschaftsprüfung. Herausgegeben von der Schweizerischen Treuhand-Kammer, Kommission für Wirtschaftsprüfung, Zürich 1998

Interkantonale Kommission für Steueraufklärung: «Die Besteuerung der Grundstückgewinne» (Stand: Februar 2003), unter http://www.estv.admin.ch/data/sd/d/mappen/fremd/gruge.pdf

PricewaterhouseCoopers: Internet 150 Report Oktober 2001. Herausgegeben von der PwC Deutsche Revision Aktiengesellschaft Wirtschaftsprüfungsgesellschaft, Frankfurt am Main 2001

Smith, Terry: Accounting for Growth. Century Business, 2. Auflage, Random House, London 1996

Vereinigung der Schweizerischen Finanzanalysten: Information der Aktionäre. Analyse der Berichterstattung der Schweizer Publikumsfirmen (jährlich erschienen in den 1990er Jahren, Publikation seither eingestellt)

Abkürzungsverzeichnis

AARF	Australian Accounting Research Foundation
AASB	Australian Accounting Standards Board
AG	Aktiengesellschaft
AHV	Alters- und Hinterlassenenversicherung
ALV	Arbeitslosenversicherung
Arge	Arbeitsgemeinschaft
AV	Anlagevermögen
BAWe	Bundesaufsichtsamt für den Wertpapierhandel
CEO	Chief Executive Officer
CFO	Chief Financial Officer
CHF	Schweizer Franken
DCF	Discounted Cash Flow
DM	Deutsche Mark
DSO	Days of Sales Outstanding
EBIT	Earnings Before Interest and Taxes
EBITA	Earnings Before Interest, Taxes and Amortization
EBITDA	Earnings Before Interest, Taxes, Depreciation and Amortization
EBITDASO	Earnings Before Interest, Taxes, Depreciation, Amortization, and Stock Options
EBK	Eidgenössische Bankenkommission
EBL	European Basketball League
EBT	Earnings Before Taxes
E-Commerce	Electronic Commerce, elektronischer Handel

EDV	Elektronische Datenverarbeitung
EFRAG	European Financial Reporting Advisory Group
EK	Eigenkapital
EO	Erwerbsersatzordnung
EU	Europäische Union
EUR	Euro
EURL	EU-Richtlinie
EVA	Economic Value Added
FASB	Financial Accounting Standards Board
FEE	Fédération Européenne des Experts Comptables
FER	Fachkommission für Empfehlungen zur Rechnungslegung
FIFO	first in, first out
FK	Fremdkapital
FSA	Financial Services Authority
GAAP	Generally Accepted Accounting Principles
GBP	Britisches Pfund
GbR	Gesellschaft bürgerlichen Rechts
GmbH	Gesellschaft mit beschränkter Haftung
GoB	Grundsätze ordnungsgemässer Buchführung
GoR	Grundsätze ordnungsgemässer Rechnungslegung
G&V	Gewinn- und Verlustrechnung
HGB	Handelsgesetzbuch
HRegV	Schweizerische Handelsregisterverordnung
HSG	Hochschule St. Gallen
HWP	Schweizer Handbuch der Wirtschaftsprüfung
IAS	International Accounting Standards
IASB	International Accounting Standards Board
IASC	International Accounting Standards Committee
IFRS	International Financial Reporting Standards
IKS	Internes Kontrollsystem
IOSCO	International Organisation of Securities Commissions
IPO	Initial Public Offering
IPSAS	International Public Sector Accounting Standards
ISAR	Commission on Transnational Corporations, Intergovernmental Working Group of Accounting and Reporting
IT	Informationstechnologie
IV	Invalidenversicherung
KELP	Key Employee Corporate Loan Program
KFK	Kurzfristiges Fremdkapital
KMU	Kleine und mittlere Unternehmen
LFK	Langfristiges Fremdkapital
LIFO	last in, first out
LTS	Long Term Strategy AG
MD&A	Management Discussion and Analysis

MG	Muttergesellschaft
MIS	Managementinformationssystem
NBU	Nichtbetriebsunfall
NIF	Notes Issuance Facilities
NGO	Non-Governmental Organization
NOA	Net Operating Assets
NUV	Nettoumlaufvermögen
NYSE	New York Stock Exchange
OECD	Organisation für wirtschaftliche Zusammenarbeit und Entwicklung
OR	Obligationenrecht
P/B	Price/Book Ratio
PK	Pensionskasse
PPE	Property, Plant & Equipment
PR	Public Relations
RLCG	Richtlinie betreffend Informationen zur Corporate Governance
ROE	Return on Equity
RONOA	Return on Net Operating Assets
RRG	Bundesgesetz über Rechnungslegung und Revision
RUF	Revolving Underwriting Facilities
RZ	Randziffer
SAC	Statement on Accounting Concepts
SEC	Securities and Exchange Commission
SFAS	Statements of Financial Accounting Standards
SMD	Strategic Management Development
SPE	Special Purpose Entities
Swiss GAAP FER	Generally Accepted Accounting Principles; Fachkommission für Empfehlungen zur Rechnungslegung
SWX	Swiss Exchange, Schweizer Börse
TG	Tochtergesellschaft
TVA	taxe sur la valeur ajoutée
UBS	Union Bank of Switzerland
UMTS	Universal Mobile Telecommunications System
UN	United Nations
US GAAP	U.S. Generally Accepted Accounting Principles
USA	United States of America
USD	US-Dollar
UV	Umlaufvermögen
VAT	Value Added Tax
WACC	Weighted Average Cost of Capital

Stichwortverzeichnis

A

Abgangsentschädigungen 541
Abgrenzung 200
    sachliche . . . 40, 76–77, 180, 200, 484–485
    Vollständigkeit 297
    zeitliche 40, 75–77, 293, 484–485
Abnahmevertrag, langfristiger 372
Abrechnungsperiode 99
Absatz 286
Absatzerfolgsrechnung . . . 191, 449, 455–456, 458, 460
Abschreibung 76, 180, 182, 307, 311, 338, 345, 349, 504
    auf Goodwill 506
    ausserordentliche 311, 484, 490
    degressive 308, 505
    direkte 309
    Einmal- 110, 505
    leistungsbezogene 308
    lineare 308, 505
    Pflicht zur 345
    Sofort- 506
    Sonder- 490
    systematische 341, 351
    volle 309
Abschreibungs-
    -aufwand 31
    -beträge, Ermittlung 307–308
    -methode 316
    -verfahren 308
    -zeitraum 506

Absicherungsgeschäfte 554
Abweichungen 80–81, 86–87
accounting estimate 488
accounting principle 488
accrual basis of accounting 77
accrual issue 200
accrual principle 293
accrued expenses 150
adequate disclosure 85
Ad-hoc-Publizität 25, 99, 577
Adressaten 51
    der Berichterstattung 50–51
    der Rechnungslegung 46
Agency-Theorie 65–66, 103, 125
Agent 65
aging 272
Agio 368, 413, 415, 417, 474
Akquisitionen 352, 471
Akquisitionspolitik 338
Akquisitionsverhalten 342
Aktien 324
    -bezugsprogramme 542, 546
    eigene 225
        Bilanzierung 426
        Reserven für 414, 425
        Rückkauf 417, 423
        Transaktionen mit 423, 558
    -gesellschaft 95–96, 412
    rückkaufprogramm 423
    -tausch 344
    Vorrats- 424

Aktionäre 97, 120, 412
   bedeutende 227
   Darlehensgewährung an 97–98
Aktiven 149, 151, 157, 171, 173, 286, 346, 349
   antizipative 295, 300–301
   Erfassung 172
   Netto- 288, 339–340, 410
   transitorische 294–295, 299–301
   verpfändete 224
aktive Rechnungsabgrenzung 294, 300
aktives Risikomanagement 324
Aktivierbarkeit 173–174
aktivierte Eigenleistung 186, 449
Aktivierung 347, 349, 426
   der Zinsen 307
   nachträgliche 349
   von Entwicklungskosten 349
   von erworbenen Marken 341
aktivierungsfähige Kostenelemente 306
aktuelle Werte 309, 350
All-inclusive-Verträge 150
Altersvorsorge 403, 458, 519, 527
   Anlagevorschriften 522
   Ausfallrisiko 529
   betriebliche 519, 521
      Ausgestaltungsvarianten 520
   Bilanzierung 525
   Deckungskapital 524–525
   Deckungslücken 524
   Finanzierung 522
   Rückstellungen 403, 405–406
   staatliche 519
   Umwandlungssatz 524
   Verpflichtungen 393
Amortized Cost Method 321, 368, 474
Analyse
   Bilanz- 164
   der Fälligkeits- und Zinsstruktur 258
   der Geldflussrechnung 247
   der Mittelbindung 301
   durch Externe 463
   Erfolgs- 199
   Finanz- 107
   Risiko- 142, 581
   Unternehmens- 288
   unternehmensinterne 463
Analystenkonferenzen 577
Angaben
   im Anhang 223
   unter dem Bilanzstrich 213
   zu eigenen Aktien 225
Angebot 274

Anhang 138, 212–213, 228, 275–276, 322, 352
   Aufgaben 213
   Entlastungsfunktion 214
   Ergänzungsfunktion 214
   Erläuterungen der Vorräte 219
   Erläuterungen einzelner Positionen .. 219
   Eventualverpflichtungen 277
   flüssige Mittel 259
   Gestaltung 217
   Interpretationsfunktion 213
   Korrekturfunktion 216
   Leasing 383
   Offenlegung 300, 309, 316, 324
   Rechnungsabgrenzung 296
   Rückstellungen 392, 401–402
   verwendete Grundsätze 350
   Vorräte 289
   Wertberichtigung 300
   zur Jahresrechnung 287
   zusätzliche Angaben 223
Anlage-
   -absicht 323
   -fonds 116
   -spiegel 214–215, 219–222, 316–317,
      330, 351
   -vermögen 318
   Veräusserung 496
Anlagen 307
   Finanz- 146
      Bewertung 323
      Ertrag 333
      Gliederung 322
   geleaste 305, 317
   im Bau 305
   immaterielle 351
   Kapital- 333
   kurzfristige 471
   Restwert 308
   Sach- 219, 283, 286, 306–308, 311, 317, 326
      Anzahlungen auf 305
      Bewertung 306, 310
      Gliederung 305, 318
      Veräusserung 311
Anleihen 222, 258, 324, 365, 370
   kurzfristige 271
   Rückzahlung 366
   Wandel- 371
Anschaffungskosten 306, 324–325, 350
   -prinzip 318
   von Vorräten 289–290
Anschaffungswert 311, 313, 325, 332

Stichwortverzeichnis

Ansprüche
    aus Mehrwertsteuern 271
    aus Quellensteuern 271
    aus Umsatzsteuern 271
anteilige Werte 328
antizipative Aktiven 295, 300–301
antizipative Passiven 297, 301
Anzahlungen 288, 305
    auf Sachanlagen 305
    von Kunden 471
Anzeigepublizität 95
Arbeitsgemeinschaften 553
Asset Deal 339
Asset Stripping 112
asset turn 288
associated undertakings 328
assoziierte Gesellschaft 338
attestation and assurance service 67
attestation services 106
Audit Committee 128
auditor 67
Aufbewahrungspflicht 93–94
Aufpreis 339, 474
Aufsichtsbehörde 120
Aufsichtsgremium 105
Aufsichtsrat 105, 128
Aufstellkosten 306
Aufträge
    langfristige 186, 194
    nicht vollständig abgeschlossene 286
Auftragsbestand 576
Auftragseingang 576
Aufwand 40, 178, 450
    Abschreibungs- 31
    ausserordentlicher 485–486, 497
    aus Wertkorrekturen 284
    Betriebs- 187, 459
    Energie- 458
    funktionale Gliederung 456
    Material- 285, 457–458
    periodenfremder 484
    periodengerechte Erfassung 76, 179
    Personal- 149, 187, 458, 461
    -positionen 200
    Reparatur- 460
    sonstiger 486, 492
    Sozial- 459
    Verwaltungs- 460
    Waren- 182
        Reduktion 274
    Wartungs- 460
    zeitliche Abgrenzung 75
    Zins- 317
    Zuschläge für indirekten 285

Aufwertung 184
    erfolgswirksame 326
Aufwertungsgewinn 183
Aufwertungsreserve 310–311, 314, 414
Ausfallbürgschaften 552
Ausfallrisiko 273, 529
Ausgaben 40
Ausschuss des Verwaltungsrates 128
Ausschüttungen 329–330, 417
Ausschüttungsregulierung 97
Ausserbilanzgeschäfte 270, 364, 551
    Offenlegung 557
Ausserbilanzrisiko 84
ausserbörslicher Handel 325
ausserordentliche Abschreibung 311, 484, 490
ausserordentliche Positionen 483
ausserordentlicher Aufwand . . . 485–486, 497
ausserordentliche Rechnung 114
ausserordentlicher Ertrag 485, 497
Ausstand 273
Auszahlungen 40
available for sale 422, 475
Available-for-sale-Wertschriften 474

B Bankkredit 276
Bargeld 260
Basler Komitee 121
bedeutender Einfluss 537
Begünstigung 536
Beherrschung 540
Beherrschungsverhältnis 538, 544
Behörden 50
beitragsorientierte Vorsorgesysteme 522
Belege 34
Berichterstattung
    Adressaten 50–51
    allgemeine 51
    finanzielle 46, 110
        Zielsetzung 50
    Fristen für 98
    Gewichtung der Elemente 47
    Risiko- 575
    Segment- 214, 216, 448–449, 575
    Sozial- 187
    Spezial- 51
    Vergleichbarkeit 488
    Zwischen- 86
Beschaffung 144
Beschaffungskosten 287, 317
Besicherung 557
    von Finanzforderungen 276
Besitz 159

«best estimate» 400
«bestmögliche Schätzung» 400
Beteiligungen 332, 338
    Minderheits- 328
    nicht konsolidierte 327–328
    Wertberichtigung 506
Beteiligungs-
    -ergebnis 473
    -gesellschaft 328–329
    -titel, leicht handelbare 258
    -wert 328, 331
betriebliche Altersvorsorge 519, 521
    Ausgestaltungsvarianten 520
betrieblicher Ertrag 441
    übriger 449–450
betriebliches Rechnungswesen 41, 91
Betriebs-
    -aufwand 187, 459
    -buchhaltung 30
    -ergebnis 483
    -ertrag 187
    -gewinn 328
    -rechnung 178
Bewertung 313, 347–348
    Derivate 474
    Equity- 329
    Erst- 350
    Finanzanlagen 323, 474
    flüssige Mittel 257
    Folge- 348
    Forderungen 299
    Gruppen- 311
    Höher- 314
    Immobilien 314
    langfristige Verbindlichkeiten 367
    Neu- 317
    Sachanlagen 306, 310
    Transaktionen mit nahe stehenden
        Personen 540
    Unternehmens- 346
    Vermögenswerte 73
    Vorräte 289
    Wertschriften 325
Bewertungs-
    -ansatz 327
    -fragen 244
    -grundlagen 316, 350
    -grundsätze 333
    -methode 315, 332
    -reserven 111–112, 328, 506
Bezugsgrösse 80, 242

Bilanz 138, 148, 164, 180, 289
    -analyse 164
    Darstellungsformen 156
    einer Bank 169
    einer Versicherung 170
    eines Dienstleistungsunternehmen . . . 168
    eines Handelsunternehmen 167
    eines Industrieunternehmen 166
    Eröffnungs- 156
    Gliederung 156, 277
    Gliederungskriterien 158
    Handels- 110
    Konzern- 282
    Mindestgliederung 157
    Passivseite 156
    -positionen 222
    Schluss- 156
    Sozial- 144
    -stichtag 156, 272, 274
        Ereignisse nach dem 227
    -theorie, dynamische 569
    -theorien 47
Bilanzierung 348
    beim Leasinggeber 379
    beim Leasingnehmer 379
    des Leasinggeschäftes 380
    eigener Aktien 426
    Goodwill- 342
    Grundgleichung 411
    von Vermögenswerten 346
Bilanzierungs-
    -fähigkeit 159, 269
    -methode
        Änderung 217
    -pflicht 159, 269
Bilanzkonto 36
Blue Chips 509
Bonität 272
    Zweifel an der 273
Bonusvereinbarungen 297
Börsen-
    -aufsichtsbehörde 120
    -gang 261
    -kurs 324
    -wert 323
Briefkurs 274
Bruttoausweis 275
Bruttomarge 198
Bruttoprämie 443
Bruttoprinzip 88–89, 333, 473
Bruttoumsatz 441
Bruttowertschöpfung 568–569
Buchführung 29
    kaufmännische 29, 92

Stichwortverzeichnis

B

Buchhaltung 29
    Betriebs- 30
    doppelte 32, 35
    Finanz- 29, 38
    Hilfs- 38
Buchungssystem, vorgelagertes 38
Buchungstechnik 30
Bundesaufsichtsamt für den
    Wertpapierhandel (BAWe) 120
Bürgschaften 553, 555
burn rate 162

C

Cash 260, 262
Cash-Burn-Rate 78, 261, 349
cash drain 163, 349
cash earning needs 222
cash earning power 248
Cash equivalents 262
Cash Flow 47
    direkte Berechnung 244
    Discounted Cash Flow 77
    Free Cash Flow 260, 322
    indirekte Berechnung 246
cash flow statement 76, 262
Cash-Management 442
cash streams 74
change in accounting estimates 489
change in accounting principles .. 309, 489
«channel stuffing» 446
Chief Executive Officer (CEO) 105
Chief Financial Officer (CFO) 105
commercial papers 356
comparability 26, 71, 122–123, 495
Completed-Contract-Methode 226
Conceptual Framework 160–163
consistency 70
constructive obligation 395–396
contingent liability 555
contingent rent 383
Contracting 274
Controller 104
Controlling 104–105, 138, 463
Corporate Finance 365
Corporate Governance 128, 227, 541
cost of goods sold 152, 449
Couponfälligkeit 295
Coupons 257
Covenants 258
creditors-due within one year 356
current assets 356

D

Darlehen 146, 271, 321
Darlehensgewährung 97–98
Darstellungswahlrecht 352
days of sales outstanding 276
debenture loans 356
Debitorenausfälle 484
Debitorenverlust 273, 490
decision making 50
Deckungskapital 394, 522
defined benefit plans 522
defined contribution plans 522
degressive Abschreibung 308, 505
Delkredere 111, 272–273
depletion 308
depreciation 76, 180, 307
Derivate 554, 558
    Bewertung 474
    Offenlegung 557
derivative immaterielle Werte 347
Devisenmittelkurs 274
Dienstleistungen 286
Dienstleistungsgeschäft 410
Dienstleistungsmandat 286
Director's Report 576
    Gliederung 576
direkte Abschreibung 309
Disagio 365, 474
disclosure 70, 96, 164, 223
Discontinuing Operations 484
Discounted Cash Flow 77
Discounted-Cash-Flow-Methode 248
discussion and analysis by management . 582
Diskont 365, 368
Diskontierung 272
    von langfristigen Forderungen 274
Dividenden 322
    -ertrag 237, 239
    Vorzugs- 412
Doppelbesteuerung 547
Doppelbesteuerungsabkommen 502
doppelte Buchhaltung 32, 35
Durchlaufzeiten 284
Durchschnitts-Einstandspreis 287
Durchschnittsmethode 288
dynamische Bilanztheorie 569

E

earned surplus 414
Earnings Before Interest and Taxes
    (EBIT) 187, 198, 344, 495
Earnings Before Interest, Taxes and
    Amortization (EBITA) 344

Earnings Before Interest, Taxes,
    Depreciation, Amortization, and
    Stock Options (EBITDASO) 495
Earnings Before Interest, Taxes,
    Depreciation and Amortization
    (EBITDA) 198
economic approach 379–380, 382
Economic Value Added (EVA) . 139–140, 340
economies of scale 340
Editionspflicht 94
Eidgenössische Bankenkommission
    (EBK) 121
eigene Aktien 225
    Bilanzierung 426
    Reserven für 414, 425
    Rückkauf 417, 423
    Transaktionen mit 423, 558
eigene Fertigung 285
Eigenkapital   174, 233, 267, 311, 341, 352, 371
    betriebswirtschaftliche Sicht 410
    Bewertung 328
    Definition 172, 174
    Differenzgrösse 415
    einbezahltes Kapital 412
    -entwicklung 333
    -geber 97, 156
    Gliederung 412
    im Unternehmen erarbeitete Gewinne 413
    -nachweis 142, 334, 424–425
    -quote 165
    rechtliche Sicht 411
    Spezialreserven 413
    Veränderung 142, 416–422
        erfolgsneutrale 182, 415
Eigenleistung, aktivierte 186, 449
Eigenmiete 459
Eigentum 159
Eigentümer 50
einbezahltes Kapital 412
einfache Gesellschaft 553
Einfluss, bedeutender 537
Eingangskontrolle 285
Einkauf 286
Einlagerung 285
Einmalabschreibung 110, 505
Einnahmen 40
Einrichtungskosten 306
Einstandspreis 287
    Durchschnitts- 287
Einzahlungen 40
Einzelabschluss 432, 503
Einzelbewertbarkeit 159
Einzelteile 285

Einzelverwertbarkeit 159
Einzelwertberichtigung 33, 504
Energieaufwand 458
Engineering 286
Entlastungsfunktion des Anhangs 214
Entscheidung
    Investitions- 46, 107
    Kredit- 46
    Make-or-buy- 567
Entscheidungsfindung 25, 49–51, 119
Entwicklungskosten 349–350
Entwicklungsprojekte 352
Equity-Bewertung 329
Equity-Methode 327, 332, 473, 569
Ereignisse nach dem Bilanzstichtag 227
Erfolg
    neutraler 484
    Perioden- 416
Erfolgsanalyse 199
Erfolgskonto 36
Erfolgsrechnung . 138, 146–147, 151, 178, 180
    Absatz- 191, 449, 455–456, 458, 460
    einer Bank 203
    einer Versicherung 204
    eines Dienstleistungsunternehmens . . 202
    eines Handelsunternehmens 201
    eines Industrieunternehmens 200
    Funktionen 181
    Gliederung 277
    in Kontenform 188–189
    in Staffelform 188–189, 191
    Produktions- 192, 449, 456–458, 461
    Schlüsselgrössen 182
erfolgswirksame Aufwertung 326
Ergänzungsfunktion des Anhangs 214
Ergänzungsinvestitionen 306
Ergebnis
    ausserordentliches 198
    Beteiligungs- 473
    Betriebs- 483
    Finanz- 469
        Analyse 480
        übriges 474
    neutrales 198
    nichtbetriebliches 198, 493
    operatives 483
    vor Ertragssteuern 198
    Zins- 474
Erlös
    -minderung 187, 442
    Verkaufs- 443
    Verwertungs- 308
Ermessensspielraum 127

Stichwortverzeichnis 599

Eröffnungsbilanz 156
Erstbewertung 350
Ersteller der Jahresrechnung 104
Ertrag 40, 178, 440
    aus Finanzanlagen 333
    aus Geschäftstätigkeit 440
    ausserordentlicher 485, 497
    betrieblicher 441
        übriger 449–450
    Betriebs- 187
    Dividenden- 237, 239
    Geschäfts- 443
    periodenfremder 484
    periodengerechte Erfassung . 75–76, 177, 307
    sonstiger 486, 492
    Zins- 237, 239
Ertrags-
    -erfassung 443
        periodengerechte 75–76, 179, 307
    -komponenten 441
    -kraft 138–139, 197
    -positionen 200
    -realisation 439–440
    -steuern 184, 195–197, 237, 502, 513
        Analyse 514
        latente 508
        laufende 507
        Offenlegung 512
    -wert 309, 326
4. EU-Richtlinie 278, 318, 583
European Financial Reporting
    Advisory Group (EFRAG) 121
Eventualverbindlichkeiten . . . 223, 270, 277, 317, 398, 552, 555–557
expenses 40
Extended Equity Method 331
external funding 521
extraordinary items 485

F Fachkommission für Empfehlungen
    zur Rechnungslegung (FER) 67
Factoring 269, 276–277, 558
Fahrzeuge 305
fair market value 318
fair presentation . . . 27, 58, 62, 106, 273, 347
Fair Value 142, 339, 394
faithful representation 85
Fälligkeit
    der Forderungen 274
    Rückstellungen 400
Fälligkeitsstruktur 258
Familienaktiengesellschaft 536

Fédération Européenne des Experts
    Comptables (FEE) 121
Ferienguthaben 298
Fertigfabrikat 284
Fertigprodukt 285–286
Fertigung 285
Fertigungs-
    -dauer 307
    -grad 285, 287
        der Ware in Arbeit 285
    -prozess 285
    -stunden 285
    -teile 285
FIFO-Methode 288
finance costs 373
Finance Lease 381–383, 385
Finance Leasing 385
Financial Accounting Standards Board
    (FASB) 67
financial investments 146
Financial Leasing 381
financial leverage 365
Financial Services Authority (FSA) 120
Finanz-
    -analyse 107
    -analyst 50
    -anlagen 146
        Bewertung 323
        Bewertungskriterien 474
        Ertrag aus 333
        Gliederung 322
    -bedarf, steigender 122
    -buchhaltung 29, 38
    -ergebnis 195, 469
        Analyse 480
        Kategorien 473
        Offenlegung 476
        übriges 474
    -ertrag 274
    -forderungen, Besicherung 276
    -gesellschaft 260
    -instrumente 554, 581
        Offenlegung 557
    -planung 260
    -verbindlichkeiten 146, 267, 364
        kurzfristige 260, 357
finanzielle Berichterstattung 46, 110
    Zielsetzung 50
finanzielle Lage 583
finanzielle Risiken 470
Finanzierung 138, 155
    Fremd- 365
    Leasing- 384
    Start-up- 261

Finanzierungs-
- -kosten 284, 373
- -leasing 381
- -lücke 240, 424
- -tätigkeit 146, 249
  - Geldfluss aus 239, 241

Finanzschulden
- Netto- 74

first in, first out 288
flüssige Mittel 148, 255–257, 259–261
- Bewertung 257
- netto 74, 471
- notwendiger Durchschnittsbestand .. 260
- Offenlegung 258
  - im Anhang 259
- Schwankungen 260
- Standards 262

Folgebewertung 348
Fonds 242
- -wahl 242–243

fonds de commerce 346
Forderungen 144, 267, 271, 277–278, 283, 295
- Aufschlüsselung nach Währung 276
- aus dem operativen Geschäft 267
- Ausfallrisiko 273
- aus Lieferungen und Leistungen 267, 270, 272, 274, 276–278
- Ausweis im Anhang 266
- Begleichung 271
- Bewertung 299
- Einzelbewertung 273
- Fälligkeit 274
- gegen Beteiligungsunternehmen ... 278
- gegenüber assoziierten Gesellschaften 270
- gegenüber Dritten 270
- gegenüber nahe stehenden Personen . 270
- gegenüber Unternehmen 270
- gegenüber verbundenen Unternehmen 270, 278
- Gliederungsfragen 267
- in fremder Währung 274
- Kategorien 276
- langfristige 324
- Nennwert 272
- Nominalwert 272
- verzinsliche 271

Forderungsportfolio 268
Forderungsverkauf 269
foreign currency translation 125
Formalziele 132
Fortführung der
  Unternehmenstätigkeit 26–27

Framework for the Preparation
  and Presentation of Financial
  Statements 50, 160
Framework IASC 67
franchise taxes 501
Free Cash Flow 260, 322
Fremdfinanzierung, Hebelwirkung 365
Fremdkapital
- -geber 97, 156
- kurzfristiges 165
- langfristiges 165, 364
function of expense method 191
fundamental assumption 26–27, 78, 293
Fünfjahresübersicht 82

G

Garant 211
Garantie 215, 552
- -aspekt 272
- Produkt- 400
- -rückstellungen 504, 552
- -verpflichtungen 396, 399, 558

Gebrauchswert 78
Geld-
- -abfluss 235, 237, 247
- -anlageinstrumente 258
- -marktforderungen 257
- -marktpapiere 258
- -mittel 74–75
- -überschüsse 222

Geldfluss 76–77, 236, 293, 322
- aus Finanzierungstätigkeit 239, 241
- aus Geschäftstätigkeit 236–238, 301
  - direkte Berechnung 244–245
  - indirekte Berechnung 245
- aus Investitionstätigkeit 239, 248
- -rechnung 76, 138, 146–147, 234, 260, 301
  - Analyse 247
  - Funktionen 234

geleaste Anlagen 305, 317
geleaste Güter 305
Generally Accepted Accounting
  Principles (GAAP) 66, 124
general purpose reporting 51, 110
Gesamtkostenverfahren 192–193, 449
Geschäfts-
- -bericht 320, 576
- -ertrag 443
- -gang 198, 575
- -mehrwert 160, 345
- -tätigkeit 144–145, 234, 236, 240, 416
  - Ertrag 440
  - Geldfluss 237–238, 244–245
  - Mittelzufluss 248

Geschäfts- (Forts.)
   -verlauf 583
   -vermögen 171
   -wert 339
Gesellschaft bürgerlichen Rechts 553
Gesellschafter 97
Gesellschaft mit beschränkter
   Haftung (GmbH) 411–412
gesetzliche Reserven 97, 413
Gewährleistung 272, 552
Gewinn 310
   -ausschüttung
         verdeckte 547
   -beteiligung 542
   -feststellungsfunktion 97
   im Unternehmen erarbeiteter 413
   Normal- 495
   normalisierter 495–496
   -reserven 414
   -vortrag 413
Gewinn- und Verlustrechnung 178
gezeichnetes Kapital 278
Gläubiger 50, 96–97, 156, 557
Gleitzeitguthaben 298
Gliederungskonzepte 432
Gliederungsvorschriften 278
   für Sachanlagen 318
Globalzession 212, 259, 276
Going Concern 26–27
going concern assumption 78
Going private 471
Good Corporate Governance 228
Goodwill 125, 160, 338–339, 341–343,
      345, 348, 350–352
      Abschreibung 506
      -bilanzierung 342
      objektiv begründeter 343
      -Wertbeeinträchtigung 194
Grossreparaturen 306
Grundbesitz 321
Grundlagen der Rechnungslegung 26
Grundsätze der Rechnungslegung,
   Änderung 491
Grundsätze ordnungsmässiger
   Buchführung (GoB) 39
Grundsätze ordnungsmässiger
   Rechnungslegung (GoR) 26–27, 79
Grundstückgewinnsteuer 510
Gruppenbewertung 311
Guthaben aus Lieferungen oder
   Leistungen 274

H

Handeln, konkludentes 395–396
Handels-
   -aktivitäten 286
   -bestände 284
   -bilanz 110
   -sparte 286
   -ware 284–286
Handlungsfreiheit 125
Hauptschuldner 212
Hebelwirkung der Fremdfinanzierung ... 365
hedging activities 554
held to maturity 474
Herausgabepflicht 94
Herstellkosten 306, 317, 350
   von Vorräten 289–290
Hilfsbuchhaltung 38
historische Kosten 306, 324
historische Werte 350
Höherbewertung 314
Holdingfunktion 502
Hypotheken 321

I

image fidèle 27, 59
immaterielle Anlagen 351
immaterielle Vermögenswerte 145,
      338–339, 345–349, 351–352
   erworbene 348
Immobilien 305, 314
Impairment 244, 315, 342, 351, 422, 492
Imparitätsprinzip 194
Inbetriebnahme, Kosten der 306
income statement 178
Informationen 25
   Relevanz 70
   Stetigkeit 70
   Vergleichbarkeit 71
   Verlässlichkeit 70
   Wesentlichkeit 70
Initial Public Offering (IPO) 107, 261
initial recognition 142, 350
Inkassoleistungen 269
Innenausbau 308
in-process research 345
Insider-Geschäft 126
Installationskosten 317
Instrumente der Geldanlage 258
intellectual capital 150
International Accounting Standards
   Board (IASB) 50, 58, 67
International Accounting Standards
   Committee (IASC) 67
International Organisation of Securities
   Commissions (IOSCO) 120

International Public Sector Accounting
    Standards (IPSAS) 114
internes Kontrollsystem 535
Interpretationsfunktion des Anhangs 213
Inventar 93
Investitionen 146, 155
Investitions-
    -entscheidung 46, 107
    -tätigkeit 145, 240
        Geldfluss aus 239, 248
    -verhalten 248
investments 322
Investoren 119–120, 137

J

Jahresabschluss 163
Jahresbericht 575, 578
    Gliederung 576
Jahresrechnung 27, 93, 97, 106, 575–576
    Ersteller der 104
    konsolidierte 503
joint operations 553
Joint Venture 332
Junk-Bond 300, 391

K

Kameralistik 75
Kapital
    -anlagen 333
    -anteilsmethode 473
    -beschaffung 155
    Deckungs- 522
    -deckungsverfahren 520
    Eigen-
        betriebswirtschaftliche Sicht 410
        Gliederung 412
        rechtliche Sicht 411
    -erhöhung 417, 583
    -geber 106, 119, 137
    gezeichnetes 278
    -herabsetzung 417
    langfristiges 364
    -markt 50, 52, 471
        -finanzierung 258
    -reserven 415
    -transaktionen 417
    -verlust 98, 226
    -verwendung 155
    -zurechnungsmethode 327, 331
Kauf auf Kredit 380
kaufmännische Buchführung 29, 92
Kaufpreis 317
    -rückbehalte 274
Kaufvertrag 380–381

Klarheit 84
    Rundung 85
    übersichtliche Gliederung 84
    Verlässlichkeit 85
    Verständlichkeit 85
Kollektivunterschrift 535
Kommissionsgeschäft 410
konkludentes Handeln 395–396
Konkurs 77
Konsignation 446
Konsignationsverkäufe 186
konsolidierte Jahresrechnung 503
Konsolidierung 507
Konsolidierungsgrundsätze 218
Konsolidierungskreis 81, 218, 317
Konten-
    -form 188–189
    -plan 38
    -rahmen 38
Kontingente 347
Kontinuität 26
Konto
    Bilanz- 36
    Erfolgs- 36
Kontrollmechanismen 541
Kontrollsystem
    internes 535
Konversion 371
Konzern-
    -bilanz 282
    -rechnung 432, 503, 507, 544, 576
    -struktur 502
Korrekturfunktion des Anhangs 216
Kosten 41
    der Inbetriebnahme 306
    Finanzierungs- 373
        Netto- 480
    historische 306
    periodengerechte Zuordnung 74
    Refinanzierungs- 471
    Restrukturierungs- 484, 487, 497
    -wert 287
    Wiederbeschaffungs- 309
Kotierung 507
    Zweit- 123
Kotierungsreglement 123
Kredit
    -entscheidung 46
    -geber 50
    -gewährung 442
    hypothekarisch oder
        grundpfandrechtlich gesicherter .. 365
    -karten 260
    Rollover- 470
    -vergabe von Banken 288

Stichwortverzeichnis

Kriegskasse 471
Kunden, Anzahlungen von 471
Kundenguthaben 276
Kursgewinn, Realisierung 509
Kurswerte 330
kurzfristige Anlagen 471
kurzfristige Anleihen 271
kurzfristige Finanzverbindlichkeiten 260, 357
kurzfristige Rückstellungen . . . 358, 400–401
kurzfristige Verbindlichkeiten . . 268, 288, 356
    Gliederung 357

L

Lagebericht 575, 583
Lager-
    -bestand 283–284
    -bestandsveränderung 192
    -dauer 288
    -entwertung 284
    -haltungskosten 284
langfristige Aufträge 186, 194
langfristige Fertigungsdauer 307
langfristige Forderungen 324
    Diskontierung 274
langfristiger Abnahmevertrag 372
langfristige Rückstellungen 400–401
langfristiges Fremdkapital 364
langfristige Verbindlichkeiten
    Umwandlung in Eigenkapital 371
latente Steuern 185, 314, 508–509, 515
    Rückstellungen 404
leasehold improvement 308
Leasing 224, 378
    All-inclusive-Verträge 150
    Anhang 383
    Bilanzierung 380
    -dauer 378
    -finanzierung 384
    Finanzierungs- 381
    -geber 379
        Bilanzierung beim 379
    -geschäft 85, 159, 372
    -gut 383
    juristische Betrachtungsweise 379
    -nehmer 378–379
        Bilanzierung beim 379
    Operating Lease 185
    Operating Leasing 150
    Outsourcing 379
    -rate 378
    sublease arrangement 383
    -transaktionen 378
    -verbindlichkeiten 383
    wirtschaftliche Betrachtungsweise . . . 379
    -zahlungen 383

legal approach 379–380
Leistung 41, 75
    an Mitarbeiter 357
    an Sozialversicherungen 357
    fakturierte 441
    periodengerechte Zuordnung 74
    unentgeltliche 537
Leistungs-
    -erbringungsprozess 287
    -erstellung 144
    -fähigkeit 132
leistungsbezogene Abschreibung 308
leistungsorientierte Vorsorgesysteme . . . 522
lessee 387
lessor 387
Leverage-Effekt 423
Lieferungen und Leistungen
    Erlös aus 443
    Forderungen aus 267, 270, 272, 274,
        276–278
Lieferung, fakturierte 441
Liegenschaft 305
    Rendite- 138, 310, 326, 340
Liegenschaftssteuern 501
LIFO-Verfahren 290
lineare Abschreibung 308, 505
Liquidation 165
Liquidationswert 78, 310
liquide Mittel 256–257, 259
Liquidität 131, 365, 470–471
listed companies 94
Lizenz 339
    -ertrag 322
Logistik 284
Lohn 458
Losgrösse 286

M

Make-or-buy-Entscheidung 567
Management
    Cash- 442
    Risiko- 84, 582
Management Discussion and
    Analysis (MD&A) 581–582
Managementvergütungen 542
Marchzins 233
Marken 339–340, 345, 348, 351–352
market approach 382
Markt-
    -bearbeitung 144
    -preis 287
    -stellung 286
    -wert 325, 350
    -zinsniveau 325
    -zinssatz 367

Maschinenstunden 285
Maschinen und Einrichtungen 305
Massgeblichkeit 111, 114
    umgekehrte 114, 506
Massgeblichkeitsprinzip 503
matching of cost and
    revenues 76, 150, 179, 307, 460
matching principle ... 76, 147, 179–180, 200,
    235, 347, 484
Material 285
    -aufwand 285, 457–458
    -fluss 285
materiality 70, 83
materials 285
materielle Stetigkeit 488
Medien 106
Medienmitteilungen 577
Mehrwert 311, 340, 404
Mehrwertsteuer 568
merger amongst equals 344
Methodenwechsel 87–88
Mietertrag 322
Mietobjekt 326
Mietverhältnis 159
Minderheitsbeteiligungen 328, 472
Mindestgliederung 207
Mindestgliederungsvorschriften 206
Mindestvorschriften 258
Mitarbeiter 50
Mittelabfluss 173
Mittelbeschaffung 122
Mittelbindung .. 267, 276–277, 283–284, 288
    im Nettoumlaufvermögen 472
Mittelfluss 40, 47
    positiver 248
    -rechnung 76, 234–235, 242
        Darstellungsmöglichkeiten 248
        direkte Berechnung 245
        indirekte Berechnung 246
Mittelverwendung 115
Mittelzufluss 173, 269
    aus Geschäftstätigkeit 248, 305
Mobiliar 305
Momentaufnahme 73

N
nachhaltige Wertverminderung 315
Nachhaltigkeit der Handelsaktivitäten .. 286
nahe stehende Personen 49, 81, 536
    Offenlegung von Informationen über .. 49
    Transaktionen mit 83, 536–537
        Analyse 546
        Bewertung 540
        Kernprobleme 538
        Offenlegung 543

Nennwert 324
    der Forderungen 272
net assets 410
net cash 74
net current assets 356
net debt 74
Net Operating Assets (NOA) 288
Netting 89, 557
Nettoaktiven 158, 160, 233, 288, 339–340, 410
    Definition 174
    Veränderung 181
Nettofinanzierungskosten 480
Nettofinanzschulden 74
Nettoumlaufvermögen ... 145, 242, 267, 301
    Mittelbindung 472
Nettoumsatz 441
Nettowertschöpfung 568
Net Working Capital 145, 242, 267–268
Neubewertungen 317
Neubewertungsreserve ... 310–311, 415, 475
neutraler Erfolg 484
Neutralität 85
nichtbetriebliche Positionen 496
nichtbetriebliches Ergebnis 493
nichtbetriebsnotwendige
    Vermögensbestandteile 484
nicht konsolidierte Beteiligungen .. 327–328
Niederstwertprinzip 193, 258, 324–325
    modifiziertes 324–325
Nominalwert der Forderungen 272
non-recurring items 199, 483
non-voting shares 411–412
Normalgewinn 495
normalisierter Gewinn 495–496
Notes 213
Nutzungsdauer 307–308, 348
    Bestimmung 343
    Veränderung 309
Nutzungsvereinbarung 382

O
Objectives of Financial Reporting
    of Business Enterprises 50
Obligationen 321
obligations 537
Offene-Posten-Buchhaltung 31
Offenlegung 70, 85, 96, 164, 223,
    258, 276–277, 289, 300, 316, 318, 324, 333,
    350, 369
    Finanzergebnis 476
    von Informationen über nahe stehende
        Personen 49
Offerte 274

Stichwortverzeichnis

on the job 459
operating activities 144
operating cycle 360, 372
Operating Lease 185, 382, 445
Operating Leasing ... 150, 382, 386, 444, 459
operating profit 328
operatives Ergebnis 483
Optionen 555
    Offenlegung 557
Optionsplan 427–428
Optionsprogramme 542, 546
ordentliche Rechnung 114
Organisation für wirtschaftliche
    Zusammenarbeit und Entwicklung
    (OECD) 124
Outsourcing 451

P

paid-in surplus 413
Partizipationsschein 411–412
Passiven 173
    antizipative 297, 301
    transitorische 150, 294–297, 301, 357
passive Rechnungsabgrenzung . 150, 294, 296
Passivierbarkeit 173–174
Patente 339–340
pauschale Wertberichtigung 273, 504
P/B ratio 94
Pensions-
    -geschäfte 553, 558
    -kasse 116, 122, 393, 521, 539
        Berichterstattung 522
    -rückstellungen 372
    -verpflichtungen 333
Periodenerfolg 416
periodenfremder Aufwand 484
periodenfremder Ertrag 484
periodengerechte Erfassung des Aufwands 76
periodengerechte Erfassung
    des Ertrags 75–76, 177, 307
Personal
    -aufwand 149, 187, 458, 461
    -kosten 299
    -vorsorge 372
Personalvorsorgeleistungen 527
Pfandbestellungen 552
Policegebühren 443
Pooling 344
Pooling of Interests 344
Pooling-of-Interests-Methode 125
post retirement benefits 372
Preisrisiko 554
preparer 104, 125
price/book ratio 94
Principal 65

prior period items 484
privater Vermögensstatus 44
Privatvermögen 171
production supplies 285
Produkt 285
    -garantie 400
Produktionserfolgsrechnung 192, 449,
    456–458, 461
profit and loss statement 178
Pro-forma-Erfolgszahlen 495
Prozesse 138
Prüfungsbestätigung 583
Publikumsgesellschaften 94, 403, 427,
    536, 542, 576–577
Publikumsöffnung 107
Publizität
    Ad-hoc- 25, 99, 577
    Anzeige- 95
    Register- 95
Publizitätspflicht 94–96
Purchase-Methode 339, 344
    Neubewertung 341
Put-Option 125

Q

Qualitätssicherung 67
Quantifizierung 81
Quellensteuern 502
Quotenkonsolidierung 332

R

Rabatte 442
Raider 112
Realisationsprinzip 178, 193, 258
Realisationswert 287
Realisation von Forderungen 271
Realisierung eines Kursgewinnes 509
Rechnung
    ausserordentliche 114
    Betriebs- 178
    Erfolgs- 138, 146–147, 151, 178, 180
        Absatz- 449, 455–456, 458, 460
        einer Bank 203
        einer Versicherung 204
        eines Dienstleistungsunternehmens 202
        eines Handelsunternehmens 201
        eines Industrieunternehmens 200
        Funktionen 181
        in Kontenform 188–189
        in Staffelform 188–189, 191
        Produktions- 449, 456–458, 461
        Schlüsselgrössen 182
    Geldfluss- 76, 138, 146–147, 234
        Analyse 247
        Funktionen 234

Rechnung (Forts.)
   Gewinn- und Verlust- 178
   Jahres- 576
   Konzern- 432, 503, 544, 576
   Mittelfluss- 76, 234–235, 242
      Darstellungsmöglichkeiten 248
   ordentliche 114
   Produktionserfolgs- 192
   Wertschöpfungs- 139, 146–148, 567–568, 570–571
Rechnungsabgrenzung 236, 301, 358
   aktive 294, 300
   im Anhang 296
   passive 150, 294, 296
Rechnungsabgrenzungsposten 40, 278
Rechnungslegung 29
   Adressaten 46
   Bestandteile 27–28
   Definition und Zielsetzung 25
   der öffentlichen Hand 114–115
   Funktionen 92
   gemeinnütziger Organisationen . 115–116
   gesamtwirtschaftliche Ziele 99
   Gläubigerorientierung 58–59
   Grundlagen 26
   Grundsätze ordnungsmässiger . 26–27, 79
   individuelle Ziele 99
   Investorenorientierung 58–59
   juristische Betrachtungsweise 58
   nach IFRS 123
   nach Spezialgesetzen 116
   Stufenordnung 160
   von Banken 116
   zentrale Fragen 48
   Ziele 60, 62, 100
   Zielerreichung 79
Rechnungslegungsstandards 305
Rechnungswesen 29, 44
   betriebliches 41, 91
recognition 269
Refinanzierung 258, 260
Refinanzierungs-
   -kosten 471
   -möglichkeiten 277
   -satz 274
Registerpublizität 95
Regressverpflichtungen 553
Related Party Disclosures 49
Relevanz 70, 83
reliability 70
remuneration and nomination committee 128
Renditeliegenschaft 138, 310, 326, 340
Rentabilität 131, 365, 470
Rentenanpassung 523

Reparaturaufwand 460
reports by directors 582
Reservebildung 426
Reserven
   Aufwertungs- 310–311, 314, 414
   Bewertungs- 328, 506
   für eigene Aktien 414, 425
   gesetzliche 97, 413
   Gewinn- 414
   Kapital- 415
   Kategorien 414
   Neubewertungs- 310–311, 415
   Spezial- 413
   stille 226
resources 537
restatement 315, 491
Restlaufzeit 277
Restrukturierungen 396, 400, 403
Rückstellungen 402
Restrukturierungs-
   -kosten 484, 487, 497
   -massnahmen 396
   -plan 396, 403
Restwert 308
retained earnings 414
Return on Net Operating Assets
   (RONOA) 288
Revision 128
Revisor 128
right of doing business 501
Risiko 443
   -absicherung 554
   -analyse 142, 581
   Ausfall- 529
   Ausserbilanz- 84
   -berichterstattung 575
   finanzielles 470
   -management 84, 582
      aktives 324
   Preis- 554
   Währungs- 84, 470, 554
   Zins- 470, 554
Rohmaterial 284–285
Rollover-Kredite 470
Round-Trip-Geschäfte 446
Rückstellungen 288, 297–298, 364, 392–393, 399, 504
   Anhang 392, 401–402
   Arten 393–395
   Bemessung 397
   EBIT-bezogene 392–393
   Eigenschaften 393
   Fälligkeit 400
   Funktionen 393
   für Altersvorsorge 403, 405–406

Rückstellungen (Forts.)
    für Debitorenverluste 273
    für latente Steuern 404
    für Restrukturierungen 396, 402–403
    Garantie- 504, 552
    Gliederung 401
    kurzfristige 358, 400–401
    langfristige 400–401
    Notwendigkeit 405
    Pensions- 372
    Steuer- 508
    Veränderung 404
Rückzahlung 371
Rückzahlungswert 321
Rundungen 85

S

Sachanlage-
    -spiegel 317
    -vermögen 145, 317
Sachanlagen . . . 219, 283, 286, 306–308, 311, 317, 326
    Anzahlungen auf 305
    Bewertung 306, 310
    Gliederung 305, 318
    Veräusserung 311
sachliche Abgrenzung 40, 76–77, 180, 200, 484–485
Sachziele 132
Sale-and-lease-back-
    Transaktion 384–388, 404
Schätzgrössen, Änderung 489
Schlussbilanz 156
Schulden 172
    Definition 172
    Finanz- 364
    -quote 553
    verzinsliche 260
Schuldtitel 258
Schweizer Börse 123
    Kotierungsreglement 123
    Rechnungslegung nach IFRS 123
Securities and Exchange Commission
    (SEC) 120
Segmentberichterstattung 214, 216, 448–449, 575
Segmentierung nach geographischen
    Merkmalen 448
Segmentinformation 448
segment reporting 448
selbst hergestellte Erzeugnisse 286
Service 444
Share Deal 339
Shareholder 57

Shop-in-Shop-Modell 447
Sicherheit 131, 317, 365, 470
Sicherung der Zahlungsfähigkeit 74
Sicherungszession 259
significant influence 537
Skonto 274, 442
    -abzug 274
Sofortabschreibung 506
Solidarschuldnerschaft 553, 558
Sonderabschreibung 490
sonstiger Aufwand 486, 492
sonstiger Ertrag 486, 492
Sozialaufwand 459
Sozialberichterstattung 187
Sozialbilanz 144
Sozialleistungen 459
Sozialversicherung 297
special purpose reporting 51, 110
Spezialberichterstattung 51
Spezialreserven 413
staatliche Altersvorsorge 519
Staffelform 188–189, 191
Stakeholder 57, 128
    Informationsbedürfnisse 144
Standardsetzer 67
Standortwahl 502
Start-up-Finanzierung 261
statements by the chairman 582
steigender Finanzbedarf 122
Stetigkeit 26, 70, 86, 88, 225
    Abweichungen 86–87
        vom Grundsatz der 225
    formelle 86
    materielle 86, 488
Steuer-
    -belastung 111
    -bemessung 110–111, 358
    -bemessungsgrundlage 503
    -gesetze 111
    -politik 506
    -privilegien 502
    -recht 112, 114
    -rückstellung 508
    -verpflichtungen 394, 397
Steuern 501
    Doppelbesteuerung 547
    Ertrags- 184, 195–197, 237, 502, 513
        Analyse 514
    latente 508
    laufende 507
        Offenlegung 512
    franchise taxes 501
    Gestaltungsmöglichkeiten 504
    Grundstückgewinn- 510

Steuern (Forts.)
    latente 185, 314, 508–509, 515
        Rückstellungen 404
    Liegenschafts- 501
    Mehrwert- 568
    Quellen- 502
    taxe sur la valeur ajoutée 568
    value added tax 568
Stichtagsbetrachtung 155
Stiftungen, unternehmenseigene 539
Stiftungsräte 67
stille Reserven 226
Stilllegung von Betriebsteilen 493
Stufenordnung der Rechnungslegung ... 160
sublease arrangement 383
substance over form 85, 172, 379, 387
Substanzwertermittlung 327
Subventionen 484
Swiss Exchange (SWX) 120
systematische Abschreibung 351

T

Tageswert 309, 350
tangible assets 377
taxe sur la valeur ajoutée 568
Think Tools 446
trade and other receivables 277
trading 260
trading activity 427, 554
Transaktionen 29–31, 75–76, 148–149
    Kapital- 417
    mit eigenen Aktien 423, 558
    mit nahe stehenden Personen . 83, 536–537
        Analyse 546
        Bewertung 540
        Kernprobleme 538
        Offenlegung 543
    Sale-and-lease-back- 384–388, 404
transitorische Aktiven 294–295, 299–301
transitorische Passiven 150, 294–297, 301, 357
transitorische Posten 300
Transparenz 115, 228, 447, 536
    über Mittelverwendung 115
Transparenzrichtlinie der SWX 541
Transportdienstleister 444
Treasury 105, 471
Treasury-Share-Konzept 424, 426
treasury shares 241, 424–425
Treu und Glauben 79, 85
true and fair view 27, 34, 58, 507
trustees 67

U

Überschuldung 98, 414
Überstundenguthaben 298
umgekehrte Massgeblichkeit 114, 506
Umlageverfahren 520
Umlaufvermögen 268, 283, 286, 318
    Mittelbindung 283
Umsatz 185, 441, 443, 567
    Aufgliederung 448
    Brutto- 441
    -kostenverfahren 191–192, 449
    Netto- 441
    -realisierung 185–186
Umschlagshäufigkeit 288
Umstellung der Bewertungsmethode 315
Umwandlungssatz 524
Umweltbericht 144
Unabhängigkeit 365, 470
understandability 85
understanding the business 49
Uniting of Interests 344
Universal Mobile Telecommunications
    System (UMTS) 339
Unterkapitalisierung 414
Unternehmen
    assoziiertes 270
    verbundenes 270
Unternehmens-
    -analyse 288
    -bewertung 346
    -fortführung 78
    -führung 105, 138
    -krise 125
    -zusammenschluss 422
Unterzeichnungspflicht 92–93
unverzinsliche Verbindlichkeiten 364
US GAAP 124

V

value added tax 568
Value-at-Risk-Verfahren 581
value in use 78, 142
Veräusserung 313
    von Anlagevermögen 496
    von Betriebsteilen 493
    von Sachanlagen 311
Veräusserungserlös 313
Veräusserungswert 78
Verbindlichkeiten 149, 158, 171, 288
    aus Lieferungen und Leistungen . 267, 299
    aus Personalvorsorge 372
    Erfassung 172
    Eventual- 270, 398, 552, 556–557
    Fälligkeit 364
    gegenüber Lieferanten 284, 357

Verbindlichkeiten (Forts.)
    Gliederungsvorschriften 373
    kurzfristige 268, 288, 356
        Gliederung 357
        verzinsliche 357
    langfristige 367
    Leasing- 383
    sonstige 297
    unverzinsliche 364
Verbuchungsprinzip 111, 503
verdeckte Gewinnausschüttung 547
Verfügungsbeschränkungen 258
Verfügungsfreiheit 159
Vergleichbarkeit 26, 71, 122–123, 495
Verkaufserlös 443
Verkehrswert 310–311, 318, 326
Verlässlichkeit 70, 85
Verlustvortrag 511
Vermögen
    Geschäfts- 171
    Nettoumlauf- 145, 242
    Privat- 171
    Sachanlage- 145
Vermögens-
    -gegenstände 278
    -status, privater 44
    -werte 286, 346–347
        Bewertung 73
        Bilanzierung 346
        Definition 172
        immaterielle 351
        Zuordnung (Gliederung) 171
verpfändete Aktiven 224
Verpflichtungen 396
    Altersvorsorge 393
    aufgrund der Unternehmenstätigkeit . . 395
    aus Gewährleistung 552
    Dritter 223
    eigene 224
    Eventual- 277, 317, 555
    Garantie- 399
    gegenüber Lieferanten 144
    nicht bilanzierte 224
    Steuer- 394, 397
Verrechnung 89
Verrechnungssteuer auf Kapitalerträge . . . 271
Verrechnungsverbot 88–89, 473
Verschuldung 364
Verständlichkeit 85
Vertragsschluss 159
Vertretungsvereinbarungen 286
Vertriebskosten 306
Vertriebsvereinbarungen 286
Verwaltungsaufwand 460

Verwaltungskosten 306
Verwaltungsrat 105, 128
    Ausschuss des 128
Verwertungserlös 308
verzinsliche Forderungen 271
verzinsliche kurzfristige
    Verbindlichkeiten 357
verzinsliche Schulden 260
Verzinsung 274, 371
Verzugszins 272
Vieraugenprinzip 535
Visierungspflicht 535
volle Abschreibung 309
Vollständigkeit der Abgrenzung 297
Vorauszahlungen 288
«Vorfressen» von Umsätzen 446
vorgelagertes Buchungssystem 38
Vorräte 267, 289
    Anschaffungskosten 289–290
    Bewertung 289
    Gliederung 284
    Herstellungskosten 289–290
Vorratsaktien 424
Vorsichtsprinzip 90
Vorsorgesysteme 519, 523
    beitragsorientierte 522
    leistungsorientierte 522
Vorzugsdividende 412

W

Wachstumsunternehmen 261
Währungs-
    -korrekturen 273
    -risiko 84, 272, 470, 554
    -schwankungen 272
Wandelanleihe 371
Ware in Arbeit 284–285
    Fertigungsgrad 285
Waren-
    -aufwand 182
        Reduktion des 274
    -drittel 34, 504
    -lager 144, 283, 286, 450
        Veränderung 449
    -verkauf 179
Warrants 258
Wartungsaufwand 460
Wechsel 270
    -obligo 270, 553, 555
Wechselkursdifferenzen 416
Weiterveräusserung 286
Werbeagentur 444
Wert
    aktueller 309, 350
    Anschaffungs- 311, 313

Wert (Forts.)
    anteiliger 328
    betriebswirtschaftlicher 463
    Ertrags- 309, 326
    Gebrauchs- 78
    historischer 350
    immaterieller 145, 339, 345, 347–349, 351–352
        erworbener 348
    Kosten- 287
    Liquidations- 78, 310
    Mehr- 311, 404
    Nenn- 272, 324
    Realisations- 287
    Rückzahlungs- 321
    Tages- 309
    Veräusserungs- 78
    Verkehrs- 310–311, 318, 326
    Vermögens-
        Definition 172
        Zuordnung (Gliederung) 171
Wert-
    -aufholung 450, 490, 492
    -beeinträchtigung 195, 244, 342, 422
        Goodwill- 194
    -berichtigung 182, 272–275, 284, 289, 299–300, 311, 324–325, 332, 348–349, 490, 504
        auf Beteiligungen 506
        auf Vorräte 183
        Einzel- 33, 504
        pauschale 273, 504
    -haltigkeit 350
    -korrektur 272, 284
    -schriften 146, 257–258, 472
        available for sale 474–475
        Bewertung 325
        Halten bis Verfall 474
        mit Börsenkurs 324
        nicht kotierte 325–326
    -steigerung 322
    -veränderung 311, 329–330
        Ursachen 311
    -verminderung 272, 311, 315, 325
    -verschiebungen 416
    -verzehr 349
    -zuwachs 311
Wertschöpfung 139, 286, 568
    Brutto- 568–569
    Entstehung 568
    Netto- 568
    Offenlegung 570
    Verteilung 569
Wertschöpfungskette 284

Wertschöpfungsrechnung 139, 146–148, 567–568, 570–571
Wesentlichkeit 70, 80, 83, 473
    Abweichungen 80–81
    Bezugsgrössen 80
Wettbewerbsfähigkeit 132
Wiederbeschaffungskosten 309
wirtschaftliche Lage 44–46, 52, 83, 119
    Darstellung 48
Wirtschafts-
    -journalismus 106
    -journalisten 50
    -kriminalität 547
    -prüfer 66–67, 106, 128
    -prüfung 106, 128

Z

Zahlungs-
    -bereitschaft 470
    -eingang 272
    -fähigkeit
        des Schuldners 272–273
        Sicherung der 74
    -mittel 255, 260
    -unfähigkeit 557
zeitliche Abgrenzung 40, 75–77, 293,484–485
Zero Coupons Bond 75
Zession
    Global- 259
    Sicherungs- 259
Ziele
    der Rechnungslegung 100
    Formal- 132
    Sach- 132
Zieltriade 131, 164, 470
Zins
    -abgrenzung 371
    -absicherungsstrategie 367
    -aufwand 317
    -ergebnis 474
    -ertrag 237, 239, 322
    -geschäft 89
    March- 233
    -risiko 470, 554
    -satz 367
    -struktur 258
Zulassungsstelle der SWX 120
Zuschreibungen 183, 236, 450, 490, 492
Zuteilungsquote 347
Zwangsliquidation 273
Zweitkotierung 123
Zwischenbericht 25, 99
    -erstattung 86
Zwischenholdinggesellschaft 502

Der Autor

Giorgio Behr, Dr. iur. (Universität Zürich), ist Rechtsanwalt, dipl. Wirtschaftsprüfer und Professor für Betriebswirtschaftslehre an der Universität St. Gallen (1990–2005). Davor war er als Visiting Scholar an der University of Washington Seattle, 10 Jahre bei KPMG im In- und Ausland sowie 3 Jahre in der Industrie als Controller und Finanzchef tätig. 20 Jahre lang führte er ein eigenes Beratungsunternehmen im Bereich Mergers & Acquisitions sowie Restrukturierungen. Giorgio Behr ist Verwaltungsratspräsident bei Saurer und Verwaltungsrat bei Hilti. Ihm gehört ein Unternehmen im Industriebereich (Behr Bircher Cellpack BBC Gruppe).

Der Autor hat die Schweiz während vieler Jahre in den wichtigsten internationalen Gremien der Rechnungslegung vertreten, insbesondere in der OECD (CIME), UN (ISAR), IOSCO (WP 1) und EFRAG. Zudem war er Präsident der Expertengruppe Berichterstattung der SWX und seit der Gründung Mitglied im Fachausschuss der Swiss GAAP FER, von 1992 bis 2003 auch deren Präsident. Er hat sowohl für das Revisionsaufsichtsgesetz und die neuen Vorschriften bezüglich Wirtschaftsprüfung als auch zur Rechnungslegung in der Schweiz im Auftrag des Bundesrates die Vorarbeiten geleistet und geleitet.

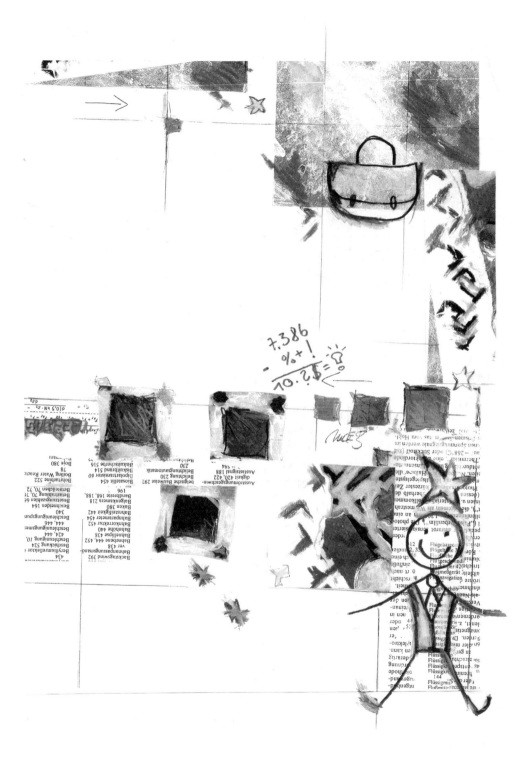

Die Künstlerin

Maike E. Böhm, wurde 1971 in Göttingen, Deutschland, geboren. Sie studierte freie Kunst und Illustration an der Akademie der Freien Künste in Groningen, Niederlande, mit Abschluss 1999 in Diplomillustration. Seit 1999 ist sie in Hamburg wohnhaft und selbstständig tätig. Sie illustriert für Magazine, Bücher, Unternehmen und Stiftungen.

Mit ihren eigenen Worten: «2001 gründete ich mein eigenes kleines Unternehmen ‹neyell›. Hier schnuppere ich auf der Suche nach den spannendsten Bildern für Ideen auch gerne in andere Medien hinein. So entstanden Fotoreportagen, Bildbandkonzepte und zwei Dokumentarfilme, bei denen ich Regie führte. Trotzdem, den Zeichenstiften werde ich treu bleiben, denn die Welt braucht mehr gute Illustrationen, gerade in den Bereichen, wo sie keiner erwartet. (Deshalb gefällt mir der Ansatz des Versus Verlags so gut.)

Zu den Illustrationen: Ich zeichne gerne das, was *nicht* im Text steht, um zu eigenen Gedanken aufzufordern. Ich suche mir mit Vorliebe kleine Details, zu denen ich dann eigene Bilder ‹spinne›. Die dürfen auch gerne mal widersprüchlich zum Text erscheinen und ein Stirnrunzeln beim Betrachter provozieren. Zwischen Text und Illustration entsteht so ein spannender Dialog.»